上海
日本人居留民社会の
形成と展開

山村睦夫

日本資本の進出と経済団体

大月書店

目　次

　凡　例　vii

序　章　戦前期上海における日本人進出と居留民社会の構成 ………………… I
　1　課題と研究動向　I
　2　日本人居留民社会の形成・前史　3
　3　日本人・日本企業進出の段階と構成　7
　第 I 部　日露戦後から第一次大戦期の日本人進出と居留民社会の構造

第1章　上海日本人実業協会と居留民社会 ………………………………………… 18
　はじめに　18
　1　日露戦後における上海在留日本人の動向　19
　2　上海日本人実業協会の設立とその活動　27
　3　排日運動と上海日本人実業協会　31
　おわりに　39

第2章　上海日本人実業協会役員層の分析
　　　　──第一次大戦期在外経済活動の担い手とその社会的位置 ……… 47
　はじめに　47
　1　上海日本人実業協会＝上海商議の性格と活動　48
　2　上海日本人実業協会ブルジョアジーの性格と特徴　53
　おわりに　63

第3章　第一次大戦期における上海日本人居留民社会の構成と
　　　　「土着派」中堅層 ……………………………………………………………… 69
　はじめに　69
　1　確立期上海居留民社会の構成──職業別構成とその特徴　70
　2　上海居留民社会における「三層構造」の形成　78
　3　土着派中堅層の内実と社会的地位　82

目　次　iii

おわりに　90

第Ⅱ部　第一次大戦後から日中全面戦争までの
日本資本の上海進出と中国民族運動

第4章　5.30事件と上海在留日本資本の対応
——上海日本商業会議所を中心に ……………………… 98

はじめに　98

1　内外綿2月争議から5.30事件へ　99

2　5.30事件の要因と在華紡の認識　105

3　5.30事件と経済団体・政府の対応　109

4　山東出兵期排日運動への対応と在留日本資本の動向　117

おわりに　136

第5章　満州事変期における上海在留日本資本と排日運動
——上海日本商工会議所を中心に ……………………… 146

はじめに　146

1　上海における日本資本の動向　147

2　満州事変期排日運動と日本資本の対応　164

おわりに　181

第6章　戦前期上海における日本人居留民社会と排外主義
1916〜1942——『支那在留邦人人名録』の分析を通して ……… 195

はじめに　195

1　上海日本人居留民社会の形成と構成　197

2　「土着派」居留民零細層の動向と特質　203

3　土着派中堅層の実態と性格
　　——上海実業有志会・上海工業同志会を中心に　225

4　「土着派」居留民と排日運動への対応——居留民と国家　241

おわりに　279

第Ⅲ部　日中戦争・アジア太平洋戦争下の日本人居留民社会の変容

第7章　日中戦争期における上海日本商工会議所
——ネットワークの再編と限界 …………………………………………… 302

はじめに　302

1　満州事変後の上海在留日本商と上海日本商工会議所　303

2　日中開戦と上海日本商工会議所の改組　306

3　新上海日本商工会議所の変容とネットワーク　312

おわりに　319

第8章　日本占領下の上海日本商工会議所 ……………………………………… 324

はじめに　324

1　上海占領政策と上海日本商工会議所　325

2　アジア太平洋戦争と上海日本商工会議所　335

3　全国商業統制総会体制と上海日本人商工業者　349

おわりに　359

第9章　アジア太平洋戦争期における上海日本人居留民社会
——日本人居留民と華人社会 ………………………………………… 366

はじめに　366

1　日中戦争の開戦と日本人居留民社会　367

2　日中戦争開戦と日本人居留民社会の変容　394

3　対華新政策下の上海経済再編成——商統総会体制の形成と破綻　405

4　戦局の悪化と上海居留民社会——『大陸新報』記事を中心に　414

おわりに——汪政府の崩壊と居留民社会の解体　437

第10章　日本の上海租界占領と華人食米問題
——上海租界接収の一考察 ………………………………………… 450

はじめに　450

1　日本軍上海占領と租界の華人労働者生計　451

2　租界接収と華人食米問題　455

3　対華新政策下の食米問題　463

おわりに　467

終　章　上海における日本人居留民の引揚げと留用 ……………………… 475

はじめに　475

1　上海における戦後措置と日本人居留民への対応　476

2　上海における産業復興と日本人居留民の留用　482

3　日本人居留民の帰還促進と留用・残留問題　489

おわりに　497

新刊紹介　大里浩秋・孫安石編著『中国における日本租界
　　　　　　──重慶・漢口・杭州・上海』（御茶の水書房，2006年）　503

書評1　髙綱博文著『「国際都市」上海のなかの日本人』
　　　　（研文出版，2009年）　507

書評2　三井文庫編『三井事業史　本編第三巻下』（鈴木邦夫執筆，財団法人
　　　　三井文庫，2001年）　514

書評3　藤田拓之著『居留民の上海──共同租界行政をめぐる日英の協力と
　　　　対立』（日本経済評論社，2015年）　524

解　説 …………………………… 奥須磨子・幸野保典・柳沢遊・木村健二　529

山村睦夫著作目録　543

あとがき ……………………………………………………… 山村淑子　547

凡　例

1．引用文中の漢字表記は，原則として日本の現代漢字とし，かなは旧仮名遣いとした。
2．国名・地名表記は，基本的に当時のままとし，初出のみ（現在の……）と注記した。
3．年号は，史料に記載のある場合を除き，すべて西暦に統一して示した。
4．引用文中の「……」は，すべて引用者による省略を示す。
5．引用文中の（　）内の記載は，引用者によるものである。
6．明らかに入力ミス・校正ミスである場合は修正し，それ以外はほぼ著者の原文のまま採録した。
7．注における不統一な表記はできるだけ統一し，また不足している情報については補充した。

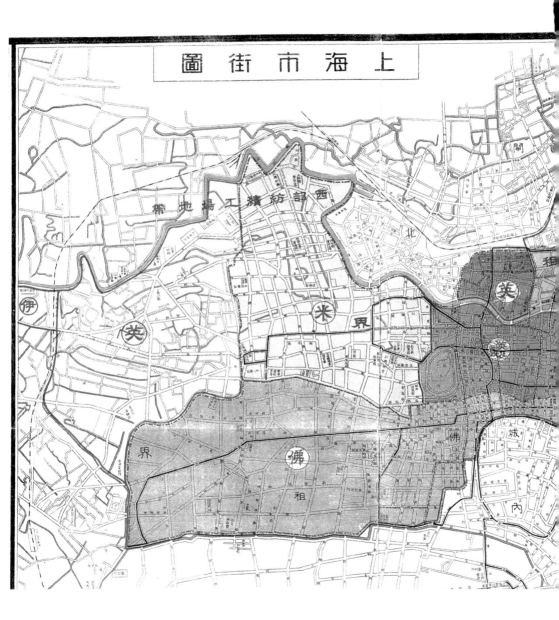

(東京)軍人会館出版部編刊『時局上海附近詳図』1937年9月

序　章　戦前期上海における日本人進出と居留民社会の構成

1　課題と研究動向

　日清戦争・日露戦争を契機として，日本は東アジアの帝国主義国家としての途を歩み始めるが，その勢力圏の拡大のなかで，中国関内・上海地域への輸出入貿易の拡大とともに，数多くの日本人商工業者の進出がみられた。その後，紡績業を軸とした本格的資本進出など大企業の進出も伸展し，第一次世界大戦後には上海最大の外国人居留民社会を形成するに至っている。本書は，こうした上海への日本人の進出を，重層的構造のなかでとらえ，その存在形態と意義について考察することを課題とするものである。

　かかる上海における日本資本・日本人社会の様相とその意義については，戦前期においては，主に在留日本人を中心に行われ，米澤秀夫，沖田一，植田捷雄，上原蕃をはじめとした先駆的・基礎的研究や上海日本商工会議所による各種調査などをあげることができる[1]（これらの点については，髙綱博文『「国際都市」上海のなかの日本人』第4章，第6章に詳しい[2]）。もっとも，その担い手の歴史的性格もあって，日本の帝国主義的進出との関わりや中国進出日本人ブルジョアジーの性格把握などの面に関しては，積極的課題意識はみられない。

　これに対して，戦後，とりわけ1980年代後半の改革開放路線以降になると，上海を中心とした中国の目覚ましい経済発展と，日本資本などの活発な経済進出の展開のなかで，中国においても日本においても，さまざまな上海史研究の進展がみられた（戦後の上海史研究の概観については，高橋孝助・古厩忠夫編『上海史』序章参照[3]。なお，戦後から1980年代に至る中国史・上海史研

究の位置づけについても同序章参照）。

　そうしたもののうち，本書の方法論に関連して，進出日本人の「階層構成」と「経済団体組織」，そして「排日への対応」に関する研究史をみておきたい。まず，階層構成に関しては，中国・朝鮮の在留日本人社会について，従来「三層構造」が指摘されている[4]。しかしこの規定は，〈財閥資本・国家資本－地場有力実業家－零細商工業者〉として，進出企業とその営業基盤とを結びつけて把握したものであり，本書での進出資本の階層的把握とは若干視点を異にしている。なお，三層構成に関して髙綱博文は，〈「会社派」エリート層，「会社派」中間層，「土着派」一般民衆層〉という居留民社会把握を提起しているが，居留民社会構成に視点があてられており，資本規模を基準とした把握とは異なっている[5]。

　経済団体組織として上海の場合は，1911年12月設立の上海日本人実業協会（のちに上海日本商業（工）会議所）があげられるが，それは，「満州」（中国東北部，以下「　」を外す）地域を含め他の中国諸都市の商業会議所が，いずれも中小商工業者を広く結集した組織であったなかで[6]，唯一有力大企業主体の組織たる特徴を有していた点に留意しなければなるまい。そこで本書では，上海日本人実業協会に始まる日本人経済団体の構成と活動を，できる限り具体的に明らかにし，あわせてそれを規定した上海日本人居留民社会の構造を検討する。かかる検討は，上海を起点とした日本の中国関内進出を担った諸資本・諸商人の性格と進出構造，さらには中国在地経済との関連を解明するための基礎作業ともいえよう。

　さらに排日への対応という面に関してみるならば，とりわけ満州事変期の日中関係においては，日本人居留民のなかでも中小商工業者層の尖鋭な排外主義的傾向や，のちの上海事変の勃発につながる突出した侵略性が指摘されているが[7]，他方で，国内の中国関係企業における日中提携・親善論の主張が提示されていたことも明らかにされている[8]。したがってここでの検討は，有力企業上海支店を中心とした経済団体の姿勢を明らかにするだけでなく，居留民社会における尖鋭な排外主義の潮流と対華提携・親善論の存在や相互関係についても明らかにすることが課題となる。

2　日本人居留民社会の形成・前史

　以下まず，上海日本人居留民社会の形成と特徴について，その本格的成立に関わる限りで，その前史に関して若干の概観をしておきたい。

　のちに「国際都市」としてめざましい発展をする上海は，19世紀初頭までは侘しい一漁村であった。その上海が国際貿易港となってゆく画期は，1842年 8 月に締結された南京条約であった。1840年，イギリスのアヘン輸出により始められた英国・中国間のアヘン戦争で中国が屈服し結ばれた南京条約は，上海を含む 5 港を開港せしめた（1843年）。その後，1845年11月に至り，道台宮慕久と英領事バルフォアとの間で，上海における最初の土地章程が定められ，ここに上海イギリス租界が成立した（1848年租界拡大）。さらに，アメリカ租界（1846年発足）と合併して英租界は共同租界となるとともに，自由貿易港として各国の貿易船・貿易商の進出が次第に活発となっていった。

　こうしたなか，上海と日本との交易や人員の往来は，端緒的には幕末期に遡り，1862年（文久 2 年），幕府が千歳丸（358屯）を上海に派し，輸出貿易を行ったことを起点とする。船には，幕府勘定吟味役根本助七郎以下，水夫も含め総勢51名（この時，長州藩の高杉晋作は幕吏として，薩摩藩の五代才助は水夫として乗船している）が乗り，石炭，海参，干鮑，寒天，昆布，人参，織物，漆器，その他美術雑貨など約50種の取引品を積載させたとされるが，実際の取引は，すべて在上海オランダ領事館に依存した委託販売であった。その後も幕府は，健順丸（378屯）などの貿易船を送っているが，健順丸の派遣は主に北海道の海産物などを華商に売り，砂糖，棉，水銀等を買い入れるなど，北海道の海産物輸出の嚆矢となっていった。

　これらの貿易の動きとともに，日本人の渡航者・居留者も次第に増えることとなっていった（1866年＝慶応 2 年，日本人の海外渡航解禁）。上海への日本人進出は，1871年（明治 4 年）の日清修好条規の締結を画期として次第に進展し，1872年には日本領事館が設置され，75年には三菱商会による上海航

路の開設，77年三井物産上海支店の設置へと続いている。東本願寺上海別院の僧侶・小栗栖香頂の日記によれば，当時1873年頃の上海在留日本人は約50余名としており，明治10年代には約200名ほどの日本人が在留していたと思われる[9]。すでに1876年末，品川上海総領事が「漸々商売等の寄留を致す者日々に増し，月に進み今にありて既に当時の人名録上に記載することほとんど男女合計百余名に至り，実を以て人民の競ふて海外通商を営む[10]」と述べているが，これらの人々は，領事館員，医師，商人およびその家族のほか，いわゆる職業婦人や洋妾も相当数占めていたとされる。在留邦人数については，1904年以降はかなり正確な記録が存するが，それ以前については，概して不正確であり，1890年の工部局調査では386人としているが，『上海新報』第1号では644人としている。日清戦争開戦前にはすでに千人内外に達していたが，戦争開始により約600人が引き揚げており，戦勝により再び急増し始めている。

　しかしながら，日清戦争までの日本人・日本企業の上海進出は限定的であり，日清戦争前後の上海の対日輸出額をみると，1892年624万9,542両，97年1,051万5,300両，1902年1,815万8,681両にすぎなかった。対日輸出品の主要なものは，棉花，肥料，雑穀，鶏卵等であった。また，対日輸入額は1897年1,359万6,496両であり，綿糸，石炭等を主とするものであった。

　1897年頃の進出企業に関しても，外務省通商局『在支本邦人進勢概覧中部支那ノ部』（以下『進勢概覧』と略記）では，わずかに正金銀行支店，日本郵船会社，三井物産会社，大東汽船会社（蘇州・杭州航路），小泉洋行（雑貨），順泰公司（石炭），吉祥洋行（綿糸雑貨），寒田洋行（石炭），市原合資（鶏卵），東興洋行（半田棉行），東洋関西合資（鶏卵），吉田号（輸出入業），中桐洋行（雑貨雑穀）をあげるにとどまっている[11]。ただし，注目しておかなければならないのは，三井物産など日本の主力資本が，すでに日清戦争後まもなくから「今日支那ノ貿易ハ未タ盛ナラズト雖モ内地交通ノ便開クニ至レバ彼我ノ貿易ハ次第ニ隆昌致スベシ……我商人タル者進ンデ彼地ニ入リ大ニ商策ヲ運ラサルベカラズ[12]」との見通しをもって，上海・中国への経済進出を位置づけていたことである。

この時期における日本企業の上海進出の特徴をみるため，1868年から1914年に至る進出企業が示された資料を取り上げる。もっともそこでは，それなりに資本的基礎の確かなものに限定され，零細な自営業的企業は含まれていない。そうした限界はあるが，これによれば，1868年の田代屋（陶磁器取扱・旅館）を嚆矢として，71年には民部省が田代屋の近くに開店社を設け，貿易取引の便宜を図っている。その後も雑貨商や旅館などの開設がいくつかみられるが，多くはその後閉店を余儀なくされており，明治半ばまでの産物店，旅館，薬店，写真店等は，ほとんどが開設から3年以内に閉店している。その要因として，沖田一は，『日本と上海』において，①中国事情を知らず，中国人の風俗習慣にも無知であったこと，②政府の勧誘や保護に頼り自主性に欠けたこと，③小資本であり，同業者も多かったことなどをあげているが，いまだ模索的進出の段階であったといえよう。

その後ようやく，日清戦争を経て1900年代，さらに日露戦争期になって毎年10軒前後の新規の企業進出がみられ，増加の趨勢がみえてくる。日本企業の上海進出がこの頃本格化している状況の一端を示すものといえよう。業種は，雑貨や食料品，海産物，薬種，綿糸布，織物，穀肥等多岐にわたるが，この時点でも紡績関係を除くと，概して在留邦人に向けられた中小雑工業の産物や土産品などを主としている。岸田吟香の楽善堂以来の印刷や売薬業などの姿もある。また，継続性をみると，この期に進出した企業は資本的基礎の確かなものが多いが，これらの企業でもかなりの数の企業が閉鎖・撤退しており，第一次大戦後の在華紡の本格的展開までは，進出した中堅企業もかなり厳しい経営環境にあったと思われる。

こうした企業進出がなされていくのに対応して，上海在留日本人も増加していく。すなわち，1903年2,216人，06年5,825人，09年8,057人と，日露戦後における居留民数の増加がきわめて著しいことがわかる（第1章図1-1，第3章表3-1参照）。さらに，1908年には，イギリス人居留者数（4,590人）を上回り，日本人が上海在留外国人（1万9,073人）中の最大勢力（7,263人）となるに至っている[13]。これらの点でも，日露戦争を画期として上海における日本人居留民社会が本格的に形成されはじめたことが確認できる。1907年に

上海居留民団が設立されたことはその指標として位置づけられよう。

　同時に，貿易額と居留民数を重ねた図（第1章図1-1参照）は，当該期の居留民数の増大が，日本・上海間の貿易量伸長の度合いに対応せず，それをはるかに超えて急激であったことをも示している。ただしその内実を細かくみていくと，当時とくに目につく上海への資本輸出もみられなかったという指摘もあり[14]，このことから，日露戦争以降の日本人居留民の増加が，たんに日本の対上海貿易の進展や資本輸出に随伴するのではなく，のちにみるように雑多な職種の日本人の渡航によって生み出されたものであることをうかがわせる。

　では，日露戦後に増大した日本人居留民の実状はどのようなものであったのだろうか。1905年1月に上海に渡り，辛亥革命時まで同地方で商業活動を営んでいた長谷川桜峰は，当時の邦商の状況について記しているが，その要点のみを示すと次のようになる[15]。

　まず第一に，当時進出した日本商のなかでは，零細資金で商売を開始した小営業者がきわめて多く，その大部分は飲食店や日用品小売など邦人相手の商売に従事していたとしている。さきにみた日露戦争以後の貿易量をはるかに超える居留民急増を支えた中心は，これらの層であったといえる。そして第二に，当該期においては，右の零細商と並んで大会社や中堅的商店の進出がかなりみられるとしている。三菱，古河，大倉，鈴木，高田などの商社が，戦時御用商売の減少を挽回すべく，また戦後の中国進出の機運に乗じて，上海や香港などに進出したのはこの時期とされており[16]，「日本内地に本店若くは資本主を有し比較的確実にして信用程度甲の部に属する[17]」とみなされる取引高10万円以上の会社や商店の数を，外務省通商局『海外日本人実業者之調査』でみても，1906年の26社が，13年に50社，18年の116社へと倍増の伸びを示している[18]。

　以上，日本人居留民社会の本格的形成に先立つ日露戦争以前の時期の，日本人・日本企業の上海進出の動向と若干の特徴をみてきたが，さらに，本書の課題にしたがって，上海日本人居留民社会の展開とその解体に至る過程を，概括的にみておきたい。

3　日本人・日本企業進出の段階と構成

　上述したように，日本人の上海進出は，1871年の日清修好条規を嚆矢として進み，日清戦後，1896年の日清通商航海条約並びに付属規定書の締結を契機に漸増を始め，日露戦争以後飛躍的に増大していった。こうしたなかでの上海日本人居留民社会の形成・展開過程を次のように時期区分し，以後の動向を把握する手がかりとしたい。

　　前　史　日清修好条規から日露戦争まで（居留民社会萌芽期）
　　第1期　日露戦争〜第一次世界大戦期（居留民社会形成期）
　　第2期　第一次世界大戦後〜1927年頃（居留民社会確立期）
　　第3期　1927年頃〜第一次上海事変後，30年代半ば（居留民社会停滞期）
　　第4期　日中戦争開戦以後（日本占領下居留民社会改編期）
　　終　焉　日本の敗戦と居留民の引揚げ（居留民社会の解体期）

　すでにみてきたように，上海における日本人社会は日露戦争を画期として急速に形成され始めており，日露戦争までを前史と位置づけ，上記のように「居留民社会形成期」，「居留民社会確立期」，「停滞期」，「日本占領下の改編期」と4期に区分し，上海日本人居留民社会が崩壊してゆく日本敗戦以後の時期を「解体期」とした。日本敗戦後は，居留民社会がその機能を停止し，消滅してゆく過程と考えるからである。以下，その区分にしたがって概括してゆこう。

　まず日本人・日本企業の急速な進出がみられた日露戦後から第一次大戦にかけての第1期「形成期」については，さきにやや詳しくふれた。ここでは，形成期たるこの時期の企業進出において，膨大な数の零細商工業者（「土着派」）の広範な進出とともに，「会社派」を形成してゆく貿易商社などの大企業・中堅企業も本格的に進出しており，すでに重層的構成がみられることに注目しておきたい。同時に，こうした長江流域，上海方面における大

量の中小商工業者層を中心とした進出について，日本政府内では，「人口主義」的進出と把握し，問題の多いあり方とされる見方もなされていたが，政府の長江方面への進出戦略は容易に定まらず，大資本を中心とした本格的経済進出重視の「商工主義」的方向への転換は基本方向としては進まなかったといえよう[19]。

つぎに，日露戦後期に引き続く第2期は，第一次世界大戦から戦後にかけての貿易量の大幅な伸び（1914年対日輸入額4,251万7,000海関両→1919年7,010万9,000海関両，同対日輸出額1,618万2,000海関両→4,529万2,000海関両）と，戦時ブームと戦後反動恐慌の一大変動を経つつも，日露戦後とは階梯を異にする貿易取引の増大がみられる。この時期の日本人居留民の増加も著しく，1920年代半ばには大戦前の約2倍，2万人を超えている。こうした動きは，20年代を通じて起伏を伴いながらも継続している。またこの時期は，在華紡が本格的に確立し，上海の紡績産業に枢要な地位を占めてゆくとともに，財閥系銀行の上海支店設立などもみられ，有力日本企業がこぞって進出している[20]。土着派による上海銀行設立なども含め[21]，日本人居留民社会が確立した時期＝確立期といえよう。

しかしながらその趨勢は，1927年の日本軍山東出兵，翌28年の済南事件，31年の満州事変を契機とした排日・抗日運動の激化，そして32年の第一次上海事変によって大きく変化することとなった。それらは日本と上海間の貿易を大きく減退させただけでなく，在留者数においても減少ないし停滞させる結果となっていった。これは，日露戦争以来一貫して上昇する関東州在留日本人の動静とは様相を異にしており，上海や長江流域への日本人進出が，中国民族資本の発展や民族運動の動向に強く規定されたものであることがわかる。第一次上海事変後の貿易取引や日本人進出の停滞は，30年代半ばまで続いている。中国民族運動の発展と日中間の対立の激化さらには中国経済の不況のなかで，日本人や日本企業がその発展方向をみいだしえていなかった時期ともいえる（第3期＝停滞期）。

最後に，日中戦争開戦以降の第4期をみると，開戦により1938年の輸出入貿易額が落ち込み，その後回復をみせるが変化は激しい（ただし法幣の下

落や物価騰貴の影響を蒙っており，実際の数量では変動幅は縮小する。たとえば1941年の対日輸入額は実質では前年比減）。日中戦争以降，上海と日本との経済・政治関係が大きく変化することはのちにふれるが，貿易動向も上記のように日中戦争以前とは取引量，内容とも大幅に変化してゆく。1941年12月からは貿易統計自体が公表されなくなってゆく。そして企業進出においては，1938年の中支那振興株式会社の設立もあって，華中鉄道，華中電気通信，華中水電，准南媒礦など関係会社だけでなく，豊田自動車工業，三麺粉公司，大日本塗料，高島屋など有力企業の新たな進出も日中開戦前後から増加し始めていた。他方，居留民人口は日中戦争後一気に増加し，1941年には8万人を超え，43年には9万4,259人に達している。また，この時期の居留民急増においては，新興の渡航者を広く含んでいた。これら新興渡航者は，「一旗組」的性格の面で従来の土着派と共通した側面をも有していたが，日本軍の占領支配強化をバックに，華人に対する優越的姿勢を強く有し，一方的利益追求に走ったり，軍事進出に付随して商機を得ようとする面を強くもつなど，「新興派居留民」とでも呼びうる存在であった（後述）。こうしたなかで，上海の日本人居留民社会も大きく変容していったのである（「日本占領下改編期」）。

　また，日本敗戦による居留民社会崩壊の時期にあっては，上海在住ないし流入の日本人居留民は，蒋介石国民党政権の日本資産・日本軍接収委員会支配のもとで，基本的に上海の日僑居住区に集住せしめられ，日本への引揚げまでの時を過ごすこととなった。

　上海における日本人・日本企業の展開を時期を追ってみてきたが，さらに後掲第3章表3-1（a）（b）によりながら，居留民社会の職業別・産業別構成の特徴と変容を時期毎に概括し，あわせて渡航者の類型的特徴を検出しよう。

　まず，日露戦争から第一次世界大戦期（第1期）について，この期の構成については，上海総領事館による職業別人口調査報告にもとづく表3-1（a）を参照しながら，要点のみ記するにとどめる。同表は，上海総領事館による在留邦人男女職業別人口調査報告を『国勢調査報告』の職業別分類表および『帝国統計年鑑』の外国在留邦人男女職業別の類別を基準に，産業別に再編

成したものである。再構成に際しては，調査業種が100種類前後にのぼるだけでなく，年次により業種の類別が異なるため，類似業種を統合するなどの加工を行っている。なお，1917年以降の職業別調査表（表3-1（b））では，本業者とその家族を区分して統計をとるようになるが，16年までの調査では本業者と家族が一括され実際の従業者数は不明であり，継続的比較に難があることをあらかじめ述べておく。

　はじめに総数をみると，1907年567戸，5,299人，12年1,404戸，7,686人，16年2,226戸，1万1,118人と，日露戦後以降の急拡大が確認できる（第3章表3-1（a））。そのなかで，まず鉱工業部門をみると，1907年74戸，家族を含めた人数も404人で，全体のなかでの構成比は8％弱にとどまっている。しかし，この分野の居留民数は1910年代に入って急速に伸び，16年には，戸数でも人数でも07年の5倍ほどに増大し，構成比の面でも全体の20％近くになっている。大戦期にこの分野の居留民増加が顕著であったことがわかる。ただ鉱工業部門内部に目を転ずると，近代的大工業と呼べるものは内外綿，上海紡織など紡績業を除いてほとんどみられず，その紡績業も1910年代においては，上海紡織・内外綿など二，三にとどまっている。また，ガラス製造や石鹼製造，製革業，繰綿など土着派的資本による小規模工場やマニュファクチュア的工場に従事する居留民も若干増加しているが，いまだ限られたものであった。むしろ大半は，大工，左官，畳職，細工，製靴あるいは裁縫，洗濯，洗張などの職人的ないし自営業的業務に携わる零細事業者であった。これらの業種の多くが現地の日本人社会に営業基盤を置いていたと思われる。日露戦後の居留民増大を支えたもののひとつは，こうした職人や自営的業者層であったといえよう。

　つぎに，商業および交通業の分野をみると，この分野の居留民数も1907年2,974人から16年5,937人と大幅に増加している。居留民全体に対する比率は，鉱工業や公務自由業部門の増大によってやや低下しているが，全体の過半を占め，上海在留日本人の主力部分を形成していた。もちろん，このなかには相当数の会社員や商店員なども含まれるが，量的主力をなしていたことは変わらない。また，これらの分野の内容をみると，実にさまざまな種類の

商売が営まれている。それを，上海総領事の外務大臣宛報告が示す類別＝類型を参考にしながらみておこう[22]。

　第一には，貿易商社，海運，銀行など貿易関連の業種を指摘できる（貿易関連型＝支店派遣型）。そのほとんどは日本の対中国貿易に携わる企業であり，大会社の上海支店と日本国内に本店ないし資本主を有する中堅商からなっている。この類型の比重は，1910年代半ばには商業および交通業の35〜40％前後を占めていたと推計できる。

　第二に，マッチ・タオル・石鹸・ガラス等を扱う雑貨商（1907年92戸597人，12年108戸454人）や時計・洋傘・化粧品商，薬酒・売薬商，売薬行商などの，邦人よりもむしろ中国人を相手とする卸小売業や小貿易商のタイプをあげることができる（在地経済関連型）。彼らは「比較的小資本を以て開業し，主として当地に営業上の本拠を置く」が，中国人を有力対象として商売をしている。これらの比率は，単純に合算すると，日露戦争直後の共喰い的な売薬行商の一時的急増を別として15％前後と，一定程度の構成比をなしている。

　そして第三に，いわゆる虹口（ホンチュウ）商人と称される，各種の食料品や菓子・日用品の販売や飲食店，旅人宿，理髪店などのもっぱら日本人を相手とした零細商の存在をあげることができる（在留邦人依存型）。これらの日本人商は，「小雑貨商に比して更に薄弱」とされ，その大多数は旧英租界と蘇州河を隔てた北側の虹口と称する地域に営業と生活の場をもち，その街のいくつかの通りは数多くの邦人小売商や飲食店が集まって，さながら日本人街の様相を呈するとされていた[23]。参考までに，商業者および交通業者中の彼らの人数の比重をみると，1907年から16年にかけて約3分の1程度と推定されるが，事業者（商店）数ではほぼ半数を占め，虹口居留民社会では最大の構成者となっている。

　さらに，按摩鍼灸や技芸教授までをも含む公務自由業の部門に移ると，この分野は，日中戦争後は別として，全体としてそれほど多くない。しかし，1907年58戸259人→16年195戸988人と，邦人社会の伸展に相応して増大し，医療関係者，教育関係者等の増加をはじめ，官公吏や公共的機関雇員などの

増大も進み，次第に全体の10％近くの比率を示すまでになっている。上海日本人居留民社会の体制整備が進んでいる様相の反映ともいえる。ここに類別される業種を一括的に規定することは困難であるが，按摩鍼灸業や各種技芸教授などの若干の自由業は，「在留邦人依存型」に類別できよう。これに対して，公務関連型の官公吏や公共的機関従業者の場合，比較的に経済的に安定した存在であり，「会社派」民衆的な生活と活動に近似すると思われる。なお，最後に満州主要都市と異なって，国家的進出に連携・依存したものが限られていたことも，特徴として加えておきたい[24]。

　つぎに，居留民社会の確立期ともいえる第2期，第一次大戦後から1920年代における居留民社会の産業別・職業別構成をみると（表3-1（a）（b）），本業者数は1920年代を通じて増加し続け，この間に倍増している（17年4,486人→28年1万3,562人）。こうしたなかでの構成変化の第一点は，大戦後も商業部門の本業者数は増大し続けているが，構成比は5割強から4割程度に低下していることである（1920年代末以降，「会社員・商店員・銀行員」の増大で再び回復するが）。その要因は，大戦以後鉱工業の活発な進出による相対比の低下とともに，公務および自由業やその他の有業者・家事使用人などの周縁的労働従事者の進出が多面的に拡大していることに起因すると思われる。また，この時における商業部門の本業者増をもたらす一因として，さきにも指摘したように，この間の紡績業をはじめとした製造工業の伸展が「会社員」として商業部門に集計されていることにもよっている。

　そして第二点として，工業部門が全体の10％前後の比重を占め，以後もその水準を維持していることである。その比重は，日露戦後から大きく変わらないとはいえ，内実は日露戦後のそれが職人や小事業者層を主体としていたのに対し，1920年代以降のものは紡績業や雑貨工業などの中小製造工業の進出増加によっていた。中国民族工業の発展とも競いつつ，日本の製造工業の上海進出も着実な展開を示していたのである。さらに第三に，公務・自由業やその他の有業者・家事使用人などの部門は，それぞれに日露戦後の増加趨勢を持続している。このことは，これらの部門が居留民社会の産業的発展動向と直接的に関連せず，上海日本人居留民社会がその拡大過程に対応し

つつ，公務サービス部門を増大させ，また居留民社会の周縁部に滞留・落層する人々を抱え込んで展開していた姿を示すものといえよう。

　第3期，1920年代末ないし第一次上海事変から日中戦争開戦までの時期についてみると，それまでの居留民数や貿易取引量の持続的拡大の趨勢が，第一次上海事変を契機に停滞に転じている。産業別構成については大きな変化はみられない。満州事変および第一次上海事変によって生じた上海における日中間の民族的対立と矛盾の深化のなかで，また中国経済の不況継続のなかで，日本人・日本企業の発展的展望が不透明となり，渡航者の増加も経済関係の伸展もみられない状況にあったといえよう。中小の製造工業者も中小商業者も浮沈・流動しつつ，経営をようやく維持しうる状況にあったといえる。

　しかし第4期，1937年日中戦争開戦以後になると，大いに様相を異にしてゆく。最初に，日中開戦から1944年に至る日本人の動向を概観しておくと，在留日本人本業者数（内地人）では，36年1万2,431人が44年3万9,425人へと短期間に約3倍にものぼる増加がみられる。それは，内容的にも従来と異なり，産業別構成比では工業部門が1936年962人（うち機械金属39人，繊維15人）7.7％が，42年4,677人11.4％，44年1万951人（うち機械金属2,446人，繊維2,396人）27.8％と大幅に増大している。とりわけ対英米開戦後の増加が顕著である。戦争を支える工業生産力拡充策を反映したものといえよう。

　他方，商業部門は，1936年7,729人（うち物品販売1,297人，貿易187人）62.2％が，42年2万2,703人（同上829人・773人）54.6％，44年1万2,598人（同上4,047人・4,381人）32.0％へと大きく比重を縮小させることとなっている。工業部門強化に対応する外国貿易の縮小と，それに伴う卸小売業の後退を背景として，上海在留日本人社会の主力をなしていた小営業的中小商工業者数は日中開戦後に大幅に増加しているが，構成比では逆に大幅に減少している。開戦後の日本人居留民の急拡大は，かつて日本人事業者の主体をなした小規模の商業者の増加よりも，工業部門の増大や，公務および自由業の分野における急激な増加によってもたらされたものであった。日中開戦後，とりわけアジア太平洋戦争開戦後においては，上海経済の位置は大きく変化し，上海

序　章　戦前期上海における日本人進出と居留民社会の構成　　13

経済再編成の要請のなかで，零細商業部門などは次第に企業整備の対象とされていったのである。

　以下では，第 1 期を第Ⅰ部「日露戦後から第一次大戦期の日本人進出と居留民社会の構造」，第 2 期と第 3 期を第Ⅱ部「第一次大戦後から日中全面戦争までの日本資本の上海進出と中国民族運動」，第 4 期を第Ⅲ部「日中戦争・アジア太平洋戦争下の日本人居留民社会の変容」として 3 部に区分し，検討していく。

〔注〕
1 ）とりあえず，ポット（土方定一・橋本八男訳）『上海史』生活社，1940年，米澤秀夫『上海史話』畝傍書房，1942年，沖田一『日本と上海』大陸新報社，1943年，上海居留民団編『上海居留民団三十五周年記念誌』（以下『三十五周年記念誌』と略記）1942年，外務省通商局『上海事情』1924年，島津四十起『上海案内』第10版，金風社，1924年，上原蓊『上海共同租界誌』丸善，1942年，植田捷雄『支那租界論　増補版』巖松堂，1939年等参照。
2 ）髙綱博文『「国際都市」上海のなかの日本人』研文出版，2009年。
3 ）高橋孝助・古厩忠夫『上海史──巨大都市の形成と人々の営み』東方出版，1995年。
4 ）間宮國夫「日本資本主義と植民地商業会議所── 一九一〇年代の大連商工会議所会員構成を中心として」早稲田大学社会科学研究所編『日本の近代化とアジア』研究シリーズ第16号，1983年，木村健二「明治期朝鮮進出日本人について」『社会経済史学』第47巻第 4 号，1981年，金子文夫「第一次大戦後の植民地投資」『社会経済史学』第51巻第 6 号，1986年。
5 ）髙綱博文『「国際都市」上海のなかの日本人』41〜45頁。
6 ）これらについては，前掲間宮「日本資本主義と植民地商業会議所」，幸野保典・木村健二「一九二〇年代天津日本人商業会議所の分析」『千葉史学』第11号，1987年，柳沢遊「大連商業会議所常議員の構成と活動」大石嘉一郎編著『戦間期日本の対外経済関係』日本経済評論社，1992年，同『日本人の植民地経験──大連日本人商工業者の歴史』青木書店，1999年，第一章，第二章。また朝鮮については，木村健二『在朝日本人の社会史』未來社，1989年，第三章参照。
7 ）波形昭一「日本帝国主義の満州金融問題」『金融経済』第153号，1975年，柳沢遊「1920年代『満州』における日本人中小商人の動向」『土地制度史

学』第92号，1981年。また，上海におけるその動向については，臼井勝美『満州事変──戦争と外交と』中公新書，1974年，村井幸恵「上海事変と日本人商工業者」近代日本研究会編『政党内閣の成立と崩壊』（年報近代日本研究6）山川出版社，1984年，山村睦夫本書第3章2，堀本尚彦「上海の抗日運動と日本人居留民──九・一八事変前後を中心に」『信大史学』第14号，1989年，髙綱博文「上海事変と日本人居留民」中央大学人文科学研究所編『日中戦争──日本・中国・アメリカ』中央大学出版部，1993年，同前掲『「国際都市」上海のなかの日本人』第三章。なお，第一次上海事変の勃発については，本書第6章4で詳しくみるが，当時の居留民社会においても，在留民の興奮／昂揚状況が「事変を誘発したもの」と認識されていた（「日支紛争上海現地座談会」甘濃益三郎居留民団長の発言『中央公論』1936年11月号，293頁）。

8）日中経済提携論については，松本俊郎「幣制改革期の日中経済関係」野沢豊編『中国の幣制改革と国際関係』東京大学出版会，1982年参照。また，日中経済提携論が浮上してくる社会経済的背景に関しては，尾崎秀美「日支経済提携論批判」『改造』1937年5月号参照。

9）前掲米澤『上海史話』79〜90頁。

10）前掲『三十五周年記念誌』43〜44頁。

11）以下，前掲『進勢概覧』1915年，29，32〜33頁，および外務省通商局『上海ニ於ケル日本及日本人ノ地位』1915年（以下，『日本人ノ地位』と略記）40〜55頁。

12）藤瀬政次郎『清国新開港場視察復命書』1896年（三井文庫資料：物産404）7〜8頁。

13）内田清ほか『大上海』大上海社，1915年，25〜26頁。各国領事館の報告によるため，一部異なる。

14）平智之「第一次大戦以前の対中国借款と投資主体」国家資本輸出研究会編『日本の資本輸出──対中国借款の研究』多賀出版，1986年参照。

15）長谷川桜峰『支那貿易案内』亜細亜社，1914年，782〜784頁。原文は第1章を参照のこと。

16）三井物産会社『明治四十年支店長諮問会議議事録』（物産197-6）214〜215頁。

17）前掲『日本人ノ地位』40頁。

18）外務省通商局『海外日本人実業者之調査』各年次。

19）1927年の「東方会議」における木村鋭市外務省亜細亜局長発言（外務省編『日本外交文書』昭和期I，第1部第1巻，13頁）。

20）第一次大戦後における在華紡の本格的形成の意義と性格については，髙村

直助『近代日本綿業と中国』東京大学出版会，1982年ほか参照。またこの時期には，三井銀行（1917年），三菱銀行（1917年），住友銀行（1916年）などの財閥系銀行が相次いで上海支店を設置している（前掲外務省通商局『上海事情』134頁）。

21) 上海銀行の設立については，『上海銀行営業報告書』第1期，第2期。また，上海銀行の役割は，「上海在留中小商人ノ金融機関タルト郵便局撤廃以来小口内地振替送金等ヲ取扱ヒ居タル関係上中以下階級ノ貯金多数ヲ吸収シ居リ」と位置づけられていた。財閥系銀行とはもとより，会社派大企業との取引関係は有せず，土着派居留民の金融機関であった（1927年4月13日横竹商務事務官発幣原外務大臣宛電報，「上海銀行」外務省外交史料館所蔵・外務省記録E.2.3.2.4-2-1『本邦銀行関係雑件』）。

22) 外務省編『日本外交文書』1915年，第2冊，812〜813，821頁。この類別，類型化に関しては，前掲『進勢概覧』1〜39頁，前掲『日本人ノ地位』24〜37頁，東亜同文会『支那経済全書』第12巻，1908年，東亜同文会編『支那省別全誌』第15巻第8編第一章，1920年，等参照。

23) こうした状況について，前掲内田ほか『大上海』は「此地域（虹口）内に居住する内外人は頗る夥しきを以て人烟極めて稠密せり　特に邦人の居住する者多く文監師路，呉淞路，密勒路，崑山路，乍浦路等は邦人の巣窟とも云ふべく市面の状態又日本的市街風を呈せり　此方面に営業する邦商は概して小売商人のみにして日本人向営業を主とす」と記している（15頁）。

24) 満州主要都市における進出日本人の構成については，前掲柳沢『日本人の植民地体験』第二章参照。なお，こうした日本商における性格の相違について，前掲内田ほか『大上海』は，「英租界は会社及個人商店としては支那人対手たるに反し此処虹口は邦人向小売商人なればなり」と指摘している（16頁）。

第Ⅰ部

日露戦後から第一次大戦期の日本人進出と
居留民社会の構造

第1章　上海日本人実業協会と居留民社会

はじめに

　日露戦争を契機として，中国に進出する日本人や日本企業は増大し，対外貿易の中心港である上海においても邦人居留民の増加がみられ，次第に日本人居留民社会を形成しはじめていた。こうしたなかで，1907年の上海居留民団の創設に引き続いて，1911年12月には在留日本企業の結集体として上海日本人実業協会（以下「実業協会」とも略記）が設立されている。のちの上海日本商業会議所（以下「上海商議」とも略記）である。上海日本人実業協会は，上海における日本商の最有力団体であり，かつ在華日本人商業会議所の中軸組織に位置していたが，「満州」（中国東北部，以下，「　」を外す）地域を含め他の中国諸都市の商業会議所が，中小商工業者を広く結集した組織であったなかで[1]，唯一有力大企業主体の組織であった。

　本章では，このような中国在留日本人商業会議所ないし実業団体中の独自の一類型をなす，上海日本人実業協会の構成と活動をできる限り具体的に明らかにし，あわせてそれを規定した上海日本人居留民社会の構造を検討したい。こうした検討は，上海を起点とした日本の中国関内進出を担った諸資本・諸商人の性格と進出構造，さらには在地経済との矛盾関係を解明するための基礎作業といえよう。

　同時に，居留民社会に深刻な影響をおよぼす最大の要因であった排日運動への上海日本人実業協会の対応をも検討しておきたい。第一次世界大戦後の日中関係において，日本人居留民とりわけ中小商工業者層の尖鋭な排外主義的傾向や突出した侵略性が指摘されているが[2]，他方で，国内の中国関係企業における日中提携・親善論の主張も明らかにされている[3]。したがって，

ここでの検討は，上海日本人実業協会の姿勢を明らかにするとともに，居留地社会における尖鋭な排外主義の潮流と提携・親善論との関係についても解明することが課題となる。

1　日露戦後における上海在留日本人の動向

(1)　日露戦後における日本人進出とその特徴

　上海日本人実業協会の成立と活動を明らかにしていくうえでは，まず，その前提をなす日露戦後における日本人居留民社会の動向や構造の解明が必要であるが，ここでは先行研究[4]との重複を避け，実業協会の性格や活動と関連する居留民社会の社会構造的側面に重点を置いて検討を行うこととしたい。

　日本人の上海進出は1871年の日清修好条規締結を契機とするが，日清戦争前においては日本人居留民はわずか1,000人足らずであり，日清戦時の引揚げとその後の回復・漸増を経て，上海への日本人進出が飛躍的に増大するのは日露戦後のことであった[5]。図1-1は，上海の日本人居留民数と対日輸出入の動向を表したものであるが，居留民数では1903年2,216人，06年5,825人，09年8,057人と，日露戦争以降における居留民の増加がきわめていちじるしいことがみてとれる。そして，1908年にははやくもイギリス入居留者数（4,590人）を上回り，日本人が上海在留外国人（1万9,073人）中の最大勢力（7,263人）となるに至っている[6]。この点で，日露戦争を画期として上海における日本人居留民社会が形成されはじめたということもできよう。1907年の上海居留民団設立はその指標となるものである。

　同時に図1-1は，当該期の居留民の増大が日本－上海間の貿易量伸長の度合いに対応せず，それをはるかに超えて急激であったことをも示している。このことは，当時とくに目につく上海への資本輸出もみられなかった点を考慮すると[7]，日露戦争以降の居留民増加が，たんに日本の対上海貿易の進展や資本輸出に随伴するというのではなく，のちにみるように雑多な職種の日本人の渡航によって生み出されたものであることをうかがわせる。では，日

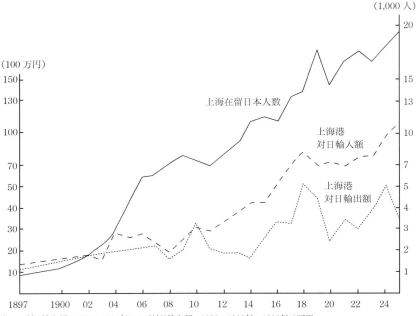

図1-1　上海在留日本人数および上海港対日貿易額

注：対日輸入額の1898〜1901年および対日輸出額の1898〜1901年，1903年は不明。
出典：在留日本人数は，副島圓照「戦前期中国在留日本人人口統計（稿）」『和歌山大学教育学部紀要　人文科学』第33号，1984年2月，輸出入額は，外務省通商局『在支本邦人進勢概覧』1915年，および『上海日本商業会議所年報』第8，1925年度。

　露戦後に増大した日本人居留民の実態はどのようなものであったのだろうか。1905年1月に上海に渡り，辛亥革命時まで同地方で商業活動を営んできた長谷川桜峰は，当時の邦商の状況についてつぎのように記している[8]。

　　本邦人の支那に渡りて彼地に於て自己の運命を開拓せんとするものは三井三菱等第一流の巨商によらざれば裸体一貫脛一本の奮闘家たらざるはなし然るに近時は第二流の実力あり信用ある各商店が相競ふて彼地に支店出張所を新設し盛んに貿易を行ふに至れり……在清我商店中全然支那人相手の貿易家其数に於て十分の一に過ぎず其他は悉く其地に於ける同胞相手の雑貨飲食店及同胞の要する日用品販売店なりとす……然して彼地に於ける

日本人相手の商店は日本より現ナマを持ち越して開店せるもの少なくして十中の八九は彼地に居る同胞の助力応援によりて初めはチッポケな店より始むるを常とし……。

　この記述からうかがえるのは，まず第一に，当時進出した日本商のなかでは零細資金で商売を開始した小営業者がきわめて多く，その大部分は飲食店や日用品小売など邦人相手の零細な商売に従事していたことである。さきにみた日露戦以後の貿易量伸長をはるかに超える居留民急増を支えた中心は，これらの層であったことを推察させる。そして第二に，当該期においては，右の零細商と並んで大会社や中堅的な商店の進出がかなりみられることである。三菱，古河，大倉，鈴木，高田などの商社が戦時御用商売の減少に対応し，また戦後の中国進出の気運に乗じて，上海や香港などに支店を設置したのはこの時期とされており[9]，「日本内地に本店若くは資本主を有し比較的確実」[10]とされる取引高10万円以上の会社や商店の数を外務省通商局『海外日本実業者之調査』でみても[11]，1906年の26社が13年の50社，18年の116社へと倍増の伸びを示している。こうした上海居留民の状況を，職業別構成の検討を通じてもう少し詳しくみよう。

(2)　居留民の職業別構成と類型

　上海総領事館報告による1907，12，16年の職業別人口を，国勢調査の職業分類表を基準に大別してみていく。なお各年次の総計はそれぞれ567戸，5,299人，1,404戸，7,686人，2,226戸，11,118人である[12]（第3章表3-1（a），1916年は表1-1参照）。

　まず，鉱工業分野についてみると，1907年は74戸，404人で，人数では全体の1割をはるかに下回る。しかし1912〜16年には人数は約3〜5倍になり，構成比も全体の2割近くにまでなっている。これには，年次により「その他有業者」中の内容が異なることの影響も多少あるが，日露戦後から1910年代にかけてこれらの分野が大きく伸びたことは明らかであろう。しかしその内部に目を向けると，近代的大工業と呼べるものは紡績業を除いて

表1-1　上海在留日本人職業別一覧（1916年）

区分	職業	戸数	人数
I	農業（牧畜牛乳商＝A）	3	33
II	鉱工業	373	2,100
A	鍛冶・鋳物・鍍力・鑵職	4	31
	機械器具製造販売	16	90
	洗張・洗濯業	18	82
	畳・竹細工職	11	76
	裁縫職・仕立職	52	238
	靴製造販売	65	400
	大工・指物職・左官職	41	234
	諸請負業	6	26
	建築・電気・水道技師	7	26
	植木職	8	40
	製版・印刷・製本業	44	220
	縫箔・金銀・甲冑細工	26	160
B	ガラス器具製造販売	29	227
	石鹸製造販売	6	35
C	紡績等職工・製糸業	3	30
	帽子製造販売	8	24
	紙箱製造販売	5	16
	製革業・皮棒製造販売	14	73
E	その他の工業	10	72
III	商業および交通業	1,110	5,937
A	食料品商・菓子商	64	298
	石炭・薪炭商	9	36
	酒・醤油商	12	60
	呉服・糸商	15	79
	書籍・文具・玩具・紙商	12	66
	古物商・骨董商	39	179
	その他の販売商	13	52
	雑商	44	180
	仲次業・周旋業	17	85
	質屋・金貸業・保険業	10	57
	旅人宿・下宿屋	18	177
	料理店・飲食店・貸席	71	516
	遊戯場・興行関係業	17	53
	理髪業・女髪結・湯屋	66	304
	薬種並売薬商・薬行商	34	159
B	雑貨商	129	545
	時計・洋傘・化粧品商	10	38
C	海産物商	6	28
	肥料商	2	8
	棉花商・綿糸商	9	47
	砂糖商・鶏卵商	12	93
	銀行員	27	145
	海運業・船員・通関業	37	196
	会社員	310	1,945
D	競売並用達商	2	16
E	陶磁器・金物・金庫商	5	27
	艦船売込商	18	88
	商船店員	102	460
IV	公務および自由業	195	988
A	僧侶・牧師・神職	13	66
	医師・歯科医師	22	164
	按摩鍼灸業	32	101
	新聞及雑誌記者・社員	16	61
	技芸等教授・画工彫刻	11	66
C	代書・通弁業	12	44
	公吏・官雇員・海関	4	11
D	教員	44	279
E	弁護士	23	92
	写真業	5	26
V	その他の有業者	13	78
A	芸妓・酌婦	541	1,848
	貸席人	－	131
	料理人	42	247
	雑役	17	76
B	外国人被傭人	243	823
VI	無職（学生等）	239	571
	総計（含無職＝学生等）	2,226	11,118

注：1）A は主として邦人を営業対象とした職種、B は中外国人を有力な対象とした職種、C は対外貿易関係、D は国家的進出付随ないし公的施設関連、E は混在または不明。なお総計と各項計との不一致は下記出典による。

2）職別の根拠については本文23〜27頁および注14）、15）参照。

出典：島津長次郎『上海黄浦青島案内』金風社、1917年（原資料は『上海総領事館報告』）。

ほとんどみられず，その紡績業も1910年代においては上海紡・内外綿など二，三にとどまっている。また，ガラス製造や石鹸製造，製革業など土着的資本によるマニュファクチュア的な企業に関連する居留民が若干増加しているが，いまだ限られたものであった[13]。

　これに対して，鉱工業分野の大部分を占めるのは，大工・畳・ペンキ・靴・細工職などの職人・自営業者や，裁縫業，洗張・洗濯業など家内工業的な業種であった。これらの業種は，いずれもわずかの資金や若干の技術で開業可能であり，その大半は現地の邦人社会に営業の基礎を置いていたと考えられる。日露戦争以降の日本人居留民の増大を支えたもののひとつは，こうした職人や零細自営業者層であったといえよう。

　つぎに，商業および交通業の分野をみると，鉱工業などの伸びでその構成比をわずかに低減させるとはいえ，全体の過半を超える比重を有し，絶対数においても1907年から16年の間に2,974人から5,937人へと約3,000人も増加しており，鉱工業分野の増加をはるかに超えて当該期の居留民増大の主力をなしている。広範な業種からなるこの分野について，上海総領事の報告で示された類型を参考に[14]，市場や在地経済との関連を考慮して大ざっぱに類別し[15]（表1-1中のA〜E参照），構成上の特徴を探ることにしたい。

　まず第一に，銀行，海運および貿易関連の業職種を類別できよう（貿易関連型＝支店進出型）。このグループには，貿易商（1907年20戸392人，12年28戸119人）をはじめ砂糖商，鶏卵商，海産物商，棉花・綿糸商など貿易関係の業職種と海運，銀行，そしてこれらに勤務する「会社員」「商店員」などが入る。その大部分は日本の対中国貿易に携わる会社・商店と海運，銀行に関連した層であり，大会社の上海支店と日本国内に本店ないし資本主を有する中堅貿易商からなっている。この層の比重を知るために，便宜上，小商店の勤務者を相当数含む商店員を除外して累計すると，1910年代半ばには商業および交通業の35〜40％前後をこれらに関連する居留民が占めていたと推察される。しばしばいわれるように，在留日本商の大半が邦人相手の零細商という表現は正確ではなく，上海においては，居留者数に関する限り，対外貿易に関連する業種や，つぎにみる中国人向商売に基礎を置いた居留民は構

第Ⅰ部／第1章　上海日本人実業協会と居留民社会　　23

成上相当に大きな比率を占めていたのである。

　第二には，雑貨商（マッチ・タオル・石鹸・ガラス・時計等，1907年92戸，12年108戸，16年129戸）や薬種ならびに売薬商，売薬行商などの，邦人よりもむしろ中国人を相手とする卸小売商・小貿易商のタイプをあげうる（在地経済関連型）。彼らは「比較的小資本を以て開業し，主として当地に営業上の本拠を置く」が，つぎにみる虹口商人と異なって，中国人を有力対象として商売をすると特徴づけられていた。これらの比率は，雑貨商・売薬商等を単純に合わせると，日露戦直後の共食い的な売薬行商の一時的急増を別として，きわめて大ざっぱに15％前後といえる。

　そして第三に，いわゆる虹口商人と称せられる，各種の食料品や日用品の販売や，飲食店，旅人宿，理髪店などの，もっぱら日本人を相手とした零細商の存在をあげることができる（在留邦人依存型）。これら邦商は「小雑貨商に比して更に薄弱」とされ，その大多数は旧英租界と蘇州河を隔てた北側の虹口と称する地区に営業と生活の場をもち，いくつかの通りは数多くの邦人小売店や飲食店が集まって，さながら日本人街の様相を呈するとされていた[16]。参考までに，商業者中の彼らの人数の比重を概算すると，1907年から16年にかけて約35〜40％ほどとなるが，商店数では他を圧している[17]。

　以上の点を簡単に概括しておくと，①まず，各種食料品・日用品の小売商や飲食店，理髪店に至る零細商業者や，大工，畳職，製靴，細工師あるいは洗濯，裁縫等の職人や自営業者，そして雑多な雑商・雑業や家事使用人など，主として在留邦人を対象とした種々の零細営業者が，居留民中の大きな部分を占めていたことである。彼らは，主に虹口（および隣接の閘北）地区を中心とした邦人居留地社会に生活や営業の基礎を置き，「土着派」の主体となる存在であった（在留邦人依存型）。②また前者ほどの比重をもたないが，上海に本拠を有し，邦人よりもむしろ中国人を相手とした，売薬や雑貨類の卸小売に従事する小商人・小貿易商や若干の土着的な中小製造工業の存在を指摘できる。この層は，上海に本拠を置く点で虹口商人や職人・小営業者層と同様土着派といえるが，より中国の在地経済との関係を有している層であった（在地経済関連型）。③さらに日露戦後，貿易会社や海運会社などの

上海進出が進むなかで，正金・物産・郵船に代表される大会社の上海支店関係者や，日本国内に根拠を有する中堅貿易商の支店員等もかなり多くなっている。彼らはいずれも旧英租界などにあって輸出入関連の営業を行っており[18]，「会社派」と呼ばれ，日本人実業協会の基盤をなす層でもあった（貿易関連型＝支店進出型）。④最後に，国家的進出に連携した邦人（国家進出付随型）が限られていたことも，特徴のひとつであった。

　ところで，こうした上海日本人居留民社会の統轄機関として，日露戦後，上海居留民団が設立されるが，実業協会との関連で居留民団の運営主体についてのみ言及しておこう。

⑶　上海居留民団設立とその性格

　1905年３月，日露戦後における強固な居留地体制の構築を意図した「居留民団法」が成立をみるが，上海でも日露戦後の居留民急増によって従来の任意団体による対応では困難となり，1907年９月，上海居留民団が設立されていった。この上海居留民団は，公法人とは違い，邦人居留民の大半を包摂した公的な日本人倶楽部といった性格の組織であったが[19]，運営については，居留民会の議長資格を課金額で限定することを通じて，居留民上層＝会社派が支配するところとなっていたのである[20]。その点を執行機関たる行政委員会の構成でみておきたい。

　表1-2は行政委員会のメンバーを一覧したものであるが，まず第１回選出委員の顔ぶれをみると，大会社の上海支店関係が６名（郵船・正金・物産・古河・日清汽船・日棉），日本に本拠を置く中堅貿易商関係２名（半田棉行・市原合資），上海に本拠を置く貿易商２名（吉田号・大秦商会），虹口地区の土着的営業者４名（新聞・医師・薬剤師・呉服雑貨商），不詳１名となっている。さらに立ち入ってみると，吉田号・大秦商会・済生堂は日本人実業協会の会員となっており（喜多も1914年までは会員），とりわけ吉田・大秦は中堅貿易商として虹口地区の邦人社会よりもむしろ前者と利害を共通にしている[21]。したがって厳密には，大会社を中心とした上海支店関係者＝会社派およびその利害関係者が３分の２を占め，ほかは彼らと利害を異にする（篠田・喜多

表1-2　上海居留民団行政委員一覧

1908年（初回）	所　属	1911年	所　属	1917年	所　属
伊東米治郎◎	日本郵船	伊東米治郎※	日本郵船	藤村義朗◎※	三井洋行
井手三郎	上海日報	井手三郎	上海日報	鈴木重孝	新聞記者
半田虎之助	半田棉行	小野兼基※	上海紡織	木幡恭三※	日清汽船
秦　長三郎	大秦商会	秦　長三郎※	大秦商会	秦　長三郎※	大秦商会
小笠原菊次郎	日本棉花	石渡邦之丞※	日清汽船	児玉謙次※	横浜正金
横田政吉	市原合資	横田政吉※	市原合資	神津助太郎※	古河合名
内田虎吉	吉田号	馬場義興※	日信洋行＝日棉	野木和一郎※	三井洋行
阿多広介	？	河野久太郎※	大倉洋行	松尾亥太郎	松尾洋行
佐々木金次郎	佐々木医院	佐々木金次郎	佐々木医院	村井啓次郎※	満　鉄
篠田宗平	済生堂大薬房	志保井雷吉※	高田商会	伊吹山徳司※	日本郵船
鈴木島吉	横浜正金	鈴木島吉（※）	横浜正金	黒葛原兼温※	台湾銀行
木幡恭三	日清汽船	村上貞吉	弁護士	原田芳太郎※	三菱公司
藤瀬政次郎	三井洋行	藤瀬政次郎※	三井洋行	飯森梅男※	上海製造絹糸
喜多太助	喜多洋行	三谷一二（※）	三菱公司	幡生弾次郎※	三井洋行
荻野元太郎	古河合名	荻野元太郎※	古河合名	安田繁三郎※	日本郵船

注　：1）◎印は行政委員会議長，※印は上海日本人実業協会会員，（※）は同協会賛助商社社員。
　　　2）喜多洋行は呉服雑貨取扱，松尾洋行は酒醤油食料品雑貨取扱。両者とも日本人居留街で営業。
出典：行政委員名は，上海居留民団『上海居留民団三十五周年記念誌』1942年。その所属は，外務省通商局『海外日本実業者之調査』各年次，島津長次郎『上海漢口青島案内』金風社，1917年，内田清ほか『大上海』大上海社，1915年，および人事興信所『人事興信録』第5版，1918年。

を含めて）虹口地区の土着派居留民という構図が描ける。

　つぎに上海日本人実業協会創設時の1911年をみると，上海紡織を含む大会社関係が10名，中堅貿易商が2名（国内本店1，上海本店1），虹口の土着派3名となる。そして，日本人実業協会の会員ないし賛助商社に所属する者は12名となっている。大会社関係の増加が目につき，また実業協会系企業が大きな地歩を占めていることがわかる。さらに1917年では上海製造絹糸を含め大会社関係12名，上海に本拠を置く中堅貿易商1名，そして虹口土着派2名という構成であり，あとの2名を除く13名が実業協会の会員である。ここでは行政委員会はその圧倒的部分が大企業の支店長クラスによって占められるに至っている。

　以上のように，上海居留民団の指導部たる行政委員会はすでに創設時から貿易関連の大会社を軸とした会社派の優位で構成されていたが，民団の発展とともにその傾向は強まり，1910年代末には虹口地区の土着派居留民も，また有力土着資本も片隅に押しやられ，大会社を軸とした会社派中心の運営

体制を鮮明にしていった。多くの中国・朝鮮の居留民団においては，地場の有力日本商を中心に運営されたことが指摘されているが[22]，上海の場合，実業協会会員と重なる大会社の支店長層が有力土着商を圧倒して，「事実上民団の行政は之等会社側の意向に依り運営さるるの状況」となっていたのである[23]。

　以上，日露戦後の上海日本人居留民社会をみてきたが，さらに上海日本人実業協会について検討を進めよう。

2　上海日本人実業協会の設立とその活動

(1)　設立の経過と構成

　1911年10月24日，日本政府は「対清政策に関する件」[24]を閣議決定し，満州における権益の現状維持を確認するとともに，「今後特に力を支那本部に扶殖するに努め」ると，中国本部に対し機敏な軍事出動の便宜を武器に積極的な経済進出を進めていく方針を打ちだしていった。しかし，同じ10月の10日には，武漢を発火点に辛亥革命が勃発しており，武漢と結びつきの強い上海においても，進出した日本企業や銀行は金融・海運・商品取引などあらゆる面で影響を蒙っていた[25]。こうした事態のもとに，上海在留の実業家たちによって設立せられたのが，上海日本商業会議所の前身，上海日本人実業協会であった。まず，その成立経緯をみておきたい[26]。

　1911年11月11日，時局緊迫のなか，北四川路の日本郵船上海支店長伊東米治郎（当時，居留民団議長）の家に児玉謙次（正金），藤瀬政次郎（物産），中島虎吉（三菱），秦長三郎（大秦商会）など13社18人の実業家が集まり，日本人実業協会の創立相談会が開かれた。席上伊東は，時局の重大性や実業家の蒙る損害に言及しつつ「実業家はこの際よろしく具体的な意見を発表し，以て政府当局者の参考に供するとともにその注意を喚起する必要ありと信ずるものである。要するに我々実業家は現在の時局に対し意見を一致しておく必要あるを以て今日ここに諸君のご臨席を乞ふた次第である[27]」と挨拶し，

上海在留実業家の結集と政府当局に対する共同した働きかけの必要を訴えた。この日は，時局討議の後さっそくに，西園寺首相宛「時局に関する決議文」および内田外相宛「時局に関し政府当局に宛てたる陳情書」を提出することを決している。

ついで11月23日の第2回会合で「規則」が作成され，12月2日，伊東米治郎以下28名の実業家と有吉総領事ほか7名の来賓の出席を得て創立総会が開催された。総会では会頭に伊東，副会頭に秦を選出し，さらに会長指名による10名の役員を決定し，ここに「支那商業の中心地たる上海に於いて，日本人実業家の発言の機関」が成立したのである。創立時の会員37名，賛助商社29社であった。

こうした実業協会の創設は，その「規則」で「上海に於ける商工業の進歩発展を図るを以て目的とする」と述べているように，日露戦後における進出日本企業の増大や積極的中国進出政策などを背景としたものであることは，あらためて指摘するまでもなかろう。むしろ，ここでは，創立相談会メンバー18名中に，伊東をはじめ居留民団行政委員が6名，元委員が3名入っており，居留民団の成立がひとつの前提となっていた点が注目される。あわせて，実業協会が辛亥革命を契機として成立し創立相談会の議論の中心が時局認識・時局対応であったことの意味[28]，換言すれば，上海日本人実業協会にとって，中国・上海の政局とりわけ民族運動への対応が今後の経済進出において最も重要な問題であったことを確認しておきたい。

では，どのような実業家層が結集していたのであろうか。実業協会の賛助商社（1914年38社，18年60社）に関して[29]，その資本規模別構成を検討すると，第一に注目されるのは銀行，海運，貿易などの大会社の上海支店が非常に数多いことである。正金・台銀の政府系銀行や郵船，大阪商船，日清汽船などの海運会社，そして三井物産，三菱，古河，大倉さらには鈴木，日綿等々，財閥系を頂点とした有力貿易商が顔をそろえており，これらの会社の上海支店長らが上海日本人実業協会の中心的地位を占めていたことが知られる。払込資本金でみても500万円以上の大企業が1914年で12社，18年で23社と全体の3分の1を超え，それ以下の層の鈴木，高田，日本海上，上海紡織

等実質上の大企業を考慮すると，実業協会の約半数は大企業の上海支店関係者からなっている。

　また役員構成をみると，役員の大半はこの層に属しており，なかでも政府系銀行や財閥系企業（1920年代以降は在華紡も）はつねにその中軸的地位にあったことがわかる[30]。ここからも，政府系や財閥系を頂点とした大企業の上海支店長らが実業協会の主導的地位を占めたことを確認できよう。

　そして，第二のグループは，資本金額の少ない，日本国内に本店ないし資本主を有する中堅の会社・商店である。資本金額100万円未満層（1914年15社，18年21社）の大半および500万円未満層の一部がこれにあたる。その多くは，日露戦後あるいは第一次大戦後，市場開拓を意図して進出した中堅貿易商の上海支店ないし製造企業の販売店である。これらも，さきの大会社層と連携して会社派の一角を構成するが，1910年代および20年代を通じ，この層は実業協会の会員としては出入りがあり，周縁的存在であった。

　さらに三番目のグループとして，上海に本拠を置いた会社・商店を指摘できる。上海紡織や上海製造絹糸など国内大企業の支配下の会社を別にして，これらの会社・商店は地元経済ともつながりの強い中小規模の土着的企業上層といえる[31]。これらは，雑貨貿易の吉田号や大秦商会，製造業の瑞宝洋行，華章造紙，中国電球などごく少数にとどまっているが，大戦以降やや数を増し，次第に第二のグループを凌駕していく。

　なお，業種別構成をみておくと，1918年の時点で60社中41社が貿易業で圧倒的な比率を占めていることがわかる。上海航路を担う海運会社やその補助業務会社も含め，当該期の実業協会の主たる関心が商業貿易問題にあったことをうかがわせている。金融関係では，創設期は正金と台銀の政府系銀行2行のみで，財閥系銀行の進出は第一次大戦後に属する。製造業に関しては，内外綿や上海紡などを除けば，石鹸など2，3の小企業をみるにすぎない。在華紡の本格的形成も1920年前後のことであり，基本要素がそろうという意味では，1920年代初頭を上海邦人居留民社会および上海日本人実業協会＝上海商議の確立期とすることができよう[32]。

　このように上海日本人実業協会は，何よりも正金，物産，郵船など大会社

の上海支店を結集した，大企業主導型の実業団体として成立したのである。同時に実業協会は，日本国内に本拠を有する中堅的会社・商店，および上海に基礎を置く土着的企業の上層をも構成要素としており，上海に在留する中堅以上の邦人企業の利害を広く結集するという性格をもみることができる。しかしながら実業協会においては，「在留邦人依存型」たる数百にのぼる虹口商人はもとより，雑貨類取扱の小商人あるいは在地性の強い各種の中小商工業者も，一部を除き当初から排除されていたのであり，大連，天津，青島など中国他地域の商業会議所が在地的営業者層を広範に組織しているなかで，この大企業性は上海日本人実業協会の明確な特徴をなすものであった。

(2)　成立期の活動とその特徴

創設の契機となった辛亥革命の事態に対しては，さきの「陳情書」や「決議文」とともに，影響調査を実施して大部の調査報告書を内外の商業会議所や関係団体に配付しているが，それ以外にはとくに目につく活動は行っていない。同じ時期，三井物産や大倉組，日本郵船が革命軍への武器売込みや漢冶萍借款，招商局借款など利権確保のために積極的に動いているのに較べると[33]，目立った動きはなかったといってもよい。創設直後ということもあるが，諸企業の結集体としての実業協会と，ときどきの利益を求めて時局に対応する個別の資本との違いといえる。

それ以後の活動に関しては，1912年から16年における役員会の議事が知られる[34]。限られた期間であるが，そこでうかがえることは，まず第一に調査活動がしばしば実施されていることである。その調査活動は，長江流域を中心とした商慣行や物産調査等の一般的調査だけでなく，政変や排日運動あるいは関税改定の影響調査など，請願や要求運動の基礎としてもなされており，実業協会の基本活動のひとつとなっていた。一般的調査活動についていえば，会員の要望を踏まえ，結果は公表して一般の便宜に供しており，邦商進出を容易化するものであった。そして1915年には，領事館にかわって通商活動年報「上海港輸出入貿易明細表」の刊行を継承しており，実業協会ははやくも「帝国商圏の拡張を図る一大重要機関」となっていった[35]。

また第二に，河港改修や会審衙門（Mixed Court，２章注11を参照）問題な
ど租界当局への要望や，日本政府を介した中国政府に対する関税改定問題，
農産物の輸出制限解除などの要求提示がなされており，上海における商業活
動がつねに「国際政治」に強く規定されていたことを示している。そして内
容的には，上海という特定地域の問題以上に，関税改定や米穀類の輸出解禁
など一般的な通商貿易に関連するものが課題とされている。上海が日本の対
中国貿易の中心港であり，上海日本人実業協会がその中核をなす組織であっ
たことを反映したものといえる。
　第三には，江蘇や浙江の実業家の渡日に際し，訪問先の商業会議所に連絡
をとり便宜を図る一方，渋沢栄一の一行や函館など国内からの視察団を迎え
て中国の経済や上海の通商事情について懇談するなど，国内の実業家と上海
の中国商との交流や提携に関わる活動がみられる。同時に，中国他都市の日
本人商業会議所との交流もみられ，とくに在支日本人商業会議所連合会の創
設など在華邦商の結集においては，その結集軸をなしていた[36]。
　さらに第四に，時局とりわけ排日運動に対する対応が重要な課題とされて
いることを指摘できる。実業協会の創設当初は，関税改修や税関対策，会審
衙門問題などいくつかの懸案事項を有していたが，その取り組みを終えた後
はとりたてて通商活動に関連した重要課題もみられなくなっており[37]，そう
したなかにあって排日運動など中国民族運動への対応は，上海日本人実業協
会にとって最大の重要課題となっていったのである。つぎに，排日運動への
対応に焦点を合わせて，実業協会の活動と性格を検討しよう。

3　排日運動と上海日本人実業協会

(1)　1915年の排日運動とその影響

　中国における排日運動は，1908年の第二辰丸事件を起点として，以後次
第にその規模と深度を増し，日本の中国進出とりわけ関内進出に影響を与え
る最大の要因となっていった。そして，創設まもない上海日本人実業協会が

直面したのは，日本の対華21ヵ条要求に対して組織された1915年の日貨排斥であった[38]。

　第一次大戦開始後の1915年1月以来，日本政府は袁世凱政府に対し21ヵ条の利権要求の秘密交渉を進めていた。しかし，それはまもなく中国国民の知るところとなり，排日の気運を高めていった。そして3月半ば，対日同志会主催の国民大会が催された頃より，日本雑貨同業組合や旅滬同郷会をはじめ20余の各商同業組合が日本品ボイコットの決議をするなど，排日風潮は次第に激しさを増していった。5月7日の日本政府による最後通牒以後運動はさらに激化し，漢口では排日暴動までも引き起こされている。

　こうしたなかでの中国商の中心組織である上海総商会の動きをみると，各地の商会や国民対日同志会からの対日ボイコット要請を黙殺するなど，排日に対し不同意の姿勢をとり，排日風潮の高まりのなかでもその姿勢を崩さなかった[39]。しかし総商会議員の多数は，各人の所属する組合でボイコットに賛意を表しており[40]，排日傾向を次第に強めていた。同時にまた，国貨提唱を掲げた「国貨維持会」が結成され，国内産業の発展に資するよう国民に自発的預金を勧める「救国儲金団」も，虞治卿ら有力商人により組織されるなど，「国貨提唱」「救国儲金」の運動も進められていった[41]。日貨排斥自体は7月半ばに沈静しはじめ，8月には日本の対中国輸出も急速に回復していくが[42]，これらの多様な排日運動の背後には辛亥革命以降の中国民族資本の急速な成長をみることができる[43]。

　そうした状況について，有吉明上海総領事の報告は，「今次の『ボイコット』は我方の先例を示せる国貨提唱国産奨励等の名目の下に一種の利権回収熱を煽り自国の工業に資し靴下，『タオル』，売薬化粧品の如き簡易なる小工業は之を機会に各地に勃興せんとする気配ありて従て之等の商品は将来と雖も影響を免れさる」と指摘している[44]。

　民族資本の成長を前提とした排日運動のこのような展開は，日本商への影響においても，取扱商品などによって一定の差異を生ぜしめる結果となっていた。その点につき別の報告は，影響の度合いを中国における代用品産業の成長との関連で以下の順に類別している[45]。①中国において代用品を有し，

品質上も日本品と差のないもの（マッチ・靴下・タオル等）。②代用品を有し，品質は日本品に及ばないが価格は低廉なもの（売薬化粧品等）。③代用品を有し，かつ他国からも供給されるもの（綿糸布等）。④代用品を有せず，外国からの供給もないが絶対的必要品でないもの（海産物等）。⑤代用品を有しないが，外国からの補給が可能な絶対必要品（精糖等）。また，比較的影響の大きくないものとして，①目下日本以外に供給の途なく，一見日本品とわからないもの（ガラス等）。②日本品であることが明白だが，絶対必要なもの（日本中糸・シルケット等）。③外国品を模造したもの（化粧石鹸）。

　大戦期における中国雑工業や綿糸紡績業の急速な発展が各種日本品に多くの影響を与えており，なかでも雑貨や売薬・化粧品においては，中高級品分野への影響が少ない綿糸布などとは異なり打撃がきわめて大きかったことがうかがえる。それは，雑貨や売薬・化粧品類を取り扱う小商人層の受けた影響がとりわけ深刻なものであったことをも意味していた。こうした取扱商レベルでの相違について，報告はさらにつぎのように述べている[46]。

　当地本邦商人中綿糸布砂糖石炭燐寸海産物等を取扱へるものは悉く大会社若くは本邦に確実なる根底を有する個人商店なるを以て今回の日貨排斥の為めに直ちに財政上の困難に陥るが如きことなく営業費の損失を忍んて時期の到来を待つつある売薬化粧品其他の小雑貨を取扱へるものは主に小商人にして其数頗る多く支那人向の卸小売をなせるもののみにても数十店に上れり……多くは僅かの資本を以て個人経営をなせるものなるを以て表面は兎も角内実は頗る困難なる状態にあるもの少なからず……。特に注意すへきものは在留日本人向の商品を取扱へる所謂虹口側の小商人の現状にして此等小商人は日貨排斥と何等直接の関係なきも需要者たる本邦商人の手許の不況は直ちに各方面に伝播し一般の不景気となり其信用は前記の小雑貨商に比し更らに薄弱なるを以て其困難は一層大なりとす若し破産閉店者等ありとせは却つて虹口側商人の方先なるへし

　大手および中堅の邦人取引商が，中国品による代替が難しい商品を取り扱

い，かつ資金的にも十分な耐久力を有していたのに対して，売薬や化粧品，雑貨を取り扱う小商人の場合，取扱品の性格からも資金力の面からも，排日の打撃が経営の基礎を脅かすものであったことがうかがえよう。同時に，邦人社会の動揺の影響を直ちに受ける虹口商人の基礎のきわめて薄弱な姿をも知ることができる。

(2) 上海日本人実業協会の対応

上にみたように，日貨排斥の打撃は，雑貨類を取り扱う小商人層においてより深刻であっただけに，排日に対して最初に積極的な対応を示したのも，それら小雑貨商たちであった。

日本人雑貨商は，すでに1906年に上海雑貨商商友会を組織して競争の回避や価格の維持に努めていたが[47]，排日運動が高まりはじめた15年3月，英仏租界において対中国人貿易に従事する日本人雑貨売薬商約50店を結集して上海実業有志会を設立した。そして，上海日本総領事館に対し再三意見を具申し，①政府援助による中国の新聞買収，②北京政府に対する厳重交渉と枢要地への監督官派遣による排日取締の強化，③有力実業家の訪中による排日緩和等の方策を提示するなど，積極的な活動を行っていた[48]。

これに対して，上海日本人実業協会の対応は[49]かなり消極的なものであった。すなわち，日中交渉が進展するなかで当初は，有力中国商からの問い合わせを受けて，「必要に応じ夫々関係支那人に日貨排斥の相互的不利を説得し彼等の軽挙を防止し商業的平和を維持せん」との申し合わせをしているにすぎない[50]。また，排日が激化する4月中旬においても特別の手段をとることなく，むしろ「協会の性質上採るへき適当なる方法を見出し得るに困難なるを以て此際進んで積極的手段を講せさること」を役員会で議決している[51]。

したがって「注意的観望」の立場で，排日の影響調査（『排日熱と日貨排斥の影響』として刊行）などを実施しているとはいえ，具体的行動としては，さきの実業有志会や漢口実業協会の要請を受けた，中小商人層との協議や漢口の排日運動に関する日本政府への要望など，概して受動的な対応にとどま

表1-3　第1回在支日本人商業会議所連合会上海日本商業会議所提出議案（1921年）

議　　　　　案	取扱結果
在支居留地撤去及治外法権撤廃に関する件	一部可決
支那に於ける商標権の件	他案と一括
支那人商業登記励行に関し北京公使宛請願の件	可決
対支貿易統一機関設置の件	他案と一括
対支投資財団を組織し邦人間の無用の競争を避け併て支那の利源を開発する件	可決
将来支那に於ては門戸開放機会均等主義に基き日本は率先して各国共同事業の　経営に努力する件	留保
支那各開港地に為替機関設置の件	他案と一括
対支貿易発展策殊に現下の日本財界不振に際し日本商品の輸出奨励策に関する件	他案に譲る
支那に於いて支那人教育機関を興す件	他案と一括
日支社交機関組織の件	可決
日本の手に依て教育せられたる支那学生に対し就職の斡旋を為す件	〃
対支慈善病院建設の件	〃
支那重要都市に帝国の完全なる言論機関を設け充分日本の誠意を発表する件	〃
支那に農事試験場設置に関する件	〃
支那に於ける邦人会社法制定に関し建設書提出の件	〃
特殊銀行設立の件	他案に譲る
在支日本人商業会議所連合会規則改正に関する件	修正可決
在支日本人商業会議所書記長会議開催の件	可決
※　　山東問題の日支交渉に関する件	撤回
※　　支那海関に於ける邦人の地位並に増員要求に関する件	他案に一括
※　　日支宗教上の提携を計る件	撤回
※　　宜昌重慶間航路開始に関し外務逓信両大臣宛諸願の件	否決
※　　満鉄の行動に対する外人の誤解を一掃するよう各会議所で尽力する件	撤回

注　：※印の議案は，事前の協議会で論議され，本会議に提出されなかったもの。
出典：上海日本商業会議所『第一回在支日本人商業会議所連合会議事報告』第一輯，第二輯，1921年。

っていたのである。

　ところで，こうした実業協会の姿勢は，「飽迄静粛な態度を持し徐々に社交的経綸的に彼我確執の根源となるべきものを永遠に除去するの方法を講ずる」という，中国商との提携・親善方針と関連したものであった[52]。それは，すでに指摘したように，会員企業の多くがこの期の日貨排斥に対し十分耐えうる資本力を有し，かつ当該期の民族資本の成長から直ちに営業の基礎を掘り崩されるものでなかったことによるが，たんにそれにとどまらず，中国商との間に経済的に不可分の関係をつくることによって，排日を抑止しつつ中国市場への積極的進出を果たそうとの強い意図の投影でもあった。

　時期がやや後になるが，表1-3は1921年の第1回在支日本人商業会議所連

第Ⅰ部／第1章　上海日本人実業協会と居留民社会　　35

合会に際する上海日本商業会議所の提出議案の一覧である。ここでは，「支那に於ける商標権の件」「対支貿易統一機関設置の件」「支那各開港場に為替機関設置の件」「特殊銀行設立の件」等々，本格的な中国進出のためのさまざまな積極的要求が示されている。そして，それらと並んで「支那に於て支那人教育機関を興す件」「日支社交機関組織の件」「日本の手に依て教育せられたる支那学生に対し就職の幹旋を為すの件」「対支慈善病院建設の件」等の方策が提起されており，提携・親善政策が中国進出の要求と一体のものであったことがわかる。

　また注目すべきことは，このような提携・親善の方針が，日本国内の中国に関係する大資本層の意向とも連携していたことである。すなわち，渋沢栄一は，1915年7月，東京商業会議所主催の日中交歓晩餐会で演説し，「両国の親善は日本の実業家のみならず支那の実業家も同一の考を以てすべく……貴国の実業家をして日本の実業家と同一の態度に出てらるゝ様努力せられん事を切望す」と，中国側に提携を働きかけるとともに，同月，中国の孫宝琦らに書簡を送り「今日当貴我実業漸次接近之時。不可不完提携発展之長策。以計其基礎之鞏固其法設立中日実業協会」と日中実業協会の設立を提案している[53]。

　この提案自体は，中国側の同意を得られず頓挫するが，1920年には日中「経済的相互の提携」を目的とした日華実業協会が三井・岩崎・大倉・住友・古河など中国進出に関わる有力実業家を結集して設立されており[54]，上海日本人実業協会の提携・親善方針が中国進出に関係する国内大資本の意志をも反映したものであったことを知ることができる。そして，日華実業協会の幹事には伊東米治郎・藤瀬政次郎・荻野元太郎（のち児玉謙次も）ら上海日本人実業協会の役員経験者や白石龍平ら元会員の名がみられ，彼らが実際運営の中軸に位置していたことが知られる[55]。上海日本人実業協会が国内の有力資本層の意志ときわめて近い存在であったことがうかがえよう。

　では，このような中国商との提携・親善方策は，その後どのように展開したのであろうか。1923年の旅大回収の排日運動への上海日本商業会議所（1919年，上海日本人実業協会を改称）の対応を通じてみておこう。

(3)　1923年の排日運動と上海日本商業会議所

　旅順・大連の回収を掲げて推進された1923年の排日運動は，それまでの「日貨抵制」のスローガンにかわって「経済絶交」が掲げられたように，日貨排斥のみならず，日本企業への原材料の供給拒否や労働者離脱，日本人商店・会社・銀行等の利用ボイコットなど広範囲にわたる排日の運動をつくりだそうとしたものであった[56]。この運動の詳細は省略するが，以前の運動との大きな相違のひとつは，上海総商会が積極的に排日に参加していたことである。その直接の要因は，従来，排日に対し不同意の立場に立っていた会長朱葆三をはじめとした30人の役員が一掃され，産業資本的色彩の新たな役員が少なからず加わったことにあるが[57]，そのこと自体，民族資本の成長と排日を通じた彼らの成長条件拡大の要求を反映したものであった。

　このような上海総商会の積極的な排日運動への関与は，上海商議の提携・親善方針を変化させることとなった。元来，提携論の反面で，日本の帝国主義的利権に関して上海商議会員の多くは，「二十一箇条条約なるものは正当なる国家間に正当なる手続を以て締結せられたるものにして之を不法なる排日排貨運動に依り無効ならしめんとするが如きは全く暴戻の極み」といった認識のうえに立っていたのであり[58]，総商会も含めた排日の激化を前にして対中強硬姿勢を前面に押しだしていったのである。

　すなわち，上海商議は当初，日本との経済関係上大規模な排日は困難と判断していたが，5月の国恥記念日以降運動が熾烈化するなかで，6月2日，排日運動の厳重取締と関係者の厳重処分等の交渉につき外務大臣宛に長文の請願書と伺書を提出した[59]。さらに7月に入ると，天津商議の要請を受け，漢口・青島・済南・大連など在華6会議所の参加で臨時の在支日本人商業会議所連合会を開き，排日対策の協議を行っている。

　この連合会の討議を通じて知りうる上海商議の姿勢の特徴は，ひとつには「此際一大決心を以て之に臨み凡ゆる手段を尽し支那官民をして……痛切に自覚せしむる迄帝国政府をして徹底的措置を決行せしめんことを期す」[60]と，排日団体の解散，関係者の厳重処罰，借款拒否など強力な排日対策を要

求していることである。そしてもうひとつは，その措置の実施について「帝国政府をして各国と協調し之が目的を達成せしめんことを期す」[61]と列強との協調路線を主張していることである。この点，提出された諸案中では，漢口案が限定つきで上海案に賛意を示しているのみで，ほかの天津案も青島案も言及しておらず[62]，上海商議の他の商議と異なる立場がうかがえる。

また，後者の姿勢とも関連して指摘できるのは，軍事力行使の要請をこの時点では提起していないことである。すなわち，提出された他会議所の案がいずれも排日激化の際の対応として「自衛的直接行動」「国際紛争強制処理法」等の表現で軍事力行使の要請を盛り込んでいたのに対し，上海商議は「此際列国共同して速かに断乎たる手段に依り……積極的行動に出づるの必要ありと認む」と述べるにとどまっていた。天津商議や漢口商議が日貨排斥からより深刻な打撃を受ける中小商工業者層を広く会員としていたのに対して[63]，上海商議が基盤の安定した大企業層を中心としていたことの反映であろう。

この点は，連合会の宣言・決議案作成に際して2日にわたって議論がなされた最大の論点であり[64]，合意をみた宣言は「帝国政府をして排日運動の不法行為に対し強硬なる措置を執らしめんことを期す」と，論調を強めつつも上海案に沿ったものであった。しかし，一般に公表されなかった15項目の決議では，排日が解決をみない場合の方策として「在支同胞の生命財産及通商の保護に必要なる直接行動に出つへきことを警告すること」を日本政府に要望しており，強硬論の主張をある程度取り入れる結果となっている[65]。

この時期の激しい排日運動を前にして，上海商議は，提携論を後景にしりぞけ他の在華商議とともにより強硬論へ傾斜しつつも，依然，他商議と異なる列国との協調や軍事力行使への比較的慎重な姿勢を保持していたといえよう。こうした姿勢は，上海における列国の存在に対する配慮にもとづいたものであることは容易にうかがえるが，その内的な要因はどこにみることができるであろうか。

日華実業協会は，この時期，日中両国の関係は「乖離を許ささる所」との認識のうえに「先ず厳乎たる手段を以て其反省改善を求め　然る後根本的親

交の樹立に努力すること確に善隣の義務なり」と，強力な排日抑止策要求の一方で，依然，提携策を保持する見解を示していた[66]。また外務省の横竹商務官も，排日の根本対策の第一として「日支実業提携」をあげ，「日支問題とは即ち実業問題也　実業的相互の利益問題也」と断じており[67]，上海商議の立場もこれらと共通のものといえる。換言すれば，日中貿易に利害をもつ有力企業においては，当該期の課題は，排日の展開にもかかわらず，対中貿易など中国への経済進出の一層の拡大にあったのであり，軍事力を背景にしながらも矛盾の激発を最小限にとどめ，より安定した中国市場の確保を望んでいたのである。前掲図1-1の上海の対日貿易動向をみても，第一次大戦から1920年代の半ばの時期は着実に伸長しており，三井物産上海支店の取扱量などもやはり確実に増大している[68]。こうしたところに，上海商議の提携論の基礎があったといえよう。

　しかしながら，上海商議のこのような方策が現実的根拠を有するか否かは，おのずから別の問題であった。民族資本の発展のなかで，総商会が次第に日本商との矛盾を拡大しつつあったことはさきにみたが，日華実業協会など有力日本人実業家の側も経済提携の名のもとで，内実は「彼等と経済的関係を生ずるや常に甘言を以てするも内心愚弄的態度を以て之に臨み自己の眼前の利益の為にのみ計」るような，帝国主義的利権にもとづく経済活動を追求していたのであり[69]，提携・親善策の基礎もきわめて薄弱なものであったのである。

おわりに

　以上にみてきたように，上海日本人実業協会＝上海商議は，日露戦後，居留民社会の主力をなす中小・零細商工業者とは一線を画しつつ，対外貿易関係の有力企業を主軸に中堅貿易商や土着邦人資本の上層を結集して成立した大企業主導型の実業家団体であった。こうした構成は，対外貿易の中心港たる上海の日本人居留地社会においては，中小零細層の大きな比重の反面で，有力企業が居留民構成上でも，また居留地行政上でも，重要な地歩を占めて

いたことに基礎づけられたものであった。そしてまた，実業協会に結集した諸企業が，他の中小ないし零細商工業者と営業基盤や利害を異にし，中国商や在地経済との矛盾のありようが大きく相違していたことの反映でもあった。

　このような特質は，第一次大戦以降の排日運動への対応過程において，上海日本人実業協会をして多くの中小商工業者たちと異なった立場をとらせる結果となっていた。すなわち，当該期における排日運動の展開のなかで，生活と経営に深刻な打撃を蒙った雑貨商などの中小商人や，さらに零細な虹口商人その他の自営業者・職人層などが尖鋭な排外主義へ傾斜していったのに対して，実業協会にあっては中国商との共通利害の拡大による排日回避や中国市場への一層の参入を意図した，中国商との提携方針の追求がみられたのである。そして，それは国内の中国に関連する大資本の動きとも連携したものでもあった。同時に指摘できるのは，こうした実業協会＝上海商議の姿勢は，脆弱な生活と経営の基盤を脅かされた居留民の排外主義が尖鋭化するに伴い，次第にその強硬論的潮流に同調・合流していることである。より拡大・安定した中国進出を意図しつつも，排日運動との矛盾の激化とともに，容易に排外主義に傾斜する性格をもみることができる。

　ところで，上海に進出した型を異にする諸資本間の相互関係や，提携論が連携を意図した中国商の実体，日本資本とそれら中国商との関係については検討しえなかった。また，上海の政治・経済過程を強く規定する欧米諸国の動向との関係についてもみることができなかった。今後の課題としたい。

〔注〕
１）これらについては，間宮國夫「日本資本主義と植民地商業会議所──1910年代の大連商工会議所会員構成を中心として」早稲田大学社会科学研究所編『日本の近代化とアジア』研究シリーズ第16号，1983年6月，幸野保典・木村健二「1920年代天津日本人商業会議所の分析」『千葉史学』第11号，1987年12月，柳沢遊「大連商業会議所常議員の構成と活動」大石嘉一郎編『戦間期日本の対外経済関係』日本経済評論社，1992年，また朝鮮については木村健二『在朝日本人の社会史』未來社，1989年参照。
２）波形昭一「日本帝国主義の満州金融問題」『金融経済』第153号，1975年8

月，柳沢遊「1920年代『満州』における日本人中小商人の動向」『土地制度史学』第92号，1981年7月。また上海におけるその動向については，臼井勝美「満州事変──戦争と外交と」中公新書，1974年，村井幸恵「上海事変と日本人商工業者」近代日本研究会編『政党内閣の成立と崩壊』（年報近代日本研究6）山川出版社，1984年，拙稿「満州事変期における上海在留日本資本と排日運動──上海日本商工会議所を中心に」上・下，「和光経済」第20巻第2，3号，1988年2，3月（本書第5章），堀本尚彦「上海の抗日運動と日本人居留民 ──一九一八事変前後を中心に」『信大史学』第14号，1989年11月，髙綱博文「上海事変と日本人居留民」中央大学人文科学研究所編『日中戦争──日本・中国・アメリカ』中央大学出版部，1993年。

3）副島圓照「一九二〇年代のブルジョワジーの中国政策」『日本史研究』第150・151合併号，1975年3月，原田敬一「日貨ボイコット運動と日支銀行設立構想──一九一〇年代大阪のブルジョアジーの立場」『ヒストリア』第90号，1981年2月。

4）前掲髙綱「上海事変と日本人居留民」。

5）日本人の上海進出の沿革は，内田清ほか『大上海』大上海社，1915年，47〜84頁，外務省通商局『在支那本邦人進勢概覧』中部支那ノ部（以下『進勢概覧』と略記）1915年，1〜46頁参照。

6）前掲内田ほか，『大上海』25〜26頁。各国領事館の報告によるため一部図1-1の数値と異なる。

7）平智之「第一次大戦以前の対中国借款と投資主体」国家資本輸出研究会編『日本の資本輸出──対中国借款の研究』多賀出版，1986年を参照。

8）長谷川桜峰『支那貿易案内』亜細亜社，1914年，782〜784頁。

9）三井物産会社『明治四十年支店長諮問会議議事録』（物産197－6）214〜215頁。

10）外務省通商局『上海ニ於ケル日本及日本人ノ地位』（以下『日本人ノ地位』と略記）1915年，40頁。

11）外務省通商局『海外日本実業者之調査』（以下『実業者調査』と略記）各年次。

12）1907年は前掲『進勢概覧』，1912年は外務省記録3.3.2.49『上海土地建物会社設立計画一件』外務省外交史料館所蔵（以下，所蔵は略す），1916年は島津長次郎『上海漢口青島案内』金風社，1917年。1916年までの調査では，本業者とその家族とが一括され実際の職業従事者数が不明なので，厳密には営業・生活基盤でみた居留民構成である。

13）その状況は，前掲『進勢概覧』第4表および35〜39頁。

14）外務省編『日本外交文書』1915年，第2冊，821頁。なお，植民地在留民の

構成については三層構造の指摘があるが（前掲間宮「日本資本主義と植民地商業会議所」，木村健二「明治期朝鮮進出日本人について」『社会経済史学』第47巻第4号，1981年12月，金子文夫「第一次大戦後の対植民地投資」『社会経済史学』第51巻第6号，1986年3月），本章での日本商の三類型は排日の影響や在地経済との関係を基礎としたものであり，上記の三層構造とは若干視点と内容を異にしている。

15）この類別に際しては，前掲『進勢概覧』1～39頁，前掲『日本人の地位』24～37頁，東亜同文会編『支那経済全書』第12巻，1908年，631～786頁，同編『支那省別全誌』第15巻第8編第1章，1920年，前掲長谷川『支那貿易案内』参照。もちろん，貿易と卸小売，日本人と中国人の両方を基盤とした業種・商店も多く，きわめて大ざっぱなものである。

16）こうした状況について，前掲内田ほか『大上海』は「此地域（虹口）内……特に邦人の居住する者多く文監師路，呉淞路，密勒，崑山路及乍浦路等は邦人の巣窟とも云ふべく市面の状態又日本的市街風を呈せり此方面に営業する邦商は概して小売商人のみにして日本人向営業を主とす」と記している（15頁）。

17）前掲『日本人ノ地位』40頁。

18）農商務省商工局『上海及営口事情』1915年，3～5頁，前掲内田ほか『大上海』14～16頁。

19）西川喜一『支那経済綜覧』第1巻，上海経済日報社，1922年，301～302頁。また上海居留民団の沿革については，上海居留民団編『上海居留民団三十五周年記念誌』（以下『記念誌』と略記）1942年，105～112，172～178頁参照。

20）前掲『記念誌』173～178，220頁，前掲島津『上海漢口青島案内』210～211頁。

21）1913年の『実業者調査』によれば，取引高は吉田号105万2,000円，大秦商会30万3,900円，喜多洋行4万1,500円，済生堂8万円となっている。また店舗所在地も，吉田，大秦は仏租界であり，喜多，済生堂は虹口地区である。

22）木村健二「在外居留民の社会活動」岩波講座『近代日本と植民地5　膨張する帝国の人流』岩波書店，1993年，43頁。

23）もちろん，会社派による民団運営の独占体制は土着派の不満を生むものであり，1922年には学校増設問題をめぐって民会紛糾事件が起こっている。この事件を経て1920年代半ば頃から，行政委員長には土着派を選出するなど一定の修正がなされているが，会社派支配自体を変えるものではなかった（1922年7月31日付，在上海総領事船津辰一郎より外務大臣内田康哉宛「上海居留民会ノ状況報告ノ件」外務省記録3.8.2.252-4『在外居留民団（会）関係雑件』上海ノ部および前掲『記念誌』1101～1103頁）。他方，土着派居留

民は1910年代半ばから町内会組織を形成し，それが彼らの意思を媒介する組織となっていった。これら町内会組織の「草の根のファシズム」の担い手たる側面については，前掲髙綱「上海事変と日本人居留民」を参照。

24）外務省編『日本外交年表竝主要文書』上，原書房，1965年，356〜357頁。

25）辛亥革命の影響は，「事変発生後上海に於ける金融運輸及商業状態」『上海日本人実業協会報告』（以下『実業協会報告』と略記）第1，1911年，9〜55頁。

26）以下成立の経過については「上海日本商工会議所三〇年史資料（一）〜（三）」上海日本商工会議所『経済月報』1939年6〜8月号（以下「三〇年史資料」と略記）。

27）同上，82頁。

28）創立相談会は秘密会とし，①革命軍の実力如何，②外国干渉の可否，の二つの議題を中心に討議がなされている（同上，82〜84頁）。

29）会員資格は「上海に居住し現に商工業に従事するもの」とされ，会費月額銀2ドルの個人会員からなるが，事実上会社代表であり，賛助商社は事実上会員出身企業と同義。資料は前掲『実業協会報告』および上海日本商業会議所『上海日本商業会議所年報』各年次，前掲『実業者調査』1913年末調査および1918年末調査。

30）なお，これら大企業上海支店長等の各企業内部での地位については，拙稿「上海日本人実業協会役員層の分析——第一次大戦期在外経済活動の担い手とその社会的位置」『和光経済』第26巻第3号，1994年3月（本書第2章）を参照。

31）この期の役員中吉田号の内田虎吉や大秦長次郎は早い時期から上海に進出した老舗邦商である。吉田号は1887年開業し棉花・穀肥・雑貨等取扱商として成功（前掲『日本人ノ地位』47頁）。大秦は日清貿易研究所を経て，1895年中井商店上海支店設置にともない支配人として再渡航，中井洋行閉鎖で業務を継承，大秦商会設立（対支功労者伝記編纂会編『対支回顧録』下巻，1936年，634〜635頁）。

32）1920年代末の上海商議の構成については，前掲拙稿「満州事変期における上海在留日本資本と排日運動」上（本書第5章）参照。

33）臼井勝美『日本と中国』原書房，1972年，三井文庫編『三井事業史』本編第3巻上，1980年，坂本雅子「対中国借款と三井物産」原朗編『近代日本の政治と経済』山川出版社，1986年など参照。

34）前掲拙稿「上海日本人実業協会役員層の分析」第2表（本書第2章表2-2）を参照。

35）前掲島津『上海漢口青島案内』217〜218頁，前掲『実業協会報告』第10，

1〜2頁。

36) 前掲『実業協会報告』第8，8〜9頁。また連合会については，1916年10月27日付，在上海総領事有吉明より外務大臣寺内正毅「在支日本人商業会議所連合会設立ニ関スル件」外務省記録3.3.5.11『在支那本邦人商業会議所連合会関係一件』参照。

37) 前掲『実業協会報告』第2，4〜5頁。

38) 以下，1915年の排日運動の一般的動向に関しては，菊池貴晴『増補　中国民族運動の基本構造──対外ボイコット運動の研究』汲古書院，1974年，第四章，および満鉄経済調査会『支那ボイコットの研究』1935年，75〜84頁を参照。

39) 前掲『日本外交文書』1915年，第2冊，642〜644頁。

40) 上海日本人実業協会『排日熱と日貨排斥の影響』第一輯，1915年，45頁。

41) 前掲菊池『増補　中国民族運動の基本構造』169頁。また，前掲上海日本人実業協会『排日熱と日貨排斥の影響』7〜9頁。

42) 前掲満鉄経済調査会『支那ボイコットの研究』309〜310頁。

43) 当該期の民族資本の成長については，笠原十九司「ボイコット運動と民族産業」野沢豊・田中正俊編『講座中国近現代史』第4巻，東京大学出版会，1978年。

44) 前掲『日本外交文書』1915年，第2冊，811〜812頁。

45) 同上，812〜813頁。なお，影響の詳細は，同書，812〜823，907〜910頁，および前掲上海日本人実業協会『排日熱と日貨排斥の影響』参照。

46) 前掲『日本外交文書』1915年，第2冊，821頁。また，同書，787，810頁も参照。

47) 前掲東亜同文会編『支那経済全書』第12巻，745〜750頁，また前掲『記念誌』129頁。

48) 前掲『日本外交文書』1915年，第2冊，810頁，また前掲内田ほか『大上海』526頁。

49) 実業協会内部でも諸資本間で利害を異にしており，のちには対応策でも相違がみられるが，この時期表面化するほどにはなっていない。

50) 前掲『実業協会報告』第10，9頁。

51) 同上，10頁。

52) 1915年7月14日付，上海日本人実業協会より外務大臣宛「排日運動に関し実業協会よりの意見書進達の件」外務省記録3.3.8.3-2『支那人日本品「ボイコット」一件』日支交渉前後。

53) 渋沢青淵記念財団竜門社編『渋沢栄一伝記資料』第55巻，1964年，140〜141頁。すでに1910年にも，近藤廉平，松方幸次郎らは観光実業団として上

海を訪問した際，「同方実業協会」と称する日中実業家の連絡機関設置を総商会の有力商と討議している（1910年6月28日付，在上海総領事有吉明より外務大臣小村寿太郎宛「観光実業団ニ関スル件」外務省記録 3.4.1.14『日清両国実業家の連絡機関設立一件』）。また，大阪のブルジョアジーの提携論については，前掲原田「日貨ボイコット運動と日支銀行設立構想」。

54）前掲渋沢青淵記念財団竜門社編『渋沢栄一伝記資料』第55巻，166〜167頁。なお，日華実業協会と1920年代の排日運動への対応については，前掲副島「一九二〇年代のブルジョワジーの中国政策」を参照。

55）前掲渋沢青淵記念財団竜門社編『渋沢栄一伝記資料』第55巻，167，189頁。また，前掲拙稿「上海日本人実業協会役員層の分析」（本書第2章）を参照。

56）この期の排日運動と民族ブルジョアジーの動向については，前掲菊池『増補　中国民族運動の基本構造』第五章，および西村茂雄「第一次大戦後の中国における民族運動」『日本史研究』第150・151合併号，1975年3月。

57）在支日本人商業会議所連合会『臨時在支日本人商業会議所連合会議事報告』1923年（以下『臨時連合会報告』と略記）78頁，および前掲菊池『増補　中国民族運動の基本構造』204〜205頁，外務省編『日本外交文書』1923年，第2冊，176頁を参照。なお，上海総商会については，大谷孝太郎「上海に於ける同郷団体及び同業団体」『支那研究』第18，19号，1929年5月，金子肇「一九二〇年代前半中国の政治情勢とブルジョアジー」『広島大学東洋史研究室報告』第5号，1983年10月，同「上海資本家階級と上海商業連合会」『史学研究』第168号，1985年8月など参照。

58）前掲『臨時連合会報告』37頁（米里上海商議副会頭の発言），また23〜24頁（宣言）も参照。

59）1923年6月2日付，上海日本商業会議所会頭田辺輝雄より外務大臣並北京公使宛「支那ノ排日運動ニ関シ請願ノ件」および1923年6月20日付，上海日本商業会議所副会頭米里紋吉より外務大臣内田康哉宛「御伺書」外務省記録3.3.8.10-1『大正十二年日貨排斥一件（一）日支経済ニ及ホス影響及興論』。

60）前掲『臨時連合会報告』24頁（上海商議宣言案第二）。

61）同上，22頁（同宣言案第一）。

62）同上，14〜20頁。

63）漢口の邦商について，漢口総領事は「全く売込み買出に際し親しく支那人に接し或は奥地に自ら出張取引を為」すCommission merchant であり，「当地の所謂邦商なる者は大会社支店を除きては殆と皆……排日の影響を受くること従て又最大なり」と指摘している（前掲『日本外交文書』1923年，第2冊，204頁）。

64）前掲『臨時連合会報告』120〜132頁。この論議は，上海案に対し「若し満

足なる解決を見さるときは直に適当と認むる国際紛争強制処理法を決行すること」との一項を加えるべきとの漢口提案をめぐって展開された。

65) 同上，28～31頁。

66) 同上，26頁（外務大臣宛参考意見）。

67) 横竹平太郎「日貨排斥に就て」1923年6月，外務省記録3.3.8.10-7『大正十二年日貨排斥一件』上海，12，29頁。なお，横竹は1899年に三井物産入社，1922年に商務官として外務省入省。上海駐在。

68) 拙稿「第一次大戦後における三井物産の海外進出」藤井光男ほか編『日本多国籍企業の史的展開』上，大月書店，1979年，72頁。

69) 駒井嘱託「支部の排日と其対策に就て」外務省記録3.3.8.6-4『支那排日関係雑件』調書，対策，意見陳情書及公私団体報告窮民救済，雑。

【付記】 本章は，1993年11月に成稿。のち紙幅の関係で94年1月一部削除・修正（削除資料の一部を加筆し，前掲「上海日本人実業協会役員層の分析」として成稿）。その後，高橋孝助・古厩忠夫編『上海史』東方書店，1995年および桂川光正「上海の日本人社会」大阪産業大学産業研究所編『国際都市上海』1995年が刊行された。本章と関連するところも多く，言及すべき点も多岐にわたるが，紙幅等の制約のためその課題を果たせない。それら諸論文をご参照願うとともに，改めて別の機会を期したい。

第2章　上海日本人実業協会役員層の分析
──第一次大戦期在外経済活動の担い手とその社会的位置──

はじめに

　筆者は，別稿において[1]，上海日本人居留民社会の特徴とともに，上海日本人実業協会（以下実業協会とも略記，1919年に上海日本商業会議所と改称）[2]について，その担い手たる在留日本企業の性格や活動，排日運動への対応などを検討したが，その際，実業協会を構成する人的要素＝実業協会会員に関しては，ほとんど明らかにする余裕がなかった。本章は，その時残された，上海日本人実業協会を構成する実業家[3]がどのような性格を有し，日本のブルジョアジーのなかにいかに位置づけうるかの課題を，1910年代の実業協会役員層に限定して果たそうとするきわめてささやかな試みである。

　別稿で示したように，上海日本人実業協会＝上海商議は，政府系企業や財閥系企業（1920年代以降は在華紡も）を中核とした有力企業の上海支店を中心に結成された実業団体であったが，具体的には，個人会員によって構成されており，後にみるように，各企業の支店長ないし支配人がその主力をなしていたのである。したがって，実業協会の大企業的性格の指摘も，それが直ちに，社会的機能や影響力の点で，国内におけるのと同様な力を有するとはいえないし，その評価も定まっていない。

　例えば，1930年の一報告は，上海在留の実業家について「大部分は移動性多き会社員が其の中核をなし，最も高き地位を有する者も一会社の重役又は支店長級に過ぎず，それも決して財界に重きを為すに足るだけの人格と経歴と，抱負と手腕と，見識と奮闘とを有する士は至って少ない」と指摘しているが[4]，他方で，日露戦後の上海に在留して貿易に従事していた長谷川桜

峰は，1910年代の上海について「会社銀行其他の商店に於ても従来此傾向（剰余の不遇者を差し向ける傾向）ありしに，今は三井三菱大倉其他の会社商店に於ては利害の関係上有為の人材を選択して派遣するに至りたり　之れ支那に於ける本邦商の一大発展と云ふべし」と語っている[5]。

　こうした状況は，上海日本人実業協会＝上海商議の中心会員についての個別レベルでの検討を必要としているといえよう[6]。しかし当面，ブルジョアジー論として上海商議会員の検討を本格的に行う用意がないので，本章では，1911年から18年に至る上海日本人実業協会役員層の経歴の検討に限定して，①支店長等として派遣された実業家たちの当該企業内部における位置，②これら会員たちの実業家としての特性，③日本国内におけるブルジョアジーの政治的活動上での位置，等を考察してゆきたい。

1　上海日本人実業協会＝上海商議の性格と活動

(1)　実業協会の構成と性格

　上海日本人実業協会役員層の検討にさきだって，まずはじめに実業協会の基本的な性格について，簡単にみておきたい[7]。

　下記の表2-1は，実業協会の賛助商社の資本金構成をみたものであるが，一瞥してその大企業的性格がうかがえよう。すなわち，横浜正金や日本郵船・三井物産・三菱合資などからなる，資本金1,000万円以上の企業をみると，1914年では，資本金額の判明する33社中8社，18年は55社中17社となっている。これに，大倉や内外綿など500万円以上層（1914年4社，18年5社）や，さらに500万円未満に属する鈴木商店や髙田商会・中日実業などの事実上の大企業を含めると，賛助商社の過半を有力大企業が占めている[8]。

　また，これらの大企業と並んで，安部商店・半田棉行・東亜公司・市原合資等，日本国内に本店ないし資本主を有する中堅企業の上海支店が約2〜3割を占めており，また，上海に本拠を置く，土着の有力商もこの時期で1割強ほどみられる。他方で，居留地在留邦商の主力を占める中小ないし零細の

表2-1 上海日本人実業協会賛助「商社」資本金階層別

払込資本金額	1914年		1918年	
	社数	会　社　名	社数	会　社　名
（円） 1,000万～	8 (0)	○正金，○台銀，満鉄，大阪商船，○郵船，○三井物産，○三菱合資，大日本製糖	17 (0)	○正金，○台銀，満鉄，大阪商船，○三井物産，○三菱商事，大日本製糖，○日棉，○古河，○郵船，朝銀，三井銀行，三菱銀行，○住友銀行，東洋汽船，○日清汽船，○伊藤忠
500万～1,000万未満	4 (0)	○大倉，○古河，内外綿，○日清汽船	5 (0)	大倉，内外綿，江商，東京電気，大日本ビール
100万一　500万未満	6 (1)	○日棉，○高田商会，中日実業，日本海上，伊藤忠，（上海紡織）※	12 (1)	高田，茂木，湯浅，○安部，○増田，阿部市，芝川，日本海上，中日実業，東亜通商，東亜煙草，（上海運輸）
50万～ 100万未満	2 (0)	○鈴木商店，増田商店	10 (3)	鈴木，半田棉行，書上，曽和洋行，明治貿易，東洋商事，大文洋行，（中国電球），（華章造紙），（瑞宝洋行）
10万～　50万未満	8 (1)	安部，○半田武林，書上，新利洋行，東亜公司，服部，（上海製造絹糸）	8 (1)	武林洋行，東亜公司，服部洋行，○小野村洋行，日華洋行，大成洋行，○新利洋行，（○上海製造絹糸）
10万未満	5 (3)	市原合資，日華洋行，（○大秦商会），（○吉田号），（佐藤商会）	3 (3)	（大秦），（○吉田号），（佐藤商会）
小　　　計	33 (5)		55 (8)	
不明／総計	5 ／ 38	（大来），吉隆，旭公司，中桐，湯浅	5 ／ 60	（順済），中桐，合信，野沢組，住友洋行

注：（　）内は，上海に本店を置く企業。○印は，役員所属企業。※印は，1918年の時点は一時的退会。

出典：賛助商社名は，『上海日本人実業協会報告』各年次。資本金額，本店所在地は，外務省通商局『海外実業者之調査』1913年版，同1915年版および台湾銀行調査課『南支南洋ニ於ケル邦人状況』1919年。ただし一部社史等で修正。

商工業者の参加がないことも指摘できる。こうした層は，のちに各種の同業組合や上海実業有志会，上海工業同志会などを組織し，そこに結集していくこととなる[9]。

　そして，賛助「商社」構成におけるこのような大企業的性格は，役員構成においては一層鮮明であり，1911年から18年に至る期間の役員送出企業をみると，24社中14社が大企業となっている。

なお，産業別構成では，財閥系から中堅に至る貿易商社が圧倒的に多く，
それについで海運や銀行の進出がみられるが，この段階では，輸出入貿易に
関連した進出といえよう。ちなみに，第一次大戦後になると在華紡が本格的
に発展しはじめ，実業協会＝上海商議の新しい構成要素となるが，大企業的
性格という面では変化していない。

　以上，簡単にみてきたが，上海日本人実業協会が，財閥系や政府系企業を
頂点とした大企業を主体とし，若干の中堅企業および土着有力商を包摂した
実業家団体であった点を確認できよう。

(2) 実業協会の活動状況

　また，あわせて，実業協会の活動についても一瞥しておこう。実業協会
は，その目的として，
・上海に於ける商工業の発展を図り之に必要なる方案を調査すること
・商工業の利害に関し意見を表示すること
・上海に於ける商工業の状況及び総計を調査すること
・会員の委嘱に因り商工業に関する事項を調査すること
を標榜している（「上海日本人実業協会規則」第2条）が[10]，創設期の活動を
具体的に知るために，1912年から16年に至る役員会（第1〜71回）の主要議
事を表出した表2-2をみておきたい。

　ここで知りうる点は，まず第一に，上海の金融・運輸・商工業の状態，長
江流域地域の商慣行や物産調査等，今後の通商活動に関わる各種の調査活動
がしばしば行われていることである。こうした調査活動は，関税改定問題や
会審衙門制度[11]さらには排日の影響等，政策的課題と関連しても実施され
ており，さまざまな種類の調査活動は，実業協会＝上海商議にとって基本活
動であったといえよう。

　また第二に，租界当局への要望あるいは中国政策や対中交渉に関する日本
政府への要請も，機に応じて行われている。ここでは，米穀など農産物の取
扱，通信や税関に関する件など商工業活動に関連する問題だけでなく，会審
衙門制度の改善や政変による損害の賠償，日貨排斥運動への対応など，政治

50

表2-2　上海日本人実業協会役員会主要議事および請願　1911 ～ 1916年（第1 ～ 71回）

1911. 11. 11	組	創立相談会。日本郵船伊東米治郎ほか17名。（秘密会で時局＝辛亥革命討議）
11. 23	組	発起人会。「上海日本人実業協会規則」制定
11. 24	時	「時局に関し政府当局に宛てたる陳情書」および「決議文」総理大臣宛送付
12. 2	組	創立総会。会頭に伊東米治郎を選出（12. 28　転任のため横浜正金児玉謙次に交代）
12. 18	時	(2) 事変発生後上海における金融，運輸および商工業状態に関する調査の件討議
1912. 1. 23	租	(4) 黄浦江改修問題に関し，日本人側代表者に郵船支店長を上海総領事宛推挙
	組	「商業会議所」への名称変更について検討提起
2. 13	租	(6) 黄浦江改修問題および費用のための税金賦課率に関する調査の件
	商	大北電信会社(Denmark)上海日本間電報料金に関する調査の件
	租	税関に関する日本商品並びに日本商人の信用増進方法に関し調査の件
3. 12	租	(7) 上海会審衙門の制度に関する調査の件
3. 26	商	(8) 大北電信会社の現行規則改正に関し当局に陳情書提出の件
4. 20	商	「船舶に無線電信装置に関する請願」総領事宛提出
4. 25	時	(臨) 北清事変に因る損害要償の件に関し，詳細な報告と討議
4. 29	中	「繭買入に関する請願」総領事宛提出
	中	「支那関税税率問題に関する請願」税関長宛提出
5. 14	租	(11) 税関問題に関する各商社の回答要領報告および上海税関長との交渉経過報告
6. 12	租	(13) 税関問題，会審衙門の件，大北電信会社の件など報告
9. 1	調	(19) 支那票一切商慣習並びに銭荘の組織，船荷証券・倉庫証券およびランディング・
		オーダー流通に関する商慣習調査の件
9. 12	商	日本上海間航行船舶に無線電信装置方請願につき，日本各地商業会議所に移牒
9. 16	租	「上海公共租界会審衙門に於ける我会審官制度に関する請願」総領事宛
11. 14	商	(22) 揚子江下流外国人水先案内業者取締に関し総領事宛の答申書決定
1913. 1. 14	商	(26) Association of Dealers and Exporters の設置に関する件
	調	支那に於ける支那人商社の商業登記制度調査に関する件
	中	支那穀類輸出解禁に関する意見書提出の件
2. 18	租	(28) 会審衙門判例公示の要求撤回に関する件
	租	税関発布の輸入倉庫に関する新規定の件
4. 21	中	「支那に於ける米および雑穀輸出解禁の件に関する請願」外務大臣宛
7. 16	時	(臨) 第二次革命勃発に際し，時局に関する件討議（秘密会）
7. 22	時	(35) 時局に関する件
9. 9	時	(37) 南京居留民よりの来檄に対する回答可決（9. 10発送）
10. 28	中	(臨) 支那関税率改訂問題に関する件
11. 28	中	(39) 外務大臣宛「再度支那米穀類輸出解禁に関する建議」可決
12. 29	租	(臨) 当地会審衙門会審遅延改善に関する件
1914. 1. 19	調	(41) 支那関税率改定に関する本邦重要商品調査と調査書配付の件
6. 16	調	(47) 書記長の揚子江流域における支那物産調査視察旅行の件
	調	支那票一切の商慣習および其法律上の効力と銭荘の組織に関する調査の件
1915. 1. 12	商	(53) 青島埠頭現在貨物の整理に関する軍令の件および外国船舶の青島入港問題
2. 23	組	(54) 「商業会議所」に組織変更の案件
3. 3	時	(臨) 時局問題（日支交渉）に関し支那有力商人代表者より交渉の件
3. 23	時	(臨) 時局（日貨排斥運動）に関する件
4. 19	時	(臨) 某所より交渉あり時局協議（積極的手段を講ぜざることに議決）
5. 18	時	(57) 日支交渉の貿易上に及ぼせる影響調査の件

第Ⅰ部／第2章　上海日本人実業協会役員層の分析　　51

5. 21	商 時	（臨）支那における敵国人と商取引禁止に関する英外相の言明に関し我外相宛請願 漢口排日行動防遏に関する請願の件（外務大臣宛－漢口実業協会より要請）
6. 7	時	（58）排日事件調査に関する経過報告
6. 29	時	（臨）漢字新聞案に付き打合せの件（公表せず）
9. 21	商	（59）台湾共進会出品勧誘の件
1916. 2. 22	組	（62）在支実業会連合会組織の件
3. 7	組	（63）在支日本人商業会議所連合会規則草案および趣意書審議の件
3. 21	商	（臨）英国軍艦の本邦商船臨検に関する件
5. 2	組	（65）上海在留外国人商業会議所に邦人議員推挙の件
	組	日文実業家の連絡案の件（日支実業家連合会案，中華総商会にて否決）
6. 6	商	（66）中国・交通両銀行兌換停止に付天津日本人商業会議所よりの根本的解決の運動 依頼の件（政府宛請願）
9. 26	組	（67）在支日本人商業会議所連合会成立の件

備考：組＝実業家の組織活動に関するもの　　　　　調＝商慣習や商環境調査等に関するもの
　　　中＝中国政府の政策に関わるもの　　　　　　租＝租界行政への対応に関わるもの
　　　商＝通商貿易活動の改善等に関するもの　　　時＝排日や中国政変など時局に関わるもの

注　：1）各種実業団体の接待・交渉および人事・会員の入退会など日常業務的議題は除外した。また，予算・
　　　　決算の審議を行う総会についても除外した。
　　　2）（　）内は，役員会の通算回ないし臨時会。なお，上記の各種議題はしばしば次回以降に継続討議
　　　　されており，原則として初回のものにとどめた。
　　　3）第32～34回，第48～52回の間の役員会議題については不明。

出典：上海日本人実業協会『上海日本人実業協会報告』第1～4，7～8，10～12。「上海日本商工会議所三〇
　　　年史資料」上海日本商工会議所『経済月報』1939年6月～1940年2月所収。

的性格を強く帯びた課題も，しばしば問題とされている。この点は，欧米列強の存在や排日運動をはじめとした中国民族運動に強く規定される上海での商議活動の特徴をなすものといえる。

　そして第三に，こうした調査や請願・建議活動とともに，商業会議所をはじめとした日本国内の実業団体との連絡交流や他地域の在華日本人商業会議所との連携，あるいはまた上海総商会等中国商との交流などの，組織活動も重要な活動のひとつであった（在支商議所連合会の件以外は表出を省略）。

　以上に一瞥した活動状況からは，上海日本人実業協会の活動が，上海の地域的利害にとどまらず，広く日本資本の中国進出と関連したものであったことがうかがえよう。それは，上海が，中国の輸出入貿易の中心港であるとともに，上海日本人実業協会が，中国進出と関わる日本の代表的な企業の結集体であったことを反映したものといえる。

　では，こうした上海日本人実業協会を担った会員実業家の具体的検討に移ろう。

2　上海日本人実業協会ブルジョアジーの性格と特徴

(1)　実業協会会員の性格と類型化

　はじめに，実業協会の役員層を中心に，その一般的性格をみよう。

　後述するように上海日本人実業協会＝上海商議会員の多数はいわゆる支店勤務者によって占められるが，これら支店員に関しては，しばしばその移動性の高いこと——したがってまた，地域利害への関心や一貫した姿勢を有しないこと——が指摘されている。まず，創立時の会員の動向を通じて，この点に検討を加えておきたい。

　以下の氏名は，1911年12月に実業協会が設立された時点での全会員名である[12]。

　伊東米治郎（日本郵船支店長），児玉謙次（横浜正金支配人），最上国蔵（横浜正金），神津助太郎（古河合名支店長），志保井雷吉（高田商会支店長），江崎真澄（台湾銀行助役），草刈融（台湾銀行），河野久太郎（大倉組支店長），佐藤文雄（増田洋行），水谷誠蔵（——），*佐藤得三郎（佐藤商会社主），前島次郎（武林洋行支配人），藤瀬政次郎（三井物産支店長），幡生弾次郎（三井物産支店長代理），神崎正助（三井物産主任），中村信太郎（伊藤忠支配人），渡部千治（湯浅洋行主任），*秦長三郎（大秦商会店主——死去），桑野締三（東亜公司支店長），馬場義興（日棉支店長），中島虎吉（三菱合資支店長），石渡邦之丞（日清汽船社長），木幡恭三（日清汽船支店長），小松金重郎（——），古河倍造（鈴木商店支店長），*内田虎吉（吉田号主任——死去），*佐々木大助（吉田号），安部政次郎（安部洋行支配人），*飯森梅男（上海製造絹糸支配人），武井綾蔵（内外綿），黒川新次郎（日本郵船），副島綱雄（半田棉行主任），*喜多太助（喜多洋行店主），横田政吉（市原合資主任），*篠田宗平（済生堂薬房店主），村井啓次郎（満鉄事務所長），*小野兼基（上海紡織）　[*印は所属企業が上海に本店を置くもの]

これら創立時の会員37名の動向をみると，７年後の1918年，上海商議に改称する直前時点で依然会員である者は，下線の14名，約38％にとどまっている。さらに10年後にあたる1921年では，その数はわずか４名（二重線）となっている[13]。もちろん，上記の会員中には1911年にさきだつ数年前から赴任している者も多く，また退会者のなかにも，秦や内田など死去による者や，喜多や佐藤（得）のように退会後も上海で営業している者も含まれており，平均的在留期間はもう少し長くなるが，それを念頭に置いても上海日本人実業協会の個人会員の流動性が高いことは認められよう。有力企業の支店長等が主流をなす商業会議所の一特徴をここにみることもできる。

　しかしながら他面，支店者中心の実業協会においても，在留期間が10年前後からそれ以上になる実業者が３分の１程度いる点も注目される。それらのうちの数名は，吉田号や済生堂などの土着的企業者であるが，他は，国内有力企業の支店員であり，彼らは，たんに一過的な転勤者といいえない側面をもっており，こうした実業者をも同時に問題にする必要があろう。

　すなわち，移動性という面から上海日本人実業協会＝上海商議の会員をみると，ひとつは，「支店転勤型」とでもいいうる，比較的短期の上海在留で他地域に移動する会員が過半を占めていること，また，数としては前者に劣るが，相当数の，継続的に上海に在留して仕事を行う「在華活動型」とでもいえる実業者が存在していることが知られよう。

　さらに，創設時の実業協会役員層を対象に，所属や経歴の面からもその性格と特徴を検討してみたい。

　表2-3は，1911年から18年に至る上海日本人実業協会役員計46名の，所属企業における地位等を一覧したものである。まず，さきの表2-1と照応させて，これら役員経験者45名（表出中１名は所属不明）をみると，横浜正金・日本郵船・三井物産をはじめとした資本金500万円以上の大企業に所属している者が31名を数える。これに，さきにみた500万円未満のうちの実質的に大企業と思われる企業に所属する実業家を加えると，計34名にのぼる。これに対して，資本金100万円未満の中堅企業の現地責任者と土着的企業者が

表2-3　上海日本人実業協会役員一覧(1911～18年)

氏　名	役員期間	所　属	類型	社内の主な役職	その他の役職	最終学歴
○伊東米治郎	1912	日本郵船	Ia	横浜・上海・ロンドン支店長,専務取締,社長	日清汽船取締役,東商特別議員	ミシガン大
黒川新次郎	1912～12	日本郵船	Ia	海外支店多年,外航課主事,神戸支店長,副社長	国際汽船社長,神戸商議特別議員	青山学院
○児玉謙次	1912～20	横浜正金	Ia	上海支店長を経て頭取	中支那振興総裁,横浜商議顧問,日華実業協会会長	東京高商
江崎真澄	1912～14	台湾銀行	Ia	新嘉坡支店,上海支店助役,理事	明治銀行頭取	東京帝大
前島次郎	1912～14	武林洋行	Ic	上海店主任,小津武林起業取締役		
藤瀬政次郎	創立時	三井物産	Ia	新嘉坡・香港・大阪・上海支店長,常務取締役(1926年死去)	芝浦製作所・日本電気・東亜興業・日華蚕糸取締役,東洋棉花会長	東京高商
△幡生弾次郎	1912～18	三井物産	IIa	上海支店支店長代理	東京糧食取締役,日支紡織・明治紡織監査役	
神崎正助	創立時	三井物産	IIa	上海支店船舶掛主任	大源鉱業・山東鉱業取締役	
木幡恭三	1911～14	日清汽船	Ib	上海支店長		
三宅川百太郎	創立時	三菱合資	Ia	漢口・上海・北京・門司支店長,三菱商事会長	日本生糸社長,三菱内燃機・日本郵船取締役	東京高商
△中島虎吉	1912～14 1918～19	三菱合資	IIa	上海支店長	茂木合名上海支店長	
織田友七	創立時	不　明	?	(1912年閉店)		
副島綱雄	1911～14 1918～22	半田棉行	IIa	上海店主任	江商上海支店長,大阪三品取引所常務取締役	大阪高商
馬場義興	1911 ～12, 14	日本棉花	IIa	半田棉行を経て,上海支店長,取締役,監査役	馬場合名代表社員,東亜肥料監査役	日清貿易研究所
△秦長三郎	1911～17	大秦商会※	IIb	中井商店上海支配人,継承して大秦商会を創設(1917年死去)	東亜製麻監査役	日清貿易研究所
荻野元太郎	1911	古河合名	Ia	大阪・上海支店長,本店営業部副部長,専務取締役	日清汽船取締役,日本化学肥料監査役	早稲田大学
篠田宗平	創立時	済生堂薬局※	IIb	済生堂薬房開設(1895年)	居留民団副議長	薬剤師資格
最上国蔵	1911～12	横浜正金	Ia	天津・東京支店長,取締役	東京興信所取締役,東京銀行集会所理事	東京高商
河野久太郎	1911～17	大倉組	IIa	兼松商店・日清汽船を経て,大倉組上海支店長,支部総支配人,参事	奉天電車・南定炭礦取締役,日華実業協会	日清貿易研究所
水津弥吉	1912～14	横浜正金		漢口・大連・大阪支店長,取締役,副頭取	台湾銀行頭取	京都帝大
志保井雷吉	1912～16	高田商会	?			
神津助太郎	1912～17	古河合名	IIa	上海支店長(大正期末退社)		東亜同文書院
内田虎次	1912	吉田号※	IIb	主任(1914年死去)		
村上貞造	1912～18	日本棉花	Ia	上海支店長,取締役		
安田繁三郎	1914～17	日本郵船	Ia	上海支店副長,取締役	近海郵船専務取締役	
斎藤延	1914	三菱合資	Ib	査業課長,地所部副長	大源鉱業常務取締役,東山農事取締役	東京帝大
古河倍造	1914	鈴木商店	Ib	上海支店長	帝国燐寸会長,東洋燐寸専務,燧生火薬公司取締役	
中島忠二郎	1914～17	東京興信所	Ib	主任		帝大
佐々木大介	1914～18	吉田号※	IIb	主任		

第Ⅰ部／第2章　上海日本人実業協会役員層の分析　　55

原田芳太郎	1916～17	三菱合資	Ia	上海支店長,三菱商事常務取締役	満蒙殖産取締役,日本生糸監査役	東京高商
村井啓次郎	1916～18	満鉄上海事務所	IIa	三井物産(船長)を経て,埠頭事務所上海・大連支所長	大連火災海上社長,満州火災代表,海務協会会長	東京商船学校
黒葛原兼温	1916～19	台湾銀行	Ib	神戸・厦門・香港・上海支店長		帝大
中村信太郎	1916～18	伊藤忠商店	Ia	上海支配人,取締役	大阪織物,浜名紡績各取締役	京都府立商業
大塚伸次郎	1916	横浜正金		日銀を経て正金に転ず,新嘉坡・神戸支店長	神戸商議特別議員,東京銀行集会所理事	東京帝大
安部政次郎	1916～20	安部商店	Ic	上海支店長,社長	東亜製麻常務取締役,磐城セメント取締役	
○米里紋吉	1917～35	日清汽船	IIa	上海支店助役,取締役,専務取締役		東京高商
島芳蔵	1917	横浜正金	Ib	上海支店副支店長,東洋課・総務課次長,借款課長	共益不動産・第百銀行各監査役	京都帝大
飯森梅男	1918	上海製造絹糸※	Ib	支配人	日本火薬取締役支配人,朝鮮火薬取締役	京都帝大
林朝太郎	1918	日本郵船	Ib	上海支店副長,用度課長,東京支店長		同志社大学
西村五郎	1918～24	小野村洋行	IIb	主任	小野村精練所主任,西村洋行支配人	
笠原正吉	1918	住友銀行	Ib	上海支店長,住友洋行支配人		
永峰承受	1918～20	三菱合資	Ib	日本郵船・日清汽船を経て,三菱商事上海・大阪支店長,取締役	日本生糸専務取締役,横浜商議顧問	東京高商
野木和一郎	1918～20	大倉組	Ib	上海支店長		東京高商
清水洳平	1918～20	増田貿易	Ic	上海店主任	横浜帆布専務,松尾鉱業常務,南信公司取締役	早稲田大学
平岡小太郎	1918～20	新利洋行	IIb	上海支店長(1920年新利洋行閉店)	東華日本紡織同業会理事,青島居留民団議長	
上島清蔵	1918～20	古河合名	IIa	上海支店長,金物部長,取締役	日本軽金属常務,中華電気製作所専務	東亜同文書院

注:1)伊東から篠田に至る17名は創立相談会参加者。うち藤瀬・織田・篠田は非役員。また,氏名欄の○印は会頭,△印は副会頭経験者。所属の※印は本店を上海に置く企業。なお,役員期間は,会員期間とは必ずしも一致しない。
2)役職等については,スペースの関係で,表出できるものにとどめた。
3)類型区分に関しては,本文参照。

出典:役員,氏名,期間は上海日本人実業協会『上海日本人実業協会報告』第1～第12(第5,6,9は欠)。所属,役職,学歴は『人事興信録』第5版(1918年)～第12版(1939年),島津長次郎『上海漢口青島案内』1917年,外務省通商局『海外日本実業者之調査』大正2,4,7年現在,対支功労者伝記刊行会『対支回顧録』『続対支回顧録』各下巻,滬友会『東亜同文書院大学史』1955年,同編纂委員会『財界二千五百人集』1934年,『東京高等商業学校一覧』他。

それぞれ数名であることを考えれば,さきにもみたとおり,上海商議の中核が大企業関係者によって構成されていたことを再確認できよう。

こうした有力企業に属する会員たちの,所属企業内における位置,いいかえればこれら企業の意思形成との距離をうかがうために,のちに取締役ないし理事を経験する者を専門経営者としてグループ化しその数をみると,さきの34名中18名となっている(うち経営の実質的担い手である常務以上は10名)。

その他の役員中には経歴の不明な者も多いので，創設期の実業協会役員の場合，半数前後が所属の有力企業において専門経営者となっていったと考えられ，上海商議の中核をなす層は，有力企業の中枢に近い部分に位置していたことがわかる。とりわけ創立時に関わった，伊東，藤瀬，児玉，荻野，三宅川らは，その後それぞれの企業の中枢を担っており，後にもみるように，当該期の国内有力ブルジョアジーのなかにあっても，中国関係の活動において相応な位置を占める存在であったといえる。

ところで，さきの地域への密着度を軸としてみた「支店転勤型」と「在華活動型」の区分と企業内での位置とを重ね合せると以下のような類型化ができる。表2-3の区分は，経歴の不明な部分も多くやや厳密さに欠けるが，それにもとづいて区分したものである。

　Ⅰ　支店転勤型
　　a　大企業専門経営者型　　　b　大企業中堅管理者型　　　c　中堅企業責任者型
　Ⅱ　在華活動型
　　a　大企業現地責任者型　　b　土着企業家型

(2)実業協会会員の類型と特徴

つぎに，こうした類型化にもとづいて，実業協会役員層の特徴を検討しよう。

まず第一に，Ⅰa大企業専門経営者型を問題にすると，ここには，伊東・黒川・児玉・藤瀬・三宅川・荻野・水津・原田等，上海での勤務の後に，当該企業で経営の中枢に関与していった人々を入れることができる。これらの人々は，実業協会を構成する中心のひとつをなすものでもあった。

具体像を知るために，初代実業協会会頭の伊東米治郎をとりあげると[14]，伊東は，大阪専門学校・米ミシガン大学を終えた後，日本郵船に入社，1903年に助役として上海支店に勤務し，1906年からはロンドン支店に転勤になる1911年まで支店長を務めている。そして，この間，1905～07年日本人協会会長，07年からは初代居留民団行政委員会議長を務め，11年の上海日本人実業協会の創設にともなって会頭となっている。その後は専務取締役

を経て日本郵船社長になるが，あわせて，日清汽船の重役をも兼務し，東商特別議員や日華実業協会評議員等の役職をも担っている。

　また，伊東転勤の後を受けて会頭となった児玉謙次の場合は[15]，東京高商を卒業後，横浜正金に入行，1911年に支店長として上海に赴任，翌年実業協会の会頭に就任して以後，20年まで10年近くにわたってその職にあった。そして，1920年には上海支店長から本社に戻り，頭取になっている。同時に日華実業協会の幹事・副会長をも務め，渋沢栄一の亡き後には，二代目の会長を務めている。1938年には，中支那振興株式会社の総裁になっている。

　さらに，実業協会創設に深く関わった，三井物産の藤瀬政次郎についてみると[16]，東京高商を出て三井物産に入社，日露戦時，軍の需要に対応して満州・朝鮮地域に出張。戦後1906年，上海支店長として赴任，1913年初めまで上海に在勤している。この間，上海居留民団の初代民会議長に就くだけでなく，辛亥革命に際しては，孫文との間で，漢冶萍の合弁化を条件とした500万円借款の交渉を行っている。その後，1914年に取締役，18年常務取締役となり，物産の中枢を担っていったが，22年には病気のため引退している。東棉や芝浦製作所などとともに東亜興業，日華蚕糸の取締役をも兼ねている。

　以上，Ⅰa型の代表的な３名の実業家についてみてきた。これらの人物は，日露戦後の日本の中国進出が本格化する重要な時期に上海に派遣された人間であるだけに，必ずしも一般化しえない面もあるが，少なくとも，創設期の上海日本人実業協会＝上海商議の役員層の中心部分は，国内の大ブルジョアジーの一翼に連なる存在であったとみることができよう。そして同時に，これらの人々は，表出のように，しばしば，中国ないし帝国支配圏の事業活動に関わっており，この点を，もうひとつの特徴として指摘することができる。

　また第二に，大企業中堅管理者型（Ⅰb）と中堅企業責任者型（Ⅰc）についてみると[17]，前者には，木幡恭三・齋藤延・古河倍造・島芳蔵・林朝太郎・笠原正吉等々をあげることができる。これらの人々については，経歴があまり明らかでないので，表中ではⅠaやⅡaなど他の類型に区分されるべき会員も混在していると思われるが，概して，大企業の支店長などとして上海に数

年間在留し，他地に転勤してゆく人々であり，さきの大企業専門経営者型ともオーバーラップしつつ一体となって，上海進出大資本の利害にもとづいて対応する層といえる。後者の，中堅企業責任者型（前島次郎・安部政次郎・清水洳平等）は，実業協会の役員層のなかにあっては，比重が低く，その性格も前者に準じた存在と考えられよう。

さらに第三に，IIaの大企業現地責任者型として，河野久太郎・馬場義興・村井啓次郎・米里紋吉・中島虎吉・神崎正助・幡生弾次郎等々があげられよう。これらの人々のなかには，日清貿易研究所[18]を終了した後，日清戦争に通訳官として従軍，その後1900年兼松商店上海支店→大東汽船→日清汽船→07年大倉組上海支店と移動し，大倉喜八郎の信任を得，大倉組鉱山部重役兼支那部総支配人として，上海にあって，中国における大倉組の各種事業活動に従事した河野久太郎や[19]，同じく日清貿易研究所を出て，半田棉行を経て日本棉花上海支店長，のち同社取締役となった馬場義興[20]，あるいは，東亜同文書院を卒業し，古河合名に入った神津助太郎や上島清蔵[21]など，中国や上海での活動を意図して中国に渡った，在華教育機関出身者をひとつのタイプとしてみることができる。

そして，もうひとつのタイプとして，1903年に三井物産上海支店に赴任して以後，15〜16年の長期にわたって上海支店に勤務し続けた，幡生弾次郎（18年迄）や神崎正助（19年迄）[22]，三菱合資の上海支店長を務め，一時上海を離れてのち，再び茂木商店の支店長として上海に在留した中島虎吉[23]，あるいは東京高商を卒業後，1905年日清汽船に入社して上海支店に赴任して以後上海に在留して，のちに専務取締役を務める一方，27年から35年病死するまでの間上海商議の会頭の席にあった米里紋吉など[24]，所属企業の上海での業務に長期的に従事し，在留しているケースがあげられる。

この両者ともに，中国および上海における企業活動に強い関心を有し，地域と深い関係を持って（時には，企業よりも地域により連繋して）支店活動を行っており，大企業の上海支店における営業や中国進出策を地域レベルで支える存在であったといえよう。これらの層はまた，中国を中心とした在外事業と関係をもっていることが多く（表2-3参照），しばしば外地にあって日本

の対外企業進出の担い手となっていた。

　さらに，日本国内に本拠を置いた有力企業を中心とした上海日本人実業協会にあっても，秦長三郎や篠田宗平など，有力な土着企業の代表者が参加しているのはさきに述べたとおりであるが，第四に，これらのⅡb土着的企業家型についてみておこう[25]。

　大秦商会の秦は[26]，京都商業から日清貿易研究所に入所，日清戦後の1895年京都中井商店の上海支店支配人となり，1911年の同支店廃止後，それを継承して大秦商会を創設している。この間，居留民団の初代副議長，実業協会の初代副会頭を務めるなど，上海居留民社会にその地歩を築いた。1917年病死。

　また，内田虎吉や佐々木大介は[27]，吉田号を代表しているが，同社は，1887年に設立され，中国商との競争の厳しい雑貨類の輸出入で基礎を築いた上海日本商の老舗として名高い。

　そして，済生堂薬房の篠田は[28]，東京で薬剤師となり，1895年に上海に渡って薬局を開き成功する一方，日本人協会や居留民団の創設に関与するなど，一貫して上海日本人居留民社会で活発に活動した人物である。のちに居留民団副議長を務めてもいる。

　これらを通じてうかがえるのは，早い時期から上海に進出し，日中貿易や上海邦人社会に地歩を築いている実業者の姿である。彼らは，上海における商業活動の経験や地域社会に関する知識を基礎に，実業協会のなかにあって独自の位置を占める一方，進出大企業の側でも，中国地域市場や中国商との円滑な取引，あるいは居留地社会での活動の上で，彼らの存在を必要としていたと思われる。

　以上，上海日本人実業協会の役員層について類型化しつつ，その特徴をみてきた。そこでは，上海日本人実業協会＝上海商議が国内大企業支店の責任者を主力として形成され，その有力部分は，国内の大ブルジョアジー層の一翼に連なっていたことを知りえたが，最後に，この点を，日華実業協会との関係を通じて若干検討しておきたい[29]。

(3) 日華実業協会と上海日本人実業協会会員

日華実業協会は，五・四運動を契機として日貨排斥運動が広がるなかで，それらへの対応を迫られた，中国に関係を有する実業家たちによって，1920年に結成された組織である。日華実業協会の排日運動への対応については，副島圓照氏の論稿があるので[30]，ここでは，上海日本人実業協会＝上海商議との関係にのみ限定してみることにする。

日華実業協会の創設は，排日への対応を迫られた関係者が，1920年1月，全国八商業会議所や対支関係の銀行・会社・実業家をもって組織する支那懇談会の代表者協議会を開いたことに端を発する。これを起点に，同年2月の，支那懇談会代表者・十商業会議所代表者および在支商業会議所並びに実業団代表者の連絡協議会の開催を経て，三井八郎右衛門・岩崎小弥太・渋沢栄一をはじめ全国の財界関係者250余名を発起人として，6月18日に創立総会が行われた[31]。

そこでは，「日華両国の親善を企図し，相互の経済発展を増進するを以て目的とす」（日華実業協会規則第1条）と日華経済提携を会の目的に掲げるとともに，「本協会の会員は会社・銀行・商店及び個人にて日華経済に関係を有するものに限る」（同第4条）と，その構成員を中国に関係する実業家に限定している。そして，会長に渋沢栄一，副会長に和田豊治・藤田平太郎が就任し，名誉顧問には，さきの三井・岩崎のほか，大倉喜八郎・近藤廉平・古河虎之助・井上準之助と，最有力ブルジョアジーの顔を揃え，その下に，横浜正金・台銀・日本郵船・三井・三菱・大倉から中日実業・東亜興業さらには主要商業会議所等々の関係者が評議員として名を連ねていた[32]。いわば，日華実業協会は，当該期における中国関係ブルジョアジーの最有力の組織であったといえよう。

このような日華実業協会の創設・組織化過程をみると，上海日本人実業協会関係の実業家が少なからぬ役割を演じていたことが知られる。すなわち，会創設に深く関与した東亜興業の白岩竜平は，以下のように述べている[33]。

従来支那懇談会とか日支協会とか種々の団体があったが，欧州大戦後の国際経済競争の熾烈ならんとする潮合に刺激されて，純実業家の対支団体の有力なる活動を必要と感じたので，同人間に議が熟した。さて会頭は……協会は東京・大阪を初め実業家の有力分子を網羅することであり，全国の商業会議所会頭や，各団体の首脳者を包容する為め，青淵先生の外にはない，どうしても御願ひせねばならぬ，因て発起者は色々に相談を凝らし，その承諾を求むることとした。東商副会頭の杉原栄三郎君・郵船社長の伊東米次郎君と私とが子爵説き落しの役目を引受けた。伊東君先づ口を切りて，杉原君と私とが続いた，王子の別荘であった。

　白岩竜平は[34]，日清貿易研究所以来上海にあって，大東汽船を組織し，日清汽船の創設後はその専務取締役を務めるなど，上海在留の有力日本人実業家の一人であったが（1912〜18年上海日本人実業協会会員），この白岩や初代の実業協会会頭である伊東が，日華実業協会の組織化の中心にいたことが知られよう。

　また，会運営の中心になる幹事の顔ぶれを示す表2-4をみても上海日本人実業協会＝上海商議の中核を担った実業者が重要な役割を果たしていることがうかがえる。すなわち，表出の幹事をみると，各々中国関係の企業に属していることはいうまでもないが，上海日本人実業協会＝上海商議の役員ないし会員であった実業家が，そのなかに幾人も含まれている。創立時の幹事メンバーでは，16名中伊東・白岩をはじめ荻野・藤瀬の４名を数え，これに加え横浜正金の鈴木島吉は上海居留民団の行政委員を務めた人物であった。さらに，日常業務を執行する常任幹事に限定すると，７名中の４名をさきの伊東・白岩・荻野・藤瀬が占めている（1922年の補充では，常任幹事としてさらに児玉が加わっている）。こうした状況は，1930年の時点でも基本的に変化しておらず，17名の幹事中５名が上海日本人実業協会の元役員ないし会員であった（ほかに副会長に児玉）。

　このように，国内の中国関係の有力ブルジョアジーの結集体である日華実業協会においては，上海日本人実業協会の中心を担った実業家がその中核的

表2-4　日華実業協会幹事一覧

1920年（創立総会）				1930年（第10回総会）			
氏　名	所　属	氏　名	所　属	氏　名	所　属	氏　名	所　属
◎伊東米治郎※△	日本郵船	中川小十郎	台湾銀行	大谷　登	内外綿	奥村政雄	三菱合資
今西林三郎	北浜銀行	◎藤瀬政次郎※△	三井物産	門野重九郎	大倉組	安川雄之助	三井物産
伊藤忠兵衛	伊藤忠	◎喜多又蔵	日本棉花	喜多又蔵	日本棉花	白岩龍平※	東亜興業
土佐孝太郎	日清汽船	◎白岩龍平※	東亜興業	小倉正恒	住友総本店	大淵三樹	満鉄
◎荻野元太郎※△	古河合名	鈴木島吉△	横浜正金	角田隆郎	日清汽船	柳田直吉※△	台湾銀行
奥村政雄	三菱合資	◎（小池張造）	久原鉱業	三宅川百太郎※	三菱商事	深尾隆太郎	日清汽船
門野重九郎	大倉組	（増田増蔵）	増田商店	荻野元太郎※△	古河合名	渡辺鉄蔵	東商理事
田村新吉	神戸商議会頭			倉知鉄吉	中日実業	船津辰一郎※	在華紡同業会
杉原栄三郎	東商副会頭			宮島清次郎	日清紡績		

注：1）氏名欄の◎は常任幹事，※印は元上海日本人実業協会＝上海日本商業会議所会員，△印は元上海居留
　　　民団行政委員。
　　2）1920年（創立総会）時選出の幹事16名中，小池・増田を除く14名が翌年の第1回総会で継続。1922年
　　　の第2回総会にて，小野英二郎（興業銀行）・倉知鉄吉（中日実業）・児玉謙次（横浜正金，常任幹事）・
　　　森弁治郎（日清汽船）の4名を補充。
　　3）幹事定数は17名，評議員（定数50～60名）の互選による。
出典：渋沢青淵記念財団竜門会『渋沢栄一伝記資料』第55巻，167～189，534頁。所属は『人事興信録』
　　　による。

な位置を占めていたことが明らかである。換言すれば，上海日本人実業協会
＝上海商議内の有力ブルジョアジーが，日本国内の大ブルジョアジーの対華
意思形成において相当に主体的な役割を果たしていたということもできよう。

おわりに

　以上，主として有力企業の支店在勤者からなる上海日本人実業協会の会員
について，役員層を中心にその性格や諸類型について検討するとともに，そ
れら上海日本人実業協会の実業家の，国内の有力ブルジョアジーの結集や意
思形成との関連についても若干問題としてきた。

　そこでは，①上海日本人実業協会の実業家は，支店転勤型の流動的な実業
家が主体をなすとはいえ，大企業の中枢を担ってゆく専門経営者が比較的多
く，彼らは上海日本人実業協会の中心的担い手たるだけでなく，国内の有力
ブルジョアジー層の一翼に連なる存在でもあること，②他方で，中国や上海
地域にかなり密着した実業家も重要な構成要素をなしており，有力企業の支
店活動もこうした外地密着的実業家に支えられていたこと，③そして，上海

日本人実業協会＝上海商議の中心的実業者たちの多くが，種々の在華ないし在外の企業活動と関係を有し，日本の在外企業活動をさまざまのレベルで担っていたこと，④さらに付け加えると，彼らは，日華実業協会などのブルジョアジーの結集組織を媒介に，ブルジョアジーの対華意思形成に積極的な役割を担っていたことなどを指摘することができるであろう。

　いうまでもなく，上記の点は人的要素，人的関係においてのみの検討であり，不十分さや不明確さは免れない。時期的推移による諸類型の構成変化についても検討しえていない。具体的政策課題での上海日本人実業協会＝上海商議や日華実業協会の動向，その時期的推移などに関する検討は今後の課題としたい。

〔注〕
1）拙稿「上海日本人実業協会と居留民社会」波形昭一編著『近代アジアの日本人経済団体』同文舘出版，1997年（本書第1章）。なお，1930年前後の動向に関しては同「満州事変期における上海在留日本資本と排日運動——上海日本商工会議所を中心に」上・下，『和光経済』第20巻第2号，1988年2月，第20巻第3号，1988年3月（本書第5章）参照。
2）上海日本商業会議所は，1911年12月に創設された上海日本人実業協会（創設時会員37人，賛助商社27社）が，規約上特段の変更なく，1919年4月に名称変更（同年度会員103名，賛助商社73社）したものであり，ここでは両者は同一組織として扱っている。なお，1928年6月には，日本国内の商業会議所が商工会議所とするのに倣って，上海日本商工会議所と改称している（同年度会員86名84社）。会員数，賛助商社数については，『上海日本人実業協会年報』（以下『実業協会年報』と略記）第2，『上海日本商業会議所年報』第1，第10参照。「規則」「定款」については上海日本商工会議所「上海日本商工会議所三十年史資料（二）」『経済月報』1939年7月号および同『上海日本商工会議所定款』参照。
3）ここでの「実業家」「実業者」という言葉は，企業主や取締役などの専門経営者とともに，上海商議会員である支店長ないし同代理など，支店の管理的業務を担う人々をも指して使用している。上海商議会員中には，階級構成上厳密には，資本家層よりもむしろ，被傭者や中間層などの範疇に入るものも含まれている。同じく「ブルジョアジー」に関して，ここで問題とする大企業ブルジョアジーは，資本所有者たる大ブルジョアジーではなく，いずれ

も，トップ・マネージメントを担う専門経営者たちである。なお，階級構成上の諸規定やその具体的区分については，大橋隆憲『日本の階級構成』岩波新書，1971年参照。

4）南満州鉄道株式会社上海事務所『上海に於ける本邦加工綿布業の研究』1930年，35頁。

5）長谷川桜峰『支那貿易案内』亜細亜社，1914年，781頁。

6）ところで，上海商議ブルジョアジーとの関係で，これまでの日本ブルジョアジー論研究を二，三みておくと，まず第一に，系譜論的・類型論的に日本のブルジョアジーを捉え，それらを相互の連関を欠いた多元的でかつ序列的重層的に構成されたものとして把握する，中村政則氏の見解（「ブルジョアジーの構成」大石嘉一郎編『日本産業革命の研究──確立期日本資本主義の再生産構造』下巻，東京大学出版会，1975年）を考慮することが必要であろう。上海日本人実業協会＝上海商議は，諸資本類型を包摂しつつも，当初から進出資本の重層的編成に対応して，政府系および財閥系資本を主軸とした有力企業の実業家の結集体として成立した点，上記の論点と対応したものといえよう。

　しかし同時に，氏にあっては，産業資本確立期を対象としたこともあって，在外ブルジョアジーの実態もまたその特質も，独自には問題とされていなかった。在外ブルジョアジーは，日露戦後における日本の対外進出の活発化とともに増大する一方，その送出母胎に還元しえない社会的機能や特質を有してゆくことは，在華紡ブルジョアジーの研究（中村隆英「五・三〇事件と在華紡」同『戦前期日本経済成長の分析』岩波書店，1971年，ピーター・ドゥウス「日本紡績業と中国──経済団体帝国主義の一つのケース・スタディー」中村隆英編『戦間期の日本経済分析』山川出版社，1981年等）や，後述の中小商工業者研究においてすでに指摘されている点である。

　第二に，日本帝国主義の中国における利害との関連で，ブルジョアジーの動向を検討した研究がある（副島圓照「一九二〇年代のブルジョワジーの中国政策」『日本史研究』第150・151合併号，1975年3月，原田敬一「日貨ボイコット運動と日支銀行設立構想──一九一〇年代大阪のブルジョアジーの立場」『ヒストリア』第90号，1981年3月）。これらの研究は，中国民族運動の発展に対応する国内ブルジョアジーの動向を問題としたものであり，第一次大戦以降における中国問題を軸とした有力ブルジョアジーの結集状況（また利害の対立）と政策が明らかにされている。

　しかしここでも，日本国内の運動と対応関係にある在外ブルジョアジーの問題に関しては，在満商工業者を若干視野に入れるにとどまっている。

　そして，第三の研究潮流として，波形昭一氏や柳沢遊氏による在外中小商

工業者層の研究がある（波形「日本帝国主義の満州金融問題」『金融経済』第153号，1975年8月，同『日本植民地金融政策史の研究』早稲田大学出版部，1985年，柳沢「1920年代『満州』における日本人中小商人の動向」『土地制度史学』第92号，1981年7月，同「大連商業会議所常議員の構成と活動」大石嘉一郎編『戦間期日本の対外経済関係』日本経済評論社，1992年等）。また，間宮國夫氏や木村健二氏による植民地商業会議所の研究も同様の潮流をなすものである（間宮「日本資本主義と植民地商業会議所——1910年代の大連商工会議所会員構成を中心として」早稲田大学社会科学研究所編『日本の近代化とアジア』研究シリーズ第16号，1983年6月，木村健二『在朝日本人の社会史』未來社，1989年等）。

　これらは，在外居留民の主力をなす土着的中小商工業者層とその運動を具体的に分析することによって，在外居留民・在外ブルジョアジー下層の実態と固有の社会的性格を解明し，日本資本主義の構造と帝国主義支配体制のなかに位置づけようとするものといえる（なお，これら一連の研究動向については，柳沢遊・在外経済団体史研究会レジュメ「在外経済団体史研究の活性化のために」に詳しい）。

　本章もこれらの研究から学ぶものであるが，上記研究が中小商工業者層を対象としたものであるのに対し（そのことによって日本資本主義の対外進出の特質を剔出しえているのだが），ここでは，有力ブルジョアジーを主力とする上海日本人実業協会を対象として，国内ブルジョアジーとの関連において，在外ブルジョアジー（とりあえず短期的在留者をも含めてこの語を使用している）の特徴や位置づけを問題としている。なお，上海日本人居留民ないし上海日本商業会議所についての諸研究に関しては，前掲拙稿「上海日本人実業協会と居留民社会」（本書第1章）を参照。

7）なお，より立ち入った検討は，前掲拙稿「上海日本人実業協会と居留民社会」（本書第1章）参照。

8）資本金500万円未満の企業を大企業のなかに加えるのは，一般的に不適当だが，企業活動の規模や資本系列等を考慮して，鈴木商店・高田商会・中日実業および1914年の日本棉花・伊藤忠・日本海上を大企業系として扱った。また，上海に本店を置く上海紡織（三井物産系）・上海製造絹糸（鐘紡系）についても，出資企業との強い関係を考慮すると，同様の取扱ができよう。

9）同業組合については，上海日本商工会議所『上海に於ける邦商組合事情』1940年，また，上海実業有志会・上海工業同志会については，横浜貿易協会『支那の排日と出先邦商』1932年，1～22頁，島津長次郎『上海漢口青島案内』金風社，1917年，228～229頁参照。

10）前掲島津『上海漢口青島案内』217頁。

11）上海共同租界内の中国人を被告とする裁判に関して，列強領事団側が中国人裁判官を監視するために，1864年英国領事館内に設置した機関（上原蕃『上海共同租界誌』丸善，1942年，208〜223頁参照）。

12）前掲上海日本商工会議所「上海日本商工会議所三十年史資料（三）」『経済月報』1939年8月号，80頁。なお，所属や地位は人事興信所『人事興信録』各版，ほか。

13）『実業協会年報』第12，『上海日本商業会議所年報』第3。

14）前掲人事興信所『人事興信録』および同書編纂部『財界二千五百人集』1934年。なお，あわせて上海居留民団編『上海居留民団三十五周年記念誌』1942年，および『実業協会年報』各号も参照（以下同様）。

15）前掲『人事興信録』。また児玉謙次『中国回想録』日本週報社，1952年も参照。

16）東亜同文会『対支回顧録』下巻，原書房，1968年，1270〜1276頁。

17）これらの類型の実業家に関しては，経歴が不明なことが多く，明確な類型化は行えていない。（Ib）と（Ia）の取締役経験者（常任を除く）との相違についても，便宜的な区分であり，両者は部分的に重なりあった存在といえよう。

18）荒尾精らによって，1890年上海に設立された日清貿易研究所については，黒龍会『東亜先覚志士記伝』上巻，原書房，1966年，396〜433頁参照。

19）東亜同文会『続対支回顧録』下巻，原書房，1973年，487〜494頁，前掲黒龍会『東亜先覚志士記伝』下巻，780〜781頁等参照。

20）前掲人事興信所『人事興信録』。

21）滬友会『東亜同文書院大学史』1955年，152，179頁参照。

22）『三井物産株式会社職員録』各年次（物産−50）参照。

23）前掲『実業協会年報』各年次参照。

24）同上および『日清汽船株式会社三十年史及追補』参照。

25）このなかには，新利洋行の平岡小太郎や小野村洋行の西村五郎など，日本国内に本店を有するとはいえ実質上の土着企業に所属し，土着的実業家の性格をもった者も入れられよう。

26）前掲東亜同文会『対支回顧録』下巻，634〜635頁，外務省通商局『上海ニ於ケル日本及日本人ノ地位』1915年，47頁参照。

27）前掲外務省通商局『上海ニ於ケル日本及日本人ノ地位』47頁。

28）華日協会『華日人名録』1926年，「上海居留民会議員」34頁。

29）当該期の国内ブルジョアジーは，独占ブルジョアジーとしての結集を開始していたが，この点に関しては，竹内壮一「独占資本家団体の設立とその経済政策」『歴史学研究別冊・世界史の新局面と歴史像の再検討』1976年参照。

また，日本のブルジョアジーの結集については，鈴木正幸・中村政則「近代天皇制国家の確立」『体系・日本国家史』第5巻，1976年も参照のこと。

30）前掲副島「一九二〇年代のブルジョアジーの中国政策」。また，渋沢青淵記念財団龍門会『渋沢栄一伝記資料』第55巻，108〜538頁。

31）前掲東亜同文会『対支回顧録』上巻，693〜694頁。

32）前掲渋沢青淵記念財団龍門会『渋沢栄一伝記資料』第55巻，166〜183頁。

33）同上，169〜170頁。

34）前掲東亜同文会『続対支回顧録』下巻，339〜351頁。

【付記】　本章作成に際しては，柳沢遊氏（慶應義塾大学）から貴重な資料をお借りすることができた。記して謝意を表したい。

第3章　第一次大戦期における上海日本人居留民社会の構成と「土着派」中堅層

はじめに

　本章の課題は，第一次大戦期の上海日本人居留民社会について，その構成と特徴を，職業別構成表を通じて明らかにするとともに，日本人居留民社会のなかにあって，その中軸としてしばしば居留民の動向を主導した土着派中堅層の内実を検討することである[1]。

　こうした課題に関しては，近年活発な検討がなされており[2]，上海についても髙綱博文，桂川光正両氏の論稿がある[3]。両氏とも職業別構成の分析を試み，①大戦期以降，従来からの零細居留民とともに会社員・銀行員などの層の著しい増大，②土着派居留民における定着化・定住化の傾向の強まりなどが明らかにされており，本章での検討は，屋上屋を架すきらいもある。しかしあえていえば，それらにおいては，日本人居留民社会を強く規定する中国在地経済や排日運動との関係は，必ずしもみえてこない。外地に形成された居留民社会構成の特質把握において，こうした点の重要性はいうまでもあるまい。本章は，上記の視点からする居留民社会分析の，ひとつの仮設的作業である。

　また，居留民社会構成に関しては，職業別構成とともに，階層構造的検討がなされており，間宮國夫，木村健二，金子文夫等の諸氏によって「三層構造」としての把握が提示されてきた[4]。上海についても，第一次大戦以後「三層構造」の形成が指摘されているが[5]，その中層，居留民社会の動向に強い影響力を有する土着派中堅層については，さきの研究においては，上海各路連合会の担い手たる日本人集住地区（虹口・閘北など）居留民，あるい

第Ⅰ部／第3章　第一次大戦期における上海日本人居留民社会の構成と「土着派」中堅層　　69

はもっぱら在留日本人を相手とする自営業者を中心として理解されている[6]。しかし他方で，中国商や民族資本と競合関係に立つ土着中堅的な日本人商工業者の存在についての指摘もあり[7]，上海の土着派中堅層の内実に関しては，全体としての検討が十分になされていないことがわかる。したがって，ここでは，居留民構成分析の延長線上において，土着派中堅層の内実の吟味をも試みることとした。

1　確立期上海居留民社会の構成——職業別構成とその特徴

　上海における日本人居留民は，日清戦争後の時期には1,000人余りにすぎなかったが，日露戦争を画期として急速に増加し，1908年には早くも7,263人を数えイギリス（4,590人）を凌駕して上海在留外国人中の最大勢力となるに至っている。その趨勢は，第一次大戦期を通じてさらに進行し，1914年には1万1,138人，1919年1万7,720人（1920〜23年は一時減少）と短時日の間に倍増している[8]。それだけでなく，大戦から1920年前後の時期は，上海在華紡の本格的形成や財閥系銀行の支店開設がみられ，また上海取引所や上海信託，上海銀行など在地の中小商工業者への資金調達機関の設立もなされるなど，上海日本人居留民社会の確立期でもあった[9]。

　以下，この時期を対象に，日本人居留民社会の構成を職業別人口の面から検討しよう。

　表3-1（a），表3-1（b）は，上海総領事館による在留邦人職業別人口調査報告を，『国勢調査報告』の職業別分類表および『帝国統計年鑑』の外国在留邦人男女職業別の類別を基準に産業別に再構成したものである。再構成に際しては調査業種が100種類前後にのぼるだけでなく，年次により業種の類別が異なるため，類似業種を統合するなどの加工を行っている。また，1917年を境に本業者とその家族を区分して統計をとるようになっており，(a)(b) 2表に分けざるをえず，趨勢の把握に若干の難があることもつけ加えておく。

　農業・水産業部門は3ないし4戸にすぎないので，最初に鉱工業部門につ

いてみると，日露戦後の1907年ではわずか74戸，家族を含めた人数も 404人と，全体のなかの比率でも 8 ％弱にとどまっている。しかし，この分野の居留民数は1910年代に入って急速に伸び，1916年には，戸数でも人数でも1907年の 5 倍ほどに増大している。そして，構成比の面でも全体の20％近くにまでなっており，大戦期にこの分野の居留民増加が顕著であったことがわかる。

だが，鉱工業部門内部に目を転ずると，1907～16年の時期では，近代的大工業と呼べるものは，紡績業を除いてほとんどみられず，硝子製造や石鹸製造，繰綿，皮革など小規模工場やマニュファクチュア的工場の従業員もそれほど多くない。大半は，大工，左官，畳職，細工，靴，あるいは裁縫，洗濯，洗張など，職人的ないし自営業的業務の従事者であった。これらの職人的ないし自営業的業種は，わずかな開業資金や自ら有する若干の技術で業を起こせるものであり，その多くが，上海の邦人社会に足場を置いて営業を行っていたと思われる。

こうした状況は，大戦後の1923年の調査では若干の変化がみられ，鉱工業部門の比重がかなり低下している。しかし，本業者の動向でみると，1917年から1923年の比重低下はあまり大きくなく，また，1920年前後に本格的発展をみせる上海在華紡の従業者などの数が，Ⅲ商業および交通業中の「銀行員・会社員・商店員」の項に編入されていることを考慮すると，当該分野に関連する居留民の比重が大幅に低落したとは考えにくい。むしろ，1920年代に至って，在華紡の本格的形成やその他の製造工業投資の進展に伴った近代的工場の従業員の増加がみられ，それまでの職人や自営業者を主体とした構成が変化している点に着目しておきたい。

つぎに，商業および交通業の分野をみると，この分野の居留民数も，日露戦後1907年の 2,974人から1916年 5,937人，1923年 8,390人と一貫して増加し続けている。居留民全体に占める比重は，この時期の鉱工業や公務自由業などの一層の増加により，やや低下の傾向を示すが，1920年代初頭にあっても全体の過半を占め，上海日本人居留民の主力部分を形成していた。もちろん，さきにもふれたように，このなかには在華紡の従業員なども含まれて

表3-1（a）　上海在留日本人職業別一覧（1907・1912・1916年）

職業	1907 戸数	1907 人数	1912 戸数	1912 人数	1916 戸数	1916 人数
I 農業・水産業	－		2	12	3	33
		0.0%		0.2%		0.3%
A 畜産並牛乳商	－		2	12	3	33
II 鉱工業	74	404	239	1,399	373	2,100
		7.6%		18.2%		18.9%
A 鍛冶・鋳物・錻力・鑢職	－		2	6	4	31
機械器具製造販売	6	29	4	22	16	90
洗張・洗濯業	4	10	14	57	18	82
畳・竹細工職	5	22	8	69	11	76
裁縫業・仕立職	8	37	32	169	52	238
靴製造販売	16	108	46	372	65	400
大工・指物職	3	21	21	104	30	177
ペンキ・左官・塗物職	2	11	4	40	11	57
諸請負業	－		－	1	6	26
建築・電気・水道技師	－		4	23	7	26
植木職	2	8	3	8	8	40
製版・印刷・製本業	6	28	24	105	44	220
縫箔・金線・鼈甲細工	13	64	16	121	26	160
B ガラス器具製造販売	－		11	67	29	227
石鹸製造販売	2	15	2	11	6	35
紡績等職工・製綿業	2	36	5	44	3	30
帽子製造販売	2	10	17	66	8	24
紙箱製造販売	2	5	3	14	5	16
製革業・皮棒製造販売	1	7	19	84	14	73
E その他の工業	－		4	16	10	72
III 商業および交通業	394	2,974	755	4,264	1,110	5,937
		56.1%		55.5%		53.4%
A 食料品商	1	5	18	87	21	106
菓子商	25	76	30	139	43	192
石炭・薪炭商	10	56	12	36	9	36
酒・醤油商	6	17	6	12	10	60
呉服・糸商	6	25	9	43	15	79
書籍・文具・玩具商	8	60	4	26	5	35
紙商・襖商	1	8	3	15	7	31
古物商・骨董商	－		20	96	39	179
その他の販売商	4	10	1	9	13	52
雑商	38	589	31	122	44	180
仲次業・周旋業	2	3	7	19	17	85
質屋・金貸業・保険業	5	12	9	40	10	57
貸本屋・貸車業	5	10	2	5	－	
旅人宿・下宿屋	16	110	10	120	18	177
料理店・飲食店・貸席	42	208	42	372	71	516
遊戯場・興行関係業	4	26	10	70	17	53
理髪店・女髪結	38	124	47	310	66	289

職業	1907 戸数	1907 人数	1912 戸数	1912 人数	1916 戸数	1916 人数
湯屋	3	11	3	31	－	15
B 薬種並売薬商	14	62	11	75	26	128
売薬行商	8	243	19	74	8	31
雑貨商	92	597	108	454	129	545
時計・洋傘・化粧品商	7	24	11	47	10	38
C 海産物商	－		1	1	6	28
肥料商	－		3	8	2	8
棉花商・綿糸商	7	74	10	62	9	47
貿易商	20	392	28	119	－	
砂糖商・鶏卵商	6	42	4	20	12	93
銀行員	2	33	15	75	27	145
海運業・船員・水先案内	12	112	18	119	29	163
通関業	5	15	4	27	8	33
会社員	－		165	1,049	310	1,945
D 競売並用達商	2	4	158	708	2	16
E 陶磁器・金物・金庫商	1	5	5	32	5	27
艦船売込商	4	20	20	127	18	88
商店員	－		63	362	102	460
IV 公務および自由業	58	259	158	708	195	988
		4.9%		9.2%		8.9%
A 僧侶・牧師・神議	3	7	8	45	13	66
医師・歯科医師	18	89	24	150	22	164
医療保健業	4	8	10	32	32	101
按摩鍼灸業	4	10	8	36	16	61
新聞及雑誌記者・社員	5	11	9	28	11	66
画工・美術彫刻	4	11	13	51	2	5
技芸等教授	－		4	15	10	39
C 代書・通弁業	－		4	22	4	11
D 官公吏・官庁雇員・海関	7	57	51	187	44	279
教員	－		12	67	23	92
E 弁護士	3	9	3	8	5	26
写真業	10	57	13	67	13	78
V その他の有業者	41	1,311	248	994	541	1,848
		24.7%		12.9%		16.6%
A 芸妓・幇間	－	62	－	122	－	131
被傭人	－		31	118	42	247
料理人	－		8	55	17	76
雑業	21	552	104	352	243	823
B 外国人被傭人	20	697	105	347	239	571
VI 無職業	2	346	2	313	1	205
		6.5%		4.1%		1.8%
D 学生・練習生	2	346	2	313	1	205
VII 総計	567	5,299	1,404	7,686	2,226	11,118
		100.0%		100.0%		100.0%

注：1）Aは主として邦人を営業対象とした職種，Bは中国人を有力な対象とした職種，Cは対外貿易関連および在華紡，Dは国家的進出付随ないし公的施設関連，Eは混在または不明。なお総計と各項合計との不一致は下記資料による。

　　2）類別は『国勢調査報告』の［職業別分類表］および『帝国統計年鑑』の［外国在留邦人男女職業別］を参照し再構成。なお，機械器具製造販売には人力車製造販売，製革業等には獣皮商を含む。［その他工業］は人造石製造販売・水袋製造販売・製粉業・造花業・電気業。食料品商には米穀商・製麺業・肉ハム商・果物野菜商・漬物商・茶商・豆腐蒟蒻蒲鉾商を含む。呉服商にはラシャ商，棉花商等にはメリヤス商，文具商等には額縁商を含む。［その他の販売商］には材木商・家具商・履物商・自転車商・三味線商・電気ガス器商を一括。仲次・周旋業は仲買業・口入周旋業・興信所・広告業を含む。遊戯場・興行関係業は遊技場・観物場・玉突業・興行師・遊芸師匠・遊芸稼人。医療保健業は薬剤師・看護婦・産婆・接骨業・入歯義歯製造職。技芸等教授は琵琶・茶道・生花・英語教授。1907年の学生中には教員を含む。

出典：外務省通商局『在支那本邦人進勢概要』1915年，外務省記録3.3.2.49『上海土地建物会社設立計画一件』1912年，島津長次郎『上海漢口青島案内』金風社，1917年（原資料はいずれも「上海総領事館報告」）。

表3-1（b） 上海在留日本人職業別一覧（本業者，1917・1923年）

職業	1917 本業者 人数	ウチ女	1923 本業者 人数	ウチ女	家族トモ 人数計
I 農業・水産業	4 0.1%		3 0.0%		10 0.1%
A 牧畜並搾乳商	4		3		10
II 鉱工業	605 13.5%	45	930 11.1%	114	2,136 12.8%
A 鍛冶・鉄工・鋳物	2		18		42
機械器具・車両船具製造	2		15		38
洗張・洗濯業・染色業	4		40	5	100
畳・竹細工職	12		10		30
裁縫業・仕立職	113	45	131	91	193
靴製造	25		85		217
大工・左官・ペンキ・木挽職	54		115		292
土木建築業	14		32		71
植木職，園芸	12		17		43
建築・電気・水道技師			13		31
家具製造・表具師			20		49
製版・印刷・彫刻業	21		47		111
縫箔・金銀・鼈甲細工職	25		49		125
B ガラス・陶磁器，煉瓦製造	6		15		42
石鹸製造，燐寸製造	3		11		26
製糸・織物業，糸類製造	4		9		20
製粉，飲食料品製造	25		5		17
紙・紙製品製造	4		2		8
工場労働者	250		249	28	579
E その他の工業，諸職人	4		47		102
III 商業および交通業	1,394 31.0%	25	3,423 41.0%	167	8,390 50.3%
A 食料品商	44		41		86
菓子商	75		44		111
酒・醤油商	28		19		39
呉服・洋服・糸類販売	55		86	9	206
書籍商・文具・紙商	20		30	1	78
木材・石材・建材販売	6		7		18
古物商・骨董・美術品商	34		57	5	116
時計・貴金属商	7		34	4	88
その他の販売商	13		18		47
雑商			38	1	92
質屋・金貸業	9		20	7	45
物品賃貸，家屋賃貸業			6		16
旅人宿・下宿屋	18	6	28	14	65
料理店・飲食店・貸席	61	10	71	29	132
遊戯場・興行関係業	8		12		24
理髪店・髪結	91	9	187	37	387
湯屋	3		4		16
A 車馬・自動車運輸	1		13		35
B 煙草販売	3		3		9
薬種・薬品販売	58		54		125
行商	21		40	5	91
雑貨・履物販売	164		171	8	464
化粧品・小間物商	7		26	6	43
仲買商，用達商	33		80		167
機械器具・装置販売	10		26		61
陶磁器・漆器・金物商	14		11		32
C 肥料商，皮革獣骨商	11		14		44
貿易商	28		102		224
銀行業，為替両替商			10		28
保険代理業			12		24
運輸・倉庫，船舶，通関	25		67		161
E 銀行員，会社員・商店員	395		2,092	40	5,316
商店員，事務員	454				150
IV 公務および自由業	454 10.1%	29	1,079 12.9%	355	2,109 12.7%
A 僧侶・牧師・神職	10	1	29	7	59
医師	35	1	46	1	93
歯科医師・義歯師	8		22		46
医療保健・按摩鍼灸業	126	14	133	87	224
新聞及雑誌記者	54		92		183
写真師・画工	15		27		81
技芸等教授	14	7	28	18	61
C 代書・通弁業	5		10		23
D 官公吏，外国傭聘	122		148		357
陸海軍人			3		6
教育関係	46	6	57	10	110
郵便・電信電話従事者	15		29	7	174
E 弁護士	4		12		31
その他の自由業			441	223	661
V その他の有業者	1,331 29.6%	785	2,222 26.6%	1,673	2,934 17.6%
A 芸妓・娼妓，酌婦	200	？	502	502	563
家事被傭人・料理人	1,081	785	1,088	982	1,227
E その他の有業者，雑業	50		280	189	432
その他の労働者			352		712
VI 無職業	702 15.6%	115	693 8.3%	281	1,086 6.5%
D 学生・練習生	331		443	32	443
その他の無業者，無申告	371	115	250	249	643
VII 総計	4,490 100.0%	999	8,350 100.0%	2,590	16,665 100.0%

注：1）ＡＢＣＤＥの区分および職業の類別については，表3-1（a）の注に同じ。

2）食料品商には，米穀商・蔬菜果物商・肉類魚介類商・豆腐商・茶商およびその他の飲食料品商を含む。また，「その他の販売商」中には，諸楽器商・銃砲火薬商・燃料商をも含める。医療保健業，按摩鍼灸業には，薬剤師・看護婦・産婆・獣医・按摩鍼灸が含まれる。そして「その他の有業者」中には周旋業を，「その他の無業者，無申告」中には，視察遊歴者・在監受刑者を含めた。なお，銀行員・会社員・商店員の一括扱いは原資料による。

3）1917年の調査では，ほかに朝鮮人279人（うち女40人），台湾籍民253人（同33人），本業者家族8,895人（同4,922人）。

出典：外務省通商局『在支那本邦人進勢概要』（第2回）1919年，同『上海事情』1924年より作成。

いるが，商業および交通業分野が居留民の主力をなしていたことは明かであろう。

　さらに，これらの分野の内容をみると実にさまざまな種類の営業が営まれている。こうした雑多な商業者を，上海総領事の一報告は，①「大会社銀行若くは本邦内地に確実なる基礎を有する商店等」（「其数に於ては多からさるも上海に輸入せらるる重要商品は大部分之等大商人の取扱いに係り」「綿糸布砂糖石炭燐寸海産物等を取扱へる」商人たちであるとしている），②「比較的小資本を以て開業し主として当地に営業上の本拠を置き売薬雑貨等を取扱へる小商人」（「其数頗る多く支那人向の卸小売をなせるもののみにても数十店に上」る），③「在留日本人向の商品を取扱へる所謂虹口（地名）側の小商人」（「其信用は前記の小雑貨商に比して更らに薄弱なるを以て其困難は一層大なり」としている）に類別しており[10]，ここでは，それにしたがって，それぞれの動向をみておきたい。

　第一に，貿易商社，銀行，海運会社など大会社ないし日本国内に本拠をもつ中堅会社の上海支店に関わる居留民の比重であるが，表3-1（a）（b）からそれを把握するのは難しいので貿易商，棉花商，綿糸布商，砂糖商，肥料商，海産物商などの貿易商，銀行，海運会社関係，そしてその勤務者と思われる「銀行員」「会社員」「商店員」などをとりあえずこのグループとして考えておこう。前者の貿易・海運・銀行関係者については，上海を拠点とした卸・小売を兼ねる小貿易商らと区別し難いが，日露戦後から1920年代初頭を通じて500人前後と推測される。

　しかし，後者の「銀行員」「会社員」「商店員」数の方は，1912年1,486人（全体の19.3％），1916年2,550人（同22.9％），1923年5,313人（同31.9）と1910年代を通じて急増しており，この期の一特徴をなしている。これらのなかにも，小貿易商や在華紡の従業員などが相当数混じっているが，それも含めて「会社員」等の増大が，この期の居留民動向を特徴づけている。いいかえれば，1910年代を通じて，上海日本人居留民社会が，中小零細商人，職人，自営業者等の雑多な業種に関わる人々を主体とした構成から，それと並んで，大会社・中堅会社関連の居留民もかなり大きな比重を占めるものへと変

化しているのである。

　第二に，上海に本拠を置き，貿易や中国人向け卸・小売に従事する小貿易商，中小商人などのグループについて検討しよう。これらのグループも，貿易に従事する商人と卸・小売商が重なることも多く，また主として中国人相手の商売を行うとはいえ中国人向，日本人向を必ずしも区別しえないケースもしばしばあり，さらに中国人向といっても行商と店舗を有する卸・小売商とは資本規模も異なっており，明確な区分や性格づけは難しい。しかし，1907年に設立された東荘同業公所のケースなどでは[11]，日本産織物および雑貨を取り扱う日本商と中国商が共同して同業組合を組織して，同業者間の利害調整に努めており，在地経済と密接な関係をもつ日本人中小商人層の存在をみることができる。ここでは，いくつかの調査報告や営業案内等にもとづいて，とりあえず中国人向の営業者として行商，売薬，化粧品，雑貨，陶磁器などの商人をこれらのグループに類別しておきたい[12]。

　これらの商人の動向をみると，日露戦後の時期に，売薬等の行商や小雑貨販売など一時に多くの日本人が押し寄せた様相がうかがえるが，共食い的ブームの後は，７〜８％前後で推移しており（「商店員」なども考慮して），さきの製造工業者とともに貿易や卸・小売など中国人向営業に従事した土着的日本商が，上海日本人居留民構成に一定の位置を占めていることがわかる。

　第三に，いわゆる「虹口商人」[13]についてみよう。後にもふれるように，日本人居留民の多くは蘇州河を隔てて旧英租界と隣接する旧米租界内の虹口地区およびそれに続く閘北地区に住み，とくに文路，呉淞路，密勒路，昆山路，乍浦路などの邦人集住地域は「市面の状態又日本的市街風を呈」すほどであり，「此方面に営業する邦商は概して小売商人のみにして日本人向営業を主とす」とされていた[14]。

　表3-1（a）（b）中でＡに類別したものが邦人向営業と思われる業種であるが，それらは，食料品商，菓子商，酒屋，洋品・呉服商，文具・玩具商あるいは質屋，貸本，旅館等を単純に合算してみると，1907年1,349人（商業交通部門中の45.3％），1916年2,142人（同36.1％）と日露戦後から大戦期にかけて商業および交通業部門関連の居留民の約４割前後を占めている。店舗数で

みるとこの比率ははるかに高いものとなるが，居留民数でみるならば，すでに当該期においては，しばしば指摘されるほど零細商の比重は圧倒的とはいえないことがわかる。

　なお，1923年をみると関係居留民の人数が1,601人とかなり減少しているが，「その他の自由業」や「その他の有業者」等など集計方法の変化によるところも大きく，必ずしも減少しているとは考えにくい。ただし，さきにもみたように，当該期は「会社員」等の急伸長が，「虹口商人」の比重を相対的に低減させていたことも，ひとつの特徴であった。

　商業および交通業についてやや立ち入り過ぎたが，ついで，按摩や技芸教授などまで含む公務および自由業部門に移ろう。この分野は全体としてそれほど多くない。しかし，1907年の259人から1916年の988人，さらに1923年には「その他の自由業」の項の導入もあって2,109人へと，大きな伸びを示しており，医療関係，宗教，教育，新聞・雑誌など邦人居留民社会の社会環境が次第に向上していく様相がうかがえる。とりわけこの間の官公吏や官庁雇員等の増加は著しく，居留民団の成立を経て上海日本人居留民社会の体制整備も進展していることがわかる[15]。

　なお付言すれば，国家資本や国家的進出に対応した居留民進出としては，これら官公吏，官庁雇員や教員，学生のほかに目につくものはなく，上海においては，国家的進出に付随した形の進出は限定的であった（ただし日中戦争以後は多くの邦商が軍事進出に吸着しながら進出してゆく）。

　さらに，芸妓・酌婦，家事使用人，雑業等からなる「その他の有業者」が15％前後いる。多くが単身者からなるこれらの層は，特別の技術や資金をもたない徒手空拳の男女渡航者を吸収する場ともなっていたと思われる。そして，彼らはさきにみた各種の職人，「虹口商人」，「その他の自由業」などとともに，居留地社会の広い底辺を構成する存在であった。

　以上，確立期の上海日本人居留民社会について，その職業別構成を中心に検討してきた。最後に，さきの商業分野でみた営業基盤にもとづいた類別を参考にしながら，日本人居留民社会の構成的特徴を確認しておきたい。

　まず第一に，虹口商人と呼ばれた食料品商，日用品商，呉服商，食堂，理

髪店などの零細商業者，大工，左官，畳，靴，裁縫仕立，洗濯・洗張などの職人や自家作業者，そして分類困難な各種の雑業や各種自由業従事者，さらには家事使用人や芸妓，酌婦など，主として日本人居留民社会に依存して営業をなす零細商工業者，職人，被使用人等が，日本人居留民社会において大きな比重を占めていることを改めて確認できる。これらの人々は，「土着派」と称され，日露戦後の居留民社会の形成期においては，その過半を占め，邦人居留民人口の主力を担う存在であった（在留邦人依存型）。その後もこうした居留民は増加し続けているが，大戦期以降次第に大会社，中堅企業の進出が活発化するにしたがい，相対的比率は低下し，半数以下となっていく。

　第二には，小貿易商や中国人向の営業を行う卸・小売商，あるいは若干の製造業者など，上海に本拠を置き在地経済と関係をもった中小商工業者が次第に形成しはじめていることを指摘できる。これらの中小商工業者層は，上海に本拠を置く点でやはり「土着派」と呼びうる。そのなかには，行商や小雑貨商など絶えず動揺する零細業者をも含むが，中心層は，中国在地経済と関係を有し，営業基盤においても所在地域においても，先の虹口商人らと異なった存在であった（在地経済関連型）。

　さらに第三に，日露戦後から徐々にみられた大きな貿易商社や海運会社あるいは中堅の商社などの進出が，大戦以降さらに活発化し，そこに働く支店勤務者やその家族などの有力・中堅企業関係居留民の急速な伸長がみられることである。これらの層は「会社派」と称されたが，1920年代初頭に至ると，上海在華紡の本格的展開もあって，限られた企業数ながらも，その経済力だけでなく関連居留民数でも相当な比重を有するまでになっている（在華紡・貿易関連型＝支店進出型）。そして，上海日本人実業協会を組織して在上海日本企業の中核に位置するとともに，居留民会においても支配的な地位を占めていた。

　もちろん，こうした居留民とともに，さきにもふれた，官公吏などの国家的進出に付随した居留民や外国人の被傭人あるいはいわゆる「からゆきさん」など，さらに多様な居留民の存在を付け加えることができる。

ところで，はじめにでもふれたように，中国・朝鮮の日本人居留民社会の構成に関しては，しばしば〈財閥資本・国家資本－地場有力実業家－零細商人層〉などの「三層構造」として把握されてきた。上記の類別——日本に本拠を置く有力ないし中堅企業の上海支店（在華紡を含む）関係者，中国在地経済に足場を置く土着的商工業者，そして虹口商人ら主に在留邦人に依存する零細業者——は，その営業基盤を基礎にしたものであり，重なり合う部分をもつとはいえ，そのまま「三層構造」を意味するものではない。しかしこの時期に，財閥系企業や在華紡を含む「会社派」の本格的確立や上海に基盤を置いた中小商工業者層の成長がみられており，「三層構造」が次第に形成されていたこともみてとれる。つぎに，こうした「三層構造」の形成に焦点を合わせて上海居留民の構成を検討することとしたい。

2　上海居留民社会における「三層構造」の形成

　はじめに，表3-2（a）（b）によりながら，上海における邦人企業の階層構成を概観しよう。
　表3-2は，外務省通商局『海外日本実業者之調査』中の在上海邦人企業を資本額別に集計したものである。この調査は，直接輸出入貿易に従事するもので，店舗を構え年間1万円以上の取引額を有するもの，店舗を構え年間1万円以上の売買をなすもの，年額1万円以上の生産高を有するもの，その他同額以上の収穫のある農漁業者をリストアップしたものであり，それをもってかならずしも中堅以上の商工業者とはいい難いが，居留地邦商中の一定の基礎を有した企業・業者を概括したものといえる。
　これによれば，まず大戦期をはさんだ1913年から1921年の間において，インフレの影響もあるとはいえ，基準に達する企業数が117社から220社へと大幅に増加しており，上海における大手邦商および中堅商工業者の進出・成長がうかがえる[16]。そして，増加の趨勢は，上海に本拠を置いた業者において55社から130社と，とりわけ顕著であり，この間に土着的な商工業者層が確実に成長していることを確認できる。

表3-2（a） 在上海日本人企業階層別

資本額（万円）	上海本社		日本内本社	
	1913 末	1921 末	1913 末	1921 末
1 未満	23	24	8	3
1〜5 〃	26	47	17	2
5〜10 〃	2	15	7	4
10〜100 〃	1	19	12	16
100〜500 〃		9	3	23
500〜1000 〃		3	1	6
1000 以上		2	4	28
不明	3	11	10	8
合計	55	130	62	90
従業員数（人）				
1〜9	42	67	32	38
10〜29	11	38	22	36
30〜99	1	8	5	8
100 以上		14	3	6
不明	1	3		2
合計	55	130	62	90

注　：この間為替変動が激しいが，1 元＝1 弗＝1 円，1 両＝1.4円で換算。
出典：外務省通商局『海外日本人実業者之調査』1915，1922年。

表3-2（b） 在上海日本人企業階層別（1921年，業種別）

資本額（万円）	商業貿易	航運倉庫	工業	綿紡績	金融保険	合計
（上海本社）						
1 未満	23		1			24
1〜5 〃	37	2	8			47
5〜10 〃	12	1	2			15
10〜100 〃	9	1	8	1		19
100〜500 〃	5	3	1			9
500〜1000 〃				2	1	3
1000 以上				2		2
不明	11					11
合計	97	7	20	5	1	130
（日本内本社）						
1 未満	3					3
1〜5 〃	1		1			2
5〜10 〃	3		1			4
10〜100 〃	13	1	2			16
100〜500 〃	21		2			23
500〜1000 〃	6					6
1000 以上	16	5		1	6	28
不明	8					8
合計	71	6	6	1	6	90

出典：表3-2（a）に同じ。

さらに企業規模の面からみると，上海に本拠を置くものは，1913年末で
は，ほとんどが資本金５万円未満層に集中し，従業員数も10人未満が８割
近くと大部分が小規模企業であり，業種的には二，三を除いてほとんどが商
業・貿易関係の企業からなっていた。1921年末になると，総数の増大だけ
でなく，全体として資本規模の上昇がみられ，資本金10万円以上のものも
34社を数える。従業者数でも，10名以上を雇用する企業が60社近くになっ
ており，自営業的なものからやや成長した規模の商工業者層も形成されつつ
あったことがうかがえる。なかには100名を超えるものも14社ある。

　こうした変化は，製造業企業が印刷を含め22社にのぼるなど，業種面で
もみられる。もちろん，上海に本拠を置く製造業中の大規模企業は，事実上
日本国内に本社を有する在華紡であり（資本金500万円以上の在上海本社企業
６社中５社が在華紡，ほかは上海取引所），土着企業とはいい難いが，大戦期
を境に投資リスクの大きい製造業分野にも次第に進出しはじめたことがわか
る。

　これに対して，日本国内に本拠を置く企業の場合は，1913年末では資本
金１〜100万円未満の各層に位置しているが，500万円以上層はまだ少ない。
業種も，製造会社の販売部門も含め，大半が貿易関係である。これが1921
年末になると，７割近くが資本金100万円以上の層に属し，1,000万円以上の
企業も28社（34％）にのぼっている。また業種的には，1913年とは異なり，
貿易・商業だけでなく，海運や金融などの部門でも大企業の進出がみられる
が，これらは正金銀行・台湾銀行に続く財閥系銀行や日本郵船に続く大手海
運会社の進出によるものである。そして，製造工業分野では，さきにふれた
在華紡が本格的に展開を始めている。

　以上，表3-2（a）（b）から，まず第一に，大戦期において日本の有力企業
の上海進出が活発化し，1920年代はじめには，貿易・海運・銀行等の有力
企業，さらに在華紡などが非常に有力な存在となっている状況がうかがえよ
う。上海に進出した大資本家層は，すでに大戦期から，その結集体として上
海日本人実業協会を結成していたが（1911年），大戦末から1920年頃には，
政府系および財閥系の銀行，大手海運会社，有力貿易商社そして在華紡が日

本人実業協会の中心を構成し，その周辺には日本国内に本拠を有する中堅企業や土着の中堅企業を包摂する体制を形成するに至っている[17]。

　また第二に，大戦期を通じて中小商工業者層とりわけ上海に拠点を置いた中小商工業者層が，数においても，規模においても大いに伸張していることがわかる。これらの商工業者の業種や資本金額などの状況は，さきの『海外日本実業者之調査』に示されているが，必ずしも明確ではない。もっぱら日本人を相手とするいわゆる虹口商人層（在留邦人依存型）と，中国人・外国人向け営業を行う貿易，卸・小売商や工業者（在地経済関連型）とを区別しえない。しかし，一覧して虹口商人層は比較的少数であり，多くが小貿易商や在地経済と関係する卸・小売商ないし工業者であったと思われる。もちろん，上海銀行（1918年，1927年一時閉鎖，翌年改組再開，松尾洋行・長谷川洋行ほか）[18]の設立や東方製氷（1922年，東語・宇野良之介・鈴木重孝ほか）[19]や，土橋通関所（1915年，土橋号）[20]など虹口商人による新規分野への進出（松尾・土橋等）や，逆に貿易関係者の虹口進出（宇野・長谷川等）もみられ，あまり両者を画然と区別するのは適当ではないが，数の上では一定の資本準備を前提とした小貿易商，卸・小売商，製造業者などが中層の主体をなしていたといえる。

　そして第三に，表3-2（a）（b）に表出されない虹口商人たちを中心とする零細商工業者などの広範な存在を指摘することができる。これらの層に関しては，すでに，居留民の職業別構成に際してふれたところであり省略する。

　このように，第一次大戦期以降，上海日本人居留地社会においては，貿易・海運・金融の大企業および在華紡の本格的進出と並んで，上海に本拠を置く土着的な中小商工業者の有力部分，いわゆる土着派中堅層が，在地経済関連型・在留邦人依存型それぞれにおいて増大ないし成長していたのであり，日露戦争以降引き続き増大しつつあった零細な商工業者層を底辺としながら「三層構造」が形成されていったといえよう。

3 土着派中堅層の内実と社会的地位

　では，上記の土着派中堅層はどのような存在であったのか。二，三の事例によって，それら中堅層の特徴を検討することにしたい。はじめに，在地経済と関連を有する土着派中堅をみよう。

　さきにも述べたように，上海進出大資本層は，1911年には上海日本人実業協会を組織して独自の結集を進めていったが，中小商工業者たちにも，大戦期頃より組織的結集の動きがみられた。そのひとつが，上海実業有志会である。この会は，1915年の３月，排日運動が高揚した折に，対中国人貿易に従事する商人の発起で，排日への共同の対処と総領事館への働きかけを目的に結成されたが，英仏租界における土着的な売薬雑貨取扱商約50店を網羅した組織であった[21]。実業有志会は，当面する排日運動に際して，華人新聞の買収による世論工作，枢要地への排日取締官派遣，日本の有力実業家の中国派遣等の要望を上海総領事に提出するなどの活動を行っているが[22]，これらの要求が，中国市場での華商との対抗を前提としたものである点は，有志会構成商の性格を反映したものといえよう。

　その後さして活発な活動はみられないが，1931年の満州事変に起因する排日運動に直面するなかでは，130商社を結集した会として独自に商権維持資金100万円下付の請願を行う一方，後述の上海工業同志会とともに，上海日本人商工連合会を組織して，低利の商業および工業資金融通の運動を展開している[23]。

　大戦期における実業有志会の構成員が不明なので，やや時期が下がるが，1932年の同会幹事を表出した表3-3を掲げる。それによると，表出者の多くは資本金１万〜５万円程度の小貿易商であるが，もっぱら在留邦人を相手としたより零細な虹口商人らと性格を異にする商業者層であることがわかる。さらに経歴の面でも，日露戦後の頃に上海ないし中国に渡り，各種商社の上海支店勤務を経て大戦期以降独立をした個人商的な商人が目につく。また，東亜同文書院の出身者や中等以上の教育を受けた者も少なからずみられる。

表3-3　上海実業有志会幹事商一覧（1932年）

幹事名	店名	開業年	資本金	業績	経歴	学校等
土井伊八＝会長	瀛華洋行店主＊	1911	5万円	貿易（金物類、綿花、雑穀等）	1893年日本商品陳列所設立、1911年同業務継承し再編。	日清貿易研究所
若林忠雄＊	泰新洋行店主＊	1920	4.5万元	貿易（海産物、雑穀、肥料等）	1911年大倉商事入社上海支店詰、1921年支店人、同年独立。	東京水産講習所
鈴木鋼作	申寿洋行代表＊	1917	4万円	船舶代理、貿易	1912年来滬綿花綿糸布買次、1917年申宇洋行設立。	
児玉英蔵＊	児玉貿易商行	1914	5万円	貿易（牛骨、雑穀等）	1909年来業後高田商会上海支店、のち独立。	東亜同文書院
重松為次	重松大薬房店主＊	1906	5万円	医薬品・医療機器輸入販売	1915年富山薬専卒業後重松家入籍、1917年来滬業務継承。	富山薬専
山木達之助	吉田号支配人＊	1887	15万元	貿易（雑穀、雑貨、綿布等）	1910年来滬吉田号店員、1930年支配人。	
角田芳太郎	北福洋行店主＊	1904	10万円	ガラス類販売	1912年宝山玻璃廠設立、上海倉庫信託・公興鉄等関与。	
佐々木徳四郎＊	佐々木洋行店主	1920	3万円	貿易（工業原料、化学薬品）	1906年卒業後大阪盛大堂上海支配人、のち独立。	東亜同文書院
三川 芳	日之野洋行店主任	1904	-	輸入販売（多治見陶磁器）	1906年来滬日比野商店上海支店開設、市場開拓。	県立商業学校
伊藤益三	益記洋行店主＊	1911	2万円	貿易（綿糸布、雑貨、工業薬品）	1906年来滬吉田号入店、1911年独立、1920年上海倉庫信託設立。	神戸にて勉学
清原八夫＊	清原洋行店主＊	1923	2万円	船舶代理業	1911年松川商店上海出張員（開設事務）、1923年同店閉鎖、独立。	
栗本寅治	瀛華洋行支配人＊	-	-	貿易（中国物産、工業薬品）	1907年来滬、兄経営の東学洋行入店、1914年瀛華行に業務継承渡。	
前田槇吉	前田一二洋行	1926	1万円	貿易（石鹸、雑貨、縫針）	来滬前漢口・無錫等に店舗、排日で上海に移転。1932年右舗工業。	
林 八郎＊	林洋行店主	1920	1万円	開平炭販売、石炭船舶業	1907年三井物産入社、1920年退社林洋行設立（開平炭販売）。	東京高商
下里弥吉	千代洋行店主＊	1904	30万元	写真機器、同材料販売	1900年浪合（釜村商店）、1911年来滬、叔父の千代号継承（華人向）。	高等小学校
宮下万次郎	栄泰洋行店主＊	1912	5万円	貿易（中国物産他）	1912年漢口に開業、内乱で営業難閉鎖、1926年上海支店に本拠移転。	
馬場薫之	松文洋行店主	1918		綿布等輸入販売	1925年横浜本店より独立。	
植田賢治郎	瑞華公司支配人＊	1920	2万両	貿易業、代理業		

注：氏名欄の＊印は居留民会議員経験者。また店名欄の＊印は上海日本商工会議所賛助商社ないし会員保有商社。
出典：役員名は横浜貿易協会「支那の排日と出先邦商」1932年、店名・備考は上海興信所「中華全国中日実業家興信録」1936年、開設年次・資本金は上海日本商工会議所「上海内外商工案内」1929年。

概して，一定の資金や営業知識・教育などの準備を経て事業を開始している
ケースが多く，いわゆる徒手空拳組は少ないといえよう。そして，彼らのい
ずれもが，上海でかなり長期にわたって在地的に商売を営んでいることも知
られる[24]。

　なお，これらの中心的な有志会々員商は，上海日本商業会議所（上海日本
人実業協会）の会員ないし賛助商社であるもの（＊印参照）がかなり多く，
中心的な有志会商が上海商議の中核をなす有力企業上海支店などと一定程度
利害を共通する面を有していたことも付け加えておきたい[25]。

　また，実業有志会の設立からかなり遅れるが，1925年には紡績以外の工
業者の結集組織として上海工業同志会が，13社によって結成されている[26]。
これらの工業者たちは，商業者と較べると，より大きな固定資本を投下する
だけでなく，雇用や市場の面でも在地経済との結びつきが深く，ほとんどが
虹口商人層と性格を異にする存在であった。それだけに排日運動や労働運動
の高まりに対する危機意識は強く，満州事変期の排日によって大きな影響を
蒙るなかで，低利資金融通の請願運動を活発に展開しており，その時期工業
同志会加盟工場も54社にまで大幅に増加している[27]。

　さきの『海外日本実業者之調査』表出の工業者（1921年）と，そのなかの
工業同志会加盟社（＊印）を示した表3-4で，これら企業の若干の特徴をみ
ると，まず，商業者に比し，やはり資本金額が大きく，一定の蓄積を前提と
して設立されていることがうかがえる。また，従業員数もかなり多く，この
時期で100名を超える中国人を雇用している工場も少なからず目につく。た
だし，紡績に較べると規模は大いに異なる。さらに，進出時期をみると，第
一次大戦後の時期がきわめて多く，製造工業の進出が大戦を画期としている
ことも明らかである。

　以上，在地経済と関係を有する土着派中堅層について，上海実業有志会と
上海工業同志会を手がかりに若干の特徴をみた。大戦期の上海日本人居留民
社会にあって，一定の資本的・営業的基礎を有し，在地経済とも関係する土
着的な中堅商工業者層の成長がみられ，また独自的な結集を始めていたこと
が知られよう。なお，これらの組織にとっては，金融や関税など加盟業者の

表3-4　在上海日本人工業者一覧（1921年）　　　　　金額単位：万円

営業主又は責任者	会社名	営業内容	資本額 類	資本額 額	従業員 日本	従業員 中国	従業員 総計	開業年次	備考
（本店在上海）									
田辺輝雄	日華紡織	綿紡績業		1100	98	4161	4259	1918	
芝長五郎	東華紡績	綿紡績業		3000	40	1500	1540	1920	
谷口房織	同興紡織	綿紡績業		1500	30		30	1920	操業準備中
石黒昌明	豊田紡織	綿紡績業	#	500	115	2300	2415	1921	
黒田慶太郎	上海紡織	綿紡績業	#	400	130	7500	7630	1920	1902旧上紡設立
飯森梅男	上海製造絹糸	綿紡績業	#	40	125	1750	1875	1906	
濱崎松太郎	松茂棉廠	落棉・屑棉加工	#	2.5	4	80	84		
鈴木格三郎	日華蚕糸	製糸業		250	5		5	1920	上海に工場有せず
榎戸泰介	康泰絨布　＊	莫大小製造		35	13	7	20	1920	1923年改組
竹松貞一	中華染色整練　＊	染色加工	＊	1.5			60	1918	
奥村千太郎	徳昌席毬工廠	カーペット製造		0.5		6	6		
小野吾弐	東華造船鉄工	造船鉄工業		35	11	350	361		
瀬浪専平	公興鉄廠　＊	鉄工業		20	13	210	223	1917	
筏井勝太郎	鴻興鉄廠	鉄工業	＊	1			3		
中島普佐吉	上海工商	ブリキ製缶		50	16	130	146	1919	
梶　平治	中国電球	電球製造		200	2	10	14	1917	休業中
越路暢	宝山玻璃廠　＊	硝子製造		50	50	170	220	1912	
百済勝太郎	三公玻璃廠	硝子製造	#	2	20	110	130		
井上音次郎	華興香肥皂廠	化粧品製造	#				20		
粉川広吉	上海油脂工業	油脂石鹸製造	＊	50	12	120	132	1909	＝瑞寶洋行
植田賢次郎	燧㣺公司　＊	マッチ製造		30	4	6	10	1920	
野上彦市	支那樟脳	樟脳精製		200			5		
小畑徳次郎	上海坩堝　＊	耐火煉瓦製造	＊	4.15	5	9	14	1921	
杉原実松	備後屋洋行	野草敷物製造		5	9	70	79	1918	
岡本衛	徳成洋行製材所	荷造用箱製造		2		10	10		
野村重男	野村印刷所	印刷業	＊	1			16		
蘆澤民治	蘆澤印刷所	印刷製本業	＊	5	15	100	115	1912	
木本勝太郎	上海印刷　＊	印刷製本業		50	28	176	204	1917	
（本店在日本）									
川邨兼三	内外綿	綿紡績業		1600	230	13500	13730	1911	上海工場人員のみ
住山忠道	中華紡織用品	紡織用品製造		8	10	22	32		
深田錠造	山口工業	電気器具製造		50	4	10	14		
植村要造	光明　針公司	莫大小針製造		1			46		
岩田四郎	上海製油	油脂石鹸製造		200	10	150	160		
玉置禎一	日本皮革　＊	革製品製造		30	8	100	108	1912	＝江南製革廠
佐藤秀光	中華皮革廠　＊	革製品製造		240			300	1920	

注　：1）会社名欄の＊印は上海工業同志会加盟工場（但し1932年時点）。
　　　2）資本金額欄の＃印は金額単位は万両、＊印は万元＝万弗。
　　　3）従業者数合計は中国電球を除いて日中の人数を合算したもの。

出典：外務省通商局『海外日本実業者之調査』1922年。上海開業年次は上海日本商工会議所『上海内外商工案内』1929年，1936年。

営業上の問題と同時に，頻発する排日運動への対応が重要な課題となっていたことも注目される点であるが，ここでは指摘だけにとどめざるをえない。

　これに対して，いわゆる虹口商人層の結集はどのような特徴がみられるのであろうか。この時期，上海洋服商組合（1913年），上海日本人氷水営業組合（1917年），上海呉服洗染組合（1919年），上海菓業組合（1927年），上海食料品業組合（1928年）等の同業組合的結集がみられるが[28]，多くが小自営業者の組織であり，構成員の状況も知りえない。また，1930年に設立され，呉淞路を中心とする小売業者による共同の福利や共同仕入れを目指した上海日本実業協会も知られるが[29]，これも中堅層の結集体とはいえず，雑多な業種からなる虹口商人にあっては，中堅層として結集する契機も勢力も弱かったものと思われる。

　こうしたなかで，虹口地区を中心とした土着派中堅層の結集は，商工業活動を基礎としたものとしてよりもむしろ，居留地の住民生活に根ざす形で進んでいったといえる。その中心をなしたのは，すでに指摘されているように上海日本人町内連合会＝上海日本人各路連合会であった[30]。

　町内連合会は，1915年の対華21ヵ条に端を発した排日運動に際して，当時組織されていた丁興里会・文路同志会・近親会など6町内会が，総領事館や居留民団とも協力して自警団を組織するなど，居留地邦人の生活保持の上で大いに寄与したことを足がかりに，翌16年，大和会など別の6町内会も加え，相互の連絡の緊密と居留邦人の福利増進を目的に掲げて結成せられたものであった（常任幹事林雄吉，1925年各路連合会と改称）。この町内連合会は，大戦後も活発に活動を続け，それを通じて虹口土着派居留民を急速に結集せしめたのであり，そのひとつの契機をなしたのが，1922年から23年にかけての日本人居留民の間に議論を沸騰させた上海居留民団立小学校の増設問題であった。

　大戦後の上海日本人居留民社会にあっては，各種の文化・スポーツ団体や医療・教育施設が相次いでつくられるなど，居留民の生活・社会環境の整備が進みはじめていたが，定住化しはじめた居留民にとって，とりわけ切実な問題は，子弟の教育問題であった。

そうしたなかで，1921年居留民団行政委員会が，新たな民団立小学校の増設に関して，在華紡工場などの位置する楊樹浦をその建設地としたことから，虹口や閘北地区など邦人密集地区の土着派居留民の強い不満を生み，居留民の間に大きな対立を引き起こすこととなった[31]。1922年2月には，邦人が集中する北四川路方面に建設することを求めて，増設期成同盟会が組織され，「楊樹浦は工場地にして適正なる土地とは認め難し，殊に会社本位に建設地を選定せらるるは不可なり」[32]と断じているが，町内連合会も，行政委員会の決めた立地に反対し，北四川路方面に建設する運動を開始している。そして，7月には学校増設のための民団起債案件が民会において否決され，行政委員の辞任という事態に立ち至った。最終的にこの問題は，1922年末，在華紡各社が7万5,000円を建設費として寄付することと，近い将来に北四川路方面へ小学校を増設することを条件に，楊樹浦への増設が決定された。

　こうした一連の動きは，楊樹浦立地を強引に推し進めようとした行政委員会を主導する会社派に対して，虹口商人らの土着派居留民が，中堅層を軸に自らを結集させてゆく過程でもあった。彼らは，それを通じて，一方で，町内連合会を虹口地区居留民を中心とした土着派の社会的結集体として発展させてゆくとともに，他方で，居留民団における虹口地区土着派の地歩を強化していったのである。その点を，表3-5，表3-6によってみておきたい。

　はじめに，1920年代半ばの町内会長を表出した表3-5をみると，まず第一に，委員＝町内会長構成の面では，会社派の比重は約二割と低いのに対し，土着派は圧倒的に多く，なかでも虹口地区に基礎を置いた土着派は全体の約半数を占めていることがわかる。その特徴は，指導層をなす常任委員レベルでは一層鮮明であり，常務理事の林雄吉以下6名とも虹口土着派で構成されている。また林雄吉以後の歴代会長（委員長）も土着派中堅層――上海運輸の甘濃益三郎（1934～35年）を除いてすべて虹口商人ないし同地区医師――であり，改めて町内連合会が主に虹口地区の土着派居留民を中心とした組織であったことを確認できる。

　そして第二に，虹口土着派の中堅をみると，林雄吉（林雄公司），杉江房

表3-5 上海日本人各路連合会委員（町内会長）

氏名	営業・所属	業種	氏名	営業・所属	業種
林雄吉◎	林雄公司	貸家業	篠田宗平	＊済生堂主	薬種医療器商
近藤光 ○	浅見商店主	酒類雑貨商	藤井真澄	長寿薬房主	売薬化粧品商
丸山収平○	かなものや	金物金具商	横田政吉	日本鶏卵組合	鶏卵輸出
杉江房造○	日本堂店主	文具書籍商	木下買平	山田商会主任	鶏卵輸出
三浦南星○	白蓮社	葬儀請負	八谷時次郎	八谷洋行主	電気機器等販売
向谷能太郎○	向谷医院	医師	土井伊八	＊瀛華洋行主	雑貨輸出入
鈴木勇	鈴木医院	医師	若林忠雄	＊泰新洋行主	各種輸出入
青木藤五郎	青木医院	医師	奥村静雄	＊東亜製麻	製麻業
渡辺綱男	渡辺医院	医師	村上寿太	＊村上洋行	美術工芸品商
立川秀一	立川医院	医師	藤井信次	＊田岡洋行主	メリヤス等輸入商
小竹豊	小竹歯科医院	歯科医師	井上貫一	＊東亜興業	投資業
兵藤佐五郎	兵藤獣医院	獣医師	森清治	＊東亜興業支店長	投資業
藤井忠徳	村上法律事務所	職員	池田重雄	＊三井洋行	一般輸出入
宮永祐雄	上海日日新聞	新聞	田中秀穂	＊日本郵船	海運業
小谷多美雄	上海時論社	出版	喜多村貫二	＊明華糖廠長	製糖業
島津四十起	金風社社長	出版	山本松太	泰豊衛生材料廠	包帯等製造販売
辻繁喜	有隣生命	保険業	小川政太郎	小川製靴店	製靴業
藤井辰之助	上海棉花同業会	同業組合	山田喜代助		
麻田種蔵	日本人水先協会	水先案内			

注 ：1）氏名欄の◎印は委員長、○印は常任委員。
　　 2）営業・所属欄の＊印は上海日本商業会議所賛助商社ないし会員所属企業。
出典：金風社『支那在留邦人人名録』1927年（1926年11月〜27年2月調）。

表3-6 上海居留民団行政委員一覧（1922年, 1923年）

1922 年			1923 年		
氏名	所属	備考	氏名	所属	備考
鈴木重孝	滬上青年会講師	＊21	菊池虎蔵	弁護士	＊24
◎米里紋吉	日清汽船	＊21	河端貞次	河端医院	＊24
○森清治	東亜興業	＊21	○若林忠雄	泰新洋行（海産物貿易）	＊24
◎桜木俊一	満鉄上海事務所	＊21	太田俊三	土橋号（酒醤油商）	＊24
◎森本健夫			松本茂	上海銀行	
◎田辺輝雄	日華紡織	＊21	○五十嵐冨三郎	福隆洋行（雑貨貿易）	＊24
◎野平道男	三井物産		川内啓次郎	川内回漕店	＊24
◎首藤正壽	横浜正金銀行	＊21	○横山六輔		
山口啓三			横田政吉	市原合資（鶏卵貿易）	
◎副島綱男	江商		○佐々木大介	吉田号（雑貨等貿易）	
◎柳田直吉	台湾銀行		○下間四郎	中井商店（洋紙貿易）	＊24
○松島準吉	住友銀行		白木光伸	日本人水夫組合員	＊24
◎川邨兼三	内外綿	＊21	○馬場明治	明発号（棉花取引）	＊24
山口一成	山口商店（酒煙草商）	＊21	波多博	日本新聞連合支社	
吉住慶二郎	吉住医院	＊21	尾原五郎吉	尾原請負所（土木）	

注 ：1）氏名欄の◎印は上海日本商業会議所役員、○印は同議員。
　　 2）備考欄＊21は1921年度行政委員、＊24は1924年度行政委員。
出典：上海居留民団『上海居留民団三十五周年記念誌』1942年。

造（日本堂），丸山収平（かなものや）など老舗の虹口商人とともに[33]，医師
や弁護士などの居留地名望家がかなりな比重を占めている（表3-7も参照）。
虹口地区における中堅的商工業者の限定性とともに，これら居留地名望家が
雑多で広範な層からなる居留民の要求や利害を代表する役割を担っていたこ
とが知られる。

　では，居留民団における虹口土着派の地歩についてはどうか。表3-6は，
さきの学校増設問題前後，1922年と23年における行政委員会の構成を示し
たものである。ここで何よりも目をひくのは，1923年における委員メンバ
ーの全面的入れ替わりである。従来の行政委員会は，その内のかなりのメン
バーが次年度も継続して選出されてきたが（備考欄参照），1923年度には，
辞任により前年の委員が一人もおらず，学校増設問題での紛糾が居留民団の
指導体制に重大な影響を及ぼしていたことがうかがえる。

　それは，委員会構成にも表れており，両年を比較すると，まず，1923年
度において在華紡および大企業の上海支店所属の委員がほとんどみられなく
なっている。大戦期以降は会社派が行政委員の約8割を占め，実質的に会社
派専断体制を実現しており，1922年も同様であっただけに，23年の変化は
きわめて顕著である。またその対極として，土着派中堅層が圧倒的な比重を
占めている（ただしこうした事態は，学校増設問題をめぐる対立を鎮静化させる
ための，会社派の一時的自粛という性格をも有しており，新メンバーのなかでも
上海日本商業会議所課員6名をはじめ，過半数は虹口・閘北地区土着派居留民と
距離を置いた委員であり，1925年になると再び会社派委員が過半を占めるに至っ
ている――表3-7注3参照）。さらに，虹口土着派についていえば，菊池・河
端・太田・松本・尾原など老舗商や居留地名望家が名を連ねており，以後居
留民団における彼らの地歩を上昇させていることを指摘できる。

　以上，虹口・閘北の土着派中堅層の動向をみてきた。そこでは，商工業者
の結集にもまして，町内連合会を中心に当該地区居留民の社会的結集が重要
な位置を占めていったこと，その中堅を担ったのは，主に日本人を相手とし
た事業で成功を収めている老舗商とともに，医者や弁護士などの居留地名望
家とでもいう人々であったこと，そして，こうした社会的結集を通じて，

1920年代半ば以降には，居留民団においても従来の会社派専断体制を崩し，その地歩を確立していったことなどを知りえよう。

おわりに

　上述のように，第一次大戦期から1920年代半ばに至る上海日本人居留民社会の構成と土着派中堅層の内実や特徴について検討してきたが，大戦期以降の上海居留民社会において，貿易関係や在華紡を中心とする有力企業関連の居留民（在華紡・貿易関連型＝支店進出型）および小貿易商・卸商や中小の工業者など中国人向け営業を行う土着的営業者（在地経済関連型）そして，主に在留邦人を相手とする虹口・閘北地区周辺の自営業者や雑業層を中心とした零細居留民（在留邦人依存型）などの諸類型を確認しえた。

　また，大戦後の上海居留民社会において次第に中軸的な役割を担っていく土着派中堅層についても，こうした居留地社会の構成に規定された形で，中国市場との関係を有した老舗の土着的商工業者と，主に在留邦人相手の営業に従事する虹口商人や居留地名望家を中心とした虹口・閘北地区中堅層と，それぞれに独自の性格と内実をもって発展し，経済的社会的結集を進めていることも知りえよう。

　こうした居留民や土着派中堅層のそれぞれの類型は，もちろん相互間において経済的・社会的な対抗や連携ないし依存の関係に立ったものであり，それら相互関係の解明こそより一層重要な課題である。しかしながら，それらの点は今後の課題とせざるをえない。ここではとりあえず，1920年代半ばにおける居留民団議員構成表により，当該期の居留民団における諸勢力の地歩を一覧して，むすびにかえておきたい。

　従来，上海居留民団は民団課金を2弗以上，6カ月以上納入者を議員有資格者としていたが，議員数が累増したため（1915年403人，1920年1,584人），1925年に領事館令第一号で議員は定数を60名として民団選挙有権者（6カ月以上課金納入者，第1回選挙時2,981人）による選出と改められた[34]。表3-7は1926年時点の居留民会議員57名を土着派を中心に示したものである。

表3-7　上海居留民会土着派議員（1926年）

土着派	営業・所属	資本額	米渡年	経歴（米渡後）	学校	参考：会社派		営業・所属
若林出雄	＊秦新行主任（一般貿易）	4万円	1909	大倉洋行支配人	水産練習所	石田秀三		＊東華紡績支配人
児玉英蔵	＊児玉貿易行主（一般貿易）	5万円	1906	高田商会 上海支店勤務	東亜同文書院	西村利義		＊東洋紡績工場長
松尾多太郎	＊松尾洋行主（酒・麦酒販売元）	2万円	1903	町内連合会長、上海鎮行取締		越智尊三郎	6#	＊日華紡績支配人
松崎柳之助	＊松崎洋行店主（食品雑貨卸小売）	5千元	1900	海軍御用達、麦酒継承		大谷洋三郎		＊公大紗廠工場長
近藤丸	＊浅見商店店主（雑貨食料卸小売）		1919	浅見商店継承、町内会世話役		香知阿四郎	6#	＊公大紗廠主任
篠田宗平	＊済生堂薬房主	3万円	1895	民会副議長、薬業組合長	薬剤師	岡田源太郎	5#	＊内外綿主任
小沢房造	＊長発公司代表（棉花等仲次）	5万両	1915	横浜生糸上海支店勤務	横浜商業	川俣兼三		＊内外綿主任
余祖弥一	＊東語（料理店）（代表）		1917	漢口で修行後米返、東興洋行		田中明次郎		＊大日本紡績取締役
白石六三郎	＊六三亭主（割烹業）		1890	日進洋行、料理業組合長		倉田貫一	5#	＊上海紡績秘書役
小平元	＊上海印刷所主	50万円	1897	上海印刷所（日華分）社長		藤山雷三		＊上海紡織支配人
蘆澤貞治	蘆澤印刷所所主		1905	上海新社勤務（工場長）		黒田慶太郎		＊上海紡織取締役
角田芳次郎	＊宝山波麺靴主（製靴、外人向）	5万弗	1904	売薬等で中国各地回遊		山口仲次郎		＊同興紡織取締役
岡鍋次郎	閲製靴店主（製靴、外人向）	50万円	1906	製靴業		本木誠三		＊製造糸紗工場長
清水喜太郎	清水家具店主（製造販売元）	1万円	1896	町内会相談役		和田茨太郎		＊正金銀行員
川内敬次郎	川内同曹店主	1万円	1902	通関組合、行政委員		多田基三		＊正金銀行員
安藤博		3000万円	1920	同取引所会計主任		鳥徳之介		＊朝鮮銀行代人代理
杉木久太郎 ##	＊上海運輸支配人	100万円	1916		東京高商	池田重雄		＊三井洋行主任
奥村静雄	＊東亜製麻廠費用用度正任	100万円	1918	上海義勇隊	拓殖大	端雄太郎		＊三井洋行主任
河端貞六 ##	河端医院長		1912	行政委員長	京都府立医専	山西武十郎	##	＊三井洋行支配人
立川秀一	立川医院長		1912		長崎医専	稲田千代作		＊住友洋行支配人
向台能次郎	向台医院長		1906	邦人小校医	大阪医専	佐原誠	#6	＊古河公司支配人（前）
青木藤五郎 ##	青木医院長		1909	医師会長、学校医	東京帝大	小山真一		＊小林洋行主任
秋田康世	篠崎医院長		1907	同医院内科主任	京都帝大	小南醇夫		＊小林武林鈔業支配人
須藤五百三	斎藤医院長		1918		岡山医専	山中亨一		＊日郵船船社員
矢野信行	矢野法律事務所長		1920	菊地法律事務所	京都帝大	小林広蔵		＊日清気船助役
菊池遠蔵 5#	弁護士		1906	行政委員長	米国大学	小塚泰一		＊日華精精社員
宮永祐雄	上海日新聞社主		1912	上海義勇隊		林瑞三郎		＊明文書院教授
						児玉璋三郎		＊同文書院支店長
								日本電報通信支局長
						池田安蔵		日本朝聞連通信支社記者

注：1）上海日本人居留民会選挙法改正第1回選挙。なお、上記出典と上海居留民団編『上海居留民団三十五周年記念誌』『上海居留民団三十周年記念誌』1942年掲載の選出議員名とは一部異なっている。
　　　途中辞職と思われるものもあるが、所属を確認できる資料の不足のゆえ上記出典のものを用いた。
　　2）土着派は、任葉紡を除き上着業活動を置いて医院等に営業活動を行う会社ないし医院等に営業活動を行う議員を＃で表した。
　　3）氏名欄の5＃印は1925年行政委員、6＃印は1926年行政委員、＃＃印は1926年行政委員、＊印は上海日本商業会議所賛助商社ないし会員所属商業。
出典：華日協会『華日人名録』1926年。

本表では，在華紡を除く在上海本店企業を土着派として類別したが，ここ
で知りうる第一点は，6カ月以上課金負担者という条件にも規定されて，居
留民構成とはやや異なり，議員の半分強をいわゆる会社派が占めていること
である。なかでも在華紡関係者は14名にのぼっており，居留民団における
在華紡の地位の高さがうかがわれる。ほかには，三井物産，横浜正金，日本
郵船，日清汽船などが目につく。こうした会社派の比重は，さきにみた
1920年代初頭までの会社派が行政委員の8割前後を独占する状況と比較す
ると，かなり限定的なもの（1925・26年度の行政委員＝＃印7名中4〜5名が
会社派）であるが，居留民団秩序のなかでは，依然優位を占めていたといえ
る。

　また，土着派についてみると，若林，児玉，篠田，角田など在地経済と関
係をもち長く上海で事業を行ってきた中堅貿易関連業者・工業者が，10名
前後と全体の2割程度を占めており，貿易や工業的進出などで一定の基礎を
築くに至った老舗の中堅的な商工業者も，1920年代の居留民団において動
かし難い地位を得ていることがわかる。

　さらに，松尾，松崎，白石などいわゆる虹口商人中の老舗商（6名）およ
び医師，弁護士，ジャーナリスト等居留地名望家層（9名）など，虹口地区
住民の利害を代表する人々が全体の4分の1ほどを占めている。第一次大戦
期までの居留民団にあっては，ほとんどその意思を表明しえなかった虹口地
区の居留民たちが，それらの中堅層に媒介される形で，この時期居留民団の
なかにおいて自己の地歩を確立していったといえよう。

〔注〕
1）当初，本章は，拙稿「上海日本人実業協会と日本人居留民社会」（波形昭一
　　編著『近代アジアの日本人経済団体』同文館出版，1997年，本書第1章）
　　の一部として作成されたが，都合で加筆修正の上，独立稿としたものであ
　　り，主として，上海居留民の職業別構成の分析という限られた課題を扱って
　　いる。
2）居留民社会の全般的構造的研究の必要性や課題について，最初に提起した論
　　稿として，柳沢遊「『満州事変』をめぐる社会経済史研究の諸動向」『歴史評

論』第377号，1981年9月，また，最近の居留民社会研究の動向に関しては，前掲拙稿「上海日本人実業協会と日本人居留民社会」182，186頁，幸野保典「天津居留民団の低利資金請願運動」波形編著『近代アジアの日本人経済団体』155頁，桂川光正「上海の日本人社会」大阪産業大学産業研究所『国際都市上海』1995年，32頁等参照。

3）髙綱博文「上海事変と日本人居留民」中央大学人文科学研究所編『日中戦争』中央大学出版部，1993年，および前掲桂川「上海の日本人社会」。

4）間宮國夫「日本資本主義と植民地商業会議所」早稲田大学社会科学研究所『日本の近代化とアジア』社研研究シリーズ第16号，1983年6月，104～108頁（1910年代大連：財閥資本・国家資本－土着実業家－零細商人），木村健二「明治期朝鮮進出日本人について」『社会経済史学』第477巻第4号，1981年12月，101頁（明治期朝鮮：政商－有力商人－下層民），金子文夫「第一次大戦後の対植民地投資」『社会経済史学』第51巻第6号，1986年2月，29～30頁（第一次大戦後植民地：財閥資本・国家資本－地場資本家－零細自営業者）。なお，間宮氏の三層構造を前提にしながら，柳沢遊氏は，大連の土着実業家層を地場財界活動との関連で，①政商的企業家，②専門的経営者型企業主，③老舗個人企業主に類別しつつ，日本人進出の段階的特徴を明らかにしようとしている（「大連商業会議所常議員の構成と活動」大石嘉一郎編『戦間期日本の対外経済関係』日本経済評論社，1992年，347～349頁）。

5）前掲桂川「上海の日本人社会」63～65頁。

6）前掲髙綱「上海事変と日本人居留民」55，66～67頁および，前掲桂川「上海の日本人社会」，77～80頁。ただし，髙綱論文は，上海日本人各路連合会の担い手を問題としており，土着派中堅層それ自体の内容を課題としたものではない。

7）拙稿「満州事変期における上海在留日本資本と排日運動」下，『和光経済』第20巻第3号，1988年3月（本書第5章），152～153頁，および堀本尚彦「上海の排日運動と日本人居留民」『信大史学』14号，1989年，46～47頁。この点について，桂川氏の批判があるが，資料的検討を経たものでなく，また，拙稿の土着派中堅に対する理解についても誤読がみられる（前掲桂川「上海の日本人社会」77～80頁）。

8）副島圓照「戦前期中国在住日本人人口統計（稿）」『和歌山大学教育学部紀要人文科学』第33号，1984年2月，24頁，内山清ほか『大上海』大上海社，1915年，25頁。なお，日本人の上海進出の沿革については，上海居留民団編『上海居留民団三十五周年記念誌』1942年（以下『記念誌』と略記），第2～6篇概説参照。

9）大戦期から1920年代にかけての当該期については，髙綱氏が，進出日本人
の性格が単身出稼ぎ型から家族同伴の定着型へと移行する時期として把握し
（前掲髙綱「上海事変と日本人居留民」43頁），桂川氏も各種同業組合の形
成や土着的金融機関の設立などを指標に定住型社会の形成期として特徴づけ
ている（前掲桂川「上海の日本人社会」65〜69頁）。また，山村は，この時
期に財閥系銀行や在華紡の本格進出など上海日本人居留民社会の基本的構成
要素がそろうとしている（前掲拙稿「上海日本人実業協会と居留民社会」
171頁）。

10）外務省「上海ニ於ケル日貨排斥ノ影響ニ関スル報告」同編『日本外交文
書』1915年第2冊，821頁。また，注12）も参照。

11）東亜同文書院『支那経済全書』第12輯，東亜同文会，1908年，745〜759頁。

12）これらの業種の類別に関しては，同上，とくに第6編「雑貨」，長谷川桜峰
『支那貿易案内』亜細亜社，1914年，58〜264，768〜804頁，前掲外務省
「上海ニ於ケル日貨排斥ノ影響ニ関スル報告」812〜823頁，東亜同文会『支
那省別全誌』第15巻・江蘇省とくに第8編「輸入品」1920年，米田祐太郎
『支那商店と商習慣』教材社，1940年，22〜29頁等を参照したが，本文にも
述べたように，明確な区別は難しい。

13）いわゆる土着派日本人居留民の多くは，共同租界の北方，蘇州江に近い虹
口地区・閘北地区あるいは北四川路周辺等に集住していたが，以下では，こ
られらの地域に居住・生活する在留日本商や日本人居留民を包括した表現と
して「虹口商人」や「虹口地区居留民」等の語を使用している。

14）前掲内山ほか『大上海』15頁。なお，上海における日本人集住地区の状況
に関しては，前掲髙綱「上海事変と日本人居留民」28〜31頁，高橋孝助・
古厩忠夫編『上海史──巨大都市の形成と人々の営み』東方書店，1995
年，121〜125頁参照。

15）陳祖恩「上海日本人居留民関係年表」『法政大学教養部紀要　人文科学』90
号，1994年2月。

16）なお，この時期の零細経営を含む邦人商工業者数を推察するために，便宜
的に職業別調査の鉱工業および商業・交通業関連の邦人居留民戸数ないし本
業者数から会社員，商店員，銀行員，職工，職人等を除いた数をみると，き
わめて大雑把に1912年600〜700戸，1920年本業者数1,200〜1,300人程度と
みられる。また，1915年6月現在の営業課金納入者数は462名。

17）上海日本人実業協会については，前掲拙稿「上海日本人実業協会と居留民
社会」（本書第1章）および同「上海日本人実業協会役員層の分析」『和光経
済』第26巻第3号，1994年3月（本書第2章）参照。

18）上海興信所『中華全国中日実業家興信録』1936年，192〜193，300〜301頁，

追135〜137頁。

19）同上，22，226，267頁。

20）同上，33頁，外務省通商局『上海ニ於ケル日本及日本人ノ地位』1915年，48〜49頁。

21）前掲内山ほか『大上海』526頁。

22）前掲『日本外交文書』1915年第２冊，810頁。ここでは，積極的に排日取締を要求しているが，同時に現地中国人懐柔策など対中国人商売の安定・維持の要望も提起していた。

23）上海実業有志会「上海に於ける本邦商工業者の窮状」横浜貿易協会『支那の排日と出先邦商』1932年，１〜12頁。

24）なお，柳沢遊氏は青島進出日本人貿易商を分析し，①零細商人型と②支店開設型の類型を検出し（「1910年代日本人貿易商人の青島進出」久留米大学『産業経済研究』第27巻第１号，1986年６月，210〜217頁），また，幸野保典・木村健二両氏は，天津の土着有力実業家層について，①より本国企業ないし上層企業との関連が強い支店継承型と，②独自に発展を遂げた現地発展型のタイプを指摘している（「1920年代天津商業会議所の分析」『千葉史学』第11号，1987年12月，53〜55頁）が，ここでみられる特徴には，上記「支店開設型」や「支店継承型」との一定の共通性をみることができる。

25）これらの上海商議とも関係を有する在地経済関連型の「土着派」中堅層を，上海居留民社会における会社派・土着派的対抗のなかで，どのように位置づけるべきかについては，本稿における静態的検討によっては，十分明確にしえない。今後の課題としておきたい。

26）上海日本商工会議所『上海に於ける邦商組合事情』1940年，７頁。

27）前掲横浜貿易協会『支那の排日と出先邦商』12〜22頁。

28）前掲上海日本商工会議所『上海に於ける邦商組合事情』。

29）同上，２頁。この組織は，設立後まもなく上海事変の影響や各種同業組合の結成により機能停止に陥っている。

30）上海日本人各路連合会に関しては，前掲『記念誌』1063〜1088頁，および前掲髙綱「上海事変と日本人居留民」41〜51，63〜72頁参照。

31）以下，この問題については，前掲『記念誌』389〜405頁，および上海総領事船津辰一郎1922年７月31日付「上海居留民会ノ状況報告ノ件」外務省記録3.8.2.254-4『上海居留民団雑件』参照。

32）前掲『記念誌』393頁。

33）前掲上海興信所『中華全国中日実業家興信録』265，289〜290頁。

34）これらの点は前掲『記念誌』172〜178，368，431頁参照。また，前掲内山ほか『大上海』199〜202頁も参照。

第Ⅱ部

第一次大戦後から日中全面戦争までの
日本資本の上海進出と中国民族運動

第4章　5.30事件と上海在留日本資本の対応
——上海日本商業会議所を中心に——

はじめに

　本章の課題は，上海5.30事件について，紡績争議としての側面からだけでなく，上海進出日本資本や在留日本人社会にとっての意味から検討し，5.30事件と日本資本の対応を1920年代後半期における日本の対中国進出の過程に，さらには，その後の満州事変から日中戦争に至る日本と中国間の矛盾関係のなかに位置づけることである。かかる検討は，同時に当該期の国際帝国主義体制下における日本資本進出や居留民社会の特質を検討することでもある。

　1925年の内外綿2月争議から5.30事件に至る過程は，それまでの青年学生運動主導の中国民族運動が，職工会など労働運動が中心的役割を担った反帝国主義的民族運動へと大きく発展していった時期であった[1]。5.30事件を契機とした中国民族運動の高揚は，その後軍閥や北伐軍による抑圧策により一時的に後退を余儀なくされるが，1927年，28年の山東出兵・済南事件に対する排日運動など20年代後半を通じて持続的に展開し，第一次大戦後に本格化した日本資本・日本人の上海進出を停滞せしめていった。かかる5.30事件とその後の反日・抗日運動の発展について，上海日本商業会議所（以下「商議所」とも略記）などの在留日本資本や日本政府＝上海総領事館は，どのように認識し対応してきたのか。そして，満州事変・上海事変に先立つ1920年代後半における進出日本資本の経営はどのような影響を受けたのか。ワシントン体制下の進出日本資本や日本人居留民社会はどのような特質を示していったのか，在留日本資本や日本政府の認識と対応の検討を通じて当該

期日本の中国経済進出の性格と特質を明らかにしたい。

1 内外綿２月争議から5.30事件へ

1925年の上海在華紡争議をめぐっては，すでに多くの研究が蓄積されており，２月争議から5.30事件に至る経過についても，詳細に明らかにされている[2]。したがって，本章では，事件前後の諸団体の動向を表出した表4-1をも参考に，行論に必要な限りで争議の経過と概要をみることとする[3]。

(1) 内外綿２月争議と日本人社会への影響

1925年１月初旬，内外綿第８工場では，不正を働いたとして男工十数名を解雇。これに同情した職工連が日本人職員３名に暴行。会社側は工場長川村伴三が男工全員を解雇し女工に置き換えた。解雇された労働者は憤激し，関係のある職工にも訴え，同工場は５日間の罷工に突入した。罷業労働者側の要求は，①中国人職工を殴打した日本人の解雇，②工賃の１割増給，③解雇職工の再雇用，④賃銀を２週間毎に支給，⑤ゆえなく解雇せざることなどであった。争議は一時妥結の兆しをみせるが，大夏大学，上海大学の学生等の働きかけなどもあり，罷業は，２月９日には第５東西両工場，第12工場にも波及し，２月11日には内外綿全工場の労働者約１万5,000人が完全に就業を停止するに至った。

内外綿の争議は，他の日本人紡績にも波及し，２月13日の夜半には日華紡織第３，第４工場，14日には楊樹浦大康紡織（大日本紡），15日夜豊田紡織がストに入っている。豊田紡では，自動車に同乗し工場に駆け付けた原田与惣治ほか日本人職員８名が群衆に囲まれて暴行を受け（３名重傷，後１名死亡），落棉倉庫の放火や工場機械の破壊に見舞われるなどもみられた。さらに３月17日には同興紡織が職工の動揺を考慮して操業を停止，18日には裕豊紡績でも罷業団の同調要請のなかで出勤工が激減し，操業を停止。６社22工場，罷工労働者３万人にのぼる大争議となった（表4-2参照）。

２月22日頃から，中国人紡績業者らによる調停が開始され，26日，在華

表4-1　5.30事件前後の動向（1925）

月日	争議・事件	日本政府・軍および列国	居留民動向	商業会議所
2.9	内外綿、同盟罷業発生			
2.13	日華・大康、同盟罷行にも拡大			
2.15	豊田紡績、暴行事件			
2.19				役員会、罷業風潮につき政府宛請願
2.20	中華紡織連合会、在華紡と罷工団との調停開始			
2.21				
2.23		軍艦対馬、同滬停泊		工部局、外人商議連合等に尽力要請電
2.26	内外綿、工会代表と協定調印			
2.28			民団法改正後第一回民会選挙	
3.3	内外綿第3工場罷業勃発		市参事会選挙（櫻井俊一）	
3.10			臨時居留民会（委員等選出）	
3.25			18回居留民会	
5.7	内外綿7、8、12工場罷業・争開。会社側発砲			紡績同業会、争議につき決議
5.15	（翌日顧正紅死亡）			
5.30	南京路にて印度人巡捕発砲(5.30)	上海義勇隊非常召集		
5.31	商工学連合会代表結集			
6.1	共同租界中国商一斉罷市	共同租界に戒厳令、陸戦隊上陸 / 5ヵ国総領事、対策会議 / 学生等警備隊と衝突、死者4		日本人倶楽部から正金3階へ移転 / 外国連合商議、上海総商会と善後協議
6.2	各工場罷業、公設市場休業	外国海軍司令官会議、日・米・伊陸戦隊上陸	日本商店閉店、学校休校へ	
6.3	浦東の日華紡績襲撃、社員発砲	日本総領事、陸戦隊上陸	民団、外務大臣宛兵派依頼電報 / 町内連合会開催、自衛策検討	米国商議、各国商議連合会開催
6.4		各国軍艦入港、陸戦隊上陸	町内連合会夜警開始、相談会開催	各国商議連合会開催（於外人商議所）
6.5		軍艦安宅入港		
6.6		上海領事団臨時会議 / 租界外同北に戒厳令、電艦龍田		
6.6			上海婦人会等、陸戦隊他への慰問開始	
6.9	5.30逮捕学生等(46名)の第1回公判			
6.10	上海総商会、5.30事件委員会設置	北京公使団派遣6ヵ国委員来滬		
6.11	市民大会、対英日経済絶交決議			
6.12	罷学民来滬			各国陸戦隊並びに義勇隊慰労金募金開始
6.15			居留民、政府に陸戦隊増派請願	外国商議連合会開催（於外人商議所）

6.16		6カ国・中国 第1回外交委員会		各国商議連合会議開催(中国側と協議)
6.17		第2回外交委員会、日・駆逐艦2隻		
6.18		第3回外交委員会、6カ国委員北京反		
6.19	上海総商会、各業団体代表決議	幣原外相、列国協調方説(閣議)		政府当局宛建議書(6.22提出)
6.20	学生団・労働団体、開市反対表明			各国商議連合会(総商会との会見中止)
6.21	開市延期			武官内外婦頭取報告聴取
6.22				
6.23	広東で英仏兵衝突。対英ボイコット17ヵ月	貴院院公正会、列国協調と自主対策を要請		
6.25		対華問題特別委員会		紡績同業会より報告聴取。特別委員会設置
6.26				
6.27			日本人小学校女学校一斉開校	
6.28	上海貿提唱会創立総会			上海総商、日本商所連に返電
6.30	共同租界中国商店、一斉罷業開始			英国商議、交渉への日英委員参加の共同申入
7.1	上海紡績第1工場、罷業			
7.2	内外綿罷業工、警官と格闘・射殺			
7.3	上海紡各工場(豊田紡)罷業			
7.4	荷役作業中止。楊樹浦方面形勢悪化			
7.5		陸戦隊、軍艦派遣を海軍に電請 工部局、中国工場に電力供給停止		任革紡側からの聴取
7.13				外国商議連合、上海総商会と争議解決協議
7.14				
7.15			民団、陸戦隊の至急増遣を電請	
7.16	国貨提唱会正式委員会、活動開始			
7.17				外国商議連合、総商会に調停懇願(伝)
7.21				紡績同業会、在滬中外企業宛声明書発表
7.26	戒厳司令部、抗日運動抑圧布告			
8.7	中国群衆と米国陸戦隊衝突事件			
8.15	日本義勇隊、警備任務解任			国内商議所連合会代表(18名)来滬
8.28			小学校幼稚園、高等女学校開校	
10.26	北京関税会議開催			

出所:満鉄浜松部調査課『上海事件に関する報告』付録71~83頁、『上海日本人居留民団三十五周年記念誌』429~470頁、上海日本商業会議所『用人紡績業事件と五・三十事件及各地の動揺』第一輯、34~50,556~581頁、同第二輯、233~243頁。

表4-2　1925年上海在華紡争議一覧（1925.6.13現在，上海総工会調）

会社名	工場数	工場人数	罷工人数	工人会員数	罷工開始日	2月争議	2月罷工人数
内外綿	11	18,400	18,400	17,289	5.15 ～	2.9 ～ 27	15,000
日華紡	4	10,000	10,000	12,841	6.3 ～	2.14 ～ 27	3,300
同興紡	2	4,700	4,700	6,379	6.2 ～	2.17 ～ 26	2,000
豊田紡				3,781		2.15 ～ 3.2	3,600
上海紡	6	11,900	11,900	7,854	6.4 ～		
東華紡	1	3,000	3,000	2,752	6.4 ～		
大康紡	1	4,000	2,000	4,054		2.14 ～ 25	3,600
裕豊紡	2	4,000	4,000	2,900	6.2 ～	2.18 ～ 25	3,300
日本人工場計	39	63,000	61,100				
英国人工場	26	36,000	33,800		6.1 ～		
工部局工場	8	3,600	3,000		6.2 ～		
外国人各種工場	35	27,000	24,400		6.2 ～		
中国人工場	11	26,000	21,800		6.1 ～		
総計	119		156,000				

注　：1）工場人数，罷工人数は概数である。また，工人会加盟者数は7月28日現在の数値。
　　　2）上記の工場労働者数には，埠頭労働者や海員等も含んでいる。また，争議発生日は別の資料で補整した。
出典：南満州鉄道株式会社調査課『上海事変に関する報告』1925年，65～71，87～92頁。2月争議は，本章注24）の久留弘三「上海邦人紡績罷業の顛末」上，79頁。

紡側と職工代表者との間で妥結が成立，3万人の労働者も復業した。

(2)　内外綿第2次争議[4]

　2月罷業終結後も，滬西工人倶楽部や各工廠の工人会など共産主義的組織を含む労働団体の活動は活発に展開され，上海の労働運動の風潮は不安定な状況が続いていた。5月メーデー前には，再び紡績罷業の予兆がみられ，メーデー当日早朝，内外綿第12工場では不穏な空気が漲り，午後には2時間の操業停止のやむなきに至った。争議労働者は，内外綿に対し，①工賃は2週間毎に支払うこと，②工賃はすべて大洋勘定で支払うこと，③5月1日のメーデーは半日休業とし，その工賃は差し引かないこと，との要求を提出した。この労資交渉はいったん両者の協定が成立し，5月4日には解決をみた。しかしその後，滬西工友会より出された10カ条の要求（①精紡工・粗紡工の等級別賃銀を一律52仙とすること，②撚糸工賃を50仙から70仙に増額すること，③養成工賃銀を普通熟練工と同一にすること等）をめぐって怠業が起こり，8

日には内外綿は第8工場の操業を停止した。労資の緊張関係は，第3，第4，第5工場でも厳しくなり，日本人職員との衝突も生じた。5月14日，内外綿第12工場で「不良職工」2名が馘首されたことから工場内は不穏状態を呈し，15日には第7工場の労働者も加わり，工場門外に押しかけ構内に雪崩れ込み，警戒にあたっていたインド人巡査と衝突。この衝突のなかで，日本人社員が発砲し，職工側に顧正紅ほか7名の負傷者を出した（顧正紅は翌日死亡）[5]。第5工場から駆けつけた労働者1,000名も加わり争闘は約1時間続き，内外綿第5，第7，第8，第12工場は休業した（第3次争議）。工会側は会社に8カ条の要求書を提出する一方，死亡した顧正紅の追悼会を24日に催した（参列者5,000余人）。さらに5月30日に示威運動の実施を決定。当日の午後，目抜き通りの南京路付近で大デモが敢行されたが，その示威活動に際し数名の学生が老閘警察署に連行されたことに対し，デモ参加者が警察署に押しかけ騒ぎが広がるなかで警察側が発砲を命じ，4名の死者と十数名の負傷者を出した。

　これに対し，学生団をはじめ，総商会など諸団体の連合会議が開かれ，6月1日，労働者，学生，そして大部分の中国人商店が参加する総罷業が実施された。そうしたなかで，労働者の罷工は内外綿だけでなく大康紡，公大紡を除く全日本人紡績に広がることとなった。13日には，争議労働者数は，日本人工場39カ所，6万3,000余人，英国人工場26カ所，3万6,000余人，工部局8カ所，3,600余人，その他外国系工場35カ所，2万7,000余人，中国人工場11カ所，2万6,000余人を数えており（表4-2参照），全上海を飲み込む未曾有の罷業となっていったのである。

　5.30事件は，在華紡企業にとどまらず日本人居留民社会にも影響を与えるものであった。上海日本総領事館「日本人被害詳細調査」によれば，1925年6月中の届出被害件数は122件となっており，その内容は殴打・掠奪・拉奪計42件，破壊・投石計36件，商品没収・物品掠奪計23件，白米拉奪・食料拉奪計26件などさまざまな分野に及んでいる[6]。影響は，上記のような公然とした暴行に類するものだけでなく，虹口マーケットの日本人商店なども閉店を余儀なくされ，租界外居住の日本人などは食糧確保に窮する状況も生

まれていた。また，家事使用人への離職強制や取引商の債務不履行など多岐にわたった。小学生や女学生も登校途中に乱暴に見舞われるケースも生じ，当初陸戦隊の警備を受けながら登校していたが，6月3日には無期限休校を余儀なくされていった[7]。

こうした状況は，日本人居留民の間に町内会組織を拡大し，日本人社会のネットワークを急速に浸透させ日本人居留民社会の閉鎖的凝集力を高める一方，海軍陸戦隊の武力への依存の志向を強めることともなっていた。

(3) 5.30事件の終結

上海の総罷業も6月半ばになると，争議参加労働者の生活の困窮や中国商の取引の停滞などが顕著になり，解決を求める気運も醸成されはじめてきた。しかし，工人会の承認を強く求める争議団と，数カ月工場閉鎖を続けても工人会の承認は認められないとする在華紡および大阪の紡績業者の側との対立は深く，解決交渉は曲折を経ながらの進展となった。当初，上海の有力実業家謝永森が外交事宜幇辨に任じられ調停にあたり，中国側からは，①発砲者の処分，②死傷者の優䘏，③罷業期間の賃銀支給，④賃銀2割上げ，⑤工会の承認，⑥職工監督の武器佩帯禁止の諸項目が呈示された。これに対し日本側は，内外綿が顧正紅ほか死傷者の遺族一同に弔意金1万元を支払うことを決したが，それ以外の項目は，他社にも重大な影響を与えるとして受け入れを拒絶し，交渉は容易に進捗しなかった[8]。

交渉が長引くなかで，在留日本資本においては，商業会議所の有力者など「直接紡績事業ニ関係無キモ『ストライキ』ノ影響ヲ受ケ……紡績業者ノ『インテレスト』ノ為全般ニ迷惑ヲ蒙ムルコトハ黙視シ難シ」と，工人会を承認することをも含め早期妥結要求の声も強まっていった。こうしたなか，6月末，日本政府は，内外綿の弔慰金支払い＝涙金贈与を速やかに実行に移し相手の矛先を鈍らす一方，工会問題や労働条件などは交渉を長引かせつつ妥結を目指す方針を打ち出していった[9]。そして，交渉の過程においては，「租界内の事は列国と協調して行ふ」とともに，「支那は支那自身の支那にてその自覚を促し支那主権尊重の範囲にて適当の措置を採る」との立場をとっ

ていた。同時に、居留民団および総領事館の要請にもとづき駆逐艦4隻を派遣している[10]。中国民族運動の発展に、列国との協調と中国国民党政府の取締強化の要求を軸として対応しようとしていたといえる。

　公式の交渉は、6月23日、列国の外交団と中国政府の交渉員との間で開始され、26日からの全市開市が決定された。工商学連合会の反対にもかかわらず開市が決定されたのは、張学良来滬による奉天軍と浙江軍との衝突の危機のなかで、上海租界が戒厳令を公布したことをバックにしたものでもあった。開市にもかかわらず7月に入っても罷工はかえって盛んとなっていたが、罷工労働者や中国人商店の苦境も広がるなかで、7月22日、邢戒厳司令部は布告を出し翌23日に工商学連合会、海員工会、洋務工会の3団体の封鎖を断行した。こうした状況のもとで7月27日頃よりは、矢田総領事と許交渉員との在華紡罷業事件の交渉も進捗をみせ、8月12日の正式調印が決まった[11]。ここでの解決内容は、慰謝料の支払いと発砲職員の自発的処分（転勤）のほかは、①工会については中国政府の工会条例による工会が職工代表権を有することを承認する（直接には承認はせず）、②罷業中の賃銀は支給しないが「善良ナル職工」には同情措置をとる、③各人の賃銀は技術進歩の程度により増額する等、玉虫色ともいえる取り決めであったが、これは、工会承認などで容易に譲歩しない在華紡や大阪の紡績関係者[12]を誘導して、外務省・総領事館の側が交渉を推し進めた結果であった。そこには、「此際支那側ノ合理的要求ハ之ヲ容レ不合理又ハ実行不可能ナルモノハ之ヲ拒絶シ為ニ一時支那側ノ悪感ヲ買フモ今後恒久ノ日支関係ニ顧ミ真面目ニ公正ニ支那側ノ要求ヲ攻究スルノ態度ヲ以テ進ム（傍点は引用者、以下同様）」との姿勢がうかがわれ[13]、労資関係に固執しがちな紡績資本の立場と違って、日本政府が、当該期中国関内への安定的経済進出の推進に軸心を置いた方策をみることができよう。

2　5.30事件の要因と在華紡の認識

　2月争議から5.30事件に至る罷業の経過について上述してきたが、かかる

罷業は何ゆえに引き起こされたのか，その要因は何か。また，在華紡や上海在留日本資本そして日本政府は一連の争議や事件をどのように認識し，対応していたのか。まず，主舞台をなした内外綿の認識と対応を中心に検討したい[14]。

(1)　在華紡の争議要因認識

　内外綿の武居綾蔵社長は，2月争議以降の罷業について，それまでの争議が賃上げなど経済問題を中心としたものであったのに対し，「大罷工の長期に亘るものは必ず政治的及び思想的色彩を帯びて来」たと捉えた上で，2月の第1次争議に関しては，労働条件が不良な中国紡に争議が及ばず日本人紡績のみで実施されたことを理由に，外国資本排斥の意味をもつ争議であったと性格づけている[15]。また，5.30事件についても，精紡工場内に木管職工を特別に置くか否か会社側と職工側との意見の相違から惹起した内外綿の暴動が導火線となって引き起こされたものとし[16]，「其の根本は矢張り工会即ち国民党共産派の指導を受けて策動」したものと捉えている[17]。

　そして，抗日団体が日本人紡績の争議を「日本人が従来支那人工手を奴隷視し，段打嘲罵を擅_{ほしいまま}にした結果である」としていることに反論し，日本紡績業の中国進出は，中国の生産高を高め中国人への支払賃銀を増額するなど「日支共存共栄」への道であるとした上で，日本人紡績工場の賃銀について，現在の為替相場で計算すれば日本人と同等の厚遇であり（在華紡平均45〜50仙，日本人工人1日米3升相当，中国人工人1日米2.8升相当），また，紡績では婦女子や14，15歳の職工など独立の家計を営んでいない労働者が多数であり，他産業と較べて決して遜色がないと主張している[18]。さらに，「日人紗廠が工人を牛馬の如く虐待している」との非難に対しても，「工人を段打することは日廠各社とも社則として厳禁して居」るだけでなく，食堂設備を備え，学校を建て，工人住宅を設けて低家賃で貸すなど，工人の労働と生活の改善に努めているとし[19]，労働条件の低位が争議の要因だとする工人会側の主張を退けている。

　ではこうした主張は在華紡争議の要因として妥当性をもつものなのか。若

干の資料で検討してみたい。

⑵　在華紡の労働条件をめぐって

　まず賃銀についてみると，上海紡績業の平均賃銀は，女工45仙，男工50仙（紡績部，平均年齢20〜25歳）とされており[20]，武居が述べている水準と大きな相違はない。しかし，こうした中国紡績賃銀は国際比較（1932年）では，対日本比89％，対英国比38％，対インド比34％と最底辺に位置しただけでなく，上海の他工業との比較においても，綿紡績業の月平均所得（1930年）は，機械製造業の41.2％，印刷業の26.1％，煙草製造業の73.1％，綿織物業の71.7％と最も賃銀の低い部門であったのであり[21]，中国人労働者の待遇改善要求を絶えず生むことになっていたといえよう。こうした飢餓線に近い紡績工の状況について，さきの「上海に於ける労働者状況（1）」は，「男女工の生活は均しく困難を極め……家族扶養の義務ある者に至りては其生活状態は殊に凄惨を覚ゆ彼等は破屋に多数家族住居し甚だしきに至っては小部屋に数家雑居し蚕架の如くに床を設く食物は極く粗悪にして1人1ヶ月の食費は45元に過ぎず……一日働かざれば食を得ること能わず」と記している（前掲『週報』第715号，109頁）。

　さらに労働時間についてみると，中国人紡績が平均12時間であるのに対し，日本人紡績の場合11時間とされていた。しかしながら，労働内容に立ち入ると，中国人工場の場合，労働者が「ぶらぶらしていたり休んだりしていることが放任されている」のに対し，「日本人紡績では閑を盗むというようなことはほとんど許されない」状況が一般にみられ，実質的には同程度ないし後者の方がより多く働いていたと観察されている[22]。

　これらの労働条件とともに，在華紡の労務統轄も中国人労働者の強い不満を生むものとなっていた。すでにみたように，2月以降の争議の過程でもしばしば中国人職工に対する段打禁止の要求が提出されており，「社則」で禁止していた場合でも実際には広く行われていた。そして，こうした他人の面前での段打暴行や侮蔑など面子を傷つける行為は中国人たちの日本人紡績に対する強い反発と民族感情を増幅するものとなったのである[23]。このような

厳しい労務統轄が中国人労働者に及ぼす民族的侮蔑感などへの無感覚について，日本人の一観察者は「在支日本の紡績業者は，これ（社宅や寄宿舎，食堂設置などの温情主義的政策）を以て金科玉条とし，得々してこの種の施設を拡張し，以て能事畢れりとしている」と指摘している[24]。もちろん，在華紡の労務管理のあり方は，企業により相違があり，鐘紡系の公大紡織の場合，日本国内同様温情主義的労務政策を積極的に実施しており，5.30事件時に際しても争議を回避し操業を継続しえていた[25]。在華紡の労務対策のあり方が争議の発生要因を規定していた側面がうかがえる。しかし，在華紡経営者の多くが，中国人労働者の労働条件や労務統轄の状況に対しきわめて関心が薄かったことは明白であろう[26]。

　かかる把握の対極にあったのが，さきの武居の言（「内外綿会社罷工の真相」）にみられる，罷業の原因は外部の政治勢力の煽動によるものとする見解であった。それは，争議労働者の日本人紡績の劣悪な労働条件批判を「争議の際に於ける彼等の常套語である」と一蹴し，「国民党が従来政治的に失敗を重ねた結果，民衆殊に農工労働者を背景として彼等の地盤を強硬にしやうと云ふ政策と，一方新思想家を網羅している共産主義者と提携して学生を手に入れ宣伝戦に努めるという方略」に罷業の要因を求めている[27]。こうした見解は，一方で在華紡の労務管理面における責任を回避するだけでなく，中国での紡績業展開の上で労資問題や政治的問題での中国人労働者の抵抗を事前に抑え，資本の徹底した支配を志向するものであった。また，共産主義者の指導する工人会への警戒や「赤化」への危惧を強調して，日本政府や国内経済界の支援を得ようとする意図もうかがえる。その姿勢は，内外綿および在華紡の工人会承認問題に対するきわめて強硬な対応に集中的に示されており，その姿勢は，工人会が現実に存在し勢力を拡大しているなかでは承認も差し支えないと考える総領事館の当初の経済主義的姿勢とは立場を異にするものであった[28]。

3　5.30事件と経済団体・政府の対応

　在華紡争議と5.30事件は，紡績産業のみならず在留日本企業や日本人の生活と営業にも大きな影響を及ぼした。その一端はさきにふれたが，ここで参考までに事件時の輸出入貿易の動向をみておくと（表4-3（a）（b）），まず第一に，上海など華中は，日本の綿布を中心とした対中国輸出市場の中心をなすとともに対華中輸出は大幅な貿易黒字を出しており，きわめて重要な位置を占めていたことがわかる。そして事件との関連では，第二に，対華中輸出は事件を契機として1925年6月の貿易額が大幅に急落しているのがわかる。とりわけ中国産品の対日輸出は回復も遅れている。また第三に，大阪港の対中国地域別輸出を前年同期と比較検討すると，対満州や対華北輸出がむしろ増大傾向を示しているのに対し，1925年6月の上海を中心とする対華中輸出の急減が顕著なことが知られる。上海における取引が満州方面に向けられた側面もあるが，5.30事件による上海の排日貨は激しく，日本の対中国貿易への影響がかなり深刻な様相を示していたといえる。なお，念のために争議による在華紡の生産の減少の一端を示した，表4-3（c）を参照されたい。こうしたなかでも，事件への日本資本や日本人さらには上海総領事館・日本政府の対応は，在華紡のそれと重なりつつも必ずしも一体というものではなかった。

⑴　上海日本商業会議所・在留日本資本の認識と対応

　三井物産上海支店長野平道男（商業会議所常議員，前会頭）は，内外綿争議について「此事件ハ同社ノ日本人『フォーアマン』ト幹部ト意思ノ疎通ヲ欠キ『フォーアマン』ハ紡績ノ職工ガ『ストライキ』ヲ起サバ……却テ之ヲ喜ブニ非ズヤト思ハルル節アリ　最近日本ノ紡績連合会ヨリ同社ニ対シ事務員ト幹部ト軋轢アルニ非ズヤトノ警告ヲ発シタル」と同社の労務管理上の問題に原因をみる一方，「自分ノ考ニテハ要スルニ上海ノ労働者ナルモノハ一般ヨリ見テ未ダ悪化シ居ラザルモノト考フ」「比較的楽観視スルモノ」として

表4-3（a） 1925年度日本の対華中月別貿易動向（1～6月）（単位：千円）

年次	輸出	輸入	貿易収支
1925年1月	12,299	12,644	▼345
2月	14,709	7,476	7,233
3月	17,288	4,980	12,308
4月	15,602	4,459	11,148
5月	17,062	4,625	15,437
6月	6,852	3,492	4,460
1924年6月	16,075	3,110	12,965

注 ：1925年の上海港の輸入貿易（日本の対上海輸出）に関しては，蘇浙戦争以来ほとん
　　ど停滞。5，6月の収支は出典にしたがった。
出典：前掲『上海事変に関する報告』134～145頁。

表4-3（b） 1925年度大阪港対中国地域別輸出高月別（1～6月）（単位：千円）

年次	満州	華北	華中	中国総計
1924年1月	1,991	3,772	7,189	13,237
2月	2,244	5,682	9,231	17,315
3月	3,606	8,179	10,783	22,800
4月	2,963	10,745	12,960	26,991
5月	4,275	9,568	13,267	27,491
6月	4,037	5,291	11,089	20,877
1925年1月	4,984	4,384	8,081	17,611
2月	5,416	6,341	9,696	21,557
3月	4,456	8,080	11,057	23,738
4月	5,028	6,136	11,579	23,093
5月	6,226	5,818	9,140	31,377
6月	7,815	8,806	4,336	21,147

出典：大阪市役所産業課『支那に於ける排日運動と今回の排外暴動』64～66頁。

表4-3（c） 在華紡2月争議による綿糸布減産額（1925年6月2日～7月12日）（単位：俵）

会社名	16手	20手	42手2子	8手	10手	32手	32手2子	粗布	細綾	細布
内外綿	5,985	8,995	1,330					4,650	170	350
日華紡	6,954	2,880						1,320		
上海紡	5,280			264				2,200	330	350
公大紡	1,296		336				120			
同興紡			1,225						284	888
豊田紡	1,450	1,350		600			1,665			
大康紡		2,839		468	260					
東華紡	1,782	1,716		264						
裕豊紡	1,836	1,736								
合計	24,583	19,326	2,891	264	1,332	260	120	9,835	784	1,568

注 ：個別の減産額と合計数値が合致しない点があるが，出典に従った。
出典：南満州鉄道株式会社調査課『上海事件に関する報告』127頁。

いる[29]。共産党などが賃銀や労働条件の問題を活用して政治闘争を展開する傾向を認識しつつも，「赤化」への脅威を主要とみるのではなく在華紡の労務管理に問題の所在があると考えていたことがわかる。また，上海の労働者に対する楽観視からは，安定した労資関係の構築による経済主義的な中国進出への強い志向もうかがえる。さらに，三菱商事秋山昱禧（商議所常議員），横浜正金橋爪源吾（同）らも，日中の意見交換の場で開示された，内外綿の職工取扱についての上海総工会の李立三の見解（①工賃が他工場より低く生活困難，②日本人職工との差別待遇，③中国人職工を殴打する，④中国人職工の意思を伝える方途がないなど）を，「大体ニ於テ妥当ナリ」としており，国民党や共産党の関与をみつつも，内外綿の労務関係のあり方に争議の主たる要因をみていた[30]。

　関連して，表4-4で，大阪の実業者の上海事件に対する認識と対策をみておこう。まず，表出の16人のうちの紡績業者4人をみると，大日本紡の小寺を除いていずれも争議原因を外部の煽動によるものとみており，中国政府に対し強い取締策を要求しているが，紡績労働条件の改善にはほとんど関心を寄せていないことがわかる。これに対して，貿易業者（4社）や薬局・薬品企業（4社）をみると，争議の性格を純然たる労働争議と捉える，あるいは在華紡側の労働問題への無理解や中国人への蔑視を問題としている。その傾向は，銀行家や商議所書記，駐屯軍司令官などにおいてもみられ，紡績業以外の実業家は，上海争議に対しもっぱら抑圧的に対処するのではなく，待遇改善や差別の解消などを考慮した安定的労資関係の確立を志向する方向性がうかがえる。

　今みてきたように，在華紡が争議の要因を外部からの煽動としているのに対し，貿易関係の資本などは，それとは異なる認識を示しており，中国の労働運動や民族運動への対応もおのずから違うものとなっていた。以下，上海在留の有力日本資本を結集した上海日本商業会議所の認識と対応を中心にそれをみてゆきたい（表4-1の商業会議所欄も参照）。

　いうまでもなく上海商議所は在華紡をも有力な構成要素としており（5.30事件時の会頭は日華紡織社長田辺輝雄），在華紡争議にあたっても在華紡同業

表4-4　上海紡績罷業に対する大阪実業家の認識と対策

氏名	所属・役職	業種	認識と対策
伊藤竹之助	伊藤忠商事・専務	貿易業	在華紡の労働問題への無策・無関心，在華紡の団結，工人会は承認
岩井勝次郎	岩井商店・社長	貿易業	根本解決至難
星野行則	加島銀行・常務	銀行業	日中間の理解深化，中国人の待遇改善・不満除去
高柳松一郎	大商・書記長	商業会議所	外部の煽動による争議，根本対策困難，労資協調精神
高木耕大	大阪毎日・専務	新聞	初志貫徹，煽動の排除
	内外除虫菊株式会社	薬品製造販売	消極的防御
八代祐太郎	福島紡績・社長	紡績業	日中親善，煽動者の取締強化
	山田商店	貿易業	純然たる労働争議，資本家の横暴を制す
藤澤友吉	藤澤商店・店主	薬品製造販売	中国事情と文学言語への理解，国際的温情主義，共存共栄
児玉一造	東棉・専務	貿易業	在華紡の結束，警備強化，在華紡の労働条件の優越維持
小寺源吾	大日本紡績・取締役	紡績業	静観（無策をもって対策），待遇の漸次改善
寺田甚與茂	岸和田紡績・取締役	紡績業	根底に政治問題，労働条件改善は不得策，各国政府と協同
阿部房次郎	東洋紡績・副社長	紡績業	左傾国民党とロシアの煽動，帝国の威力を示す
安住伊三郎	安住大薬房・社長	薬局	日中職工の待遇は同等，各種の煽動による争議
森下　博	仁丹本舗主	薬品製造販売	日中職工の待遇差，可及的に平等化
鈴木一馬	在支駐屯軍・司令官	陸軍	中国人職工の待遇改善，差別改善

出典：大阪市役所産業課『支那に於ける排日運動と今回の排外暴動』1926年，33～43頁。

会を支援して各方面に働きかけている。しかし，他面ではしばしば在華紡と異なる認識と対応を示している。

　2月争議の発生からまもない2月19日，上海日本商業会議所は役員会を開き，即日外務大臣宛に決議を送電し，あわせて国内6大商業会議所，日華実業協会，大日本紡績連合会，日本工業倶楽部にも後援依頼を行っている。決議は，罷業が日を追って悪化し，9社30工場のほとんどが操業不能の危機に陥っているとし，「今次の争擾は今日迄の経過に徴し普通の労働争議と趣を異にし，風潮を煽動する不逞分子の背後には之を幇助操縦する共産党員の暗中飛躍ある事事実なるが如し」との認識を示し，これを放置すれば「啻に邦人生命財産の被害測り知る可からざる者あると共に，我が対支工業発展の根柢に大打撃を與ふるのみならず延ては日支善隣の友交を破壊する結果ともな」ると，拡大しつつあった日本資本の上海や中国関内への経済進出が後

退することへの不安や警戒を表明している[31]。日本人紡績全体を巻き込んだ大罷業を，外部勢力の煽動による政治闘争と捉える点で在華紡と同一の認識を示す一方で，上海在留日本資本の結集体として，日本資本の中国進出の安定的維持に強い関心を向けている。その後，5.30事件の影響が拡大するなかで，商業会議所の問題の認識と対応のあり方は在華紡とは若干視点や姿勢を異にしていく。6月初旬から，上海罷業に関し外人連合商業会議所が善後策を模索して連合会議が開催されるが，上海日本商業会議所も各国の共同対処の一翼を担っていくこととなる。こうしたなかで，商議所は，6月20日，今回の事件の対策について建議書を日本政府に宛て提出している[32]。そこでは，

　　今次の暴動は，初め労資運動に発して終に一般的には意外風潮を醸醸するに至りたるが之が原動は，露国共産党並に共産化せる支那一部政客の策動操縦に在り……今や上海全市は赤化学生を中心とする暴徒の為め甚敷治安の脅威を来せる而已ならず，其の澎湃たる勢力は支那全土を席巻せざれば，止まざるの概あり，……。

と，中国全土にまで広がる民族運動高揚を「赤化」の脅威として危機感を強く表明している。それとともに，

　　一衣帯水国土隣接せる帝国対支利害関係は到底列国の比に非ず，年々激増する我国人口問題は勿論政治経済産業等荀も帝国の消長に関する国家的問題は一として支那に重大関係を有せざるもの無く将来益々産業の支那移動に依り隣邦共栄の必要を感じつつある秋に際し……在支邦人勢力の根柢を赤化の蹂躙に委するは啻に吾等商工業者の忍び不得苦痛たる而已ならず，我国運の消長にも重大の影響を及ぼす結果とも相なり…，誠に憂慮に不堪次第に御座候。
　　……帝国政府に於いては，暴動の由つて来る根源の容易ならざるに徴し此際日支両国の特殊的関係に鑑み列国との協調に依り速に局面の対策を講

ぜられ以つて此種暴動の再発を防止し得る様周到御配慮賜はり度切望に不堪……。

と述べ，日本と政治経済産業的に密接な関係をもつ中国に共産主義勢力等の影響力が強まることは，在留日本資本を脅かすだけでなく，今後の中国への経済進出にも重大な影響を蒙ることを強く危惧し，日本政府に対し「列国との協調」によって民族運動を沈静することを要請している。在華紡争議問題を超えて，日本資本の重要市場である中国進出の前途が問題とされているのである。

　また，在華紡争議自体に関しては，6月22日，内外綿社長武居綾蔵，26日には紡績同業会より越智喜三郎（日華紡），倉知四郎（公大），黒田慶太郎（上海紡），大島亮治（日華紡），西村利義（東洋紡）の各氏を招請し，事件の経過や背景について聴き取りを行い，その後特別委員会（日清汽船専務米里紋吉，三井物産野平道男，横浜正金橋爪源吾，三菱商事秋山昱禧）を設置し継続的対処を行っていく[33]。そこでは，在華紡の認識とは距離を置き，内外綿争議を「内外綿会社と職工との間に生起せる紛議より勃発せる内外綿対職工団の問題」としつつも，「単に内外綿問題の為に日本人全体に対して不合理なる『ボイコット』を行はんとするは洵に遺憾なり。内外綿問題は国際問題に非ずして経済問題なり又一には『クリミナル・ケース』なり」と位置づけ，相互協商や司法上の取扱による解決の方向を呈示し，上海在留日本資本の利益を上海の国際帝国主義体制（ワシントン体制）の枠組みに乗って維持しようとの姿勢を示した[34]。

　他方，在華紡の側も，上海商業会議所に同業団体としての立場では果たしえない役割を期待していた。すなわち「今次の事件が若し労働問題として起れるものなれば，吾等同業者に於いて容易に解決し得るも此種大問題は到底紡績業者の手を以て解決し能はざるに由り茲に有力なる商業会議所の活動に切望する次第なり」とし[35]，個別の労資紛争の枠組みを越えた民族運動・反帝運動への対応を商業会議所に期していたのである。

(2)　上海総領事館・日本政府の対応

　他方，上海総領事館および日本政府は，在華紡における大罷業に対しどのように対応したのであろうか。

　2月争議から5.30事件の要因について，総領事館は，争議勃発直後には「本運動ノ中心ハ社会主義青年団及中国共産党ニシテ……（両団体の首領たる）陳独秀ハ1月20日頃迄当地ニアリテ画策シタル形跡歴然タルモノアリ」と在華紡に同調する見解を表しているが[36]，その後2月半ば，在華紡から海軍陸戦隊の上陸要請が出されるに際しては，争議は「全局ヨリ観レバ矢張リ同情的『ストライキ』ニ相違ナシ」として陸戦隊の上陸要請を拒絶しており，争議の政治的性格を強調する在華紡と異なる認識を示していた[37]。さらに，27日の矢田総領事から幣原外相への報告では，「単ナル罷業ニアラズ必スヤ其ノ背後ニハ過激派分子（陳独秀系）及反帝国主義者等ノ煽動アルモノノ如ク右ハ孰レモ『ソウエット』露西亜ノ指金ト認メラレ政治的根底深キ大陰謀」と指摘しているが，自社の労務体制上の問題を否定しつつ，争議の原因をもっぱら外部からの介入に求めている在華紡とは異なって，争議勃発の動機を「同会社（内外綿）第8工場ニ於ケル支那人職工ニ対スル監督ノ過酷ナルコト及最近ニ於テ不良男工約二百余名ノ解雇其他一部分ニ対スル賃銀ノ値下断行等」にみており，在華紡の主張とは異なる認識を明確にしている[38]。

　こうした認識にもとづいて総領事館は，一方で国民党急進派や共産党の活動に強い関心を向け，在華紡の労資紛争に対しては，当初の「工人会ガ産業破壊ヲ目的トスル共産主義ニアラザル以上之ヲ承認スルモ差支ヘナカルベシ」との工人会容認の方針から，「工人会ノ中心人物タル李立三等ト間接接触シタル結果其純然タル赤ナルコト益々判明シ……共産主義ニ基ク工人会ナルニ於テハ承認ニ反対ナル」立場に転換していった[39]。この方針は，ストライキが長引くなか紡績資本以外の在留日本資本のなかで工人会を許容しようとする主張をも抑制するものであり，在華紡争議の枠を越えて進化する反帝民族運動へのきわめて強い警戒姿勢を示している[40]。

　しかし他方，拡大する政治闘争への対応策に関しては，中国政府に対する

再三の強い取締要求以外には必ずしも強硬姿勢を打ち出しているわけではなかった。上海総領事館は，2月13日頃，同16日，3月9日，5月7日，19日，27日等排日行動に関し中国政府に対し厳重な取締を重ねて要求しているが[41]，海軍陸戦隊による武力行使などは慎重に回避しているのである。

その点を，まず，1925年5月下旬の青島日本人紡の争議時の軍艦派遣についてみよう。5月25日に勃発した争議が暴動化するなか，在留日本人の生命財産の保護のため5月28日急遽駆逐艦および軍艦を青島に派遣している。しかし，武力行使に関して外務省は，「今次ノ罷業ハ其動機甚ダ複雑ニテ上海罷業トモ脈絡アリ……之ガ対策ハ極テ慎重ナルヲ要スベク若シ日本ニシテ武力ヲ用ヒ万一彼我衝突ノコトトモナラバ其結果ハ寧ロ事態ヲ一層悪化スルノ虞アルニ付テハ軍艦ノ派遣後陸戦隊ノ上陸ノ如キハ絶対的必要ナキ限リ断ジテ之ヲ行ハザル様注意ヲ払フノ要アリ」との指示を青島総領事と軍艦指揮官に与えている[42]。また，5.30事件後の反帝運動高揚のなかで，英米伊三国が海軍力を上海に集中し，日本人居留民団などからも陸戦隊派遣の要請が出されるという事態においても同様な姿勢がみられる。この時，幣原外相は，5月28日に駆逐艦2隻を青島に派遣し，さらに6月4日には200名の陸戦隊を乗せた軍艦竜田の急派を命じているが，「此際我武力ノ使用ハ大局上慎重ヲ要スルハ勿論ノ儀」との立場を示し，陸戦隊上陸は各国海軍司令官との協定にもとづいて6月2日に駆逐艦の兵士59名を送るにとどめている[43]。

この時期の日本外交は，「幣原外交」ないし「協調外交」と称されているが[44]，上記の例にみても，在華紡が工人会などの激しい運動に対し陸戦隊上陸を含めきわめて強硬な対応を要求していたのに比して，かなり慎重なものであったことがわかる。このような対中国政策は，1927年，28年の山東出兵に対する排日運動昂揚の時期においても依然みられ，5.30事件以降の中国民族運動の急速な発展を可能な限り抑制し，1920年代に伸長した日本資本の中国市場進出を保持・推進する経済主義的方針を反映するものであった。

最後に，当該期の5.30事件以降の中国民族運動の発展や中国民族資本の成長のなかで，上海在留の日本資本はいかなる影響を受けていったのか，その経営動向を検討しておきたい。

4　山東出兵期排日運動への対応と在留日本資本の動向

(1)　山東出兵・済南事件時排日運動と日本の対応

　国民革命軍の北伐が進展し，青島，済南方面に及んできた1927年5月28日，田中義一首相は日本人居留民（青島居留民1万3,650人，済南居留民2,061人）保護を名目に，歩兵第33旅団約2,000人を青島に派遣することを決定し，派遣軍は6月1日に青島に上陸した（第1次山東出兵）。さらに7月6日には，青島派遣軍に加え，2,000人の軍を増派し済南に送った（第2次山東出兵）。その後北伐が頓挫するなかで8月には撤兵したが，翌1928年3月北伐が再開されると，再び青島，済南に出兵し，5月3日には国民革命軍との衝突が生じ日本軍による済南城総攻撃のなかで数多くの市民を含む3,600人にものぼる犠牲者を生むに至った（第3次山東出兵，済南事件）[45]。これらの山東出兵とそれに続く済南事件の勃発や日本軍の対中強硬要求は，蔣介石国民政府の妥協的対応にもかかわらず，中国民衆の憤激を買い，一時沈静化していた排日運動は一気に激化して中国各地に広がった。

　この時の排日運動について，上海商務参事官代理の加藤日吉は，従来の排日運動が永続せず竜頭蛇尾に終わる傾向であったのに対し，「1927年6月第1次山東出兵反対ヲ動機トシ発生セシ上海地方排日風潮ノ際ノ如キ紗布交易所ノ綿糸取引或ハ砂糖取引ノ如キ財界ヲシテ大混乱ニ陥レ」るものとなっており，排日貨が叫ばれ始めてから3，4カ月にわたって継続されたと特徴づけている[46]。

　また，日本資本への影響をみると，漢口や長沙あるいは汕頭などの奥地都市では，大幅な取引の落ち込みで営業は深刻な窮状に直面しはじめていたが，上海においても8月下旬には閉店や破産が続出するとの見通しが生じてきた。その状況は，①代用品のない日本品取扱業者はそれほどの影響は受けないが，②中国人相手の小売業者はほとんど商売がなく，営業費の極度の節約で漸く経営を維持している，③一般輸入業者の打撃は予定収益の大幅減

少や約定品受渡しの不履行など巨額に達している，などかなり広範なもので
あった。なかでも綿糸布商の打撃は大きく，「商館筋」といわれた東洋棉花
などの大手8社は「基礎比較的堅固」であったが，「洋行筋」と称される資
本金1，2万円の中小商社の場合は建て直しの見込みが容易に得られなかっ
た。その状況は「最業態ノ悪キ所謂洋行筋カ危険ニ呻吟シ居ル次第ニテ既ニ
窮境切抜ノ見込立タス閉店，引揚ノ準備中ニアルモノ2軒アリ若シ尚数ヶ月
局面緩和サレサル場合資本豊富ナラサル中部以下邦商ノ閉店乃至破産スル者
続出スヘキ予想」すらなされていた[47]。

　では，こうした状況のなかで，在留日本資本や日本政府はどのような対応
をしていたのか。この時期，国民党政府の左派労働運動への徹底した弾圧の
ため，争議などは比較的沈静していたが，北伐軍の上海進攻が進むなかで国
民革命軍と孫伝芳・呉佩孚軍との衝突や便衣隊の侵入などにより租界内外の
治安がきわめて不安定になっていた。上海総領事館は，1927年2月22日，
在華紡同業会，商業会議所，さらに租界外居住者代表などを呼び，陸戦隊の
上陸について居留民の意向を打診しているが，そこでは「今直ニ兵力ノ保護
ヲ得タシトノ言ヲ口ニシタルモノナク」陸戦隊の上陸は見送られている。日
本国内の実業家の一部に英国に同調して陸戦隊出動を要求する主張がみられ
たが，総領事館も派遣艦隊司令官も，中国人の反発を招くものとして武力行
使に慎重な姿勢を明確に示している[48]。

　その後，7月頃より経済絶交運動の推進などにより排日運動の影響が拡大
するなかで，7月17日，上海日本商業会議所は，特別委員会を設置すると
ともに，田中外相宛建議書を送付し，「吾人は斯かる国際信義並に人道を無
視せる彼等の暴挙暴令に対し今や断じて黙視すること能はず……此儘に看過
するに於ては……通商条約による各国の権利は悉く蹂躙せらるるのみならず
延いては中国国民永遠の福利を破壊するに至るべし。依って帝国政府は排日
運動並びに是等の暴令に対し最も強硬且つ劃切なる方法を以て南京政府を糾
弾せられんことを要望す，尚時宜によりては従来の隠忍自重政策を棄て官民
一致断固として経済的其他の報復手段を以て之に対抗する必要ありと認む」
との要望を提出している。ここでは，武力行使の可能性をも視野に中国政府

に強硬な姿勢を打ち出していた[49]。

　1928年に入っても排日運動の沈静化はみられず，上海においても進出日本資本の取引にも影響は拡大していった。こうしたなかで，上海商業会議所は，適宜請願や建議を行っている。

　5月12日には山東時局に関して，「当地ニ於テハ我帝国海軍ノ周到ナル保護ニヨリ目下ノ処表面ハ平穏ノ状態ニアリ吾人ハ紛擾ノ揚子江流域ニ拡大スルハ不利ナルヲ信ズルヲ以テ此際慎重ノ態度ヲ持シモ我同胞ノ生命財産ニ関シ不祥事件勃発ノ虞アルニ於テハ我政府ハ断固タル措置ニ出デラレン事ヲ切望ス」との請願を外務大臣宛に行っているが，ここでは，強硬措置については居留民の生命財産が脅かされる場合にのみに限定し，慎重方針の立場が保持されている[50]。こうした上海商議所の立場は，直後の5月17，18日に開催された東京商業会議所の対支問題連合協議会の姿勢にも影響を与えており，その際に採択された決議では，①済南事件の「善後措置ハ極メテ慎重ナル考慮」をもって事態の拡大を防ぐための最善の努力を払うこと，②中国の争乱による生命財産の危機や通商の阻害等に対しては，「列国ヲ誘ヒ支那ニ対シ争乱ノ停止和平ノ促進ヲ勧告」する，③中国官憲に対し，現行条約の遵守と居留民保護のために適宜対応するよう要求する，④日本政府に対し，「此際政府ハ支那ノ和平並ニ両国ノ経済的繁栄ヲ基礎トシ……対支根本政策」の確立を要求する等が要請されていった[51]。

　しかし，排日運動が深刻化するにしたがって上海商議所の姿勢には一定の変化がみられる。8月1日には政府の南京政府への厳重交渉を要求して「我国トノ通商貿易ヲ阻害セントスルモノニシテ明ニ条約違反タルノミナラス一種ノ敵対行為ト言フヘク断シテ黙過ス可キニ非ス」「依テ帝国政府ハ此ノ際南京政府ニ対シ断然排日団体ノ即時解散ヲ要求アラン事ヲ切望ス」との外務・商工両大臣宛決議を行い，従来よりも強い態度を表明している。これに先立って6月26日には，上海商議所を中心に排日貨の経過報告と対策を目的に金曜会が結成されているが，そこでは，「武力行使ヲ希望シ来レル状況」もみられた[52]。

　以上，山東出兵時の上海商議所の対応をみてきた。この段階においては，

基本的には慎重姿勢を保持し，武力行使などの要求は表面には出てきていないが，以後民族意識や中国民族運動の昂揚のなかで，国際帝国主義体制のもとに慎重方針と強硬論的方針とは拮抗が続くこととなってゆく。かかる1920年代後半の状況は，在留日本資本の経営にどのように影響していたのであろうか。

(2) 1920年代在留日本資本の経営動向

　その点を1920年代後半の上海在留実業者動向を一覧した表4-5 および付表を手がかりに検討しておきたい。表出の資料は，上海総領事館が，資本金額ないし生産額１万円以上企業約350社を抽出したものであり，当時一定の経営的基礎を有する日本人企業の一覧といえる。零細な自営業者をも包含する『上海在留邦人人名録』の収録数の約４分の１の数である。ほかに全般的な資本金額や中国人従業員数の判明する資料がないなかで，当該期の主要な進出日本資本の経営状況を知りうる貴重な資料といえる。

　はじめに，掲載企業343社を総括的にみておこう。まず第一にわかるのは，この基準でも圧倒的に小規模資本の企業が多い点である[53]。資本金額１億円以上６社，1,000万円以上30社，300万円以上10社，100万円以上16社，10万円以上23社と，資本金額10万円以上を総計してもわずか85社にすぎない。他の４分の３は，ほとんどが資本金ないし生産額１万円前後の企業である。また，雇傭中国人従業員数をみると，資本金額１万円以上企業314社（データ不明29社を除く）の場合はすべての企業が中国人を雇傭していることがわかる。しかし，雇傭数でみると１〜３人が全体の約４割（39.2%）となっており，その多くは，小売・卸商や小貿易商からなっている。雇傭者10人以下層でみると，約４分の３（74.2%）がここに含まれる。20名以上を雇傭する企業となると，中堅貿易商や鶏卵輸入商のほかは，後にみる機械器具，石鹸，硝子工業や印刷，運輸などに限定される。とはいえ，全体として日本資本の対中国・上海経済進出という面からみると，1920年代の半ばには，資本投資としてもまた貿易流通部面においても一定の基礎が形成されはじめていたと評価できよう。日本の対中国工業投資の中核をなす紡績業につ

120

表4-5　在上海日本人実業者一覧（1925年）

No.	実業者名	店名	本店所在地	営業種別	資本額（万円）	取引高・製造高（万円）	使用人数 日本	中国	備考	経営継続動向 1930	1936	1938
1	一木敏之	一木洋行	上海	楽器	1		4	4	4	7	6	8
2	森松政男	一志洋行	上海	靴鞄原料	*1	*5	1	3	1	2	4	2
3	植松真経	伊藤洋行	大阪	絹糸布	700	#800	11	15	11	18	13	12
4	菊池武男	伊藤商行（金海洋行）	上海	煙草・洋紙	#10	#200	40	31	26	8	1	2
5	伊藤益二	盃記洋行	上海	輸出入	50	#250	6	14	5	5	10	9
6	伊藤亀八	伊藤商店（開明軒）	上海	牛肉	*1.3	*0.5	4	3	1	×	×	×
7	石橋末吉	右橋洋行	上海	洋服商	*1.5	*2.5	1	15	1	4	1	1
8	井田徳太郎	岩井洋行	大阪	輸出入貿易	700	121.5	8	8	10	16	14	11
9	中井武一郎	岩崎京装店	上海	呉服・装飾	*0.75	*9.7	3	9	1	6	7	7
10	岩永繁雄	岩永商店	上海	電炭商	*0.3	*1.2	3	3	1	1	×	×
11	池上勝	池上洋行	上海	洋品・運動具	*2		6	3	4	1	1	×
12	池田順一	池田尾商店	上海	陶器・雑貨	1	*3.5	4	4	1	1	×	×
13	池田利作	池田商店	上海	食料品・雑貨	1	*3	3	2	1	×	×	×
14	井上明	井上写真館	上海	写真業	*1		4	3		×	×	×
15	中村俊一	入船	上海	飲食店	1	1	4	4	1	1	1	1
16	足立辰治	今福洋行	神戸	燐寸原料	1	2	1	3	1	2	2	2
17	深堀タカ	イロハ	上海	飲食店	*0.8	*1.2	4	1	1	1	×	×
18	酒井岩治郎	稲垣呉服店	長崎	呉服・太物	7		10		2	13	7	2
19	石川正雄	石川商店	上海	海軍糧食	*0.5	1			2	2		2
20	八谷時次郎	八谷洋行	上海	電気用品	#1	#30	4	4	1	4	3	3
21	柳沢竿平	半田棉行	大阪	綿糸布・棉花	75	50	3	7	4	4	×	×
22	渡辺章助	服部洋行	東京	輸出入商	100	30	5	10	5	3	2	1
23	林人郎	林洋行	上海	石炭・船舶	5	50	1	1	4	3	1	×
24	林雄吉	林建築事務所	上海	建築・土木	*3	*10	3		1	1	1	1
25	原田助一	原田上海支店	大分中津	蚕糸・呉服	12	102.5	6	4	7	7	1	1
26	浜田広吉	浜田商店	上海	翡翠・珊瑚	*0.8	*1	4		1	1	1	1
27	木村きみ（清乙助）	浜吉	上海	料理業	*7.5	*3	4	3	6	7	×	1
28	相川岩太郎	萬歳館	上海	旅館	*0.5		21	8	6	7	6	8
29	水野元彦	晩翠軒	東京	書籍・陶器・雑貨	1	4	3		4	7	1	1

第Ⅱ部／第4章　5.30事件と上海在留日本資本の対応

No.	実業者名	店名	本店所在地	営業種別	資本額	取引高	使用人数			経営継続動向		
30	馬場寿人郎	馬場商店	上海	食料品・雑貨	*1.1	*5.4	2	2	1	1	×	×
31	毛受嗣素	バルブ写真館	上海	写真業	*1		4	13	1	3	×	×
32	樫木幹雄	日本郵船KK	東京	海運業	10,000		159	160	63	62	47	55
33	加藤末雄	日本棉花KK	大阪	棉花・綿糸布	5,000	12,000	25	50	10	28	18	11
34	小川新造	日本商工.KK	東京	機械・棉花・羊毛	90	20	2	5	2	×	×	×
35	玉渓禎一	日本皮革KK	東京	皮革製造	500	*100	10	120	11	8	6	1
36	横田政吉	日本鶏卵組合	天津	鶏卵輸出	15	50	5	35	5	×	×	1
37	杉江房造	日本堂	上海	書籍・文房具	1	6.2	6	3	2	2	1	1
38	高橋晴之助	日本歯科両商社	東京	歯科用品		5	4	4	1	1	4	2
39	米里紋吉	日清汽船	東京	海運業	1,620		157		21	28	23	23
40	章多又蔵	日華紡織KK	上海	綿紡績業	1,001		157	7,662	160	293	139	144
41	内田秀治郎	日華洋行	大阪	絹布・雑穀・肥料	30	150	3	9	4	2	×	×
42	小野山常太郎	KK日華公益公司	上海	木炭業	*10	*14.5	5	6	6	×	×	1
43	矢鳥超二	日支公司	上海	紫檀細工	*1.2	*4.5		2	1	3	5	1
44	伊藤真一郎	日和洋行	大阪	輸出入	100	150	3	3	2	2	2	3
45	森沢清太郎	日昇堂薬房	東京	薬・化粧品	3	10	3	3	4	7	10	8
46	関根徳次	仁徳洋行合資	東京	用品・雑貨	1	*2.5	2	1	1	×	×	×
47	森岡漫吉	日本海陸運送KK	長崎	運送業	3	25	4	8	5	8	7	6
48	山本千代吉	日華貿易KK	函館	海産物			3	不定	3	2	×	×
49	岡田保之助	西川洋行	上海	洋傘・雑貨	*0.5	*1	2		1	1	×	×
50	関藤一九二	日本砂糖貿易KK	東京	砂糖	50		2	5	3	3	2	2
51	岡 里吉	日本海上保険KK	大阪	保険業	1,000		5	3	4	5	6	5
52	児玉雄一	日本電報通信社	東京	通信業	50	*50	6	15	7	8	2	1
53	角田芳太郎	宝山玻璃廠	上海	硝子器製造	*25	*1.5	20	200	8	13	6	4
54	三宅光行	豊信洋行	上海	子供婦人服	*0.3			1	1	4	8	7
55	米田藤一	豊陽館(豊陽ホテル)	上海	旅館	*6	*4.8	9	12	7	6	7	1
56	菱田慧三	堀井勝写堂	東京	雑貨・肥料	5	*80	8	22	7	12	5	5
57	堀 三吉	堀三大薬房	上海	薬品販売	1	*0.65	1	1	1	2	5	1
58	石井徳治郎	便利社	上海	家具・煎元業	*1	*2	4	3	6	2	2	3
59	森 清治	東亜興業KK	東京	各事業投資調査	2,000		6	4	5	5	6	4
60	富岡金平	東亜通商KK	東京	鉱石・伸銅・雑貨運動	100	150	5	4	6	4	×	3
61	浅羽三郎	東亜公司	東京	薬品・雑貨輸出入	50		7	15	6	7	7	8

No.	実業家名	店名	本店所在地	営業種別	資本額	取引高・	使用人数	使用人数	経営継続動向	経営継続動向	経営継続動向	経営継続動向
62	金野秋蔵	東洋汽船KK	東京	貨客貨物輸送業	3,250	#5	5	4	5	×	×	×
63	横尾孝之助	東華紡績業	上海	綿紡績業	600		35	2,500	39	44	33	33
64	牧原雄吉	東華造船鉄工KK	上海	造船・鉄工業	35	*40	188	68	13	×	×	×
65	厳福松	東進洋行	上海	哨子器具	10	*13	1	5	1	1	1	1
66	辻虎次郎	東光電気商会(東光洋行)	上海	電気器具商	*0.5	*1.2	1	5	1	1	1	1
67	古賀末蔵	東和洋行	上海	旅館	*4		15	11	7	5	3	3
68	豊田佐吉	豊田紡織KK	上海	綿紡績業	#1,000	#10.7	100	3,500	39	55	73	74
69	藤井彦太郎	藤柳洋行	大阪	機械工具材料	7	6,000	5	8	5	1	9	9
70	近藤寅三郎	巴屋合名	上海	醤油味噌・清酒	5	*2	2	2	2	×	×	×
71	山根藤治	東洋鶏卵合資	神戸	鶏卵輸出	10	5,000	4	20	6	×	×	×
72	巳斐平三	東洋棉花	大阪	棉花・綿糸布輸出入	1,500	3,000	35	45	51	42	41	23
73	堀内順一	東京拓殖KK	東京	拓殖	276		3	5	5	2	2	1
74	桂平次郎	東京電気KK	神奈川県	電灯・電話機	2,100	*0.05	5	5	5	6	2	2
75	高橋秀一	東京堂	上海	雑誌・文房具	*0.1		1		1	×	×	×
76	辻源太郎	東和活動写真館(劇場)	上海	活動写真館	*2	*3.5	13	10	2	3	7	12
77	蓮光三	東和棉行	上海	棉花商	1		2		3	×	×	×
78	余錦弥	東興洋行	上海	証券・債券売買	*5	*2	2	1	3	×	×	×
79	藤井源太郎	藤源洋行	上海	哨子器製造	*0.5	*2		3	1	2	3	1
80	前田大吉	東亜製煙草KK	東京	葉煙草輸出入	100				2	2	1	1
81	川原源太郎	富屋商店	東京	食料品	*3	*2.5	3	3	1	1	1	1
82	石井秀雄	東方印刷公司	上海	印刷業	*2		7	15	9	2	1	1
83	谷口房蔵	同興紡織KK	上海	綿紡績業	1,500		93	4,660	96	89	63	69
84	林雄一	朝鮮銀行	京城	銀行	4,000	#50	19	7	15	16	17	15
85	島田菊太郎	中華電機製作所	北京	電気材料・電線製造	150		14	217	15	3	×	×
86	林康信	中華匯業銀行	北京	銀行業	1,000	14,000	8	33	4	×	×	×
87	竹松貞一	中華染色整染公司KK	上海	精練染色	*13		23	180	4	3	28	32
88	鈴木兼平(藤原惣)	中日実業有限公司	北京	各種企業投資業	500		2	6	2	3	5	7
89	高木千代太郎	中日導業公司	上海	中国雑貨輸出	*0.3	*2	1		2	2	×	×
90	徳丸常太郎	中東商品紹介所	上海	商品紹介・販売	*0.5	*3.5	10	30	2	2	×	×
91	下里弥吉	千代洋行	東京	写真器械・材料	*16	*60	17	6	15	16	19	23
92	広井柳吉	中華企業(中華皮革廠)	東京	投資および革業	1,100	*120			18	16	1	1
93	小沢房造	長茂公司(長茂公司)	上海	棉花綿糸布売買	#10		4	2	10	5	10	10

No.	実業者名	店名	本店所在地	営業種別	資本額	取引高・	使用人数			経営継続動向		
94	藤井貫福	長寿堂	上海	薬種業	1	*0.9	1	1	1	×	×	×
95	金鋼頭造	隆華洋行	上海	染料工業用品	5	80	4	7	4	4	8	5
96	菊池武彦	菱華倉庫 KK	上海	桟橋・倉庫輸送業	#100	#150	9	64	10	11	7	6
97	桃田隆輔	隆記洋行	上海	五金・船具塗料	#2	#30	4	3	5	3	5	6
98	河崎小次郎	大倉商事会社	東京	一般輸入業	1,000		7	1	7	7	7	7
99	安田安太	大阪商船 KK	大阪	海運業	10,000		13	5	7	16	13	7
100	小南敦夫	小津武林起業 KK	大阪	棉花・綿糸布・肥料	1,000	#0.3	12	18	9	×	×	1
101	小川政太郎	小川製靴店	大阪	靴製造販売	*0.2	*1.2	3	6		1	1	1
102	西村五郎	小野村洋行(蠶華絹糸部)	上海	蚕糸・鋼輸出業	3				5	5	7	△10
103	尾原甫平	尾原洋行	上海	土木建築請負	#1		7	1	1	1	×	3
104	尾原米太郎	尾原工程所	上海	土木建築請負	#2	*0.96	4	3	4	3	5	1
105	中島七郎	オリエンタル婦人帽子店	東京	婦人帽子	*0.4		3	4	1	1	1	1
106	鶴岡健造	大阪機械工作所	大阪	紡織機械付属品	500	18			1	1	1	1
107	渡辺孝之助	渡辺洋行	京都	絹糸布			5	5	1	3	×	×
108	渡部鋼太	渡部洋行	上海	消毒所・貿易商	3	120	3	7	9	1	×	×
109	二見松三	二見洋社	上海	輸出入業・桟橋倉庫	*20	*1.2	14	60	9	4	1	×
110	大楊誠志	川北電氣公司 KK	上海	電気機械器具	0.02	0.5	5	4	9	5	5	8
111	木村今朝男	開新社 (中華象皮印刷)	上海	石阪印刷	*2.5	*0.4	5	15	1	1	1	1
112	田中ツシ	勝田館	上海	旅館	*1.3	*1.8	10	7	1	2	×	×
113	鴨川チイ	鴨川洋行	上海	雑貨商	*3.5	*2	2	3	3	2	×	1
114	菖蒲辛吉	渡和洋行	上海	理髪器具	0.5	1.5	2	4	1	5	2	1
115	郡 周治	かなゝ呉服店	上海	呉服太物	0.8	1.5	3	3	1	4	6	1
116	田中清一郎	かなものゝや	上海	金物製品	0.7		2	2	1	3	3	3
117	小田文博	海通公司	上海	海運業	*5		3	2	6	3	×	×
118	茨木留蔵	海正洋行	上海	靴靴材料・雑貨	*0.3	*3	1	2	3	3	3	1
119	多治見 寛	華和公司	上海	玩具卸小売	1	1.8	1	2	2	○	3	1
120	河村蝶子	華南洋行	上海	紡織機械用品	*5		4	9	9	○	9	9
121	梶原国生	梶原書店(翻訳部)	上海	雪籍輸出入						1	×	×
122	門倉吉彦	加時洋行	上海	美術雑貨	0.5	*0.11			2	2	2	2
123	橋爪原吾	正金銀行	横浜	銀行業	10,000	2	47	87	43	51	43	35
124	角田相太郎	横浜植木 KK	上海	植木種子販売	*3	*5	3	2	1	1	1	1
125	佐原 誠	横浜護謨製造 KK	東京	護謨製品	250	15	3	3	2	5	5	×

No.	実業者名	店名	本店所在地	営業種別	資本額	取引高・	使用人数			経営継続動向		
126	横山小次郎	横山洋行	上海	雑穀肥料	10	200	5	10	5	5	5	5
127	吉田大次郎	吉田号	上海	輸出入貿易商	*10	#10	14	30	12	13	23	19
128	米田藤吉	米田商店	上海	雑穀肥料	*1	*3.5	4	6	2	5	1	1
129	柳田貞吉	台湾銀行	台湾	銀行業	4,500		30	14	25	24	18	10
130	頼川忠隆	大日本麦酒KK	東京	麦酒・清酒製造	4,000	60			3	4	1	1
131	倉田敬三	大日本紡績KK	大阪	絹糸製造	5,200		83	3,250	38	73	74	73
132	横一直一	大連汽船KK	大連	海運業	300		8	11	9	20	24	20
133	松島富治	大正洋行	上海	文房具・医化学工業薬品	3.5	40	6	7	7	5	6	1
134	片山源三郎	大明洋行	上海	金物雑貨	5	1			2	2	2	1
135	占部紺三郎	大精堂	上海	金属・時計	*1		5	2	1	1	1	1
136	大三田喜三郎	大茂組	上海	土木建築請負	#2	#15	5	40	1	5	11	19
137	河端貞次	大興土地信用組合	上海	土地建物売買・貸借	*45		5		9	7	8	8
138	田島貞次	田島洋行	上海	製靴業・運動具	*1.5	*3.5	5	14				1
139	厚味繁治	瀧定洋行	名古屋	絹布	200	150	4	6	7	5		×
140	蔦兵太郎	蔡東輪船局	上海	海運業	#3	*4.3	1	89	1	1	×	×
141	藤原勤吾	蔡昌機器公司	上海	度人小針および機械	*0.5	*3	2	2	2	3	2	2
142	山崎秀雄	第一公司	京都	紡織用染料・薬品	50	8.4	3	5	2	2	11	6
143	谷口恒子	谷口貨店	上海	貨商	*0.3	*1			1	1	1	×
144	満崎サダ	宝尖	上海	西洋料理業	*1		6	6	1	1	1	1
145	太田常治	淡海洋行	上海	建築材料	#1	#3	9	3	6	7	6	6
146	吉田カネ	辰巳屋	上海	旅館業	*1		8	3	5	5	6	2
147	重谷多賀次郎	達磨洋行	上海	通関業	2	20	3	3	1	1	1	1
148	牧瀬千太郎	タマヤ号	京都	呉服太物	4	6	10	3	3	3	3	1
149	牧瀬千太郎	タマヤ	京都	メリヤス・洋傘	1	1.6	3	2	3	3	×	×
150	藤井昌次	田岡洋行	上海	加工絹糸・薬品	2	10	1	4	2	1	1	1
151	佐藤秀一	大成商行	上海	輸出入人業	1	10	2	1	△1	△1	×	△1
152	吉岡一郎	大同洋紙店	大阪	和洋紙	200		2	2	8	8	4	3
153	藤井明次	大山洋行	大阪	加工絹布	1	14			3	3	×	×
154	尾崎政之助	大蔡洋行(中井洋行)	大阪	印刷インク		2			4		×	×
155	小川慶次郎	大連醤油KK	大連	卸小売	2		3	6	3	3	3	6
156	遠藤千秋	大連自動車公司(大連自動車)	上海	自動車業	#0.7		2	1	3	3	1	1
157	若林忠雄	蔡新洋行	上海	輸入海産物	#5	100	9	9	7	4	×	×

No.	実業者名	店名	本店所在地	営業種別	資本額	取引高・	使用人数			経営権継続動向	
158	石崎政太郎	大正屋	上海	食料品・和洋酒	*2	*11.1	7	4	2	2	×
159	富田為三郎	和豊洋行 KK	上海	ドイツ国産機械	10		1	15	1	×	×
160	髙橋光雄	昭和顔料公司（帝国染料）	福山市	染料製造	120	3	1	2	2	×	×
161	髙橋茂太郎（今関正一）	増裕製粉工場	上海	製粉業	#10		1	8	1	×	×
162	土田英吉	土田洋行	大阪	帽子類・陶器	*10	*3	2	2	2	×	×
163	吉川 慧	鶴谷洋行	神戸	輸出入業	100	0.008	4	6	5	×	×
164	烏田（宮本）イン	月酒家	上海	料理業	*8	*10	25	17	2	3	4
165	太田俊三（上橋正）	土橋家	上海	酒類・醤油類	*4.8	*12	3	4	6	3	5
166	上西熊之助	南海洋行	上海	家具製造	1	1.2	4	5	3	×	×
167	川部兼一	内外綿 KK	大阪	綿糸布製造	1,600	*1,945	450	13,100	274	370	400
168	中桐一郎	中桐洋行	上海	器械・雑貨		#8	2	2	2	1	×
169	中村与左衛門	中村号		絹紡原料	0.5	5	1	3	1	1	×
170	中井之助	中井公司	上海	絹紙類	15	95	4	6	12	1	
171	櫻林俊一	南満州鉄道 KK	満州	桟橋・倉庫輸送業	44,000		14	47		21	47
172	大野常次郎	内外鶏卵（内外蛋行）	東京	鶏卵輸出入	10	30	2	20	3	1	1
173	秦 栄治郎	カフェー・ライオン	上海	洋食	*4		7	13	1	1	1
174	村上豊候	村上洋行	上海	日本美術品			3	7	4	11	16
175	櫻井はつ	武蔵屋	上海	貿商	*1	*0.4	1		1	1	1
176	内山完造	内山書店	上海	書籍小売	2	5		4	1	1	7
177	宇野良之介	宇野商店	上海	ドイツ雑貨・玩具	0.5	1	3	1	1	3	1
178	植松亀次郎	植松商店	大阪	鶏卵輸出	1		2	2	4	2	×
179	野村栄太郎	野村木材公司	大阪	原料製材販売	52	#15	6	7	4	6	7
180	河野利一	太安公司（日華協信公司）	上海	文房具・化粧品販売	1		1	1	3	×	×
181	大塚宇平	太陽公司	大阪	文房具・化粧品販売	5		4	11	4	3	1
182	堀川音松	黒越公司	大阪	印刷インク	3	3.7	3	3	4	1	
183	和田観宗	久原洋行	東京	綿布・雑貨	100		1		4	×	× 新店事務所
184	足立ツヤ（知）	黒頭巾食堂	上海	和洋食堂	*0.8	*0.15	5	5	5	1	×
185	鈴木友一郎	クラネン写真館	青島	写真業	*0.125	*0.14	5	6	5	5	4
186	黒木 保	黒木洋行	上海	輸出入商	3		3	5	5	×	×
187	山口一成	山口商店	上海	酒類販売	5	*5	5	6	3	2	2
188	山崎秀之助	山崎洋行	上海	棉花・落棉	#0.5	#6	3	3	3	1	1
189	谷 芳太郎	山本洋行	神戸	綿糸布商	300	200	3	9	2	×	×

No.	実業者名	店名	本店所在地	営業種別	資本額	取引高・	使用人数			経営継続動向	
190	水下買平	山田商会	大阪	鶏卵商	*1	*59	4	25	6	×	×
191	平賀守三	山下汽船KK	神戸	船舶業	3,000		6	2	4	13	4
192	亀井勝一	大和号	奈良	各種商	1	7	3	6	2	2	2
193	真鍋省三	大和館（浜鍋）	上海	料理業	*0.5	0.075	3	3	1	×	×
194	吉川荘三郎	大和屋	上海	京染・呉服店	*1	*3	7	8	1	3	1
195	森 慶次郎	八千洋行	上海	写真材料	0.8	1.5	7	4	2	1	1
196	森 峰一郎	八千代旅館	上海	旅館	*0.08		7	2	2	4	4
197	牧野壽久	大和洋行	上海	絹糸布輸入	#1	80	2	2	1	3	×
198	細井貫純（知東）	人起公司		絹糸布輸入	*0.05	1	2	2	1	×	×
199	安田イセ（中村トク）	安田屋		そば・うどん	*0.3		5	2		1	1
200	山口隆弘	山口商会	上海	砂糖・鶏卵	*2	*10	8	10	9	9	7
201	松浦兼吉	松浦洋行	上海	輸出入業	1	8	2	2	2	1	1
202	松代ヤス（キヌ）	松代桁店		製糖業	*0.3		1	2	2	1	2
203	松原音三郎	松原号	大阪	ランプ・帽子器商	10	5	1	1	9		1
204	酒寄発五郎	賓草洋行	上海	砂糖・綿布・雑貨	3.5	400	9	19	9	10	6
205	樋口 勇	真崎洋行		雑穀・肥料輸出入	5	*20	2	9	3	1	1
206	黒川潔一	松川屋呉服店	上海	呉服・雑貨商	*1		8		2	11	2
207	松浦一郎	松浦洋行	上海	翡翠・珊瑚	*2	*1.8	4	9	5		3
208	松本輯二	松本商店（本店）	上海	食料品	#2	*12.7	6	3	2	3	4
209	松代吾一	松代洋行	上海	柑花・落柏	1		2		5	1	1
210	松野長三郎	松野洋行	上海	ペイント塗装	*1.2	*2	2	9	9	2	4
211	松岡時義	松岡賀店	上海	貨商	*0.5	*1.1	1	1	1	1	×
212	山田熊市	松岡商店	上海	食料品	2	*2.6	3	1	1	1	1
213	瀧 七牛（梅原雙次郎）	松屋雑貨店	上海	化粧品雑貨	*3	3.5	4	4	18	×	×
314	森 渚一郎	松酒屋	上海	料理業	#2.8	*0.2	18	6	2	1	1
215	前田清助	前田洋行	富山市	美術雑貨	20	*5	2	3	3	1	1
216	朴木重次郎	丸三漢薬		漢種業	0.8	5	3	8	2	4	1
217	斉藤 一	丸洋行		美術雑貨	*1	2.4	2	2	1	1	1
218	木崎長八	丸清号	大阪	貴金属	2		1	1	3	1	1
219	大倉武一	松下洋行	上海	美術雑貨	3	*4	1		2	×	×
220	水野正太郎	原料大薬房		医療用品・雑貨	3	*4.8	3	5	1	1	1
221	沢 現矩雄	藤倉電線KK	東京	電機製造販売	500	15	2	1		1	1

No.	実業者名	店名	本店所在地	営業種別	資本額	取引高•	使用人数			経営継続動向		備考
222	福島憲五	福島洋行	上海	海運保険代理	#1		7	4	6	5	2	
223	福田友正	福田洋行	上海	貫金属時計	*0.8	*0.15	3	2	1	×	×	
224	佐竹三朗	福井洋行	上海	紙類販売・織物		7.7	3	10	4	5	×	
225	岩下滋朗	富士公司(富士製紙)	東京	紙類販売元	7,700	150	5	2	6	5	*2	王子製紙
226	佐原 誠	古河電気工業KK	東京	金属・電線・銅真鍮	2,000	100	5	3	4	7	6	
227	森本浩八	扶桑海上火災KK	東京	海上保険業	1,000	#356	2	2	1	1	7	
228	藤村栄三朗	藤村洋行進堂	上海	印刷・印版彫刻	0.71		2	2	1	1	2	
229	阿部辰雄	文進洋行合資	上海	洋紙類輸出入	2	2	2	3	3	3	2	
230	田中利子	福家	上海	洋菓子	*0.5	*0.15	2	5	1	3	×	
231	堀 由太朗	福林堂		和洋菓子	*0.8	*4	1	3	2	1	3	
232	黄 翼三(荒木瑞東)	復和裕洋行	神戸	砂糖・綿布				6	1	1	4	
233	深野栄一	深野工程所	上海	土木建築業	2	2	2	1	5	3	2	
234	富永進作	双葉洋行	上海	古陶・紫樹	1	1		1	2	×	×	
235	豊崎利平	黄浦鉄厰	上海	織物機械修理	*0.3	#1	4	25	3	×		
236	倉知四朗	公大紗厰	上海	綿紡織	*1,000		91	2,316	89	243	168	
237	小林茂爾(官竹勝太朗)	小林洋行		金筬製造	0.2	0.75	3	7	5	2		
238	小松竹次朗	小松洋行	上海	雑貨・化粧品商	1.5	*5.5		2		4	3	
239	近藤(田中)圭太朗	近藤商店	上海	紫樹細工商	*0.5	*0.8	1	1	1	1	×	
240	坂本卒四朗	鵬田公司	上海	輸出入貿易	7	10	2	2	1	×	×	坂本・好洋洋込
241	中島久万吉	国際運送KK	東京	運送倉庫業	1,000		21309	222	9	12	9	
242	前田アイ	江星館	上海	旅館	1	6	6		6	5	6	
243	関藤九十一	日本砂糖貿易(高津洋行)	東京	砂糖小麦	1,000		2	5	3	3	2	
244	田辺政次郎	江商KK	大阪	棉花綿糸	2,500		9		8	14	8	
245	飯野久蔵	広貨堂	上海	荒物雑貨	0.5	3	1	4	1	1	1	
246	運沢達太朗	公信洋行	上海	石炭	5	50			1	1		
247	近藤生男	近藤度量衡器店	上海	度量衡器	*0.15	*0.6	3	3	1	2	1	
248	土井伊八	福華洋行	上海	棉花・肥料	#3	150	14	15	13	11	15	
249	永野郁四郎	永信洋行	上海	雑穀肥料	5	380	6	5	6	7	7	銀糸部を除く
250	井谷 栄	栄茂洋行	上海	硫化染料	5	#20	2	3	4	×	×	
251	戸牧駒雄	帝国興信所	東京	調査通信	50		2	3	2	3	5	
252	栂野友秀	天寿薬房	上海	薬種業	0.5	4	1	3	1	1	1	
253	星野雄一	出星商会	上海	織物雑貨・呉服商	1		6	7	1	10	1	

No.	実業者名	店名	本店所在地	営業種別	資本額	取引高・	使用人数			経営継続動向	
254	古我辰吉	阿部計洋行	大阪	綿糸・加工絹布	100	300	5	12	5	9	9
255	荒木安市	荒木安洋行（日之出屋洋装店）	上海	洋服商	*0.5		1	4	1	1	1
256	白石泰道（長沢義市）	愛輪社	上海	自動車修理	*0.2		1	3	1	×	×
257	石崎良二	愛光社（コロンビア牧場）	上海	牛乳屋	*2	*0.01	11	30	1	1	9
258	渋谷興一郎	秋田屋	上海	菓子製造	*1.5	*0.2	3	3	1	1	1
259	青木峰一郎	青木洋行	上海	輸出入商	0.2	#4.5	1	3	1	×	×
260	蘆澤民治	蘆澤印刷	上海	印刷業	#5	*6	11	96	10	7	11
261	佐藤征夫（木曽稗三）	佐藤商会	上海	運送業	10		5	4	7	×	×
262	近藤信太郎	三和洋行（三興洋行）	上海	綿花輸出入業	#2	#20	2	2	3	5	5
263	山鹿安二郎	三記洋行	上海	綿布輸入商	#0.3	100	2	3	2	2	2
264	小松覚之助	三共洋行	上海	羅紗地販売	*1		2	10	2	2	5
265	真田稔吉	真田洋行	上海	紡織用品輸出入	*0.5	*2.5	1	3	1	×	×
266	高木　寛	米商店	上海	蓄音器・洋楽器	1	*4	2	3	4	5	7
267	佐々木徳四郎	佐々木洋行	上海	薬種業	0.5	2.3	3	6	3	3	3
268	藤田宗平	済生堂	上海	薬品販売	3	6	4	6	4	7	4
269	安部米吉	三福亭	上海	料理業		1.2	4	2	4	×	×
270	岸田昌造（栄太郎）	岸田洋行	上海	美術雑貨	2		4	5	1	1	1
271	木村圭太郎	木村洋行	上海	化粧品・食料品			2	1	1	1	1
272	木下正逸	木下洋行	上海	陶器	*0.2	*2.5	2	1	1	×	×
273	島津長次郎	金風社	上海	人名録刊行			2	1	3	5	2
274	南郷精一	共和洋行	上海	木炭・植物肥料・畳表	*1	*10	2	5	1	1	1
275	藤田兄係	北川松之助商店	大阪	坩堝・耐火煉瓦	*0.5	*3	2	3	2	1	1
276	清原八男	清原洋行	大阪	石炭輸出入	1		3	3	4	2	2
277	百済勝太郎	協記玻璃廠	上海	帽子製造	#2	*0.04	3	3	×	×	×
278	村田善美	久洋洋行	上海	輸出入貿易	2	40	4	8	3	8	15
279	永原甚六	義泰洋行	上海	綿花輸出入	0.7	5	2	2	1	2	6
280	岡　巌	義泰号（源新洋行）	上海	海産物貿易	#5	1	1	6	1	2	×
281	金瀬利一	裕玉洋行	上海	油脂類販売	*0.5	*0.8870	1	1	2	×	×
282	宮沢鵬三	宮沢洋行	上海	時計・生糸・蓄音器	*3		5	5	6	6	10
283	野平道男	三伸物産KK	東京	石炭・生糸・機械・肥料	10,000	1,000	124	170	135	206	146
284	土居計左右	KK三井銀行	東京	銀行業	6,000		28	48	27	34	32
285	秋山皐爾	三菱商事KK	東京	一般輸出入業	1,500		40	48	41	39	35

No.	実業者名	店名	本店所在地	営業種別	資本額	取引高・	使用人数			経営継続動向		青松→上海移籍
286	藤 和	三菱銀行	東京	銀行業	3,000		17	12	14	22	21	
287	川南陽三郎	三川屋洋行	上海	木炭・石炭・畳	*1	*2.75		1	1	1	2	
288	水尾愛二	水尾印刷所	上海	印刷業	*0.5	*2	3	15	1	6	3	
289	高木千代太郎	みやげもの屋	上海	中国美術品	*1	*3	3	2	6	9	8	
290	出光衛	至誠堂	上海	新聞取次・書籍	*1		8	12	1	8	12	
291	伊藤久一	上海租界貿易公司	大阪	鶏卵輸入	*1	*8	21	1	1	×	×	
292	深町作次郎	KK上海毎日新聞	上海	新聞発行	*5		21	41	21	31	36	
293	高松益雄	上海出版協会	上海	書籍雑誌販売	*1	*1.5	4	2	4	×	×	
294	杉本茂	KK上海銀行	上海	銀行業	*20		7	6	8	12	15	
295	森格	上海印刷KK	上海	印刷業	50	50	37	131	28	30	25	
296	野平道男(黒田慶太郎)	上海紡織KK	上海	綿紡織	#500		146	7,712	135	266	243	
297	木木誠三	上海製造絹糸KK	上海	絹糸綿糸紡績	100		169	? 5,337	68	89	(公大)	
298	小泉茂一	上海倉庫信託KK	上海	倉庫業	100		7	20	14	14	21	
299	槻尾慶三	上海工業KK	上海	一般雑造業	*10	*7	4	10	1	1	×	青松→上海移籍
300	米田藤吉(福本三代太)	上海旅行案内社	上海	一般荷物運搬	*0.78	*0.7	7	63	6	9	○	
301	小林栄吉	上海美術工芸製版所	上海	製版業	*1		4	11	1	1	6	
302	谷治乃助(坂田雄之助)	支那棉花(鈴木洋行棉原部)	上海	椿照(生産販売)	200	#20	8	15	2	×		
303	柴崎勝正	新昌洋行	上海	電気商	*0.5	*1.5	1	6	1	1	2	
304	杉原政之助(ミネ)	新六三	上海	料理店	*0.5	*2.5	5	4	1	1	○	
305	新美米治	新美洋行	上海	絹類・蒲河	#0.5	*1.0	1	3	3	1	×	
306	宮崎鹿一郎	新柳老舗(新柳号)	上海	菓子司	*0.5	*1.5	3	8	1	1	1	
307	八木茂三郎	新むらさき(武蔵館)	上海	下宿・飲食店	*0.5		1	3	1	1	○	
308	渡辺茂太郎	信茂洋行	上海	蚕糸・絹糸紡原料		360	8	11	3	2	2	
309	鈴木彌作	申学洋行	上海	貿易船舶業	4	50	3	6	4	3	2	
310	渡辺源七	申江堂	上海	文房具・印刷業	1		8	17	1	4	2	
311	潮崎満彦	潮崎洋行	上海	絹布輸入商	2		1	5	1	4	2	
312	西川長次郎	松風亭	上海	菓子製造	*1	*0.7	5	3	1	2	2	
313	松田八百吉	松風園	上海	柑木					1	2	3	
314	鶴岡健造	祥昌洋行	上海	紡績機械・付属品	0.5	2	1	2	2	3	4	
315	飼田万太郎	(飼田)順及花園	上海	園芸業	3	1.5	3	10	3	3	2	
316	小畑徳次郎	上海畊瓦合資	上海	畊鍛瓦・耐火煉瓦	*4	7.48	8	25	5	7	○	
317	甘豊益三郎	上海運輸KK	上海	艀・海運・沈船処理	100	36.69	11	340	13	10	8	

No.	実業者名	店名	本店所在地	営業種別	資本額	取引高・	使用人数		経営継続動向		
318	清水和吉	上海消毒所	上海	消毒・一般輸出入業	#1		1	15	3	2	1
319	林 雄吉	上海渡来館	上海	興行・劇場貸貸	*4		8	2	8	4	×
320	三田宗次郎	新米洋行	重慶	一般輸出入業	#2	30	1	2	1	1	×
321	伊藤道儀	信濃屋	上海	酒・醤油輸出入	*2		4	4	1	1	1
322	大南徳之丞	新菜洋行	上海	航運船舶業・建造業	3	6	2	30	4	4	1
323	楠原久助	ピースシャツ店	上海	ワイシャツ製造	*0.5	*3.6	3	10	1	1	×
324	谷岡 爾	平井平八商店	大阪	貝釦原料			1	1	1	×	×
325	三川 芳(日出野新七)	日比野洋行	岐阜県	陶磁器輸出入		*6	7	8	7	9	10
326	杉原美松	備後屋洋行	上海	花莚・畳表	*5	*10	6	10	3	7	7
327	平田禎助	平田商行	上海	貴金属時計	*6	*7.5	15	10	11	12	17
328	小沢象四	森村洋行	上海	貸自動車業	*1		10	27	2	17	3
329	森山作治	森吉洋行	上海	綿布輸入商	2		1	4	2	2	3
330	石橋賢吉	紅葉屋商店	上海	紫檀細工商・海軍用達	0.2	0.07		1	1	2	1
331	森本徳好	清利洋行	上海	雑貨玩具	1	*11	3	16	2	1	1
332	西岡源九郎	成登洋行	上海	電気器具・肥料雑穀	5	30		5	1	×	×
333	数野権之助	精版印刷KK	上海	印刷業	300	70	37	169	40	52	25
334	名村豊太郎	KK住友銀行	大阪	銀行業			20	19	19	23	14
335	福田千代作	住友合資	大阪	製鋼・電気銅・電線	15,000		6	6	6	7	11
336	西村政雄	KK鈴木商店	神戸	一般輸出入業	5,000	600	19	21	26	7	×
337	鈴木亀治(一子)	鈴木賀店	上海	質屋	1.8		1	1	1	1	1
338	鈴川広吉	瑞宝洋行	上海	石鹸・油脂製造	*25	#50	14	20	12	15	8
339	須藤祐七	須藤洋行	上海	電気材料輸入	*5		6	10	1	5	8
340	田村小太郎	瑞申洋行	上海	土木建築業	#1.5	#14.6	11	5	10	8	4
341	門野千之	瑞利手印公司	兵庫県	タミ印製造	#5		4	75	4	3	×
342	西村虎雄	杉浦洋行	上海	羅紗・洋服商	1	*4.5	3	15	5	7	6
343	遠藤虎雄	瑞度洋行	上海	麻・麻製品	*1	20		20	1	1	×

注：1）資本額、取引高、製造高の*印は弗表示、#印は元表示。また、経営継続の○印は、存続するが営業者数不明、△印は改編継続ないし合併。

2）掲載の企業は、原則として資本額あるいは取引高額が1万円以上の企業を表出した。ただし、取引高あるいは資本額が1万円以下でもその店または会社を上海総領事館が表出しているものは、参考値として掲載した。

3）従業員数は、中国人以外の外国人が含まれるケースがあるが、従業員数を記したもの。両者の数値にしばしば相違がみられるが、参考値に加えた。

4）備考欄は、前掲『支那在留邦人人名録』掲載の従業者数を記したもの。前掲『支那在留邦人人名録』（重複分を除く）中、前掲『支那在留邦人人名録』に掲載されている企業343社を表示した（16版＝1925年の掲載企業数1,361社）。

5）表出の企業は、上記出典掲載企業356社（重複分を除く）中、一部1924年版および金風社『支那在留邦人人名録』第13版、16版、18版、21版、29版で補整。

出典：外務省通商局『在外本邦実業者調査関係雑件』1925年。

表**4-5**付表　上海在留日本人実業者動向（1925〜1938）

	1925.12	1930.1	1936.11	1938.4
企業数（1925年基準）	343	343	343	343
構成比（％）		100.0	100.0	100.0
継続企業数	―	282	236	209
継続率（％）		82.2	68.8	60.8
閉鎖・撤退数	―	60	106	129
撤退率（％）		17.5	30.9	37.6
改組・合併数	―	1	1	5
（％）		0.3	0.3	1.5

出典：表4-5に同じ。

いては，資本金総額9,900万円＋2,500両，中国人雇傭労働者総数約5万人
（雇傭労働者1,000人以上はすべて在華紡）と，進出日本資本中でも群を抜いて
おり，中国紡績業中でも大きな比重を占めるほどになっている[54]。紡績以外
の比較的規模の大きい工業的進出を中国人従業員数でみると，No.85中華電
機製作所217人，No.53宝山玻璃廠200人，No.87中華染色整煉公司180人，No.333
精版印刷169人，No.295上海印刷131人，No.35日本皮革120人，No.260蘆澤印刷
96人，No.341瑞和手巾公司75人，No.64東華造船鉄工68人，など一定の生産
規模の日本人工場が工業的生産に従事している。これらの工業には紡績業関
連の部門もあるが，印刷，石鹸，硝子，機械器具などの新興企業もみられる。
また，貿易取引では，No.283三井物産，No.285三菱商事，No.33日本棉花，
No.72東洋棉花，No.244江商，No.336鈴木商店などの大手貿易商社ととも
に，No.4伊藤商行，No.21半田綿行，No.91千代洋行，No.127吉田号，
No.204増幸洋行，No.278久孚洋行等々の中堅的貿易商も経営の基盤を固め
つつあり，対応して航運・運輸・倉庫業においてもNo.32日本郵船，No.39
日清汽船をはじめ，No.241国際運送，No.317上海運輸，No.96菱華倉庫，
No.298上海倉庫信託など土着的中堅企業の定着がみられた。すでに第一次
大戦後には，有力企業との取引を対象にしたとはいえ，No.123正金銀行，
No.129台湾銀行，No.84朝鮮銀行などの政府系銀行や，No.284三井，No.286
三菱，No.334住友の財閥系銀行の支店も進出をしており，在華紡と輸出入
貿易を中心とした全般的な経済進出が軌道に乗りはじめていたことが確認で
きよう。

では，20年代半ばにおけるかかる企業の経営は，5.30事件後どう展開していたのか。経営の推移をみるために，表4-5および付表によって，各企業の経営継続状況を検討しよう。1925年末に抽出された企業343社の事業経営は，1930年の時点で，維持継続282社（ほかに改編1），閉店ないし撤退60社，継続率82.2％，さらに，第一次上海事変を経た1936年時点では，維持継続236社（ほかに改編1），閉店・撤退106社，継続率68.8％となっている（付表参照）。これを，大量の零細企業を含む在留日本商全体の動向と較べると，資本金額1万円以上という限定では継続率は比較的高いといえる。5.30事件以後の繰り返される排日貨や民族運動の高揚にもかかわらず，その地歩を維持しえているといえる。しかし，1925年→30年，30年→36年，38年の日本人従業員数の動向をみると，在華紡を別として，いずれもやや停滞的である。第一次大戦後の経済進出の趨勢は1920年代後半に停滞局面にあったといえる。ただこうした進出日本資本の停滞の一方で，1930年前後の時期には中小資本を中心に活発な資本進出もみられた[55]。在華紡については一，二の企業を除いて生産も収益も依然増大させていることは注目される。このような停滞状況にあったとはいえ，1920年代には，対支協調外交・慎重外交の維持を求める基盤はまだ存在していたと考えられる。

　ところで，閉店・撤退企業についてみておくと，1925年→30年の上海撤退企業60社は，多くは小規模資本の企業で占められるが，なかには，No.62東洋汽船（資本金3250万円），No.64東華造船鉄工（同35万円），No.85中華電機製作所（同150万円），No.100小津武林起業，（同1000万円），No.183久原洋行（同100万円），No.336鈴木商店（同5000万円）等の大手・中堅企業の名もみられる。これらの企業の撤退事情を検討すると，東洋汽船の場合，1926年に旅客部門を日本郵船に吸収合併されることで上海航路から撤退，小津武林起業は金融恐慌の影響で資本主である小津銀行が不振に陥り事業撤退，また，久原洋行は，戦後恐慌以降の経営困難が行き詰まるなかで破綻をきたしたこと，さらに鈴木商店の場合は，金融恐慌のなか多額の負債を抱え倒産した。中堅的企業の場合，いずれも上海における事業活動の不振に起因するものとはいい難く，不況下の日本国内での経営的失敗によっていたことがわか

る。換言すれば，一定の資本規模をもつ中堅的な進出企業にとっては，5.30
事件以降の状況は，上海・長江流域への経済進出を転換せしめるほどのもの
とはなっていなかったのであり，経済進出の志向を持続していたといえよう。

　参考までに，その後の動向をみておくと，さきに示した1936年までの閉
鎖・撤退数は106社，継続率68.8％，日中戦争開戦後の38年の閉鎖・撤退は
129社，継続率60.8％となっている。撤退企業の大部分は，やはり資本金額
1万円前後の小規模企業であり，中堅以上の企業はほとんどみられない。第
一次上海事変や日中戦争開戦という事態にあっても，経営を維持しうる基礎
を有していたことがうかがえる。

　以上，1920年代後半における上海在留日本資本の経営動向をみてきた
が，5.30以後その進出趨勢が停滞的になっていったとはいえ，基礎を有する
資本にとっては，上海での事業撤退や転換は問題とはされていなかったので
あり，満州事変や日中戦争開戦など日中関係が大きく変動する事態のなか
で，新たな資本進出を模索していたといえよう。

　最後に，上海争議やその後の上海事変という居留民社会の社会経済的変動
のなかで，在華紡の日本人従業員たちにおいては，どのような変化がみられ
たのであろうか。在華紡の社宅は，企業毎にタイプは異なるがいずれも高い
塀で囲われ，購買機関や福祉施設を備え，自己完結的に日常生活が可能な生
活空間であった。こうした社宅という閉鎖空間のなかで生活を営む在華紡従
業員たちは，虹口在住の日本人層とは一定の接点を有するとはいえ，日常的
には彼らと異なった生活環境に置かれていた[56]。

(3)　在華紡日本人従業者の動向

　かかる在華紡日本人従業員の動向を，最大の在華紡企業内外綿の事例でみ
たものが表4-6である。原表は，『支那在留邦人人名録』掲載の内外綿従業
員の在籍状況を個人別に1920年，25年，30年，38年毎に表示したものであ
るが，紙幅の関係で省略し，総括的数値のみを示した。この表によって，内
外綿従業員の勤続期間をみると，1920年の内外綿従業員（経営側を含む）
118人のうち，上海事件直後の25年末には，67人が継続的に籍を置いている。

表4-6　内外綿日本人従業員の勤続動向

動向	人数(人)	比率(%)
1920年在籍者数	118	100.0
内1925年継続在籍者数	67	56.8
同　上海他社勤務者	3	2.5
同　退職離滬者数	48	40.7
内1930年継続在籍者数	34	28.8
同　上海他社勤務者	3	2.5
同　退職離滬者数	81	68.6
内1938年継続在籍者数	12	10.2
同　上海他社勤務者	5	4.2
同　退職離滬者数	101	85.6
1925年在籍者数	271	100.0
内1930年継続在籍者数	158	58.3
同　上海他社勤務者	2	0.7
同　退職離滬者数	111	41.0
内1938年継続在籍者数	61	22.5
同　上海他社勤務者	8	3.0
同　退職離滬者数	202	74.5

出典：前掲『支那在留邦人人名録』第11版，第16版，第21版，第29版。

5年以上勤続者の比率は56.8％である。また，1925年の在籍者の5年以上勤続率も58.3％（271人中158人）であり，25年の数値は事件が労働者の移動には必ずしも大きな影響を及ぼしていないといえよう。この勤続年数を，当該期の上海在華紡工場の中国人労働者と較べると，中国人労働者3年以上勤続率は，男工10.2％，女工17.9％と，水準を異にするほどの相違がみられる。また，同じく日本国内の紡績工の勤続と較べても，3年以上では男工が40％強，女工が20％弱とされており，ここでも在華紡の場合の勤続の相対的長さが確認できる（表4-7参照）。それは，在華紡（内外綿）の日本人従業員の場合，多くが技術指導的ないし管理監督的労働に従事しており，一般の紡績労働者とは性格が相違していたことによると思われるが，同時に，上海の地にあり不況に直面しつつあった日本国内に容易に雇傭機会＝移動機会が得られなかったこと，また内外綿の場合，国内工場が西宮・安城の2工場のみ（ほかに青島・金州）で国内工場への移動も限定されていたことも反映していると考えられる[57]。

　相対的に勤続期間が長かったとはいえ，その後の動向をみると別の側面も

表4-7　紡績労働者勤続年限

（単位：上段＝人，下段＝％）

勤続年限	1922年日本（8工場）		1925年頃日本某工場		1924年上海某日本人紡績	
	男子	女子	男子	女子	男子	女子
6カ月未満	20.2	33.0	6.4	6.3	156 16.9	255 19.0
1年未満	12.6	17.8	17.1	33.5	210 36.3	655 48.9
2年未満	11.0	15.6	22.5	28.6	163 28.2	150 11.2
3年未満	13.4	14.8	14.0	12.5	50 8.6	44 3.3
3年以上	42.8	18.8	40.0	19.1		

出典：守屋典郎『紡績生産費分析』116頁，岡部利良『旧中国の紡績労働研究』468，476頁。

みえてくる。

　1920年在籍者について，10年後1930年の在籍者数をみると，34人（継続率28.8％），さらには日中戦争開戦後の38年には12人（継続率10.2％）とかなりの従業員が退職し上海を離れている。こうした点は，1925年の在籍者動向でも同様であり，13年後の1938年の在籍者は271名中61人，継続率22.5％と退職者は大幅に増大している。これには，その後復帰するとはいえ日中戦争開戦時の総引揚げが色濃く反映している。

　概して，勤続が相対的に長いとはいえ，在華紡における日本人従業員は，自足的な社宅社会にもまた上海の日本人居留民社会にも定着する志向はそれほど強くないと推察される。この点，虹口地区の中小商工業者たちが居留民社会での土着的営業を目指していたのとは少し異なっていたといえる。また，日中戦争の開戦が数多くの従業者を在華紡退職ないし上海引揚げへと動かしたと考えることもできよう。在華紡を担った日本人従業員においても，日中戦争は大きな構成変化を生んでいくこととなるのである。

おわりに

　上述してきたように，1925年，在華紡2月争議を契機に5.30事件へと上海全市に拡大した上海罷業は，労働運動を中国民族運動・反帝運動の中心的担

い手とするとともに，反帝反日運動を，従来のレベルを越えた広範で持続的な運動へと発展させていった。かかる5.30の上海大罷業は，第一次世界大戦後本格的に上海・長江流域に進出しはじめた日本資本や日本人居留民社会に多大な影響を及ぼさざるをえなかった。その影響と対応は必ずしも一様でなく，争議の直接的当事者である在華紡と貿易流通や金融の分野の進出資本さらには虹口の中小商工業者とは一定の距離を有しつつ，各々対応していった。それは，当該期1920年代の対中外交政策を規定し，また規定されながら展開するものでもあった。

　まず，この時の争議の中心に位置し，「楽観的な帝国主義」（中村隆英）とされた在華紡自体についてみると，①自らの労務体制が生み出した労資対立が争議の直接的契機あるいは基本要因であることを認めず，②その要因がもっぱら外部からの煽動によってもたらされた政治的闘争であるとの認識に立って，中国の労働運動にきわめて強硬な姿勢で臨んでいた。そのため，事件後も在華紡の労務管理や労働条件は部分的修整にとどまるものでしかなかった。これに対して，貿易関係部門や紡績以外の進出企業は，在華紡の労資対決の方向とは距離を置き，中国の民族運動や労働運動に対して一定の妥協的姿勢をみせるとともに，今後の中国市場への安定的進出を維持・推進しようとしていた。それは，日本人居留民社会と反日運動との衝突の頻発にもかかわらず，海軍陸戦隊上陸などの武力行使は慎重に回避し，上海総領事館・外務省による対英米協調政策に同調することとなっていった。

　このように，5.30事件は，中国の民族運動や労働運動の発展を促す一方で，日本資本進出の一定の停滞ないし後退をもたらすものでもあった。しかし，別の面からみれば，排日貨の打撃的影響を受けたとはいえ，進出日本資本も，小規模零細企業においては経営的困難を増大させていたが，大手・中堅企業は20年代後半においても経済進出の維持・安定の方向を模索し続けていた。その状況は，1925年の5.30事件にもかかわらず，資本金額1万円以上層の企業では5年以上経営を継続している企業が調査企業中の8割を超え（1920年→30年），10年後の1936年でも7割近い継続率を示している点からもうかがえる（表4-5付表）。

しかしながら，1927年，28年に起きた山東出兵は，日本軍の対満州，対
華北浸透が進むなか，上海を含む中国全土における排日運動の起動因となっ
て運動の発展を促し，それまでの日本資本の経済進出を困難にするものとな
っていった。かかる状況のもとで，日本の対中宥和主義的政策は次第に転換
をみせてゆくこととなった。その後，1931年9月18日に勃発した満州事変
を契機とした排日運動の空前の高まりは，上海進出日本資本や在留日本人を
して排日運動による打撃を「国策の犠牲」と認識させ，次第に「満州問題と
の一体的解決」＝武力行使による排日運動の抑圧を要求する姿勢を強めてい
くこととなっていったのである。

〔注〕
1）1926年5月，広州で開かれた第3回労働大会で提出された決議「中国労働
　　運動の総策略草案」は，その冒頭で5.30事件の意義についてふれ，「5.30事
　　件以後の工人と5.30事件以前の工人にいかなる相違があるか？　工人は5.30
　　運動を経て非常な力量を得た。……全国民衆は5.30事件以来，反帝国主義
　　の大運動を経過して非常に覚醒し，帝国主義の在華勢力を日々に動揺せしめ
　　ている。……5.30運動の影響は都会より郷村に及び，同時に，全国工人中
　　既に一部工人は自由を獲得し，かつ帝国主義及びその走狗軍閥の蹂躙する中
　　国は，既に一国民政府を産出した」との認識を示している（鈴江言一『中国
　　解放闘争史』石崎書店，1953年，363～364頁）。第一次世界大戦開戦による
　　欧米資本主義のアジア市場からの一時的撤退は，日本の新たな産業的発展お
　　よび中国市場進出を創出すると同時に，中国民族資本の伸長をもたらした。
　　とりわけ日中紡績産業の発展と競争は激しかった。5.30事件も，かかる二重
　　の過程の途上における相互の対立・矛盾が集中的に顕現したものとみること
　　もできよう。
2）中村隆英「5.30事件と在華紡」『戦前期日本経済成長の分析』岩波書店，
　　1971年，臼井勝美『日本と中国——大正時代』原書房，1972年，第3章1
　　「5.30事件について」，髙綱博文「日本紡績資本の中国進出と『在華紡』にお
　　ける労働争議」歴史学研究会編『世界史における地域と民衆』続，青木書
　　店，1980年（同『「国際都市」上海のなかの日本人』研文出版，2009年所
　　収），江田憲治「上海5.30運動と労働運動」『東洋史研究』第40巻第2号，
　　1981年等参照。
3）以下，2月争議の経過については，上海日本商業会議所『邦人紡績罷業事件

と5.30事件及各地の動揺』（以下『5.30事件及各地の動揺』と略記）第1
輯，1925年，17〜147頁，南満州鉄道株式会社調査課『上海事件に関する報
告』1925年，9〜21頁，内外綿株式会社『上海内外綿株式会社罷工事情』
ほか参照。

4）以下，5.30事件前後の状況は，前掲『5.30事件及各地の動揺』第1輯，113
〜147頁，および上海日本商業会議所『週報』第695号〜第704号「上海学生
騒動及罷市事件」「上海事変後の形勢」等参照。

5）顧正紅殺害をめぐる事態については，前掲髙綱『「国際都市」上海のなかの
日本人』が詳細な検討を行っている。

6）前掲『5.30事件及各地の動揺』第1輯，339〜344頁。

7）外務省編『日本外交文書』1925年，第2冊，上巻（以下『日本外交文書』
1925年と略記）102〜104頁，6月18日「租界外ノ邦人保護ニ関シ外交部ニ
覚書送付ノ件」，および同書62頁，6月3日「中国人暴徒ニヨル義勇隊攻撃
ト邦人住宅ノ襲撃掠奪並ニ各国陸戦隊上陸ニツキ報告ノ件」等参照。

8）前掲『5.30事件及各地の動揺』第1輯，564〜575頁「武居氏報告概要（秘密
会）」。

9）前掲『日本外交文書』1925年，130〜131頁，6月30日「李立三派ノ工人会
ニテハ到底妥協ノ余地ナキ次第報告ノ件」，同131〜132頁，6月30日「内外
綿問題解決ニ関スル具体策アレバ開示方申進ノ件」。

10）前掲『5.30事件及各地の動揺』第1輯，583〜583頁，永井外交参事官およ
び幣原外務大臣の言。

11）交渉の経過については，前掲上海日本商業会議所『週報』第696号〜第700
号「上海事変以後の形勢」。

12）前掲『5.30事件及各地の動揺』第1輯，574頁。6月半ばには，日本紡績連
合会が工人会を承認しないことを決議し，また大阪方面の紡績業者も工人会
不承認の方針に固執しているとされている（前掲『日本外交文書』1925
年，118頁，6月25日「共産主義ニ基ク工人会ハ承認反対ナル旨関係者ニ申
述ベタル件」）。

13）前掲『日本外交文書』1925年，235〜236頁，8月1日「内外綿等邦人経営
工場罷工問題ニ関スル折衝ニツキ報告ノ件」および241頁，8月3日「上海
事件交渉ノ速開方ニツキ回訓ノ件」。

14）5.30事件を生起せしめた要因について，以下，さきにあげた主要な研究を手
がかりに，本稿に関連する論点を確認しておきたい。まず，日本の経済的帝
国主義の特質の問題として5.30事件を分析した中村隆英氏は，在華紡の中国
進出の要因や中国綿業労働者の状態を検討した上で，1925年2月の争議に
ついて，「経済要求や賃上問題を原因とするものではなかった。直接の導火

線は賃銀をめぐる紛争が解雇問題に発展したことであった。けれども，その真因は中国における共産党をリーダーとする階級闘争であり，民族運動であった」と性格づけている。2月争議の直接的動機としては，内外綿の新工場長による労働者統轄の強化や日本人職員における中国国民性や労働風潮への無知，優越感の発揮，さらに中国人紡績が激しい不況に襲われるなかでの日本人紡績の順調な経営などが民族ブルジョアジーをも同調せしむる状況があったこと等を指摘しているが，総じて中村氏においては，争議の要因は，紡績工場内の労資関係的要因よりも政治的階級闘争的側面を主としたものとして把握されている（前掲中村『戦前期日本経済成長の分析』292〜300，314〜317頁）。

　つぎに，日中の外交史のなかに5.30事件を置いて検討する臼井勝美氏は，原因について，不況で苦しむ中国人紡績が日本人紡績の攻勢にさらされるなか最大の在華紡企業である内外綿の工場で新任工場長による厳しい労務統轄や「不良」職工の誡首，賃下げでそれまでに鬱積していた不満に火がついたとし，日本人職員の中国人職工への高圧的対応とも相俟った内外綿の労働者支配に求めている。同時に「このストライキは，共産党の影響下にある滬西工友倶楽部が中心となり……計画されたもの」であるとして工人会や共産党の活動により引き起こされた点にもふれており，在華紡側の労務統轄の厳格化と政治的要素の両者によるものとしている。ただし，中村氏と違って必ずしも階級闘争的側面は強調されていない（前掲臼井『日本と中国』196〜213頁）。

　上記の見解とりわけ中村氏の見解に対し，2月争議から5.30事件への一連の過程を基本的に労資紛争であるとするのが高綱博文氏である。高綱氏は，1922年以降の不況に対応して在華紡が労働者統轄機構の強化と作業様式の改編を実施し，直備制による直接的労務管理体制を確立することによって資本対労働の直接的対抗関係が成立していったことを経済的発生基盤とし，日本人職員の中国人労働者への蔑視や差別意識にもとづく暴力行為を直接的契機として，争議の発生要因を捉えている。そこでは，一連の争議が中国共産党の指導と密接に関連していたことを指摘しつつも，労資紛争こそが主要な側面であるとしており，労資関係についての詳細な分析を展開している（前掲高綱『「国際都市」上海のなかの日本人』104〜107頁）。

　なお，在華紡の労働運動史の全般的把握を意図する江田憲治氏は，2月争議から5.30事件に至る争議について労資関係的側面と政治闘争的側面の両面から捉えつつも，この争議が大衆的な労働組合運動の組織化が始まり，学生団体や商人団体を労働運動にコミットさせるなど運動の勃興期としての意義をもつものとして，上海労働運動史のなかに位置づける試みを行っている

（前掲江田「在華紡と労働運動」35～50頁）。

　以上，5.30事件の要因について主な見解をみてきた。すべての論者が労資紛争を直接的契機としているが，争議の労資関係的要因と政治闘争的側面のいずれを主たる側面とするか議論が分かれているといえよう。しかし，事件の背景に5.4運動以来の青年学生運動の発展，民族紡績工業の成長などが影響しているとはいえ，一連の事態の基礎過程をなしたのは，在華紡における労資関係上の対立矛盾であることは明確であり，髙綱氏が詳細に分析しているように基本要因は労資紛争にあるといえよう。同時に注目すべきは在華紡の労資紛争が急激に政治闘争として拡大していく点にあり，この点必ずしも明確に指摘されていない。今，立ち入って検討する用意を欠くが，孫幾伊の論考を訳出した「中国の労働運動」は，「大規模の罷工は往々民族的感情を雑へ居り此れ外国資本の勢力が我国に進入し居れるを以て外国資本の勢力下に在る労働者は二重の圧迫を感じ大なる団結を為さざれば之に対抗する事能はざるべしと感じ」大規模の罷工へと至るのであり，「資本主義の圧迫以外に一種の民族的感情あるを以てなり」と指摘している（前掲上海日本商業会議所『週報』第701号，5頁）。上海における在華紡争議が，中国民族意識の発展のなかで，労働争議としてだけでなく，容易に反帝民族運動的性格を帯びて展開していくものとなっていた点，重要な特質をなしていたといえよう。

15）前掲『5.30事件及各地の動揺』第1輯，240～242頁，武居綾蔵「内外綿会社罷工の真相」。

16）同上，565～567頁。

17）同上，246～247頁。なお，武居はその後においても，内外綿争議の要因について「上海に起った大罷工は，最初世人の多くは純然たる労働争議のごとく誤認されたが，其後に至って全く性質を異にする罷工で，資本主義の破壊を目的とする一種の共産主義者の行為なることが明瞭となった」と，内外綿側の労務政策上の問題とは認めていなかった（武居『武居遺文小集』（私家版，1934年，42頁）。

18）前掲『5.30事件及各地の動揺』第1輯，234～235，571～572頁。

19）同上，234～239頁。

20）前掲上海日本商業会議所『週報』第715号「上海に於ける労働者状況（1）」10頁および南満州鉄道株式会社調査課『最近上海に於ける労働運動風潮』1926年，105～107頁参照。

21）岡部利良『旧中国の紡績労働研究』九州大学出版会，1992年，378～380頁，また，高村直助『近代日本綿業と中国』東京大学出版会，1982年，177～184頁。

22）前掲岡部『旧中国の紡績労働研究』336頁，原資料は，Pearse, A. S., *The Cotton Industry of Japan and China*, 1929年。

23）同上，462頁。原資料は，長永義正『支那経済物語』大阪屋号書店，1929年。

24）久留弘三「上海邦人紡績罷業の顛末」上，『社会政策時報』第56巻，1925年，85頁。

25）前掲南満州鉄道株式会社調査課『最近上海に於ける労働運動風潮』121〜122頁。

26）紡績争議に関して，上海総領事館も「罷業勃発迄ハ……工場側ノ用意ハ大体ニ於テ無関心ナリ」「要スルニ職工ニ対スル態度ノ親切ヲ欠キ居リシコトハ争フヘカラス」と，労働者の状況に対する在華紡の配慮の欠落を指摘している（『日本外交文書』1925年，346頁，12月2日「中国各地罷業ノ原因ニ関シ報告ノ件」）。在華紡の労資関係に関しては，5.30事件後も，在華紡経営者の多くは，労働条件や労務管理の改善には関心を示さなかったが，他方で，綿糸の高番手化や綿布の薄地化など製品高付加価値化戦略は積極的に推進している（桑原哲也「在華紡の組織能力──両大戦間期の内外綿会社」『経営学論集』龍谷大学，第44巻第1号）。

27）前掲『5.30事件及各地の動揺』第1輯，241〜242頁。

28）矢田上海総領事は，こうした日本紡績連合会や大阪の紡績業者の強硬姿勢に対し以下のように疑問を呈していた。「本邦紡績連合会力飽ク迄モ工人会ヲ承認セサルコトニ決議シ之力為ニハ数ヶ月ニ亘リ工場ヲ閉鎖スルモ辞スル処ニアラスト公言シ大阪方面ノ当業者モ亦右方針ヲ固執シ居ル由」（前掲『日本外交文書』1925年，118〜119頁，6月25日「共産主義ニ基ク工人会ハ承認反対ナル旨関係者ニ申述ベタル件」）。

29）三井物産株式会社『第9回三井物産支店長会議議事録』361〜362頁。

30）前掲『日本外交文書』1925年，116頁，6月24日「内外綿ノ従業員待遇振リニツキ秋山三菱支店長等，李立三総工会執行委員長等ノ間ニ意見交換ノ件」。

31）前掲『5.30事件及各地の動揺』第1輯，34〜35頁。

32）上海日本商業会議所「建議書」，前掲『5.30事件及各地の動揺』第1輯，559〜562頁，および前掲『日本外交文書』1925年，107〜109頁。

33）前掲『5.30事件及各地の動揺』第1輯，564〜575，579〜581頁。

34）同上，575〜576頁。

35）同上，580頁。

36）前掲『日本外交文書』1925年，1頁，2月14日「罷業ハ大日本紡績等ニ波及，背後ニ中国共産党ノ画策アリ青島，天津ヘモ伝播ノ虞アル件」。

37）同上，2頁，2月16日「紡績会社代表ヨリ武装水兵ノ上陸配置ノ要請アリタルモ却テ形勢悪化ヲ懸念サルルニツキ考量シ難キ旨回答シタル件」）。

38）同上，3，6頁。

39）同上，119頁，前掲「共産主義ニ基ク工人会ハ承認反対ナル旨関係者ニ申述ベタル件」。

40）同上，131頁，6月29日「李立三派ノ工人会ニテハ到底妥協ノ余地ナキ次第報告ノ件」。

41）前掲『日本外交文書』1925年，1〜49頁。

42）同上，52頁，5月28日「青島ノ事態ハ重大ナルモ軍艦派遣後モ陸戦隊上陸等ノ武力発動ハ絶対必要ナキ限リ断ジテ行ハザル様其ノ筋へ注意方内論アリタキ件」。

43）同上，62頁，6月3日「形勢悪化ノ兆アルタメ各国軍艦ノ増派情況並ビニ在留邦人ノ要請ニ応ジ陸戦隊派遣方ニツキ申進ノ件」64頁，6月4日「永野司令官貴地向ケ下江シタルニツキ陸戦隊増派等必要事項ニ関シ協議アリタキ件」。

44）この時期の日本の対中国外交政策について細谷千博氏は，軍事的性格を有しない日・米・英協調システムとして性格づけている（細谷『両大戦間の日本外交──1914－1945』岩波書店，1988年，88〜94頁）。また，幣原外交の位置づけについては，坂野潤治「政党政治と中国政策──1919〜1926年」『近代日本と東アジア』山川出版社，1980年，服部龍二「原外交と幣原外交──日本の対中政策と国際環境：一九一八〜一九二七」『神戸法学』第45巻第4号，1996年3月，関静雄「幣原喜重郎の『対支外交』──内政不干渉主義を中心に」岡本孝治編著『近代日本のアジア観』ミネルヴァ書房，1998年，佐藤元裕「中国中北部における在留邦人保護対策の変容──幣原外交から田中外交へ」『駒沢史学』第64号，2005年2月。また，青島争議と上海争議での日本政府の対応の相違を，当該期日本の上海と青島の貿易や投資の比重や地位の違いに求める見解については，臼井勝美「『幣原外交』覚書」『日本歴史』第126号，1958年12月，于紅「幣原外交における『経済中心主義』──1925年の青島労働争議と5.30事件の外交的対応をめぐって」『人間文化論叢』第3号，2001年3月参照。

45）山東出兵，済南事件に関しては，上海日本商業会議所『山東出兵と排日貨運動』1927年，1〜39頁，参謀本部『昭和三年支那事変出兵史』巌南堂書店，1930年，1〜44頁，服部龍二「済南事件の経緯と原因」『軍事史学』第34巻第2号，1998年9月，高文勝「済南事件をめぐる国民政府の対応」『現代と文化』日本福祉大学，第112号，2005年，刁成林「済南事件後中国における排日運動について」『立命館経済学』第63巻第1号，2014年5月等参照。なお，済南事件による中国側の犠牲者数は死者3,600人，負傷者1,400人としている（『国史大事典』・臼井勝美記）。また，『申報』では，死者3,625人，

受傷者1,455人とされている。

46）外務省編『日本外交文書』昭和期Ⅰ第1部2巻（以下『日本外交文書』昭和期Ⅰ-1-2　と略記）840～841頁，1928年5月15日「中国の排日貨運動とその対策について」。なお，山東出兵・済南事件時の排日運動に関しては，菊池貴晴『増補　中国民族運動の基礎構造』汲古書院，1984年，第7章参照。

47）前掲『日本外交文書』昭和期Ⅰ-1-2，868～870頁，8月31日「排日貨運動による邦商の閉店乃至破産続出の見込について」。

48）前掲『日本外交文書』昭和期Ⅰ-1-1，461～462頁，2月28日「在留邦人は陸戦隊の上陸を希望せざる状況について」および463～464頁，3月14日「上海防備に関し英国と同調せざる理由等山本代議士等に説明について」。

49）前掲上海日本商業会議所『山東出兵と排日貨運動』226～229頁。山東出兵期においては，紡績連合会や関西の商業会議所などを中心とした帝国主義的ブルジョアジーは対中強硬策に転換していくとの見解が呈示されている（副島圓照「一九二〇年代のブルジョワジーの中国政策」『日本史研究』第150・151合併号，1975年3月，236～241頁）。上海日本商業会議所を中心とした上海在留資本に関しては，依然強硬方針を抑制し慎重な姿勢をも維持しており，この期は慎重方針と強硬論的方針とが拮抗のなかにあったと思われる。

50）上海日本商工会議所『第11回定期総会報告及議案』2頁。

51）同上，5～6頁。

52）前掲『日本外交文書』昭和期Ⅰ-1-2，861頁。なお金曜会の成立については，拙稿「満州事変期における上海在留日本資本と排日運動——上海日本商工会議所を中心に」上，『和光経済』第20巻第2号，1988年2月（本書第5章），130～132頁参照。

53）かかる点，日本人居留民社会全体については，前掲拙稿「戦前期上海における日本人居留民社会と排外主義1916-1942」上，7～8頁参照。

54）中国の紡績産業労働者数に関しては，後の時期になるが，1933～34年の中国人紡績78工場，16万3,635人（男女計），1940年の日本人紡績47工場，6万1,907人（男女計）という数値が得られる（前掲岡部『旧中国の紡績労働研究』40頁）。また，1925年の中国紡績工場の紡錘数中の在華紡比率は45.3％と推定されている（厳中平著・依田憙家訳『中国近代産業発達史——中国棉紡織史稿』校倉書店，1966年，262頁）。なお，1924年の中国綿糸生産高の32.4％，同綿布生産高の30.4％を在華紡が占めている（前掲高村『近代日本綿業と中国』169頁）。

55）前掲拙稿「満州事変期における上海在留日本資本と排日運動」上，119～120頁。中国関税引き上げや日本国内の不況に規定された動向であるが，進

出企業はきわめて不安定な経営状況のなかに置かれざるをえなかった。

56) 在華紡社宅生活の居住環境および生活状況の一端については，大里浩秋・冨井正憲「在華紡の居住環境について――上海の事例」神奈川大学『環境に刻印された人間活動および災害の痕跡解読』2007年，および陳祖恩『上海に生きた日本人――幕末から敗戦まで』大修館書店，2010年，190～210頁参照。なお，関連して，虹口などの日本人居留民社会にとっては，5.30事件は，在華紡地域とは離れており，影響も限定されていた。

57) 『内外綿株式会社五十年史』1937年，95～104頁。内外綿は，中国工場建設に際しては，国内の西宮工場の管理者や熟練労働者をはじめ数多くの日本人労働者を送り込んでおり，ある程度長期間の勤務を予定していた。これらの点，桑原哲也「在華紡績業の盛衰――国の運命と企業の運命，内外綿会社」『国民経済雑誌』第178巻第4号，1998年10月参照。

第5章　満州事変期における上海在留日本資本と排日運動
──上海日本商工会議所を中心に──

はじめに

　本章の課題は，満州事変期上海おける日本資本の動向を，上海日本商工会議所（以下上海商議と略記）の排日運動への対応を中心に検討することである。当初，排日運動に対する三井・三菱等財閥資本の対応を分析するつもりであったが，資料の制約から，後述するごとく大資本主軸の結集体である上海商議を中心とした検討たらざるをえなかった。したがって，個別財閥レベルにおける対応と蓄積基盤の変容を解明する基礎作業として，当該期日本の中国侵略過程において在留諸資本がいかなる地歩を占めたのか，その上海における一断面を明らかにしようとするものである。

　ところで，かかる課題を研究史との関連で若干みておくと，ひとつには，満州侵略に対するブルジョアジーの動向をめぐる周知の論点が問題となろう。すなわち，関東軍の謀略によって開始された「満州」[1]侵略に関して，一方で江口圭一氏は，大ブルジョアジーを中心とした「帝国主義ブルジョアジー」が満州事変に際して積極的支持の姿勢を示し，そのことが，政府をして軍部に同調せしめてゆくこととなると把握している[2]。これに対し小林英夫氏は，満州事変期においては，1920年代の排日で打撃を受けている中小企業者や貿易業者に関しては，軍部の武力行動に期待を寄せる条件は存在していたが，三井・三菱等財閥本流の，反対こそしないが，英米帝国主義の動向を考慮し，消極的態度を持続し続けたとしている[3]。本章での検討は，上海における排日運動への対応であり，そのまま満州事変に対する姿勢ではないが，日本の満州・中国侵略への諸資本の対応の一端を示すものといえよう。

また，上海在留資本の分析という点に関わって，近年の居留民経済研究について言及しておかなければならない。かかる点，柳沢遊氏の一連の研究をみると，日本資本の満州・中国進出における「重層的編成」を指摘し，その膨大な裾野を形成する中小商工業者層の存在形態を具体的に明らかにしている。そして，満州事変に先立つ1920年代末において，在留中小商人層の経済的社会的不満が排外主義的方向に転轍されてゆくことを剔出し，満州事変を勃発せしめた社会的経済的基盤の一要点を解明している[4]。しかし，そこでは，中小商工業者層の分析とくに満州および華北のそれを課題としていることから，財閥資本など中小資本以外の動向，あるいは上海における動向についてはふれられていない。上海に関しては，柳沢氏の提起した視点を受けて，村井幸恵氏が，上海事変を生起せしめた一要因としての，排日運動に対応した居留民の排外主義的暴走について分析している。しかしながら氏の場合，「重層的編成」への考慮を欠いた結果，上海商議の基本性格や在留資本内部における諸資本の編成や性格について，必ずしも明確にされておらず，居留資本の対応を単線的に把握することとなっている[5]。したがって，本章では，当該期の満州・中国侵略の過程において独自の重要性を有した，中小商工業者層の動向にふれつつも，上海商議内の財閥資本など上海在留有力資本の対応に重点を置いて分析することとしたい。

なお，財閥系など大資本の動向に関しては，本来，日本国内におけるその中枢の対応が同時に検討されねばならないのはいうまでもないが，1930年代の政治過程が対外関係とりわけ中国におけるそれに強く規定されていたことを考慮すれば[6]，上海における検討の一定の意義もまた明らかであろう。

1　上海における日本資本の動向

(1)　上海における日本資本の進出

日本の中国進出は，第一次大戦を契機に急速に進展したが，それは，中国貿易の中心的地位を占めていた上海においても同様であった。

表5-1　上海・中国における日・英・米三国輸出入貿易額

（単位：百万海関両）

	年次	上海貿易				中国貿易			
		総額	日本	英国	米国	総額	日本	英国	米国
		%	%	%	%	%	%	%	%
輸入	1922	419.5(100.0)	78.0(18.6)	120.5(28.7)	92.4(22.0)	945.0(100.0)	231.4(24.5)	145.2(15.4)	169.0(17.9)
	23	417.8(100.0)	79.5(19.0)	104.2(25.0)	89.7(21.5)	923.4(100.0)	211.0(22.9)	120.3(13.0)	154.4(16.7)
	24	483.4(100.0)	98.5(20.4)	106.6(22.1)	112.3(23.0)	1,018.2(100.0)	234.7(23.1)	126.0(12.4)	190.0(18.7)
	25	431.8(100.0)	113.7(26.3)	88.2(18.1)	80.6(18.7)	947.8(100.0)	299.7(31.6)	93.1(9.8)	142.5(15.0)
	26	596.5(100.0)	125.8(21.1)	98.2(16.5)	122.7(20.6)	1,124.2(100.0)	336.9(28.8)	116.2(11.4)	187.6(18.4)
	27	455.3(100.0)	101.8(22.4)	61.4(13.5)	115.5(25.4)	1,012.9(100.0)	293.7(29.0)	75.0(7.4)	166.7(16.5)
入	28	548.6(100.0)	107.7(19.6)	95.3(17.4)	131.6(24.0)	1,195.9(100.0)	319.2(26.7)	113.7(9.5)	205.5(17.2)
	29	624.6(100.0)	123.1(19.7)	95.0(15.2)	145.1(23.0)	1,265.7(100.0)	323.1(25.5)	119.1(9.4)	230.8(18.2)
	30	679.7(100.0)	127.1(18.7)	82.5(12.1)	168.7(24.8)	1,309.7(100.0)	327.1(25.0)	108.2(8.3)	232.4(17.7)
	31	833.5(100.0)	117.2(14.1)	93.6(11.2)	254.1(30.5)	1,433.4(100.0)	290.3(20.3)	119.9(8.4)	321.3(22.4)
	※34	600.4(100.0)	52.4(8.7)	78.4(13.1)	200.2(33.3)	1,038.9(100.0)	126.8(12.2)	124.6(12.0)	271.7(26.2)
輸出	1922	218.0(100.0)	30.5(14.0)	18.7(8.6)	68.9(31.6)	654.8(100.0)	159.7(24.4)	38.5(5.9)	97.5(14.9)
	23	276.8(100.0)	39.6(14.3)	24.1(8.7)	94.9(34.3)	752.9(100.0)	198.5(26.4)	43.2(5.7)	126.8(16.8)
	24	276.4(100.0)	52.5(19.0)	24.9(9.0)	68.2(24.7)	771.7(100.0)	201.1(26.1)	50.2(6.5)	100.7(13.1)
	25	306.1(100.0)	34.0(11.1)	21.0(6.9)	96.3(31.5)	776.3(100.0)	186.3(24.0)	47.6(6.1)	143.1(18.4)
輸	26	361.8(100.0)	43.1(11.9)	25.2(7.0)	105.9(29.3)	864.2(100.0)	211.7(24.5)	55.8(6.5)	150.2(17.4)
	27	330.5(100.0)	44.2(13.4)	27.5(8.3)	75.6(22.7)	918.6(100.0)	208.8(22.7)	57.9(6.3)	121.7(13.3)
	28	362.2(100.0)	45.2(12.5)	28.0(7.7)	72.3(20.0)	991.3(100.0)	228.6(23.1)	61.0(6.2)	127.2(12.8)
	29	364.0(100.0)	50.9(14.0)	27.0(7.4)	86.4(23.8)	1,015.6(100.0)	256.4(25.2)	74.3(7.3)	137.1(13.5)
出	30	312.6(100.0)	40.3(12.9)	30.0(9.6)	89.0(28.5)	894.8(100.0)	216.5(24.2)	62.6(7.0)	131.8(14.7)
	31	277.4(100.0)	44.6(16.1)	21.1(7.6)	70.7(25.5)	909.4(100.0)	264.9(29.1)	64.5(7.1)	121.2(13.3)
	※34	223.0(100.0)	54.3(19.9)	28.2(10.4)	54.2(19.2)	535.7(100.0)	81.2(15.2)	47.8(9.3)	94.4(17.6)

注：1）※印は単位百万元。中国貿易は1931年まで輸出入に海関両を単位として用いていたが，1932年に至り，
　　　輸入額には海関金単位を採用。また1933年には，廃両改元，1海関両＝1,558元（『南支南洋貿易概観』
　　　10〜11頁），なお，1921〜31年の海関両と日・英・米通貨との換算については，三菱経済研究所『東
　　　洋及南洋諸国の国際貿易と日本の地位』109頁。
　　2）1932年以降は「満州国」設立のため中国貿易中より同地域が除外されている。
　　3）上記数値には再輸出額を含む，また日本の数値は台湾を含めたものである。
出典：上海港輸出入額は，上海日本商工会議所『上海日本商工会議所年報』第15，1932年度ただし，1934年は，
　　　東京頭取席調査課『中・北支ノ貿易状態及我国トノ物資交換ニ就イテ』15，26頁。中国貿易額は，台
　　　湾総督府官房外事課『南支南洋貿易概観』10〜47頁。

　はじめに，日本の対中国貿易は日露戦争後急速に増大しており，第一次大
戦前には従来最大の対中国貿易国であったイギリスを凌駕し，表5-1が示す
ように，1920年代においては中国貿易全体の25〜30％を占めるに至ってい
る。上海貿易に限定してみると，欧米列強の中国進出が揚子江流域を中心と
していたことを反映して，日本の地位は相対的に低い。とはいえ，ここでも
第一次大戦以降の発展は目覚ましく，1920年代半ばには，輸入（＝対上海輸
出）の20％前後，輸出（＝対上海輸入）の15％前後を占め，輸出入ともイギ

リスを凌駕するまでになっている。

　もちろんイギリスの場合，香港や英領インドなど属領を含めれば，20年代後半でも上海貿易の約30％を占め，依然優位は維持しているが[7]，この期における日本の伸張が目覚ましかったことは明らかであろう。また，新興勢力たるアメリカの進展も著しく，20年代半ば以降は輸出入とも日・英を上回り，上海貿易の首位を占めるに至っている。

　このような上海貿易の状況は，1927年の三井銀行上海支店報告が以下に伝えるところでもある[8]。

　　而シテ上海ノ対外貿易相手国別ニ就キテ見ルニ　近来長江流域並ニ以南支那思想ノ変遷ニ伴ヒ　排日熱ニ代ッテ排英熱勃興セル反面親米傾向益々顕著トナリ之ニ乗ジテ米国ノ活躍目醒シク対中部支那貿易上ニ於ル進展見ルベキモノアル事ヲ知ラザルベカラズ即チ過去五ケ年間ニ於テ英国ハ却ッテ漸減ノ趨勢ニアルニ不拘日米両国ハ却ッテ漸増セルノミナラズ，米国ハ其増加額ニ於テ又総額ニ於テ我国ヲ凌駕シ　今ヤ上海対外貿易中首位ヲ占メ日英両国ハ正ニ勢力伯仲スルニ至レリ。即チ上海貿易ノ進展ハ，米日両国ノ進展就中対米貿易ノ発展ニ依ル事大ナルヲ知ル

　また，投資状況をみると，日本のそれは主として満州に向けられていたが（1930年時点で対中国投資の62.9％），第一次大戦以降の時期においては，上海への投資の伸びが最も著しく，1914年から1930年にかけて6,000万円から4億3,000万円へと，約7倍もの大幅な伸びを示している（表5-2）。

　それはまず何よりも，第一次大戦後における紡績資本輸出によるところが大きく，在華紡の設備をみると，1914年から30年の間に，紡錘機11万2,000錘→182万1,000錘，織機886台→1万4,082台へと画期的に増大していることが知られる[9]。

　また1920年代末になると，「銀ノ暴落・支那ノ関税引上並日本ノ恐慌ニ基ク過剰資本ノ発生等ニ基因シテ一九三〇年ノ前後　日本ノ中小資本カオヒタタシク上海ニ輸出セラレ（傍点は引用者，以下同様）」，「紡績ノ増錘ノ外，魔

表5-2　日本の地域別対中国投資
(単位：百万円，%)

	1914	1930
満　　　州	265.2(68.9)	1,100.4(62.9)
上　　　海	60.0(15.6)	430.1(24.6)
そ　の　他	59.8(15.5)	217.7(12.5)
計	385.0(100.0)	1,748.2(100.0)

出典：シー・エフ・レーマー『列国の対支投資』慶応書房，1934年，475，522，557頁。

法瓶・洋鉄・醬油・機械類・アルミ・電線・石鹼・帽子等ノ工場カ新設サレ
タカ　其ノ他ニ安川電機・大阪機械・大日本精糖・台湾精糖・味之素等ノ大
資本ノ分工場カ上海ニ進出シタ」と述べられているように[10]，中国の関税引
き上げや銀価暴落あるいは日本国内の恐慌に規定されて，中小資本を中心に
活発な資本進出がみられた。このことは，上海在留日本人数が，1920年
10,215人，25年13,804人，30年18,478人と急増しているところにもうかがえ
る[11]。そして，かかる活発な進出は「支那ニ於テソレト最密接ナ関係ヲ持ツ
新興ブルヂョアトノ対立ト謂フ不可避ノ態勢ヲトルニ至ラシメ」ることとも
なっていたのである[12]。

(2)　在留資本の構成と特徴

　では進出資本の内実はどのようなものであろうか。表5-3の分野別資本投
資でその一端をみると[13]，まず第一に，日本の上海投資が圧倒的に製造業に
向けられていることがうかがえる。すなわち，時期は若干ずれるが，1936
年の華中投資においては約50%が製造業投資となっている。その大半が在
華紡によるものであることは改めて指摘するまでもない[14]。また，製造業に
次いで輸出入業（16.7%），金融業（15.3%），運輸業（10.4%）が目につく。
ここでの金融部面への進出は外国為替業務を中心としており，日本資本の対
中国進出が，為替銀行・海運企業・貿易商社という三位一体的進出であった
ことを反映したものといえよう[15]。

　参考までにイギリスの場合をみると，日本とは対照的に投資分野は多方面
にわたっている。とりわけ，不動産（21.0%）や公益事業（5.0%）が一定の
比重を占めており，上海経済の基礎部門における強さを物語っている[16]。

表5-3　日・英・米三国分野別対中国投資額

(1930年)

分野	日本			英国	米国
	満州	上海・その他	※華中(1936)		
	百万円　　%	百万円　　%	百万円　　%	百万円　　%	百万円　　%
鉱　　業	165.2(15.0)	9.7(1.5)	}287.5(53.9)	38.6(2.0)	0.1(0.1)
製 造 業	98.6(8.9)	232.6(36.5)		346.8(18.0)	20.5(13.7)
金 融 業	82.5(7.5)	65.0(10.0)	81.5(15.3)	231.2(12.0)	25.3(16.8)
輸 出 入 業	117.7(10.7)	248.1(38.3)	89.1(16.7)	481.6(25.0)	47.7(31.8)
運 輸 業	388.5(35.4)	20.1(3.1)	55.2(10.4)	269.8(14.0)	10.7(7.2)
不 動 産	145.9(13.3)	—(—)	9.7(1.8)	404.6(21.0)	8.4(5.6)
公 益 事 業	31.3(2.8)	—(—)	7.0(1.3)	96.4(5.0)	35.2(23.4)
雑	70.4(6.4)	72.1(11.1)	3.3(0.7)	57.8(3.0)	2.0(1.4)
総　　計	1,100.4(100.0)	647,8(100.0)	533.6(100.0)	1,926,8(100.0)	150.2(100.0)

注　：1) 英国・米国の投資額は　1ドル＝2.0円で換算。
　　　2) レーマー推計と東亜研究所推計は各々根拠を異にしており，同一基準の比較ではない。
出典：シー・エフ・レーマー『列国の対支投資』慶応書房，1934年，308～309，436，556頁より作成。ただし※印は東亜研究所『日本の対支投資』付表⑲。

　さらに，進出企業の規模別編成を検討すると（表5-4），まず注目される第一の点は，中小資本の比重が圧倒的に高いことである。とくに中国本店企業においては，在華紡7社を除くと，大部分が資本金50万円未満層となっている。分野別にみた場合は，全体の6割を占める輸出入部門において中小資本の存在が著しいが，各種工場に関しても，若干の日本人と数名から2，30名の中国人を使用したものが大半であった。

　ところで，表出の数値は『上海内外商工案内』掲載の比較的実績のある企業を対象としたものであり，実際は，備考欄から推察されるように，商業を中心とした膨大な零細資本層が存在していたのである。その内実は，表5-5である程度うかがえるが，東京・大阪にある中小商業と同じような種類と内容の商店が店舗を並べていたとされ，日用品・食料品など雑多な商品販売業者および貿易商が大半を占めていた[17]。かかる中小商工業者層の膨大な存在は，英米と異る日本の対中国進出の一特質をなすものでもあった。

　そして，かかる層は「邦人対支発展ノ先駆ヲ為ス」とされながらも，「適当ナル地方的ノ金融機関ノ欠如」や資金の欠乏などのため「其ノ日暮シノ浮動的生活ヲ常トスル者勘カラス」と指摘される通り，全体として資金的金融的に不安定な存在であった[18]。しかも，1920年代末においては，中国の関税

表5-4　上海進出日本企業規模別構成

(1935年)

払込資本金規模別	銀　行　業			航　運・倉　庫			紡　績　業			その他の工業		
	中国本店	日本本店	計	中国本店	日本本店	計	中国本店	日本本店	計	中国本店	日本本店	計
50,000千円以上		4 (4)	4 (4)		2 (2)	2 (2)		1 (1)	1 (1)			
10,000〜		2 (2)	2 (2)		3 (3)	3 (3)	2 (2)	1 (1)	3 (3)		1 (1)	1 (1)
5,000〜							4 (4)		4 (4)		1 (1)	1 (1)
1,000〜				2 (2)	1 (1)	3 (3)	1 (1)		1 (1)		2 (1)	2 (1)
500〜	1		1		1	1				3 (1)	3	6 (1)
100〜	2 (1)		2 (1)	1 (1)		1 (1)				6 (2)	2	8 (2)
50〜				1 (1)		1 (1)				4		4
10〜										6		6
10未満											1	1
計	3 (1)	6 (6)	9 (7)	4 (4)	7 (6)	11 (10)	7 (7)	2 (2)	9 (9)	19 (3)	10 (3)	29 (6)

引き上げや銀価暴落の条件に支えられて中国新興産業の目覚ましい発展がみられたのであるが，その多くは日本の中小製造工業者層と競合する分野であり，さらに一層矛盾を深刻化せしめていた[19]。また，商業分野においてもこの時期中国商の進出が著しく，「支商の侵出は本邦同業者に対する一大競争者であり，一大脅威者」[20]となっていたのである。そうしたなかで，在留中小資本層においては，ともすれば「希望もなく将来もなく捨鉢となり，気分の荒廃且悪化」の傾向すら生んでいたのである[21]。

　また第二に，中小資本の対極に，資本金1,000万円を超える28社をはじめ一定数の大企業が位置していることがわかる。これらの企業は，在華紡を別とすればほとんどすべて日本国内に本社を置く財閥系や政府系大企業等の上海支店であり，さきにみた投資分野の動向に照応して紡績業と貿易・海運・金融部門に集中している[22]。以下それらについて若干の特徴をみよう。

　在華紡に関しては，すでに多くの研究がなされており[23]，それらにも依拠して二，三の点のみみておきたい。

　上海における在華紡は，「其経済上ノ地位ハ満州ニ於ケル満鉄ト相似」る

輸出入業			その他			総計			備考：上海在留日本人職業別人口 (1936)		
中国本店	日本本店	計	中国本店	日本本店	計	中国本店	日本本店	計		人	％
	2 (2)	2 (2)		2 (1)	2 (1)		11 (10)	11 (10)	農水産業	41	0.4
	6 (5)	6 (5)		2 (1)	2 (1)	2 (2)	15 (13)	17 (15)	鉱 業	25	0.2
	3 (3)	3 (3)				4 (4)	4 (4)	8 (8)	工 業	937	8.3
1	12 (1)	13 (1)	1	1 (1)	2 (1)	5 (3)	16 (4)	21 (7)	商 業	7,729	68.7
2 (2)	4 (1)	6 (3)				6 (3)	8 (1)	14 (4)	交通業	263	2.3
11 (5)	10 (4)	21 (9)	3		3	23 (9)	12 (4)	35 (13)	公 務自由業	1,495	13.3
12 (2)	1	13 (2)	3		3	20 (3)	1	21 (3)	家 事使用人	330	2.9
36 (1)	2	38 (1)		2	2	44 (1)	2	46 (1)	其 他有業者	426	3.8
11		11				11	1	12	有業者小 計	11,246	100.0
73 (10)	40 (16)	113 (26)	9	5 (3)	14 (3)	115 (25)	70 (36)	185 (61)	無業者	12,426	—
									総人口	23,672	—

注 ：1) （ ）内の数字は，上海日本商工会議所賛助企業の数である。商工会議所会員の母体企業と賛助企業はほぼ重なっている。
　　2) 上掲表は，『上海内外商工案内』所載企業を集計したものである。資本規模の不明な25社（その他の工業 1 ，輸出入業23，その他 1 ）は除外した。また，台湾銀行（台北），朝鮮銀行（京城），明治精糖（台南），満鉄（大連），満州ペイント（大連）は，便宜上日本本店企業中に含めた。
　　3) 1 規銀両＝1.4円， 1 銀元（＝ 1 墨銀弗）＝1.03円で換算。
出典：上海日本商工会議所『上海内外商工案内』1935年版。備考欄は大蔵省管理局『日本人の海外活動に関する歴史的調査』第27冊，第 1 分冊，94頁。

とされるように[24]，在留日本資本のなかにあって中軸的位置を担っていたが，同時に，在華紡全体の約 7 割（ 9 社30工場）をなし，かつ上海における綿糸生産の45.6％，綿布生産の57.6％と過半を占めていた。雇傭労働の面でも，職工約 5 万4,000人を抱え，上海紡績労働者の約 4 割，全労働者の約 2 割 5 分を占める存在であった（表5-6)[25]。

　かかる在華紡の活動は，また商社・銀行と密接に関連していた。すなわち，増大する輸入原綿の取扱や綿糸布販売，とくに綿糸布輸出において在華紡は，日本商社と連携することで，民族紡に対して有利な地歩を確保していた。それぱかりでなく，金融面でも，日本の銀行から，より低利の融通を受けていたのである[26]。しかし同時に，在華紡は，中国経済と密着した存在で

表5-5　業種別上海在留日本人商社数　　　　　　（1935年）

業　種	商社数	業　種	商社数	業　種	商社数	業　種	商社数
印　刷	11	缶　詰	6	麩	6	新聞・通信	10
印刷用品	12	玩　具	6	蒲団繰綿	5	人造絹糸	8
医療機械	10	鞄・革製品	8	呉服太物	9	写真・写真機	8
帽　子	7	金　物	29	米	5	紫檀細工類	10
紡　績　業	9	酒・醤油	20	ゴム及製品	20	書画骨董	8
紡績機械類	16	洋　服	23	工業薬品	30	自　転　車	12
釦及原料	5	洋物雑貨	8	鉱産物	13	自　動　車	7
陶　磁　器	13	煙　草	6	鉱　油	5	食料品雑貨	19
時　　計	8	造船・鉄工業	5	電　球	11	シ　ャ　ツ	6
土建・室内装飾	21	回漕・通関	15	電気機器	15	皮　　革	7
度量衡器	6	仲　買　人	10	電気工事等	8	百　貨　店	6
塗　料	10	ラジオ無線	7	庭園植木	6	美術雑貨	10
茶	5	果　物	5	麻・麻製品	7	木　　材	8
旅館・下宿	32	靴	18	麻　袋	5	染色・染物	9
落　綿	7	薬種薬品	21	砂　糖	9	石　炭	10
菓　子	21	毛　糸	5	雑穀肥料	15	染　料	13
紙	10	毛　織　物	16	機械・付属品	20	※9業種	各2
楽器・蓄音機	5	鶏　卵	7	生　糸・繭	7	※8　〃	各1
海　産　物	10	建築材料	11	油　脂　類	16		
海　　運	14	文　房　具	12	綿　糸　布	25		
硝　子	10	豚　毛	8	棉　花	7		

4店以下，3店以上の業種名は次の通り。法律事務所，坩堝及耐火煉瓦，紙箱，家具，化粧品，ゴム靴，小麦粉，澱粉，貴金属，鮮魚・乾物，書店，棕梠，船舶用具（以上4店），印刷彫刻，花莚，履物，肉類，保険，理髪器具，化学肥料，蚊取香，洋傘，倉庫，セルロイド，運動品，絹紡品，蒟蒻芋，牛骨，牛毛，金庫，メリヤス，石鹸，五倍子，造化（以上3店）。※の2店以下は業種名を省略する。

注　：1社で数種の商品を取扱う商社の場合は重複。
出典：上海日本商工会議所『上海内外商工案内』1935年版。

　もあった。それは，第一次大戦後の進出が，日本国内における労働賃金の上昇や中国の関税引き上げに対応した中国市場支配の再編であったこと，そして，1930年における在華紡製品の仕向先が，中国関内75.3％，満州・大連14.0％，香港その他10.7％であったことなどを指摘すれば足りるだろう[27]。こうした面では，土着派たる中小商工業者層と一脈通ずる側面を有しており，1925年の5.30事件において示された在華紡の強硬な姿勢はそれを反映したものといえよう[28]。

　さらに，大企業の上海支店グループについてみると，横浜正金銀行・朝鮮

表5-6　中国および上海における民族紡・英国紡・日本紡

(1930年)

	上　　　海				中　　　国			
	民族紡	英国紡	在華紡	合　計	民族紡	英国紡	在華紡	合　計
工　場　数 (廠)	28	3	30	61	82	3	45	130
	(45.9)	(4.9)	(49.2)	(100.0)	(63.1)	(2.3)	(34.6)	(100.0)
錘　　　数 (錘)	1,026,654	177,228	1,338,008	2,541,890	2,499,394	177,228	1,821,280	4,497,902
	(40.4)	(7.0)	(52.7)	(100.0)	(55.6)	(3.9)	(40.5)	(100.0)
織　機　数 (台)	7,007	2,480	9,846	19,333	17,018	2,480	14,082	33,580
	(36.2)	(12.8)	(50.9)	(100.0)	(50.7)	(7.4)	(41.9)	(100.0)
職　工　数 (人)	63,243	13,189	54,606	131,038	164,275	13,189	77,792	255,256
	(48.3)	(10.1)	(41.7)	(100.0)	(64.4)	(5.2)	(30.5)	(100.0)
綿糸生産高 (包)	608,057	76,315	575,723	1,260,095	1,480,909	76,315	823,437	2,380,671
	(48.3)	(6.0)	(45.6)	(100.0)	(62.2)	(3.2)	(34.6)	(100.0)
綿布生産高 (疋)	3,178,441	1,737,986	6,669.687	11,586,114	6,854,091	1,737,986	7,587,767	16,179,844
	(27.4)	(15.0)	(57.6)	(100.0)	(42.4)	(10.7)	(46.9)	(100.0)

出典：『上海日本商工会議所年報』第13，1930年度，原資料は華商紗廠連合会調査。

銀行・台湾銀行等の政府系特殊会社，三井銀行・三菱銀行・住友銀行・日本郵船・大阪商船・三井物産・三菱商事等に代表される財閥系企業そして日棉等大手棉商など，一連の有力企業が連なっている（それらの支店規模は，邦人職員10〜20人程度のところが多いが，横浜正金－54人，日本郵船－47人，三井物産－邦人137人・その他136人等は大規模な支店を有しており，上海日本資本中での有力な地歩をうかがわせる）[29]。このことは，さきの「三位一体」的特徴を再び確認するとともに，そこにおいて，財閥資本がとりわけ大きな比重を占めていたことをも示している。他面からいえば，それは，当該期における政府系ないし財閥系資本の上海進出が，もっぱら支店設置を通じた貿易・流通部面にとどまっていたことを物語るものでもあった。

　事実，1930年時点における三井・三菱両財閥の上海地域に対する投資をみても，上海電力25万ドル（三井物産），上海紡織348万4,500両（東棉），菱華倉庫75万6,689円（三菱合資）程度が目につくにすぎない[30]。

　なお，さきの中小資本との関連で付言すると，1920年代末においては，財閥商社などの大手貿易業者が取引を拡大しつつ，これまで中小資本が主力をなしていた分野にまで侵出しており，排日による中小業者の後退さえ，大

第Ⅱ部／第5章　満州事変期における上海在留日本資本と排日運動　　155

手資本にとっては勢力拡大の機会として認識されていた[31]。三井物産上海支店についてみても，1930年代初頭においては，上海租界中心の商売にとどまらず，販路の拡大や地方取引網の充実が意図されていた[32]。かかる面でも，さきの中小資本層は，当該期の矛盾を集中的に受けた存在であったといえよう。

以上にみてきたように，上海在留日本資本は，膨大な中小商工業者層と，そこにそびえたつ在華紡および財閥系を中心とした国内有力企業の上海支店からなる，いわば「上海型重層的編成」をなしており，1920年代末において進展をみた中国民族資本・民族運動との矛盾も，重層的編成を介して展開していたといえよう。ところで，かかる編成は，その組織的結集のあり方をも特徴づけていた。行論上，最も有力な経済団体であった上海日本商工会議所について検討しておこう[33]。

⑶　上海日本商工会議所とその性格

上海商議は，1911年辛亥革命のさなか，日本政府の対支方針への上海在留実業家層の要求を反映させるために，日本人実業家有志によって結成された「上海日本人実業協会」（当初32社）をその出発点としている。その後，上海の他国人商工会議所との折衝が頻繁になるなかで，1919年上海日本商業会議所と名称を変更し，在留日本人商工業者の代表的機関として発展してきた（1929年上海日本商工会議所に改称)[34]。

かかる上海商議について，まず賛助商社[35]の構成をみると（表5-7参照），資本金を知りうる61社（全賛助商社71社）のうち500万円以上のものが33社と過半を占め，1,000万円を超えるものも25社を数えている。また，本社所在地では，日本国内に本店がある企業が36社（うち在華紡2社）であるのに対し，中国に本店をもつ企業は在華紡6社を含め22社にとどまっている。このことは，上海商議が，若干の土着的中小資本を含むとはいえ，基本的には，在華紡と政府系および財閥系企業の上海支店を中軸とした，大企業層を主体として構成されていたことを示している。

こうした特徴は，役員構成をみた場合一層顕著である。表5-8によれば，

156

役員20名（正副会頭・常議員）の出身企業は，銀行３，海運５，在華紡（含同業会）５，商社（財閥系および大手棉商）５，その他２（明治精糖・済生堂薬房）となっており，上海運輸と済生堂薬房の土着的企業２社を除いて，すべて在華紡と財閥系企業を中心とした大企業の上海支店であった。

　以上の点から明らかなように，上海商議は，その構成員からもまた指導層においても，在華紡および財閥系大企業上海支店を中心とする結集体であったと性格づけることができよう。

　かかる点を，満州経済の中心に位置した大連商工会議所と比較してみると，大連の場合，会員構成は，国内の政府系企業・財閥系企業の大連支店長層および大連に本拠を置く土着実業家層を重要な要素としつつも，全体の約７割は日用品小売商等の零細資本によって占められていた。また，50名の常議員についても，国内大企業の支店長層は10名前後にとどまり，土着の実業家層が主力をなしている。いいかえるならば，大連商工会議所は，財閥系企業などの国内大企業支店をも一構成要素とするとはいえ，上海に較べてその比重は大幅に低く，基本的には，満州経済に基礎を置いた土着の中堅ないし零細資本を主体とした組織であった[36]。

　その他の在華商工会議所と比較する用意を欠くが，当面知りうる天津日本人商業会議所の場合も，天津在留貿易業者196名中，約６割の118名が商業会議所会員となっており，やはり土着的中小商工業者を主体とした組織であったことがうかがわれる[37]。

　このように，上海商議の大資本主軸的構成は，上海が中国における貿易・金融の最大拠点として，比較的早くから一連の為替銀行，海運，商社そして紡績などの大資本の進出がみられた反面，本格的な国家資本進出や政策的保護を欠いていたゆえに，大連などに較べ中堅的な土着資本層がそれほど成長しえなかったことなどに起因する，上海に特徴的なものであったと考えられる[38]。

　また，その活動について，上海商議役員会の主要議題を示した表5-9をみると，商議の活動は（a）日本政府あるいは国内諸組織に対する要請や建議，（b）中国政府の政策に対する検討や要請，またそれと関連して，（c）中

表5-7　上海日本商工会議所賛助商社一覧

企　　業　　名	本社所在地	払込資本金	金曜会分担金
横　浜　正　金　銀　行	横　　浜	100,000千円	毎月　　10 円
△台　　湾　　銀　　行	台　　北	13,125 〃	10
朝　　鮮　　銀　　行	京　　城	25,000 〃	10
△三　　井　　銀　　行	東　　京	60,000 〃	10
○三　　菱　　銀　　行	〃	62,500 〃	10
住　　友　　銀　　行	大　　阪	50,000 〃	10
泰　和　銀　公　司	上　　海	銀　　300千両	－
△日　　本　　郵　　船	東　　京	64,250千円	15
◎日　　清　　汽　　船	〃	10,125 〃	15
△大　　阪　　商　　船	大　　阪	62,500 〃	15
△大　　連　　汽　　船	大　　連	14,450 〃	15
山　　下　　汽　　船	神　　戸	20,000 〃	10
国　　際　　運　　輸	大　　連	1,700 〃	5
△上　　海　　運　　輸	上　　海	1,000 〃	10
昭　　和　　海　　運	〃	銀　　50千両	－
菱　　華　　倉　　庫	〃	銀　1,000千両	10
上　海　倉　庫　信　託	〃	銀　　400千弗	－
△日　　華　　紡　　織	〃	8,800千円	一括
豊　　田　　紡　　織	〃	銀　5,000千両	〃
同　　興　　紡　　織	〃	15,000千円	〃
△東　　華　　紡　　績	〃	2,400 〃	〃
大　　日　　本　　紡　　績	大　　阪	52,000 〃	〃
△内　　　　外　　　　綿	〃	24,500 〃	〃
△裕　　豊　　紡　　績	上　　海	5,000 〃	〃
上　　海　　紡　　織	〃	9,000 〃	〃
上　海　製　造　絹　糸	〃	15,000 〃	〃
宝　　山　　玻　　璃　　廠	〃	銀　　250千弗	5
東　　亜　　製　　麻	大　　阪	1,250千円	10
公　　興　　鉄　　廠	上　　海	銀　　120千弗	－
江　　南　　製　　革　　廠	東　　京	5,000千円	－
△明　　治　　製　　糖	台　　南	39,200 〃	10
大　　日　　本　　製　　糖			
上　　海　　印　　刷	上　　海	500 〃	－
燧　　生　　燐　　寸	不　　明	不　明 〃	5
東　　亜　　興　　業	東　　京	13,000 〃	
満　鉄　上　海　事　務　所	大　　連	512,208 〃	10
日　　本　　海　　上　　保　　険	大　　阪	2,650 〃	－
上　　海　　海　　務　　所	上　　海	銀　　30千両	－
伊　　藤　　忠　　商　　事	大　　阪	7,500千円	10
岩　　井　　洋　　行	〃	13,000 〃	5
服　　部　　洋　　行	東　　京	1,000 〃	

企　　業　　名	本社所在地	払込資本金	金曜会分担金
△日　本　棉　花	大　阪	6,882千円	毎月　15円
日本砂糖貿易	東　京	750〃	5
住　友　合　資	大　阪	150,000〃	10
堀　井　謄　写　堂	東　京	200〃	－
△東　洋　棉　花	大　阪	15,000〃	15
東　亜　公　司	〃	386〃	5
東　福　洋　行	上　海	100〃	－
中　　公　　司	東　京	100〃	－
千　代　洋　行	上　海	銀　500千弗	
隆　華　洋　行	〃	50千弗	
大　倉　商　事	東　京	8,000〃	
重　松　薬　房	上　海	銀　100千弗	－
吉　　田　　号	〃	銀　100千弗	10
横　山　洋　行	〃	500千円	
村　上　洋　行	〃	銀　60千弗	－
増　幸　洋　行	〃	100千円	5
古　河　電　機	東　京	22,650〃	10
△江　　　　商	大　阪	15,500〃	15
瀛　華　洋　行	上　海	銀　100〃	－
永　和　洋　行	〃	不　明	
阿　部　市　洋　行	大　阪	銀　300千両	10
△済　生　堂　薬　房	上　海	銀　15千弗	5
△三　井　物　産	東　京	100,000千円	15
△三　菱　商　事	〃	15,000〃	15
伊　藤　商　行	不　明	不　明	5
滝　定　洋　行	〃	〃	5
海　　洋　　社	〃	〃	－
富　士　公　司	〃	〃	10
江　原　商　会	〃	〃	－
瑞　宝　洋　行	〃	〃	5
△（紡　績　同　業　会）	（上　海）	－	135

注　：1）企業名中，◎印は会頭，○印は副会頭，△印は常議員がそれぞれ属する企業である。
　　　2）払込資本金は1935年のものである。なお1規銀＝1.4円，1銀弗＝1.03円。
　　　3）金曜会分担金記載の企業は金曜会賛助企業，商工会議所賛助企業外の金曜会，賛助企業は半田棉行（5元），復和裕（5元），武林洋行（5元→退会），大同洋行（5元），文進洋行（5元→退会）。なお在華紡は一括して135元を分担。
出典：賛助企業名，役員出身企業名は『上海日本商工会議所年報』第13，1930年度。ただし役員は1929年度，また，本社所在地，払込資本金は上海日本商工会議所『上海内外商工案内』1935年版。したがって払込資本金は1935年のもの。金曜会分担金は上海日本商工会議所『第11回定期総会報告及議案』。

表5-8　上海日本商工会議所役員および出身企業

(昭和11年度)

役　員　名	企　業　名	本社所在地	払込資本金
◎　吉田　政治	三　菱　銀　行	東　　　京	65,200 千円
矢吹　敬一	横　浜　正　金	横　　　浜	100,000 〃
佐藤喜一郎	三　井　銀　行	東　　　京	60,000 〃
服部　岱三	朝　鮮　銀　行	京　　　城	25,000 〃
井上　正明	大　阪　商　船	大　　　阪	62,500 〃
山本　武男	日　本　郵　船	東　　　京	64,250 〃
山中　喜一	日　清　汽　船	〃	10,125 〃
山崎　水哉	大　連　汽　船	大　　　連	14,450 〃
五十嵐富三郎	上　海　倉　庫	上　　　海	銀　　400 千弗
○　西川　秋治	豊　田　紡　織	〃	銀　5,000 千両
石田　秀二	東　華　紡　績	〃	2,400 千円
勝田　俊治	内　　外　　綿	大　　　阪	24,500 〃
田辺　輝雄	日　華　紡　織	上　　　海	8,800 〃
船津辰一郎	紡　績　同　業　会	〃	－
数野権之亟	精　版　印　刷	大　　　阪	900 〃
田中　勘次	三　菱　公　司	東　　　京	15,000 〃
卜部　卓江	三　井　洋　行	〃	100,000 〃
東門源次郎	日　本　棉　花	大　　　阪	6,682 〃
己斐　平二	東　洋　棉　花	〃	11,500 〃
土肥　顕	満　　　　　鉄	大　　　連	512,208 〃

注　：1) 役員中の　◎印は会頭，○印は副会頭，他は常議員。
　　　2) 1936年末では1両＝1.44円，1米弗＝3.45円。
出典：『上海日本商工会議所年報』第18，1935年度。ただし，本社所在地，払込資本金は同『上海内外商工案内』1935年版。

　国政府あるいは上海工部局の諸政策に対応するための他国商業会議所をはじめとした他団体との連絡や共同行動，(d) その他調査・報告などを中心としていたことが知られる。そして，かかる活動は表出の満州事変前後の時期においては，主には関税自主権や治外法権問題とりわけ排日運動への対応に向けられていたことがわかる（とくに1931年度）。それは，この時期，排日運動に対応するため「金曜会」を結成しているところにも示される。

　金曜会とは，済南事件を契機として排日運動が深刻化するなかで，1928年6月26日「当会議所ヲ中心トシテ左記各団体ノ代表者会合ノ上各方面ニ於ケル排日貨事情ノ報告並ニ相互意見交換ノ結果　排日貨運動継続中毎週金曜日例会ヲ開キ経過ノ報告並ニ対策研究ノ目的ヲ以テ」[39] 結成されたものである。それは，表5-10にみる通り上海商議や銀行，有力同業組合あるいは

三井物産・三菱商事等上海在留の有力経済団体を結集し，領事館や陸海軍駐在武官等の協力を得た，排日運動に対応するための在留資本の中心的組織であった。

そして，上海商議は，会議所内に金曜会事務所を置き，会頭が代表を務め，さらに会財政の大部分を負担するなど（表5-7参照），金曜会の中軸を担っていたのである。

しかし，満州事変前における上海商議の排日運動に対する姿勢を検討すると，列強との協調を基本としていたことが知られる。例えば，1929年6月，日本商工会議所よりの「通商貿易上障碍ニ関スル件」問い合わせに関連して，上海商議は「国際連盟其他国際的機関ニ於テ此種ノ排貨運動ノ絶滅ヲ期スルタメ適切且有効ナル措置ニ出デラレンコトヲ望ム」と，列国との協調的立場で，排貨運動に対応する姿勢を示している[40]。また，1931年5月の時点においても，治外法権問題に関連し「列強トノ協調ヲ絶対ニ必要ト認ム」との立場を表明して，満州や華北の日本人商工会議所等の強硬論と意見を異にしていたのである[41]。

かかる姿勢は，中小零細資本層を主体とした運動に対して一線を画することともなっていた。それを，天津商工会議所および同地居留民団から申し入れられた，排日対策の統一組織を結成するための呼びかけに対する対応を通じてみておこう[42]。

1929年6月7日，上海商議は，天津商工会議所および同地居留民団より，（a）在華居留民団および商工会議所の連合会組織結成，（b）低利資金融通問題，（c）排日貨対策を議題として，在華商工会議所および居留民団の連合会開催の申し入れを受け取っていた。かかる申し入れは，「排日問題ニ関シ一方面一地方ヲ代表シテ種々ノ運動ヲナスヨリ全体一団トナリテ対策ヲ構ズル」とともに，在華中小商工業者が排日貨により疲労困憊するなかで「中小商工業者ニ対スル資力補救並ニ之ガ発展策」実現のため，議会への建議活動を統一して行おうとの意図によるものであった。

しかしながらこれに対し，上海商議は，居留民団と商工会議所とはその組織的性格を異にするのみならず，1921年以来時に応じて在支日本人商工会

表5-9　上海日本商工会議所役員会主要議案

(1928,29,31,34 年度)

1928.	4. 20	支那関税問題に関連する時局対策に関する件
	5. 10	山東時局に関し外務大臣宛請願の件
	〃	対支問題連合協議会（於東商）の件
	6. 15	排日団暴行に関し総領事へ請願の件
	7. 30	上海臨時法院長盧興原氏罷免に関する件
	〃	排日運動に関し請願の件
	9. 14	御大典奉祝に関し外国商社へ依頼の件　　　　　　　（依頼）
	10. 13	関税差等税率に関し外務大臣宛建議の件
	12. 11	支那側総損賦課に関し在浦東関係者協議の件
1929.	1. 24	為替仲買手数料に関する件
	〃	国民政府労働政策に関連し在浦東企業家側協議機関設置に関する件
	4. 11	排日運動に関し外務大臣宛請願の件
	5. 8	治外法権撤廃問題に関する件
	5. 18	内地商工会議所代表者支那視察に関する件
	〃	日支通商条約改訂に関し建議の件
	6. 20	通商貿易上障碍に関する件
	〃	在支居留民団及商工会議所連合会の件
	7. 10	海関分関設置に関し税関より諮問の件
	〃	電話局度数制改訂に関する件
	10. 12	在浦東邦人家屋税に関する件　　　　　　　（総領事宛報告）
	11. 30	佐分利公使逝去に関する件　　　　　　　（打電）
	12. 19	各国綿布輸入商組合設置に関する件
	〃	海関規則修正に関する件
	〃	上海港港則改正並危険物輸入取締規則制定に関する件
1930.	1. 28	関税金単位改定に関する件
	2. 27	Justice Feetham 氏より上海の将来に関する照会の件
1931.	5. 16	治外法権問題に関する件
	5. 21	江岸使用料に関する件　　　　　　　（通告）
	6. 23	在浦東邦人家屋税に関する件　　　　　　　（申合せ）
	7. 9	上海土地永租手続改正の件
	〃	倉庫会社保管貨物に対する留置権行使に関する件
	〃	租界内に於ける支那側度量衡新制度実施に関する件
	8. 8	排日貨運動に関し外務大臣宛請願の件
	〃	租界内排日取締につき工部局宛出状の件
	8. 18	浦東邦人土地関係者会議の件　　　　　　　（関係者会議）
	8. 25	国民政府水災救済委員会委員の件
	9. 24	時局問題に関し外務大臣宛建議の件
	9. 29	長江各地居留民引揚に関し外務大臣宛建議の件
	10. 1	時局に関し外務大臣宛建議の件
	10. 6	日本商工会議所支那問題懇談会開催の件
	10. 15	対日経済絶交実情調査の件
	〃	対日経済絶交運動につき帝国政府対国民政府抗議に関する件
	11. 14	日本商工会議所支那問題協議会開催の件
1932.	1. 16	外国商社支那官庁登記の件

162

	1. 16	工業同志会及商工連合会維持救済に関する請願書副書の件	
	〃	芳沢外相新任祝電発送の件	
	1. 22	時局に関し政府当局宛建議の件	
	〃	海関統計報告変更の件	
	1. 29	義勇後援会に関する件	（事務開始）
	1. 30	時局に関し政府当局宛建議の件	
	2. 24	事変発生後各国連合商議処理事項の件	（通知）
	3. 5	軍部に対し感謝状提出の件	
	3. 31	職員家族避難旅費に関する件	
1934.	4. 25	原産国標記問題に関する件	（公布）
	6. 25	浦東側に於ける Municipal Rate 寄付に関する件	
	6. 29	工業奨励法に関し請願の件	
	〃	商標法に関する件	
	9. 22	書記長異動の件	
	11. 23	輸入貨物積換特典撤回に関する件	

注　：役員会付議の日時不明の議案については，関連日時によりその事項を（　）内に注記。
出典：上海日本商工会議所『定期総会報告及議案』第11，12，14，17回より作成。

表5-10　金曜会参加団体および列席機関

参　　加　　団　　体		列　席　機　関　等
○　在華紡績同業会	○　上海日本人穀肥同業組合	総　領　事　館
○　上海日本綿糸同業会	○　上海海事懇話会	商　　務　　官
○　上海日本綿布同業会	○　上海工業同志会	海 軍 駐 在 武 官
○　上海日本糖商会	○　上海三井物産会社	陸 軍 駐 在 武 官
○　上海日本人紙商組合	○　上海三菱商事会社	大阪貿易調査所
上海日本人海産物同業組合	満鉄上海事務所	日本人弁護士会
上海日本人薬業組合	銀　　　　　行	
○　上海日本人工業薬品組合	○　上海日本商工会議所	

注　：○印は第1回会合出席団体。
出典：上海日本商工会議所『定期総会報告及議案』第11回，第12回，第14回。

議所連合会を開催しており，居留民団と商工会議所との恒久的連合体の必要
性はないこと（連合組織問題），また，上海においては，すでに1928年，業
務復興資金20万円を受けかつ数万円の残余を有していること（低利資金融通
問題），そして，各地において排日緩和の兆しがみられるなかで，連合体の
結成はかえって中国側を刺激し逆効果となること（排日貨対策）等を理由
に，共同行動を断る旨の回答を行っている。つまり，上海商議は，中小零細
業者層の利害を色濃く反映する，各地居留民団や他地域商工会議所との連携
はできるだけ避け，大資本層の利害に即して，排日運動に対応しようとして

いたといえよう。

　以上，満州事変に先立つ時期における上海在留日本資本の動向を検討してきた。では，満州事変以降，排日運動が激化するなかで，それら日本資本はいかなる対応を示してゆくのであろうか。つぎに満州事変期における排日運動への対応を検討しよう。

2　満州事変期排日運動と日本資本の対応

(1)　満州事変期排日運動の展開と特徴

　中国における日貨排斥運動は，1908年における第二辰丸事件を嚆矢として，以後1936，37年まで10次にわたって繰り返し展開された。こうした対日ボイコットは，日本の中国侵略が深まるのに対応して次第に発展していったが，1931，32年におけるそれは，運動の激烈さにおいても，影響の深刻さにおいても，従来に例をみないものであった。かかる点，外務省の一報告は，1925年の5.30事件，1927年の山東出兵，1928年の済南事件等に起因する，当時においては猛烈な排日も「現在（満州事変期）ニ較フレハ其行動ハ極メテ消極的テ且微温的ナモノデアッタ」[43]とさえ述べている。はじめに，必要な限りで上海における経過をたどっておきたい[44]。

　今回の排日は，1931年7月の万宝山事件および朝鮮事件を発端とし，中国各地に広がりつつあったが（7.13，上海反日援僑会対日ボイコット起点），9月18日，柳条湖事件が勃発すると運動は一気に燃え上がった。9月22日の大会では，従来の「反日援僑会」を「抗日救国会」へと改称し，日本品の輸入や取引はもとより日本向輸出品の取引停止，日本人への原料供給の停止さらには日貨の荷揚げ・荷卸しの拒否や日本汽船の利用禁止など，日貨のボイコット運動を一層徹底していった。10月に入ると，三井・台湾・正金・朝鮮・住友・三菱各銀行を皮切りに海運・倉庫等の有力企業の買弁が一斉に辞職し，各種同業公会も次つぎ対邦人取引の停止を宣言していった。また労働団体も約150組合の代表が集り，自らの抗日救国会を組織している。

こうした運動は，民族資本自身の苦境や揚子江流域の洪水などの影響で，1931年末には一時下火になるが，翌32年1月18日日蓮宗僧侶襲撃事件を契機にして日中間の緊張が高まり，1月28日，上海事変が引き起こされるなかで，中国人商店の全市罷業をはじめ再び激しく展開していった。

　本章との関わりで当該期の排日運動の若干の特徴をみると，ひとつには，中国商工業者・資本家層が運動に積極的に参加していたことを指摘できる。従来，排日運動に際して，商人層は常に消極的態度をとってきたが，今回にあっては「満州事変発生前迄ハ各地トモ従前ト同様ノ態度ニ出テ居リシカ満州事変勃発後ハ上海ノ如キ俄然其態度ヲ一変シ市商会（商工会議所）カ自ラ進ンデ激烈ナル経済絶交ノ決議ヲナシ各地ニ通電スルニ至ッタ」とされていたのである[45]。それは一中国雑誌が抗日会の指導分子の構成比を，買弁及商人5，党部代表3，学生代表1，「ブルジョア」新聞代表0.5，政府機関代表0.5と指摘しているところからもうかがえよう[46]。

　かかる傾向は，さきにも述べたように，世界恐慌につぐ空前の銀価暴落や中国関税引き上げによって列国の対中輸出が停滞し，中国新興産業が急速に発達してくる一方，日本資本の投資も活発化するなかで生じてきたものであった。それだけに「該運動ニ更ニ根強イ発展性ト執拗ナル持続性トヲ付与」することともなっていたのである[47]。

　また，もうひとつの特徴として，運動の徹底性を指摘できる。今回の排日が日本人に対する商品販売の禁止や日本船舶の荷役拒否あるいは買弁の辞職などをも伴う激しいものであったことはすでにふれたが，これまでのものが主として日本品の中国輸入に向けられていたのに対し一層徹底していた。すなわち，日本品輸入については，工業原料の輸入までもが排日の対象とされる一方[48]，従来ほとんど除外されていた日本向輸出品に対しても取引停止はもちろん既約定品の倉出し・積込みも禁止され，特産品たる麵・棉実・菜種・胡麻・油粕等も荷動きが停止するに至っている[49]。またそればかりでなく，これまでほとんど圏外に置かれていた外国間取引商品も一律に対象とされ，在華紡製品や原料棉花，小麦，外米なども今回は排日の波を正面から受けることとなっていたのである[50]。

第Ⅱ部／第5章　満州事変期における上海在留日本資本と排日運動　　165

それだけに，日本資本への影響も深刻であり，満州事変直後の商況について『上海日本商工会議所年報』は以下のように伝えている[51]。

十九日突然満州事変突発の入報によりて気配全く一転，市中反日感情の激化と共に反日は果然猛烈化し取引中継は勿論，客先きの出入りさへも杜絶の状態となり荷動き完全に停止（綿布・9月）

当地排日運動は其の後更に悪化するのみにて……日貨に対しては租界内の小売店頭のものに至る迄之を封存せる為め日貨の取扱ひは完全に停止せるの外無く客先との往来，通信さへも殆んど不可能のまま全く休業同様陰惨なる空気の裡に終始した（同・10月）

こうした動向の一端を，まず日本の対中国輸出でみると（図5-1），満州事変を機にかつてない激しい落ち込みが認められる。この時期の落ち込みは以前のボイコット時に比して格段に大きくかつ期間も長い。なかでも華中における下落は著しく，1932年末に至ってもボイコット前の4ないし6分の1にとどまっており，この地における排日の激しさと持続性がうかがえる。それに対して，満州および華北とりわけ満州においては落ち込みは小さく回復が早い。

また，邦人工場の状況をみても（表5-11），1931年10月23日時点で紡績を除くその他の工場186（使用人6,540人）のうち，60工場（同2,849人）が閉鎖に追い込まれている。とくに租界外においては，53工場（同3,190人）中29工場（同1,575人）と半数を優に超えている。かかる閉鎖は，運動の進展とともにさらに急速に進み，11月末になると紡績以外の工場の約8割，さらに12月末に至ると同じく9割近くにものぼっている[52]。なお，他方で在華紡は依然操業を続けており，中小の諸工場との相違をみせている。ただし，最終的には上海事変開始直後の1932年1月29日以降休業するに至っている（在華紡については後述）。

さらに航運においても，日本上海線（日本郵船）：入貨70〜80％減，出貨50〜60％減，上海漢口線（日清汽船）：積荷90％減，揚荷40％減，上海広東

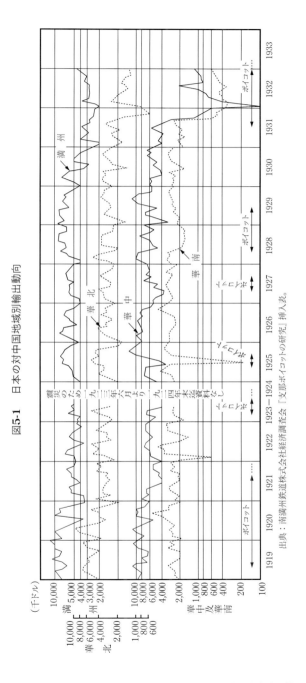

図5-1　日本の対中国地域別輸出動向

出典：南満州鉄道株式会社経済調査会『支那ボイコットの研究』挿入表。

第Ⅱ部／第5章　満州事変期における上海在留日本資本と排日運動

表5-11　在上海日本人工場操業状況

(1931年10月)

		事業継続中		閉鎖中		合計	
		工場	使用人（うち日本人）	工場	使用人（うち日本人）	工場	使用人（うち日本人）
			人　　　　人		人　　　　人		人　　　　人
租界内	紡績工場	13	53,017 (1,426)	—	— （ — ）	13	53,017 (1,426)
	その他工場	52	2,076 (355)	31	1,274 (184)	83	3,350 (539)
	計	65	55,093 (1,781)	31	1,274 (184)	96	56,367 (1,965)
租界外	紡績工場	8	15,503 (379)	—	— （ — ）	8	15,503 (379)
	その他工場	24	1,615 (119)	29	1,575 (169)	53	3,190 (288)
	計	32	17,118 (498)	29	1,575 (169)	61	18,693 (667)
合計	紡績工場	21	68,520 (1,805)	—	— （ — ）	21	68,520 (1,805)
	その他工場	76	3,691 (474)	60	2,849 (353)	136	6,540 (827)
	計	97	72,211 (2,279)	60	2,849 (353)	157	75,060 (2,632)

出典：在上海総領事村井倉松「上海邦人工場調ノ件」外務省記録A.1.1.0. 21-5『満州事変』排日，排貨関係。

線（同）：99％減，上海天津線（同）：積荷86％減，揚荷76％減，上海大連線（大連汽船）：入貨全体の過半を占める中国人雑貨75％減，と大幅な落ち込みを示している（1931年10，11月）[53]。

　では，かかる状況にあって，諸資本はどのように対応したのであろうか。はじめに，中小商工業者層の対応について検討しておきたい。

(2)　中小商工業者層の対応と特徴

　上記の邦人工場の動向からもうかがえるように，排日貨の影響は諸資本間で一定の相違があったが，中小商工業者のそれはとりわけ深刻であった。かかる点，上海総領事館はつぎのように報告している[54]。

　突然ノ排日運動ノ為多大ノ損失ヲ被リタルモノノ中ニ土着派ノ中小商工業者アリ之等商民ハ店舗又ハ工場ヲ構ヘ若干ノ商品，機具，機械ヲ有シ店員ヲ擁シ乍ラ商品ハ皆目売レス生産ハ行ハレス……売掛金ハ回収不能ニ陥リ金融ノ途亦ナク倒産ニ頻セルカサリトテ此際店舗又ハ工場ヲ処分スルトキハ折角築キクル商権ヲ喪失スルハ勿論将来ニ亘リ生活ノ基礎ヲ失フコトトナルヲ以テ之モナシ得サル破目ニアリ

すでに指摘したように，当該期，内外の条件に規定されて，おびただしい進出をみた中小商工業者層は，元来の金融的脆弱性に加えて，中国新興資本の目覚ましい台頭や日本の大資本による侵食で最も矛盾を深めていた。それだけに，激しい排日の展開は，直ちに経営危機に連なるものとなっていたのである。

　こうしたなかで，彼らの対応は，まず国家的救済の要求となっていった。すなわち，満州事変後の1931年10月27日，在上海邦人工場54社からなる上海工業同志会は，「上海邦人工業救済ニ関スル請願書」を日本政府に提出し，「現状ノ儘ニテ時局ノ解決遷延センカ吾人ノ獲得セル工業的地盤ハ全部破滅ノ悲運ニ遭遇スルハ必然ニシテ……在支邦人経営中小工業ノ大部分ノ，絶滅ノ外ナク」と苦境を訴えながら，不動産・動産・手持商品を担保とした「低利資金ノ融通方」ならびに「貿易業者ニ対スルト同様ノ御援助」を要求しているのである[55]。

　また同じ時期，貿易に従事する130商社で構成する上海実業有志会も「商権維持資金下附請願書」を提出，「事情ハ余リニ急迫シ窮境目捷ニ迫リ……最後ノ手段トシテ政府当路者ニ我等ノ実情ヲ訴ヘ深甚ナル庇護ヲ仰ギ　一面我等ノ商権ヲ擁護スルト同時ニ他面暴戻ナル抗日運動ニ対抗」すると述べ，100万円の資金援助を政府に要望している[56]。

　さらに，翌1932年には，いまだ上記要望が実現をみず事態が一層悪化するなかで，上海工業同志会，上海実業有志会など四つの商工団体は，上海日本人商工連合会（会員は中小商工業者920名，家族・邦人使用人を加え9,000余名を包含と称す）を結成し，再度の請願を行うに至っている。そこでは，山積する商品に販売の途は閉ざされ，不動産商品等に対する金融の機関もなく，経営破綻と内地引き揚げの危機に直面していることを再度訴えるとともに，「我政府ハ所謂国家ノ生命線卜称セラルル満蒙ノ権益ヲ確保スルト同時ニ，第二第三ノ生命線タル長江方面ニ於ケル貿易ノ重要性ニ鑑ミ，須ク積極的ニ策動シ我等商工業者ヲ援護スルノ必要アリト固ク信ズル次第」と，工業資金銀500万両，商業資金銀500万両の低利資金融通を政府に対し要請している[57]。

第Ⅱ部／第5章　満州事変期における上海在留日本資本と排日運動　　169

これらの商工業者は，土着派の中堅的部分であり[58]，地域に密着した経済活動を行っていただけに，排日の影響をストレートに受けることとなっていたのである。そして，ここでの救済運動に特徴的なことは，排日による打撃を「直接間接満蒙問題ニ関連セザルモノ無之，然モソレラノ排日運動ハ常ニ我対支貿易ノ枢要地タル長江一帯就中上海ニ於テ最モ熾烈ヲ極メ其都度勘カラザル打撃ヲ被リタリ……実ニ我等ハ国策ノ犠牲トナリ来リタル」と，日本の対満州政策によって引き起こされた「国策の犠牲」として捉えていることである[59]。

　確かに満州侵略は，上海在留の中小日本資本に，侵略政策に対抗する中国側の民族的反撃を集中的に引き受けさせる面を有しており，それゆえ，彼らの運動は，同時に，満蒙問題とあわせた長江流域での排日貨問題の一体的「解決」＝政府の強硬方針への強い希求をもあわせもっていたのである。以下，土着派＝中小商工業者層が主導する居留民大会の動向を通じて，それをみてゆこう。

　満州事変の勃発以降，日貨排斥が一層激化するなかで，上海在留邦人の間には居留民大会開催の要求が高まっていたが，当初，総領事館は強硬論の突出を危惧して抑制を図っていた。しかし，次第に抑止困難となり「完全ナル統制ノ下ニ開催スルコト及飛入又ハ扇動的演説ヲナサザル事等ノ条件ニテ」開催が許可され，10月11日に，第1回上海居留民大会が北部小学校校庭において挙行された（参加者約5,000人）[60]。そして，大会においては，中国の排日運動を強く非難した上で，

　　……而して己往十数年間支那の侮日的態度に対し，我等は両国親交の為め常に隠忍自重を重ねたり。事茲に至り，更に是以上の隠忍自重は寧ろ屈辱にして断じて忍ぶべきに非ず。徒らに妥協苟合に依る解決は，一時の偸安を得るに止まり，却って禍を将来に貽すべし。依って我等は如何なる犠牲をも忍受するの覚悟を有するを以て，此機に当り帝国政府に対し，日支諸懸案の徹底解決を計ると共に，不法且つ暴戻なる対日経済絶交及排日侮日的思潮を根絶する為め，強硬且つ有効なる措置に出で，以て両国の国交を

正道に復さん事を要望す。

と，日本政府に対し，満州への武力発動と軌を一にした排日問題の根本解決
＝強硬策の実行を求める宣言を採択していったのである[61]。

　ここでは，いまだ外務省に配慮して，むきだしの表現を避けているが，彼
らの強硬策発動への希求は，11月1日の長江流域日本人連合大会になる
と，一層鮮明に提示されている。

　この大会は，上海居留民が中心となり長江流域在留邦人を結集し，中部小
学校校庭に3,500人を集めて行われたものであった。そして会場においては，

　　事既ニ茲ニ至ル。今ヤ百ノ対策モ以テ支那ノ狂妄ヲ匡治スルニ足ラズ，千
　　ノ善処ヲ以テ此ノ危局ヲ挽救スルニ由ナシ。唯一ニシテ最善ノ正路ハ，蹶
　　然起ツテ支那ヲ膺懲シ，以テ友邦ノ改過遷善ヲ企求スルニ存リ。矢既ニ
　　弦ヲ離ル。今ヤ商量論議ノ秋ニアラズ。要望スルトコロハ唯夫レ『断』ノ
　　一事アルノミ。……

と，激烈な調子の大会宣言を発するとともに，

　　一，東洋ノ平和ヲ確保シ，日支両国ノ福祉増進ノタメ，日本帝国ハ断々乎
　　　　トシテ暴戻支那ヲ膺懲スベシ
　　二，事案解決ハ日支直接交渉ニ拠ルベク，欧米其他ノ無理解ナル容喙ハ絶
　　　　対ニ之ヲ排除スベシ

との決議を行っている[62]。

　この大会では，前回より一層居留民の強硬論的姿勢をストレートに示して
おり，満州侵略にあわせた「暴戻支那ノ膺懲」いいかえれば武力発動による
排日運動の根絶を切望すると同時に，他方で列強諸国の意向を配慮した武力
行使への慎重論を批判さえしていたのである[63]。

　これらの大会を主導したのは，いわゆる土着派とされており[64]，土着的中

第Ⅱ部／第5章　満州事変期における上海在留日本資本と排日運動　171

小商工業者層が，生活と経営の深刻な危機に直面して排外主義への傾斜を急速に強めていたことを物語っている[65]。そして，居留民のなかでは，職を失った技術者や職工，営業困難に追い込まれた小商人，漁夫などの窮民も増大しており，総領事館においても生活維持費の補助を行わざるをえない状況（1931年12月31日現在，窮民生活費補助1,135名，生活維持資金補助94戸，帰国旅費給与158名）[66]すら生んでいた。それだけに，居留民のかかる傾向は，列強諸国の動向を考慮した外務省の思惑や指導を，絶えず乗り越えて進む可能性を有していたのである。

また，困窮居留民のなかに「抗日会ニ対スル憎悪復讐ノ念ニ駆ラレ」暴力的な反撃を意図した集団が生まれ，ポスター破りなど排日運動への対決を強めており[67]，満州青年連盟やいわゆる「浪人」などの動きとも相まち，さまざまの方面からの，居留民を煽動・挑発する動きがみられることも注目される[68]。山東などにおいても，武力発動を引き出そうとする居留民の突出した動向がみいだされるが[69]，この時期，生活と経営破綻の危機に直面していた土着的中小商工業者層は，中国への武力発動を意図する勢力にとっての，有力な社会的共鳴盤たる役割を担わされていたといえよう[70]。

これに対し，大資本を中心とした上海商議は，いかなる対応を示していたのであろうか。

(3) 上海日本商工会議所の対応①──強硬論の台頭

満州事変以降における上海商議の動向を検討すると，事変を契機に従来と異なる論調が前面に出てきていることが知られる[71]。

上海商議は，満州事変直後の9月24日，早くも外務大臣宛に建議を提出しており，そこでは以下のように述べている[72]。

……今次満州事件ノ解決ハ之ヲ地方問題トシテ単ニ満蒙ニ於ケル諸懸案解決ト既得権擁護ノミニ局限セントスルモ不可能ニシテ其根源タル南京政府ノ対日根本方針ヲ改変セシムルニアラザレバ今後日支ノ関係ハ永久ニ紛糾ヲ続ケ，長江ヲ中心トスル全支那ニ於ケル我経済的基礎ハ根本的ニ破壊セ

ラルルノミナラズ満蒙ニ於ケル既得権益ノ維持モ亦困難ナルニ至ルベシ，
……。

故ニ今次ノ事件解決ニ当リテハ満蒙ニ於ケル諸懸案解決ト既得権確保ハ勿
論日支関係ノ全局且ツ恒久的ノ解決ヲ目標トシ之ガ為メニハ如何ナル犠牲
ヲモ忍ブノ覚悟ヲ以テ内国論ヲ統一振興シ外列国ニ向ツテ日本ノ主張ト行
動ノ至当且ツ公平ナル事ヲ明カニスルト共ニ南京政府ニ向ツテハ最モ厳粛
ナル態度ヲ以テ従来ノ対日方針ヲ根本的ニ改変セシメ排日運動ヲ絶滅シ，
日支諸懸案ヲ一切解決スル様徹底的交渉ヲ為スヲ絶対必要ナリト認ム。

　すなわち，満蒙問題が排日問題等中国全般における問題と密接不可分であ
ることを力説し，満蒙問題とあわせた長江方面における排日問題の一体的解
決を強く要望しているのである。そして，ここでの「日支関係ノ全局且ツ恒
久的解決」が，満州とともに長江方面における軍事発動を期待したものであ
ることは，上海商議会頭米里紋吉が「満州以外の中部地方に於ても，対日対
外方針に関する国民政府の主義方針を変更せざる以上好転する望みはない今
日，何れから見ても今は直接交渉などを為すべき時期ではなく，飽くまで自
衛権で押し進むの外はないのであります。而もこの自衛権は，満州と同様長
江方面にも発動しなければならぬ」[73]と述べているところからも容易に推察
されよう。

　かかる姿勢は，5日後の9月29日に出された，長江各地在留民引揚げに
関する外務大臣宛建議において一層明確にうかがえる。

　そこでは，「（従来と異なり）今次ハ事態ノ性質上一旦引揚グレバ容易ニ現
地復帰ノ期ナカルベク　従ツテ在留邦人ガ漫然引揚ゲヲ為スハ自ラ権利ヲ放
棄シ，知ラズ知ラズ支那側ノ術中ニ陥リ多年努力ノ結晶タル我ガ経済上ノ基
礎ヲ破壊スル結果トナルベシ」と述べつつ，「故ニ帝国政府ハ万止ムヲ得ザ
ル場合ノ外在留邦人ヲ引揚ゲセシメザル方針ニ出デ」，中国側官憲に邦人の
生命財産，居住や営業の自由の完全保護等における全責任を負わせることに
よって「万一ノ場合ハ我ガ自衛権ノ発動ニ対シ言議ノ余地ナカラシムル様充
分釘ヲ打チ置クコト絶対必要ナリ」とのごとく，居留民の生命財産をあえて

第Ⅱ部／第5章　満州事変期における上海在留日本資本と排日運動　　173

危殆に瀕せしめ，開戦の手がかりにしようとの意図さえみられた[74]。

　こうした対応は，従来みられた協調論ないし慎重論的対応と異なるものであったことは明らかであろう。これらの建議は，米里会頭に強く主導されたものとされ[75]，後にもみるように，財閥系資本など有力企業の姿勢はやや異なっていたが，上海商議内部において，強硬論が有力な潮流となってきていることを示している。かかる動向は「銀行取引ノ停止其他極端ナル手段ニ訴フルカ如キ対日経済戦争ヲ挑メル如キハ　日本実業家中最穏健ナル分子ヲモ駆ツテ強硬論者タラシメツツアリ」[76]との指摘からもうかがえるように，排日運動の激化による深刻な打撃が，上海商議を構成する在留資本の中堅的部分をも強硬論に移行せしめていたことの反映といえよう[77]。同時にまた，依然慎重な姿勢を保持していた有力資本層にあっても，民族運動との対決が激化し，強硬論が昂じた状況下では，事実上その潮流に同調していることをも示している。

　ところで，ここで示された米里に代表される強硬論的姿勢は，重光葵上海公使より「上海商工会議所ノ態度トシテ誤解ヲ招クコトトナルベキヲ以テ中止スル方宜シカラン」[78]と強く注意を受け，その後1931年中は，上海商議において武力発動の要求は表面には表れていない。むしろこの時期は，ジュネーブ国際連盟理事会において満州問題が議題とされるのに対して，国際連盟や列強諸国に排日運動の「不当性」を訴えるべく働きかけていた[79]。しかし，強硬論的潮流が，依然上海商議の有力な一翼を占めていたことは，1931年末においても，米里会頭が相変わらず強硬論的主張を繰り返しているところからもうかがえる[80]。

　上述の強硬論への傾斜に対して，他方，財閥系や在華紡[81]などの有力資本は，概して従来通りの慎重な姿勢をみせていた。以下にその動向をみよう。

(4) 上海日本商工会議所の対応②──慎重論の動向

　1931年11月22日夜，上海総領事官邸において，林出書記官（公使代理），総領事，陸・海軍武官および実業界の有力者7名が集り，時局特別委員会[82]なる名のもとで排日対策について検討を行っている。席上，北岡海軍

武官と田代陸軍武官が，中国政府が日本側の要求を入れない場合「断然経済封鎖ヲ行ヒ蒋介石及之ヲ囲繞スル国民党ノ勢力ヲ揚子江一帯ヨリ駆逐スルノ外ニ手段ナシ」と強硬論を主張した。これに対し，外務省側および有力実業家側は「経済封鎖ハ多少ノ武力ヲ行使セサルヘカラサルヲ以テ　今直ニ之ヲ行フ時ハ列国ノ猜疑ヲ招キ折角好転セル国際連盟ノ空気ヲ悪化セシムル虞アル」との理由で反対し，それにかわって，大連・営口・安東県・青島の税関を差押え，上海および中国財界のパニックを促し，南京政府の財政的基礎を破壊せしめ蒋介石を駆逐する方策を主張していた[83]。具体的企業名は不分明であるが[84]，要するに，「実業界ノ有力者」層が，国際関係に顧慮し強硬方針の採用を回避しようとしていたことを確認できよう。

　有力企業のかかる姿勢は，12月6日に催された全支全日本人居留民大会への対応においてもみられる。

　上海日本居留民大会および長江流域日本人連合大会が，土着派主導のもとに，武力発動をも期待する過激な決議を行っていたのは，すでにみたところである。

　これらの大会に対して，有力資本層＝会社派は「既ニ商工会議所ニ於テ外務大臣宛建議ヲナシタル次第モアリ傍観者的態度ヲ持シ」ていたが，その後，全支全日本人居留民大会が計画されるなかで，有力資本層は「彼等ノ為スカ儘ニ放置スルハ危険ナリト彼等ノ計画ニ参与シ之ヲ指導」し，大会が一層強硬論に走るのを抑制しようとしていた[85]。

　大会は，12月6日，中国各地からの42団体を含む3,500人が中部小学校校庭に参集して行われたが，会社派は居留地社会での彼らの威信をテコにして積極的に大会運営の役員となっていった。試みに，「委員長を補佐し，大会に関する一切の重要事務を総覧」する総務部をみると，河端貞次（大会委員長・上海居留地行政委員会会長），船津辰一郎（在華紡同業会総務理事），福島喜三次（市参事会員・三井物産上海支店長），吉田政治（上海商議副会頭・三菱銀行上海支店長），林雄吉（上海各路連合会委員長）となっており，5名中会社派（財閥資本・在華紡）が3名を占めている。また，大会声明の起草係員についても，9名のうち，福島，吉田，船津および満鉄上海事務所長伊沢道雄

の4名の会社派が入っている[86]。

　こうしたなかで，大会は，排日運動を国民政府の煽動によるものと断じ「支那国民ノ対外感情益々悪化スルニ至リ，或ハ排英トナリ，或ハ排日トナリ，対外紛糾息ム時ナシ……各国通商ノ中心地タル開港地スラ危殆ニ瀕スル情勢ニ在リ，畢竟支那ハ国際信義ヲ無視シ，近代国家タル資格ヲ欠如スルモノト謂フベシ」と，国民政府を激しく非難する一方，日本政府に対し「満州ニ於ケル平和ト秩序ヲ確保スル為メ，徹底的自衛手段ヲ講ズルト共ニ商権維持ノ為メ，国民政府ヲシテ抗日会ノ如キ不法団体ヲ解散シ，戦争行為ニ等シキ経済絶交運動ヲ絶滅セシムルニ止ラズ，更ニ其ノ対外態度ノ根本的革正ヲ要求セザルヘカラズ」と，排日運動絶滅のための努力を強く迫る声明を発している[87]。

　ここでの，排日運動非難は，中国における帝国主義的国際秩序への敵対の側面に重点を置いたものとなっている。そしてまた，満州に対しては「徹底的自衛手段」の行使を主張しつつも，長江流域等における商権維持＝排日対策に関しては国民政府の「対外態度ノ根本的革正ヲ要求」するにとどまっている。前回の大会が「欧米其他ノ無理解ナル容喙ハ絶対排除」し「断々乎トシテ暴戻支那ヲ膺懲」すると叫んでいたことと較べると大きく変化しており，会社派の大会への関与が強く影響を与えたものといえよう。

　このように，上海商議の中心に位置した有力資本層は，依然武力発動に対して慎重な姿勢をとっており，強硬論と異なる潮流をなしていた。つまり，上海商議内においては，一方で強硬論的潮流を分出せしめつつも，排日激化による矛盾の深まりが，必ずしも一様に強硬論に強く傾斜せしめたわけではなかったのである。

　ところで外務省筋の協調論の根拠は「満州事変ヲ我方ニ有利ニ収拾スル為メニハ支那ノ他地方殊ニ山東，京津等ニ於テ事端ヲ起ササルコト最モ必要」と述べられているように，満州事変の有利な展開を第一義とした判断によるものであるが[88]，有力資本層の慎重論的姿勢は何に由来していたのであろうか。

　かかる点，一般に英米との経済関係から説明されている[89]。上海における

武力発動に関連しても，対英米関係での影響が懸念されていたことはつぎの資料にもうかがえる[90]。

　　T. W. Lamont氏ハ……米国政府ノ硬化ヲ述べ，カクテハJapanese external economicalcreditハ阻止セラレ，当店（横浜正金）ヲ初メ三井物産，三菱商事等ニ至ル迄，日本商社，銀行ノ当地市場（ニューヨーク）ニ於ケルcreditハ途絶ニ至ル虞アルベシ，トテ，暗ニ小生ノ注意ヲ求メタリ。

　ここでは，上海における強硬な対応が，財閥商社や銀行の欧米における業務に直ちに影響を及ぼす可能性をもっていたことが知られる。
　しかしながら中国への経済進出に即してみるならば，中小資本層が排日運動の展開のなかで深刻な打撃を蒙っているのに対し，有力企業の場合，排日の影響を一定程度回避しつつ営業を維持しえており，この時点では，当面の業務をも中断することとなる武力発動による対決よりも，むしろ「若シ国家ノ国策トシテ行フモノナラ致方ナイガ　否ナラバ商売人トシテハ出来ル商売ハ飽ク迄続行シ損失ノ軽減ニ務メ度　而シテ可成早ク外交交渉ノ進行ヲ望ム」[91]と，中国貿易の維持に力点を置いていたことを指摘できる。
　かかる点について，まず在華紡の場合をみると，当該期においては，一般の輸入日本品同様排日の対象とされ多大な滞貨が生じていたとはいえ，上海事変勃発直前まで操業を継続していた（表5-11，操短率は6〜23％）[92]。上海方面の取引は全く停止しつつも，「満州北支那方面ヘノ『コンサインメント』又ハ印度方面ヘノ『ダンピング』ニ依ル販路開拓等ニ依リ　十月中ハ出来高ノ綿糸約四割四分綿布約三割一分　十一月中ハ綿糸約五割綿布約三割五分ノ処分ヲ為シ滞貨ノ軽減」に努めていたのである[93]。日本軍支配下の満州あるいは排日の弱い華北，そしてインドや東南アジア方面等他地域への輸出を推進することにより，排日の全面的影響を免れていたといえよう。上海に工場を置く在華紡各社の利益率をみても，1932年上期から33年にかけて一定程度低落するが，最も落ち込んだ32年上期においても，平均7.9％をあげている[94]。

また，大企業上海支店グループについて三井物産の事例をみると，代表的日本企業としてしばしば排撃や商品押収の対象とされ，営業上の困難に直面していたが，やはり，満州・華北など排日の比較的弱い地域での取引を推進するなど，商売維持に務めていた[95]。それは表5-12にみられるように，上海支店の取扱高が1931年上期32,670千円，下期29,048千円，32年上期20,974千円，下期23,147千円と，排日最盛期において30％程度下落しているとはいえ，激烈な排日のなかで依然商売を維持していること（取扱高の減少は日本からの輸出品取扱において著しいが，主力を占めた外国間売買や輸入品取扱での影響はそれほど大きくない），また大連支店の取扱高が，31年上期49,132千円，下期44,640千円，32年上期43,182千円，下期49,456千円と，それほど低落していないことにもうかがえる。

　有力資本のかかる状況は，中小商工業者を中心とした居留民の間に「最近一部邦人間ニハ　三井ハ石炭ヲ私カニ支那人ニ供給セルガ石炭ノ如キ必需品ハ宜シク供給ヲ断チ支那側ノ経済絶交ニ対抗スベシトノ意見」[96]（対三井物産）あるいは「巷間邦人一般商工業者カ排日ニ依リ苦境ニ沈淪シ居ル際独リ紡績ノミ商売モナキニ拘ラス操業シ　二十余万人ノ支那人ニ衣食ノ道ヲ供シ居ルハ不可解ナリ」[97]（対在華紡）等の不満を生むこととともなっていた。

　以上にみてきたように，満州事変期においても，財閥系などの有力資本層は，強硬論的対応よりはむしろ，従来通りの姿勢を保持しようとしており，上海在留日本資本のなかにあって，外務省筋の協調論的路線の一端を担うこととともなっていたのである。かかる点からすると，総領事館付武官補佐官田中隆吉大尉による１月18日の日蓮宗僧侶襲撃事件の謀略は[98]，いまだ武力発動の方向で統一されていなかった在留資本・居留民社会の内部を，強硬論の方向で一気に統合し，それによって国内世論を軍事進出容認へと急速に転回せしめる役割を果たしたものということもできよう[99]。

　しかしながら，有力資本の慎重論的姿勢は，政治的側面からすれば積極的なものとはいい難く，むしろ，排日運動と居留民との矛盾が高まるなかでは，急速に強硬論の潮流に同調している。すなわち，さきの上海商議の強硬建議作成に際しても，また長江流域日本人連合大会においても，強硬論が著

表5-12 三井物産上海大連両支店商品取扱動向（社外および社内販売決済高）

（単位：千円）

| 年　　次 | 上　　　　海　　　　支　　　　店 | | | | |
	輸　　　出	輸　　　入	外国間売買	合計(含内国売買)	順位
	%	%	%	%	
1927 上	8,537 (24.6)	1,790 (5.2)	24,429 (70.3)	34,757	3.6	9
下	11,637 (35.0)	999 (3.0)	20,590 (62.0)	33,229	3.3	10
28 上	10,741 (37.7)	2,291 (8.0)	15,447 (54.2)	28,480	2.6	10
下	9,953 (36.3)	2,359 (8.6)	15,092 (55.1)	27,405	2.7	9
29 上	9,714 (27.0)	3,129 (8.7)	23,093 (64.3)	35,935	3.1	10
下	11,706 (36.1)	3,072 (9.5)	17,613 (54.4)	32,392	3.0	9
30 上	10,494 (30.8)	2,865 (8.4)	20,678 (60.7)	34,039	3.3	8
下	8,731 (35.5)	2,622 (10.7)	13,260 (53.9)	24,614	3.4	9
31 上	9,250 (28.3)	1,723 (5.3)	21,682 (66.4)	32,670	4.7	6
下	7,537 (25.9)	1,808 (6.2)	19,702 (67.8)	29,048	4.3	6
32 上	3,251 (15.5)	3,321 (15.8)	14,400 (68.7)	20,974	2.9	10
下	5,622 (24.3)	2,634 (11.4)	14,827 (64.1)	23,147	2.9	8
33 上	5,435 (26.1)	2,917 (14.0)	12,391 (59.4)	20,853	2.1	16
下	6,751 (45.3)	1,949 (13.1)	5,854 (39.3)	14,895	1.4	19
34 上	7,153 (46.3)	2,267 (14.7)	5,676 (36.7)	15,455	1.3	19
下	9,889 (50.3)	2,587 (13.2)	6,530 (33.2)	19,671	1.6	16

| 年　　次 | 大　　　　連　　　　支　　　　店 | | | | |
	輸　　　出	輸　　　入	外国間売買	合計(含内国売買)	順位
	%	%	%	%	
1927 上	2,256 (3.3)	21,928 (32.0)	44,347 (64.7)	68,533	7.1	4
下	3,022 (4.6)	17,588 (27.0)	44,646 (68.4)	65,258	6.4	4
28 上	2,439 (3.8)	17,565 (27.7)	43,458 (68.5)	63,464	5.9	5
下	4,472 (8.3)	9,542 (17.7)	39,927 (74.0)	53,942	5.2	5
29 上	6,297 (9.2)	16,504 (24.1)	45,545 (66.6)	68,347	6.0	5
下	4,917 (6.7)	9,503 (12.9)	59,236 (80.4)	73,657	6.8	5
30 上	3,247 (3.7)	18,137 (20.7)	66,064 (75.5)	87,450	8.6	3
下	2,045 (4.9)	6,043 (14.6)	33,335 (80.5)	41,424	5.7	5
31 上	2,496 (5.1)	8,586 (17.5)	38,049 (77.4)	49,132	7.0	3
下	3,870 (8.9)	7,516 (16.8)	33,453 (74.6)	44,840	6.7	5
32 上	4,897 (11.3)	12,550 (29.1)	25,734 (59.6)	43,182	5.9	5
下	5,970 (12.1)	7,907 (16.0)	35,578 (71.9)	49,456	6.3	5
33 上	9,429 (12.7)	19,673 (26.4)	45,285 (60.9)	74,394	7.6	4
下	16,056 (25.3)	11,254 (17.7)	35,595 (56.1)	63,440	6.2	5
34 上	13,869 (19.0)	15,207 (20.8)	43,932 (60.2)	73,035	6.3	4
下	21,843 (27.4)	12,051 (15.1)	45,870 (57.5)	79,765	6.3	4

出典：三井物産株式会社各期『事業報告書』より作成。

しく高まるなかで，有力資本の代表者たちは，事実上それに同調ないし傍観的に対応していたのである。全支全日本人大会についても，積極的関与の背景には，多分に外務省の事前指導があったと推察される[100]。そして，1932年1月以降，強硬論の潮流がさらに強まるなかでは，その傾向は一層決定的なものとなっている。1932年1月以降における居留民激昂の状況は，臼井勝美『満州事変』に詳しいが[101]，日蓮宗僧侶襲撃事件を契機に居留民の動きがにわかに活発化し，1月20日未明には邦人十数名による三友実業社焼き打ち・工部局巡査との衝突が引き起こされる一方，同日開催の第2回上海日本人居留民大会においても「今や抗日暴状はその極に達す，帝国は最後の肚を決め直ちに陸海軍を派遣して自衛権を発動し，抗日運動の絶滅を期すべし」と，軍事力行使への強い要求が表明されるに至っている[102]。

　こうしたなかで，上海商議も，1月22日，「居留民ノ憤激抑ヘ難ク此際断乎タル措置ヲ採ルニ非ザレバ憂フベキ事態ノ発生免レ難キ状勢ニアリ，故ニ政府ハ事件ノ解決ト同時ニ抗日会ヲ解散シ排日運動ヲ絶滅セシムルタメ，直チニ期限付最後通牒ヲ発シ，支部ガ誠意ヲ以テ応諾実行セザルニ於テハ直チニ兵力ヲ以テ自衛権行使ノ挙ニ出ラレンコトヲ切望ス」と，政府宛に事実上の出兵要請建議を行っている[103]。

　そして，1月24日には，在華紡同業会も「国策遂行上工場閉鎖を必要とするとの意見一致を見」，上海市長に対して，「今や工場閉鎖は万止むを得ざるに至れり……之に因り生ずる一切の責任は貴方の負うべきものなること当然なり」とロックアウトの通告をなすに至っている（1月29日閉鎖開始）[104]。

　さらにまた，上海事変勃発直後の1月30日にも上海商議は「居留民ノ死傷頻出危険刻々増大」する状況について訴えつつ，「有力ナル海軍ノ外強力ナル陸軍ノ出動切望ニ堪ヘズ，特別至急御配慮ヲ乞フ」と，再び政府宛緊急電を発している[105]。

　かかる過程では，さきの慎重論の主張は，少なくとも表面には浮かび上がっていない。排日運動との矛盾が激化するなかでは，土着的中小商工業者を主軸とした強硬論的潮流が決定的な要素となっていたといえよう[106]。そして，戦時下においては，上海商議や有力資本の関係者は，時局委員会あるい

は義勇後援会など後方支援活動の中心に位置してゆくのである[107]。

　なお，こうした同調の要因について付言すれば，打撃を部分的に回避していたとはいえ，排日運動に対して，「別ニ良案ヲ発見セザル」[108] 状況は基本的に変わらず，何ら積極的な対応策をもちえなかったことを指摘できよう[109]。しかも，在留日本資本の膨大な裾野をなす中小商工業者の生活と経営の動揺を前にしていれば，慎重論の主張の脆弱性は一層であった。

おわりに

　以上，満州事変期における上海在留日本資本の排日運動への対応を検討してきた。最後に若干の概括を行ってむすびとしたい。

　上述したごとく，上海在留日本資本は重層的編成をなしており，その裾野に位置した中小商工業者層においては，すでに1920年代末の中国新興産業の急展開や中国商人層の伸長のなかで，それら民族資本との対立・矛盾を深めつつあった。そして，満州事変期の激しい排日は，さらに彼らの経営と生活を根底から動揺せしめることとなっていた。こうしたなかで彼らは，排日激化を，日本の満州侵略政策に起因したものと把握しつつ，長江流域における排日と「満蒙懸案」の一体的解決＝長江流域への軍事力発動を，くり返し要求していった。彼らは，当該期における日本の中国侵出から生ずる諸矛盾を集中的に担い，そのなかで「解決」の道を排日運動との徹底的対決＝強硬論の突出に求めていったのである。はじめにみた近年の研究が明らかにしているように，在留中小商工業者層は，上海においても，軍部など武力発動・侵略拡大を意図する勢力にとって，有力な社会的共鳴盤となっていたといえよう。

　これに対して，雑多な中小零細資本の対極に存在した在華紡や財閥系・政府系などの大資本層の対応は，従来，十分明らかにされてこなかった。もちろん，上海商議については，満州事変以後，排日運動に対して強硬な姿勢を示していたことがしばしば指摘されてはきた。しかし，より立ち入ってみると，この時期，上海商議内部においては相異なる対応姿勢がみられたのであ

第Ⅱ部／第5章　満州事変期における上海在留日本資本と排日運動　　181

り，財閥系資本や在華紡などの有力資本に即して検討するならば，1931年末までは，事変前と同様，中小商工業者層の強硬論と距離を置いた対応を保持していたことがわかる。重層的編成をなした上海在留日本資本にとって，排日の影響は必ずしも一様でなく，有力資本の場合，排日の打撃を部分的に回避しえていたこともあって，排日運動との全面的対決による業務中断よりはむしろ，中国国内での活動の継続，政治解決による運動鎮静化を望んでいたのである。その意味では，当該期における上海在留の有力資本は，武力発動に対していまだ消極的であったといえよう。

　同時に指摘しうるのは，ここでの慎重論が，強硬論に対する対抗的潮流とはいい難く，発展する中国民族資本や排日運動との矛盾が深刻化し，強硬論が高まるなかでは，容易にその潮流に同調・順応してゆく存在であったことである。近年の1930年代研究においては，この期の政治過程を戦争拡大路線と対英米協調路線との二潮流の対抗を軸に把握する方法が有力となっているのは周知の通りである[110]。それを上海在留資本のレベルでみると，上述のように，財閥系資本などの有力資本は慎重論ないし対英米協調論の一翼に連なっていたことを指摘しうるが，他面，排日の激化や土着的中小南工業者層の排外主義の高まりのなかで，政治的には強硬論への明確な対抗的潮流たりうるものでなかったのである。むしろ，強硬論の高まりを前にして，それに容易に同調・順応する点にこそその特質をみることができよう。

　こうして，満州事変期の上海在留日本資本においては，排日運動への対応において相異なる潮流を形成しつつも，排日の激化・矛盾の深刻化とともに，事実上強硬論的潮流が主導していったのである。

　ところで，武力発動による排日運動との対決という方策は，そのまま在留資本の意図したごとき経営の安定につながるものとはなりえなかった。上海事変後，日中戦争に至る間における上海在留邦人人口は漸減しており[111]，多くの在留中小商工業者の場合，事変後，営業基盤を一層狭隘ならしめていたことがうかがえる。しかし，財閥系資本に関してみると，いまだ満州事変の解決していない1931年12月，三井物産大連支店長が「満蒙新国家建設」の将来を展望しつつ，「元々大連ヲ中心トシ居ル当社トシテハ更ニ活動ノ範

囲大ナルベシ」,「当支部ノ将来ハ益々多望ニシテ日貨排斥終息ヲ機トシテ躍進ノ第一過程ニ入ルベキ機運ニ在リ」と述べているように[112],上海での営業基盤は狭小となりつつも,他面で満州侵略の拡大過程に機敏に連繋していたことがわかる。かかる方向は,1932年下期より,穀肥・機械・石炭等を中心とした大連支店商品取扱高の急速な増大として表れている(表5-12)。ここでは,既得の利益基盤維持の意向を反映した当初の慎重論的姿勢と同時に,侵略拡大過程に機敏に連繋することによって蓄積基盤を拡大しようとしていた姿をもまた知りえよう。

〔注〕

1）本来中国東北部であり「満州」と「　」を付して記すべきであるが,以下便宜上略記した。
2）江口圭一『日本帝国主義史論──満州事変前後』青木書店,1975年,75頁。なお氏はその後,1930年代を対英米協調路線対アジアモンロー主義的路線の抗争としてとらえる視点をうち出しているが(「1930年代論」同編『体系日本現代史1　日本ファシズムの形成』日本評論社,1978年,「満州事変研究の再検討」『歴史評論』第377号),かかる視点と上記の把握との関連について知りたいところである。また,赤沢史朗「満州事変の反響について」『歴史評論』第377号,1981年9月は,ブルジョアジーの対応の時間的変容を明らかにしている。
3）小林英夫「日本ファシズム形成過程の問題点」『1976年度歴史学研究会大会報告　世界史の新局面と歴史像の再検討』157〜158頁。氏においては,財閥本流が満州・中国に本格的に進出するのは日中戦争以降の時期とされている(同『「大東亜共栄圏」の形成と崩壊』御茶の水書房,1975年,97,184〜191頁)。
4）柳沢遊「1920年代『満州』における日本人中小商人の動向」『土地制度史学』第92号,1981年7月,同「奉天における『奉天票暴落』問題と『不当課税』問題の展開過程──張作霖爆殺事件の歴史的前提」東京大学『経済学研究』第24号,1981年12月,同「1920年代前半期の青島居留民商工業」久留米大学『産業経済研究』第25巻第4号,1985年3月,同「1910年代日本人貿易商人の青島進出」同『産業経済研究』第27巻第1号,1986年6月。
5）村井幸恵「上海事変と日本人商工業者──1929〜1934年」近代日本研究会編『政党内閣の成立と崩壊』(年報近代日本研究6)山川出版社,1984年。なお,氏も,関税自主権や治外法権をめぐって,上海日本資本内部に二つの

潮流がみられることを指摘し，「強硬論者」＝在華紡等の現状満足派，「親善論者」＝没落日貨輸入業者および関係内地中小工業家として把捉しようとしている。しかし，排日運動への対応とそれら潮流との関係は問題とされていないだけでなく，諸潮流の担い手の把握においても，後述のように実態に対応しえていない。

6）永井和氏は，「帝国主義的危機→戦争」という対外的契機を，1930年代日本の政治過程を規定づける主動因として指摘しつつも，そのことをもって，アジアモンロー主義と対英米協調主義路線との対立が，当該過程の主要矛盾をなすものとしている（「回顧と展望　日本近代7」『史学雑誌』第91巻第5号，1982年5月，171頁）。しかし，対外的契機を主動因として認識するならばむしろ，アジアの民族運動・民族資本の動向こそ，二つの路線をともに制約する基本要因とされるべきであり，また両路線の対抗にもかかわらず，結果として，絶えず侵略拡大方針が主導した事実をより重視すべきものと思われる。

7）台湾総督府官房外事課『南支南洋貿易概観』1935年，22～23頁。1920年代における属領を含めたイギリスの対中国貿易額は，約40％から30％へと漸減傾向にあった。なお，1920年代における日本および列強の対中国市場進出については明石岩雄「第一次世界大戦後の中国問題と日本帝国主義」『日本史研究』第150・151合併号，1975年3月，副島圓照「一九二〇年代のブルジョアジーの中国政策」同上誌参照。

8）日本経営研究所『三井銀行資料・4・支店長会記録』670～671頁。

9）高村直助『近代日本綿業と中国』東京大学出版会，1982年，99頁。この数値は在華紡全体のものであるが，そのうちの約7割が上海に集中しているのは後にみるとおりである。また大蔵省管理局『日本人の海外活動に関する歴史的調査』第27冊中南支篇第1分冊，265～270頁も参照。

10）外務省総務課「現段階ニ於ケル排日貨運動ノ特殊性」外務省外交史料館所蔵（以下外務省記録と略記）A.1.1.0.21-5『満州事変』排日，排貨関係，16頁。ここでうかがえるように，日本人中小商工業者層の進出は，多くが，日本国内の矛盾のなかから生み出された側面をもつものであった。かかる点に関して，時期は異なるが，木村健二「明治期日本人の朝鮮進出の社会経済的背景――山口県熊毛郡旧麻里府村の場合」『土地制度史学』第101号，1983年参照。

11）シー・エフ・レーマー（東亜経済調査局訳）『列国の対支投資』慶応書房，1934年，503頁。

12）前掲外務省総務課「現段階ニ於ケル排日貨運動ノ特殊性」17頁。

13）表5-3は，そのまま上海の状況を示すものではないが，当該期の日本の対中

国関内投資において約３分の２は対上海投資であり，またイギリスの場合も約４分の３が上海に向けられたものであった。

14）1936年の時点では，華中投資の46.3％（246.9百万円）を在華紡投資が占めていた（東亜研究所『日本の対支投資』付表⑲）。

15）前掲大蔵省管理局『日本人の海外活動に関する歴史的調査』第27冊，49頁。

16）上海共同租界や海関におけるイギリスの地位については，外務省通商局『英国の対華経済発展』1931年，167〜183，215頁，上海日本商工会議所『上海要覧』1939年，14〜28，85〜103頁参照。

17）樋口弘『日本の対支投資研究』生活社，1939年，313〜317頁。なお，天津の状況に関しては，天津居留民団『天津居留民団三十周年記念誌』1941年，489〜491頁，青島については，前掲柳沢「1920年代前半期の青島居留民商工業」「1910年代日本人貿易商人の青島進出」参照。

18）外務省「対支経済発展策（旧案）」外務省記録E.1.1.0.6『帝国ノ対中国経済発展策関係雑件』。また南満州鉄道株式会社上海事務所『上海に於ける本邦加工綿布業の現況』1930年，25〜37頁も参照。なお関連して，在満居留民の性格と動向については，波形昭一「日本帝国主義の満州金融問題」『金融経済』第153号，1975年８月参照。

19）この時期の中国新興産業の発展を知るために，1930年度の対前年比発展率をみると，煙草・130，帽子・130，織物・120，石鹸・115，化粧品・110，機械・50，調味料・150，製紙・110となっており，繊維や雑貨を中心として成長の著しいことがわかる（前掲外務省総務課「現段階二於ケル支那排日貨運動ノ特殊性」14〜15頁）。なお，輸出日本商品ないし進出日本資本と競合しながらの中国新興産業の発展については，久保亨「南京政府の関税政策とその歴史的意義」『土地制度史学』第86号，1980年参照。

20）前掲南満州鉄道株式会社上海事務所『上海に於ける本邦加工綿布業の現況』63頁。加工綿布取扱商の分野でみると，1927年には，日本との直接取引をなす華南はわずか５軒であったのに対して，30年には17軒にまでなっており「茲に彼等（華商）の直接取引を誘引し，就中一昨年来小洋行筋の疲弊甚しく其取引円滑を欠くや，彼等に多大の好機を与へ，以て直接輸入の一時に盛になったことは，大手筋の活躍と共に最近の著しき変化である」とされている（同62頁）。

21）同上，49頁。

22）さきの中小商工業者層が「土着派」とされたのに対し，これら有力企業は「会社派」と称せられていた（外務省編『日本外交文書』満州事変，第１巻第２冊，689頁。

23）とりあえず，前掲高村『近代日本綿業と中国』，西川博史『日本帝国主義と

綿業』ミネルヴァ書房，1987年参照。

24）在上海日本総領事館「上海ニ於ケル排日運動」外務省記録A.1.1.0.21-5，186頁。

25）上海日本商工会議所『上海日本商工会議所年報』第14，1931年度。全労働者数は大阪市役所産業部『企業地としての上海』1931年，13〜14頁参照。

26）前掲高村『近代日本綿業と中国』185〜191頁，『東棉四十年史』132〜133頁。

27）前掲高村『近代日本綿業と中国』199頁。

28）中村隆英「5・30事件と在華紡」同『戦前期日本経済成長の分析』岩波書店，1971年。

29）上海日本商工会議所『上海内外商工案内』1935年版，1936年参照。

30）春日豊「1930年代における三井物産会社の展開過程──商品取引と社外投資を中心に」下，『三井文庫論叢』第18号，1984年，349頁，380〜381頁，東洋棉花株式会社『第22回営業報告書』，『三菱社誌』35，326頁等参照。

31）例えば，「適適一昨年（1928年）の深刻な排日貨の打撃を蒙り小洋行は窮地に陥り，其の前途大いに悲観視された時に及び，之を好機とし昨年春頃から大手筋の一大躍進となり，其後の取扱高の割合は俄然小洋行を凌駕する勢となった」などの指摘を参照（前掲南満州鉄道株式会社上海事務所『上海に於ける本邦加工綿布業の現況』59頁）。またこうしたなかで，「今後益々大洋行対小洋行の競争が甚しくなり，其間支商の侵出と当地加工場の開設とが錯綜し，其の将来は誠に興味ある問題である」と観察されていた（同上，傍点は引用者）。

32）三井物産株式会社『第10回支店長会議議事録』54，57，63頁参照。

33）在留邦人商工業者の結集組織としてはほかに各種同業組合があるが，それらの組織は。日中戦争以前においては，紡績同業会など若干の強力な組合を除いて「概ね単なる懇親会程度の同業親睦の組合」であり，時に排日対策・不況対策・復興対策などで，団体行動により一定の効果をあげたこともあったとはいえ「未だ組合の意義は充分に自覚せられず，遺憾乍ら大部分が有名無実に近かった」とされていた（上海日本商工会議所『上海に於ける邦商組合事情』1940年，2頁）。

34）前掲上海日本商工会議所『上海要覧』193〜194頁，商業会議所連合会『日本商業会議所之過去及現在』1924年，609〜610頁。

35）商工会議所は個人加盟であるが，賛助商社は会員の出身母体企業とほぼ重なっている。

36）間宮國夫「日本資本主義と植民地商業会議所」早稲田大学社会科学研究所編『日本の近代化とアジア』研究シリーズ第16号，103〜113頁および『大連商工会議所事務報告書』1932年度，11〜24，175，194〜199頁を参照。

37） 前掲商業会議所連合会『日本商業会議所之過去及現在』616頁。

38） なお，こうした上海商議に対し，中小資本層を中心とした組織としては，在華紡績同業会・海事懇話会・棉花同業会など若干の組合を除いた各種同業会が存在するが，注33）でも指摘したようにほとんどが有名無実であり，土着的中小商工業者層の多くは，在留邦人の自治組織である居留民団を通じて意思表示を行っていたものと思われる。

39） 上海日本商工会議所『金曜会報告綴』東京商工会議所図書室所蔵，1928年7月24日分，また上海日本商工会議所『第11回定期総会報告及議案』1928年度，16頁も参照。

40） 上海日本商工会議所『第12回定期総会報告及議案』1929年度，8～10頁。

41） 上海日本商工会議所『第14回定期総会報告及議案』1931年度，2頁および日本商工会議所『支郡及満蒙問題ニ関スル意見及参考資料』1931年，39～64頁参照。また，副島昭一「中国の不平等条約撤廃と「満州事変」」古屋哲夫編『日中戦争史研究』吉川弘文館，1984年，219～220頁も参照。

42） 以下は前掲上海日本商工会議所『第12回定期総会報告及議案』10～14頁参照。

43） 前掲外務省総務課「現段階ニ於ケル支那排日貨運動ノ特殊性」12頁。

44） 以下，当該期排日運動の全般的動向については，菊池貴晴『増補 中国民族運動の基本構造』汲古書院，1974年，第8章参照。また，上海における状況については前掲在上海日本総領事館「上海ニ於ケル排日運動」および外務省「満州事変以後上海ニ於ケル排日状況」外務省記録A.1.1.0.21-5等参照。

45） 商工省貿易局『貿易上ヨリ観タル中華民国ニ於ケル排日貨ノ影響』1932年，2頁。

46） 前掲在上海日本総領事館「上海ニ於ケル排日運動」13～14頁。また，前掲菊地『増補 中国民族運動の基本構造』398～400頁参照。

47） 前掲外務省総務課「現段階ニ於ケル支那排日貨運動ノ特殊性」18頁，また前掲在上海日本総領事館「上海ニ於ケル排日運動」13頁。なお，当該期における中国ブルジョアジーの政治的結集については，西村成雄「1920年代権力構造の変動とブルジョアジー」野沢豊ほか編『講座中国現代史5』東京大学出版会，1978年参照。

48） 上海商務参事官横竹平太郎「満州事件ト経済絶交ノ現状」外務省記録A.1.1.0.21-5，23頁。

49） 同上，17頁。

50） 同上，29～30頁。

51） 前掲上海日本商工会議所『上海日本商工会議所年報』第14，1931年度，3～4頁。

52）上海居留民団『上海事変誌』1932年，84〜85頁。

53）前掲在上海日本総領事館「上海ニ於ケル排日運動」197〜199頁。

54）同上，126頁。なお打撃は，1929年の関税引き上げ・銀価低落以降に進出してきた中小資本において，とくに著しかったとされている。

55）横浜貿易協会『支那の排日と出先邦商』1932年，12〜22頁。

56）同上， 1 〜 3 頁。

57）同上， 4 〜12頁。

58）前掲在上海日本総領事館「上海ニ於ケル排日運動」126頁。

59）前掲横浜貿易協会『支部の排日と出先邦商』 1 頁。

60）前掲在上海日本総領事館「上海ニ於ケル排日運動」128〜129頁。

61）前掲上海居留民団『上海事変誌』20〜21頁。いわゆる満蒙問題と長江流域における排日を一体のものとし，その同時解決を主張するのは，海軍においても同様であり，「今次満州事件ノ解決ト同時ニ此ノ多年懸案ノ排日問題ヲモ一併解決スルノ必要アリ」と，強硬論の主張に共通のものであった（「支那ノ排日状況ト帝国海軍ノ警備」前掲『日本外交文書』満州事変，第 1 巻第 2 冊，682頁）。これに対して，協調論ないし慎重論は，後にみるように，満蒙政策と対中国本部策とを切り離そうとするものであった。なお，1932年 8 月27日閣議決定「国際関係より見たる時局処理方針案」は，上海事変「解決」を経て分離方策を確認したものといえよう（外務省『日本外交年表竝主要文書』下，原書房，1965年，206〜207頁）。

62）前掲上海居留民団『上海事変誌』26〜27頁。

63）これらの居留民大会は，さらに12月 6 日の全支日本人居留民大会へと受け継がれるが，この大会は，会社派の動向とも関連を有しており，上海商議の動向を検討する際にふれることとしたい。

64）「上海日本居留民大会及長江流域日本人連合大会当地ニ於テ挙行セラレ　相当過激ナル決議ヲナシタルカ右大会ノ牛耳ヲ執リタルモノハ大体土着派トモ称スヘキモノニシテ……」などの指摘を参照（前掲『日本外交文書』満州事変，第 1 巻第 2 冊，689頁）。

65）かかる点「商売ハ全然ナク生活ハ不安ナルカ故ニ在留邦人ハ従来ト異リ此度ハ国策ノ為ニハ如何ナル犠牲ヲモ忍フヘケレハ此ノ機ヲ以テ排日問題ヲモ徹底的ニ解決セラレンコトヲ望ムト悲壮ニモ強キ決心ヲ表明シテ居ル」と報告されている（「支那ノ排日状況ト帝国海軍ノ警備」前掲『日本外交文書』満州事変，第 1 巻第 2 冊，678頁）。

66）前掲在上海日本総領事館「上海ニ於ケル排日運動」125頁。なお前掲『日本外交文書』満州事変，第 1 巻第 2 冊，632頁も参照。

67）前掲在上海日本総領事館「上海ニ於ケル排日運動」124〜125頁。

68) かかる状況については，上海日本商工会議所『経済月報』第6巻第62-64合併号，39〜41頁，外務省調書「上海事変」外務省編『日本外交文書』満州事変，第2巻第1冊，57〜61頁参照。なお，居留民における排外主義の暴力的突出は，上海事変直後においては，便衣隊への恐怖と憎悪とも相まって「恰モ大地震当時ノ自警団ノ朝鮮人ニ対スル態度ト同様ナルモノアリ　支那人ニシテ便衣隊ノ嫌疑ヲ以テ処刑（殺戮）セラレタルモノハ，既ニ数百ニ達セルモノノ如」とされるようなものであった（同43頁）。

69) 例えば，外務省は1931年11月21日，在青島川越総領事に対し，「貴地方居留民中今回ノ（満州）事変ヲ利用シテ山東懸案問題ヲモ解決セムトスル要望昂マリツツ」あるなかで，満州青年連盟等が「貴地在留民中出兵ニヨリ何等利益ヲ予想スル分子ノ妄動及貴地方面ニ一騒動ヲ起シテ出兵ノ口実ヲ作ラムトスル一部浪人等ノ策動ヲ益々挑発スルノ惧アリ」と居留民の挑発的な動きを警戒するよう指示を与えている（前掲『日本外交文書』満州事変，第1巻第2冊，665頁）。また，上海事変直後の翌2月3日にも，「一部不心得者ノ間ニハ上海ノ例ニ刺激セラレ出兵其他何等為メニスル極メテ無思慮危険ナル策動ヲ為ス者アルヘキハ想像ニ難カラス……居留民中ノ不良分子ノ妄動ニ対シテハ……特ニ厳重ニ取締ヲ励行セラレ度シ」との電報を打っている（外務省編『日本外交文書』満州事変，第2巻第2冊，505頁）。

70) 前掲柳沢「1920年代『満州』における日本人中小商人の動向」15〜18頁，前掲副島「中国の不平等条約撤廃と『満州事変』」232頁，注92）参照。

71) 万宝山事件を契機として排日運動が徐々に激化するなかで，上海商議は8月11日，政府に対し排日貨運動に関する請願を行っている。そこでは，政府のより積極的な対応を要請しているとはいえ，具体的には，国民政府による排日取締令の制定や反日諸団体の即時解散などの事項に関し「支那官憲ニ厳重交渉セラレンコトヲ切望」するにとどまり，依然外交交渉による排日鎮静化の立場を示していた（前掲上海日本商工会議所『第14回定期総会報告及議案』7〜10頁）。

72) 同上，13〜14頁。

73) 上海日本商工会議所『支那の抗日運動とその指導原理（会頭米里紋吉講述）』1931年，20〜21頁。

74) 前掲上海日本商工会議所『第14回定期総会報告及議案』16〜17頁。

75) この間の事情について，在上海重光公使は「右（10.29の強硬建議）ハ元来当地商工会議所会頭米里（日清汽船重役）カ主トナリ　其平素ノ主張ニ基キ此際国交断絶若ハ開戦ノ手掛リヲ求ムル為　政府ニ於テ強硬ノ態度ニテ民国側ニ臨マンコトヲ勧説スル趣旨ニ出テタルモノ」と本省に報告している（前掲『日本外交文書』満州事変，第1巻第2冊，552頁）。

76) 同上，585頁。

77) 在華紡績同業会の船津辰一郎が「長江一帯に於ける排日排貨の問題も総決算的に此機会に解決して欲しいと云ふのが上海商工会議所全体の希望」（東京商工会議所『支那ニ於ケル最近ノ排日事情（船津辰一郎君講演）』12〜13頁）と述べているように，上海商議内部においても，相当多くの会員が強硬論に傾いていたと推察されよう。

78) 前掲『日本外交文書』満州事変，第1巻第2冊，552〜553頁。

79) 前掲上海日本商工会議所『第14回定期総会報告及議案』20，22頁，および前掲東京商工会議所『支那ニ於ケル最近ノ排日事情（船津辰一郎君講演）』14〜15頁。

80) 前掲上海日木商工会議所『支那の抗日運動とその指導原理』。このパンフレットは，上海商議会頭米里紋吉が一時帰朝して戻ってきた後の1931年12月に，上海商議会員や金曜会会員その他を前に行った講演を筆録したものである。そこでは「自衛権は，満州と同様長江方面にも発動しなければならぬ」との主張がなされ，「従来の対支方針に拘泥し日支親善の悪夢に醒めざる」「直接交渉の如き口にすべきでない」とすら述べられていた。米里の出身母体である日清汽船は，大阪商船・日本郵船・湖南汽船・大東汽船4社の揚子江航路を統合して設立された会社であるが，排日運動が激化するなかで，すでに1929年下期には欠損を計上し以後33年上期まで赤字決算を連続し，満州事変期においても「各航路の休航に次ぎ……各地の営業所も続々閉鎖のやむなきに陥」っていた。「我社事業の如きは，常に先づ抗日の犠牲となり，独力以て悲痛なる『国権の死守』に当れりと謂ふも過言ではないであろう」と述べられている状況にあった。資本的には財閥資本の系譜とはいえ，むしろ土着的資本と利害を共通にしていたといえよう（『日清汽船株式会社30年史』1〜47，100〜101，388，403頁ほか）。

81) さきにも指摘したが（注70），在華紡の場合，中国経済に比較的密着しているところから，土着的資本と「一脈通ずる性格を有しており，排日運動に対し，財閥商社や銀行などよりは強い姿勢も示している。しかし，この時期においては，強硬論を主張するに至ってはいない。1925年の5.30事件以後の労資関係における一定の変化や総務理事に外務省から船津辰一郎を迎えたこと（髙綱博文「日本紡績資本の中国進出と『在華紡』における労働争議」『1980年度歴史学研究会大会報告　世界史における地域と民衆・続』148頁，前掲中村「5・30事件と在華紡」331頁）などとともに，以下にみる理由によるものと思われる。

82) 満州事変開始直後に居留民の避難・救護を目的に，民団の費用負担で官民からなる「時局委員会」が結成されるが，ここでの「時局特別委員会」とは

異なるものと思われる（前掲上海居留民団『上海事変誌』204〜205，225〜226頁）。

83）前掲『日本外交文書』満州事変，第1巻第2冊，688頁。

84）上海在留の有力企業の代表者は，公式の機関や組織とは別に上海の外交官憲と非公式の意志疎通の場をもっていたが，日中戦争勃発前後に上海駐在武官喜多少将によって組織されていた「チェリー会」の場合，民間側からは，三井物産・満鉄・日本郵船・横浜正金・興中公司・在華紡同業会等の約10名が関与していた。ここでの「実業界の有力者」もほぼ同様の内容をなすものと考えられよう（三井合名会社『調査部内報』第134号，2〜3頁）。

85）前掲『日本外交文書』満州事変，第1巻第2冊，689頁。

86）前掲上海居留民団『上海事変誌』29〜31頁。

87）同上，32〜33頁。

88）前掲『日本外交文書』満州事変，第1巻第2冊，685頁。かかる認識は，牧野伸顕内大臣の「もし我が国が上海でしくじった場合には，今までの満蒙の問題もすべてゼロになってしまふ。元来上海といふ所はコスモポリタンの都市であって，いろいろな事情が複雑微妙を極めてゐる」との言にあるように（原田熊男述『西園寺公と政局』第2巻，岩波書店，1950年，201頁），いわゆる対外協調路線の担い手に共通していた。かかる動向については，吉見義明「満州事変論」前掲江口編『体系日本現代史1』60〜61頁も参照。

89）例えば，遠藤湘吉「軍部と資本との反発と親和」歴史科学協議会編『「日本ファシズム」論』校倉書房，1977年，265頁，前掲小林「日本ファシズム形成過程の問題点」157頁等参照。

90）前掲原田『西園寺公と政局』第2巻，205〜206頁。

91）前掲上海商務参事官横竹平太郎「満州事件ト経済絶交ノ現状」45頁。

92）前掲『日本外交文書』満州事変，第1巻第2冊，710頁。

93）同上，710頁。ちなみに，12月においても出庫状況は，綿糸2万2,821俵，63.4％，綿布1万1,950俵，55.6％であり，絶対額および生産額に対する比率ともに上昇していた（前掲上海日本商工会議所『第14回定期総会報告及議案』48頁）。なお，前掲高村『近代日本綿業と中国』196〜204頁も参照。

94）前掲高村『近代日本綿業と中国』125頁，第8表。当該期の平均利益率をみておくと，1931年上18.0％，下22.4％，32年上7.9％，下10.0％，33年上11.6％，下12.8％であった。

95）三井物産も，第一次大戦以降，排日運動への対応を迫られていたが，その対応のひとつは，「此ノ商権（中国と第三国との間の貿易）ノ一部ヲ確実ニ握レバ『ボイコット』ノ如キモ左マテ恐ルルニ足ラサルヘシ」（『第3回支店長会議議事録』183頁）と外国間貿易を積極的に推進しようとするものであ

第Ⅱ部／第5章　満州事変期における上海在留日本資本と排日運動　　191

った。同時に、「支那人卜当社連合シテ小会社ヲ設立シ之ヲ復代理店トシテ売込ヲ為サンカト考へ」るなど（『第9回支店長会議議事録』366頁，また『第10回支店長会議議事録』67頁も参照），中国商人との提携をも模索していた。満州事変期の排日は，かかる方策をも困難にしたが，1930年代半ばまでは基本方向は変わらなかったといえる。なおあわせて，上海在留の邦人銀行の動向をみると，その所有銀総計2,500万両中の1,500万両を香港上海銀行に預けることによって，資金が遊ぶことを回避しており，香上銀行を通じて，その資金は中国人銭荘に貸出されていた（前掲『日本外交文書』満州事変，第1巻第2冊，733頁）。

96）前掲上海日本商工会議所『金曜会報告綴』第127回，1931年10月23日。

97）前掲『日本外交文書』満州事変，第1巻第2冊，662頁。

98）日本国際政治学会編『太平洋戦争への道──開戦外交史』第2巻，朝日新聞社，1962年，119頁参照。

99）かかる点を財閥系資本の動向に即してみるならば，日中戦争開始期においては，参謀本部が当初から財閥商社や在華紡・横浜正金などを，対中国経済謀略の担い手として位置づけ（参謀本部「対支経済謀略要領」日本近代史料研究会編『日満財政経済研究会資料』第2巻，16〜17頁），また戦争開始直後には，陸軍駐在武官と有力資本との間で上海の戦後経営についての検討を行うなど（前掲三井合名『調査部内報』第134号，2〜4頁），占領方針に対する有力資本の姿勢がより積極的であったことに比して，一定の相違を認めることができよう。

100）総領事館は，上海商議の強硬決議に際して注意を行っていたが，12月6日の居留民大会に関しても，11月末にはすでに「相当権威アル決議出来上ルヘシト期待セラル」と本省に内電を打っており，大会に参加する有力資本との間で事前の密接な連絡があったことが想像される（前掲『日本外交文書』満州事変，第1巻第2冊，689頁）。

101）臼井勝美『満州事変──戦争と外交と』中央公論社，1974年，第4章。

102）前掲上海日本商工会議所『経済月報』62-64合併号，41頁。

103）同上，43頁。

104）同上，47頁。なお，翌1月25日に政府は，「南京政府が誠意を示さざる限り断固実力行使により解決を期するに決定」し，同日外務省自体も「断然たる行動をとるほかはないというに決定」している（同48〜49頁）。

105）前掲上海日本商工会議所『第14回定期総会報告及議案』27頁。

106）この間の状況について，本社との協議のために帰国した上海駐在三菱商事社長大井伝次郎は，「男子タル自分カ居留民全般ノ不安ヲ他所ニ見テ私用ノ為メ帰国スル事ハ甚タ心苦シク且他ノ邦人ノ憤激ヲ買フ虞アルヲ以テ入京ヲ

極秘ニサレ度シ」との前提で，「（上海においては）右翼ノ帝国主義者等ハ対満，対上海事件ヲ契機ニ帝国ノ立場ノミヲ考ヘテ国際関係ヲ全然考慮ノ外ニ置キ種々策動シテ居ル。此ノ事ハ国際関係上種々危険ヲ誘致スルノデ自分ハ心配シテ居ル。元来日本人ハ左翼ニハ好意ヲ持チ得ナイカ，右翼ニハ或種ノ好意ヲ持ツテ居ル故，極端ニ右翼ノ連中カ運動スルニ適シテ居ルヤウニ思フ」と証言している（前掲『日本外交文書』満州事変，第2巻第1冊，151〜52頁）。

107）前掲上海居留民団『上海事変誌』204〜205，223〜227頁参照。なお，森川英正氏は，1930年代の企業人の意識を侵略拡大に対して「追随的」と，把握しているが，満州事変期上海における有力資本の対応も基本的に共通のものであったといえよう（森川「1930年代における企業人の意識」『思想』第624号，1976年6月，869〜870頁）。

108）三井物産株式会社『第3回支店長会議議事録』123頁。この言自体は第一次大戦期のものであるが，20年代を通じても事態は変わっておらず，1931年においても依然「我々ノ業務発展上一大障害ヲ為スモノハ……排日『ボイコット』ナリ」等の言が聞かれている（『第10回支店長会議議事録』109頁）。

109）なお関連して，満州事変をめぐる対英米協調論の後退の要因について，江口圭一氏は，協調論の側に「満蒙の危機」への対応策を有しえなかったことを指摘している（前掲江口「1930年代論」24〜25頁）。

110）伊藤隆「昭和政治史研究の一視角」『思想』第624号，1976年6月，前掲江口「1930年代論」，同「満州事変期研究の再検討」など，前掲『史学雑誌』第91編第5号も参照。また，1930年代の政治過程における諸路線とその対抗の局面は，この間の外交史研究，とりわけ日米関係史，日英関係史の研究においても一層明らかにされている（とりあえず，細谷千博ほか編『日米関係史——開戦に至る10年』第1〜4巻，東京大学出版会，1971〜72年，細谷千博編『日英関係——1917〜49年』東京大学出版会，1982年，臼井勝美『中国をめぐる近代日本の外交』筑摩書房，1983年，永井和「日中戦争と日英対立」前掲古屋『日中戦争史研究』，同「1939年の排英運動」『昭和期の社会運動』（年報近代日本研究5）山川出版社，1983年等参照）。当該期の政治過程において，戦争拡大路線と対英米協調路線との対抗が重要な要素を構成していたことは，明らかである。問題は，二つの路線を，それらの対抗性を主要な側面として把握する傾向が強いことである。しかしいうまでもなく，二つの路線は，ともに中国・朝鮮支配の上に立つものであり，当該過程を規定する基本要因としての民族運動との矛盾構造のなかに位置づけるとともに，協調論の基盤の脆弱性を一層具体的に解明する必要があろう。かかる点，1920年代末の三井物産においても「幣原外交ニ於テモ『我正当且ツ重

要ナル権益ハ飽ク迄モ合理的手段ヲ尽シテ之ガ擁護ニ努ム』ト自衛権ヲ留保セルガ故ニ　仮リニ幣原外交ガ存続スルトモ現状（済南事変時）ノ如ク我特種権益ノ脅カサルル時期ニ臨ミテハ自衛手段ニ変リシ事ト推定シ得ルモノアルナリ」との判断がみられることは興味深い（三井物産業務課「対支外交ハ列国協調カ自主外交カ」川村資料－27，11頁）。

111）前掲大蔵省管理局『日本人の海外活動に関する歴史的調査』第27巻第1分冊，98頁。参考までに上海在留邦人人口をみると，1930年2万4,065人　32年2万6,724人，33年2万7,086人，34年2万6,814人，35年2万5,001人，36年2万3,672人，40年5万7,325人である。

112）三井物産大連支店長「大連支店ノ商務ニ就テ」川村14（3），28，42頁ほか。なお，日本の満州侵略に対応した物産の対満進出については，坂本雅子「戦争と財閥」中村政則編『体系日本現代史4　戦争と国家独占資本主義』日本評論社，1979年，同「満州事変後の三井物産の海外進出」藤井光男ほか編『日本多国籍企業の史的展開』上，大月書店，1979年参照。

【付記】　本章作成にあって，財団法人三井文庫・外務省外交史料館・東京商工会議所図書室・大阪商工会議所商工図書室・北海道大学付属図書館などにおいて，史料閲覧の便宜をいただいた。記して謝意にかえたい。

第6章　戦前期上海における日本人居留民社会と排外主義　1916〜1942
──『支那在留邦人人名録』の分析を通して──

はじめに

　本章は，戦前期上海に進出した日本人商工業者・企業とそれによって形成された居留民社会，とりわけ「土着派」居留民社会の特質を，個別企業レベルの動向を通じて検討しようとするものである。

　日露戦争後ようやく本格化する日本人・日本企業の上海進出とそこにおける日本人居留民社会形成については，幾多の研究蓄積があり[1]，進出資本や居留民社会の内実と構成，反日・抗日運動への対応，中国侵略拡大過程における日本人居留民の位置や役割など多面的に明らかにされている。しかしながら，後述するように重層構造をなす居留民社会において，「土着派」[2]（以下「　」を外す）と呼ばれた在留中小商工業者層については，日本人居留民社会の動向を強く規定し，時に日本の上海進出・侵略の過程において軍事発動を誘導した存在として認識されながらも，居留民社会一般を越えたその実態や特徴の把握は，総領事館報告や軍報告などによる概括的記述にとどまっている。換言すれば，個別経営レベルでの具体相や経営動向はほとんど明らかになっていない。それは，経営の零細性や不安定性に由来する資料の欠如によるところが大きいが，本章では，金風社編『支那在留邦人人名録』（以下『人名録』とも略記）第7版〜第34版（1916〜44年）掲載のデータをひとつの手懸かりに，いわゆる土着派的中小商工業者層の経営動向を四半世紀間の変動のなかで検討しようとするものである。

　かかる検討は，「土着派」と概括される在留中小商工業者について，階層

的内実を経営動向に即して明らかにすることだけでなく，排日・抗日運動に対応した日本人居留民の排外主義的潮流と居留民各層との関連を探求すること，さらには第一次上海事変当時から広く事変誘発的役割を果たしたとされた[3]当該期居留民社会の特質やそれを取巻く政治的社会的環境の解明をも課題とすることになる。

　ところで，土着派中小商工業者の検討に先立って，分析対象とした『支那在留邦人人名録』についてふれておきたい。同書は，金風社・島津長次郎により1913年（初版）から44年（第34版）の間刊行されていた中国在留日本人人名録である。当初，同社『上海案内』に付録されたものであったが，1917年12月刊行の第8版以降『支那在留邦人人名録』として独立し，1944年に至るまで毎年刊行され，44年には638頁に及ぶ大部なものとなっている。それは途中改版されつつ，満州地域を除く中国に在留する日本人を広く網羅するに至っているが被掲載者の中心は上海在留者である。『人名録』の日本人居留民社会における位置については，「凡そ支那関係の実務者にして本書を利用せざるは殆どあるまい」（福田千代作居留民団長）「支那ニ於テ事業ヲ為ス者是非一本備ヘザルベカラザル」（塘雄太郎上海日本商工会議所会頭）などと指摘されているように[4]，上海在留の日本人業者・企業の事業活動に有力な情報を提供するものであった。他方，日本人以外の目からすると，日本人コミュニティの綿密さが示す「強い排外性と異常なまでの閉鎖性」を反映したものでもあった[5]。

　掲載のデータは，商号，営業課目，所在地，従業者名（役職者・従業員），本籍府県および電話であるが，ほかに人名索引と営業分野別商社一覧（第29版まで）が付される。データの基礎をなすのは金風社によるアンケート調査であり，総領事館の産業別・職業別在留者調査と較べると民間企業の調査としての限界がある。また，記載基準に統一性が欠ける面があり，誤字・誤植も散見される。他項目や索引等による補整はある程度可能であるが，網羅性・正確性の点で一定の難点があることは否めない。さらに付言すれば，在留の家族，学生，無業者はもとより家事使用人，仲居，芸妓，娼妓さらには雑業者，短期従業者などは掲載されておらず，家族や学生などだけでなく底

辺層居留民の状況も把握しえない。しかしながら，個別企業レベルでの上海在留日本人業者・企業全般にわたる動向を知りうるデータはほかに存在せず，事実上唯一の資料といえる。

　本資料については，すでに第28版（1936年）・第29版（39年）・第33版（43年）の全データを集計した前田輝人「金風社人名録に見る日中全面戦争期在上海日本人社会の変容」があり[6]，マクロデータによる日中戦争前後における上海日本人社会の人的・企業的構成とその変容が明らかにされている。これに対して，本章は，第一次大戦からアジア太平洋戦争期の日本人居留民社会を，いわゆる土着派居留民の個別経営の20〜30年にわたる動向に即して，その特質と歴史位置を検討しようとするものである。

1　上海日本人居留民社会の形成と構成

⑴　上海への日本人進出と居留民社会の形成

　1871年の日清修好条規を事実上の嚆矢とし，日清戦争後の日清通商条約ならびに付属議定書の締結により拡大しはじめた日本人の上海進出については，すでにさまざまに明らかにされているので，本章では，行論上必要な限りでふれることとしたい。

　表6-1は，日露戦争期からアジア太平洋戦争開戦時に至る上海在留日本人数と上海・日本間の貿易額を示したものである。この表によって日露戦争以後の日本の上海経済進出の動向を検討すると[7]，まず第一に，日露戦争を契機として日本・上海間の貿易額および在留日本人人口の急速な増加がみられる。とりわけ在留民の増加率は，貿易額の上昇率を大幅に超えており，この時の日本の上海進出が紡績産業や石炭産業の発展に対応した輸出入貿易の拡大というだけでなく，各種雑貨などを取り扱う中小商工業者の広範な進出を伴っていたことを指摘できる。これらの膨大な数の中小商工業者層が居留民社会において「土着派」をなしてゆく存在でもあった。なお，長江流域・上海方面における大量の中小商工業者を中心とした「人口主義」的進出につい

表6-1　上海在留日本人および上海対日貿易の動向

年次	上海日本人	関東州日本人	対日輸入額	対日輸出額
			（千海関両）	（千海関両）
1902	1,891		17,971	18,158
1904	3,038		28,028	30,910
1905	4,331	5,025	26,461	20,703
1906	5,825	12,792	27,940	18,879
1907	6,268	24,572	23,890	22,929
1908	7,325	29,773	19,955	16,878
1909	8,057	32,127	25,202	20,703
1910	7,682	36,668	31,056	33,223
1911	7,036	41,213	29,149	21,445
1912	7,717	45,318	32,617	19,569
1913	9,093	47,354	38,538	19,500
1914	11,138	48,990	42,517	16,182
1915	11,457	50,197	43,835	25,270
1916	11,172	52,559	52,952	34,230
1917	13,397	55,516	72,724	33,117
1918	13,880	60,019	82,950	53,908
1919	17,720	65,397	70,109	45,292
1920	14,520	73,896	74,618	24,647
1921	16,718	77,038	70,523	35,149
1922	17,620	82,131	78,021	30,515
1923	16,760	86,300	79,566	39,699
1924	17,918	86,498	98,525	52,528
1925	19,510	90,542	113,784	34,022
1926	20,594	93,187	125,861	43,115
1927	25,918	97,002	101,881	44,222
1928	26,544	101,744	107,726	45,203
1929	26,552	107,364	123,161	50,944
1930	24,207	116,052	127,117	40,306
1931	24,235	119,770	117,293	44,884
1932	26,724	125,935		
1933	26,901	139,016	（千元）	（千元）
1934	26,810	149,491	52,418	54,308
1935	23,991	159,599	56,139	46,953
1936	23,613	166,369	74,595	50,410
1937	23,672	174,587	74,646	36,879
1938	34,676	178,594	39,079	15,469
1939	51,093		91,832	30,019
1940	70,709		77,263	93,730
1941	82,926		66,676	161,447

注　：1) 1913〜31年の貿易額には台湾を含む。
　　　2) 1936〜41年の対日輸入額は，海関金単位表記のもとの数値を「元」に換算したもの（換算率について
　　　　は木越義則『近代中国と広域市場圏』表9-6参照）。
　　　3) 関東州は，大連市とともに旅順市を含む。
　　　4) 価額単位は，1913年以降は海関両，1930年以後金単位，1933年に廃両改元。
出典：貿易額は，1902〜12年は外務省通商局『在支那本邦人進勢概覧（第２回）』1913〜31年，1936〜41年
　　　は上海日本商業（工）会議所『上海商業（工）会議所年報』第8，第15，第24。1934〜35年は，東京頭
　　　取席調査課『中北支ノ貿易状態及我国トノ物資交換ニ就イテ』（原資料は大阪市貿易課）。在留日本人
　　　数は，1939年までは副島圓照「戦前期在留日本人人口統計（稿）」『和歌山大学教育学部紀要　人文科学』
　　　第33号，1984年２月，1940〜41年は外務省東亜局『中国在留本邦人人口概計』。

198

て，日本政府においては問題の多いあり方との観方もあったが，政府の長江方面への進出戦略が定まらないなかで大資本を中心とした「商工主義」への転換は1920年代を通してみられなかった[8]。

　そして第二に，第一次世界大戦から戦後にかけて貿易量の大幅な伸びがみられ，戦時ブームと戦後反動恐慌の一大変動を経つつも大戦後は段階を異にする貿易取引が展開している。この時期の日本人居留民の増加も著しく1920年代半ばには大戦前の約2倍，2万人を超えている。こうした動向は，20年代を通じて起伏を伴いながら継続している。また，この時期は在華紡の本格的進出や財閥系銀行の上海支店設立などもみられ，有力日本企業がこぞって進出し上海日本人居留民社会が確立した時期といえる。

　しかしながら，その趨勢は，第一次上海事変によって大きく変化している。1931年の満州事変とそれに起因する激しい排日・抗日運動，そして翌年の第一次上海事変は，持続的に拡大していた日本と上海間の貿易を大きく減退させただけでなく，在留者数においても減少ないし停滞させる結果となっている。これは日露戦争以来一貫して上昇する関東州在留日本人の動静とは様相を異にしており，上海や長江流域への日本人の進出が，中国民族資本の発展や民族運動の動向に強く規定されたものであったことがわかる。第一次上海事変後の貿易取引や日本人進出の停滞は30年代半ばまで続いている。これらが第三点である。

　最後に，日中戦争開戦後をみると，開戦により1938年の輸出入貿易額が落ち込み，その後回復をみせるが変化が激しい。これは法幣の下落や物価騰貴の影響を蒙っており実際の数量では変動幅は大幅に縮小する（例えば1941年の対日輸出額は実質では前年比減）。日中戦争以降上海と日本との経済・政治関係が大きく変化することは後にもふれるが，貿易動向もそれ以前と様相を異にしてゆく。1941年12月からは貿易統計自体が公表されなくなってゆく。他方，居留民人口は日中戦争後一気に増大し，1941年には8万人を超え，43年には9万4,259人に達しており，こうしたなかで，上海の日本人居留民社会も大きく変容していったのである。

⑵　上海在留日本企業の構成とその特徴

　ではつぎに，形成された上海日本人居留民社会の構成と内実を検討しよう。

　表6-2は，外務省通商局『海外各地在留本邦人人口表』にもとづき，在留日本人本業者の職業別・産業別構成をいくつかの年次について一覧したものである。

　産業別構成をみると，まず第一に，商業部門の比率が1917～23年約40％，1928～39年60％前後（42年54.6％）と，かなり高いことが注目される。ただし商業区分には「会社員・銀行員・商店員」も入っており，紡績業など商業以外の産業従事者も含めた実際より高い比率となっている。それを踏まえて知りえることは，ひとつには，物品販売業やサービス業（理髪店，飲食店等）その他の商業など零細資金にもとづいた業種の従業者が大きな比重を占めていることである。手元資金の零細な女性渡航者の場合は，家事被傭人や芸妓や酌婦その他の業種に吸収されたものと思われる。これらの層の多くは，居留民社会における土着派の有力な一端をなすものといえよう。さらにもうひとつ指摘しうるのは，1928年以降の商業部門増大の主要因をなしている会社員・銀行員・商店員の増加は，20～30年代における大企業・有力企業の進出の活発化を反映しており，日本人居留民社会において会社従業員などの比重が次第に重きをなしていくことである。これは，当初の在華紡など民間企業従業員らの増加から，日中戦争以降は公官吏や鉄道従業員など国策会社の新設・拡大によるものへ変化してゆくことを示すが，土着派が量的主力をなした居留民社会が大きく変容していることがうかがえよう。

　次いで第二に，工業部門はほぼ10％程度の比率を占めているが，1930年代半ばまでは従業者数（工業に従事する労働者は，雑多な職種からなる「工業労働者」を除いてここには含まれていない）はそれほど増加していない。また，工業の内容も若干の紡織工業などを除いて小規模工場が多く，手工業的色彩を有するものもかなりを占めていた。さらに，時期的特徴をみると，1920年代半ばから30年代半ばの時期は，工業者数は伸びておらず，紡績を除く日本の製造工業進出の中心を担った雑貨工業類の進出が停滞的であることが

表6-2 上海在留日本人職業別人口の動向（本業者数）

職業	職業別人口（人、％）											
	1917.6	比率	1923.10	比率	1928.10	比率	1936.10	比率	1939.10	比率	1942.10	比率
総数（男・女）	13,381	—	16,760	—	26,577	—	23,672	—	51,093	—	90,442	—
本業者数	4,486	100.0	8,657	100.0	13,562	100.0	12,431	100.0	26,642	100.0	41,586	100.0
農林・園芸・水産・鉱業　小計	16	0.4	20	0.2	57	0.4	41	0.3	73	0.3	439	1.1
工業　小計	575	12.8	1,083	12.5	669	4.9	962	7.7	3,023	11.3	4,677	11.2
窯業（陶磁・硝子・煉瓦等）	6		15		11		25		11		23	
機械器具	2		15		13		25		116		412	
金属工業（含鍛冶・鉄工等）	2		18		21		14		98		*	
化学工業（石鹸・燐寸・護謨等）	3		11		6		22		105		143	
繊維工業	4		9		19		15		440		1,118	
飲食料・嗜好品製造	25		5		39		121		289		329	
被服・身廻り品製造	113		131		150		190		176		283	
紙・木・竹・皮革・装飾品	43		32		32		51		122		259	
洗浴・染色・洗濯	24		40		26		55		156		272	
製版・印刷・製本	21		47		35		32		81		119	
土木建築業	14		32		28		37		347		614	
大工・左官・石工・ペンキ・木挽	54		115		54		46		257			
瓦斯・電気・天然力利用業					14		18		78		364	
その他の工業（含特記なき職人、細工職）	46		96		24		36		149			
工業労働者	250		249		165		211		559		764	
商業　小計	1,782	39.7	3,356	38.8	8,141	60.0	7,729	62.2	16,781	63.0	22,703	54.6
物品販売（卸・小売、合仲買商）	556	12.4	705	8.1	1,470	10.8	1,297	10.4	907	3.4	829	2.4
貿易業	28		102		214		187		501		773	
金融・保険業（含質・金貸・両替・為替）	9		30		32		32		46		105	
媒介・周旋業	7		6		62		151		15			
行商・仲買・用達商	53		120									
物品賃貸・預り（含倉庫業・家屋賃貸）			8		18		2		11			
会社員・銀行員・商店員	545	12.1	2,093	24.3	5,078	37.4	4,418	35.5	12,711	47.7	18,367	44.2

	A		B		C		D		E		F	
旅館・料理・遊技場・貸席他	87		111		179		165		420		1,332	
芸妓・娼妓・酌婦他（含技芸嫂業）	214		502		628		1,062		1,770			
理髪・髪結・浴場業	94		191		140		185		130			
その他の商業	7		38		370		230		270		1,004	
運輸業　小計	31	0.7	107	1.2	211	1.6	263	2.1	1,399	5.3	4,176	10.0
郵便・電信・電話従業者	15		29		4		–		129		704	
鉄道従業者（含労働者）	–		–		–		–		270		1,821	
船舶従業者	7		41		113		153		502		876	
運輸取扱（含通関・運搬夫・仲仕）	9		27		78		79		126		390	
馬車・自動車運転手	–		13		16		31		372		385	
公務および自由業　小計	411	9.2	622	7.2	1,170	8.6	1,495	12.0	2,726	10.2	4,804	11.6
官公吏・外国傭兵	122		148		323		552		1,335		2,199	
陸海軍人	–		3		4		42		32		*	
教育・宗教	56		86		179		207		311		739	
医務（医師・獣医・看護婦他，含按摩）	170		203		390		356		474		715	
法務	4		12		12		8		25		29	
新聞雑誌記者（含著述業）	54		92		104		160		224		416	
その他の自由業（含芸術・写真師・通弁等）	5		78		158		170		325		735	
家事使傭人（含料理人）	1,081	24.1	1,088	12.6	898	6.6	330	2.7	595	2.2	568	1.4
その他の有業者，雑業	48	1.1	280	3.2	471	3.5	426	3.4	802	3.0	1,607	3.9
学生・練習生	331	7.4	443	5.1	649	4.8	350	2.8	584	2.2	1,406	3.4
無職業および不明者	365	8.1	250	2.9	1,241	9.2	781	6.8	661	2.5	1,206	2.9
参考：台湾籍者総数（男女）	253	–	388	–	553	–	–		–		3,021	–
：朝鮮籍者総数（男女）	279	–	611	–	659	–	–		–		5,235	–

注：
1）台湾籍・朝鮮籍者は除く。
2）職業区分および産業区分は、上記「職業別人口表」中の区分によった。ただし調査年次により項目や区分が異なるためいくつかの職業項目は便宜上統合して表示した。なお、*印の金属工業は、機械器具、*印の金属工業、*印のその他工業に含まる。
3）「その他の工業」、「その他の商業」等は、職業別人口表の記載項目によるもの（表出していない項目の人数の総和ではない）。
4）繁遊業小計、商業小計などは、「職業別人口表」に記載された各職業項目の人数を産業別に集計したものであり、表出していない職業項目も含む。総数中には視

出典：外務省通商局『海外各地在留本邦人（職業別）人口表』各年次。1942年は上海日本商工会議所『上海在留邦人（職業別）人口表』第25、1942年度。

わかる。上海市場への中小工業進出は停滞していたといえよう。これに対し，日中戦争以後になると工業者の進出は急増している。そこには建築ブームによる土木建築業や大工・左官業などの増加も含まれるが，繊維，機械器具，食品等各種の工業が日本の支配力強化とともに上海に流入していることがわかる。

　そして第三に，公務および自由業についてみると，これも全体の10％前後の比重を占めている。ここでは，官公吏や教育関係，医務関係が主な業種となっているが，日中戦争以後においては，官公吏の増加が著しい。運輸業中の鉄道従業者の急増も関連するが，1938年の中支那振興株式会社設立など国策主導的上海進出の推進によるものである。

　さらに最後に，雑業やその他の有業者・商工業者，不明者など不安定で周縁的業務に携わる人々が6〜10％程度存在していることを指摘できる（無職を含む）。ほとんどが女性である先述の家事被傭人もこれに加えることができよう。これらの人々は，居留民社会の底辺をなす存在であるが，徒手空拳の渡来者とともに激しい競争や度重なる排日貨などにより店を閉鎖せざるをえなくなった小営業者などもそこに滞留していたものと思われる。

　以上，職業別人口構成の面から日本人居留民社会をみてきたが，雑多な中小規模の商工業者が大きな比重を占めており，彼らが土着派と呼ばれる存在であったといえよう。それは，1930年代とりわけ日中開戦以後において構成的比重を低下させるとはいえ，一貫して日本人居留民社会を特徴づけていたのである。さらに資本規模や経営規模にもとづく進出資本の構成についてもふれておく必要があるが，外務省の本職業別人口調査では不明であり，次節で一定程度の検討を行うこととしたい。

2　「土着派」居留民零細層の動向と特質

(1)　上海進出日本企業・日本人業者の動向——規模別概観

　本節では，土着派零細層の検討を行うが，それに先立って，まず上海進出

表6-3　上海在留日本企業の従業者規模別趨勢（企業数：1916～1942年　暫定値）

従業者規模	1916.12	1920.2	1922.4	1925.4	1927.2	1930.1	1932.12	1936.11	1940.7	1942.7
1人	553	573	712	997	971	879	1,009	908	2,088	2,442
	73.9%	59.0%	66.5%	78.4%	69.5%	60.2%	63.4%	58.5%	63.9%	64.2%
2～4人	677	823	905	1,216	1,231	1,285	1,420	1,364	2,732	3,094
	90.5%	84.7%	84.6%	89.3%	88.1%	88.0%	89.2%	87.9%	83.6%	81.3%
5～9人	46	87	103	91	98	109	110	115	290	367
	6.1%	9.0%	9.6%	6.7%	7.0%	7.5%	7.0%	7.4%	8.9%	9.6%
10～29人	21	48	53	37	51	46	44	55	175	235
	2.8%	4.9%	5.0%	2.7%	3.7%	3.2%	2.8%	3.5%	5.4%	6.2%
30～49人	1	9	4	7	8	7	7	9	28	33
	0.1%	0.9%	0.4%	0.5%	0.6%	0.5%	0.4%	0.6%	0.9%	0.9%
50～99人	2	2	2	6	4	8	5	4	22	33
	0.3%	0.2%	0.2%	0.4%	0.3%	0.5%	0.3%	0.3%	0.7%	0.9%
100～299人	1	3	3	4	4	4	3	4	17	22
	0.1%	0.3%	0.3%	0.3%	0.3%	0.3%	0.2%	0.3%	0.5%	0.6%
300人～	0	0	0	0	1	1	1	1	2	3
	0.0%	0.0%	0.0%	0.0%	0.1%	0.1%	0.1%	0.1%	0.1%	0.1%
総計	748	972	1,070	1,362	1,397	1,461	1,592	1,552	3,266	3,805
	100.0%	100.0%	100.0%	100.0%	100.0%	100.0%	100.0%	100.0%	100.0%	100.0%
外国人従業者	4	5	5	4	13	47	12	21	204	323
外国人企業者	1	1	1	2	0	2	1	10	83	298
備考：（月日）	6.30	6.30	6.30	10.1	10.1	10.1	10.1	10.1	1.1	1.1
在留日本人本業者	4,486	8,195	9,181	10,300	13,998	—	—	12,431	35,164	41,586

注　：1）集計の基準と留意点については，本文注9）「集計基準」参照。
　　　2）上記集計数値については，暫定値とする。集計作業は，各個人レベルで重複者があり，誤字・脱字などもあって，数回の確認作業毎に修正が生じ確定できない。規模別概況を把握するための集約であり暫定値とした。
　　　3）上記の従業者数1の企業には日本国内企業の支店・出張所などの責任者のみを置いている企業も相当数あり，一概に自営的とはみなせない。他方で浮沈の激しい零細自営企業の動向も年度毎の名簿には十分反映しない。
出典：島津長次郎『支那在留邦人人名録』第7版（『上海漢口青島案内』），第11，第13，第16，第18，第21，第24，第28，第30，第32各版より集計。なお,在留日本人本業者数は外務省通商局『海外各地在留本邦人職業別人口表』各年次。

　日本企業・日本人商工業者の動向を規模別に概観しておきたい。

　表6-3は『人名録』第7版～第32版掲載の上海進出日本企業（以下自営的零細業者も含め便宜上企業，商工業者等と表記）を抽出し従業者規模別に集計したものである。『人名録』の集計は経営主と従業員を分別しておらず不十分であるがそれにしたがった。なお，従業者規模の基準や集計上の処理方法は，注9）に別記の通りである[9]。

　まず全般的の動向をみると，日露戦争後増大しはじめた在留日本人数は，第

一次大戦期の好況を経てさらに増加の趨勢を示しており，進出企業総数も1916年748から22年1,070，25年1,362とこの間に急増している。その傾向は，5.30事件を経た1920年代半ば以降になると停滞する（ⅰ・ⅱ期）。そして第一次上海事変から1930年代前半には企業総数はほとんど増加していない（ⅲ期）。再び上昇に転ずるのは日中戦争開戦後の時期であり，1940年では開戦前の2倍を超えるほどの急増を示している（ⅳ期）。

上記の過程を規模別構成の面からみると，年次により変化はあるとはいえ，全期間を通じて，従業者1名の自営業的企業が約3分の2を占めている。これに対して，5〜30名未満企業は約10％，30名以上は1％程度にすぎず，量的には日本人進出の主力がこれらの中小商工業者であることを物語っている。大戦後の好況期に中堅層企業の比重がやや拡大するが，この時期日本国内の有力企業がこぞって上海進出を行っていることを反映したものといえる。同様に，日中戦争開戦後の時期にも従業者30〜50名および50名以上の中堅ないし有力企業が相当進出しており，日中戦争開戦後の企業進出が従来と段階を画するものであることを示している。なお，開戦以後においては，それまでわずかであった朝鮮籍，台湾籍および中国籍者が増加している点も着目しておきたい。

(2) 零細中小商工業者の展開と特徴──流動と土着化

表6-4は，零細自営業層の動向を個別経営レベルで把握するために『人名録』に掲載された従業者1名企業を名簿順（イロハ順）にしたがって150社（1916〜20年初出店）をサンプル抽出しその後の動向を一覧したものである。以下本表により，土着派下層の主要部分をなす零細自営業層の動向を時期を追っていきたい[10]。

ⅰ）第一次大戦期（1916年版→1920年版・22年版）

1916年版掲載の表出サンプル企業112社は，大戦好況の波に乗った後（1918年時点で3店閉店），戦後恐慌を経た22年においては72社（64.3％）が経営を持続しており，37社（33.0％）が閉店している（ほかに不明3）。大戦好況のなか開業した中小商工業者の約3分の1が戦後恐慌などにより淘汰され

表6-4　上海日本人中小経営　各店別動向（1916～1942年）

番号	店　名	代表者	業　種		1916.12		1920.2		1922.4		1925.4		1927.2	
1	伊藤商店	伊藤一郎	A	雑貨商	○	1	△海洋社社員		◎伊藤事務所	1	◎同左	1	◎同左	1
2	伊藤慎	伊藤慎	A	骨董商(尚古会)	○	1	×		×		×		×	
3	伊東足袋店	伊東栄吉	F	足袋製造販売	○	1	—		—		○	1	○	1
4	伊東靴店	伊東松次郎	F	靴製造販売業	○	1	×		×		×		×	
5	伊三商行(辻洋行)	辻伊三郎	A	メリヤス雑貨	○	1	○辻洋行	1	○同左	1				
6	伊勢屋	為政恒夫	G	質・保険業	○	1					◎為政薬房	1	◎同左	2
7	今川理髪店	今川金次郎	C	理髪店	○	1	○	1	×		×			
8	今村骨董店	今村鼎	A	骨董商(尚古会)	○	1	○	1	×					
9	今宮商店(今宮清芳園)	今宮清次	A	呉服・小間物	○	1	○	1					◎今宮徳芳園	1
10	入船	中村作太郎	D	そば・すき焼き	○	1			○中村俊一		○同左	1	○同左	1
11	入潮	安田シカ	D	そば・すき焼き	○	1			○	1	●太田真一	1	●同左	1
12	生田	生田松造	A	骨董商	○	1	×				×			
13	生花商店	植村久吉	A	金属宝石商	○	1	○料理店	1	○同左		×			
14	いかり	猪狩吉次	D	すし・仕出	○	1			○	1	○	1	○	1
15	いろは	深堀茂作	D	小料理店	○	1			○	1	○	1	○	1
16	いそべ	磯野栄之助	D	すし・仕出	○	1	×				○	1	○	1
17	一徳会(舎)	広崎春吉	F	靴製造	○	1			○	1	○	1	○	1
18	(出光)至誠堂	出光衛	C	新聞取次業	○	1			○	1	○	1	○	1
19	泉古玩店	泉富哉	A	骨董商(尚古会)	○	1					—		—	
20	怡豊洋行	豊田嘉市	B	織物・雑貨輸入	○	1	△宝洋行							
21	井上写真店	井上重雄	C	写真館	○	1						1	○井上明	1
22	井上下宿屋	井上キク	C	下宿業	○	1			—		×			
23	井手産婆	井手禮喜	C	産婆業	○	1			○	1	○	1	○	1
24	岩本写真館	岩本真由	C	写真館	○	1			○	1	×		●町田泰蔵	1
25	岩永理髪店	岩永重松	C	理髪店	○	1			×		×		×	
26	岩崎京染(呉服)店	岩崎万吉	A	京染・洗張・呉服	○	1			○岩崎京染店		○中井武一郎	1	○同左	4
27	岩崎競売所	岩崎福二郎	A	競売業	○	1			○	1	×		×	
28	岩佐商店	岩佐岩吉	A	鶏卵・砂糖商	○	1			○	1	○	1	○	1
29	池田洋行	池田清秀	F	帽子製造販売	○	1			○	1	○	1	○	1
30	池田洋行	池田清之助	B	度量衡輸出入	○	1			○	1	○	1	○	1
31	池田屋商店(雑貨店)	池田エン	A	雑貨・陶磁器・荒物	○	1	○池田順一	2	○同左	2	○同左	1	○同左	1
32	池上洋行	池上マサノ	A	雑貨・履物商	○	1			×		×		×	
33	石田雑貨店	石田興助	A	雑貨・食料品商	○	1			○	1	○	1	○	1
34	石川洋行	石川兼吉	A	洋雑貨商	○	1	○田中英三	1	×		×			
35	石橋洋服店	石橋米吉	A	洋服店	○	1			○	1	○	1		2
36	稲森洋行	稲森久太郎	G	人造石製造,建築請負	○	1			○	1	○	1		1
37	維真製綿公司	山岡良人	E	製綿業	○	1	△上海工商		○同左		△同左		×	
38	老爺堂	山本巴江	C	貸本業	○	1			○	1	○	1	○	1
39	六三亭	白石六三郎	D	料理店	○	1			○	1	○	1	○	1
40	六三園	白石六三郎	D	料理店	○	1			○	1	○	1	○	1
41	馬場商店(洋行)	馬場寿八郎	B	食料品輸出入	○	1			○	1	○	1	○	1
42	馬場畳店(日の出畳屋)	馬場弥作	F	畳店	○	1	—				○	1	○	1
43	浜田商店	浜田広吉	A	翡翠・呉服商	○	1			○	1	○	1	○	1
44	浜忠靴店	浜崎忠平	F	靴製造販売	○	1			○	1	○	1	○	1
45	浜吉	木村清之助	D	料理店	○	1			○	1	○	1	○	1
46	浜松屋	勝崎鍬吉	C	口入業	○	1			○	1	○	1	○	1
47	春駒	森春逸	A	菓子商	○	1			○	1	×		×	
48	春駒支店	森春逸	A	菓子商	○	1			○	1	×		×	
49	春の家	谷尾エツ	D	料理店	○	1			○	1	○	1	○	1
50	晩翠軒	永野元彦	B	輸出入貿易	○	1	○	1	○	1	○	4	○	4

1930.1	1932.12	1936.11	1938.4	1942.7	備考
◎同左 1	◎同左 1	◎渡辺義雄 1	◎伊藤事務所 1	×	1920年は海洋社社員，22年伊藤交渉事務所開業
×	×		×	×	
—	○ 1	○伊藤イチ 1	○同左 1	×	1922～25年，1930年は継続と推定
×	×	×	×	×	
×	×	×		×	1920年辻洋行に改称
◎同左 2	◎同左 2	◎同左 ?	×	◎ 1	1925年為政薬房に転換，42年為政洋行（保険）は再進出?
×	×	×		×	1922年は継続と推定
×	○ 1	×		×	1925～31年上海在留の有無不明
○今宮利久 1	◎同左 1	●松田ミツ 1	●同左 1	●久津間栄蔵 1	1927年今宮清芳園（茶商）に転換，36年松田ミツ
○同左 1	◎同左 1	×			1922年経営主交代（中村俊一）
●同左 1	●同左 1	×			1922年経営主交代（太田真一）
×	×	×			
○ 1	◎カフェいかり 1	○猪狩ウキ 1	○同左 1	●藤田元喜 1	1932年カフェに転換，1936年猪狩ウキ，42年藤田元喜
○ 1	●平原三雄 1	●◎カフェナイル 2	◎○同左 2	●○平原フキ 1	1932年平原三雄，1936年カフェに転換，42年平原フキ
×	×	×	×	×	1917年秋閉店
○ ?	○ 1	○ 1	◎ 1	×	1938年飲食店に業態転換
○ 8	○ 9	○ 12	○ 7	○ 1	
×	×	×	×	×	1925～30年一時帰国または継続，38年水野洋行開業
×	×	×	×	×	1920年宝洋行店員
○同左 1	○同左 1	×		×	1927年井上明
○ 1	○ 1	×		×	1932年開業の井上館（本庄音吉）とは別企業
●同左 1	●町田写真蔵 1	●同左 1	●同左 1	●同左 1	1927年町田泰蔵に移譲，32年町田写真館に改称
○同左 3	○同左 8	○同左 7	○同左 7	○同左 9	叔父（岩崎）死亡で1916年から中井が継承。呉服店併営
○ 1	○ 1	×	×	×	
×	×	×	×	×	
×	×	×	×	×	
○同左 1	○同左 1	○池田政一 1	○同左 5	○池田エン 10	
×	×	×	×	×	
×	×	×	×	×	上海市場組合
×	×	×	×	×	
○石橋末吉 4	○同左 1	○同左 1	○同左 1	○同左 2	1930年石橋末吉
○ 1	○ 1	○ 1	●奥谷喜作 1	●同左 1	1938年奥谷喜作
×	×	×	×	×	1920～25年上海工商公司勤務，25年以降不明
○ 1	○山本貸本店 1	×			1932年改称（経営責任者は山崎キヨ）
○ 1	○ 1	○白石耀一郎 1	白石英 1	○同左 1	1932年白石耀一郎，38年白石英
○ 1	○ 1	○白石耀一郎 1	白石英 1	○同左 1	1932年白石耀一郎，38年白石英
○ 1	○ 1	—		○馬場トサ 1	
○ 1	○ 1	△馬場忠蔵	×	×	1920～22年は継続?1936年は上海畳同業組合（共同化）
○ 1	○ 1	×	○ 1	○ 1	
○ 1	○ 1	×	×	×	
○ 1	○ 1	×		×	
○ 1	○ 1	×		×	
×	×	×		×	
●平湯卯八 1	●同左 1	×	×		1930年平湯卯八（もと初音経営）
○ 1	○ 3	○ 1	○ 1	○	

No.	店名	氏名		業種					
51	晚香堂薬房	織田　清	A	売薬・薬種業	○ 1	○ 1	○ 1	○ 1	○蘆慶次郎 1
52	八千商会	森　八輔	A	写真材料商	○ 1	○ 1		○ 2	○慶次郎 1
53	早ずし	石田とり	D	すし店	○ 1				○ 1
54	初音	平湯卯八	D	小料理店	○ 1	●内藤光 1	○同左 1	●同左 1	×
55	林建築事務所	林雄吉	G	建築請負業	○ 1	○ 1	○ 4	○ 1	◎林雄公司 3
56	林田理髪店	林田正則	C	理髪店	○ 1	×	×	×	×
57	梅月	勝又文一	A	菓子商	○ 1	○勝又富平 1	○同左 1	○同左 1	○同左 1
58	原山商店	原山　高	A	呉服・古着商	○ 1	×	×	×	×
59	バル写真館	毛受嗣素	C	写真館	○ 1	9	○ 2	○ 2	○ 1
60	日本ペイント出張所	和田寿夫	C	塗装材料	○ 1	×	×	×	×
61	日本歯科商社支店	高橋諶之助	A	歯科器機販売	○ 1	○ 1	○ 1	○ 1	○ 1
62	日清商会	高橋幸次郎	A	食料品商	○ 1	×	×	×	×
63	日東洋行	福田隆治	A	小学校文具店	○ 1	●酒勾郡入泉 1	●同左 1	●同左 1	●同左 1
64	日光写真館	光吉鹿市	C	写真館	○ 1	3	◎松崎柳之助 1	●同左 1	●同左 1
65	日々新報社	中村蘆舟	G	漢字新聞	○ 1	◎華洋商事 1	◎同左 1	◎同左 1	◎同左 1
66	日新貨舗	児玉新二郎	A	炭・石炭商	○ 1	×	×	×	×
67	日進堂	木下　繁	E	製本業	○ 1		○ 1	×	×
68	西田布袋堂	西田多吉	C	按摩業	○ 1	×	×	×	×
69	西川洋行	西川（岡田）保之助	A	洋品・雑貨商	○ 1				○ 1
70	西川洋行支店	西川（岡田）保之助	A	洋品・雑貨商	○ 1	×	×	×	×
71	西川洋行	高松ツネ	A	雑貨・化粧品商	○ 1	×	×	×	×
72	西畑洋行	西畑茂一郎	B	輸出入業	○ 1	×	×	×	×
73	西之洋行	西之正二	B	雑貨輸出入	○ 1	×	×	×	×
74	西理髪店	西　幸吉	C	理髪店	○ 1	×	×	×	×
75	新美洋行(工場)	新美彦三郎	E	製綿業	○ 1	○ 1	×	×	×
76	新美洋行(販売部)	朝岡明逸	A	製綿販売	○ 1	×	×	×	×
77	にぴき	平島ハマ	C	料理・仕出	○ 1	○平島由太郎 1	○同左 1	○同左 1	○同左 1
78	本田巧文堂	本田政吉	E	印刷業	○ 1	×	×	×	×
79	本郷洋行	本郷管彦	A	洋服店	○ 1	1	△郵便受継所		
80	堀三商行(薬房)	堀　三吉	A	売薬, ガラス器	○ 1	○ 1	○ 1	○ 1	○ 1
81	堀本製革所	堀本義三郎	E	製革業	○ 1	○ 1	○ 1	○ 1	○ 1
82	豊陽館(ホテル)	米田藤吉	C	旅館業	○ 1	○ 4	○ 6	○ 1	○ 1
83	宝慶洋行	多田亀太郎	B	綿製品輸出入	○ 1	×	×	×	×
84	宝来屋	岡崎又蔵	C	下宿業	○ 1			●古原徳太郎 1	●同左 1
85	東洋館	稲崎珀治	C	旅館	○ 1			○ 1	○ 1
86	東京庵	高木多吉	D	そば店	○ 1			●高橋亀吉 1	●同左 1
87	宝山玻璃廠	角田芳太郎	E	ガラス製造	○ 1		10	○ 8	13
88	東滬洋行	(東亞公司)	E	雑貨商	○ 1	×	×	×	×
89	東和洋行(東亞ホテル)	辻源助	C	旅館業	○ 1	4	●古賀末蔵 1	○同左 7	●古賀ツキ 6
90	東和活動写真	辻源助	C	映画館	○ 1	?	○ 1	○辻源太郎 2	○ 2
91	東進洋行	簱　タマ	E	ガラス瓶製造	○ 1	○簱福松 1	○同左 1	○ 1	○同左 1
92	東進洋行支店	山本猪太郎	E	ガラス瓶製造	○ 1	×	×	×	×
93	東豊公司(洋行)	岡本政次郎	G	貨物運輸業	○ 1	×	×	×	×
94	東華洋行	古市建太郎	E	腿帯子製造	○ 1	○ 2	×	×	×
95	東洋牛痘館	綿貫與太郎	E	牛痘製造	○ 1	○ 2	×	×	×
96	東洋旅行案内所	中込久吉	C	旅行案内業	○ 1	×	×	×	×
97	東洋汽船出張所	?	G	航運代理店	○ 1	×	×	×	×
98	東洋生命代理店	松本樹二	C	保険代理店	○ 1	◎松本商店 1	◎同左 2	◎同左 2	◎同左 3
99	東肥号	浦類太郎	A	靴製造販売業	○ 1	○ 5	○ 2	○浦不二次 1	○同左 1
100	東華精米(山口商会)	山口新松	A	精米・砕籾, 籾輸入	○ 1	○山口商会 2	○同左 9	○山口隆弘 9	●西公禮太郎 10
101	東光洋行	辻虎次郎	A	雑貨・電気器具商	○ 1			○ 1	○ 1
102	東新洋行	小竹清三郎	A	綿糸・雑穀取扱	○ 1		○ 3	○ 2	○ 1
103	東淡洋行	水木房吉	A	缶詰・洋酒取扱	○ 1	○ 1	○ 1	○ 1	○ 2

○ 1	○ 1	○ 1	○ 1	○ 1	
○同左 1	○同左 1	○同左 1	○同左 1	○同左 1	1930年森慶次郎
●柴田リエ 1	●徳野小次郎 1	○同左 1	●徳野マキ 1	×	1932年柴田リエ（店勤務）, 36年徳野小次郎, 38年マキ
×	×		×	×	1920年内藤光
◎同左 1	◎同左	◎同左 1	◎同左 1	◎同左 1	1925年頃林雄公司（貸家業）に改編
×	×		×	×	
○勝又ます 1	○同左 1	○同左 1	○同左 1	○同左 1	1920年勝又富平, 30年勝又ます。30年以後支店設置
×	×		×	×	
○ 3	○ 3	○ 3	×	×	1920年の8名は一時的在籍者？
×	×		×	×	
○ 1	○ 1	○ 4	○ 2	○ 3	
×	×		×	×	
●酒匂ツタ 1	×	×	×	×	1917年秋酒匂都久哉に経営移譲, 30年酒匂ツタ
×松崎洋行	×同左	×同左	×同左	×松崎誠三郎	1922年松崎柳之助, 30年以降は松崎洋行のみ維持
◎同左 1	◎同左 1	◎同左	◎同左 1	◎同左 1	1917秋～32年, 中村は華洋商事交渉代弁所を開設
×	×		×	×	
×	×		×	×	
○ 1	×	×	×	○ 1	1942年はクリーニング・洋傘修理。場所移動
×	×		×	×	
×	×		×	×	
×	×		×	×	
×	×		×	×	
×	×		×	×	
×	×		×	×	
○同左 1	○同左 1	×	×	×	1922年平島由太郎
×	×		×	×	
×	×			×	1922年北四川路郵便受継所
●樋口佐一 1	×	×		×	1930年樋口佐一
○ 1	○ 1	×		×	
○ 11	○ 2	○ 2	○ 2	○ 2	
×	×		×	×	
●古瀬弥市 1	●同左 2	●同左 1	×	×	1925年吉原徳太郎, 1930年古瀬弥市
○ 1	○ 3	○ 1	○ 1	○ 1	
●同左 1	●同左 1	●同左 1	●同左 1	●同左 1	1925年高橋亀吉
○ 25	○ 9	○ 6	○ 4	○ 4	北福洋行が経営, 1920年は工場主任のみ
×	×		×	×	東亞公司が経理
●同左 5	●同左 4	●有江君子 2	●同左 2	●同左 12	1922年古賀末蔵, 27年ツキ, 36年有江君子
○同左 3	−	●下里弥吉 7	●同左 12	●同左 11	1925年辻源太郎, 36年下里弥吉経営。38～42年は役員とも
○同左 1	○同左 1	×	×	×	1920年簸福松
×	×		×	×	
×	×		×	×	1917年秋鶴谷洋行行員
×	×		×	×	
×	×		×	×	
×	×		×	×	
×	×		×	×	
◎同左 2	◎同左 1	◎同左 7	◎同左 4	◎房江 5	1920年松本商店に改称・業転（海産物・食料品商）
◎同左 1	◎同左 4	◎同左 3	◎同左 5	○同左 2	1925年浦不二次
●同左 9	●同左 9	●同左 7	●同左 1	●同左 10	1920年改称, 電気設備取扱。山口病気引退で西谷が継承
○ 2	○ 1	○ 1	○ 1	○辻正俊 1	
○ 2	○ 1	○ 2	○ 1	○ 2	1942年の従業者数は41年のもの
○ 1	○ 1	×	×	×	1930年は継続と推定（前後期同一住所）

No.	店名	人名	業種	業種内容									
104	東語	余語弥一	D	料理店	○	1	○	1	○	1	○余語精一	1	○同左	1
105	藤柳洋行	藤井彦太郎	B	工業材料取扱	○	1	○	4	○	3	○	5	○	5
106	徳川(高木)商会	高木熊蔵	A	艦船売込商	○	1	○	1	●森本美正	1	●同左	1	×	
107	富屋	池田利作	A	酒類・食料品商	○	1	○	1	○	1	×		×	
108	富永錠太郎	富永錠太郎	A	金銀細工商, 呉服	○	1	○	1	○	1	×		×	
109	常盤館(舎)	常盤ツキ	C	旅館業	○	1	○	6	○	6	○	2	○	2
110	豊臣洋行	森鹿蔵	A	古道具商	○	1	○	1	×		×		×	
111	友永虚明軒	友永伝次郎	A	骨董商(尚古会)	○	1	○	1	○	1	×		×	
112	同茂洋行(同茂号)	藤井辰之助	A	帆布・船具商	○	1	○	1	○	1	×		△綿布組合	
113	井口洋行	小西保雄	G	船舶仲立業	○*	1	×		×		×		×	
114	怡昌洋行	秋吉源二	A	ガラス商	○*	1	×		×		×		×	
115	磯の家	?	D	料理店	○*	1	×		×		×		×	
116	石田理髪店	石田亀太郎	C	理髪店	○*	1	×		×		×		×	
117	六角洋行	壇辻光義	C	造花・口入業	○*	1	×		×		×		×	
118	博愛看護婦会	中村美津	C	看護婦・産婆派遣	○*	1	×		×		×		×	
119	本田商店	本田仁八郎	A	鮮魚商	○*	1	○	1	○	1	○	1	○	1
120	長谷川洋行	長谷川佳平	B	輸出入, 信託業	○*	1	○	6	○	4	○	3	○	3
121	日磁洋行	中島種次郎	B	陶器輸出入	○*	3	○	2	×		×		×	
122	豊昌洋行	川島常喜	A	綿布・雑貨商	○*	1	×		×		×		×	
123	一志洋行	森本義雄	A	靴鞄材料	×		○	1	○	1	○	1	○森本久次郎	2
124	伊藤商店	伊藤亀八	A	牛肉販売商	×		○	1	○	1	－		×	
125	池田桃川	池田桃川	G	新聞通信員・記者	×		○新愛知他	1	△報知新聞		△上海日々		△著述業	
126	怡信洋行	奥居燿	B	工業品等輸出入	×		○	1	○	1	－		○大順洋行	1
127	今村回漕店	今村幸三郎	G	通関・運送	△運送公司		○今村商店	1	○同左	1	○同左	1	○同左	1
128	井上洋服店	井上與治	A	洋服店	×		○	1	○	1	○	1	○	1
129	石井産婆	石井育子	C	看護婦・産婆派遣	×		○	1	×		×		×	
130	池田洋行	池田梅吉	A	果物輸出入	×		○	1	×		×		×	
131	威新洋行	井上新次	A	輸出入仲介業	×		○	1	×		×		×	
132	畑清太郎商店	畑清太郎	A	綿糸仲立業	×		○	1	○	1	×		×	
133	早川洋服店	早川清	A	洋服店	×		○	1	×		×		×	
134	濱寿司	林(細井)定	D	すし店	×		○	1	○	1	○	1	×	
135	馬場商店	馬場秀吉	F	シャツ仕立	×		○	1	×		×		×	
136	バリスターコーヒー	上田省三	F	コーヒー販売	×		○	1	×		×		×	
137	日華貿易	伊沢辰亮	B	海産物取扱	×		○	1	－		●山本千代吉	3	○同左	3
138	日昌実業(東昌公司)	大岡延時	A	皮革商, 輸入業	×		○	1	○東昌公司	7	○同左	5	△颯上青年会	
139	日昇堂薬房	岡島永三郎	A	薬局	×		○	1	●堀義之助	4	○森沢清太郎	4	○同左	5
140	日昌洋行	難波義造	F	靴・行李製販売	×		○	1	×		×		×	
141	西岡商店(西岡)	西岡喜平	A	酒類・食料品商	×		○	1	×		×		×	
142	日支公司	松尾瀞	A	紫檀細工製造販売	×		○	1	●高橋兼太郎	1	●同左		●同左	2
143	二力屋	藤斉	C	下宿業	×		○	1	×		×		×	
144	東洋燐寸(蟹生火柴)	植田賢次郎	E	マッチ製造販売	×		○	1	○	1	－		○	1(9)
145	東洋鶏卵合資	中島雄次郎	A	鶏卵輸出入	×		○	1	○	4	●山根藤治	6	○同左	5
146	東来洋行	漆間孫六	A	雑貨・食料品商	×		○	1	○	1	×		×	
147	巴屋	富永輝	A	履物商	×		○	1	○	1	○	1	●松永巽太郎	1
148	鳥信(市場商店)	坂本信太郎	A	雑貨・食料品商	×		○	1	○	1	×		×	
149	徳成洋行	岡本衛	A	空缶空箱商	×		○	1	○	1	×		×	
150	徳祥製缶合弁	岡村正一	E	製缶業	×		○	1	△宝山玻璃廠		×		×	

注 ：1) 表出店は，サンプルとして『人名録』第7版（1917年），同11版（1920年）掲載の従業者1名の零細商工業者を「イ」から「ト」まで順に抽出したものである。ただし，途中改称や元資料の段階における店名の誤読のためいくつか順番が前後する。なお，前後の状況から一時閉鎖・未提出など閉鎖とは考えられないケースは，「－」とし，開業にカウントせず。

2) 各年次欄の○印は営業継続（家族や親戚への移譲も含む），◎印は業態変化・事業転換，●印は経営移譲（知人等を含む），×印は事業廃止ないし停止，△印は開業前あるいは自店閉店後の他店勤務。

3) 業種欄A～Gは業種別分類。Aは物品販売（食料品・雑貨・洋服店・薬局・骨董等），Bは貿易（各種輸出入，含一部砂糖・鶏卵），Cはサービス（理髪・写真館・産婆・按摩・口入・下宿・旅館・映画等），Dは飲食店（料理・そば・すし・喫茶等），Eは製造工業（ガラス製造・燐寸製造・印刷

○同左 7	○同左 7	○同左 8	○同左 5	○同左 4	1925年余語精一。弥一は東興洋行（債券取扱）開業
○ 1	●滑川吉之祐 6	○同左 9	●同左 9	●剣持政夫 6	1932年滑川吉之祐, 42年剣持政夫
×	×	×	×	×	
×	×		×	×	
○ 2	○ 2	○常盤時尾 1	○同左 1	○同左 1	1936年常盤時尾
×	×		×	×	
○ 1	○ 1	○同左 1	○同左 1	○同左 1	
○ 1	×		○ 1	△毛織同業会	1927年上海綿布同業組合書記, 42年日本毛織同業会勤務
×	×		×	×	
×	×		×	×	
×	×		×	×	
×	×		×	×	
×	×		×	×	
○ 1	○ 1		12	○ 20	1938年虹口市場前にも店舗
◎長谷川事務所 1	◎同左 1	×	×	×	1930年業態変更。長谷川は28〜42年上海銀行取締役
×	×		×	×	
○同左 2	○同左 3	○同左 4	○同左 2	○同左 1	
×	×		×	×	1927年森本久次郎
△著述業	×	×	×	×	1925年は『人名録』記載漏れの可能性
					1920〜25年読売・上海日々等記者, 27年以後著述業
○同左 1	○同左	○同左 1	○同左 1	○同左 1	1925年は継続と推定。27年改称または大順との合併
○ 6	○ 5	○井上学 2	○近河松雄 1	●同左 1	1917年は捷運公司（華南）勤務, 20年開業
○ 1	×		○ 1	○ 1	1936年井上学, 38年近河松雄
×	×		×	×	
○ 1	○ 1		×	×	1925〜36年畑は長発公司取締役
×	×		×	×	
○ 1	×	○細井定 1	○ 1	×	1917年秋は継続と推定, 36年細井に改姓
×	×		×	×	
●同左 2	×	×	×	×	日華貿易上海支店, 1922年継続と推定
×					1922年東昌公司に改称
●同左 7	●同左 8	●同左 10	●同左 8	◎今井文良 9	1922年堀義之助, 25年森沢清太郎, 42年今井文良
○ 1	○ 1		○ 1	○ 1	
○ 1	◎ 1	○同左 1	○同左 1		1930年飲食業に業務転換
●高橋武雄 3	○同左 3	○同左 5	●高桑要次郎	●同左 3	1922年高橋兼太郎, 32年高橋忠雄, 38年高桑要次郎
×	×		×	×	1917年秋は継続と推定
○ 1(10)	△瑞華公司	△瑞華公司	×		東洋燐寸上海出張所, （ ）内は合弁の燧生火榮廠
●岡本忠孝 3	●岡本忠孝 2	−	−	●岡本忠孝 1	1936〜39年は継続？ 1925年山根藤治, 32年岡本忠孝
●柏原徳松 1	△山崎旅行案内所				1930年柏原徳松 (32年山崎旅行案内所), 漆垣は池田商店
●同左 2	○同左 1	●同左 1	●同左 1	●同左 1	1927年松本興太郎
○ 1	○ 1	○ 1	×	×	
×	×		×	×	
×	×		×	×	宝山玻璃廠工務部勤務

製本・製缶・牛痘製造等），Ｆは職人的製造業（靴・鞄・足袋・畳・帽子・シャツ・各種細工等），
Ｇはその他（金融・保険・運輸・通関，建築請負，新聞等）。

4）1917年の項の＊印は，1917年秋集計の第8版によるもの。

5）本表作成にあたって依拠した『人名録』は，本文にも記したように，一民間企業による調査のため，年次による掲載漏れや誤字・脱字が目立つ。それについては可能な限り店名・住所・本籍および人名索引等を参照して補整・補完した。

出典：前掲『支那在留邦人人名録』（以下『人名録』と略記）第7版，第8版，第11版，第13版，第16版，第18版，第21版，第24版，第28版，第29版，第32版。他に第19版，第30版，第31版，第34版も参照。一部，上海日本商工会議所『上海商工録』参照。

たといえる。またあわせて経営者交代（●印）も７店ほどみられる。理由は記載されていないが経営が順調でなかったものと推測されよう。ほかに業種転換（◎印）も４社あり，大戦後の激しい市場変動に対応して進出業者たちが経営維持のためにさまざまの営為を行っていたことがうかがえる。廃業した業者のなかには他店の従業員として上海に在留する例（No.1, 20, 37）もみられる。上記の変動は大戦期の好況に乗った中小商工業者進出の増大とその後の不況・恐慌による苦闘・廃業の状況を表すものといえよう。ついで，1918年初出店（1916年欄*印）および20年初出店をみると，18年初出店が戦後恐慌に直面するなか14店中の８店が20年にはすでに撤退している。

　これに対し1920年初出の店は28店中，22年までの閉店は８軒にとどまっている（ほかに経営者交代２，他店勤務１）。戦後恐慌を踏まえた進出であったことにもよるが，1920年代前半は，在華紡各社の本格的展開やそれに伴う日本人の増加も顕著であり，日本人向け中小業者らの営業基盤も拡大していたためと思われる。同時にその過程は，「共喰い商人」と呼ばれた，それほどの資本を要せずまた特別の知識や経験を必要としない零細業者の間での激しい競合によって不安定きわめて流動的な様相を呈していた。

　ではこれらの変動は，業種別にみると何らかの特徴を見出すことができるであろうか。1916年初出企業の22年時点での存続数を業種毎にみると，物品販売業（44→24），貿易業（９→５），サービス（22→14，業種転換１を含む──以下同），飲食店（13→11，業転１），製造工業（10→４），職人的製造業（７→４）となっている。飲食店関係を除いていずれの業種においても，撤退店の比率は５割前後と相当に高く，大戦好況期に進出した商工業者が戦後不況に直面し早くも店舗を閉鎖している姿がうかがえる。なかでも多くが零細資本に担われた雑貨，食料品，薬，洋具服，骨董などの物品販売業や理髪店，写真館，口入屋，下宿などのサービス業は絶えざる浮沈のなかにあったと思われる。

　また，相対的に資本規模の大きい貿易や製造工業においても撤退企業は多く，これらの分野においても大戦後の上海で経営を維持するのは容易でなかったことがわかる。製靴・製鞄・大工・畳等の職人的業種の場合，日本人需

要・中国人需要の濃淡で違いもあり分野としての特徴は明白ではない。

ⅱ）第1次大戦後～1920年代（1922年版→25年版・27年版・30年版）

次に，進出がやや鈍化する1920年代について，5.30事件の影響をも考慮しながら検討しよう。まず1922年版をみると，当初（20年時点）サンプル150社は95社に減少している（残存率63.3％，うち経営移譲7，業転4）。また，5.30事件直前の1925年版では85社に減少する（うち経営移譲12，業転4）。当初比では56.7％，22年比で88.5％の残存率である。概して2～3年の間に2割程度の小規模営業者が撤退を余儀なくされているといえる。店は続いていても経営者が変わるあるいは業種転換を図るなどしながら上海において日本人業者たちが絶えず流動し浮沈を繰り返しており，容易に定着化・土着化しえない姿が浮かび上がる[11]。

では，5.30事件とその後の排日貨運動でこれら中小商工業者はどの程度の影響を受けたのであろうか。

5.30事件直前の1925年における企業数は85店であるが，1927年の企業数をみると，84店（うち経営移譲13，業転5）で1店の減少のみである。25年版で不明ないし撤退とされた店の再出が4店あり撤退は4店であるが，店舗数だけでみるならばほとんど変動していない。換言すれば，5.30事件の事態は，意外にも自営的中小商工業者の経営をそれまで以上の困難に陥れるほどのものでなかったともいえる。それは事件が在華紡工場に起因し，地域的にも在華紡所在地区を中心に展開しており，虹口など多くの日本人が居住する地域への直接的影響が少なく比較的短期間で収束に向かったためと思われる。ただし，ここで検討の対象とした業者は，大戦以降5年から10年以上経営を維持しそれなりに営業基盤を固めてきた店でもあった。別の面でみれば，大戦後の1920年代半ばになると膨大な数の進出商工業者のうち営業を維持しえた店は，変動激しい上海市場において次第に定着化していたことをうかがわせる。

ところで，閉店撤退したり，経営を他に移譲した自営業者たちはその後どのような軌跡を辿っているのであろうか。『人名録』上での一時不掲載と思われる店を別とすると，1916年→30年の間で閉店が69店（転職再起のN0.1，

125の２店も閉店に含める），経営移譲16店，不明１である。経営移譲の場合は，多くが知人・縁者への移譲と考えられるが当初の起業者としては不本意の撤退でありそれらをも合算すると，サンプル150店中1920年代を通じて86の業者が撤退している（撤退率57.3％）。進出業者の６割に迫る撤退である。すでに指摘してきたように上海市場における諸変動と日本資本の零細性に規定された居留民社会の流動性を示すものであるが，ここでは，廃業した商工業者のその後の軌跡に焦点を定めると，『人名録』で廃業後の上海在留が確認できるのは，N0.1，20，36，79，125，144，150など極めてわずかなケースにすぎない。商店従業員の上海内部での他店への中途移動はしばしば行われており[12]，廃業した自営業者においても，実際の継続在留者は『人名録』で確認しうる者の数倍いると思われるが同書自体では撤退者の包括的追跡はできない。

　参考までに，後の時期になるが，山東出兵後の排日貨などで打撃を蒙った中小商工業者に対する「復活資金」（1928年貸付開始）の返済滞納者に関する1936年の状況報告をみると，借受者186人のうち，上海在留者125人，日本内地帰国者26人，満州ほか３人，行方不明者10人，死亡者22人となっている[13]。また，同様な第一次上海事変後実施の「復興資金」（1932年開始）についての1940年時点での滞納者調査では，死亡者134人，行方不明者154人，日本内地引揚者74人，満州・中国各地への移動者38人とされている[14]。調査時点が日中戦争開戦を間に挟んでおり，両者の数値にかなりの違いがあるが，経営不振や経営破綻に遭遇した中小商工業者の動向についていくつかの点は知りえよう。そのひとつは，経営の行詰まりのなかでも上海にとどまっている業者が相当に多いことである。救済資金を求めること自体事業継続の意思を前提にしているとはいえ，1936年の調査では，借受人（死亡者を除く）の約４分の３が上海に在留しており，日本帰国者は15.4％にとどまっている。また，1940年調査での行方不明者は，死亡者を除く未償還者の57.9％を占め，人数がきわめて多い。彼らのなかには経営破綻した後，雑業や「その他の商工業」など上海の日本人社会に滞留する者が多数いたものと思われる（他は日本引揚後行方不明になった者など）。そしてもうひとつは，事業閉鎖

による日本内地帰国者も相当数いることである。1936年はさきにみたが，40年調査では日本への帰国者は未償還者の27.8％と大きな比重を占めている。これには，第二次上海事変時における居留民困窮層に対する日本政府や自治体（長崎，福岡，山口，兵庫等）の帰国旅費立替や無料宿泊所などの救護策に支えられて帰国しえた面もみられる。

このように，1920年代の時期は，在華紡の展開や輸出入貿易の増大にみられるような日本資本の上海進出への積極的な姿勢をみることもできるが[15]，零細な中小商工業者の場合は，大戦後の市場環境の変化や激しい競争のなかで，過半は経営を維持しえず撤退を余儀なくされていったのである。その流動状況にあっても，一定数の中小企業者は上海に定着しはじめていることが確認されるが，多くの中小商工業者にとっては，いわば「土着化しようとして容易に土着化しえない」というのが実態であった。

ⅲ）第一次上海事変期～1930年代前半（1930年版→ 32年版・36年版）

1930年代初頭における日本と上海との経済関係は，20年代後半よりの中国の関税引上げや山東出兵に起因する日貨排斥の拡大さらには為替変動などにより不安定な様相を呈していたが，31年9月に勃発した満州事変とそれに続く32年の第一次上海事変は，排日・抗日運動を一気に激化させ，上海進出日本企業にも甚大な影響を与えるものとなった。その後，日中関係は一定の緊張緩和を生み長江流域市場の新たな発展もみられたが，1930年代前半は，在華紡や貿易商社，航運などの中軸企業も含め進出日本資本にとって展望の開けない停滞的な時期であった[16]。

その経済困難はとりわけ中小商工業者においてより重かった。まずその一端を土着的日本人商工業者への金融を担っていた上海銀行の業務報告等でみておきたい。

　　日本政府ノ復興資金貸付モ略一段落ニテ此レガ為メ邦商事業相当整理サレタルモノヲ見ル。タダ前記商工業ノ不況ハ益々営業経費ノ節減ヲ計リ当行主要顧客タル虹口方面邦商モ亦深刻ナル影響ヲ受ケテ全期ヲ通ジ一般閑散ヲマヌガレザリキ（上海銀行『昭和8年下半期　第31期営業報告書』2頁）

日支関係ハ引続キ好転ヲ伝ヘ居ルモ永年ノ排日貨影響ト支那ノ購買力減退ハ邦商営業困難ヲ離脱スル能ハズ，……如此当期ハ不活発沈滞セル一般市況ト当行ノ地盤トシ使命トスル土着邦商右ノ如キ状態ナルヲ以テ，当行営業モ亦消極的経路ヲ免ヌガレズ（同『昭和９年上半期　第32期営業報告書』２頁）

　当地一般経済界ノ不景気殊ニ邦人中小商工業者ノ不況ハ相当深刻ナルモノアリ　従テ銀行業者ハ何レモ資金融通ヲ警戒シ為ニ金融逼迫亦甚シキ有様ニシテ一般金融機関ハ極メテ緩慢ナル営業ヲ続ケ来レル（「上海銀行ニ関スル報告ノ件」昭和９年９月18日付電報，石射猪太郎上海総領事発広田弘毅外相宛）

　さらに，表6-4によりながら中小商工業者の経営動向をみると，サンプル抽出した150社中1930年まで継続しえていた企業80社（経営移譲16を含む，継続率53.3％）は，満州事変・第一次上海事変を経た1932年12月には72社（同上14，同48.0％）と８社の撤退にとどまっている（No.22，44，63，69，80，126，137，125）。上海事変後のまもない時点での調査ゆえであるが，影響が顕在しはじめると廃業企業はその数を増し，1936年では19社が撤退，存続は53社（含経営移譲12，継続率34.7％）となり，この間の経営不振と後退傾向は明らかである。補足的に，経営の発展動向や経営規模の変化を同表中の従業者数（1930年→36年）でみると，至誠堂（No.18），東亞活動写真（No.90），藤柳洋行（No.105），日昇堂薬房（No.139）など５〜10名前後の従業者を有するわずかな例を除くと，大半の企業は従業者１〜２名程度の企業でありその後も従業者の増加はみられず，この面でも停滞的であった[17]。

　なお，第一次大戦以来の1920年代に中堅的土着派としての地歩を確立していた一定数の中小商工業者が，引き続いて地歩を維持していたことも指摘しておきたい。

　iv）日中戦争開戦以後（1936年版→38年版・42年版）

　最後に，日中戦争・アジア太平洋戦争開戦後の変化を検討しよう。表6-4に戻り，日中戦争開戦後の状況をみると，1938年時点で事業を維持しえて

いる企業は50社（含経営移譲14，継続率33.3％）と，36年からは2社の減少である。さらにアジア太平洋戦争開始後の1942年をみると，事業継続企業は48社（経営移譲15のほか，再開＝再掲載2社No.6，No.69を含む）となっており，それほど企業数の減少はみられない。大戦期に進出した企業のなかで1930年代後半ないし日中戦争後まで経営を維持しえた場合，相当数が土着派中堅的地歩を固めていたことがわかる。

　では，それらはどのような企業であったのか。継続企業の業種をみると，料理・飲食関係（No.14いかり，No.15いろは，No.39六三亭，No.104東語，No.134浜寿司etc.）やホテル・旅館業（No.85豊陽館，No.89東亞ホテル，No.109常盤館）さらには写真館（No.24町田写真館），衣料（No.26岩崎呉服店，No.35石橋洋服店，No.128井上洋服店），鞄（No.17一徳会，No.140日昌洋行）・靴製造（No.99東肥号），履物商（No.147巴屋），菓子商（No.57梅月），鮮魚商（No.119本田商店）など在住日本人市場に密着した企業が目につく。ほかに薬房や貿易関係（貿易・回漕業・保険）などの中堅業者もみられるが，日本人居留民の需要に強く依存した商工業者が中心であったといえよう。それらの1940年代まで持続してゆく企業も，開業当初からの営業内容を変えていないものは29社（19.2％）ほどであり，かなりの店が業種を転換したり，知人等に経営権を譲渡するなど上海の市場変化に対応しながらの経営であった。また従業者数をみると，さきにもふれたように至誠堂，豊陽館，東亞ホテル，山口商店，東語，藤柳洋行，日昇堂薬房などわずかな例を除くと，多くは日本人従業者1〜2名程度の自営業的経営であったことが知られる。

　ところで，日中戦後期は急激な日本企業および日本人商工業者の上海進出の時期でもあり，大戦期以来の企業撤退の反面で数多くの企業開業がみられた。それは上海在留日本企業の構成を大きく変容するものでもあった。この点に関し，若干視点を変えて検討をしておきたい。表6-5は，日中戦争〜アジア太平洋戦争期における日本企業形成の特徴をより鮮明にするために，表6-4と同様の基準で抽出した従業者1名企業100社，同5名以上100社の動向について，1942年を起点に1936年に遡って後方分析的に検討した補表である。

表6-5　日中戦争開戦後の上海進出日本人企業動向（1942年起点の後方分析）

（従業者1名企業）

年　　次	1942	1940	1938	1936	参：1944
事業者総計	100	66	31	26	82
うち従業者1名	100	60	29	23	82
同　　　2名	0	2	2	1	0
同　　3～5名	0	3	0	2	0
同　　6名以上	0	1	1	0	0

（従業者5名以上企業）

年　　次	1942	1940	1938	1936	参：1944
事業者総計	100	89	55	47	74
うち従業者1～4名	0	25	27	22	15
同　　　5名以上計	100	64	28	25	59
内　　　5～9名	50	32	12	13	27
内　　10～29名	35	21	12	8	21
内　　30～49名	7	6	2	3	5
内　　50～99名	6	2	1	0	3
内　　100名以上	2	3	1	1	3

注　：1）表出の数値は，1942年時点での従業者1名企業と同5名以上企業を各100社抽出し，遡及的に動向
　　　　を示したもの。
　　　2）従業者数は日本人のみ。なお，1936，38年は東亜海運の前身として日清汽船の従業者数で代替。
　　　3）業態転換などに伴う店名変更は同一企業として集計した。
　　　4）1944年次は，企業統制政策のためそれ以前と大きく変化するため，参考値とした。
出典：前掲『支那在留邦人人名録』各年次。

　同表により，従業者1名企業をみると，1942年時点の事業者100社中66社（3分の2）が40年段階で開業していた企業である。1938年では31社，36年時点で開業していたのは26社となっている。サンプル抽出であるが，日中戦争開戦前からの出店は100店中の26店にとどまっており，1940年代の零細自営業店の場合，多くは第二次上海事変後に新たに渡滬（滬＝上海への渡航）・開業した新興業者であったということもできる[18]。また，日中開戦後の1938年以降に開業した店も100店中の31店にすぎず，大量進出の一方で撤退・廃業の数も多かったことがわかる。日中開戦と第二次上海事変が在留日本人の一時的総引揚げをもたらし，在留中小商工業者の経営に大きな打撃を与えるとともに，戦後になると新興業者の広範な流入を生んだのである。

　比較の意味で，従業者5名以上企業をみると，1942年抽出の100社中，89社が40年時点の既進出企業であり，36年時点をみても47社はすでに出店し

ている。従業者5名以上企業の場合，必ずしも大半が日中戦争や日本軍の上海占領を契機として進出したのではないことがわかる。あわせて注目されるのは，それら企業の相当数が従業者数を増加させていることである（1936→42年：10〜29人規模8社→35社，30人以上規模4社→15社）。それは進出有力企業数の大幅増と構成比の上昇にも示される（表6-3参照）。この時期，日本軍による上海占領とそれに続く中支那振興株式会社設立など国策的投資拡大に対応して，大企業・中堅企業も進出を活発化し日中戦争以後の上海経済進出の主力的担い手となっていく様相を確認できよう[19]。

以上，後方分析的に，日中開戦後の変容をみてきたが，一方での広範な中小商工業者の進出と他方での有力企業の本格的進出の両側面を知ることができる。かかる点と関連して，先述の日本人・日本企業進出における日中開戦以前と異なる新たな変化——従来の土着派とは性格を異にする「新興派」居留民の形成——にふれておきたい。

日中戦争後に新たに来滬した居留民について，民団行政委員長安井源吾は元総領事矢田由太郎との対談で次のような指摘を行っている[20]。

（矢田）前からずっと居った人と事変後の人との間に考へ方の相違といふか，そういふものがあるかね。

（安井）元から居った人が超然としてをる，新しく内地から来た連中は五割から十割儲けた金で水を流すやうに費消したが，土着の者は過去数十年間排日・抗日で苦労惨憺してをるから五分一割の利益で有難いと感謝しながら商売して……内地から来た人のように上調子でなしにやった。

こうした日中開戦後に進出してきた上海居留民の変化に関しては，日本政府や軍の側からの次のような指摘にもみられるところである[21]。

……日本人は之に対し軍隊の後から直ちに剣の威力で支那から何らかの利益を奪取せんと図る。中小資本の渡航者は勿論，堂々たる大会社にして尚且然りで，弱者たり戦敗者たる支那人に先ず与える事を考えずして少し

でも多くの利を取らんとする。値切り倒し叩き倒して出来るだけ安く買い取らんとするのである。……日本の商人は初めからtake and takeで鵜の目鷹の目，取る上にも取らんとするのである（昭和14年12月2日　海軍省調査課）。

　日本軍の占領支配強化をバックに華人に対する優越的な姿勢を強め，一方的な利益追求に走る新興渡航者＝居留民を広く生み出している様相がうかがえよう。従来の「土着派」とは異なるかかる居留民について，本章ではとりあえず「新興派」居留民と呼ぶこととする。

　以上，第一次大戦期から1940年代初頭にかけての土着派零細層の動向をサンプル的にみてきたが，ここで二，三の特徴を確認しておきたい。

　その第一は，進出日本商の主力を占めるこれらの自営業的中小商工業者が激しく流動・浮沈を繰り返しきわめて不安定な存在であったことである。営業を維持しえている店も業態の転換や経営者の交代などを経つつも，上海市場において容易に土着化しえない経営状況にあったといえる。また関連して第二に，ほとんどの営業者は自営業的規模を拡大するには至っておらず，わずかな中小商工業者が1920年代後半以降ようやく土着派中堅としての地歩を獲得していることを指摘できる。他方，第三に，撤退を余儀なくされた企業者の多くは，その後の『人名録』に載ってこないことからうかがえるように事業の再生は容易ではなく，雑業層など居留民社会の低層に滞留する，あるいは日本国内や満州等の地に移動する途を辿ったと思われる。そして第四に，かかる不安定な土着派零細層の状況は，日中戦争以後，新興の中小商工業者の大量の来滬や中支那振興株式会社等の創設のなかで大きく変化し，居留民社会の構成を変えるだけでなくその特質をも変えることとなっていくのである。

(3)　虹口日本人市場商人の動向（補説）

　第2項において，土着派居留民の底辺部をなす零細中小商工業者について全般的に検討してきたが，資料の性格上各業種ごとの特徴や在地経済との関

係などはみることはできなかった。本節では，これら零細商工業者の一タイプである「虹口商人」をとりあげ，それを通じて上海在留日本人零細業者層の特徴を補説的に考察することとしたい。

　上海に在留する零細商工業者に関しては，総領事館筋などからしばしば「虹口商人」（以下「　」をはずす）と称せられ，また「共喰い商人」（同左）などとも評されていた。主に日本人居留民の集住する虹口地区・北四川路地区などの日本人の需要にもっぱらその経営を依存し競合していたからであり，人数的には在留日本人商工業者の多数を占める存在であった。従来漠然と通称的に把握されてきた虹口商人を総体として厳密に検討することはできないので，本節では，具体的動向を知りうる虹口公設マーケットの「上海（虹口）日本人市場組合」の分析を通じてこの課題に迫りたい。

　行論上，虹口マーケットと虹口日本人市場組合について若干ふれておこう。

　上海共同租界工部局は，1900年代に入って，租界内に日用品を販売する公設市場を設置したが，虹口地区の中心部に設置された上海最大の市場が虹口市場いわゆる虹口マーケット（三角マーケット）である。鉄筋コンクリート3階建の市場は小口1〜2間の売場で食料品・鮮魚・乾物・菓子・日用雑貨などを取り扱い，広く日本人居留民らの日常生活を支えるものであった。そこで営業する日本商の組合が上海日本人市場組合である[22]。その営業は，上海総領事館指導のもとで作成された組合規則にもとづいて年間課金を支払い許可される。

　では，1916年から42年に至る組合員・店舗の出退店数の動向を一覧した表6-6によりながら，虹口市場組合における日本商の経営と特徴をみていこう。同表の根拠をなす組合員（店）の個別動向は紙幅の関係上表出せず必要に応じて言及する[23]。以下全般的動向を時期を追いながら検討しよう。

　ⅰ）まず，第一次大戦〜戦後期をみると（表出年次1916年→20年，以下同），1916年は33店＝組合員が出店しており，その営業内容は，業種が判明する29店中28軒が食料品・鮮魚・菓子などの食料品商と雑貨商である。1920年になると，組合員数は継続店18店，その後の開業店21店からなる39店であり，この時点で約半数が大戦終了後に出店した業者である。換言すれ

表6-6　上海（虹口）市場内日本人商店の動向（1916～1942年）

店舗数	1916.12	1920.2	1925.4	1927.2	1930.1	1932.12	1936.11	1938.4	1942.7
累積出店数	33	54	77	82	90	107	111	168	235
①出店数（1916時点）	33	(4) 18	(4) 16	(4) 14	(3) 7	(3) 5	(1) 4	(1) 2	(1) 2
②出店数（1916～20）		21	(1) 12	(1) 9	(1) 7	(1) 7	(1) 5	(1) 2	(1) 2
③出店数（1920～25）			23	13	9	8	(3) 4	(3) 2	(2) 2
④出店数（1925～27）				5	(1) 2	(1) 2	(1) 1	(1) 1	(1) 0
⑤出店数（1927～30）					8	(1) 5	(2) 3	(2) 2	(1) 2
⑥出店数（1930～32）						17	(1) 10	(4) 2	(3) 1
⑦出店数（1932～36）							4	2	2
⑧出店数（1936～38）								57	(8) 20
⑨出店数（1938～42）									67
新規出店数	33	21	23	5	8	17	4	57	67
新規撤退店数		11	10	16	18	6	18	14	38
現在店舗数	33	39	51	41	33	45	31	70	98

注　:1) 出店数①～⑨は各期間に新規開設した店の動向（出店年次単位での時期における継続店数）を示す。
　　2) 市場内商人中には，市場内とは別に市場外に店舗をもって営業をしている業者もある。（　）内の数
　　　　値は，市場内の店は撤退していても，市場外に有する店舗は継続している店の数。
　　3) 新規撤退数は，前時期以後に撤退した店数。撤退数には市場外で営業している店舗を含む。
出典：前掲『支那在留邦人人名録』各年次。

ば，この３～５年くらいの短い期間に約半数の店が撤退している。撤退した業者のうちには市場外に店舗を有しているものも数軒あり[24]すべてが経営的に破綻したわけではないが，戦後恐慌など経済変動のなかで多くの虹口市場商人も営業困難に直面していたことがわかる。この時期，在華紡の本格的進出とともに日本人居留民の増加もみられたとはいえ，零細な虹口市場商人にとっては，公設市場という商環境のもとでも経営の安定や定着は容易でなかったことがうかがえる。

　　ⅱ）ついで，大戦後～1920年代をみると（1925年→27年，30年），この期は紡績業を中心とした中国民族工業の発展とそれに伴う中国商の活況がみられる時期であるが，虹口市場商人に関しては，5.30事件直前の1925年調査で51軒となっていた店舗数は，27年には41軒に減っている。撤退は16店にのぼっている。それに対応して新規出店もわずか５軒にとどまり大幅に減少している。1930年に至っても，店舗数33店（新規出店８，撤退18）と，その減退傾向は続いている。上記のⅰ期の動向と重ね合わせると，5.30事件の直接的打撃は限られていたとはいえ，第２項で検討した中小商工業者層のなかでも

虹口商人たちの営業基盤は脆弱であり，事件後の日本人進出の停滞＝需要の低迷のなかで経営不振の状況が生じていたといえよう。

ⅲ）第一次上海事変期～1930年代半ばにおいては（1930年→32年，36年），店舗数は32年末45軒と大幅に増加しているのがわかる。新規出店数も17店にのぼっている。この間，上海事変の勃発により過半数の在留日本人の日本国内への引揚げや閉店などの事態がみられるが，市場組合店はほとんどが停戦後まもなく復帰再開しており，撤退は6軒（うち1930年開業店4軒）にとどまっている。日本人の多い虹口地区の公設市場という営業空間のなかで，他の日本人商工業者に比し相対的に安定していたものと思われる。第一次上海事変は上海における反日気運と排日運動を一層強め，第2節でみたように1930年代前半における日本人の上海進出は，企業数でもまた流入者数でも足踏みしていた[25]。1936年の市場組合店数も31軒（新規出店4，撤退18）にとどまっている。全体として1920年代半ばから日中戦争に至る時期は，しばしば出店数を上回る店舗の撤退がみられ，一見安定していると思われる虹口市場内店にあっても需要の拡大や経営基盤の安定は見込めていなかったといえる。

ⅳ）日中戦争開戦・第二次上海事変以後（1936年→38年，42年）になると，日本国内への一時引揚者の早急な還滬のみならず，日本軍の上海占領と中支那振興株式会社の設立（1938年）など勢力圏支配の本格化に伴う新規日本人移住者の急増を背景として，虹口市場の店舗数も1938年次70店（新規57，撤退14）と飛躍的な増加がみられた。その趨勢は，アジア太平洋戦争開戦による共同租界への日本軍進駐，「敵産」接収などが進むなかで1942年次98軒（新規67，撤退38）と，さらに強まっている。マーケットの改装・改築や中国商人の退出などによるところもあるが，日中戦争以降における日本の上海支配拡大のなかで日本企業・日本人居留民の進出が新たな段階に入ったことを示している。

以上，時期を追って虹口市場商人の動向をみてきたが，改めてその特徴を確認しておくと，まず第一に，虹口市場商人においても，経営の維持・継続は容易でなく，出店した店も2，3年～5年程度で撤退することも多く

（1916〜20年の間に出店した54軒のうち，42年時点で開業しているのは4店のみ——表6-6中の出店数①②参照），虹口商人のより顕著な不安定性と流動性を指摘できる。食料や雑貨，飲食など日用品の小売やサービスを担う虹口商人は，土着派として概括される上海在留日本人商工業者の底辺に位置し，激しい競争と市場の不安定のなかで自力で容易に定着・土着化しえない存在であったのである。

　また関連して，第二に，10年，20年と経営を維持した店は次第に定着しえているが，その数はかなり限られており，第一次大戦後の虹口市場において，零細商から土着派中堅として上海に定着しえた業者はきわめて少数であったことを指摘できる。試みに，第一次上海事変前の1930年までに出店していた市場組合員90店の動向をみると，日中戦争開戦後の1938年時点で経営を継続しえている業者は，9軒にすぎない（継続率10.0％）。ほかに市場外で開業しているケースが8店ある。同様に第一次大戦後からの推移を1916年初出の33軒についてみると，16年以来継続しえている店は，市場外で営業を続けている業者を含めて1930年で10軒（食料品：尾崎号，中川洋行，神原商店，野村商店，鳥信鶏肉店，渡辺鮮魚店，雑貨：田所雑貨支店，市場外：大森号，いかり，東屋），36年5軒（尾崎，鳥信，渡辺，野村，市場外：東館＝中川洋行），42年3軒（尾崎，野村，市場外：東館）と，きわめて限られていたことがわかる。いいかえれば，第一次大戦後の虹口市場においても，零細商から土着派中堅として上海に定着しえたのは進出した中小業者のほんの一握りの部分であった。上記の90軒の店主について，上海興信所『中華全国中日実業家興信録』（1936年）および『大衆人事録　外地，満・支，海外編』第13版（1941年）をみても，わずかに中川竹次郎（1906年渡滬，中川洋行，旅館・東館，日本人市場組合長ほか），本田仁八郎（1917年渡滬，本田商店，日本人市場組合長，上海輸入商組合長ほか），松本楫二（1902年渡滬，松本本店，上海日本人食料品組合長ほか）が掲載されているにすぎない。むしろ別の面からみれば，中川や本田，松本等の有力土着派中堅は上海市場組合店としてよりも，旅館経営（中川）や鮮魚輸入と大衆向け廉売（本田），市場外への支店の積極的展開（松本）など虹口市場内にとどまらない業務展開を行ったところ

にこそ土着派中堅としての地歩を獲得しえた要因があったのである[26]。

　さらに第三に，さきの第2節での検討とも重なるが，日中戦争開戦を契機として開業者（市場組合員）数が大幅に増加していることがあげられる。それは日本軍による上海占領を好機とした日本人進出の急増や虹口地区での集住などを背景にしており，虹口マーケット内という好条件に支えられた以前に倍する飛躍的なものであった。かかる進出は，軍事進出や国家資本輸出（「敵産」などの接収資産を含む）に強く影響されたものであり，虹口商人たち日本人社会さらには国家的進出への依存性を一層強めることとなっていった[27]。

3　土着派中堅層の実態と性格——上海実業有志会・上海工業同志会を中心に

(1)　土着派中堅層とその特徴

　上海における土着派居留民の下層をなす零細中小商工業者の動向と特徴をみてきたが，本章では，上海居留民社会の中核的位置を占めた土着派中堅企業について検討していきたい。

　筆者は，かつて上海在留日本企業の構成を統計的に検討し，進出企業における「三層構造」を指摘した上で，上海に拠点を置いた中小貿易商，在地経済と関連を有する卸・小売商，進出製造業などからなる中小商工業企業を土着派中堅として把握した[28]。同時に，彼らは日本人居留民社会に定住し，居留民団や各路連合会（町内会）の中心的担い手の一翼を占め，1920年代後半から急速に激化する排日・抗日運動に対抗し日本人居留民の排外主義的激発に強く関わる存在でもあった。それら土着派中堅層の特徴と性格については若干の社会活動的側面を問題にするにとどまり，個々の企業経営に即した検討はなしえなかった。したがって以下では，かかる土着派中堅層について，個別経営に即しながら形成過程や経営実態の特質をみることとしたい。

　土着派中堅企業に関しては，明確な定義がなされておらず，またそれ自体の調査も行われていないため土着派中堅企業を総体として分析する適切な資

料は見出しえない。そのため本章では，上海総領事館が「中堅所ノモノ」[29]
と捉える上海実業有志会および上海工業同志会の会員企業を素材として検討
し上記の課題に迫りたい[30]。

　検討対象たる上海実業有志会（以下実業有志会とも略記）は，1915年排日
運動の高まりに対応するために上海在留の貿易業者が発起し雑貨商・売薬商
をも網羅して組織された実業家組織であり，また上海工業同志会（以下工業
同志会とも略記）は，1925年労働問題が激化するなかで紡績以外の工場経営
者により設立された実業家団体であり，後（1928年）に上海日本商工会議所
を中心として組織された排日運動対応の「金曜会」の構成組織ともなってい
る。総領事館が評するようにその会員は，上海に事業活動の基盤を置いて持
続的に企業経営にあたっている中堅の事業家であった。資料の制約により会
員事業者すべての動向は把握しえないが，表6-7および表6-8は有志会，同
志会それぞれにつき開業経緯や経営内容の判明する企業について一覧したも
のである（実業有志会120会員中60会員，工業同志会54会員中30会員）。

　はじめに，全般的動向や事業分野，資本規模について通覧し，土着派中堅
企業の特徴をみておきたい。

　〈上海実業有志会〉　まず上海実業有志会をみると（表6-7），綿糸布，雑
貨，食料品，薬品，機器類，石炭など大半は対日輸出入貿易を主体とする企
業であったことがわかる。あわせて運輸業（No.57昭和海運）や通関業
（No.18今村回漕店，No.32樋口洋行）など貿易に随伴する分野の企業もみられ
る。第一次大戦期の日本においては，繊維産業に続いて各種の雑貨工業の急
速な発展と中国等への輸出伸長がみられたが，それらは主に大阪や神戸など
の中小工業に担われたものであった。後述するように表出の企業はこれらの
新興工業の輸出入取引とも関連をもつものといえる。

　さらに，企業規模を把握するために各社の従業者数をみると，従業者1名
企業が1930年次で60社中10社，同5名以上21社（うち10名以上7社）となっ
ている。従業者4名以上では60社中の半数を占めており，経営規模として
は自営業的レベルを超えているといえる。また資本金額は16社しか判明し
ないが，それをみると阿部市洋行の30万両，千代洋行50万両などを別とし

226

て，大半は1万両から3万両程度と比較的小規模資本である。しかしなが
ら，表6-4でみた小売・卸やサービス業，飲食店，各種の職人的製造販売業
などのようなほとんどが資本金額数千円規模の自営業者層とは異なってい
る[31]。

〈上海工業同志会〉　次に，上海工業同志会30店（26人）をみると（表
6-8），組織の性格上ほとんどが製造業であるが，業種では，機械器具製造
（No.6公興鉄廠），ガラス製造（No.4宝山玻璃廠，No.5宝成玻璃廠），印刷
（No.24蘆澤印刷，No.25上海印刷，No.28精版印刷），陶磁器（No.20上海磁業），
煉瓦製造（No.15上海坩堝）など多岐にわたる。紡織付属機器や紡織用澱粉製
造（No.2瑞宝洋行，No.16瑞新澱粉公司），染色整煉（No.10中華染色整煉），織
機製造（No.12好弁社工業部）等々，在華紡進出に伴う関連工業とともにガラ
ス製造や魔法瓶製造など各種の雑工業の進出がみられたが，それらの工場
は，実業有志会企業と同様1920～30年代は中国の新興工業と競合のなかで
の経営であったのである[32]。

　企業規模の面では，工業同志会会員30社の場合は，製造工業として一定
の設備投資を要する関係もあり，多くが資本金3万～10万両と実業有志会
に較べると相対的に資本金額が大きい[33]。なかには資本金60万両を超える企
業もみられる（精版印刷：165万両，野村木材：62.4万両，上海印刷：60万両，
康泰絨布廠：60万両）。従業員数でも，華人工員を中心に30名以上，時には
150～300名の従業員を擁するところもある（中華染色整煉240名，安住化学工
業59名，康泰絨布廠282名，精版印刷376名，宝山玻璃廠369名——同廠は第二次上
海事変時に壊滅，等々）。全体としてみえてくるこれらの土着派中堅企業は，
商業・工業とも中小規模企業であるとはいえ，虹口商人はもとより表6-4で
検討した自営的な零細企業層とは事業内容や市場，資金的基礎などにおいて
明らかに異なる存在であったといえよう。

(2)　土着派中堅層の形成と類型

　こうした土着派中堅層は，いつ頃どのような経緯を経て開業・定着を果た
したのであろうか（以下表6-7，表6-8参照）。貿易取引を主体とする実業有志

表6-7　上海実業有志会会員の渡滬・開業経緯・業況（1931年）

No.	企業名	主要営業分野	経営責任者	渡滬年	開業年	従業者数			
						1925	1930	1936	1942
	A【単独渡滬型】								
1	嬴華洋行＊ ①	綿糸布・雑穀肥料	土井伊八	1890	1893	8	11	15	50
2	瑞宝洋行 ②	石鹸製造	粉川広吉	1909	1909	13	11	9	8
3	須藤洋行 ②	電気工事・通関	須藤裕七	1908	1909	9	5	10	10
4	千代洋行＊ ①	写真機器・材料	下里弥吉	＊1900	1911	15	19	23	29
5	益記洋行 ①	綿糸布・工業薬品	伊藤益二	1905	1911	5	5	10	15
6	大正洋行 ②	雑貨	松島富治	1912	1912	7	5	6	6
7	矢満登公司 ①	牛骨・雑貨	立川和一	1899	1912	−	3	1	2
8	達磨洋行 ②	石炭・雑穀肥料	重谷多賀次郎	1911	1912	1	1	1	4
9	松浦洋行 ②	古鉄・ゴム	松浦兼吉	1912	1912	1	1	2	1
10	加藤洋行 ②	電気器具	加藤由太郎	1913	1913	−	4	4	13
11	漢和洋行 ②	理髪用器具	菖蒲栄治	1914	1914	1	4	2	2
12	高巌洋行 ①	石炭	高岩勘次郎	1900	1914	3	2	2	2
13	児玉貿易商行 ①	雑穀・牛骨・骨粉	児玉英蔵	1905	1914	6	2	2	6
14	清和洋行 ①	玩具・雑貨	森本徳好	＊1906	1915	2	1	1	1
15	森吉洋行 ①	加工綿布・洋服製造	森山作治	1912	1915	−	2	2	2
16	甲亨洋行 ①	綿布・雑穀肥料	鈴木鋼作	1912	1917	4	3	2	−
17	重松薬房＊ ②	医療機器・薬品	重松為治	1917	1917	8	6	11	24
18	今村回漕店 ①	通関業	今村幸三郎	1912	1917	1	1	1	1
19	永和洋行＊ ①	海産物・雑穀肥料	永野郁四郎	1903	1918	5	7	7	9
20	江南洋行 ①	文具・薬品	粂田種吉	1917	1918	−	−	3	5
21	小林洋行 ①	薬品・雑貨	小林真一	1913	1919	3	8	7	1
22	泰昌機器廠 ②	メリヤス機器	藤原謹吾	1915	1920	2	3	2	4
23	信茂洋行 ①	絹糸材料・絹	渡辺茂太郎	1909	1920	5	3	2	4
24	増幸洋行＊ ①	雑穀肥料・砂糖	酒寄発五郎	1912	1921	9	10	6	32
25	横山洋行 ①	雑穀肥料	横山小次郎	＊1912	1921	5	4	3	10
26	八谷洋行 ①	機械・硝子	八谷時次郎	1909	1921	4	4	3	9
27	日新棉行 ①	棉花・綿糸布	福島健次	1920	1922	1	1	1	1
28	久学洋行 ①	金物・機械	村川善美	1915	1922	3	8	15	16
29	広貫堂 ①	文具・薬品	飯野久蔵	1906	1924	1	1	1	2
30	前田一二洋行 ①	雑貨・石鹸	前田禎吉	1926	1926	−	3	10	2
31	栄泰洋行 ①	綿布・雑穀肥料	宮下万次郎	＊1912	1926	−	3	4	14
32	樋口洋行 ①	石炭・薪炭・通関業	樋口勇	1917	1926	−	1	8	9
33	復一洋行 ①	石炭・薪炭・運送	林復一	1921	1927	−	3	−	6
34	日本物産 ①	建築材料・機械	笹生米次郎	1927	1927	−	6	11	16
35	金海洋行 ①	雑貨・葉煙草	漆戸格太郎	1922	1927	−	2	2	4
36	北田洋行 ①	雑穀肥料	北田宗次郎	1917	1927	−	3	4	2
37	佐野洋行 ②	洋傘製造販売	佐野弥太郎	1929	1929	−	1	1	4
38	上海紙業公司 ①	洋紙	田上二雄	1920	1929	−	2	9	16
39	三川洋行 ①	製靴・美術雑貨	三川勝之助	1913	1919	1	1	1	
	B【支店派遣型】								
40	吉田号＊	棉花・綿糸布・雑穀	山本達之助	1910	1889	12	13	23	24
41	日比野洋行	陶磁器	二川芳	1906	1906	1	9	10	10
42	丸三薬房（丸三興業）	医療機器・薬品	朴木重次郎	1910	1910	1	1	4	4
43	堀井謄写堂＊	謄写版・文具・自転車	黄治幸造	1922	1911	9	12	5	6
44	阿部市洋行（又一）	綿糸布・毛織物	古我辰吉	1918	1914	5	9	10	52
45	江原洋行	石炭	江原吉之助	−	1915	5	4		
46	隆華洋行＊	染料・ゴム製品	金銅鹿蔵	1917	1917	4	4	8	6
47	新井洋行	紡織機器・用品	新井藤次郎	1915	1919	4	12	27	11
48	佐々木洋行	工業薬品	佐々木徳四郎	1903	1920	3	3	3	1
49	林洋行	船舶・石炭	林八郎	−	1920	2	4		
50	泰新洋行	海産物	若林忠雄	1911	1921	7	4		1
51	祥昌洋行	紡機類	鶴岡健蔵	1919	1921	2	2	4	9
52	野村木材公司	木材	野村久一	1921	1921	4	6	7	9
53	和興洋行	建築材料・ゴム	若竹四郎	1913	1921	2	3	2	6
54	清原洋行＊	石炭	清原八夫	1911	1923	4	2	2	6
55	裕信洋行	牛骨・雑穀肥料	高橋敏雄	1915	1925	2	3		−
56	藤安洋行	綿布・雑貨	藤安仲三	1926	1927	−	1	3	4
57	昭和海運公司＊	海運・海上保険	田中有蔵	1927	1927	−	6	7	25
58	徳昌洋行	養盃用品	浜田昌義	1918	1929	−	2	3	7

開業経緯（渡滬後勤務先・開業まで・知己関係他）	学歴・経歴等	社会活動等
日清貿易研究所修了後贏華広懋館勤務，1893年贏華洋行設立。11年個人経営	日清貿易研究所修了	
親戚の吉田久太郎と渡滬創業。19年改組。大阪等と絶えず往復	郡山中卒後製糸工場経営	
1908年渡滬。翌09年須藤洋行開業。17年須藤通関所を兄より継承合併		
高小卒後1900年台湾縦貫鉄道商店勤務。05年天津勤動。07年入営。11年叔父の千代号勤務・継承	高小卒，1907年退社・入営	
吉田号勤務。11年独立開業。上海倉庫信託・実業百貨店取締役	年少期，神戸で勉学	
渡滬後直ちに大正洋行開業。反動恐慌で工業原料等から雑貨に取扱転換。排日でスラバヤ進出	排日でスラバヤ進出	
渡滬し吉隆洋行開業。12年義夫洋行開業。18年弟に譲渡し井商店上海支配人。30年復帰		
1911年京城亀谷退店・渡滬。翌年達磨洋行開業。32年穀粉工場併設	福岡豊津中学卒。1911年京城亀谷商店	
1912年松浦洋行開業。大戦期成長，反動恐怖で打撃。29年外国部設置，31年同部閉鎖。	渡滬前，神戸で実業	
兄新商事の電気器具の中国売込（丸新商会）。1934年帰郷上海日工場設立。38年加藤公司に再編		
兄経営の理髪器具商（1897年創業）を継承し漢和洋行開業。漢口・南京に支店		
研究生として渡滬。美学洋行・明治貿易等勤務を経て，14年開業	同志社を経て，1900年東京高商卒	民会議員，一致会会長
1909年高田商会上海支店，14年独立開業。17年公興鉄廠設立に際し監査役。	1909年東亜同文書院卒	
1906年蘇州で清和洋行開業。当初華商間行商。15年上海移転	裸一貫より始める。蘇州より移動	
伊藤洋行勤務。14年阿部商行（大阪又一商店）開業時入社・支店長。15年独立開業	滋賀八幡商業卒	
船舶・綿糸布仲次。17年申洋行設立。恐慌で挫折後，1932年実業組合百貨店創業（専務）		
渡滬し父佐平経営の重松本房を継承	富山薬専卒。大阪丸石製薬等勤務	実業有志会町内会長
通関業中和洋行勤務。14年中華捷運勤務。17年同社閉鎖で独立開業		滬上青年会会長
渡滬後実務従事。10年帰国。18年湯浅貿易副支店長で再滬。同社継承（22年福勝洋行に改称）	帰国時，神田田村商会勤務	
大正洋行勤務。翌年独立開業		
渡滬し販路開拓。19年小林洋行開業。ライオン歯磨の傍系会社として開設	年少で小林富次郎商店入店	
16年福興号開業（19年宝大公司に改組）。21年同社解散後設立	渡滬前，阪神・満州で実業	
上海町田洋行，後伊藤商行勤務，17年東亜条糸勤務。20年独立開業	1909年東亜同文書院卒	
安部洋行勤務。21年安部通関勤務（上海本店）。31年奉直戦役で天津勤務	横浜商業卒。1914年天津勤務	民会議員
1912年渡滬。中柳洋行勤務（漢口・上海）後，武井洋行共同経営。1921年同社閉鎖で独立	市立長崎商業卒	
上海日本郵便局勤務後，黒木洋行入社。21年同社閉鎖後開業	1906年南京東文学堂関与	
綿糸関連業務従事。22年日新綿行勤務，贏華洋行と関係もつ。打棉工場和興花廠開設		
1919年久原商事入社，21年退社。翌年開業	1919年東亜同文書院卒	
兄の上海広貫堂開設に協力。24年兄没後継承	富山中学卒後，廈門広貫堂勤務	
排日のため漢口等閉鎖し1926年上海店開業。32年石鹸工場併設。失業百貨店取締役		
1912年上海にて開業。26年北伐で上海に本拠移動。当初広く各地展開		
上海長崎洋行勤務。23年父死後樋口通関所継承。26年樋口洋行開業。27年真崎継承	1916年東亜同文書院卒。95年通関所	共和会会長
1921年病気で予備役編入，渡滬。兄経営の林洋行勤務後独立	東京高商卒。1911年海軍主計官	海軍協会上海支部幹事
三笠洋行勤務。19年伊藤商NY支店，23年横浜転動。27年竹松一と日本物産開業	滋賀八幡商業卒	
1922年渡滬。1927年同社より分離独立		
1915年岩井商店勤務（17年上海，18年漢口）。22年退社・帰国。27年開業	1914年東亜同文書院卒	
1929年銀安で上海に開業，同時に製造工場華利時廠創設（排日で売却）	大阪佐野商店経営，上海輸出	
1920年久原商事上海支店勤務。同社没落で22年華利条公司開業。29年解散，上海紙業開業	1920年東亜同文書院卒。23年志願兵	民会議員
製帽業高岡洋行見習店員，田島洋行勤務を経て33年若林氏継承し開業。高岡洋行も継承。外人向	秦野高小卒	
吉田号店員。30年同支配人。*開業年は吉田号。対華南取引に精通	店主吉田久太郎は大阪在住	
1905年日比野商店勤務。06年上海支店開設譲渡，経営責任者。32年一時閉店		北四川路振興会会長
丸三薬房（1893年藤井諭三創業）勤務。25年勤続，上海支店長	21歳で渡滬	朝黄会会長
1922年東京本社勤務。同年上海支店。27年支店主任。*開業年は堀井勝今堂	小樽高商卒。店主姻戚	
1897年頃三井物産入社。15年中退社し江原洋行開業	大戦後経営の佐賀炭鉱窮状	
隆華洋行（山田商店上海店）開業，代表社員。欧米品に対抗し日本品地盤開拓	1898年大阪山田染料店勤務	民団行政委員，昆明会長
東京高商卒後内外絹入社。4，5年上海店勤務，19年独立し新井洋行開業	東京高商卒	
大阪高橋義大堂上海支店支配人。20年独立開業。22年佐々木大業房開業	1906年東亜同文書院卒	民団行政委員，民会議員
1907年三井物産（上海他各地勤務）。20年同社退社し大洋洋行開業	1907年東京高商卒	民会議員
大倉商事上海支店勤務。21年支配人，同退職。独立開業	東京水産講習所卒	
1915年合同紡勤務。17年田村鉄工所。19年伊藤忠上海店勤務。21年独立	名古屋商工卒	
1911年家業野村木材商勤務。21年上海出張所開設。一旦帰国後再来滬	神戸中学卒	
1913年広島吉野商会上海出張員。17年出張所。21年森泰貿易開業（23年改称）	森泰貿易は当初日中合弁	
1911年松川駒次郎商店（松川洋行）上海出張員。23年閉鎖。独立開業		
1914年三井物産。23年三井退社，天華洋行に勤務。25年白石洋行継承（26年改称）	1914年東亜同文書院卒	
1913年神戸山本商店勤務。26年同社退職上海出張所。26年閉鎖し独立開業		
1914年日本郵船。19年川崎汽船。25年極東貨物監督協会。26年辞任。翌年開業	1914年大島商船学校卒	
東亜洋行上海支店派遣。29年独立開業	東京京華商業卒	

| 59 | 小林洋行 | 綿布・毛織物 | 小林豊八 | 1916 | 1930 | | | 2 | 3 | 1 |
| 60 | 東亞公司 (三陸洋行) | 薬品・雑貨 | 浅羽三郎 | 1925 | 1925 | 6 | 7 | 6 | 10 |

注：1）本表は上記「実業有志会員表」掲載の120名のうち，前掲『中華全国中日実業家興信録』で上海
　　　渡航や開業経緯，事業内容の判明する会員を抽出したものである。なお，前掲『中支商工取引総覧
　　　昭和15年度』で一部補充。

　　2）企業名欄の＊印は，上海日本商工会議所賛助会員企業（1929年度），渡滬（上海渡航）年欄の＊印
　　　は渡滬以前の他外地への渡航年。

　　3）単独雄飛型［A型］中の小類型A①は経験・技術修得型，A②は市場開拓・工場設置型。A①は資
　　　金的基礎弱く，先発商店等に勤務し開業機会を待つ，A②は一定の資金を有し，渡滬後短期間のう
　　　ちに開業する。なお，A①中には当初上海以外の地で活動した後上海で開業する例も含む。

表6-8　上海工業同志会会員の開業経緯・業況（1931年）

No	企業名	事業分野	経営責任者	渡滬年	開業年	資本金	労働者数（うち華人）	
						（千両）	1931 年	1936 年
	A【単独雄飛型】							
1	淡海洋行　②	石材	太田常治	＊1905	1908	100		150
2	瑞宝洋行　②	石鹸・澱粉製造	粉川広吉	1909	1909	365	37 (20)	
3	東華紙器工業廠　①	紙器製造	岡島末太郎	1900	1912	30	19 (15)	
4	宝山玻璃廠　①	硝子製造	角田芳太郎	＊1907	1912	365	369 (320)	兵火で全滅
5	宝成玻璃廠　②	硝子製造	榊伊三郎	1913	1914	51	212 (205)	110 (100)
6	公興鉄廠　②	紡績附属機械製作	瀬浪専平	1901	1917	146	110	154 (152)
7	備後屋洋行　②	敷物製造販売	杉原実松	1918	1918	70	30	30
8	上海消毒所　①	製糸・製綿原料	清水和吉	1918	1919	50	28 (26)	
9	小林紗帯廠　②	脱脂綿製造	小林真一	1913	1919	200	166 (160)	60
10	中華染色精錬公司　①	絹物精練染色	竹松貞一	1914	1919	240		240 (210)
11	康泰絨布廠　②	メリヤス製造	榎戸泰介	1920	1920	600	282 (250)	150
12	好弁社工業部　②	絹織機械製造	長谷川貞三郎	＊1903	1920	24	35 (30)	
13	東方製氷株式会社　①	製氷・清涼飲料	余語弥一	＊1910	1922	110	26 (14)	15（夏60）
14	慶徳橡皮公司　①	玩具製造	森本徳好	1915	1923	96	130 (120)	
15	上海坩堝合資会社　①	耐火煉瓦製造	小畑寅吉	1926	1926	29	61 (50)	40
16	瑞新澱粉公司　①	澱粉・生麩製造	小玉金次郎	1920	1926	29		? (22)
17	清水製綿工場　①	製綿	清水和吉	1918	1927	25		
18	美芳洋行　①	魔法瓶製造	角田芳太郎	＊1907	1927	36	115 (90)	
19	安住化学工業廠　②	蚊取線香製造	小瀬木鐘平	＊1911	1931	70	59 (27)	40
20	上海磁業公司　①	陶磁器製造	角田芳太郎	＊1907	1931	36	52 (39)	
21	人和公司　②	魔法瓶製造	梅本俊治	1931	1931	50	46 (36)	30
22	富昌圧縮工場　①	鉄屑・古綿輸出	清水和吉	－	1931	35		
23	前田一二洋行　②	石鹸・化粧品製造	前田禎吉	1926	1931	74		36
	B【支店派遣型】							
24	蘆澤印刷所	印刷	蘆澤民治	1902	1912	150	120	92
25	上海印刷株式会社	印刷	小平元	1906	1917	600	193 (150)	51
26	燧生火柴有限公司	マッチ製造販売	植田賢次郎	－	1920	350	287 (250)	
27	野村木材公司	製材	野村久一	1921	1921	624	153 (150)	180
28	製版印刷株式会社	印刷	数野権之丞	1925	1921	1,650	376 (290)	69
29	第一公司工業	石鹸・薬品製造	古瀬孫一	1922	1931	80	40 (35)	50
30	泰元寛帯廠	ラバーバンド製造	山口勝	1931	1931	60		

注：1）本表は，上記掲載の「上海工業同志会工場一覧」54工場中から，経営責任者の開業経緯の判明するケー
　　　ス（30社，26人）についてのみ表出したものである。

　　2）企業名欄の①は単独雄飛型［A1型］，②は単独雄飛型［A2型］を示す。なお，単独雄飛型［A1型］，
　　　［A2型］，支店派遣型［B型］等の類型については，表6-7の注を参照のこと。

　　3）渡滬年欄の＊印は，漢口等への渡中年次。

開業経緯	学歴・経歴等	社会活動等
曽和商店上海支店，21年大阪山本商店上海店勤務。30年独立開業		商工奨励館嘱託
1911年東亞公司東京本社。25年上海支店長。31年退社帰国。34年三陸洋行開業	早稲田大商科卒	

4）社会活動欄の居留民団役員に関しては，議決機関たる民会についてもまた行政を担う行政委員会についても，時期により体制や名称が異なるが民会議員，民団行政委員等とした。

出典： 上海実業有志会「実業有志会会員表」（1931年）外務省記録「在留民救済関係」A.1.1.0.21-1-1『満州事変』在留民救済関係，および前掲『中華全国中日実業家興信録』，同『中支商工取引総覧』1940年度。従業者数は前掲『支那在留邦人名録』各年次，従業者数の－は不明。

開業経緯	学歴・経歴等	社会活動等
1902年絹織物輸出失敗。05年大連で廻漕業挫折，和記洋行（英商）勤務。08年退社し渡滬	1898年八幡商業卒	（不動産所有者連合会）
製糸工場経営。閉鎖後大阪勤務。1909年親戚の吉田久太郎と渡滬し開業	奈良郡山中学卒	（常時大阪と往復）
渡滬し，義兄経営の旅館東和洋行勤務。12年岡島商会開業(31年改編)		民会議員，一心会会長
1907年渡中，各地壳薬商売。同年北福洋行開設，硝子工業も起こす。12年開業		有隣会会長
日本人経営の鳥羽・中華両工場で華人・日本人に技術指導。14年独立開業	大阪で硝子製造技術習得	
1905年同文書院卒業後，横浜正金・三井物産勤務を経て1917年共同で設立	1905年同文書院卒	民会議員，民団行政委員
郷里で花筵商。1914年済南で銅銭両替商。18年上海で備後屋開設，蘇州にも工場(300人)	郷里で輸出花筵業	民会議員
後藤毛織勤務後退社。事業失敗。渡滬高田商会勤務。19年高田破綻後清毒所継承	1905年東京高工卒	奉安会会長
1913年渡滬し販路開拓。19年小林洋行（ライオン歯磨の傍系会社）開業。27年小林紗帯廠	年少で小林富次郎商店員	
1914年渡滬。絹織物商三笠洋行勤務（染色部）。19年独立開業	年少で横浜塩崎染色勤務	北親会会長
日本棉花・三十四銀行勤務を経て，渡滬し設立。株式は大日本紡・菊池恭三が所有	1907年東京帝大卒	
西陣で織物工場経営。1903年工場設立のため渡中。14年好弁社開設。競争と排日で停業		奉安会会長
明治末漢口で料理業従事。16年竹迺家譲受，東語に改称。22年字野良之助らと開業	年少で上海の興一の養子	（上海料理業組合長）
渡滬前1906年蘇州で雑貨商清和洋行開設。15年廃業，玩具・雑貨輸入業。後工場越え	裸一貫よりの苦境越え	
1884年日本坩堝入社，正盛館創設で工場長。20年同社退職。26年角田芳太郎らと開業	日本坩堝で煉瓦製造習得	
長谷川商店勤務，貿易に従事。1921年新井洋行。新井と共同出資の瑞新澱粉公司代表	松山商業中退	滬東会会長
（上記上海消毒所参照）	1905年東京高工卒	奉安会会長
（上記宝山玻璃廠参照）	当初，中国で各地行商	有隣会2区会長
1911年漢口に小瀬木洋行開業。20年解散・帰国。30年安住大薬房上海工場として開業	1906年早稲田実業卒	
（上記宝山玻璃廠参照）		有隣会会長
魔法瓶製造仁和商店経営。1920年代から中国輸出。31年上海工場開設	慶應大学卒	
1919年高田破綻後清水和吉商店開業し屑鉄・古綿等輸出。27年清水製綿所開設	1905年東京高工卒	
1926年漢口・九江等の店舗閉鎖のため上海に移動。当初雑貨貿易。32年石鹸工場併設		奉安会会長
幼少時より博文館印刷所勤務。1902年作新社印刷所工場長として招聘され渡滬，12年独立開業	幼少時上京，博文館入所	民会議員，各路連合会委員
1906年商務印書館社員として渡滬。同社が華商経営移行で新設廠(三井系支援)		民会議員，赫林里会会長
神戸良盤合資（後の東洋燐寸）入社。釜山・安東勤務を経て上海出張所長。華人との合資	東亜同文書院卒	民会議員
1911年家業の野村木材勤務。21年渡滬，出張所開設。一旦帰国，再渡滬後支店長	1908年神戸中学卒	
1920年米国より帰国精版印刷入社。25年上海出張所支配人で渡滬。21年は上海工場開設	米大卒後米企業勤務	民会議員，参事会員
京都第一製薬入社。1922年上海出張所開設で渡滬（所長）。輸入販売後31年工場設置	1918年米沢工業卒	（大阪魔法瓶組合理事長）
大阪松本商店入社。1931年上海支店主任として渡滬。銀変動で製造から貿易へ業務移行	1925年安房中学卒	

出典：上海工業同志会「上海工業同志会加盟工場一覧」外務省記録「上海邦人工業救済ニ関スル請願書」A.1.1.0.21-1-1『満州事変』保護，引揚及避難関係。また開業経緯・業況・学歴他は前掲『中華全国中日実業家興信録』。前掲『中支商工取引総覧　昭和15年度』で一部補塡。従業員数は，上海総領事館「上海邦人工場調」1931年10月26日，上海日本商工会議所『上海内外商工案内』1936年版による（なお『在支那本邦人進勢概覧』1919年と数値に差大。華人職工数は常傭工と契約工混在のためと思われる）。

会企業と工業同志会企業では，やや傾向を異にするが，前者の場合，第一次大戦中から1920年代初頭の間に開業している企業が60社中の28社と約半数を占めている（1914〜22年。それ以前の開業14社，1923年以降18社）。大戦を契機とした上海経済の発展がその背後にみられよう。1920年代半ばになるとやや停滞的となるが，中堅企業の進出は取扱分野を多様化しつつ進んでいる。後者の工業同志会企業においては，第一次大戦から大戦後にかけての開業は30社中の14社，それ以前が5社，1920年代半ば以降11社と，やはり大戦期の開業が目につくが，20年代半ば以降の開業も多く，関税引き上げの動きや排日の高まりによる輸出貿易の困難への対応という面もうかがえる。

　ところで，検討に際しては，分析の便宜上，開業に至る経緯により若干の類型化を試みた[34]。まずそれらの類型についてふれておきたい。

Ａ単独雄飛型［Ａ型］：単独で上海・中国に渡り新規企業を開業する。
　Ａ1型：経験・技術修得型，一定期間の経営経験や市場知識の修得を経て開業する。
　Ａ2型：市場開拓・工場開設型，渡滬後短期間のうちに店舗設置や工場開設を行う。
　　＊積極的雄飛の志向をもつ東亜同文書院出身者もＡ型に含めた。
Ｂ支店派遣型［Ｂ型］：日本国内企業の上海支店派遣を契機に渡滬し，後自ら開業する。

　これら企業の上海開業の時期を概観すると，進出のピークは，第一次大戦開戦〜戦時好況期（東アジア市場の急拡大期）にあることがわかる。ついで中堅をなす企業として大戦前からの進出もとくに有志会において相当数みられる。また1920年代後半から30年代初頭の進出停滞期における開業もみられるが，この時期の開業は工業同志会においてとくに顕著であり，関税引き上げなど強まる輸出貿易の制約に対応したものでもある。

　〈上海実業有志会〉　では実業有志会会員企業の開業経緯を類型を考慮しながら検討すると，渡滬後日本企業の上海支店や在留企業などに数年間勤務

し，その後自ら開業する単独雄飛［A1型］が29名と表出企業の半数近くを占め最も多い。1912年渡滬後，伊藤洋行勤務を経て阿部市洋行（大阪又一商店上海支店）の出店に尽力し，その後独立開業した森吉洋行（No.15森山作治），05年渡滬し老舗吉田号に入店，5年間勤務後開業した益記洋行（No.5伊藤益二），東京高商卒業後1900年貿易研究生として渡滬し，美孚洋行，明治貿易等勤務を経て14年に独立開業している高巌洋行（No.12高岩寛次郎）など，表からはA1型企業者が多様な経緯を経て開業に至っている様相を知りえよう。これらのなかには，①漢口や蘇州，天津等中国他都市において勤務した後上海に移動・開業するケース（No.8, 14, 24, 30, 31），あるいは②父や兄，叔父等の店に勤務しそれを継承して開業する事例（No.3, 4, 11, 17, 32, 33）なども少なからずみられる。またそれらと並んで，③勤務先企業の閉鎖に起因する事業継承やそこからの独立開業の事例もかなり多く，表6-7でも7店（No.18, 19, 22, 24, 26, 38, 39，家族・親戚間は除く）みられる。日本国内に根拠を有する企業にあっても，上海支店・出張店の維持は経費面でも容易でなかったことを物語る一方で，上海に在留し中堅企業に勤務する従業者たちの既得商権維持や中国在地経済参入への強い意欲もうかがえる。

つぎに単独雄飛型［A2型］については，大戦前神戸で事業経営に関与した後1912年上海に渡り開業した松浦洋行（No.9松浦兼吉）や同じく12年に渡滬し直ちに大正洋行を開設した松島富治（No.6），大阪丸石製薬に勤務後17年に渡滬し，父親の経営する薬房を継承した重松為治（No.17重松薬房）など10軒ほどがみられる（No.2, 3, 8, 10, 11, 22, 37）。

これら単独雄飛型では，近親者事業の継承を含め総じて一定の資金的蓄積を前提として開業しているケースが大半である。もちろん，裸一貫で行商から出発する例（No.14清和洋行）や年少時から見習勤務をする（No.39三川勝之助）などの例もみられるが，それらも含め，多くは資金蓄積の面で営業開始時点ですでに物品販売やサービス・飲食店などの零細商とは異なっていたといえよう。

さらに，支店派遣型［B型］21店の事例をみると，①三井物産，大倉商

事，合同紡，内外綿，日本郵船など大手企業の上海支店勤務を経て出店開業
する場合と，②吉田号，日比野洋行，大阪又一商店，神戸山本商店など比較
的確かな基礎をもつ中堅企業の上海店で経験を積む場合とに大別される。し
かしいずれの場合も，開業者は開業を支える資金的基礎を有していたと思わ
れる。それは，学歴の判明する12名が高等教育受容者6名（高商，大学，東
亜同文書院），中等教育受容者6名（商業学校，中学，水産講習所）と中堅的出
自である点からも推察される（不明の9名も来歴から多くは中等教育以上の受
容者と考えられる）。

　〈上海工業同志会〉　製造業中心の集まりである工業同志会の場合も（表
6-8），単独雄飛型［A1型］がかなり多い（11社）。例えば，大戦前，中国各
地での薬の行商から北福洋行を起業し，1912年ガラス工場宝山玻璃廠を創
設した角田芳太郎（No.4）や料理業に従事しつつ1922年に共同で東方製氷を
設立した余語弥一（No.13東語），あるいは絹織物商店勤務で経験を積み中華
染色整煉を開業した竹松貞一（No.10）などがそれである。国内の事業に失
敗して渡滬，高田商会勤務の後同社の破綻を受けて上海消毒所事業を継承し
た清水和吉（No.8上海消毒所），1920年上海に渡り長谷川商店ついで新井洋行
で勤務し，26年に澱粉製造の瑞新澱粉公司を創業した小玉金次郎（No.16）
もこのタイプに類別される。

　これに対して［A2型］は，上海日本人工場での技術指導を行った後，
1914年宝成玻璃廠を独立開業した榊伊三郎（No.5）や大戦前から西陣織物製
品の市場開拓に努力し，その基礎の上に20年好弁社工業部を開設した長谷
川貞三郎（No.12），あるいは最初の事業に失敗し10年を経て事業再開を果た
した蚊取線香製造の安住化学工業（No.19小瀬木鍾平）など12例を知りうる。
これらのなかには，日本綿花や日本坩堝等の有力企業を退職後，そこでの事
業経験や人的関係をテコに数年を経て上海に進出したケース（No.11康泰絨布
廠・榎戸泰介，No.15上海坩堝・小畑寅吉）なども加えられよう。

　最後に，支店派遣型［B型］の工業同志会会員企業をみると（7社），作新
社印刷所工場長として招聘された蘆澤民治（No.24蘆澤印刷所）や上海商務印
書館社員であった小平元（No.25上海印刷）なども含め，いずれも自己の勤務

する企業から現地責任者や技術者として上海に駐在し，その経験を基礎に新規開業した事例である。それらは50〜100名の従業員を雇用する中堅規模の工場であるが，出資者ないし経営責任者に目を移すと，ほとんどが中等教育以上の受容者であり，大戦後における製造業進出の担い手の一つの姿を示している。

　以上，上海実業有志会と上海工業同志会の会員企業の進出経緯について一覧してきたが，これら土着派中堅企業は中国在地経済とはどのような関係を構築していたのか，また日本資本の上海進出においていかなる位置を担ったのであろうか。

(3)　中国在地経済と土着派中堅層の性格

　実業有志会企業および工業同志会企業における上海華商や上海の製造工業など在地経済との関係をみると[35]，いわゆる虹口商人らと異なり日本人居留民社会に依存する以上に上海や長江沿岸など中国在地市場への浸透を企図していた。日清・日露戦争以前より積極的に対中国貿易に従事し，独自の地歩を築いていた吉田号や贏華洋行などはいうまでもなく，表6-7表出の実業有志会企業では，ほとんどが「対華商・外商取引」「華商間に基盤」（No.11漢和洋行，No.12高巌洋行，No.29広貫堂，No.31栄泰洋行，No.44阿部市洋行，No.54清原洋行），「支那語に堪能，華人間に知己多し」（No.26八谷洋行），「華商取引に特殊の才」（No.28久孚洋行），「華商間に多大な信用」（No.42丸三薬房），「各地華人方面に基盤開拓」（No.4千代洋行，No.43堀井謄写堂，No.46隆華洋行，No.58徳昌洋行）等々，対華商取引を中心に在来の上海市場に進出しており，土着的な日本人貿易商中の一流者とされる企業も多い。

　そして，これら土着派中堅企業が日本国内で主に取引関係を結んだのは，大阪や神戸の中小工業や中堅輸出商であった。第一次大戦以降これらの地域においては，加工綿布やメリヤスなど中小の繊維工業とともにガラス，ゴム，石鹸，玩具，洋傘，魔法瓶，琺瑯鉄器等の新興雑貨工業の進展がみられ，上海・中国市場への輸出も増加した[36]。こうした各種繊維産業や雑貨工業の発展と輸出の伸展に対応し上海においてそれらの流通を担うものとし

て，1920年代の有志会会員企業も位置していたのである。その進出過程は，上述した華商との連繋と競争とともに，大阪（川口）や神戸等にネットワークを有する日本在留華商とも競合・対抗するものであった[37]。

　第一次大戦期および1920年代後半以降に相次いで工場を開設していた工業同志会企業の場合も，当該期における中国新興企業の発展に対抗した進出であり，①製品輸出から工場開設へ展開するケース（表6-8のNo.7備後屋洋行，No.9小林紗帯廠，No.14慶徳橡皮公司，No.21人和公司，No.22富昌圧縮工場，No.23前田一二洋行，No.29第一公司etc.）とともに，②新興工業などにおいて当初から上海に工場を建設するケース（同No.5宝生玻璃廠，No.6公興鉄廠，No.11康泰絨布廠，No.19安住化学工業廠etc.）の二つのタイプがみられる。また，表6-8に示される通り，各企業は数十名から300名程度の中国人労働者を雇用し，上海の中堅的工場の位置にあるものも少なからずみられた。

　上述のように，実業有志会や工業同志会などの土着派中堅企業は，第一次大戦期以降の日本の新たな工業発展のなかにあって，大企業・有力企業の周縁部に位置しつつ，新興の繊維工業や雑貨工業など主として中小資本に担われた分野において，その製品の上海市場への輸入や上海への製造業進出を担っていたのである。その動向の一端を表出の従業者数および労働者数でみると，1920年代後半から30年代半ば（1925→30，36年）にかけては従業者や労働者数の増加はあまりうかがえない。贏華洋行，益記洋行，吉田号，阿部市，新井洋行など紡織業に関連する企業と雑貨や薬品等を取り扱う上海紙業，日比野洋行，丸三薬房，隆華洋行などわずかな企業で従業者の増加がみられるのみである。第一次大戦期以降進出していったこれら土着派中堅企業は，当該期において依然安定した基盤を確立するに至っていない（日中開戦後には局面の大きな変化がみられるが）。

　その背景に山東出兵や第一次上海事変などを契機とする日貨排斥の多大な影響があったことはいうまでもないが[38]，それと並んで，土着派中堅企業が在地経済に根強い力をもつ華商との競争や1920年代半ばからの上海工業の著しい発展のなかで，上海・中国市場においてそれらの動きに持続的に対抗しうる存在になりえていなかったことを指摘できよう[39]。近年の研究で，

236

1920〜30年代中国における近代工業発展の動向が次第に明らかにされてき
ているが，雑貨工業など紡織・繊維工業以外の工業の状況，そして上海に進
出した日本企業との関係などについては十分検討されていない[40]。

　では，当該期上海市場における日本人土着派中堅企業の置かれた位置はど
のようなものであったのか。

　上海への日本の製造業進出は，大手紡績企業を軸として展開していった
が，それに付随するように中小の繊維工業や雑工業の進出がみられたのは，
表6-8の工業同志会企業の動向からもうかがえよう。各種の工場進出活発化
の動きは，1920年代半ばの停滞を経過した後，20年代末に至って，銀価の
大幅下落や自主関税実施による日本品の輸出困難，あるいは銀安由来の上海
物価の騰貴による上海産業界の好況などにも対応して展開していたのである。

　しかしながら1920年代末〜30年代半ばの時期は，上海・中国において繊
維工業や雑貨工業などの近代工業が急速に発展していった時でもあった。表
6-9は，調査基準を明確に規定して実施された上海市社会局の調査にもとづ
く，1931〜33年の上海における工業発展の状況の一覧である。評価に際し
ては世界恐慌および第一次上海事変時に重なっていることなどを考慮する必
要があるが[41]，2年間に資本金額で20％，労働者数11％，生産高37％の伸
びを示しており，この間の急速な工業化がうかがえよう。中国工場法（1929
年制定）の適用になる労働者30人以上工場数をみても，1931年の710工場か
ら33年の1,186工場へと大幅に増加している。

　部門構成をみると，繊維工業が資本金額で全体の39％，労働者数で56〜
64％，生産額で35〜47％を占めており，この間伸長著しいメリヤスその他
製造を加えると資本金額，労働者数，生産額いづれも40〜50％と大きな比
重を占めていることが改めて確認できる。また，ゴム製造や石鹸製造を含む
化学工業等の部門やガラス製造部門など新興雑貨工業の発展も顕著である。
今，同調査中のいくつかの中小工業主体業種について1931年から33年の生
産高および労働者数をみると，［生産高：単位千弗］ゴム（4,566→1万
9,349），ガラス（656→1,339），石鹸類（2,740→3,096），メリヤス（6,361→
9,040），［労働者数：単位人］ゴム（6,697→1万1,286），ガラス（871→2,069），

表6-9　上海工業発展動向（1931〜33年）

部門別	項目	1931 (a)	1931 (b)	構成比	1933	構成比
繊維工業	工場数	546	264	37.2	391	33.0
	資本金（千弗）	54,743	53,416	39.5	63,623	39.1
	労働者数	129,252	124,220	64.4	120,165	56.0
	前年生産高（千弗）	198,303	191,327	47.0	198,219	35.5
メリヤスその他製造	工場数	170	58	8.2	89	7.5
	資本金（千弗）	4,455	3,883	2.9	7,974	4.9
	労働者数	11,177	8,126	4.2	10,605	4.9
	前年生産高（千弗）	15,637	11,822	2.9	19,469	3.5
化学工業＋鞣皮・ゴム製造	工場数	83	61	8.6	133	11.2
	資本金（千弗）	12,621	11,617	8.6	20,263	12.5
	労働者数	16,123	13,847	7.2	21,078	9.8
	前年生産高（千弗）	25,892	20,421	5.0	46,856	8.4
金属工業	工場数	36	9	1.3	22	1.9
	資本金（千弗）	375	306	0.2	361	0.2
	労働者数	803	332	0.2	787	0.4
	前年生産高（千弗）	789	383	0.1	986	0.2
機械製作及金属製品製造＋造船及車両製造	工場数	310	102	14.4	183	15.4
	資本金（千弗）	4,114	3,242	2.4	8,247	5.1
	労働者数	13,666	10,365	5.4	15,032	7.0
	前年生産高（千弗）	18,379	14,057	3.5	30,182	5.4
食料・飲料・煙草製造	工場数	175	107	15.1	143	12.1
	資本金（千弗）	32,000	30,896	22.8	31,093	19.1
	労働者数	23,336	21,444	11.1	27,375	12.7
	前年生産高（千弗）	132,456	128,525	31.6	205,415	36.8
製紙・製本・印刷	工場数	155	69	9.7	114	9.6
	資本金（千弗）	16,898	16,372	12.1	16,072	9.9
	労働者数	10,692	8,997	4.7	9,786	4.6
	前年生産高（千弗）	28,461	26,882	6.6	32,137	5.8
煉瓦・陶器・ガラス製造＋建築材料	工場数	49	17	2.4	51	4.3
	資本金（千弗）	3,475	3,184	2.4	4,433	2.7
	労働者数	3,105	2,153	1.1	4,345	2.0
	前年生産高（千弗）	4,058	3,166	0.8	9,137	1.6
木材加工＋家具製造	工場数	39	12	1.7	17	1.4
	資本金（千弗）	1,242	600	0.4	990	0.6
	労働者数	2,264	1,291	0.7	1,783	0.8
	前年生産高（千弗）	4,040	1,242	0.3	3,005	0.5
電気・水道・ガス工業	工場数	5	4	0.6	3	0.3
	資本金（千弗）	11,260	11,110	8.2	11,290	6.9
	労働者数	1,079	1,060	0.5	1,020	0.5
	前年生産高（千弗）	6,778	6,668	1.6	7,930	1.4
総計（身廻り品製造，其他とも）	工場数	1,672	710	100.0	1,186	100.0
	資本金（千弗）	142,329	135,352	100.0	162,685	100.0
	労働者数	214,152	192,943	100.0	214,736	100.0
	前年生産高（千弗）	439,328	407,084	100.0	557,690	100.0

注　：1）1931年（b）および1933年の調査は中国工場法規定の原動機を有する労働者30名以上工場を対象と
　　　　する。また，1931年（a）は原動機を有した労働者10名以上の工場分をも合わせたもの。いずれの
　　　　数値も外国人経営は含まない。
　　　2）「機械製作及金属製品工業」と「造船・車両製造工業」は合計した。また「化学工業」と「鞣皮・
　　　　ゴム製品製造工業」，「煉瓦・陶器・ガラス製造」と「建築材料工業」，「木材加工工業」と「家具製
　　　　造工業」も同様である。
出典：劉大均『支那工業論』生活社，1938年，74〜147頁（原資料は上海市社会局による「上海工業化調査」）。
　　　なお，457頁第4表の数値と一部違いがあるが，74〜147頁のものを採った。

石鹸類（421→628），メリヤス（5,052→5,331）と，生産高，労働者数とも大幅な増加がみられる[42]。

　さらに，ここでの過程で注目すべき問題は，上海工業の発展や中国商人の活発な活動により，進出日本企業なかでも土着派中堅が次第に中国企業・中国商との競争で苦戦を強いられていることである。その一端を『上海日本商工会議所年報』（第13，1930年度「上海市況」）にみておきたい。

　（ゴム靴類）　……米国製品は……安物を歓迎する支那市場へ対しては不向き……，一方日本製品も銀価の暴落，関税の引上等の事情により漸次支那製品に圧迫せらるに至りしを以て之が対策として資本の輸入をなし支那国内に製造工場を設立するもの多し。これは此種製品の製造工場は何れも……小資本に依り設立し得べく其製造方法も簡単にして且需給の干係（ママ）よりしても有望なる事業なるが故なり。……（近年の支那護謨靴製造工場多数設立により）日支製品の販売競争漸次強度を加へつゝあるを以て今後に於ける此の事業の経営は次第に困難を加ふるに至るべき見込なり（32頁）。
　（玩具）　日本より輸入せられたる玩具の数量は前年に比して頗る減少したり　これ実に銀安の結果なり……要するに日本製玩具は小売としては相当は捌け口よろしかりしも日に日に新たなる銀安のために問屋方面に於て利益をみること少く……故に輸出を手控えられたるものの如し……上海製玩具に二方面あり甲は日本人工場の製品及び日本人技術者を有する民国人工場の製品にして乙は純民国人工場の製品なり（35頁）。
　（石鹸）　此種製品（洗濯石鹸）は輸入によらず上海を主とし各地都市に於ける製品により完全に其需要を充たし全く飽和状態にあり　然るに爰に見逃す可からざるは中国人の事業経営に対して漸く覚醒なりたる事にして……，化粧石鹸は此等粗工業と異なり比較的科学の応用を必用（ママ）とする結果依然として輸入品又は邦人工場の製品主力を占め中国人製品の追随を許さず　然れども……前途大に戒心を要する処なりとす（52頁）。

こうした，一方での日本製品輸入の減少や在上海日本人工場の停滞ないし

不振と，他方での上海中国人工場の伸長の過程は，銀安や関税引き上げあるいは排日貨などの外的要因に規定されていただけでなく，引用にあるように経営内部の動向にもよっていた。また以下の資料は，工業同志会会員企業である慶徳橡皮公司が第一次上海事変による被害状況を報告し復興資金を要望して提出した「申告書」であるが，同社経営上の困難点として，排日貨や内乱とともに中国企業との競合の問題に言及している[43]。

　　斯業（ゴム工業）ノ有利事業タルヲ支那人ノ知ル処トナリ，勃然トシテ支那人経営ノゴム工場起リ，或ハ弊工場（慶徳橡皮公司）の熟練工ヲ誘致買収シ，或ハ阪神地方ヨリ邦人技術者ヲ招聘シ，排貨ノ憂ヘナキヲ以テ相当多額ノ資本ヲ投ジテ茲ニ支那ニ於ケル一大工業トナリタルモノニ御座候

　ここには，上海においてゴム製造事業を創出した慶徳橡皮公司を追って，中国人企業が日本企業の熟練工を誘引しまた日本人技術者を招聘しながら，新興工業を創設・発展せしめようとしている様相が示されている。これらの様相は慶徳公司やゴム工業に限られたものでなく，ガラス工業，製革業，染色工業など多くの新興雑貨工業においても同様であった[44]。

　1920年代末以降の土着派中堅企業における華商との競合は，貿易取引など商業部面でもみられた。有志会企業などの中小貿易業者らは，従来から小資本ゆえの為替相場変動や時局への対応力の弱さ，商品知識や取引慣行の理解の不十分さ，中国語・上海語の習得者が少ないこと，さらには同業組合などの連絡組織の弱体などを指摘されていた[45]。そして1930年代に入ると，長江流域一帯において自動車路や鉄道，航空，航運さらに電話・ラジオなど交通網や通信網が発達するなかで，流域各都市を結ぶ運輸網の拡充や各地商品市況の敏速な入手など華商の取引機能の進展がみられ，それまでの外国商との懸隔が消失しつつあった[46]。中小の日本人貿易商においては，排日による貿易取引の減少に直面するとともに，変化する上海や長江流域の市場環境への対応が遅れることとなっていたのである。

　以上，在地経済や華人企業との関連のなかで土着派中堅企業の位置をみて

きた。1920年代後半から日中戦争までの上海において，急速に成長する中国工業や華商との競合関係の進行のなかで，拡大する排日・抗日運動の存在は，土着派中堅企業にとって打撃的影響をより増幅させるものとなったのである。こうした状況の下では，後にもみるように，日本の軍事力発動による日中「懸案解決」回避の志向や華商・華人企業との経済提携追求の動きは容易に生まれてこなかったといえよう。

4 「土着派」居留民と排日運動への対応——居留民と国家

前節まで，上海日本人中小商工業者の動向と特徴を土着派居留民零細層と土着派中堅層に焦点を合わせながら検討してきた。この節では，満州事変後における居留民各層の排日運動さらに第一次上海事変への対応を中心とした社会的活動について検討したい。

(1) 第一次上海事変と居留民各層の対応——武力発動と居留民

1931年9月，満州事変が関東軍によって引き起こされると，中国各地で排日・抗日の運動は急速に拡大し，上海においても従来にも増して激しく排日運動が広がっていった。それは，日貨排斥の局面だけをみても，①中国商人の積極的参加，②婦女子の参加，③日本産の原料品・生活必需品等の排斥，④中国銀行の日本人銀行との取引停止，⑤日中個人間の往来断絶，⑥日本人に対する中国産品の売渡禁止，⑦日本人企業の買弁その他被傭者の離職強制など，以前の排日と較べてより多面にわたり，質を異にする激しいものであった[47]。日本側への影響をみるために，まず事変勃発の1931年下半期の輸出入貿易額を前年同期と比較すると下記のようになる。

	1930年下期	1931年下期	増減
中国	14,030千円	62,485千円	45.2%減
うち中部	71,720千円	36,380千円	49.2%減

前年に較べ，対中国全体では45.2％，上海港を中心とする中部地域では49.2％と一気に半減している[48]。また，上海港への輸入額の国別シェアーでも日本は1930年の19％から31年の14％へ大幅に下落している（これに対し米国は25％から31％へと上昇し日本のシェアーを吸収する形となっている）。さらに，日本人企業への影響に関しては，上海への日本の総投資額約３億8,000万両（うち紡績業約１億7,000万両，なお，1930年１両＝約1.32円），日本人経営工場数157工場（うち紡績工場数21），雇用日本人数2,632人，同中国人数７万2,428人という資本進出の状況にあって，貿易および関連企業の1931年７月〜32年３月末の損失額は，約4,000万円と見積もられている（人命・財産への直接被害および売掛金・営業費その他諸経費を除く）。そして，全体として「在支邦人商工業者ハ規模ノ大小ニ論ナク斉シク取引ノ途絶金融ノ硬化資金ノ枯渇等ニ累セラレ　莫大ノ損害ヲ蒙リ之カ為経済的ニ甚タシキ苦境ニ陥リタル」と，その状況が報告されている[49]。

　なお付言すれば，上海事変時の中国側の被害は，戦闘区域内工場579軒中の約半数が被害を受け，商店１万3,000軒の約70％に損害，小中大学校238校が被災，閘北－江湾間の火災による民家の80％毀損など，全市の工場・商店・住宅等損失約16億元，工人失業25万人，市民死亡6,080人とされている[50]。

　満州事変後の排日は激しく，経済面だけでなく日本企業や日本人居留民に対する各種攻撃や暴力行為なども拡大し，日中両国民衆相互の対立感情や排外主義意識をかつてないほど高めており，日本人居留民は，1931年10月10日第１回上海居留民大会，11月１日長江流域日本人連合大会，12月６日全支日本人居留民大会と，つぎつぎに数千名を結集した大会を開催した。そして，翌1932年に入ると，後述する『民国日報』（以下『　』を外す）の「不敬」記事問題（１月９日掲載），日蓮宗僧侶・信徒等への暴行および復讐事件（１月18〜19日）を契機に，日本人居留民の排日・抗日運動に対する反感や憎悪を一気に高潮させていった[51]。その昂揚状況は，１月20日に2,000名を超える人々が参集した第２回上海居留民大会における大会決議の，「不敬事件に次ぐに邦人殺傷事件を以てし，今や抗日暴状其の極みに達す，帝国政府は

最後の肚を決め，直に陸海軍を派遣し，自衛権を発動して，抗日運動の絶滅を期すべし」[52]とのきわめて強硬な文言からもうかがえる。この大会決議は，前回12月6日の全支日本人居留民大会の決議が，総領事館の内面指導もあって，会社派メンバー主導の欧米列強などとの関係にも配慮した，慎重で比較的抑制的なものであったのに対して，重要な姿勢転換を示すものであった[53]。さらに大会終了後，興奮した大会参加者500名は大挙して総領事館および陸戦隊本部に隊伍を組んで押しかけ，村井総領事や鮫島陸戦隊指揮官に強硬な対応を迫る行動に及んでいる。

　日毎に高まる居留民の激昂と日中民衆間の緊張の高まり，兵力増強の動きの一端は表6-10（居留民欄，領事館・陸海軍欄）からもうかがえよう。1月21日には，村井総領事は呉鉄城上海市長に対し，民国日報「不敬」記事と暴行事件への謝罪，被害者への賠償，抗日会の解散・取締など4項目の要求を提示し，同27日には再び上海市長宛にそれへの回答を28日までの期限付で要求するに至っている（最後通牒）。日中両国間の厳しい緊張関係のなかでの最後通牒提出に至る背景については後述するが，日本側の最後通牒に対し，1月28日午後，呉上海市長から全要求項目受入れの回答がなされた。この時点で，閘北地区や北四川路付近に兵の配備を強化していた中国第十九路軍と日本海軍陸戦隊との軍事衝突は一時回避される可能性も生じたが，現実には28日深夜11時半頃，上海市政府への警備線進出予告とほぼ同時に，戦闘装備を整えた陸戦隊が兵員移動を開始し，それを契機に29日零時頃両軍の軍事衝突が始まり，激しい市街戦を伴う戦闘行動が展開，ここに上海事変が勃発した[54]。

　上海事変の1月下旬から3月初旬にかけての経過については，臼井勝美『満州事変』に詳しく，また事変時における日本人居留民の動向――後方から前線に至る戦争への関与，住民惨殺を含む加害の諸側面――については，前掲髙綱『「国際都市」上海のなかの日本人』（142〜153頁）で多角的に論じられている[55]。したがって本章では，屋上屋を重ねるのは避け，以下，居留民各層の排日運動への排外主義的対応，および軍事力発動・戦争行動に対する姿勢に焦点を合わせ検討してゆくこととしたい。

表6-10 上海日本人居留民の動向と抗日運動への対応

年月	経済団体	居留民
1911	上海日本人実業協会設立（1919年商業会議所に改称）	（1908年上海居留民団結成）
1915	上海実業有志会設立	
1917		
1924		
1925	在華紡績同業会設立。上海工業同志会設立	7.15　民団，陸戦隊増派を要請
1926		
1927		
1928	商議を中心に排日運動対策として金曜会設立	5.20　帝国在郷軍人会上海支部発足（300名）
1929		
1930	4.3　上海日本人実業協会結成	
1931	8.11　商議，排日貨運動に関し外相宛請願 9.26　商議，外相宛第一次建議書 9.29　商議，外相宛第二次建議書 10.3　商議，外相宛第三次建議書 10.6　工業同志会，工場閉鎖決議 12.1　上海商工連合会結成 12.8　内外綿頭取等，税関差押案など外相宛具申	9.19　総領事館，時局委員会組織 10.10　第1回上海居留民大会開催 11.1　長江流域日本人連合大会 12.6　全支日本人居留民大会 12.14　民団，工部局に学校補助金申請
1932	1.22　商議，日本政府等武自衛権行使要望 1.24　在華紡工場一斉休業声明（1.29実施） 1.29　商議，商社・銀行・紡績で義勇後援会結成 4.1　商工連合会，事変善後策について活動開始 5.20　金曜会，抗日運動禁止方申入れ請願	1.9　民団，民国日報「不敬」事件に付抗議 1.20　第2回上海居留民大会開催 1.20　閉会後一部参加者民衆大会実行委結成 1.23　民衆大会実行委員会，強硬声明 1.25　居留民団，陸戦隊と協議 1.27　居留民大会実行委，陸軍出動要請 1.28　民団立学校一斉休校（4.11再開） 1.28　義勇団日本隊，在郷軍人会非常集合 2.23　時局委代表（福島・米里）大規模増兵要求 2.27　臨時居留民会（20万ドル団債可決）
1933		3.18　民団，戦没軍人・殉難者慰霊祭 10.31　上海神社遷宮式
1934	11.17　日本人不動産所有者連合会結成	
1935		
1936	12.12　商議，対支輸出補償につき陳情	
1937	3.11　在華日本商工会議所連合会開催	8.13　時局委員会緊急会議
1938		1.28　社会課を設置（就職・家屋紹介等）
1939		
1940		
1941		11.　各路連合会，居留民団に統合 11.　上海自警団結成式

出典：上海居留民団『上海居留民団35周年記念誌』，同『上海日本人各路連合会の沿革と事蹟』，同『上海事
　　　変誌』上海日本商工会議所『経済月報』，外務省『日本外交年表竝主要文書』下，同『日本外交文書』。
　　　軍令部『昭和六・七年事変海軍戦史』巻2。一部外務省記録で補填。

各路連合会	総領事館，陸・海軍	備考
6　町内会が町内連合会を組織（常任幹事林雄吉）		21カ条批判抗日運動
7.3　12町内会で上海日本人町内連合会結成		1919年山東事件
9.15　町内会，陸戦隊・義勇隊向慰問袋募集	9.4　龍田艦入港（陸戦隊200人）	江・浙両軍衝突，9.15　第2次奉直戦争開始
6.4　町内連合会，自衛行動相談会 上海日本人各路連合会と改称（40町内会）	6.3　堅田・伏見・勢多艦陸戦隊60名上陸 7.8　龍田艦入港，陸戦隊200人上陸 総領事，町内会加入の諭告	2.9　内外綿スト開始 5.30　5.30事件
9.9　工部局に日本人巡査増員を請願（現行70名） 11.26　上海市参事会日本人委員の増員運動開始		
4.15　小学児童下校時陸戦隊・義勇隊ともに警護 4.12　町内連合会を解散し各路連合会に統一	3.21　海軍陸戦隊1,100名上陸 4.1　八雲艦上海派遣（陸戦隊500名） 5.8　総領事館，各路連合会加入に関する布告	4.12　上海，蒋介石クーデター。13　大東・上海銀行休業 6.1　山東出兵。7.7　東方会議始，対支政策綱領発表 5.3　済南事件。6.4　張作霖爆殺
7.18　工部局電話度数制に関し参事会に意見具申 11.12　工部局に日本人巡査採用要請 民団立学校への教育補助金を工部局に要求		
1.25　年賀状不能配達分4,800通を受取配達	8.5　長江沿岸居留民保護のため樫艦等入港	1.11　金解禁実施，5.26　日中関税協定調印
9.21　各町会長宛に時局に関する通達 9.22　臨時総会開催 9.24　郵便物取扱に関し郵政当局に抗議 10.14　本部内に情報部特設（排日運動対応） 10.23　救済調査（補助策につき協議）	9.28　対馬艦入港（第一遣外艦隊増援） 10.10～11　常盤艦・天龍艦入港，陸戦隊223名上陸 11.22　公使館付帯・海軍武官・経済封鎖主張	7.1　万宝山事件 9.18　満州事変勃発 12.23　金輸出再禁止
1.15　「不敬」記事につき緊急総会開催，抗議決議 1.22　工部局宛「不敬」事件・日本人負傷事件で要求書 1.29　各町内会，時局奉仕団組織 1.29　同，自警団組織 5.11　派遣軍引揚げにつき緊急会議	1.10　総領事，市政府に民国日報「不敬」記事抗議 1.13　総領事，再度市政府に強硬抗議(1.16 交渉) 1.20　第一遣外艦隊司令官，上海市長声明 1.21　総領事，上海市長に抗日団体解散等要求 1.23　大井艦他急航，陸戦隊上陸 1.25　海軍省，実力発動の根本方針決定 1.27　総領事，市長宛最後通牒，海軍当局，声明 1.28　陸戦隊一斉出動，帝国政府声明(1.29) 2.7　陸軍部隊上海上陸。帝国政府声明 2.14　陸軍第9師団上陸 5.1　上海派遣軍帰還命令(3.3 日本軍停戦)	1.9　民国日報，桜田門事件「不敬」報道 1.11　上海市長，日報側に侮辱の意思なしの回答 1.16　民国日報，紙上に陳謝声明掲載 1.18　日蓮宗僧侶ら襲撃事件（田中隆吉武官関与） 1.20　上海青年同志会，三友実業社襲撃事件 1.24　上海市民連合会（中国）大会開催 1.28　上海市長，要求全承諾を回答（午後3時） 1.28　工部局，戒厳令を布告（午後4時） 1.29　上海事変勃発（午前零時） 1.30　国際連盟，上海実情調査委設置決定 3.1　満州国建国宣言 8.27　閣議「国際関係より見たる時局処理方針」決定
8.28　各路連合会を民団下に統一すべしの輿論	10.29　陸戦隊兵舎落成式	
8.14　越境道路問題に関し，総領事館に建議陳情	4.10　第3艦隊旗艦出雲入港	9.11　上海銀行取付 12.7　外務・陸・海相「対ソ政策に関する件」決定
7.2　新生「不敬」記事に関し居留民代表総領事申入 市参事会選挙で日本人増員運動（失敗）	7.3　新生事件のため第3艦隊上海待機	10.4　外・陸・海相「対華政策に関する諒解」成立 8.7　首・外・陸・海相「帝国外交方針」決定 7.7　盧溝橋事件 10.1　首・外・陸・海相「支那事変対処要綱」決定 11.6　日独伊防共協定 12.16　「上海方面に於ける帝国の経済権益設定策」 11.7　北支那開発・中支那振興会社開業 12.16　興亜院設立 10.　支那派遣軍総司令部開設
12.5　英人国旗侮辱事件に関し，居留民大会開催 4.　各路連合会拡充のため区制復活 11.　日本人納税者会議設立 1.　林雄吉，納税大会で発砲（逃亡後自首）		3.30　汪精衛，中華民国政府（南京）を樹立 9.27　日独伊三国同盟調印 11.13　御前会議「支那事変処理要綱」決定 12.8　日本，対米英開戦

（a）土着派居留民下層

　満州事変以後急速に拡大した排日運動は，上海日本人社会にあまねく影響を与えたが，なかでも居留民底辺層は直ちに生活自体が深刻な困窮状態に追い込まれた。その状況の一端を，1931年10月23日付の村井上海総領事発幣原外相宛電報は「今次既ニ日常ノ衣食ニ窮スルモノ続出シ之ヲ放置セハ抗日会ニ対スル憎悪復讐ノ念ニ駆ラレ如何ナル所業ニ出ツルヤモ計ラレス」と伝えている[56]。

　さらに，同年12月11日の村井総領事発幣原外相宛電報では，より具体的に「対日経済絶交ノ結果商工業者ノ業務縮少，店舗・工場ノ閉鎖等ニ依リ被雇人職工等ノ失業者ハ十月初メ頃ヨリ漸次増加シ同中旬頃ニハ日常ノ衣食ニ窮スル者在来ノ失業無職者ト合セ約二百名ヲ算スルニ至レリ」と困窮居留民の状況を報告している。また，「同路（北四川路）ヲ中心トスル日支人間ノ空気ハ日増シニ険悪ノ度ヲ加へ……十月十一日居留民大会後ノポスター剝取事件ヲ端緒トシテ其後十七日工部局武装露人義勇隊出動スルニ至ル迄殆シト毎夜何等カノ日支人衝突事故発生シ……以テ一般邦人ノ抗日団体ニ対スル反感ハ遂ニ尖鋭化セサルヲ得サルニ至ル」と，日本人居留民と中国人住民との間の緊張関係の増大や連夜の暴力的衝突の発生についても言及している。同時に，「所謂邦人窮民中ニハ血気無思慮ノ職工級ノモノ多数含マレ居ル関係モアリ同志ヲ糾合シテ暴力団ノ如キモノヲ組織シ抗日団体ニ反撃ヲ加へ鬱憤ヲ晴ラサント企図スル者サヘ生スルニ至レリ」と述べ，生活の困窮と展望が見えないなかで抗日運動への反感を募らせ暴力行動に走ろうとする集団への警戒感をも示している[57]。

　こうした経営困難に陥った零細業者や職を失った従業員など居留民底辺層の窮民化と，彼らのなかに生じはじめた排外主義と暴力的行動への傾斜は，その後も激しくなっている。その事例を，1932年1月20日の第2回上海居留民大会後の激昂した大衆デモの参加者約500人により結成された有志大会実行委員会の動きにみることができる。居留民大会後に自然発生的に居留民の過激な請願行動が起き，それを抑えようとした大会議長林雄吉（各路連合

会会長）の制止を越えて選出された組織がこの実行委員会であるが，同委員会は，翌21日に武力行使を求める激烈な声明書を発している。その一部を以下に引いた。

　天人共に許さざる今回の民国日報社不敬事件に総領事の徒らに穏便なる解決に堕せるは我等居留民の憤懣に堪えざる処にして断じて許容をなさず……三友実業公司工人が……日蓮宗教徒の無抵抗に乗じその生命に危害を与へたるに対しては我が居留民は断固として許容せず，……（外交上の）月並の不渡手形によって国民を瞞着せんとする外交を信頼する能はず……帝国政府の無気力に対しては洵に慨嘆に堪へざるところのみならず，実力発動の「きっかけ」としても数フィートの鉄道線破壊より此の不敬事件此の生命の傷害が遥かに重大にして事既にその必要を見るにも拘はらずもし帝国政府に於て此の際毅然として起つに非ざれば吾人は民衆の自力を以って敢然起ち……（抗日会，市政府，民国日報社に対し）断乎たる行動に出ずるを辞せず（以下略）[58]。

　この強硬な主張と行動を主導した実行委員15人の構成を一覧すると（表6-11），弁護士，新聞記者，貿易商など階層的に居留民下層に位置するとはいえない人物も若干みられるが，大半は『人名録』不掲載の人物ないし零細業者・小営業者であり，もっぱら日本人社会に営業や生活の基礎を置いている土着派下層の人々であることがわかる。ここから，居留民大会後のかかる民衆的激発について，抗日運動で直ちに生活や経営を脅かされた居留民下層によるそれらへの反感と憎悪にもとづく排外主義的行動と捉えることもできよう。
　ところで，総領事館の指摘にあるような，経営危機に陥った中小商工業者や職を失った労働者・雑業者などの困窮居留民において先行的に生じていた過激な直接行動・暴力行使の動きは，彼らにのみ属するものではなかった。それら居留民のなかに困窮ゆえの尖鋭な排外主義的行動がみられたのは，総領事館報告の通りではあるが，居留民の暴発的な行動に際しては，上海青年

表6-11　上海居留民有志大会実行委員（1932年1月）

氏名	所属等
城戸森吉	
間狩源治	都亭［1］経営（海軍慰安所）
西山栄之助 ＊	柔道師範
一井準之助	上海日報社［32］記者
小西永吉	大興土地信用組合［7］従業員
丹下義一	
野末由之助	
西山寿(春)太郎 ＊	無職
衛藤隅吉 ＊	衛藤法律事務所［2］弁護士
馬場薫之	松文洋行［3］経営（貿易業）
小森　寿	
大久保正澄	
岩井　勇 ＊	岩井電気公司［1］経営（電気器具販売修理）
吹田熊海 ＊	上海労働通信員
原田億長	

注：1）居留民有志大会（『経済月報』では民衆大会と称す）実行委員は，1932年
　　　　1月20日の居留民大会後，大衆デモに参加した群衆により民衆大会開催の
　　　　ため推挙された人物。なお，実行委員数は参謀本部『支那時局報』第2号
　　　　では20名としている。
　　　2）氏名欄の＊印は1932年2月4日以後中華民国在留禁止となる（『外務省報』
　　　　第248号）。
　　　3）所属等欄の［　］内数字は，従業員数。
出典：氏名は，前掲『上海事変誌』38頁および上海日本商工会議所『経済月報』
　　　第62-64合併号41頁。所属等は，前掲『支那在留邦人人名録』第21，24版
　　　およびアジア歴史資料センター資料。

　同志会など国粋主義的・排外主義的過激集団の介入と挑発が，さきの上海青年同志会による三友実業社工場襲撃だけでなくしばしば試みられており，それらの活動が居留民の尖鋭な暴力的行動を促迫させた側面をも有していた[59]。

　試みに上海青年同志会員や国粋会員の場合をみると，上海在留時における困窮ゆえに過激行動への傾斜や国粋主義団体への接近という方向を辿ったとはいい難く，むしろ上海や東京，満州，朝鮮等々でしばしば対外同志会，黒龍会，愛国勤労党などの国粋主義団体・右翼団体を訪れ，また頭山満や内田良平等に面会するなど右翼国粋主義的思想に接近しその影響を受けながら，中国抗日運動への反感と相俟って居留民の尖鋭な行動に合流し，またそれを誘発・激化させていったといえよう[60]。この点をもあわせて指摘しておきたい。

（b）土着派中堅

　では，土着派中堅層はどのような対応を示したのか。土着派中堅は，前節でも述べたように社会経済的にもあるいは統計的にも明確な区分をし難く，一部は自営業の零細層と重なりまたその上層部分は会社派ブルジョアジーとも連なる存在である。そして，上海事変に至るまで中堅層としての固有の地歩を占めるに至っていない。とはいえ，満州事変後の激しい排日運動に直面して，従来から組織されていた上海実業有志会や工業同志会だけでなく商工同志会，商工組合連合維持会など，にわかづくりの中小商工業者団体が組織され，1931年12月1日には上記4団体で商工連合会を結成し，商権維持のための低利資金借入運動に取り組んでいった。これら商工業者は一定の資金を有する事業者であるが，彼らの経営も激しい排日貨により深刻な打撃を受けており，経営危機を低利の国家資金融資により打破しようとしていた。この種の要求は表6-12にみられるように，上海事変に前後して土着派中堅層事業者やその団体から幾度となく提出されている（本節2項で言及する）。しかしその一方，排日貨対策や抗日団体の取締など抗日運動に対応する政治的要求や運動の提唱はほとんどみられない。組織としての経験の蓄積や結集度の低さの反映でもあり，また個々の事業者が属する町内会の役員など他の居留民社会組織の一員として活動していたためとも思われる。さらに彼らは，例えば，店舗や工場を構え商品や機械器具を有し従業員を擁しながら，「商品ハ皆目売レス精算ハ行ハレス売掛金ハ回収不能又融通ノ途ハ全然梗塞シタリ」という状態[61]，あるいは「測ラズモ彼ノ峻烈ナル排日貨ニ遭遇シ，操業ハ愚カ，百数十人ノ支那人職工並ニ邦人技師ノ維持ニ困難ヲ来シ……整理ヲ行ヒ……茲に無為蟄居ノ状態」に陥るなかで[62]，抗日運動との闘争よりも当面の自社経営を維持することに腐心せざるをえなかったとも推察される。

　しかしながら彼ら土着派中堅層も，日本軍の武力発動以後においては，銃後や兵站だけでなく，軍の作戦行動と一体となって戦争に参加していったことが知られる。その様相を，中堅工場経営者で組織する上海閘北激戦区域内中小工業罹災者復興同志会の「請願書」の一節は，「我等亦帝国臣民タリ，

表6-12 復興資金要求と制定・施行の動向（上海）

年月	経済団体	居留民団・総領事館
1931.10.23		総領事，困窮者への生活費補助等貸与認可方問合せ
10.27	上海工業同志会，上海邦人工業救済に関する請願	居留民団，生活困窮者補助開始（寄付等依拠）
	この頃，上海実業有志会も維持資金下付請願	
11.24		外務省，生活困窮者補助等の基本線について返信
12月	上海日本人商工連合会，低利資金貸下請願	
1932. 1.20	商工連合会，維持資金貸下請願（再）	
1.26	実業有志会，維持資金下付請願（再）	
同	工業同志会，上海邦人工業救済に関する請願（再）	
2月末		外務省，在支邦人事業救済資金貸下案
4.14	中小工業罹災者復興同志会，資金融通請願	4月 居留民団・村井総領事，業務復興資金貸与方協議
5.10		居留民団，復興資金借受に関する委員会発足
5.14	商工連合会，土地組合，復興資金上京陳情団派遣	居留民団，安井行政委員長を陳情の上京委員として派遣
5.17		居留民団，中小商工業者への資金貸与を外相宛請願
5.18	日華実業協会，復興資金に関し居留民団宛電報	
5.21	上海日本商工会議所，緊急貸下を外相に請願	居留民団，商工会議所と連名で緊急貸下を外相に請願
6. 1		居留民団，代表者を陳情派遣（池田重雄，6.5安井源吾）
6.10		帝国議会衆院，復興資金融通法案可決（6.15貴族院）
6.11	実業有志会，砲火以外の被害者調査と救済請願	
6.27		居留民団，生活困難者救済に関する委員会開会
7. 7		居留民団，復興資金借受に関する委員会開会
7.13	商工連合会，復興資金陳情の趣意書を民団に提出	
7.27	上海事変直接被害者総連合会を組織，要路に陳情	
8. 8		総領事，復興資金借受に関する諮問委員委嘱（23名）
8.30		衆院，上海事変直接被害者救済建議可決
9. 1		外務省，復興資金貸下命令書
9.10		居留民会，復興資金貸付条件等制定
10.11		居留民団，貸付業務開始，10.17審査委員委嘱（10名）
1933. 1.20		復興資金第一次貸付完了，商工貿易業者へ貸付開始
8. 5	上海商工同志会，復興状況調査	
8月	商工連合会，復興資金運用状況調査遅延	
12.14		復興資金部，生業資金貸付開始
1935. 1.23	上海日本人不動産所有者連合会，500万円資金融通請願	
2. 4	復興資金協議会代表，政府宛貸付条例改正請願の件	*政府貸付金処理委員会，償還条件改訂
4.20	交民倶楽部，復興資金返済条件変更に付請願（決議）	
5.23	不動産所有者連合会，資金融通請願（再）	
1936末		復興資金部，臨時簡易貸付金の小口貸付を敢行
1937. 8.31		復興資金等貸付金に付，37年より5年間無利子据置
12.17		政府貸付金処理委員会，償還条件変更案承認

注 ：交民倶楽部は，土着派民会議員および土着派居留民による復興資金獲得目的の組織。
出典：上海居留民団『上海居留民団35周年記念誌』，外務省記録A.1.1.0.21-1-3『満州事変』復興資金貸下関係
　　　各記録，外務省東亞局『昭和十二年度執務報告』第2冊等参照。

目ノアタリ将士ノ勇敢ナル行為ヲ目撃シ将タ前線ヨリ後送セラレ来タル死傷
将士ヲ見ルノ時，如何デ之ヲ座視スルニ忍ビンヤ。……乃チ決然立チテ身ハ
非戦闘員タリト謂モ，或ハ第一戦ニ通訳タルアリ或ハ道案内者タルアリ，或

ハ後方ニ於テ糧食ノ運搬，土嚢ノ作製ニ従事スルアリ，砲煙弾雨ノ下ニアリ
テ……只ニ皇軍ノ勝利ヲ念ジツツ一臂ノ労ヲ捧ゲシ次第」と語り，自らを誇
っている[63]。

　上海事変の最中においては，それまで自己の企業経営の危機回避に関心と
精力を傾注していた土着派中堅商工業者も，「名利ヲ忘レ」「工場ヲ忘レ」て
多くの居留民同様，自らの経営と生活の命運を軍の戦闘行動と一体化してい
たのである。1920年代後半より進展する中国商工業との競合を強めていた
だけに，排日運動に対する反発や憤りが，事変勃発を契機に噴出していった
側面がみられよう。

（c）会社派ブルジョアジー

　さらに，会社派と称された在華紡や商社・銀行など大企業上海支店の経営
責任者層の対応姿勢をみておこう。これら会社派の上海事変勃発に至る時期
の動向に関しては，かつて拙稿において検討したことがあるので（本書第5
章），できるだけ重複を避け，前稿で十分言及しえなかった事変勃発直前と
それ以降の動向に重点をおいてみることとする[64]。

　会社派を中核とした上海日本商工会議所は，すでに万宝山事件後の排日運
動拡大のなかで，1931年8月幣原外相宛（11日付「排日貨運動ニ関シ請願ノ
件」）および上海工部局宛（12日付「租界内排日取締に付出状」，原文は英文）
に，抗日運動取締を要求する請願を行っている。そして，9月18日勃発の
満州事変により排日運動が一気に激化する状況のもと，再び外相宛に「抗日
運動に関し外務大臣宛建議電」（9月26発）および「長江各地在留民引揚に
関し外務大臣宛建議電」（9月29日発）2種の建議書を送っている。これら
の建議書においては，中国政府の対日方針を改変しなければ「長江ヲ中心ト
スル全支那ニ於ケル我経済的基礎ハ，根本的ニ破壊セラルルノミナラズ，満
蒙ニ於クル，既得権益ノ維持モ亦困難ナルニ至ルベシ」とし，「排日運動ヲ
絶滅シ，日支諸懸案ヲ一切解決スル様，徹底的交渉ヲ為スヲ絶対必要ナリ」
と，一方では排日運動の絶滅と日中諸懸案の解決を国民政府に交渉するよう
強く要望している。同時に他方で，長江流域各地の在留民の引揚方針に関し

て「在留邦人ガ漫然引揚ヲ為スハ自ラ権利ヲ放棄シ……我ガ経済上ノ基礎ヲ破壊スル結果トナル」として，「万止ムヲ得ザル場合ノ外，在留邦人ヲ引揚ゲセシメザル方針」をとるべしと，長江流域における商権保持のために在留日本人の「現地保護」と万一の場合の「自衛権ノ発動」という主張を行っている[65]。

　排日運動への対応に関し，一方で，中国政府との強い交渉による解決の追求を明示するとともに，他方では長江流域において蓄積してきた商権の維持に固着し，場合により軍による武力行使の必要を主張するという強硬な姿勢を表明しているのである。それは，商工会議所内部において対応姿勢の相違があったことの反映であるが[66]，会社派ブルジョアジー総体としては，事態の進展に応じて両面の姿勢がそれぞれ出されてくることを示している。

　しかし満州事変後の時点では，在華紡や商社・銀行など会社派主流は，国際帝国主義支配たる工部局体制下上海の国際的地位と列強諸国の意向を強く意識し，かなり慎重な立場に立っていた[67]。

　ところが，翌年1932年に入り，民国日報「不敬」事件と三友実業社事件を契機として居留民の憤激が急速に高まると，商工会議所も強硬な姿勢を明確に打ち出していった。以下の政府宛電報は，１月20日の居留民大会の決議を踏まえて，２日後の１月22日に出されたものである[68]。

　　　先般ノ不敬事件ニ次グニ，今回絶対無抵抗ナル日蓮僧侶ニ対スル残虐事件アリ，居留民ノ憤激抑ヘ難ク此際断乎タル処置ヲ採ルニ非ザレバ，憂フベキ事態ノ発生免レ難キ状勢ニアリ，故ニ政府ハ……期限付最後通牒ヲ発シ，支那ガ誠意ヲ以テ応諾実行セザルニ於テハ，直チニ兵力ヲ以テ自衛権行使ノ挙ニ出デラレンコトヲ切望ス。

　居留民の憤激の昂まりを理由としながら，会社派ブルジョアジーは，それまでのある程度慎重な姿勢を一気に転換し「自衛権行使」＝軍隊派遣を要求していっている。そして，上海事変勃発直前の1932年１月28日の夕刻には，上海市参事会員の福島喜三次三井物産支店長と船津辰一郎在華紡績同業

会代表が，時局委員会の代表として塩沢幸一第一遣外艦隊司令官を訪問し，「支那側我ガ要求ヲ承認スルト否トニ拘ハラズ，此ノ際兵力ヲ以テ支那側ヲ膺懲スベキ必要」を力説して武力発動要求で積極的に動いている[69]。さらに，1月30日夜半には，米里，福島が時局委員会代表として「此際速ニ租界安定ヲ図ルニ非ザレバ，日本ハ国際的ニ窮地ニ陥ルコト必然ナリ。故ニ有力ナル海軍ノ外ニ，強力ナル陸軍ノ出動切望ニ不堪，特別至急ノ御配慮ヲ乞フ」旨の犬養首相宛の電報を発し，2月1日午前1時20分頃には，再び両名の名で首相等宛に長文の電報を打ち，「（陸戦隊も前線および後方勤務の邦人も疲労困憊し）現有勢力ヲ以テシテハ，居留民現地保護スラ不可能ノ状態ナリ」「此（祖国の救援）ヲ得ル能ハズンバ上海ヲ引揚グルカ，座シテ死ヲ待ツノミ」と，十九路軍をはじめとした中国側の激しい攻撃と日本人居住区域にも及ぶ戦闘が続くなか，切羽詰った訴えを行っている[70]。会社派も含め日本人居留民社会が一体となって武力発動要求や軍事行動参加へと雪崩れていったのである。

（d）上海総領事館と居留民

上記で上海事変に関わる居留民各層の動向をみてきたが，そこでも部分的にふれてきたように，抗日運動に対抗し尖鋭化してゆく日本人居留民の行動は，一面，民衆的排外主義の激発であったが，他面，上海総領事館や現地陸・海軍の動向と切り離し難く結びついていた。したがって，当該期における居留民の，武力発動を誘引していったごとき動向も，総領事館や軍との相互関連のなかで把握することが改めて重要課題となる[71]。この点従来本格的にはとりあげられてこなかった。

まずはじめに，総領事館の動きからみていきたい（表6-10参照）[72]。1932年1月9日，上海の民国日報紙は，前日東京で発生した朝鮮人李奉昌による天皇の馬車への手榴弾投擲事件（桜田門事件）の報道に際して，「韓人日皇を刺し未だ当らず」との見出しを付した記事を掲載した。この記事に対して，村井上海総領事は，1月10日，直ちに「我国元首に対する不敬」として，上海日報記事の訂正と陳謝，責任者の処分を要求する抗議文を上海市長宛送

付している。さらに，市長からの「新聞社に侮辱の意思はなかった」との回答を受け，総領事は 1 月13日，16日と繰り返し抗議を行っている。

そして，この「不敬」事件をめぐる経緯は，上海の日本人新聞等を通じて居留民社会に広く伝わり，居留民の排日運動に対する反発と憤激を呼び起こした。15日には各路連合会が緊急役員会を開き，上海市長宛抗議決議を行うとともに，居留民大会開催を決めその実行委員を選出している。また16日には，在郷軍人会上海支部も評議員会を開き，事態の進展に際しては総会を開催することを決定しており，短時日の間に居留民社会の緊張を高めていった。この間，外務省本省からは，青島で同地民国日報社の「不敬」記事に激昂した居留民約千名が同社および国民党市党部等に襲撃・放火を行うなどの情報と居留民暴走への警戒の必要性が伝えられており[73]，上海において憤激した居留民の暴発の可能性も生じていたことがわかる。かかる緊迫した状況は， 1 月18日夕刻，三友実業社タオル工場付近において，日蓮宗妙法寺派僧侶および信徒 5 名が中国人職工の襲撃を受ける事件（重傷 3 ，死亡 1 ），それに続く20日未明の，上海青年同志会員32名による復讐と称する三友実業社工場の襲撃・放火事件によって一気に高潮していった。

周知のように，日蓮宗僧侶・信徒への襲撃は，当時上海駐在武官であった田中隆吉陸軍少佐が不良中国人を雇って引き起した事件であり，参謀本部支那課とも通じて行われた謀略であった。その意図するところは，「懸案一挙解決」の要求を強めていた上海居留民の反抗日運動気運の高まりを利用して上海で軍事衝突を起こし，関東軍が推進する満州侵略から国際連盟や列国の眼を逸らすことにあった[74]。

「不敬」記事事件と日蓮宗僧侶襲撃事件により過熱した居留民たちの排外主義的意識と行動は， 1 月20日に挙行された第 2 回上海居留民大会を通じてさらに昂進し，強硬な自衛権発動＝武力行使の決議や激昂した大衆行動を生んでいくが，かかる居留民の排外主義過激化の過程が，総領事館側の事態への対応の不十分性──満州事変後の上海における日中両国民衆の緊張関係の深刻化に対する認識不足，そして不況や排日運動激化による居留民の生活と経営の危機状況とそれが生み出す暴発可能性への配慮や抑制策の弱さなど

254

——により一層増幅されたものであったことは見落とせない点である。こうした側面は，その後の最後通牒提示から事変の勃発に至る過程でもみられた[75]。

　村井総領事は，「排日運動取締方ニ関シ予而強硬手段ノ必要ヲ痛感」していたが，「不敬」事件につぎ日蓮宗僧侶襲撃事件が発生するなかで，１月20日，排日問題の解決のためには，上海市政府に対して加害者の処分や被害者への慰問金，抗日会の解散などにつき，期限付きで要求し「期限内ニ実行ヲ見サル時ハ我方ニ於テ必要ト認ムル自衛行為ニ出ツルノ要アル旨」を外務省本省に稟申した。これに対して外務本省は，同日付で返信を送り，上海総領事に「期限ヲ付スルコトハ各方面ニ対スル関係深重ノ考慮ヲ要スルノミナラス……執ルヘキ手段ニ関シテモ慎重考究セサル可ラサル所ナルヲ以テ期限ノ点ハ明示セサルコト」と，期限付き要求の提示は控えるよう厳重に訓令を出した。同時に日本政府は，22日，問題を局地的に落ち着かせるためとして，陸戦隊員400名を搭乗させた巡洋艦１隻と駆逐艦４隻を上海に派遣し（23日午後着），必要な場合武力行使を行う姿勢をも誇示している。

　しかし総領事は，27日には本省の訓示を押し戻す形で上海市長宛に28日午後６時の期限付で回答要求（最後通牒）をするに至っている。最後通牒実施の背景には，「現場ノ状勢上『タイムリミット』ヲ付スルコト是非必要」とするような，１月20日の第２回上海居留民大会以降における居留民たちの抗日運動への強い憎悪や排外主義の噴出を抑え難い状況もあったが[76]，現地総領事館の見切り発車的決定であったことも明白である。

　日本側の最後通牒に対し，１月28日午後には，呉上海市長から全要求項目受け入れの回答がなされた。しかしその後，先述のように，現実には28日深夜11時半頃上海市政府への警備線進出の予告とほぼ同時に，戦闘装備を整えた海軍陸戦隊が兵員移動を開始し，それを契機に29日零時頃両軍の軍事衝突が始まっていった。こうした過程でみられることは，上海総領事館が，上海における日中両国間の緊張激化のなかにあって緊張関係の緩和や当該問題解決への方針や意思を明確にしえず，多くの居留民の憤激と排外主義の高まりに歩を合わせるように事変への道を辿っていたことである。なおこ

の点では，各々姿勢は異にするが，日本政府も後述する海軍第一遣外艦隊司令部も同様，曖昧さを指摘できる。

（e）海軍第一遣外艦隊と居留民

つぎに，総領事館とともに上海居留民社会の「保護」と秩序維持を担うもうひとつの軸であった，海軍第一遣外派遣艦隊（司令官・塩沢幸一海軍少将，なお以下では第一遣外艦隊，一遣艦隊とも略記）の動向を検討しよう。

第一遣外艦隊は，満州事変勃発時において，呉淞沖に停泊した安宅以下艦船12隻と駆逐艦・交通艦各１隻および特別陸戦隊672名を擁していたが，排日運動が激化するのに対応して，順次軍艦対馬，常盤，天龍さらに大井と第十五駆逐艦隊を増派し，陸戦隊も1,833名を駐兵させ威圧を強めていった（表6-10参照）。同時に，現地での平時封鎖や抗日会弾圧，砲台占拠など武力行使のための計画立案を進めている。他方，居留民に対しては，上海公安局襲撃への陸戦隊の支援要請（１月22日居留民大会実行委員会代表）や時局委員会代表船津・福島両名からの陸戦隊武力による中国側への膺懲行動の要請（１月28日）を，塩沢司令官が言下に拒否し「暴挙ヲ行フ不逞ノ徒ハ武力ヲ以テ鎮圧」すると言明したり，あるいは「数日状況ヲ見テ……初メテ起ツベキ」と説得するなど，暴走を警戒しつつ強い抑制的姿勢で臨んでいた。日本人居留民を海軍軍事力の統轄のもとに掌握しつつ，排日運動への対応など上海の事態に海軍主導で関わろうとの意図がうかがえる[77]。

しかし，最後通牒の期限の切れる１月28日深更における日中両軍の軍事衝突とその後の激しい戦闘の展開に関しては，海軍第一遣外艦隊が事態を主導する存在となっていった。28日以降の経過についてはさきの臼井『満州事変』が詳述しており，ここでは，行論に関わる限りでみると，28日午後３時15分上海市政府からの日本側要求受け入れの回答，および同４時の工部局の戒厳令発令を受けて，午後８時，塩沢一遣艦隊司令官は，日本人が多く居住する閘北一帯への陸戦隊配備と，同方面に配置する中国軍の速やかな撤退要求の声明を出し（午後11時25分に市政府に手交），同11時半頃から陸戦隊兵士を警備区域に展開配備せしめた。そして29日午前零時頃の日本軍と

中国十九路軍との軍事衝突が上海事変へと拡大していくのである。

この衝突に関して『海軍戦史2』は，「我ガ陸戦隊ハ警戒隊形ヲ以テ行進ヲ起シタルガ，鉄道線路方面ニ進出セル諸隊ハ忽チ敵便衣隊ノ攻撃ヲ受ケ，続イテ敵正規兵ノ射撃ヲ被リ，応テ全面的戦争ノ開始ヲ見ルニ至レリ」と記し，中国側からの発砲が事変の起点だとしている[78]。だが衝突要因に関しては，すでに臼井が，上記重光公使の芳沢外相宛電報に依拠しながら，陸戦隊の統制がとれていないことと居留民の極端論や無責任な言動が事変を惹起したものと指摘している[79]。中国側との妥協が成立していたにもかかわらず，陸戦隊の十九路軍が配備された地区への進出を市政府への予告とほぼ同じ時刻に行うという行動は，中国側との軍事衝突を引き起こす可能性がきわめて高いということを，海軍司令部においても当然認識していたと思われる。

では，居留民に対してしばしばその過激な行動への抑制姿勢を示していた第一遣外艦隊は，何ゆえ，挑発的とも思える軍事行動に踏み切ったのか。臼井の指摘するように陸戦隊や青年将校，そして激昂した居留民の強硬論の動向に影響されたことは否めない。しかしそれだけではなく，塩沢一遣艦隊司令官や海軍中央，艦隊司令部の一部において，陸軍が満州侵攻により国民的栄誉を得たことを眼前にし「上海は海軍の出番」との考えが生じており，この地において抗日運動など中国の民族主義運動を「膺懲」する機会をうかがっていたことが，28日深更の陸戦隊の警備線進出決断の要因であったと考えられる[80]。そして，かかる判断の根底にあったものは，塩沢をはじめ海軍中心部にみられた中国民族運動の発展とそれにも支えられた十九路軍等の抗戦力に対するきわめて妥当性を欠いた認識である。この点，第一水雷隊司令部は，上海事変において「海陸軍共認識不足ナリシ点」として，①「中華人ノ排日思想ハ，十数年来ノ薫陶ニ由リ実ニ大ナルモノアリシヲ軽視セリ」，②「第十九路軍ノ能力ヲ過小視シセリ」，③「敵ハ砲爆撃ニ遭ヘバ直チニ潜伏スルモ，逃走セズ，守備ニハ極メテ頑強ナリキ」などの点をあげ，中国認識が不正確であり過小評価していたことを率直に記している[81]。

こうした認識は陸軍においても同様であっただけでなく[82]，町内会など居留民に対する事変開始直前1月28日の指示（「其筋ノ命令」）に際してもみら

れ，「戦闘行為ガ起ルトモ付近ハ日本軍ノ直ニ占領スル所ニシテ数時間又ハ長クテ一日カ二日ヲ要セザルニ就キ　工場及住宅ハ釘付ケ置ク事」あるいは「事変発生スルトモ分時ニシテ占領サル可キ様」などきわめて楽観的な，短期に事態を掌握できるとの見通しが伝えられていた[83]。

　そして，かかる過小評価にもとづいた安易ともいえる武力発動のため，事変の戦闘行動において軍は，現地案内や通訳，各種調達等々の面で時局委員会のみならず在郷軍人会，義勇後援会，各路連合会など居留民に多くを頼ることとならざるをえなかったのである[84]。

　こうした戦闘行動への居留民の引込みと活用は，他方で，それまで抗日運動への反感と憎悪を重ねていた居留民過激分子を，日本軍を後ろ盾にした中国民衆への暴力の行使へと解き放し，「便衣隊狩り」と称する中国人の摘発・惨殺をも生むこととなっていった。そうした状況について，『海軍戦史2』は次のように記している。

　　長期ノ排日・抗日ニ因リテ激昂動揺セル在留邦人ハ，更ニ便衣隊ニ対スル不安ノ為ニ益平静ヲ失ヒ，遂ニ恐慌状態トナリ，流言頻々トシテ底止スル処ヲ知ラズ，初メ自警団ヲ組織シテ便衣隊ニ備ヘタリシガ，其ノ行為常軌ヲ失シ，便衣隊以外ノ支那人ヲモ之ヲ惨殺スルノ傾向ヲ現出シ，且陸戦隊ニアリテモ，居留民ノ言ヲ信ジテ過テル処分ヲ行フ者ヲ生ジタル（同書，208〜209頁）

　そのため，１月30日午後，鮫島具重陸戦隊指揮官は，今後，在郷軍人・自警団等軍部の補助をなす者は後方勤務にあたることとし，直接行動は一切厳禁すると発表して，31日午前零時に自警団を撤退させた。さらに同日，塩沢一遣艦隊司令官が命令を発し，①「不逞ノ徒ノ訊問ハ，成ルベク領事館警察官ニ一任スルコト」，②「誰何・立番等ハ軍隊自身ニテ行フコト。通訳ハ司令部ニテ指定シタルモノヲ使用スルコト」，③「一般市民ノ兇器ヲ携ヘ往来・集団スルヲ禁ズ」，④「捕虜トナリタルモノニ対シテハ，乱暴ナル取扱ヲ為サザルコト」との告示を行い，居留民の興奮し常軌を失った行動を自

らの手で規制せざるをえなくなっていったのである（同上，209頁）。

　こうしたプロセスから知りえるのは，上海事変における海軍の行動が，「居留民保護」を掲げながらも事実上は既存権益の維持にとどまらず，上海における海軍の地歩を強化しようとの意図に貫かれていたということである。

(2)　復興資金と土着派居留民──長江流域政策と居留民

　満州事変後の急速に拡大した排日運動は，日本人商工業者にとって「規模ノ大小ニ論ナク斉シク」甚大な影響を及ぼすものであったとはいえ，大企業や日本に本社のある企業が復旧も比較的容易であったのとは違って，上海に本拠を有する土着派中小商工業者は疲労困憊し復旧の困難は並大抵のものではなかった。そうしたなか，土着派層にとっては，生活と経営の救済や損害賠償の要求が差し迫った問題となっていった。また，再起を目指して政府の支援＝復興資金[85]を要望するかかる活動は，いまだ安定しえていなかった土着派中堅層の結集を促し，彼らに相応の経済団体を形成する契機ともなっていった。以下，上海日本人居留民の復興資金要求活動と施策過程の検討を通じて，上海事変後における日本人中小商工業者，なかでも土着派中堅層の動向と特徴を明らかにしたい。また関連して，上海・長江流域に進出する日本人中小商工業者や上海居留民社会に対する日本政府の施策についても検討しよう。

（a）救済資金融通要求の展開

　前述したように，満州事変後の排日運動激化により上海在留の中小商工業経営も大きな打撃を受けるなか，1931年10月末，上海実業有志会と上海工業同志会は日本政府に対し救済資金融資の請願を行った。また同じ頃，商権維持のための低利資金借入運動に邁進すべく組織された上海日本人商工連合会（既述）もまた，政府に対し，店員を抱えながら商品が皆目売れず，売掛金回収も不能となり今や生活にも窮しているとして「相当ノ時期到来スル迄生活ヲ維持シ得ル資金ノ貸下アリ度キ」との陳情を行い，翌年１月にも繰り返し再度の要請をしている[86]。これら請願者たちは，「何レモ或程度ノ資金

ヲ有スルモ之ヲ換価スル事ヲ得サル」状況に陥った土着派中堅層であるが（上記注61電報），それらの請願の一端は表6-12に示すところである。

　かかる請願活動は，1932年の1月末から3月初めの戦争時には中断するが，戦闘が停止された後になると，戦争による工場や店舗，倉庫等の破壊や焼失による損害も加わり，救済資金貸付の要望は強くなっていった。その動きは，5月に入って陸軍総撤兵の方針が明らかにされるとさらに高まった[87]。軍隊が引揚げる状況のなかで，経営の再開・回復は差し迫った現実課題とならざるをえなかったためである。職を失ったり，営業再開の目途が立たないあるいは帰国資金にも事欠くなど土着派零細層が将来を容易に展望できないのと異なって，中堅層の場合，十数年ないし二，三十年の間華商とも競争しながら市場を開拓し，また製造工業を軌道に乗せるなど事業基盤の構築に努めてきただけに，経営の継続・維持への想いは強く，資金貸下げ要求はきわめて切実だったといえよう。

　そのような状況は，次に掲げるいくつかの申請書の文面からもうかがえる[88]。

〈上海紗帯廠　竹内今朝之丞「陳情書」〉
　……私儀渡支茲ニ三十有余年，専ラスピンドルバンドノ研究ニ没頭遂ニ報ヰラルヽ所トナリ，些カナル工場ヲ創設，爾来十九ヵ年一意専心業務ニ尽瘁，幸ニ在支紡績会社ノ認ムル処ト相成リ申候，不幸今回ノ事変ニ依リ当工場，住宅共ニ完全焼失致シ機械器具類ハ総テ使用ニ堪ヘザルモノト相成リ申候……。

　今ヤ皇軍ノ武威挙リ停戦状態ト相成リ居リ候処人々共ニ一日モ早ク復興ニ努力致サレ次第，私儀ニ於テモ特ニ紡績方面ノ関係モアルコトトテ，一日モ早ク復興再建致シ度ク念願致シ居ル次第ニ御座候。……茲ニ復興資金之御恵与ニ預リ度ク懇願奉リ候。

〈協怡化工廠宮脇寅治「請願書」〉……吾等工業家ハ日貨排斥又ハ侮日ニ会ヒ或ハ不景気ノ為メニ折角ノ業モ挫折セントシ或ハ永年ノ努力モ水泡ニ期セシメントシツツ孑々汲々トシテ血汗ノニジムガ如キ奮闘努力ノ結果ハ

最近愈々報ヒラレ其ノ地盤ハ毎日毎夜一歩一歩成巧ノ域ニ肉迫シツツ正ニ
安泰ノ城郭ハ把握サルルニ至ルヤ突如トシテ一月二十八日以降急転直下的
ニ一大逆転サレ諸事根底ヨリ破壊サレ終リ……吾等ノ事業……又復興持続
ノ方策ナクテハ遂ニハ自ラ権益ヲステテ内地引揚ノ止ムナキニ至ルヤモ知
レズ　カクテハ又何カ為メニ将士ノ多クガ多大ナル犠牲ヲ出シテ戦ツタカ
何ガ為メニ吾等ハ心血ヲオドラシタカ余リニモ無意味ト成リ終ル可シ。
……工場ト言ハズ機械家屋ト言ハズ全部灰燼ニ帰シ何人ニカヲ願ム可クモ
非ズ只々之ヲ国家ニ請願スルヨリ外ニ道ナク……何卒復興資金ノ貸与方ヲ
哀願スル次第ニ有之候。

〈慶徳橡皮公司　右川鼎造・森本徳好「陳情書」〉……思ヘバ弊工場創業
以来粒々辛苦十年ノ長キニ及ビ，相当ノ基礎コソ確立セリトハ云ヘ，尚ホ
且ツ思ハシキ進展ヲ見ザリシハ，一ツニ排日貨ノ影響トハ雖モ，アタラ優
秀ナル技術ヲ擁シ，広汎ナル販路ヲ有シツツ後進ノ支那人経営ノ工場ニ先
ンゼラレ，之ヲ傍観シテ如何トモナシ能ハザルハ誠ニ痛惜ノ至リ，……然
レドモ此ノ間ニアリテ多数ノ支那人経営ノ工場ヨリ敵視セラレツツモ尚ホ
能ク之等ニ拮抗シテ着々地盤ヲ確保シ得タルノ所以ハ，実ニ不断ノ努力ト
優越セル製造技能トニ依ルモノト些カ意ヲ強フセルモノニ御座候。……而
シテ今ヤ戦禍ノ災害ニ会ヒ，全財産ヲ烏有ニ帰シ茫然自失，ナス所ヲ知ラ
ズ，一日モ徒食ヲ許サザル苦境ニ立チ至リ申シ候。……既ニ支那人工場ハ
一斉ニ操業ヲ開始致シ居ルノ現状，一時モ座視スルニ忍ビズ，茲ニ現下ノ
窮状ヲ訴ヘテ請願ニ及ビシ次第ニ御座候。

　これらの訴えは，土着派中堅工業者の，曲折を経ながら事業を確立してき
た経緯を回想しつつ，排日や戦争によって失われた自らの経営資産と商権を
回復するための政府援助の切望，彼らの経営復興が上海における日本の商権
確保にとって不可欠とする論理，そしてこれまで当該地域で事業を切り拓い
てきた自負を示すものといえよう。

（b）総領事館・居留民団の対応と復興資金の制定

中小商工業者の動きとは別に，排日運動の影響が深刻化するなかで，上海総領事館や居留民団は，主として困窮居留民を対象とした救済措置の検討を開始している。満州事変勃発の約1カ月後の10月23日に，総領事館は本省に対し，日常の衣食に窮するほどの困窮者が続出し，そのまま放置すれば抗日運動や中国人に対する反感を爆発させ不測の事態を招きかねないことを考慮して，窮民を対象とした生活補助費および帰国旅費の貸与を許可されるよう要請している。これは，すでに北伐や第一次山東出兵時の排日運動の影響を蒙った1927年において，現地居留民困窮者に対し生活補助金および帰国旅費を支給した前例があり，今後予測される困窮者の増大を前に救済策の検討を開始したものといえよう[89]。

　この要請に対して，当初本省は，「事変ノ結末其ノモノノ見据付カサル今日国庫ニ於テ際限ナク給養ヲ続クルカ如キコトハ不可能ノ次第」と，救済措置をできるだけ限定しようとしていた[90]。参考までに，満州事変勃発から上海事変終息までの時期の救護者数・救護額をみておくと，以下の通りである[91]。

　A　満州事変によるもの
　　生活費補助　　1,250人（内12歳以下440人）　　16,400 ドル
　　内地送還　　　172人（内12歳以下19人）　　　677.73 ドル
　　小中工業者　　513人　　　　　　　　　　　　7,935 ドル
　B　上海事変によるもの
　　生活費補助　　114人　　　　　　　　　　　　1,450 ドル
　　内地送還　　　284人　　　　　　　　　　　4,242.52 ドル

　では，中小商工業者に対する救済はどのように展開していったのか。
　1932年2月に外務省は，「在支邦人事業救済資金ニ関スル件」という案を策定している。そこでは，上海事変の勃発により「同方面邦人ノ経済活動ハ殆ド停止シ……中支方面在留邦人ハ今ヤ陸続トシテ引揚ヲ為シツツアル状態ニシテ　邦人ノ支那ニ於ケル経済的基礎ハ之カ為甚シキ動揺ヲ見ルニ至レリ……是等在支邦人商工業ハ長年ノ拮据経営ニ依リ企業ノ地盤ヲ確立シ我カ対

支経済発展ニ多大ノ寄与ヲ為シ来リタルモノナルニ　今其ノ根底ヲ破壊セラレタルハ我カ対支経済ノ重要性ニ鑑ミ憂慮ニ堪エサル所」との認識を示し，これを自然の成り行きに任せるならば「我カ国民生活ノ繁栄ニ至大ノ関係アル対支経済発展ノ基礎ヲ永久ニ失」うとして，「復興事業ヲ容易ナラシムル方策ヲ講スルハ現下ノ最大急務」と，上海事変後における復興施策の実施を強く主張している。具体的には，在外日本人向け金融機関が不備なため民間金融業者にそれを委ねている現状を考慮して，1932年度において1,500万円の融資資金の支出を提案した。その提案は，資金供給を梃子に対中国経済発展の基盤を構築するとともに，在留日本人商工業者に統制を加え内外企業の間の協調をつくりだそうとする意図によるものである[92]。

　しかしながら，政府の財政負担を伴うかかる案は，日本国内世論の関心や同情が派遣軍兵士に向けられているのに比し，居留民に対するそれはいまだ低く，直ちに実現されるものではなかった。

　そうした状況を前に，上海居留民団は 5 月10日，復興資金貸下の委員会を発足させ，政府への要請活動に本格的に取り組みはじめている。そして 5 月21日には，上海日本商工会議所と連名で請願書を外務大臣に提出し，「当地中小商工業者ハ直接間接莫大ナル損害ヲ蒙リ全ク復活不能ノ状態ニ陥リ折角獲得シタル商工業上ノ地盤ヲ覆滅サルル悲運ニアリ……業者ハ速ニ救済ヲ得サレハ自滅ノ憂アリ」「戦禍ニ依ル直接損害額ヲ除キテモ復興所用資金一〇三四万円ヲ必要ト認タリ　今ヤ我国対外貿易ノ重要地タル当地邦人商工業者ノ存亡ハ一ニ懸テ政府ノ低利資金貸下ノ有無ニ存スルヲ以テ右窮状ヲ洞察セラレ至急特別ノ御詮議ニ依リ低資ノ即時融通方御取計ヲ懇願ス」と，低利資金融通の即時実現を強く訴えている[93]。さらに，第62回帝国議会招集の情報に接し， 6 月に入ると，安井源吾民団長代理と民会議長池田重吉を東京に派遣し，上海日本商工会議所元会頭で当時横浜正金銀行頭取であった児玉謙次のバックアップも得て，低利資金融通策実現のため議会および政府要路へ日夜陳情を展開している[94]。

　かくて1932年 6 月10日，衆議院において法案が可決（同15日貴族院可決），融資法案の成立をみたのである。また法律の成立を受け， 6 月27日には生

活困難者に関する救済委員会，7月7日には復興資金借受に関する委員会が開かれ，居留民団側の体制が整えられていった。そして，9月1日には，銀3万5,000貫貸付を定めた「復興資金貸付命令書」が外相代理としての上海総領事から居留民団に交付され，10月1日より借受の申込みが開始されていくのである（以上表6-12参照）。

（c）復興資金の運用と土着派居留民

実現した復興資金貸下については，政府より造幣局保有の銀地金3万5,000貫が上海居留民団に貸し下げられ（ほかに天津3,600貫，漢口3,000貫など各地合計5万貫），民団が設置した復興資金部および復興資金審査委員会の責任において貸付が行われていった[95]。

この資金約530万ドルの実際の運用状況をみると，1933年中の貸付総額は393万8,665ドルとなっている。このほかに，前年貸付の未収分が83万1,900ドルにのぼっており，復興資金は1年余の間にほぼ全額が貸出されたものと思われる。貸付対象者名は不明で，各人毎の貸付金額も知りえないが，職業別貸付状況をみると，商業貸付193万1,500ドル，工業貸付162万4,400ドル，雑38万3,165ドルとなっている[96]。貸付件数が示されていないので，借り受けた企業者の規模がわからないが，前記（注31）した申込者段階の数値（申込人数・所要金額・1人平均額）をみると，貿易業者：183人・380万円・2万763円，工業者：104人・524万円・5万384円，小売業者：473人・90万円・1,902円，その他とも合計：958人・1,034万円・1万793円となっている。1人平均5万円程度の工業者と，同じく2,000円弱の小売業者とでかなり差があるが，中堅業者と零細業者それぞれに復興資金の融通を図っていたことがわかる[97]。

参考までに，貸付対象者を知りうる1928年に実施された「復活資金」の1931年3月末現在の未償還者を貸付金額別にみると（死亡・不明者を含む），2,000円以上20件，1,000〜2,000円未満21件，500〜1,000円未満59件，500円未満86件，総計186件16万1,000円（うち1件は1組10人で2万7,000円）となっており，こちらは零細な中小商工業者が借入の中心をなしていたことがう

かがえる[98]。

　では，復興資金の運用実態はどのようなものであったのか。さきの石射報告（1933年12月12日）によって以下にその一端をみると，

　〈工業方面〉復資ニ依リ既ニ旧態ニ復帰シタルモノナキニアラサルモ　多クハ工場ノ復旧完成シタルカ一般的不況又ハ資金不足ニ依リ待機又ハ第二回ノ借受ケニ依リ徐々ニ運転ヲ開始セントスル状態ニアリ　乍併全体トシテハ更ニ同業者ノ進出外国品ノ圧迫資金難等アリテ復業仲々困難ナル模様ナリ

　〈貿易方面〉経済界ノ不況化ト信用ノ悪化関税高率等ノ為一般ニ不況ナルカ此ノ方面ヘノ貸付ハ中ニハ維持資金ニ充当セラレタルモノアルモ概シテ有効ニ運用セラレ（個々の利用限度額を定め資金の回転率・運用速度を高めるなどの方法を利用し）総利用額三千万弗ニ達シ居レリ

　〈小売方面〉一般購買力緊縮ノ結果業態一般ニ思ハシカラス　従テ復資運用ノ効果顕著ナラサルカ目下苦境切抜ケ策ニハ何レモ腐心研究シツツアリ飲食店「カフェー」料理屋「ダンスホール」等ハ何分緊縮気分ト過剰対立ニ累セラレテ目下自然淘汰期ニ入リ復資二回借入ニ依リ維持ヲ欲求スルモノ多キ状態ナリ

　〈その他〉元来小資本ニ依ルモノハ借受額モ鮮キカ維持ニ急ニシテ現況ニ何等カノ転換ヲ見サル限リ困難ニ陥ルノミ

等の状況が報告されており，土着派中小商工業者は，復興資金の貸与を受け店舗や工場などの施設の復興を果たしたところもあるとはいえ，世界的不況や排日運動の持続，関税高などにも影響されて，ほとんどが事業の回復どころか生活と経営の維持に追われる状態にあったことがわかる。この点，在華紡各社が1932年4月26日より部分的とはいえ操業を再開し，各地に支店を有する大企業なども他地方での取引により上海・長江地域での営業を補いえたのとは状況が異なっていた[99]。

　借入金の返済時期が近づくなかで，復興資金協議会や交民倶楽部等の団体により，償還延期や利子負担の軽減等借受条件の改定などの請願が相次いでなされている。1935年2月4日，上海日本商工会議所に尽力を求めて訪れ

た復興資金協議会（林雄吉以下11名）の居留民団宛陳情書が，「当地在留民中一四〇〇名以上ノ復資借受人ノ大部分ハ復資ノ運用不円滑ニ陥ツツアルヲ以テ　日本政府ニ対シ現在ノ過酷ナル貸付条例ノ改正ヲシテ貰ヒ度」と述べているように，借受後数年を経ても多くの経営は再建を果たしえていなかったのである[100]。

　以上，満州事変後における復興資金要求の高まりと資金貸付の制定・運用についてみてきたが，ここで，かかる過程において示された二，三の特徴について確認しておきたい。

　まず第一に指摘できることは，実業有志会や工業同志会などをはじめとした土着派中堅商工業者の強い要望に押されて実現へ向かっていったことである。これら土着派中堅にとっては，十数年あるいは二十数年にわたって開拓してきた市場や確保した商権の維持はきわめて切実なものであり，彼らはようやく軌道に乗りはじめた経営保持のため政府支援を強く望む状況に置かれていたのである。その後のうち続く経済不況のなかで，生活維持に費消されるケースもあるとはいえ，生活維持・救済的側面の色濃い零細業者層に対する救護策とはやや性格を異にしていたといえよう。

　また第二点としては，上海総領事館側においても比較的主動的に融資実現に動いていることがあげられる。困窮居留民の増大や中小商工業者の事業行き詰まりなど居留民社会の動揺と商権喪失の危機のなかで，困窮居留民の排外主義的暴発を回避しつつ従来の経済基盤を維持し続けようとする意図がうかがえる。そして第三に，復興資金貸付などの中小商工業者救済策の実施にもかかわらず，打ち続く不況や終息しない排日運動，中国商工業の発展などにも直面して，1930年代半ばに至っても日本人中小商工業者の経営は容易に回復しえていないことである。それは，２節２項および３節３項で概覧した中小商工業者の流動と停滞の状況とも照応するところでもある。

　しかし，上海や長江流域における日本の経済進出・商権拡大を担ってきた中小商工業の依然たる停滞は，ある面，日本の上海・長江流域に対する進出方策の不備・欠如を反映するものでもあった。最後にそれらについて補足的にふれておきたい。

（d）日本人居留民と政府・軍の長江流域政策

　周知のように，1927年6月27日から7月7日にわたって開催された東方会議は，日本の「対支政策綱領」を策定する場であったが，そこでは「極東ニ於ケル日本ノ特殊ノ地位ニ鑑ミ，支那本土ト満蒙トニ付自ラ趣ヲ異ニセサルヲ得ス」と，日本の対中国政策については対満蒙政策を中軸とすることを明確にしていた。これに対して，長江流域に関しては「主トシテ対外企業家ノ奮闘ニヨリテ築キ上ケタルモノ」と捉え，満蒙政策に支障を来さない範囲で進出するものとして位置づけられていた[101]。

　かかる基本的方針は，満州事変・上海事変の勃発による国際関係の一大転換により一定の修正がなされていくが，上海事変後の対中国政策を示したものが1932年8月27日の閣議決定「国際関係より見たる時局処理方針案」である。ここでも中国本部に関しては，「帝国外交の枢軸」たる対満蒙政策と本質的区別あるものとし，「帝国ノ対支那本部策ハ帝国ノ対満蒙策ト切離シ主トシテ貿易及企業市場タル性能ヲ発揮セシムルヲ以テ主トスヘク」と位置づけている。また「上海方面ノ平静確立及安全保障」については「専ラ外交手段ニ依リテ之カ解決ヲ図ルコト」とする一方，万一それら地域の治安が著しく乱れ「帝国臣民ノ生命財産其他重要権益ノ保護上絶対的必要アル場合ニハ派兵ヲ行フ」こともあるとしている。そして，中国本部における日本の商権拡大や居留民の生活安定のために，政府として「適当ニ之ヲ指導スルト共ニ必要ナ財政的援助ノ途ヲ講スル」とした[102]。だが実際には，上海事変後決定されたさきの復興資金貸付以外の施策は現実化せず，東方会議で提起されていた事変保険制度の設置も中小商工業者向金融機関の整備も検討すらされなかった。

　さらに上海事変後，日本企業の回復は容易に進まず，また日中関係の停滞も続くなかで策定されたのは，さきの1932年の閣議決定「時局処理方針」にもとづいて外務・陸軍・海軍三省間で合意された「対支政策ニ関スル件」（1934年12月7日）である[103]。ここでは，まず「我対支政策」として，（イ）中国に対し「日満支三国ノ提携共助ニ依リ東亜ニ於ケル平和ヲ確保セシムル

帝国ノ方針ニ追随セシムル」こと，および（ロ）「支那ニ対スル我商権ノ伸長ヲ期スル」ことを根本義とした上で，（イ）の目的達成については至難であり，過急に施策を行うことはかえって反対の結果を招く虞れもあるゆえに，漸進的に進めるものとしたが，（ロ）については「支那ニ対スル我商権ノ伸長，換言スレハ我方カ支那ニ於イテ強固ナル経済上ノ地歩ヲ築クコトハ其レ自体我対支政策ノ根本義ヲ成スノミナラス，他面我方ノ勢力ヲ以テ支那ヲ控制シ　同国ヲシテ我方トノ接近ヲ求ムルノ余儀ナキニ至ラシムヘキ有力ナル手段ナリ」と述べ，経済進出を勢力拡大の手段として重視してゆく方針を打ち出していったのである。そして，かかる課題実現のために，中央および各地政権の排日的態度を是正するとともに，「支那各地就中経済上我方ト関係深キ地方ニ於ケル治安維持ニ留意シ　一般官民トノ間ニ対日依存ノ空気ヲ醸成セシムルコト肝要ナリ」としている（上記注103の『日本外交文書　昭和期Ⅱ』55〜56頁）。つまり，上海など経済関係の密接な地域に対しては，排日運動の抑制に努めるだけでなく，経済進出を強め対日依存の関係を構築しようとしているのである。

　この方向は，翌年の「対支政策に関する外・陸・海三相間諒解」（1935年10月4日）において，中国に対し排日言動の徹底的取締と対欧米依存政策からの脱却とともに，「対日親善政策ヲ採用シテ該政策ヲ現実ニ実行シ更ニ具体的問題ニ付帝国ト提携セシムル」と，より具体的に「日支親善」「日支経済提携」の方針を積極的に打ち出していくことになる[104]。

　以上，本章の論点に関わる限りで，1927年の東方会議から1930年代半ばに至る対中国本部，長江方面に対する外交政策を通観したが，ここで知りうるのは，何よりも，第一次大戦以降日本企業・日本人中小商工業者の上海や長江流域への広範な進出がみられるなかでも，日本の対中国政策においては，日本企業や日本人商工業者の経済進出を支援するような方策は形成されてこなかったことである。それは，当該期の日本の対中国政策が「満蒙」への勢力拡大と支配強化を主軸としており，上海・長江方面に関しては「満蒙」主軸戦略に支障をきたさない範囲内で位置づけられていたことによっていた。こうした上海・長江流域地方への経済進出に関する商略の欠如は，政

府や軍において，「満蒙」の地は「国民ノ鮮血ヲ以テ書カレタル歴史」ある権益なのに対し，長江流域における日本の地歩については「主トシテ対外企業家ノ奮闘ニヨリテ築キ上ケラレタノテアル，利害ノ打算ニヨリテ建築セラレタルモノテアル」という，私的利害にもとづくものとの認識が腹蔵されていたことに作用されていたといえよう[105]。

　しかしながら，上海事変後になると，満州経略の堅持を依然日本外交の枢軸とする一方，それと切り離す形で上海・長江方面など中国本部を「貿易及企業市場」として明確に位置づけていくこととなっていった。それは，満州事変後における反日・抗日運動の激化や上海事変でみせた十九路軍の粘り強い反撃に直面し，また国際連盟での強い批判や上海・中国に権益を有する欧米列強の厳しい抗議に曝されて，改めて外交手段による解決の立場を示すに至ったものである。こうして，長江方面などへの貿易や資本進出を中心とした進出方針を示したとはいえ，根強い抗日意識，くすぶり続ける排日貨，さらに関税引き上げや中国商工業の発展などに規定され，日本企業とりわけ土着派中小商工業は容易に事変時の打撃から回復しえない状況が続き，1930年代半ばには，日本政府は，中国企業と日本企業の関係強化による経済支配力浸透を意図して，「日支親善」「日中経済提携」の方針を打ち出していく。しかしかかる方策は，一方での日本企業側の経営的安定性の欠如や排日運動への不安，他方での中国資本側の提携への不信と不安などからも，日中戦争前の時期においては現実化の基礎を欠いたものであったのである[106]。

　以上に瞥見したように，排日運動の拡大や中国商工業の発展などに対応しながら経営基盤の確立を図ってきた上海在留日本企業とりわけ土着派中小商工業は，上海事変後にあっても自らの資本規模の限定性や経営的不安定性のゆえだけでなく，日本政府における政策的支援商略を欠くなかで，安定した回復軌道を辿ることはなおさら容易ではなかったといえよう。

⑶　1930年代における居留民社会と排外主義──各路連合会とその周辺

　上海事変時に噴出した日本人居留民の排外主義の昂まりは，事変後においても継続し，一部には戦勝気分に駆られ中国人に対し驕慢で侮蔑的言動をな

すなど一層増幅する傾きすらみられた[107]。こうした居留民の排外主義的潮流のなかにあって重要な位置を占めていたのが，本項で検討する各路連合会である[108]。

ここではまず，各路連合会について『人名録』等から得られる地域的階層的基礎や指導層の特徴と性格を検討することとしたい。

（a）各路連合会の成立と展開

まず，各路連合会の成立と展開を，表6-10をも参照しながらみていこう[109]。

1915年，対華21カ条に対する排日運動が広がるなか，当時上海居留民の間で組織されていた丁興路会・文路同志会など六つの町内会は，総領事館や居留民団の協力を得ながら，日本人在留民の避難や救援，通学児童の護衛などのため活動を行ったが，それを契機に町内連合会が組織された。1917年には，さらに6町内会がつくられ，上記の6町内会と連携して「上海日本人町内連合会」を結成。また，1925年の5.30事件の際，労働争議が拡大し排日運動が激化するなかで，自警団の組織，居住地域の警戒，郵便物の集配，救恤品の配給等々，以前の排日運動時にも増して活発な活動を行った。こうした活動を踏まえ，総領事館は，各居住地居留民に対し，町内会の組織と連合会への加入を促す諭告を発した。そしてこの年，40カ町内会に達した町内連合会は，各路連合会と改称し，指導機関を備えた組織として確立したのである。

さらに，1928年5月3日，済南での日本軍と国民政府軍との衝突を契機に日本軍の第三次山東出兵が行われると，上海においてもかつてない激しい排日運動が巻き起こった。そうしたなかで，上海総領事館は以下の布告を発し，従来進めてきた町内会への加入とすべての町内会の各路連合会への参加を事実上強制していった[110]。

「布告」　一，邦人在住者20世帯以上を有する区域にては必ず町内会を組織し各路連合会に加入する事

一，在住者にして町内会未加入者此際直に最寄の町内会に入会す
　　　　る事
　　　一，既設町内会にして各路連合会に未加入の町内会は此際至急加
　　　　入をなす事

　制度的に裏づけを与えられ，組織的基礎を拡大させた連合会は，その後表
6-10にも示されるように，各地域の居留民の相互扶助活動だけでなく，共
同租界工部局に対し，日本人巡査の採用拡大，民団立学校への補助金増加要
求などにも取り組んでいる。
　そして，満州事変後中国民族運動の急激な高まりと，それに対する日本人
居留民の敵対意識も急速に昂進してゆくが，そうした動きのなかで各路連合
会は，しばしば居留民の排外主義的行動を主導し民衆動員の主力をなすな
ど，居留民の行動の中心的位置を担っていった。それは，満州事変後４回に
わたって上海で開催された先述の居留民大集会において，林雄吉各路連合会
会長が全４大会の座長を務め，準備委員会や実行委員会など大会の組織と運
営に多くの連合会役員が関与していたことからもうかがうことができよ
う[111]。また，1932年１月の民国日報「不敬」事件および日蓮宗僧侶・信徒
襲撃事件に際しては，事件発生後直ちに強硬な決議や要求書を提出し，居留
民の排外主義の昂進を煽ったのも各路連合会や在郷軍人会であった。
　さらに，事変の勃発と軍事衝突時にあっては，人数的に限定される海軍陸
戦隊や在郷軍人会の依頼により，①土嚢の作製・運搬，②弾薬や食糧品の陸
揚げ・運搬，③死傷者の搬送，④野戦病院への助力や布団・病衣の制作・納
入，⑤危険地帯の残留者救出，⑥不浄物処分，⑦郵便事務処理等々，後方業
務だけでなく前線任務に至るまで連日出動し各々の業務を担っていった。１
月29日から３月７日までで，動員人数は延べ3,970人にのぼったとされてい
る[112]。こうした過程を通じて，各路連合会の基本単位をなす各町内会で
は，それぞれの自警団の組織化や各種の慰問活動も進められ，町内会レベル
での在留民の統轄と動員の体制が広く構築されていったのである。
　以上，各路連合会の動向を形成期に遡ってみてきたが，上海日本人の「連

第Ⅱ部／第６章　戦前期上海における日本人居留民社会と排外主義　1916〜1942　　271

表6-13　上海日本人各路連合会委員一覧

| | 1927.2 | | 1930.1 | |
	氏名	所属	氏名	所属
常任委員長	林　雄吉　◎	上海信託（監査役）	林　雄吉　◎	林雄公司
常任委員	近藤　光	浅見商店（雑貨商）	近藤　光	大一（貸席）
常任委員	杉江房造	日本堂	蘆沢民治　＊	蘆沢印刷
常任委員	田中清一郎	かなものや	甘濃益三郎	上海運輸
常任委員	丸山収平	上海銀行　　＃	池田重雄　＊	三井洋行
常任委員	三浦南星　＊	白蓮社・海軍士官室御用	小川政太郎	小川製靴店
常任委員	向谷能太郎　＊	青木医院	篠田宗平　＊	済生堂
			杉江房造　△	日本堂
			徳永忠明	永華堂
			三浦南星	白蓮社・海軍士官室御用
			向谷龍太郎　＊	青木医院
			薮岡木一	中桐洋行
			吉住慶二郎	吉住医院

注　：1）◎印は委員長（会長），△は会計。1940年の○印は副会長，◇は常任幹事，ほかに名誉委員（甘濃
　　　　益三郎☆／吉住慶二郎・蘆沢民治）。なお，☆印は委員長経験者。
　　2）＊印は居留民会議員，＃印は上海日本商工会議所賛助会員企業（1940年は不明）。
　　3）1940年欄の①②等の数字は，各区（1～19区）の連絡委員担当。ほかに7区山本政敏（東亞造船），
　　　　9区山崎秀之助（山崎洋行），12区甘濃謹治（九門洋行），13区九門謹治（九門洋行），14区亀井和夫，17区
　　　　豊崎和平（黄浦鉄廠），19区上原蕃（工部局）。

絡を図り共同一致の団体精神を発揮」し，「居留邦人の福利発展に資す」こ
とを目的として掲げながらも（『会則』），その活動は次第に拡大し，中国の
民族運動，排日・抗日運動に対抗・敵対しながら排外主義的傾斜を強めてい
ったのである。そしてこの過程は，居留民による町内会への自主的結集とし
てだけでなく，上にみたように在留民の統合と統制を明確に意図した総領事
館により推進されたものでもあった。また他面，居留民の排外主義的突出が
強まるなかでは，しばしば総領事館のコントロールを超える存在ともなった

1932.12		1936.11		1940.7	
氏名	所属	氏名	所属	氏名	所属
林　雄吉 ◎	林雄公司	林　雄吉(名誉会長)	上海信託（専務）	林　雄吉 ◎	上海信託（専務）
甘濃益三郎	上海運輸 #	蘆沢民治	蘆沢印刷 #	阿部　進 ①	済生堂薬房
蘆沢民治 *	蘆沢印刷 #	阿部　進	済生堂薬房 #	茨木正博 △②	華正洋行（製靴・鞄）
池田重雄 *	三井洋行 #	大槻　茂	報知新聞特派員	大島徳次 ⑪	大島洋行（保険）
岡島末太郎 ○	岡島紙器	岡島末太郎 *	岡島紙器	大塚昌一	（前東京海上支配人）
近藤　光	大一（貸席）	児玉英蔵 *	児玉貿易 #	大山田喜三郎	東方製氷
篠田宗平 ☆*	済生堂 #	小玉金次郎	瑞新澱粉公司	岡島末太郎◇*⑤	東華紙器
杉江房造 △	日本堂 #	近藤　光 ◎	近藤事務所・大一	児玉英蔵	児玉貿易
竹松貞一 ○	中華染色 #	杉江房造 △	日本堂	小玉金次郎 ⑱	瑞新澱粉公司
田中清一郎	かなものや	杉田大一郎	ブリューバード(舞踊場)	近藤　光 ⑧	近藤事務所・大一
角田芳太郎	北福洋行 #	杉原徳五郎	日星洋行	潮崎満彦	潮崎洋行
徳永忠明	永華堂	須藤五百三 *	須藤医院	下里弥生 ⑫	千代洋行
野澤治作	日本郵船 #	竹松貞一	中華染色	杉江房造	日本堂代表
三村正堯	冨士（飲食店）	田中左内	万利公司	杉田大一郎 ⑩	上海歌舞伎座主・ブリューバード
向谷能太郎 *	向谷医院	田中清一郎	かなものや	杉原徳五郎 ⑮	日星洋行
吉住慶二郎	吉住医院	橋本五郎次	陸軍武官	田中清一郎 ③	かなものや
		福島忠夫	北海道庁貿易調査所	永原甚六	義泰洋行
		前田昌孝	東洋葉煙草 #	二川　芳	日比野洋行主
		松代吾一	松代洋行	西村五郎 ⑥	太湖洋行
		右川鼎造	慶徳橡皮廠	橋本五郎次 ○*	中支那派遣軍
		三村正堯 *	実業百貨店（支配人）	樋口　勇	真崎洋行，樋口雑糧
		吉住慶二郎	吉住医院	福島忠夫	北海道庁貿易調査所
				前園立衛 *	前園歯科医院
				右川鼎造 ◇*	慶徳橡皮廠
				三村正堯 ○*	興亜商事
				村田俊章	村田医院
				森田栄吉 *②	ＯＫ（料理店）
				若林久晃	栄泰貿易公司

4）各路連合会に，1942年に居留民団に一元化され，同年3月町内会設置規程成立。地域毎の町内会の連合会組織となる。

5）林雄吉の代表（委員長ないし会長）在職の期間は，1915〜17，1921〜25，1926〜34，1939〜40年の約19年間である。

出典：金風社『支那在留邦人人名録』第8版，第18版，第21版，第24版，第30版（一部前後の版で補）。
　　　1940年は上海日本人各路連合会『上海日本人各路連合会の沿革と事蹟』。

のである。

（b）各路連合会指導層とその性格

　では，各路連合会において主導的役割を担ったのは居留民のいかなる層であったのか。表6-13は，1927年から40年の各路連合会役員を一覧したものである。年次により役員数も構成も異なるが，役員の選出基盤についてはほぼ共通しているので，1932年および36年の場合を例示すると，32年は会社

表6-14　上海日本人各路連合会各区連絡委員一覧（1940年）

区	氏名	所属
1	阿部　進	済生堂店主［4］
2	森田栄吉	ＯＫ（料理店）主［1］
3	田中清一郎	かなものや店主［3］
4	茨木正博	華正洋行［1］
5	岡島末太郎	岡島紙器工廠主［2］
6	西村五郎	太湖洋行店主［10］
7	山本政敏	東亞造船鉄工所［15］
8	近藤　光	近藤事務所，大一［1］
9	山崎秀之助	山崎洋行主［2］
10	杉田大一郎	上海歌舞伎座主［11］
11	大島徳次	大島洋行主［1］
12	甘濃益三郎	前居留民団長，上海運輸社長
13	九門謹治	九門洋行主［1］
14	亀井和夫	不明
15	杉原徳五郎	日星洋行主［6］
16	下里弥吉	千代洋行主［23］
17	豊崎和平	黄浦鉄廠主［3］
18	小玉金次郎	瑞新澱粉公司主［1］
19	（推薦　上原蕃）	工部局副総監

注　：1）連絡委員は区内町会長から選出される。
　　　2）所属欄の［　］内数字は従業者数。
出典：委員名は『上海日本人各路連合会の沿革と事蹟』1940年，所属は『上
　　　海邦人人名録』第29，30版等。

派3名（三井洋行，日本郵船，上海運輸，ただし上海運輸は土着派としてもよ
い），医師2名，土着派11名（うち自営的零細商は4名，近藤，杉江，徳永，三
村），36年は会社派0名，医師2名，土着派17名（うち自営的零細商6名，近
藤，杉江，杉田，杉原，松代，三村）その他3名（大槻，橋本，福島）となる。
また，町内会長すべてを表示しえないので各区連絡委員を示した表6-14を
みると，12区甘濃と19区上原を除いて，すべて土着派居留民といえる人物
である（所属不明1名）。

　これらから，各路連合会指導層の構成上の特徴を指摘すると，まず第一
に，土着派居留民が役員の大半を占めていることである。土着派のなかに
は，蘆澤，篠田，角田，竹松，児玉，右川，小玉，岡島等々中堅の商工業者
と，近藤，杉江，三村等のより零細な業者が含まれているが，各路連合会が
中堅・零細を含む土着派居留民主体の組織であることが明らかである。そし

て第二に，会社派についてはきわめて限られた形でしか役員層には入っていない。会社派は，従業員も含めると居留民全体では相当な人数になるが，在華紡をはじめとした工場などでは社宅に居住する従業員を中心にして町内会に属しておらず[113]，また，大企業の経営層もフランス租界などの地に居住し町内会とは縁がなく，各路連合会にはほとんど関与していなかったのである。また第三に，継続的に医師（向谷，吉住，須藤）が加わっており，甘濃民団長や篠田済世堂主，蘆澤印刷経営主など居留地名望家的人物ともども各路連合会の信用度を高める役割を担ったものといえよう（甘濃，吉住，蘆澤は名誉委員でもある）。

　さらに最後に注目されるのは，正副委員長（会長）や会計・常任幹事など常任的役員をみると，かなり永い期間にわたって特定の人物たちがその座を占めていることである。その筆頭格は，1915年から40年までの26年間のうち19年間会長ないし委員長の地位にあった林雄吉であるが，ほかに近藤（雑貨店主，妻がサロン経営），三村（飲食店主のち民会議員），杉江（文房具店主その後出版も），田中（単身綿布売込のち金物商）らの名前をあげることができる。その若干の履歴をみると，建設請負や貸家業を営む林を含め，もっぱら日本人居留民を顧客とする事業者が目につくが，いわば林グループとでも呼びうる人々である。そして，こうした役員層の検討からみえてくるのは，各路連合会が日本人居留民を広く結集した町内会の連合体と言いつつも，正確には虹口地区や北四川路周辺の日本人集住地域を主基盤とした土着派居留民主体の組織であることを改めて確認できる。しかも指導的地位を占める人たちは，それぞれの地域や階層を必ずしも適切に代表する存在ではなく，日本人居留民社会内に主な生活や営業の基盤を置いた中小商工業者たちであり，永く指導的地位を占有していた。また，中心人物の林について，石射総領事は「虹口サイド土着民の間に各路連合会という町内会兼自警団的組織があり，林雄吉なる右傾老人がそのボスとなって居留民代表者の格で工部局に直談判する鼻息になっていた」と評しており，永きにわたり各路連合会会長の席を占めることで，一時は居留民団の上に立ち隠然たる勢力を形成していたのである[114]。

第Ⅱ部／第6章　戦前期上海における日本人居留民社会と排外主義　1916〜1942　　275

このような各路連合会の性格は，当該期の上海日本人居留民に対して，と
りわけ排日運動への対応や居留民社会のあり方に関してさまざまな影響を及
ぼした。若干の事例を通じてそれを検討しておきたい。

（c）1930年代の排外主義と各路連合会・メディア・特務機関

　上述してきたように，上海事変後排日運動は表面的には沈静化したが，裏
面では日本企業の中国人被傭者・買弁や日本との取引企業に圧力を加える，
あるいは日本品を識別する原産地標示を法令化するなど依然持続されていた。
1930年代半ばには，日中関係停滞の打開を意図した「日中経済提携」方針
の提起もみられたが，日本軍の満州や華北への浸透が続く状況にあっては，
中国人の日本に対する反発意識も排日運動も容易に終息するものではなかっ
た。こうしたなかで起こったのがいわゆる『新生』「不敬」事件である[115]。

　これは，1935年6月11日から13日まで「閑話皇帝」との題目で日本の天
皇と軍部・有産者との関係を風刺した随筆が天津の『大報』誌に掲載され，
同15日川越天津総領事が不敬記事として天津市政府に謝罪要求を行ったこ
とから始まったものである。当該記事は，もともと5月4日，上海発行の週
刊雑誌『新生』（以下『　』を外す）に掲載された同題名の記事の転載であ
り，天津総領事の抗議に続いて6月24日に至り，石射上海総領事が呉上海
市長に対し，口頭で①売残り雑誌の回収，②雑誌の廃刊，③責任者・執筆者
の処分，④市長の謝罪，⑤将来の保障の緊急措置を要求した。日本側の抗議
に対し中国当局は，上海事変前の民国日報「不敬」事件の経験を踏まえ，比
較的迅速な陳謝や処分などの措置をとったが，日本人居留民はきわめて過敏
な対応を示していった。

　今回の「不敬」事件に対する日本人側における排外主義的憤激を拡大した
のは，中国側の批判受け入れ姿勢もあって，総領事館よりもむしろ，上海の
日本語新聞などのメディアであった。1935年6月28日の『上海日々新
聞』[116]は，「不敬記事　許容し難い非礼」という見出しで「三頁に亘る不敬
記事　雑誌『新生』に掲載さる」との記事を載せ，「『親日転向』等々の現状
打開策が各方面より一斉に論じられている矢先，支那側の一排日雑誌が稀有

の大不敬事件を惹起した」と，新生記事を激しく非難する記事を展開している。翌日以降の見出しを示すと，「不敬記事の検閲　中央党部で通過雑誌新生発行主任の法廷陳述重要な経緯明白　結局責任は中央党部」（６月29日），「〈不敬事件〉再び石射総領事　市政府に強談判支那側の態度に誠意認められず」（６月30日），「重大化する不敬事件『有吉大使入京し国府に厳重交渉』」（７月２日），「厳然たる態度を有吉大使表明す　有吉大使会見後所信を語る」（７月３日），「不敬事件に対し　支那側解決引延策」（７月４日），などなど，事態の経過や法院の訊問で示される事実に関してかなりセンセーショナルな記事を載せるとともに，民会や各路連合会の憤激の声を報じている。以後７月上旬の間，連日，「不敬」事件における中国側の姿勢の非難や石射総領事・有吉大使による交渉の動向，居留民の意見を掲載している。

　これら連日の記事が居留民社会に広く伝わり，日本の「国体」に対する「大不敬」として居留民の排外主義や中国民衆に対する反感と憎悪を強めていった。今，『上海日々新聞』の記事から各路連合会や居留民会の動向をみると，７月２日の記事では，一部土着派民会議員が在留日本人間の憤激の声を受けて「之が重大性に鑑み緊急臨時民会の招集を要求して，国民としての態度と覚悟を示す要あり」と，臨時民会招集を要求し，直ちに実行手続きの準備を始めたことを報じている。また同日記事は，各路連合会においても「臨時町内会総会を開き，臨時民会に相呼応して之が対策に当る事を申し合せ」るなど事態が緊迫してゆく様相を伝えている。それらの状況は，「大使館当局の外交交渉を不満とする声漸く擡頭し其一部には手段を選ばずと云った憂慮すべき強硬態度を示すものすら二，三に止らぬ実情」というほどであった（７月６日付「陸軍当局談　外交と国民の後楯」）。

　こうした土着派の強硬論の高まりに関しては，臨時民会招集を要求していた土着派の民会茶話会派が，招集準備過程において，臨時民団参事会（７月２日）の議論を受け，「此際行動の最も謹重なるを必要とするを以て参事会の決議に基き，外交の後立てとして今後の成行を静観する」ことに態度を変更するに至っている（７月４日付「成行を静観　不敬事件と臨時民会招集　茶話会派の態度」）。また各路連合会でも，７月４日夜の臨時常任委員会（甘濃委

員長，林，近藤，徳永，岡島，田中清，福島，蘆澤，旧姓高橋＝橋本，吉住，阿部，池田，杉江，杉原，田中左計15名出席）において，杉原主席領事ともども特別出席した石射総領事より，呉鉄城市長および関係者に対する要求状況とその後の処置等についての詳細な説明を受けて後，「（事件につき）此際居留民諸氏も当局に絶対の信頼を以て事態を静観して貰いたい旨希望する」との要請と説得を受け入れることとなった（7月5日付「〈不敬事件対策〉我要求の貫徹を石射総領事確言す　連合会緊急常任委員会」）。上海事変前年の状況と同様，土着派内の強硬論を総領事館および会社派（市参事会）が抑制する形で軟着陸させていたことがうかがえる。

　このように，1930年代半ばの上海においても，日中間の緊張関係緩和は容易に進まず，新生「不敬」事件のようなものが起これば，両国当局者の交渉やメディアの介在などの展開次第では，日本人居留民の排外主義の噴出あるいは日中間の重大な衝突が生ずる事態が続いていたのである。

　ところで，新生「不敬」事件をめぐっては，陸軍の特務機関が関わっていたことが石射総領事により指摘されている。石射前掲『外交官の一生』は，新生「不敬」事件についてふれ，事件解決前後の時期に有吉大使と石射総領事に宛てしきりに軟弱外交と非難する怪文書が郵送される事態につき，その出所を「上海常住の小型浪人の西村展造なる人物が，数人の子分にやらせたこと」としている（同書，242〜243頁）。また，「西村の背後に陸軍補佐官の影佐中佐が糸をひいている事実まで判明した」とも記している。上海事変直前の田中隆吉大佐の策動とも共通する構図である。

　かかる事情に関しては，上海陸軍武官室の次官宛電報が存在するが[117]，そこでは，新生事件と西村展造について，以下のように記している。

　　西村展造ナルモノ当地海軍陸戦隊通弁竝当武官室嘱託トシテ主トシテ支那及日本民衆指導ニ任シアリシカ先般新生事件発生ノ最強論ヲ持チシ居留民大会ヲ企画シテ策動シタル廉ニ依リ総領事ニ於テ退去処分ニ付セントセシモ軍属タル身柄ノ為之ヲ実現シ得サリキ海軍側ハ陸戦隊司令官ニ於テ本件一応処理済ミノ処第三艦隊司令長官之ヲ蒸シ返シ西村ヲ解職セシヲ以テ

目下当機関ニ於ケル要員トシテ雇傭シアリ

　最近本問題ニ関シ……当地陸，海，外務間ニ複雑ナル事情モ存スルコト
ニ付外務側ヨリ交渉アリタル場合ニ於テハ近ク帰朝スル影佐中佐ヨリ詳細
報告アル迄取合ハサル様セラレ度。

　この連絡からうかがえることは，西村が新生事件の勃発に際して，居留民
の強硬論的潮流に働きかけ排外主義的激発を煽動しようとしていたことであ
る。また西村は，表向きは海軍陸戦隊通弁および陸軍武官室嘱託の職にあっ
たが，内実は陸軍影佐禎昭中佐の配下で内密の工作に従事しており，新生事
件における西村の背後には影佐らの機関が存在していたことである。さきの
石射の回想録にも記されているが，松本重治の回想記『上海時代』でも新生
「不敬」事件にふれ，「国民党政府と国民党の責任問題を如何に処置すべきか
について，陸軍武官室と大使館との極端な意見の相違が惹起され」，「この事
件は瑣細な『不敬』事件であったが，陸軍武官室が国民党の責任をとりあげ
て居然居留民を煽ったために，不測の事態にもなりかねまじき勢いであっ
た」と述べており，西村らの動きは，場合によっては重大な事態を引き起こ
す可能性もあったことがうかがえる[118]。西村の工作の実態は明らかにしえ
ないが，数名の部下（西住小太郎，甲斐弥次郎，石坂，森岡，奥村，宮武，辻本
ら）を配下に持ち，上海だけでなく，河北省の自治運動など各種の工作に従
事していた[119]。西村らの動きから垣間見える特務機関の内面的工作につい
て，在外居留民の排外主義的運動において果たした意味を評するにはいまだ
資料が足りないが，上海におけるわずかな事例をみても無視しえない要素で
あったことは明白であろう[120]。

おわりに

　以上に，戦前期上海における日本人居留民社会の動向について，土着派居
留民を中心に，経営動向および排日運動への対応とその排外主義的奔流を検
討してきた。それらについて簡単に振り返ることで結びにかえたい。

はじめに，本章の分析の基礎資料である『支那在留邦人人名録』について
ふれておくと，上海在留者に関しては，在留中小商工業者の大部分を網羅し
ており，日本人居留民を特徴づける膨大な中小商工業者の存在を概括的にで
はなく，それぞれの個別経営の集積としても把握できる貴重なデータという
ことができる。他方で，雑業者や不安定雇用者，家事被傭人，芸妓・娼妓，
その他の有業者などは掲載されておらず，最底辺層の居留民の状況がみられ
ない限界を有している。あわせて残念なことは，日本人企業傘下の中国人従
業者の姿がみえず，雇用数も知りえないことである。しかし本資料は，不十
分さをもちつつも，中小商工業者を中心に第一次大戦期からアジア太平洋戦
争に至る経営の具体様相を示すものである[121]。以下，本章で知りえた諸点
について述べることにする。

上海在留居留民の時期的趨勢と特徴

　上海・長江方面への膨大な数の中小商工業者を中心とした進出は，「人口
主義」と称されたが，それを『人名録』における日本人事業者の動向として
みると，本格化する日露戦争後の全期間を通じて，従業者1名程度の自営業
的企業が全体の約3分の2を占めるほどに零細業者・居留民が中心をなして
おり，それらが激しい浮沈と流動のなかに置かれていたことを知りうる。ま
た，時期的には，第一次世界大戦以降に在留者の急増がみられ，1920年代
半ばから30年代半ばの，5.30事件や満州事変を契機とする排日運動の高揚を
間に挟んだ時期には，前期同様の流動を伴いつつも全体として停滞的な推移
を示している。さらに，日中戦争以後には，在留民の新たな増大が生じ，こ
の期以降新規に進出した企業とその従業員，中小商工業者の量的・構成比的
増加が確認できる。これらの新規進出者は，新興派居留民とでも称すべき，
従来の土着派居留民とは性格を異にする存在でもあった。

居留民各層の動向と特徴——排日運動・武力発動への姿勢

　上海日本人居留民とりわけ土着派居留民の動向を階層に即して検討してみ
ると，まず自営業的零細層については，その経営の不安定，浮沈と流動の激

しさが改めて確認できる一方で，きわめて限られた企業しか土着派中堅としての定着がみられないことがわかる。そして，経営体として定着しえない層は，上海居留民社会内において不安定就労者などとして滞留する一定数の過剰人口的な人々と，日本帰国ないし満州・朝鮮等東アジアの日本勢力圏内へ移動する人々とに分かれていた。

　また，土着派中堅企業者に関しては，一部に徒手空拳の一旗組からの上昇もみられたとはいえ，多くは，上海進出当初の資本や経営的蓄積あるいは中国市場志向などの点で，土着派零細層と資本的・経営的性格を異にしていた。そして，彼らのうちの一定部分が，第一次大戦後1920年代を通じて，上海の商業・工業部面において地歩を固め土着化を果たしつつあったのである。同時にかかる層は，伸長しはじめた中国商工業企業と厳しく競合・競争し，それだけに排日貨や関税引き上げの影響を強く受けていたが，その対抗において自らの経済・経営力をもって乗り越える力をもちえておらず，いまだ脆弱さを脱していなかった。それゆえに上海事変後においても，土着派中堅企業の経営は容易に安定するに至らなかった。脆弱さゆえに日本軍の武力行使を喚ばない形の経済発展を図れなかったともいえよう。

　さらに，在華紡や大企業など会社派については，独自に上海・中国本部への市場進出，資本輸出を果たしていたとはいえ，究極においては，海軍陸戦隊以下の日本軍隊による保護に依拠しており，排日運動が激化し居留民社会の主潮流が排外主義的傾斜を強めるにつれて，日中間の安定した経済関係の追求ではなく，排外主義の憤出に対し容易に妥協・合流していくこととなったのである。

　最後に付言すれば，上海居留民社会は，全般的活動に関しては，会社派と土着派中堅を軸とした居留民団の指導下にあったが，排外主義が強まるなかでは，上海の地への固着意識を有した土着派零細層や，日本人居住地域を基盤とする商工業者が牛耳をとる各路連合会が，会社派や土着派中堅層以上に，しばしば主導的役割を担っていったのである。

排外主義憤出をめぐる居留民と国家

上記の居留民各層の動向とともに重要なことは，当該期における居留民の排外主義的行動の昂進過程においては，現地の上海総領事館や海軍第一遣外艦隊など国家機関の動向が，居留民の激発を時に契機づけまたそれに押し上げられ，相互に促迫する形で排外主義を増幅させていたことである。居留民の「ラジカルな侵略性」は，居留民のみに属するのではなく，総領事館や在留陸海軍機関など日本の政府および軍の動きと，居留民の過激な行動との構造的一体として形成されたものであったといえよう。

　なお，上述した本章の検討では，各種「不敬」事件に際して典型的に示された，日本人居留民における天皇制イデオロギーや天皇制社会意識の，排外主義的憤出との関係性や，それをも含んだ帝国意識の問題についてはふれることができなかった。また，日中戦争後に生じた上海日本人居留民社会の構成変化と，新たな新興派中小商工業者の内実と性格の解明に関しても，分析検討しえなかった。今後の課題としたい。

〔注〕

1）近代日本の上海進出と上海日本人居留民社会に関する研究は，日中関係史，日本帝国主義史，上海都市研究史など多様な視点から多くの研究が積み重ねられている。全体にわたる言及はなしえないので，とりあえず拙稿「上海日本人実業協会と居留民社会」（波形昭一編著『近代アジアの日本人経済団体』同文舘出版，1997年，本書第1章）注1，2および，髙綱博文『「国際都市」上海のなかの日本人』研文出版，2009年，12〜21頁参照。

2）戦前上海における日本人居留民社会は，上海居留民団に一体的に組織・統轄されており，その内部は一般に「土着派」「会社派」と大別されていた。ここでいう「土着派」とは，現地社会での呼称であり，必ずしも厳密に定義されたものではない。例えば，上海居留民団編『上海居留民団三十五周年記念誌』（1942年）の座談会において，福田千代作民団長は，「その頃（1920年頃）……土着派と会社派といふやうな分野が居留民の間に出来て，さうして相当激烈な競争があり民会も紛糾したらしいですね」と語っている（同書，1101頁）。こうした呼称は，天津などにおいても同様であり，当該期日本人居留民社会で共通していたものと思われる。また，石射猪太郎『外交官の一生』（中公文庫，1986年）228頁も参照。なお，前掲髙綱『「国際都市」上海のなかの日本人』において，土着派の民衆像について6点にわたる特徴を指

摘している。参照されたい（同書，153～154頁）。

3）第一次上海事変の勃発に関しては，当時の現地居留民社会においても在留民の興奮・昂揚状況が「事変を誘発したもの」と認識されていた（「日支紛争上海現地座談会」甘濃益三郎居留民団長発言『中央公論』1936年11月号，293頁）。なお，第一次上海事変における武力発動や居留民の暴虐行為などと軍部・外務省等との関係については，前掲髙綱『「国際都市」上海のなかの日本人』142～153頁，石井寛治『帝国主義日本の対外戦略』名古屋大学出版会，2012年，251頁が簡潔に叙述している。

4）『人名録』第30版「序」および「紀念号刊行ニ際シテ」。

5）陳祖恩「西洋上海と日本人居留民社会」大里浩秋ほか編『中国における日本租界——重慶・漢口・杭州・上海』御茶の水書房，2006年，220頁。

6）アジア太平洋研究会『アジア太平洋論叢』第17号。

7）以下，日露戦後～アジア太平洋戦争に至る時期の動向については，その時期区分をとりあえず，ⅰ期：日露戦争～第一次世界大戦期，ⅱ期：第一次大戦後～1920年代，ⅲ期：第一次上海事変～日中開戦，ⅳ期：日中戦争以後とする。なお，上海日本人居留民社会展開の時期区分については，桂川光正「上海の日本人社会」（大阪産業大学産業研究所『国際都市上海』1995年）参照。ここでは，①日露戦争までを初期社会（第1期），②日露戦争から第一次大戦までを基礎形成期（第2期），③第1次大戦後～1927年頃を確立期（第3期），④20年代末～第2次上海事変までを変動期（第4期）として把握している。また，1871年の日清修好条規から敗戦による日本人居留民引揚までを4期に区分する髙綱『「国際都市」上海のなかの日本人』13頁も参照。

8）1927年の「東方会議」における木村鋭市外務省亜細亜局長発言，外務省編『日本外交文書』昭和期Ⅰ，第1部第1巻，13頁。

9）集計に際しては以下の諸点を考慮した（集計基準）。①国家機関や地方自治体の設置機関，居留民団，商工会議所などの在留日本人の公的・準公的機関および租界関係機構の従業者は除外した。また，学校（ビジネス・外国語・裁縫など民間の実業学校は除く）関係，宗教団体，病院・医院（歯科医・獣医を含む），法律事務所，町内会，同窓会や趣味団体などの親睦団体，同業組合，同業団体は除いた。ただし，貯蓄組合・信用組合・不動産組合などでそれ自体事業活動を行うものは，企業として取り扱った。②支店については，掲載に際し本店に一括するケースと，各々別記するケースがあり統一されていない。内実についても，単なる支店から営業種目を異にする別部門や製造所など多岐にわたり一定基準で整序し難いため，『人名録』の表記にしたがい，別記されている支店は，事業活動の展開と理解し各1店として扱っ

た。③公大紗廠などいくつかの在華紡は工場単位で掲載されているが，統括部局，営業部局，付属病院・学校なども含め1社とした。④上海市場内日本人組合（33〜105店），上海日本人水先協会（15〜55人），ライセンスト・パイロット協会（2〜8人），尚古会（1921年のみ会として表出，骨董商21人），上海理髪組合（1924年のみ表出，32店）については，個々独立の経営として構成員単位で集計した。ただし，水先協会の場合，企業に属する会員もいるが区分不可のためすべて独立経営として扱った。⑤規模別集計に際する各企業の従業者（数）については，漢口・南京など地方出張員や代理店契約企業の出張員，出征中の従業員等も当該企業の従業者とした。ただし，企業内の役職関係などで重複掲載の場合は整理した。なお，日清汽船や東亜海運の場合，船長・運転士・機関士等の海技員を掲載しているが除外した。⑥『人名録』記載の従業者には，取締役，支店長，理事，従業員，自営業主などが一括掲載されている。統一的基準で区分し直すことが難しいので，規模の類別に際してはそのまま従業者数によった。なお，監査役も含めた。⑦従業者中の外国人については除外し，総数のみ注記した。このなかには，技術職・専門職の欧米人，名義上必要な中国人などもわずかに含まれるが（例外的に東京海上1930年28人），多くの場合朝鮮籍および台湾籍の人々であり（創氏改名政策による日本姓も含む），日中戦争開戦後増加がみられる。しかし，在華紡をはじめ大企業従業者では，例外的に若干名がみられるのみである。日中戦争以降においては，朝鮮籍・台湾籍の自営業者も見受けられる。⑧『人名録』には，外国人経営企業に属する従業員も掲載されているが，日本人業者・日本企業の動向把握を意図する本集計の立場からそれらについては除いた。⑨外国系企業については，アジア太平洋戦争開戦以降，軍により接収された外国企業の日本企業への委託管理が数多くみられる。それらについては，集計に際し除いた。

10) 『人名録』では，無職者・身元不明者はもとより，各種の雑業従事者，行商，家事被傭人，芸妓・娼妓・酌婦等あるいは季節的雇用や不定期雇用の従業者などは掲載されておらず，居留民の最底辺層は表出されてこない。

11) 中小商工業者の定着度＝持続度が低いことは日本国内においても一般的に認められる特徴であり，試みに大阪市における中小商業者の定着度をみると，3年未満の店は，総業種で21.8%，野菜や魚介・肉類販売，菓子店などでは3〜4割ほどを占めている（竹林庄三郎『日本中小商業の構造』有斐閣，1941年，156〜167頁）。したがって，ここでは上海における特質として，第一に，旧来からの継続企業がほとんどないなかで，零細な日本人商工業者同士の競争と流動が一層激しかったこと，第二に，日中戦争までの上海においては失業・失職者を吸収しうる日本人労働市場の形成は狭小で，事業

撤退者がその地にとどまるのは国内諸都市に比して容易ではなく，また他方で帰国も困難ななかで，不安定滞留者，帰国者，満州などへの移動者，さらには行先不明者などが相当数いたこと，さらに第三に，経営破綻の原因を経済不況など以上に排日貨や関税引き上げをはじめとした中国民族運動の発展に求め，排外主義的感情を強める傾向にあることなどを指摘できよう。

12）一例として，老上海として知られる「みやげものや」の高木千代太郎のケースをみると，1893年16，7歳で単身上海に渡った後，大阪増田商店出張所の綿繰機械販売員，日清貿易研究所書生，植木洋行店員，雲竜軋花廠工務員，木管修理工場自営，華商紡績の日本語教師，石鹸製造等々幾多の業務に従事しながら，ようやく1915年に土産物店を開業するに至って経営の安定を得ている（上海興信所『中華全国中日実業家興信録』1941年，第3版，186〜187頁）。

13）上海居留民団「昭和11年9月14日復興資金ニ関スル件」外務省記録A.6.1.5.1-2-10-1『支那内乱関係一件』，K.3.2.2.1-7『在外帝国居留民団及民会関係雑纂』（上海ノ部）。

14）上海居留民団「第33回上海居留民会書類」（復興資金ニ関スル件）外務省記録同上。

15）この時期における日本資本の上海進出の意欲的な姿勢や市場認識については，三井物産株式会社『第9回支店長会議議事録』1926年，物産198-9，356〜369頁，同『第10回支店長会議議事録』1931年，物産198-10，53〜63頁等参照。

16）米里紋吉「支那最近の経済事情」1935年，『米里紋吉記念集（私家版）』1938年，166〜204頁，『金曜会パンフレット』99号，1933年，1〜2頁，「停戦協定と関税引上後の当地商勢概覧」，同103号，1933年，9〜10頁「当地邦人工業の概況」等参照。なお，この時期の上海在留事業者の停滞状況は，資料の得られる1933，34年の飲食店や接客業の開・廃業数からもその一端がうかがえる（飲食店：1933年開業数27・廃業数55，1934年開業13・廃業19，芸妓・ダンサー：33年開業113・廃業242，34年開業81・廃業162，女給：33年開業671・廃業661，34年開業224・廃業290［『外務省警察史』第43巻在上海総領事館第2（復刻版）25〜26，43〜44頁］）。

17）すでにふれたように，1920年代から30年代半ばにかけての日本企業進出の停滞や経営不振は全般的なものであったが，中小商工業者と大手・中堅の企業とは様相を異にしていた。今，1916年（第7版）〜30年（第21版）掲載の従業者10人以上企業（計103社）を抽出し，大手・中堅経営の持続と従業者数の推移を一覧すると（紙幅の都合上，作成表を提示しえないため，本注での注記にとどめる），1930年の時点では，大手・中堅企業の上海事業の廃

業が103社中9社にとどまっている（継続率は91.3%）。しかもそのうち，増田洋行（1920年破綻），安部洋行（1921年閉鎖），高田商会（1925年破綻），鈴木商店（1927年破綻），武林洋行（1927年閉鎖）は，主に日本国内での経営行詰まりに起因している。日中戦争前の1936年でも事業所閉鎖数は，16社であり（同上84.5%），中小事業者のような流動性はみられない。しかし，これら企業も経営の発展や事業の拡大はみられず停滞的状況にあった。それは，1930年→36年の各企業の従業者数が，わずかな企業を除いて（中華染色整煉，上海倉庫信託，満鉄上海事務所，住友洋行など）ほとんど増大しておらず，減員している企業も多いことから明らかであろう。

　従業者数の増加・拡大がみられるのは，日中戦争後，日本軍の上海占領以後のことである。なお，日中戦争前の1930年代前半は，長江流域を中心とした中国関内市場の発展がみられたとされているが（木越義則『近代中国と広域市場圏』京都大学学術出版会，2012年，139〜165頁），日本の土着派中堅企業は容易に浸透しえなかったといえる。この点に関して，堀和生『東アジア資本主義史論　Ⅰ』（ミネルヴァ書房，2009年）は，アジア市場における日本製品の優位と日中資本主義の異質性を指摘しているが（293〜299頁），日中戦争前の上海市場においては，必ずしも日本製品の優位は認められず，むしろ加工綿布や雑貨工業などでの日本品の後退が指摘されている（上海日本商工会議所『上海日本商工会議所年報』第15〜19，1932〜36年度，各「上海市況」参照）。少なくとも当該期の上海市場においては，日中の軽工業は異質性よりもむしろ競合性が問題となろう。

18) 1940年開業していた企業のうち，1936年時点で上海に在留していた起業者は6名にとどまり，多くは日本国内等から渡滬した新興居留民と推察される（前掲『人名録』参照）。

19) この時期における日本人居留民増加の主軸をなしたのは，国家的進出に先導された大企業・中堅企業を中心とする会社員・銀行員・商店員・官公吏などであり，中小商工業者はむしろ比重を落している。また，日本資本の進出拡大の趨勢も，1943年以降汪精衛政権および日本による企業統制と上海経済再編成策のもとで規制下に置かれてゆく。

20) 前掲上海居留民団編『上海居留民団三十五周年記念誌』1131頁。日本人商工業者の中国進出に関しては，日本の企業者が一般に中国人を劣等国民とみなし，しばしば甘言を弄するなど優越的関係を背景に経済活動を行っていたことは，つとに指摘されてきた。上海占領後に生じた事態は急増する新興の渡滬業者において一層顕著にみられた不公正取引の展開であった。また，やや後の時期になるが，1943年2月2日付『大陸新報』の「現地生活改造座談会」においては，「新上海人こそ上海の生活を知らず全くぶちこわしてし

まった」との老上海人たちの言を引き，日中戦争を挟んだ日本人居留民の変容＝新興派居留民の増大が語られている。

21）大久保達正ほか編『昭和社会経済史料集成』第8巻，749～750頁。なお，こうした状況に対し，1940年5月7日閣議決定「渡支邦人暫定処理ニ関スル件」では，1937年9月以来39年末までの中国渡航者数が延59万人に達することを指摘し，不良分子の取締だけでなく不要不急の中国渡航を極力制限するとしている（外務省編『日本外交文書』日中戦争，第2冊，1506～1508頁）。

22）上海日本人市場組合の呼称は時期により若干変わるが，上海日本人市場組合で一括した。虹口市場の売場数は1921年で陳列台（使用料月額3ドル）1200軒，立売場（同1ドル）117軒である。ほかに売店（使用料7～8ドル），行商人（同2ドル）。上海工部局の取締規則により営業方法や衛生管理等について管轄されている（「上海公設市場」『各国市関係雑件』第2巻，外務省記録B.3.15.2.87-002）。また「上海に於ける食料品市場に関する件」（外務省記録B.3.59.10-004）等も参照。日本商の出店権獲得については，日露戦争後，呉服商の傍ら食料品販売に携わっていた中川竹次郎（中川洋行）の尽力によるとされる。その後中川は，日本人売店組合長などを経て1923年旅館・東館の経営に転換していく（前掲上海興信所『中華全国中日実業家興信録』130頁）。なお，虹口市場については，陳祖恩（大里浩秋監訳）『上海に生きた日本人――幕末から敗戦まで』大修館書店，2010年，124～128頁にその様相が生々しく描かれている。

23）個別商店の動向については，前掲『人名録』各年次版により追跡できるが，紙幅の関係上表出しえないので，必要な限り本文中で言及するにとどめる。同組合は，1943年以降は物資統制・配給政策により機能を停止してゆく。

24）大森号（菓子商），いかり（飲食店），東屋（菓子商），鎌倉洋行（ハム商）。虹口市場に売場を有している小売商には，市場内で出店するだけでなく，他地域に店をもちながら市場内に出店している業者も少なからずみられた。試みにその数を初出年次毎に示すと，1916年11/33軒，20年6/21軒，25年5/23軒，27年2/5軒，30年3/8軒（以後略）となっている。これらの動向については前掲『人名録』各年次を参照。

25）第一次上海事変後，旧英国租界方面の日本人商店が華人顧客を失ったのに対し，虹口商人らは増派された軍隊などの需要に支えられたが，短期的なものにとどまった（外務省編『日本外交文書』満州事変，第2巻第1冊，565頁）。

26）中川竹次郎・本田仁八郎・松本楫二らについては，前掲上海興信所『中華

全国中日実業家興信録』を参照。

27) 日中戦争後の上海に急増した日本人商工業者の多くが，虹口商人的な存在であったことは以下の指摘からもうかがえる。「虹口の方面はどうも日本人の店は殖えても，日本人同士の謂はば共喰ひの商売は非常に栄えておりますが……直接国策に副った有利なことはやってをるかと云へは必ずしもさうでない」（上海日本商工会館『中支経済進出に関する座談会記録』1938年）。

28) 拙稿「第一次大戦期における上海日本人居留民社会の構成と『土着派』中堅層」『和光経済』第30巻１号，91〜94頁（本書第３章，78〜81頁）。

29)「在留邦人保護，引揚，避難及被害関係」『満州日支軍衝突事変関係一件』外務省記録A.1.1.0.21-1-1。

30) 上海実業有志会については，内山清ほか『大上海』大上海社，1915年，526頁。また工業同志会については，上海日本商工会議所『上海に於ける邦商組合事情』1940年，７〜８頁および許金生「上海近代工業発展史上における日系雑工業の位置と役割をめぐって」『立命館経済学』第54巻３号，2005年を参照。両組織は第一次上海事変後，上海商工同志会，上海商工組合連合維持会とともに上海日本人商工連合会を組織するが，それは土着派中堅層の層としての形成を基礎としたものといえよう。

31) 資本金額は表6-7の出典「実業有志会会員表」および表6-8の出典『上海内外商工案内』1929年刊参照。なお，資本金額については，復興資金を要求する中小商工業者の業種別平均資本金にふれた村井上海総領事の電信によれば，貿易業者（183社）２万8,485円，工業者（104社）13万96円，小売業者（473店）4,651円，全体平均（その他とも958店）２万3,100円との額が示されている（1932年５月21日付「村井上海総領事発芳沢外相宛電702号」外務省記録A.1.1.0.21-1-3『満州事変』復興資金貸下関係）。

32) これらの進出にあっては，日露戦争時（好弁社），第一次大戦時（上海運輸），第一次上海事変時（益記洋行）など，軍の物資調達を担ったのを契機としてその地歩を固めていった企業がみられたことも指摘できる。

33) 試みに平均資本額を算定すると，工業同志会会員企業54社の資本金ないし資金額総計1,443万7,000両，１社平均21万735両。年平均生産額2,951万5,700両，１社平均54万6,587両である（「上海工業同志会加盟工場一覧」『上海邦人工業救済ニ関スル請願書』外務省記録A.1.1.0.21-1-3。

34) 類型化については，考察課題により多様な設定が可能であるが，本章に関わっては柳沢遊『日本人の植民地経験——大連日本人商工業者の歴史』青木書店，1999年，45〜70頁参照。また，朝鮮在留日本人の独立営業者の来歴と類型を検出した木村健二「在朝鮮日本人植民者の『サクセス・ストーリー』」『歴史評論』第625号，2002年５月も参照。

35）以下の記述については，前掲上海興信所『中華全国中日実業家興信録』掲載の人物録を参照。また，南満州鉄道上海事務所『上海に於ける本邦加工綿布業の現況』1930年，22〜41頁。

36）これら第一次大戦期以降の新興工業の発展や対上海輸出の伸長については，大阪市役所産業部『大阪の硝子工業』1926年，同『大阪の莫大小工業』1931年，同『大阪の自転車工業』1933年，瀧谷善一編『輸出雑貨工業論』有斐閣，1942年参照。また上海における中国工業や日本商品・日本商の動向に関しては，前掲『上海に於ける本邦加工綿布の現況』，劉大均『支那工業論』生活社，1938年，21〜147頁，米沢秀夫『上海を中心とする長江流域邦人の発展策』上海日日新聞社，1934年，2〜22頁，大阪市役所産業部『支那に於ける排日運動と今回の排外暴動』1926年，64〜96頁参照。

37）川口華商など華商のアジア通商網については，籠谷直人『アジア国際通商秩序と近代日本』名古屋大学出版会，2000年，堀田暁生・西口忠共編『大阪川口居留地の研究』思文閣出版，1995年。

38）満州事変に伴う激しい日貨排斥のなかで，1931年末，実業有志会・工業同志会を含む土着派中堅商工業者4団体は900余名で上海日本人商工連合会を組織し，排日貨の打撃からの救済措置の要求運動を行っている。そこでは「多年奮闘努力ノ結果ソノ地盤ヲ築キ上ゲタルモノナルカ今ニ於テ其根底ヲ破壊サレントスル……斯クテハ多年ノ努力モ水泡ニ帰シ中小出先工業モ全滅ノ外ナク」と述べ，実業有志会・工業同志会それぞれは，会員企業各々の損害額一覧を提示している（1931年12月23日村井総領事発犬養外務大臣宛第939号，および上海工業同志会「上海邦人工業救済ニ関スル請願書」外務省記録A.1.1.0.21-1-1ほか）。

39）1920年代における中国工業の成長発展については，前掲劉『支那工業論』77〜85頁，および外務省通商局『上海事情』1924年，74〜108頁参照。1920年代末は，銀貨下落や関税引き上げなどの条件もあり，中国新興産業の目覚ましい発展がみられた。

40）近年の1920〜30年代における中国近代工業の発展の研究については，野沢豊編『日本の中華民国史研究』汲古書院，1995年，第2編第1章工業史，久保亨『戦間期中国「自立への模索」——関税通貨政策と経済発展』東京大学出版会，1999年，序章等参照。なお，この時期の上海の工場数（外国企業を含む従業員30名以上）は，表6-9と根拠資料を異にするが，1920年192，26年381，27年449，28年540，29年648，30年837とされている（塚瀬進「上海石炭市場をめぐる日中関係——1896〜1931年」『アジア研究』第35巻4号，1989年9月，61頁）。

41）上海においては，世界恐慌の影響は，欧米や日本の金本位制離脱による銀

価急落の影響で外国輸入品の減少や物価騰貴による産業界の好況がみられるなど，その現れは遅れることとなっていた。また，1929年の関税自主権回復以降，関税面でも産業発展の条件は改善されている。前掲劉『支那工業論』77～85頁参照。

42) 同上，87～146頁。このような動向については，日本側の報告においても指摘されており，1930年度の対前年比伸び率についても，タバコ130，帽子130，織物120，石鹸115，化粧品110，機械50，ゴム220などを例示している（満鉄総務部資料課『現段階ニ於ケル支那排日貨運動ノ特殊性』14～15頁）。

43) 慶徳橡皮公司：右川鼎造・森本徳好「（戦乱に因る被害）申告書」1932年4月14日，外務省記録A.1.1.155。このなかで同公司は，自らを上海におけるゴム工業の「嚆矢」とするとともに，中国人工場の製造工程については「殆ンド我日本ノ模倣ニ終始シ」と述べている。

44) ガラス工業については，黄完晟「産業革命期における中小工業製品の輸出──大阪の硝子製品の輸出を中心に」『社会経済史学』第55巻6号，1990年，69～73頁。またその他の雑貨工業については，前掲許「上海近代工業発展史上における日系雑工業の位置と役割をめぐって」参照。同論文では，華商工場が日本企業を模倣しながら発展を遂げたと把握する一方で，日本人企業を上海雑工業の牽引者としているが，1930年前半において上海進出の日本人新興工業が安定した経営を確保しえなかったことも同時に指摘している。玩具工業についても国際市場の動向分析では1920年代末～30年代の日本製品輸出における中国市場の比重が低下している（谷本雅之「戦間期日本の中小工業と国際市場──玩具輸出を事例として」『大阪大学経済学』第63巻1号，2313年6月，57頁）。なお，日本の製造工業の技術が中国人企業に流出し，日本の工業基盤が掘り崩されることに対し，「当局者が特に留意を要する日本工業保護の重大問題」であると注意喚起はなされていたが，特別な措置は講ぜられなかった（前掲『上海日本商工会議所年報』第17，1934年度，21頁および前掲米沢『上海を中心とする長江流域邦人の発展策』24～25頁参照）。

45) 1920年代における上海在留貿易業者の取引状況の一端は，前掲南満州鉄道上海事務所『上海に於ける本邦加工綿布業の現況』25～37頁参照。

46) 前掲米沢『上海を中心とする長江流域邦人の発展策』6～13頁，および米里紋吉「最近支那の実相に就いて」『米里紋吉記念集』123～152頁。また，この時期中国国民政府は輸入代替工業化とともに輸出志向工業化を模索しており（久保亨「国民政府の輸出促進政策と中華工業国外貿易協会──1930年代中国における輸出志向工業化の模索」『東洋文化研究所紀要』第103冊，1987年3月，前掲久保『戦間期中国「自立への模索」』141～149頁，上

海や長江流域貿易での華商の活動も活発であったと考えられる。

47) 商工省貿易局『貿易上ヨリ観タル中華民国ニ於ケル排日貨ノ影響』1932年，2〜3頁。

48) 同上，7〜9頁。

49) 通商局第二課「排日影響概観」1933年4月26日，8〜9頁，外務省記録A.1.1.0.21-5『満州事変』排日，排貨関係（一般），第3巻。ただし，工場数，労働者数については，上海総領事村井倉松「上海邦人工場調ノ件」1931年10月26日，頁なし，同上書類第2巻。

50) 熊月之主編『上海通史』第7巻（民国政治），上海人民出版社，1999年，278〜279頁。

51) 満州事変から上海事変に至る経過については，「上海事件（外務省調書）」前掲『日本外交文書』満州事変，第2巻第1冊，1979年，53〜81頁。上海居留民団『上海事変誌』1933年，6〜92頁，および上海日本商工会議所「上海事変」（一）（二）（三），同『経済月報』第62-64合併号，第65，第66号を参照。

52) 前掲上海居留民団『上海事変誌』37頁。

53) 外務省編『日本外交文書』満州事変，第1巻第2冊，1977年，689，720頁。1931年11月24日付村井倉松上海総領事発幣原外相宛電報では，前2回の居留民大会が「相当過激ナル決議ヲナシタルカ右大会ノ牛耳ヲ執リタルモノハ大体土着派トモ称スヘキモノニシテ　所謂会社側ハ……傍観者的態度ヲ持シ居タル処」，新たに全支日本人居留民大会を計画するに至り，「会社側ニ於テハ彼等ノ為スカ儘ニ放置スルハ危険ナリトシ彼等ノ計画ニ参与シ之ヲ指導スルコトトナレルニ付……相当権威アル決議出来上ルヘシト期待」との事情説明を行っている（689頁）。また大会翌日の電報で，大会の声明と決議が「当地有識者階級ヲ網羅セル起草委員会ノ起草」で，在支邦人の総意を世界に示すものとなったと伝えている（720頁）。なお，かかる過程と会社派の動向については，拙稿「満州事変期における上海在留日本資本と排日運動──上海日本商工会議所を中心に」下，『和光経済』第20巻第3号，1988年3月，157〜163頁を参照されたい。

54) 1932年2月2日付重光葵公使発芳沢外相宛電報「上海居留日本人の強硬論の海軍側への影響について」前掲『日本外交文書』満州事変，第2巻第1冊，44頁。なお，29日午前零時頃の軍事衝突に関して，海軍軍令部『昭和六，七年事変海軍戦史』戦紀巻2（以下『海軍戦史2』と略記）は，便衣隊からの発砲を契機に開始されたと述べている（同書，151〜152，226頁）。この点参謀本部『満州事変作戦経過ノ概要』1935年，373〜374頁，および前掲上海居留民団『上海事変誌』97〜103頁においても同様の見解を記して

いる。しかし，上記の重光公使の外相宛電報が指摘するように，陸戦隊の警備線進出は予告とほとんど同時に開始されており，衝突が陸戦隊にとって受動的なものとするのは妥当性を欠くものといえよう。これらについては後にもふれるが，臼井勝美は，衝突の危険が十分予想される地帯への警備配置を，とくに深夜を選んで行っているところからも「むしろ計画的な戦闘の挑発とみるほうがより妥当」と評し，陸戦隊の統制がとれていないことと，居留民の極端論が28日夜の軍事行動を引き起こしたとしている（臼井勝美『満州事変──戦争と外交と』中公新書，1974年，165〜166頁）。

55）同上『満州事変』146〜199頁，また前掲髙綱『「国際都市」上海のなかの日本人』142〜153頁。

56）1931年10月23日付村井総領事発幣原外相宛，外務省記録A.1.1.0.21-1-1。なお総領事館では，これらの困窮者については，共喰商人なども含め「一般的不況等経済的理由ニ依リ事件前ヨリ生活困難ニ陥リ事変カ無クトモ全ク立チ行カサルニ至リシ者多数アル」と，すでに世界不況下において困窮化していたものと想定しているが（1931年11月24日付村井総領事発幣原外相宛電報，外務省記録同上），それらの居留民にとって排日の激化はより深刻に捉えられたと思われる。

57）「時局ニ因ル窮民救護ニ関スル件」1931年12月11日付，外務省記録同上。なお，上記電報で総領事館は，10月中旬頃の失業無職者数を約200名としている。また，数値の得られる11月6日から12月末の時局失業者（生活補助金受給者，帰国旅費受給者）数は1,343人，同中小商工業補助金受給者数は513人と報告されている（1932年1月6日付村井総領事発犬養外相宛電報「時局ニ依ル生活困難者補助ニ関スル件」外務省記録同上）。

58）前掲上海日本商工会議所『経済月報』第62-64号合併号，42〜43頁。

59）1月20日未明の青年同志会員32名による三友社工場の襲撃・放火事件に関しては，外務省調書「上海事件」前掲『日本外交文書』満州事変，第2巻第1冊，56頁参照。また，満州事変後衝突や暴力行為など日中両民衆間の緊張関係が高まるなか，上海総領事館は「当地居留民中好ンデ事端ノ惹起ヲ図ルカ如キ徒ニ対シテハ　事変以来引続キ鋭意取締ヲ実行シツツアリ」と述べているように，青年同志会員や国粋会員などの絶えざる挑発的活動に警戒を払っており，困窮し過激化した居留民が彼らの活動に触発されやすかったことをうかがわせる（1932年9月8日付村井総領事発内田外相宛電報および9月13日付同電報，外務省記録A.1.1.0.21-1-1-4『満州事変』民団，民会立替金）。さらに付言すれば，この電報の時点では青年同志会員に対しては，大半を諭旨退去や任意帰国あるいは満州その他への退去などに処している。

60）以上の点については，1932年2月17日付山口県知事岡田周造発内相中橋徳

五郎・外相芳沢健吉他宛「思想容疑者西下渡門ノ件」外務省記録I.4.5.2.2-2-013，同年1月12日付北海道庁長官佐上信一発中橋内相他宛「上海在住邦人柴田次郎ノ本籍其他調査回答ノ件」外務省記録I.4.5.2.2-2『要視察人関係雑纂』本邦人ノ部，同年2月27日付警視総監大野緑一郎発芳沢外相他宛「前上海青年会同志会会長ノ来往ニ関スル件」外務省記録I.4.5.2.2-2，同年5月6日付大野警視総監発芳沢外相他宛「元上海日本青年同志会代表ノ動静ニ関スル件」外務省記録I.4.5.1.4『本邦ニ於ケル反共産主義運動関係雑件』等参照。

61）本章注38）1931年12月23日付村井総領事発犬養外相宛電報。

62）前掲慶徳橡皮公司「申告書」5頁。

63）1932年4月同復興同志会「請願書」外務省記録A.1.1.0.21-1-3，A.6.1.5.1-2-10-1。

64）前掲拙稿「満州事変期における上海在留日本資本と排日運動」上・下（本章第5章）参照。上記拙稿は，当時提起されていた1930年代の政治過程をアジアモンロー主義的路線と英米協調的路線との対抗を軸として把握しようとする議論に対して，英米協調的潮流，なかでも財閥や在華紡など大企業家層の妥協的・状況追随的側面を解明しようとする視角に立っており，本章と関わっては，以下の諸点を分析的に提示した。①満州事変後における上海日本人居留民＝在留日本資本の排外主義的噴出から上海事変の勃発に至る過程は，居留民の単線的行動としてではなく，会社派＝慎重論と土着派＝強硬論という資本の性格を異にする二潮流の対抗と同調の過程であったこと，②中国在留欧米資本との関係や国際的市場・金融環境などから，当初武力発動に対して慎重な姿勢を保持していた会社派は，日蓮宗僧侶襲撃事件を契機とした土着派居留民の激発のなかで姿勢を転換し，強硬論の潮流に妥協・同調し合流していったこと，③上海総領事館は，ある時期まで会社派内部の強硬論者である米里商工会議所会頭（当時）や土着派強硬論者を抑制・コントロールし，慎重論的潮流を誘導していたこと。しかし拙稿では，上海事変それ自体の過程はもとより事変勃発後の過程における居留民各層の動向についてはふれることができなかった。

65）以上は前掲上海居留民団『上海事変誌』430〜437頁。

66）当時の会頭米里紋吉の強硬論的主張とそれに対する重光公使の注意に関しては，1931年9月29日「在留日本人保護に関する上海日本商工会議所の強硬建議について」前掲『日本外交文書』満州事変，第1巻第2冊，552頁，また前掲拙稿下，注58（本章第5章，注75）も参照。

67）1931年11月末の時点における時局対策の議論では，上海の在華紡，有力銀行，満鉄，三井物産など会社派主流は，日本人所有銀引出策や税関差押策な

どの経済的圧力による排日緩和策の検討に意を注いでおり，武力発動の方向に直線的に向かってはいない（1931年12月8日，内外綿取締役頭取・武居綾蔵発幣原外相宛「上海における排日貨状況および時局対策について」前掲『日本外交文書』満州事変，第1巻第2冊，731～735頁）。それは，さきにも指摘した1931年11月10日の長江流域日本人連合大会から，12月6日の全支日本人居留民大会の過程でみられた土着派的強硬路線の抑制や運動の修正の動きにも明確に示されている（本章注53参照）。

68) 前掲上海居留民団『上海事変誌』436～437頁。

69) 前掲『海軍戦史2』148頁。ただし，その申入れについては，同司令官より中国側の対応を数日みてから対処すべきとして，言下に拒絶されている。

70) 前掲上海居留民団『上海事変誌』223～225頁。また，2月23日にも両名による首相等に対する兵力増派の要請が繰り返しなされている（前掲『日本外交文書』満州事変，第2巻第1冊，174～175頁）。

71) 1920～30年代における中小商工業者を主体とする在外居留民については，日本の帝国主義的侵略過程でのラジカルな侵略性や先兵的役割あるいはまた侵略の社会的共鳴盤などとして把握されている（波形昭一「日本帝国主義の満州金融問題」『金融経済』第153号，1975年8月，柳沢遊「1920年代『満州』における日本人中小商人の動向」『土地制度史学』第92号，1981年7月ほか）。本章においても上海居留民について同様な側面をみてきた。しかし同時に，彼ら居留民の行動は，政府や軍による施策や内面的策動等によって強く規定される性格のものでもあった。それは，「在外居留民保護」がしばしば他国への軍事介入や侵略の名目とされ，また国内民衆の排外主義への動員に利用されていることからも明らかであろう。居留民の過激な行動と軍の好戦的姿勢との関連性に関する髙綱の指摘もあるが（前掲髙綱『「国際都市」上海のなかの日本人』134～135頁），政府や軍など国家権力の側からの居留民統轄や誘導・利用と，居留民の行動との相互関係や実態を解明することはなされていない。その課題は，資料的にもまた政治的意図に関わっても容易ではないが，上記の視点から不可避の課題となる。なお，こうした接近が，近年研究的課題とされている在外居留民の「帝国意識」の問題の追究・解明を軽視するものでないことはいうまでもない（本章ではそれらについて展開する用意を欠いている）。この点については，とりあえず柳沢遊「帝国主義と在外居留民──『帝国意識』とその社会的基盤」『現代思想』2001年7月号，および前掲髙綱『「国際都市」上海のなかの日本人』18～21頁等参照。

72) 以下この間の状況については，枢密院会議文書「上海民国日報不敬記事事件ニ関スル文書」国立公文書館：枢00012100，および前掲上海日本商工会

議所「上海事変」（一）（二）（三），前掲外務省調書「上海事件」。

73) 外務省編『日本外交文書』昭和期Ⅱ，第1部第1巻，831〜842頁。

74) 田中隆吉「上海事変はこうして起された」『別冊知性5　秘められた昭和史』河出書房，1956年，182〜183頁。田中の行動は，関東軍参謀板垣征四郎大佐，花谷正少佐からの依頼を受けて進められ，参謀本部支那課長重藤大佐や影佐少佐等の理解・激励を受けたものであった。かかる謀略が，関東軍中枢の戦略に根ざすものであったことは，板垣の案と推定される1931年の「対支謀略ニ関スル意見」において，「帝国ノ国策ハ満蒙ノ獲得ヲ第一義トス之カ為ニハ支那ト平和的手段ヲ以テ解決シ難シ　従テ絶エス日支開戦情勢ヲ醸成スルカ如ク各種ノ手段ヲ必要トス……即チ平戦両時ヲ通スル謀略ノ根幹ハ日支戦争ニ在ルヘシ」と述べ，中国との間で絶えざる対立・緊張関係の創出とそれを利用する謀略の必要を論じているところにもうかがえる（日本国際政治学会太平洋戦争原因研究部編『太平洋戦争への道──開戦外交史』別巻，朝日新聞社，1963年，108〜109頁）。また，田中の告白では，青年同志会員による三友実業社襲撃も，田中と気脈を通じていた旨記されている。

75) 以下最後通牒準備以降の事態については，前掲『日本外交文書』満州事変，第2巻第1冊，53〜71頁を参照。

76) 同上，65頁。またこの点に関しては，前掲『海軍戦史2』においても，「総領事ノ市長宛抗議ニ関シテハ，居留民ノ間ニ期限付実行ヲ要求スベシトノ意見有カニシテ，若シ当局ノ態度強硬ナラザルトキハ，二十三日開催ノ居留民大会後，武装セル団体ヲ組織シ，抗日会本部ヲ襲撃スルノ決意アルヲ表示セリ」と居留民の憤激する様子を記している（20頁）。

77) 前掲『海軍戦史2』103〜105，147〜148頁。なお，司令部の姿勢とは別に，重光葵公使の芳沢外相宛報告が伝えるように，陸戦隊は往々にして艦隊本部と意見を異にし，また血気にはやる青年将校らもみられ，憤慨し過激化する居留民の行動と同調する動きもあった（1932年2月2日「上海居留日本人の強硬論の海軍側への影響について」前掲『日本外交文書』満州事変，第2巻第1冊，43〜44頁）。

78) 同上，226頁。この見解は参謀本部『満州事変作戦経過の概要』や前掲上海居留民団『上海事変誌』などで踏襲され，また広く当時の日本人居留民社会および日本社会に流布していた。

79) 前掲臼井『満州事変』165〜166頁。また，重光の電報については，注77)に同じ。

80) 影山好一郎「第1次上海事変の勃発と第1遣外艦隊司令官塩沢幸一海軍少将の判断」『政治経済史学』第333号，1994年3月，29〜30頁参照。

81) 前掲『海軍戦史2』付録「事変関係者所見摘録」56〜57頁。また，エドガ

ー・スノー『極東戦線───一九三一～三四満州事変・上海事変から満州国まで』筑摩書房，1987年，152頁は，塩沢少将が「四十八時間以内に上海から中国兵を吹き飛ばして見せる」と豪語していたとし，艦隊司令官の中国軍に対する過小評価に言及している。

82）第3艦隊羽仁六郎海軍大佐は，さきの「事変関係者所見摘録」で，「小官宇品出発ノ際，某陸軍将官ノ談ニ『我ガ応急動員ノ一箇師団ヲ以テセバ，数万ノ支那軍ハ一挙ニ蹴散ラスヲ得ベシ』トアリ。今回ノ事変ニ於テハ，一般ニ敵ヲ下算シタル傾大ナリ」と，自らの見聞で陸軍においても中国軍を過小評価していたことを述べている（前掲『海軍戦史2』69頁）。

83）1932年4月協怡化工廠・宮脇寅治「申告書」『復興資金ニ関スル件』外務省記録A.1.1.0.21-1-3。

84）前掲『海軍戦史2』813頁では，「在郷軍人会・義勇後援会・各路連合会等ハ人員モ多ク，種々ノ職業ニ従事シ，市内各方面ニ居住セルヲ以テ，局地情報ヲ得ルニ便ナリキ」と述べ，各団体の目覚ましい活動を評価している。

85）復興資金とは「造幣局資金払出ニ関スル法律」（1932年6月17日公布，法律12号）により設けられた資金（銀）である。上海居留民に関しては，上海総領事（外相代理）による「復興資金貸付命令書」（1932年9月1日）にもとづき，「民団ニ属スル居留民中昭和六年来ノ事変ノ影響ニ因リ経済上ノ打撃ヲ蒙リ事業ノ継続困難又ハ不能ニ陥レル者ノ事業復興資金トシテ」政府より民団に貸付けられ，民団の責任で貸付運用されたものであった（上海居留民団『民団法規集』1931年，208-1～208-13頁参照）。なお，復興資金の実現に関し，前掲上海居留民団編『上海居留民団三十五周年記念誌』の座談会では，「居留民団は昭和七年四月村井総領事並に民間有力者と協議の結果，総領事を通し政府当局に対し中小商工業者の業務復興資金貸与方を請願，之が救済に乗出すに至りしものなり」としている（同書，1036頁）。しかし実際は，後述するように必ずしも民団と総領事館，民間有力者による合作的施策というよりも，中小商工業者の強い要求を背景としたものであった。

86）前掲1931年12月23日付村井総領事発犬養外相宛電報。なお，工業同志会54社の1932年1月26日付の再請願「上海邦人工業救済ニ関スル請願書」については，1932年1月20日村井総領事発芳沢外相宛電報添付資料参照。

87）1932年5月15日付村井総領事発芳沢外相宛電報，外務省記録A.1.1.0.25-2-1。

88）以下の請願書・陳情書は，1932年4月14日付村井総領事発芳沢外相宛電報「復興資金ニ関スル件」添付資料，外務省記録A.1.1.0.21-1-3。

89）上記注86）電報。なお，この時経営に打撃を受けた中小商工業者に対して，1928年3月「業務復活資金」の貸付が実施されている（前掲上海居留民団『民団法規集』193～208頁参照）。

90) 前掲1931年11月24日付村井総領事発幣原外相宛電報。

91) 1932年3月31日付村井総領事発芳沢外相宛電報および同年4月6日付同電報（外務省記録A.1.1.0.21-2-1『満州事変』在留外国人保護，引揚，避難及被害関係）。

92) 1932年2月提案者不明「在支邦人事業救済資金ニ関スル件」および同「在支邦人事業救済資金貸下案要領」外務省記録A.1.1.0.21-2-2。

93) 1932年5月21日付上海発本省宛電報，外務省記録同上。

94) 前掲上海居留民団編『上海居留民団三十五周年記念誌』1138〜1140頁。

95) 政府貸下の銀地金は，正金銀行が代理受領しロンドンに移送・換金され，諸費用を差引き，銀529万2,454ドル98セントが復興資金元金となった（「在支邦人事業復興資金ニ関スル件」『第64回帝国議会説明参考資料』外務省議会調書B-議TS-32，および前掲上海居留民団編『上海居留民団三十五周年記念誌』1040〜1041頁）。

96) 1933年12月12日付石射総領事発広田外相宛電報，外務省記録A.1.1.0.21-1-3。

97) 前掲1932年5月21日付村井総領事発芳沢外相宛電報，注31）参照。

98) 居留民団「昭和十一年三月末現在　業務復活資金運用状況ニ関スル報告書」外務省記録A.6.1.5.1-2-10-1『復活資金ニ関スル件』。

99) 上海や天津などに較べ排日運動がそれほど激しくない青島においては，上海事変時や事変後においても，上海や天津経済圏の物流を吸収するなど対日貿易の好況がみられた。また上海においても，依然排日の影響は受けながらも，在華紡製品などは「天津市場ノ好需，漢口方面ノ買気台頭，外綿高モ手伝ヒ……久シ振リ好勢ヲ示シ滞貨余程軽減サル」事態を生んだりしている。以前の状況には遠いが，中小商工業者の苦況とは大分異なっていた。外務省編『日本外交文書』昭和期Ⅱ，第1部第2巻，736〜737，763〜764，772，780〜781頁等参照。

100) 上海日本商工会議所『第18回定期総会報告及議案』14頁，1936年2月27日付上海総領事館発小野事務官宛報告，外務省記録K.3.2.2.1-7も参照。なお，復興資金は日中戦争以後改編され継続されるが，これについては支那事変被害調査委員会『今次支那事変ニ因リ損害ヲ蒙リタル在支邦人ニ対スル復興資金融通ニ関スル経過』1939年参照。

101) 「東方会議『対支政策綱領』に関する田中外相訓令」外務省『日本外交年表竝主要文書　下』（以下『主要文書下』と略記）101〜102頁。なお，東方会議に関しては外務省編『日本外交文書』昭和期Ⅰ，第1部第2巻，2〜55頁も参照。

102) 前掲『主要文書下』206〜210頁。

103) 外務省編『日本外交文書』昭和期Ⅱ，第1部第3巻，48〜58頁および陸軍

省「対支政策ニ関スル件」『密大日記』S11-5-11参照。この方針は対支政策の根本方針として後の「帝国国防方針」（1936年8月7日）に引き継がれてゆくものである。

104）前掲『主要文書下』303〜304頁。

105）1927年4月8日宇垣陸相が若槻首相に述べた要旨「支那に於ける帝国地歩の擁護に関する研究」前掲『主要文書下』92〜95頁参照。

106）こうした状況について，第三艦隊司令長官は，「支那ヲ中心トスル国策ニ関スル所見」（1936年3月27日）において，「中支方面ニ於テハ英国貿易ノ退却ニヨリ帝国ノ経済発展ニ好適ノ余地ヲ形成シツツアリト雖モ　支那ノ高関税政策ニ加フルニ北支情勢ニ基因スル排日運動激化ノ懸念ニヨル不安ノタメ有力ナル企業者ヲシテ中支進出ノ意図ヲ抱カシムルニ至ラズ」と評していた（前掲日本国際政治学会太平洋戦争原因研究部編『太平洋戦争への道　資料編』220頁）。また，上海日本商工会議所前会頭米里紋吉は，「日支事変以来，上下をあげて仇敵視して居る日本に対しては，国民の感情がまだ好転していない今日，たやすく日本との提携を図ることは……仲々困難であろうと思はれる」と中国側の事情を語っている（米里「日支経済調整の実行方法」（1935年3月）前掲『米里紋吉記念集』157〜161頁）。なお，日中経済提携を含む1930年代半ばの日中経済関係については，松本俊郎「幣制改革期の日中経済関係」野沢豊編『中国の幣制改革と国際関係』東京大学出版会，1981年所収参照。また秋田朝美「1937年前半期における『中日貿易協会』と日中経済提携」『現代中国』85号。

107）上海事変の一応終了した4月7日に，上海総領事館は次のような「諭告」を居留民に対して行い，驕慢不遜な排外主義的言動に注意を喚起している。
　「諭告」……然るに在留民中の一部無責任なる分子中には　今回の兵力使用は全く自分等従来の主張の通れるものと思惟し……徒らに戦勝気分に駆られ支那人に対し驕慢不遜の言動を為すものありとのことなるが　斯ては不必要に其の反感を挑発し益々両国人間の反目を強め事態を永く改善し得ざるに至るべく深く戒慎の要あり……（前掲『日本外交文書』昭和期II，第1部第1巻，500〜502頁）。

108）上海事変時における各路連合会の動向については，前掲髙綱『「国際都市」上海のなかの日本人』126〜136頁に詳しい。また，藤田拓之『「国際都市」上海における日本人居留民の位置」『立命館言語文化研究』第21巻第4号も参照。なお，居留民の排外主義的行動において重要な役割を担ったのは，後述する土着派居留民を中心とする各路連合会だけでなく，在郷軍人会や義勇団日本隊なども同様であった。そして，在郷軍人会上海支部や上海義勇団日本隊は，会社派居留民を中軸とした組織となっていた。参考までに，

298

1930年の在郷軍人会上海支部役員の構成を記すと官吏１（商務参事官室），軍人２（陸戦隊），教員２，在華紡28，大企業４（日本郵船・東亜製麻・精版印刷），土着派企業15（中堅９・零細商６），医師１，その他５（民団勤務・水先案内協会・信用組合勤務），不明１となっている（前掲『人名録』第21版，126〜127頁ほか）。

109）以下，各路連合会の歩みは『上海日本人各路連合会の沿革と事跡』1940年，61〜73頁参照。

110）前掲上海居留民団編『上海居留民団三十五周年記念誌』503頁。

111）前掲上海居留民団『上海事変誌』18〜38頁。

112）同上，359〜417頁。

113）上海各路連合会『各路連合会連絡網』1936年，５頁，備考欄参照。

114）前掲石射『外交官の一生』235頁，また前掲上海興信所『中華全国中日実業家興信録』289〜290頁。なお，林は1941年１月23日，工部局の増税案を審議する共同租界納税者大会の場において，市参事会議長ケジック（英国人）に拳銃を発射し負傷を負わせる傷害事件を起こしている。林は自首し後に有罪判決を受けるが，当時各路連合会会員のなかには，「林ノ精神ヲ活カス為ニ再開拒否又ハ組織的議事妨害等主張スルモノナキニアラズ」と指摘されているように，林の影響がかなり強かったことがうかがえる。1941年１月24日付支那派遣軍渉外部長発次官・次長宛電報（『陸支密大日記』S16-18-41）および同年１月29日付同電報（『陸支密大日記』S16-15-38）。

115）以下，『新生』「不敬」事件に関しては，東亜局第一課『最近支那関係諸問題摘要（第六十八議会用）』上巻，1935年，第３章「支那新聞雑誌ノ不敬記事掲載事件」参照。また外務省編『日本外交文書』昭和期Ⅱ，第１部第４巻上，262〜272頁も参照。

116）以下『上海日々新聞』の記事に関しては，丸善DVD版『上海日々新聞』5891〜8172号，2013年による。

117）1935年８月25日付上海武官発次官宛電報「新生事件と西村展造に関する件」陸軍『密大日記』（アジア歴史資料センター：レファランスコードC01004089900）。

118）松本重治『上海時代』中央公論社，1977年，254〜256頁。

119）1936年４月８日付天津総領事発石射総領事宛電報「要注意人西村展造赴滬ノ件」外務省記録I.4.5.2.126。また西村展造については，西村一生『西村展造の生涯』北斗書房，1977年，および関智英「上海市大道政府と西村展造」『近きに在りて』第52号があるが，何れも新生事件や特務機関との関係にはふれていない。ただし，前者の年譜には在華紡調査課，参謀本部嘱託，上海軍特務部等を含む西村の経歴が記されている。

120）この時期における日本軍の対中国謀略・諜報活動の歴史研究は，まだ見出しえていない。1920年代の諜報活動を解明しようとしたものに，明石岩雄「1920年代日本軍部の対中国『二重政策』」同『日中戦争についての歴史的考察』思文閣出版，2007年，第6章がある。

121）なお，上海進出日本企業の動向を知りうる資料に，上海総領事館扱の『会社登記簿』がある。この資料は，上海に本店を有する日本企業（含む合弁企業）の登記記録であるが，上海本店企業に限定されるとともに，個人企業などは対象にされていないため，零細・中堅の中小商工業者を主対象とする本章では活用しなかった。本資料については，柴田善雅『中国占領地日系企業の活動』日本経済評論社，2008年，第1章，第6章において悉皆分析を行い，上海進出日本企業の全体像解明を行っている。参照されたい。

第Ⅲ部

日中戦争・アジア太平洋戦争下の
日本人居留民社会の変容

第7章　日中戦争期における上海日本商工会議所
──ネットワークの再編と限界──

はじめに

　第二次大戦前の上海においては，日中貿易の拠点として，また在華紡の本拠として，数多くの日本人が居留し，金融，貿易，紡績はもとより各種の商工業に従事していた。それら日本商・日本企業のなかにあって中心的な商工業者組織とみなされていたのが，上海日本商工会議所（以下上海商議とも略記）であった。上海商議は，辛亥革命のさなかの1911年12月，緊迫する時局への対応と政府・領事館筋への実業家層の要望の反映を意図して，日本郵船，横浜正金，三井物産など有力企業の上海支店長らを中心メンバーとして結成された（創設時の名称は「上海日本人実業協会」[1]，1919年「上海日本商業会議所」，1928年「上海日本商工会議所」と改称）。その地位は，1930年代の半ばにおいては外務省からも「上海ニ於ケル邦人主要商工業者ヲ悉ク会員乃至賛助員トシテ網羅シ居ル関係上　実質上対内的ニハ上海邦人商工業者ノ指導機関タル地位ニアル外　対外的ニハ支那側市商会ハ勿論各国商業会議所及上海万国商業会議所ト連絡シ国際的商工業ノ連絡機関トシテ重キヲナシ居レリ」[2]とみなされていた。

　この上海商議は，日中戦争後，1939年の3月末には，会員商社数をそれまでの100社強（37年5月賛助商社数106社，38年5月同120社）から369社，さらに40年4月には664社へと大幅に増加させている（後出，表7-1）。その拡大は，直接的には，1939年2月の定款改定に由来するが，根底には，日本軍の上海占領に伴う日本人商工業者の急増とそこにおける上海商議の役割の質的変化という事態をみることができる。それはまた，上海在留日本人商工

業者に対する日本政府や軍当局の対応策の変化を物語るものでもあった。

　本章では，下記のような変容をみせる日中戦争期の上海商議の内実と動向を検討するとともに，該会議所が日本軍占領下の上海においていかなる役割を担っていたのか，日本人商工業者のネットワークとしての機能に着目しながらみてゆきたい。

1　満州事変後の上海在留日本商と上海日本商工会議所

(1)　満州事変後の上海と在留日本商

　日本軍による満州侵略の開始とそれに引き続く上海事変は，中国軍民の激しい憤りと反発を招き，従来にも増して徹底した排日運動を呼び起こした。その結果，日本と上海間の貿易は大幅に落ち込み，1932年度は，前年までの貿易総額ほぼ3億元に対し，約4分の1に減少している。その後漸次回復に向かうが，1933年度においても事変以前の水準にははるかに遠く，とくに対日輸入の停滞は著しい[3]。日本郵船の航業報告は，このような状況について「排日の影響は幾分薄らいだとは言へ，前年度に引続き一般に不況にして，加之長期に亘る四川の動乱，長江以南の勦匪兵事に依る取引萎靡並びに5月より実施せられた新輸入関税率の影響を受け，本年度に於ける本邦よりの輸入は格別の進展を見ずして終わった」と記している[4]。

　もちろんこうしたなかにあっても，日本の対上海投資の主軸たる在華紡の有力企業においては「本季間亦排日気勢依然衰へず……且世界的の不況は支那市場を風靡し……紡績製品の堆積益々増加し相場低落綿糸は希有の採算割れに終始したり　然れとも当社は幸ひに季初荷捌順調を辿りしと高値契約品の引渡に極力努めたる為め業績比較的満足なるを得たり」などの状況もみられ[5]，不振一色で捉えられないが，在留日本商の活動は全体として停滞と苦境のなかにあった。

　それは，上海在留日本人数においても，1920年代の漸増傾向が，29年2万6,552人，31年2万4,235人，33年2万6,901人と，減少ないし停滞へ転じ

る結果となっている[6]。

　しかし，30年代の半ばに至ると，国民党政権の幣制改革断行（1935年）とそれによる為替安定，あるいはこの期の豊作などに影響された中国経済の回復がみられ，日本側の「経済提携方針」[7]とも相俟って，日本の対上海貿易や在留日本商の営業も一定の回復をみせていった。上海対日貿易額でそれをみると，1932年度の輸入3,994万3,000元・輸出2,765万5,000元が，36年度は輸入7,456万9,000元・輸出5,034万9,000元と，輸出入ともにこの間に約2倍に増えている。同様の傾向は邦人経営の諸工業でもみられただけでなく，零細な商工業者を中心とする虹口土着邦商においても「日支貿易の好転，在華邦人工業の好況の余波を受けて，最近の業績は好転し，呉服商，雑貨商，百貨店及び其の他呉淞路筋の商店街は，相当の売上げ増加を見ている。……昨年度（1936年）は，一軒の閉店もなく……虹口土着邦商の好転を如実に物語っている」と，業績回復の様相が報告されている[8]。

(2)　上海日本商工会議所の動向

　では，上海日本商工会議所においてはどのような状況がみられたのか。上海商議の会員賛助商社数をみると，表7-1のとおりであり，1931年会員数87人，賛助商社数71社に対して，34年77人，69社と30年代前半は停滞ないし減少を示している。1934年を転機にその趨勢は，35年107人，101社，36年111人，105社と上昇をみせているが，これがさきにみた上海経済の一定の好転や日華経済提携方針を背景にしたものであることは改めて指摘するまでもない。

　しかし同時に注目されるのは，この時期に，商工会議所の政策的活用と組織強化の端緒的な動きがみられたことである。

　すなわち，1935年4月15日，上海商議が，通商回復のきざしが現れた機を捉え，「上海事変以来貿易不況ニ因リ会員賛助商社ノ退会スル者多ク勢ヒ経費ノ縮小余儀ナクサレ」ている状況の改善を求めて総領事館当局に事業援助を要請したのに対して[9]，上海総領事館は，同年4月22日付で外務大臣広田弘毅宛に「上海日本商工会議所補助金支給方」[10]を稟請している。そこで

表7-1　上海日本商工会議所会員数の推移

年次	1931	32	33	34	35.5	36.5	37.5	38.5	39.4	40.4	44
賛助商社	71	70	67	69	101	105	106	120	－	－	－
会員	87	84	77	77	107	111	113	130	369	664	906

注　：1944.11の会員数は1,356。
出典：上海日本商工会議所『上海商工会議所年報』各年次，同『経済月報』。

は「在留邦人商工業ノ発展ヲ期スル為ニハ当地ニ強力ナル商工会議所ノ厳存スルコトノ極メテ必要」と，「当地商工会議所ノ強化工作」の重要性を具体的に指摘した上で，「商工会議所ニ対シ適当ノ補助金ヲ支給シ其ノ会計上ノ基礎ヲ鞏固ニシ……内容ヲ充実シ其ノ活動ヲ敏活ナラシメ一面当館トノ連絡関係ヲ一層緊密ナラシメ我対支商工業発展ヲ有力ナル機関タラシムルコト極メテ機宜ノ策ナリ」（傍点は引用者，以下同様）と述べ，年額3,000～4,000円の補助金支給が要請されている。その後，同年12月23日付で「命令書」が出され，年額3,000円の補助金交付が決定されている[11]。

　従来，政府筋は，日貨排斥の続く上海や中国関内各地における日本人実業家の進出に関しては「支那問題ハ即チ実業問題也　実業的相互ノ利害問題也」と捉え，もっぱら「政府ノ施設ニ依ラズ須ク本邦ノ実業家ノ奮起ニ待タザルヲ得ズ」との立場に立ち，上海商議に対してもとくに政策的に活用することはしていなかった[12]。また，有力実業家を主体とした上海商議の側も，排日運動対策など個別の請願は別として，政府筋に対し全般的な日本商の対華進出の支援を要求してこなかった[13]。満州事変・上海事変以降における日中関係の深刻化の一方，日華経済提携方針が提起される状況下で，商議の政策的活用の方向も模索されたのであろう。

　こうした方向は，1937年3月，「近年種々状勢ノ激変ニ伴ヒ各地間ノ連携ヲ要スル事項多々有之　且日華経済関係ノ進展ニ就テモ今ヤ特別ノ努力ヲ必要トスル事情ニ鑑ミ」，14年ぶりに上海において開催された第2回在華日本商工会議所連合会に対して「外務省官憲ニ於テモ全幅ノ賛意ヲ表セラレ会議万端ニ付指導支援」が寄せられているところにもうかがえる[14]。

　では，日中戦争を契機として上海在住日本商はどのような影響を受け，また上海商議においてはいかなる変容がみられたのであろうか。

2　日中開戦と上海日本商工会議所の改組

(1)　日中開戦と上海日本商

1937年 7 月 7 日，盧溝橋事件を契機として開始された日本軍の中国全面侵略は， 8 月13日には上海にまでおよび，11月の中旬頃まで激烈な戦闘が展開された[15]。戦争の開始は，回復過程にあった貿易や経済活動に打撃を与え，上海港の対外貿易を一時中断ないし大幅後退させた。その状況は表7-2でも知りえよう。さらに立ち入って，盧溝橋事件前の1937年 1 月から 7 月と事件後の同年 8 月～38年 2 月の各 7 カ月間の上海港貿易額を比較すると，輸入 4 億4,165万元→ 1 億220万5,000元（76.9％減），輸出 3 億200万7,000元→ 1 億2,379万6,000元（59.0％減）と一挙に落ち込んでおり，同じ時期の全中国貿易の落ち込み率，輸入51.3％，輸出38.6％と較べても影響が大きかったことがわかる[16]。なかでも対日貿易は排日のため，この間，1937年 1 月対日輸入803万331元，同輸出415万722元から38年 1 月輸入50万5,885元（93％減），輸出 3 万8,015元（99％減）と激減している[17]。工業部面でも影響は大きく，大部分の工場が操業停止ないし大幅減産に追い込まれ，全市で，戦前のわずか26.5％の工場が残存しているのみとされていた[18]。

また，在留日本人の動向をみると，女性や子供をはじめ公務や軍務に関係しない居留民は，続々と日本に帰国し， 2 万4,000人ほどいた居留民も1937年 9 月の残留者数は4,900人（男3,992人，女908人）にまで減少した[19]。他方，上海に残留した居留民たちは，上海事変時と同様，総領事を責任者として，居留民団，各路連合会（町内会），商工会議所，在華紡績同業会等を結集して組織された時局委員会のもとで，軍と一体になって銃後後援活動を担った[20]。

しかしながら，在留民の避難・引揚げはきわめて短期間にとどまり，上海における戦火がいまだ収まらない 9 月，10月頃から早くも復帰者や，戦争と占領に伴う利益を期待した新たな渡航者が増大しはじめている。表7-3

表7-2　日本人の対上海経済進出動向

年次	上海港 対日輸出	上海港 対日輸入	居留民数	上海領事館 登記会社数
1936	43,259千元	73,565千元	23,613人	140社
1937	31,986	75,373	23,672	139
1938	14,702	37,854	38,095	168
1939	22,597	81,400	37,201	246
1940	55,536	67,741	65,621	288
1941	135,361	22,049*	80,523	341
1942	497,498	15,916*	92,676	403

注：＊印は金単位。また1942年の数値は輸出入額9月まで，居留民数は6月，会社数は10月。
出典：輸出入額（除朝鮮・台湾），会社数は満鉄上海事務所『中南支経済統計季報』，居留民数は上海居留民
　　　団編『上海居留民団三十五周年記念誌』678, 810頁。ただし1936, 37年は副島圓照「戦前期中国在住
　　　日本人人口統計（稿）」『和歌山大学教育学部紀要　人文科学』第33号，1984年2月。

表7-3　日中戦争開戦後の日本人上海渡航者数

（単位：人）

年　月	復帰者計	男	女	新渡航者計	男	女
1937. 9.	400	381	19	992	883	109
.10.	1,149	854	295	1,127	1,121	6
.11.	1,593	1,057	536	986	966	20
.12.	3,181	1,769	1,412	1,160	1,068	92
1938. 1.	3,598	1,955	1,643	2,205	1,324	881
. 2.	3,251	1,771	1,480	2,921	1,862	1,059
. 3.	4,740	2,371	2,369	2,914	2,296	618
小　計	17,912	10,158	7,754	12,305	9,520	2,785

注　：1937年7月7日以後，公務または軍の後援に無関係の居留民は引揚げ。
出典：前掲『上海居留民団三十五周年記念誌』677～679頁。

　は，その状況をみたものであるが，1937年9月には，復帰者，新渡航者合
計で1,392人，10月2,276人，11月2,579人，12月4,341人と短時日のうちに，
復帰者だけでなく新渡航者も増加していることがわかる。居留民増加の趨勢
は目覚ましく，上海在留邦人の数も1938年末3万8,095人，1940年末6万
5,621人とわずかの間に日中戦争前比2～3倍にまで増えている。

　また，この時期の居留民の増大に関連して，上海領事館登記の会社数をみ
ると（表7-2参照），1937年139社，38年168社，39年246社と急増するが，絶
対数としてそれほど多くない。もちろん，支店進出の会社や軍管理工場の受
託も次第に増えているが，新規渡航者の多数は，会社組織に属する居留民よ
りはむしろ虹口などに在留する中小零細商工業者たちであったと思われる[21]。

第Ⅲ部／第7章　日中戦争期における上海日本商工会議所　　307

これら急増する新渡航者の内実の検討は後日に譲るが，軍事進出や占領支配に付着して商機を得ようとするいわゆる「一旗組」も多かったことは，1938年３月25日に陸海軍当局が，戦争を機に妄動する不正利権屋を防止するために厳重なる布告を発している点にうかがえる[22]。

(2)　上海日本商工会議所改組とその特徴

日中戦争以降の新しい状況に上海商議はどのように対応したのか。上海商議は，1938年１月，時局に対応していち早く華中方面の経済工作に関する詳細な意見書を作成し，商工業者の立場からの要望を政府各方面に具申している。それは，一貫した対中支進出国策の確立，必要な人と資金の準備，そして金融機関の整備と通貨の安定，さらには外資対策などの要望を提起したものであり，新たな情勢のもとで積極的に事業展開を行おうとする意図を示していた[23]。

しかし，直ちに当面した問題は，占領後の事態のなかで急増する日本国内や朝鮮，台湾など各地からの視察団の受け入れや取引事情・商況・取扱商など各種問い合わせへの対応であった。今，上海商議の「録事」を知りうる1938年５月以降の視察団（者）受け入れ　（新任挨拶や慰問団は除く）および各種問い合わせ件数をみると，以下の通りである[24]。

　５月　工業組合中央会愛知県支部経済調査団，商工政務次官小暮武太夫，愛知
　　　　県産業視察団　　　　　　　　　　　　　　　　　　　　［問い合わせ16件］
　６月　長崎商議副会頭黒田嘉六，日本商議木村理事，大阪市中支経済視察団，
　　　　埼玉県中北支経済視察団，東京府会議員中支方面商工調査団，岡谷市商
　　　　議宮下栄一，神奈川県視察団，名古屋市商業視察団　　［問い合わせ30件］
　７月　京城商議中支慰問並経済視察，天津総領事館大塚金利経済調査
　８月　台湾高雄州商工奨励館及台湾商議嘱託吉田義三
　　　　　　　　　　　　　　　　　　　　　　　　　　［問い合わせ７・８月計42件］
　９月　優良物産協会中川俊思，横浜商議会頭有吉忠一，東京市産業局貿易課長
　　　　山崎平吉，大蔵省中村参与官，大阪市中北支経済視察団
　　　　　　　　　　　　　　　　　　　　　　　　　　　　　　　［問い合わせ21件］
　10月　ナシ　　　　　　　　　　　　　　　　　　　　　　　　　［問い合わせ19件］

11月　広島商議 5 名　　　　　　　　　　　　　　　　　　［問い合わせ21件］
12月　博多商議中支皇軍慰問並に実業視察，広島貿易協会実業視察，京都市会
　　　議員一行，京都商議中支方面経済情勢視察　　　　　　［問い合わせ27件］

　九州，大阪，愛知，東京，横浜さらに京城，台湾など関連の深い地域を中
心に毎月視察団が訪れ，また，内外の個人，企業，商議等からの問い合わせ
も多く，当該の時期では月20件ほど寄せられており，上海商議が，日本企
業・日本商の上海進出の重要な導水路となっていることがわかる。それはす
でに，創設以来果たしてきた機能であるが[25]，日本軍による上海占領と日本
商の進出急増という事態のなかで，活発化がみられる。
　他方，こうした状況のなかで，領事館の側からも上海商議の組織改革の動
きが生まれてきていた。すでに政府筋は，1938年春頃には「対支新情勢ニ
伴フ邦人生必物資ノ円滑ナル取得配給ノ為」にも，また「治外法権撤廃ヲ控
ヘ将来在支邦人ノ経済発展上」からも，「商工会議所ノ邦人業者ノ総合団体
タル特質ヲ発揮シ強力ナル民間ノ協力機関タル実質ヲ発揚セシムル如ク夫々
現地機関ヲシテ各地ノ実況ニ応ジ充分ナル指導ヲ行ハシメツツアリ」と，在
支商工会議所の政策的利用の方向を強めていたが[26]，上海においても，上海
商議の組織改革が提起されている。それを示すのが，以下の宇垣外相宛後藤
上海総領事代理の電信（1938年 9 月 2 日発信）である[27]。

　　当地日本商工会議所ハ現地ノ邦人商工業者ノ代表機関トシテ従来相当ノ
　成績ヲ挙ケ来リシモ時局ニ対処シ今後邦商ノ進出増加ニ伴ヒ其ノ活動助成
　上遺憾ナカラシメン為ニハ現在組織機構ヲ以テシテハ不十分ナルモノアル
　ハ一般ニ承知スル所ニシテ　当方ニ於テモ種々ノ機会ニ於テ指導ニ努メ来
　リシ次第……前記ノ通リ組織改正ノ促進方ニ付テハ内面ヨリ指導シ居レル
　モ本件ノ他ニ及ホス影響モ考慮ノ要アリテ相当重要事項ナルニ鑑ミ　表面
　当方ヨリ之ヲ押付クルコトヲ避ケ専ラ会議所側ノ自発的工作ヲ援助スル建
　前ト為シ置クコトト思考シ居レリ

上海進出日本商が急増するなかで，従来の上海商議の組織機構ではそれら日本商の代表機関としての機能を十分に果たしえないこと，また，上海商議の改組が商議自身ではなく上海総領事館の主導で進められており，新たな情勢のもとで商議組織を政策的に活用しようとしていること，さらに，この過程では，表向き商議による自発的改組の形態をとって進められていることなどを知りえよう。これらのことは，改組が，従来上海商議が有していた自主性に大きな制約を加え組織の性格をも変える再編であり，新たな状勢のもとで上海商議の組織を上海における日本商対策さらには経済政策遂行に積極的に活用するためであることを物語っている。

　従来，上海商議は日本国内の商議と異なって，領事館限りの設立認可にもとづくのみで何等準拠すべき法令的根拠をもたなかった。したがって，ここでの組織改編は，一方で，領事館令によってその根拠を明確にするとともに，他方で，上海商議会員らによるその館令にもとづく新「定款」の作成・認可，新会議所の設立と旧会議所の解散というプロセスを辿ってなされることとなる。そして天津商工会議所の事例などを参照し，1938年12月31日付で制定された上海総領事館令第3号「上海日本商工会議所規則」にもとづいた「上海日本商工会議所定款」が1939年2月21日に認可されて，新上海商議は発足した。

　この新商議の設立準備の過程では，上海商議役員だけでなく民団や商工業組合の代表をも加えて進められていたこともあわせて指摘しておきたい[28]。

　ところで，上記「規則」および「定款」に即して改組の特徴をみると，まず第一点は，会員資格を「上海居留民団ニ対シ戸別課金一〇級以上ヲ納入スル商工業其ノ他産業ニ従事スルモノ」（「定款」第4条1）と定め（民団課金級別は最低額の1級から50級まで），零細業者を除く在留邦商を広く加入せしめようとしていることである。旧商議定款の場合，「現ニ上海ニ営業所又ハ事務所ヲ有シ商工業ニ従事スルモノ」で会員3名の紹介で申し込むとの規定（旧第4，5条）のみであったが，事実上，有力企業の上海支店関係者や土着の中堅実業家を中心とした組織であったのと大いに異なっている。

　また，第二に，議員および役員の選出に関しては，旧定款が正副会頭と常

310

議員を総会において会員の無記名投票で行うとのみ規定していたのに対し，新定款では「議員」と議員中から選ぶ「役員」を置き，会員増大に対応している。そして，議員選出では，おのおの12人ずつ1級と2級に分けて選出される「選挙セラレタル議員」と同時に，「地区内ノ重要商工業其ノ他ノ産業ヲ代表セシムル為」の議員の選任が定められ（「規則」第7条，「定款」第14条），金融，運輸，紡織工業，輸出・輸入貿易など9業種，16人の業種代表が選ばれるとされており（「定款」第22条），各業種の代表を広く包摂しようとしている。なお，学識経験者および役員として功労顕著な者による「顧問」の制度や，「部及部会」の設置なども規定せられた。

　そして第三には，「本会議所ハ商工業其ノ他産業ニ関スル事項ニ付官庁ニ建議シ又其ノ諮問ニ対シ答申ス」（「定款」第6条）との規定によって，旧定款では全く言及していない領事館など官庁との関係について明記し連携を強めている。この条項の基礎である「規則」では，「商工会議所ハ領事官ノ諮問ニ対シ答申スベシ」（「規則」第4条），「領事官ハ商工業其ノ他産業ニ関スル事項ノ調査ヲ命ズルコトヲ得」（同第5条）と，官庁の指示・命令権を明示しており，領事館が商議に対する統轄力を強めようとしているのがわかる。同時に，商議が在留商工業者に対して「統計其ノ他ノ調査ヲ為ス為必要ナル資料ノ提出ヲ求ムルコトヲ得」（同第6条）と，強い権限を揮える規定もあるが「定款」ではみられない。会員たち自らが強く拘束されることを嫌ったのであろう。

　さらに第四に，商議の事業目的に関しても，旧定款の単なる「上海ニ於ケル商工業ノ進歩発展」から，より広く「商工業其ノ他産業ノ改造発展ヲ図ル」としつつ，商工業その他の産業に関する①通報，②仲介と斡旋，③調停や仲裁，④証明鑑定や参考人の推薦，⑤統計の調査と編纂，⑥営造物の設置と管理，⑦外支商工業団体との交渉連絡，⑧その他，という8項目を具体的に明記し（「定款」第5条），その役割を明確にさせている。

　以上，旧定款と比較しつつ，改組された上海商議の「規則」や「定款」の特徴をみてきたが，それらが，1930年代前半に至るまで有力企業上海支店と若干の「土着派」[29]上層商工業者を中心とした組織であった上海商議を，

一方で，その基盤を大幅に広げ広範な在上海日本商を統合せしめる組織へと変化させ，他方で，商議の法的基礎を強化した上で，領事館の統轄力を強めつつ在留日本商対策のために活用しようとしていたことを知りえよう。

　こうした改組の意図については，1939年4月24日の新商議第一回総会における三浦総領事の挨拶のなかで次のように言及されている[30]。

　（新上海商議設立の趣旨については）要スルニ従前ノ組織ヲ以テシテハ急速ニ進展ノ道程ニアル新支那ノ経済事態ニ対処シ且ツマタ日支両国ノ産業関係業者ノ調和並ニ現在当業者ノ指導援助等ニ必要ナル代表機関トシテ完全ナル権能ヲ発揮シ得ザル憾ミアリタルニ対シ，名実共ニ邦人商工業者ソノ他ノ産業関係者ノ利益ヲ代表スル組織トシテノ活動ヲ期待スルタメノ改正ヲ企図セラレタルモノ

　ではさらに，新上海商議の動向を，その構成および在上海商工業者に対する統合と連携の動きを中心に検討しておきたい。

3　新上海日本商工会議所の変容とネットワーク

(1)　新上海日本商工会議所の構成

　新たな定款や諸規定をもって新発足した上海日本商工会議所は，さきにもふれた通り，発足時369人，1年後の1940年4月664人と，短期間のうちに旧会議所時の5～6倍ほどにも会員数を増大せしめている。これが，民団課金10級以上納入者とした会員資格の規定に基礎づけられたものであることはいうまでもなく，会員の階層構成も明らかに変化がみられる。しかしながら，会員全般にわたる検討の用意を欠いているので，ここでは役員層についてだけみることとする。

　新上海商議においては，定款認可後まもなく，1939年4月に入って新議員が選定され（2号議員＝選挙選出議員は無投票当選），さらに4月24日第1

312

回の議員総会が開催され会頭以下の役員が決定されている。その時の選出議員および役員を一覧したものが，表7-4（a）である。旧商議の役員構成（表7-4（b））と比較しながら，その変化をみよう。

　まずはじめに，正副会頭を含む役員層の構成についてみると，15名のうち大企業に属する会員が12名（銀行2，在華紡3，海運2，大手商社3，国策会社1，製糖1）と，圧倒的な割合を占めている。しかし，土着的な中小商工業者層を代表する会員もわずかとはいえ3名（商品販売1，輸入販売1，貿易1）おり，なかには資本金6万，従業員10名の北沢時計店や資本金2.9万円の上海購買組合等の商品販売店も含まれている。これを，旧商議の役員構成と較べると，旧商議では，役員20名中，上海倉庫と康泰絨布の2名を除く18名（銀行4，在華紡5，海運4，大手商社4，満鉄1）が大企業に属する会員となっている。他の2名の属する企業も，上海倉庫が従業員邦人33人華人58人，康泰絨布が従業員600人と土着派企業の最上層に位置する企業であることを考慮すると[31]，新商議役員においては，わずかながらではあるが土着派的要素を拡大しているといえる。

　つぎに，議員の構成では，25名のうち，大企業所属の会員が12名（銀行2，在華紡3，海運2，大手商社2，国策会社・投資会社・倉庫各1）を占めているのに対し，土着派商工業者が13名（輸出入販売6，薬房3，商品販売・運輸・倉庫・信託各1）を数えている。彼らの資本規模も，吉田号と久孚洋行を除けばいずれも50万円以下の層であった。旧上海商議には議員の制度はないが，このレベルでいえば，かつての大企業主体の構成とは大いに異なっている。選挙に1級・2級の階層性を取り入れているにもかかわらず，大幅に拡大した会員と，業種代表からの選任という制度がもたらした変化といえよう。

　さらに，役員および議員の所属業種構成の面では，在華紡および銀行，海運，商社が中核をなしている点は，新商議においても同様であるが，同時に，卸小売業や中小の輸出入貿易業あるいは中小陸運，倉庫業など業種の広がりがみられる点が新たな特徴である。

　最後に，「議員」とともに新たに置かれた「顧問」についてみると，全員

表7-4（a） 上海日本商工会議所役員・議員一覧（1939年度，新規則による選出）

役員氏名	所属	払込資本金	議員氏名	所属	払込資本金
（会頭）		（千円）	阿部進	済生堂大薬房	15（千円）
堉雄太郎	三井洋行	112,500	五十嵐富三郎	上海倉庫	500*
（副会頭）			石村実	上海製造絹糸	15,000
青木節	華中水電	20,000	右川鼎造	鼎大公司	150
（常議員）			江藤豊二	中日実業	5,000
五十嵐義鶴	上海購買組合	29	大草志一	朝鮮銀行	25,000
市橋彦二	明治製糖	45,200	大塚昌一	東京海上	55,000
勝田俊治	内外綿	24,500	大山捷男	伊藤忠	12,500
川口憲一	住友銀行	50,000	重松為治	重松薬房	500
岸浪義質	横浜正金	100,000	蒲生勇次	上海三菱倉庫	1,000
栗本寅治	瀛華洋行	1,000	黒川潔一	松川屋	210
高垣勝次郎	三菱商事	30,000	小瀬木鐘平	安住大薬房	102
芳賀金六	東洋棉花	25,000	酒寄発五郎	増幸洋行	1,000
菱田逸次	裕豊紡績	15,000	友永籐三郎	日華紡織	8,800
宮沢綱三	宮沢時計店	60	永野郁四郎	永和洋行	50
山中喜一	日清汽船	10,125	野崎正美	三菱銀行	62,500
黒田慶太郎	上海紡織	12,000*	林雄吉	上海信託	200
渡辺康策	日本郵船	106,250	福田耕	華中電気通信	7,500
（顧問）			増田和雄	東亜公司	200
児玉謙次	中支那振興	31,382	村川善美	久孚洋行	1,500
田辺輝雄	日華紡織	8,800	森岡浅吉	日本海陸運送	100*
西川秋次	豊田紡織	5,000*	山崎水哉	大連汽船	11,350
船津辰一郎	前紡績同業会	…	吉田久太郎	吉田号	1,500
吉田政治	前三菱銀行	62,500	杉坂富之助	大阪商船	62,500
			森福三郎	日本綿花	6,882

注　：＊印は元単位，ただし豊田紡織は両。
出典：上海日本商工会議所『経済月報』第145号，同『昭和十四年度事務報告』および同『上海商工録』1939年。

表7-4（b） 上海日本商工会議所役員一覧（1938年度）

氏名	所属	氏名	所属
吉田政治（会頭）	三菱銀行	田辺輝雄	日華紡織
西川秋次（副会頭）	豊田紡織	田中勘次	三菱公司
石田秀二	東華紡績	山本武夫	日本郵船
五十嵐富三郎	上海倉庫	山中喜一	日清汽船
伊藤武雄	満鉄	山崎水哉	大連汽船
芳賀金六	東洋棉花	船津辰一郎	紡績同業
堉雄太郎	三井洋行	榎戸泰介	康泰絨布
大野建蔵	日本綿花	浅田振作	横浜正金
勝田俊治	内外綿	平野藤三	台湾銀行
川口憲一	住友銀行	杉坂富之助	大阪商船

出典：上海日本商工会議所『経済月報』第141号。

が旧商議の役員経験を有する国内有力企業や在華紡関係者であり，従来から
の上海商議における大企業主導性を新定款のもとで補完するものとなってい
る。

　以上にみてきたところから指摘できる新上海商議の特徴は，第一に，零細
業者を除く土着派中小商工業者層が，量的には大きな構成要素となっている
ことである。それは，業種的にも，従来ほとんど参加していなかった卸小売
業者や中小の輸出入業者，運輸業者，金融業者等々を包摂している。しかし
ながら第二に，役員に限定すると，土着派の進出でその比重を若干低下させ
ているとはいえ，従来からの大企業関係者が圧倒的であり支配的な地歩を確
保している。そして，顧問制度がこの構造をさらに補強することとなってい
る。

　日本軍の上海占領とともに在留日本商が急激に増大するなかで，上海商議
は，それらの一定部分を新たに会員として包摂することによって商工業者の
代表機関たる立場を維持するとともに，旧上海商議が有していた大企業会員
の主導性は依然保持し続けていたのである。同時に，そこには領事館等の政
策的意図がきわめて強く投影されていたことはすでに指摘したところからも
明らかであろう。

(2)　経済統制の進展と商工会議所ネットワーク

　では，再編された上海商議の活動や機能はどのようなものであったのか。
　日本軍占領下の上海においては，日中戦争が長引くとともに，軍票発行が
長期化し，従来の物資流通機構も機能しなくなるなかで，日本は，軍需品調
達のためにもまた上海の民生維持のためにも，漸次経済統制を強化していっ
た[32]。1939年8月には中支軍票交換用物資配給組合が設立され，これと前後
して各種の物動物資輸入組合の結成，さらに1940年11月には中支那日本輸
入配給組合連合会が結成され，日本からの輸入物資については各種の組合を
通じてしか取扱できなくなった。また，現地の物流面でも，1940年4月，
陸海軍当局により上海周辺を対象に「物資搬出入取締要領」が制定され，
41年10月には「揚子江下流物資移動取締規定」など一連の規則が出され，

第Ⅲ部／第7章　日中戦争期における上海日本商工会議所　　315

組合組織を通じた営業の統制が実施されていった。さらに，これらに併行して，1940年，興亜院華中連絡部による「企業許可申請心得」（5月）や「邦人企業監督要領」（8月）の公布，あるいは上海総領事館による不要不急企業ないし営業の禁止・淘汰措置（8月）も実施されている[33]。

　こうした経済統制の進展に対応して，上海商議においても，さきの定款に定められた事業を中心に，①各種団体の組織化と連絡調整，②中国商との経済提携，③経済調査機能の拡充・経済動向の把握，④物資流通・物価対策への協力，⑤商工相談室機能の強化，⑥各種国民動員（各種報国会運動，国債消化，増産奨励等々）への協力などの活動を進めていった[34]。以下紙幅の都合で，上海における経済統制推進の上からも重要な課題とされていた日本商の組織化と日華経済提携，そして経済調査機能の強化についてみてゆきたい。

　すでに明らかにしたように，上海商議の改組は，国内有力企業の上海支店や土着派上層企業を中心とした組織から，増大する日本人商工業者を広く包摂した組織への再編を目的としていたが，それにとどまらず，商議会員以外の商工業者を統合しようとの意図をも有していた。すなわち，会員資格を民団課金10級以上納入の商工業者とする規定には，10級以上の層を積極的に組織しようとの側面とともに，他方で「直接会議所ニ交渉ナキ一〇級未満ノ商工業者ノ負担能力ヲ出来得ルダケ同業組合ノ財源タラシメル趣旨」も込められており，「各組合ハ会議所ニソノ代表者ヲ送ッテ会議所ヲシテ業種代表ノ機関タラシメ，組合ノ組合ニ（し）……上海邦商全体ノ会議所トシテ働ク基礎ヲ持」たせようとしたものであった[35]。課金10級未満の商工業者の同業組合への組織化を促し，それらの組織との連携を強めることで，会員以外の商工業者に対しても影響力を強めようとしていたのである。その意味で，新商議への改組は，商議の内外にわたる複層構造的な再編であった。

　上述の再編を前提に，商議は，各種組合との連携を積極的に追求していった。それに関して，第3回定期総会の事務報告は「此の問題（組合との連絡）は日本内地及び当地の軍官憲方面の各種統制に対応して業者の御便宜を計ると共に中支に於ける我が国の長期経済建設の国策に御協力申上げ度と言ふ趣旨で当所が機構改革後最も力を入れた事業の一つ」と述べている[36]。具

体的施策をみると，新商議設立後まもなく，組合との連絡事務を促進するための「特別室」を設置するとともに，連携強化を目的に商議事務局が同業組合の会合へ出席するようになっている。会合参加は，初年度の1939年度においては，35組合，68会合を数えている[37]。また，輸入組合の事務に関連して，商議事務局の主事を興亜院華中連絡部の嘱託に派遣するなど，興亜院，領事館，陸海軍関係の事業の下支え的な役割もみられた[38]。

しかしながら，経済統制の進展に対応した上海商議の組織化活動，組合的統合の強化の活動も，その内実をみるときわめて脆弱なものでしかなかった。例えば，1940年３月の『経済月報』第155号は，その巻頭で「最近上海に於ても……次第に組合強化の傾向が著しくなって居るのであるが，この傾向は一概に慶ぶべきものとは考へられないのである」「日本内地の経済統制の都合だけで動いたり，或はその統制経済に向って呼びかけ働きかける必要からのみ，組合々々といっている跡はないだろうか。それだと内部が空虚で……甚だ憂うべきことではなかろうか」と述べ，自主性や内部結束力の欠如した組織化となっていることを指摘している[39]。また，1941年７月の『所報』第43号でも，商工会議所の現地経済に対する指導性というものも，それほど実体がなく時には政治的媚態でしかない旨語られている[40]。改組とその後の活動のなかでより広範に広がった上海商議の組織網は，総領事館や興亜院指導下の統制補完機構的な性格を強める一方で，従来有していた会員の相互連携的・ネットワーク的機能の形骸化を進行させていたといえよう。

つぎに，日華経済提携への対応についてみよう。上海は，日本占領後も，上海経済の中核をなす租界が，そのまま英仏をはじめ欧米資本の支配下に置かれる一方，周辺農村からの食糧等物資の供給なしには存立しえない構造となっていた。そして，租界と上海占領地区，周辺農村と占領地区を媒介していたのが幾多の中国商であった。いいかえれば，上海経済は，彼ら中国商の力を欠いては租界を通じて外国市場とも，また周辺農村とも結びつくことができなかったのである。したがって中国商との提携は，占領地支配に不可欠の課題であり，新商議設立に際しても，さきにみたように「定款」第５条に「外支商工業団体トノ交渉連絡」が明記されていた。

こうしたなかで，1940年1月30日の第2回議員総会上，塙会頭（三井物産）は，経済的実状に即したものでなければならないとしながらも「日支ノ経済提携ハ今日事変処理ノ一大眼目」と述べ，「中支ニ於ケル我ガ経済拠点ヲ確保シ，之ヲ充実セシムルコトハ邦家百年ノ大計」と強調している[41]。

しかしながら，この期の日華経済提携方針，とくに1940年3月の汪精衛政権発足後のそれは，抗日性の排除と「日満支経済圏」の形成を目指す政治原則的な性格を強く有していて，実体的基盤を欠いていた。すなわち，提携相手とする中国側商人は依然租界の欧米資本との結びつきをもっており，せいぜい面従腹背的な日華経済提携にとどまっていた。

また，日本商の側においても，大手商社など一部を除いては，苦境下にあるか一旗組的商売をなすのみであり，相互的活動などほとんど追求されなかったのである[42]。上海商議の動向をみても，1941年7月に上海特務機関の斡旋により，塙会頭以下の役員と改組された上海市商会委員との間で，経済提携を中心に懇談がもたれた程度のわずかな動きしかみられない[43]。

日華経済提携は，占領地支配にとっての重要性あるいは政治的位置づけにもかかわらず，太平洋戦争開戦による租界接収以前においては，実際的な動きはほとんどみられなかったといえよう。

さらに，経済統制の基盤強化に関わる，商議の経済調査機能の強化の動きについてふれておきたい。上海商議は，すでに創設まもない時期から，「上海港輸出入貿易明細表」の刊行をはじめ経済調査機関としての役割を担ってきたが，経済統制の強化が図られるなかで，新商議の経済調査機能の拡充が進められていった。1940年8月，上海総領事館から，現商工会議所機構の全般的拡張の一環として，差し当たり経済調査部門拡張と商工相談部の設置が提起されている。調査部門の拡張は，物価調査，物価指数作成，商品別市場調査，商社業態調査，経済情報蒐集などの活動強化を図ろうとするものであった。そして，商工相談部の設置（従来の相談事務の独立化）と合わせて，主事級1名，書記級3～4名の増員および物価指数作成の専門技術員の招聘に要する人件費相当額2万円の助成を決めている[44]。1941年度の上海商議の収入報告でみると，助成額は，収入額24万342円の約8.3％を占める程度であ

るが[45]，このような政府からの強化策をも媒介としながら，上海商議が，自主的会員組織としてよりもむしろ，統制政策の担い手としての性格を強めつつあったことがうかがえよう。

おわりに

　以上，日中戦争下における上海日本商工会議所の再編とその役割について検討してきた。

　そこでは，まず第一に，上海商議が，その構成において，従来の国内有力企業上海支店と土着派商工業者の上層を中心とした自主的な経済団体から，広く在留中小商工業者を構成員に包摂した組織へと転換していたことを知りえよう。同時に，再編された上海商議においては，依然有力企業の指導性が維持される一方，会員外の中小邦商に対する組織化を課題としていたことも指摘できる。また第二に，こうした再編過程は，領事館の主導のもとに進められており，商工会議所を占領下上海において積極的に活用しようとの政策的意図をうかがうことができる。関連して第三に，新上海商議は，経済統制の進展に対応して，各種邦商の組合への組織化あるいは日華経済提携や各種国民動員などに積極的に関与しており，興亜院や領事館などによる統制政策を基底で支える上意下達機構へと変容しつつあったことが知られる。

　しかしながら，第四に，この期の上海商議の組織再編，広範な在留日本商の組織化の展開も，内実においては，邦商の統合・統制の面でもまた華商との提携推進においても形式的なものにとどまり，きわめて限定的な機能しか発揮しえていなかったことがもう一面であった。すなわち，再編された上海商議は，統制的機構として拡大しつつも，他方で本来有していた自主的ネットワークとしては機能の形骸化が進行していたのである。

　こうした上海商議の，会員企業の自主的な利益擁護団体でありかつ統制政策の上意下達的機構でもあるという過渡的状況は，1941年12月8日の上海租界接収により経済統制がさらに強く要請されるなかで，再び改組されることとなった。1942年9月の領事館新館令第10号「上海日本商工会議所規

則」がそれである[46]。そこでは，公益優先・国家第一主義，会員範囲の拡大，同業組合など他の経済団体への指導権の付与等々，上海商議の組織的拡大と統制的機能の強化の意図が強くうかがわれるが，それらの本格的検討は果たしえない。今回ほとんどふれえなかった，商工会議所と各種統制組織との相互関係や上海市商会等中国商との関係の解明などとともに，後日を期したい。

〔注〕
1）上海商議の創設とその性格に関しては，拙稿「上海日本人実業協会と居留民社会」波形昭一編『近代アジアの日本人経済団体』同文舘出版，1997年参照（本書第1章）。
2）1935年8月26日「在支各地日本商工会議所ノ補助ニ関スル件」外務省記録E.2.6.0.1-3『在外邦人商業（商工）会議所雑件』上海商工会議所。
3）上海日本商工会議所『経済月報』第126号，3頁。なお，ここでの対日貿易額中には朝鮮・台湾分を含む。以下本文中の数値は同様。
4）上海日本商工会議所『上海日本商工会議所年報』第16，1933年度，46頁。
5）上海紡織株式会社『第二十一期営業報告書』。また高村直助『近代日本綿業と中国』東京大学出版会，1982年，表8も参照。
6）副島圓照「戦前期中国在留日本人人口統計（稿）」『和歌山大学教育学部紀要人文科学』第33号，1984年2月。
7）「日華（支）経済提携論」は，日清戦争以来，しばしば日本政府・経済界から主張されており，日中戦争後においても，後述のように戦略的方針として提起されてくる。幣制改革後の1936・37年の時期においても，「佐藤外交」や「児玉訪中使節団」派遣の動きにそれをみることができる。この期の日華経済提携に関しては，野沢豊編『中国の幣制改革と国際関係』東京大学出版会，1981年，第7〜9章参照。
8）上海日本商工会議所『経済月報』第126号，6頁。
9）1935年4月15日付上海商工会議所書記長田辺輝五郎の杉原領事宛書簡，外務省記録E.2.6.0.1-3『在外邦人商業（商工）会議所関係雑件』上海商工会議所。
10）1935年4月22日「上海日本商工会議所補助金支給方稟乗請ノ件」外務省記録同上。
11）上海総領事，上海日本商工会議所宛「命令書」外務省記録同上。
12）上海駐在商務官横竹平太郎「日貨排斥ニ就イテ」1923年，29〜30頁，外務

省記録3.3.8.10-7『大正十二年日貨排斥一件』上海。なお，駒井嘱託「支那ノ排日ト其対策ニ就テ」1923年，外務省記録3.3.8.6-4『支那排日関係雑件』調書，対策，意見陳情及公私団体報告窮民救済，雑，等においても実業家支援に対する否定的認識が示されている。

13) 第一次大戦後の上海商議の請願等については，拙稿「上海日本人実業協会役員層の分析——第一次大戦期在外経済活動の担い手とその社会的位置」『和光経済』第26巻第3号，1994年3月（本書第2章）。

14) 在華日本商工会議所連合会『第二回在華日本商工会議所連合会議事報告」1937年，4頁。

15) 上海居留民団編『上海居留民団三十五周年記念誌』1942年，770～785頁。

16) 上海日本商工会議所『経済月報』第132号，2頁。

17) 上海日本商工会議所『経済月報』第131号，6頁。

18) 満鉄調査部『支那経済年報』1940年版，334～336頁，また前掲上海日本商工会議所『経済月報』第224号，20～26頁。

19) 前掲上海居留民団編『上海居留民団三十五周年記念誌』673頁。

20) 同上，679～681頁。なお上海事変時の時局委員会や各路連合会の動向に関しては髙綱博文「上海事変と日本人居留民」中央大学人文科学研究所『日中戦争——本・中国・アメリカ』中央大学出版部，1993年参照。

21) 上海日本商工会館『中支経済進出に関する座談会記録』1938年，2頁。「虹口の方面はどうも日本人の店は殖えましても，日本人同士の謂はば共食ひの商売は非常に栄えておりますが」等の指摘。また，大蔵省管理局『日本人の海外活動に関する歴史的調査』1947年，第27冊中南支篇，76～77頁は，当該期の急増の主因として，「一旗組」を中心として軍御用商人の増大をあげるとともに，在日華僑の本国引揚げや満州進出を阻まれていた大手商社の関内進出にも言及している。これらの点はさらなる検討を必要としている。

22) 上海日本商工会議所『経済月報』第133号，25頁。

23) 上海日本商工会議所『経済月報』第132号，1頁。

24) 上海日本商工会議所『経済月報』第138～142号。

25) 在外商工会議所の情報ネットワーク機能については，須永徳武「商業会議所のアジア経済情報ネットワーク」前掲『近代アジアの日本人経済団体』。

26) 1938年3月18日「北支那開発株式会社法案・中支那振興株式会社法案想定質疑応答（二）」外務省記録E.2.2.1.3-13『北支開発及中支振興株式会社』。

27) 外務省記録E.2.6.0.1-3。

28) 1938年11月2日「上海日本商工会議所規則ニ関スル件」外務省記録同上（以下に言及する「上海日本商工会議所規則」「同定款」も在中），1939年3月4日「上海日本商工会議所設立認可ノ件」同上，および上海日本商工会議

所『昭和十四年度事務報告』3～5頁，外務省記録E.2.6.0.6『本邦商工会議所法関係一件』。

29）ここで「土着派」とは，日本国内に本拠を置く有力企業の上海支店や在華紡など「会社派」に対して，上海に基盤を置いた中小商工業者・零細商などの在留者を指す呼称である。なお，拙稿「第一次大戦期における上海日本人居留民社会の構成と『土着派』中堅層」『和光経済』第30巻第1号（本書第3章）も参照。

30）前掲上海日本商工会議所『昭和十四年度事務報告』2頁。

31）企業規模等については上海日本商工会議所『上海商工録1939年』，以下同じ。

32）当該期上海における経済統制に関しては，当時さまざまに論じられており，当時の関連論文は枚挙にいとまない。戦後では，通貨支配統制に関する研究が進んでいるが，物資統制を中心とした経済統制を課題としたものは多くない。とりあえず，小林英夫『「大東亜共栄圏」の形成と崩壊』御茶の水書房，1975年，浅田喬二「日本帝国主義の中国農業資源の収奪過程」同編『日本帝国主義下の中国』楽游書房，1981年，中村政則ほか編『戦時華中の物資動員と軍票』多賀出版，1994年，古厩忠夫「日中戦争と占領地経済」前掲『日中戦争』など参照。

33）上海日本商工会議所『上海日本商工会議所年報』第23，1940年度，5～9頁，同第24，1941年度，11～14頁，同第25，1942年度，25～43頁，交易営団調査部『華中の収配機構』1944年，15～17頁。

34）1938年3月29日「北支那開発株式会社法案・中支那振興株式会社法案想定質疑応答」外務省記録E.2.2.1.3-13，および上海日本商工会議所『上海日本商工会議所々報』（以下『所報』と略記）各号「録事」。

35）前掲上海日本商工会議所『昭和十四年度事務報告』30～31頁。

36）『所報』第23号，1940年6月，2頁。

37）前掲上海日本商工会議所『昭和十四年事務報告』31，81～85頁。なお，1942年5月の第7回定期総会では，各種組合数は300と報告されている（『所報』第59号，6頁）。

38）『所報』第23号，1頁，第59号，5～6頁。

39）前掲上海日本商工会議所『経済月報』第155号，1頁。

40）『所報』第43号，2頁。

41）前掲上海日本商工会議所『昭和十四年度事務報告』11頁。

42）『所報』第59号，4頁，また「日支経済提携と邦人業者の立場」『長江産業彙報』第2号，4～5頁。

43）『所報』第42号，2頁。

44）1940年8月1日三浦総領事松岡外相宛電報「五月二九日付通ニ機密第六三

九号貴信ニ関シ」，外務省記録E.2.6.0.1-3『在外邦人商業（商工）会議所関係雑件』上海商工会議所。

45）『所報』第59号，11頁。なお，1943年度には予算膨脹に対応し，5万円に増額されている（『所報』第69号，16頁）。

46）この規則改正の背景に関して，一論評は「上海における計画経済の推進にともなひ商工業者の利益擁護団体としての上海日本商工会議所は殆どその役割を喪失するにいたり，その根本的転向が必要にされるに至った」と指摘している（全国金融統制会調査部『全国金融統制会報』第1巻第5号，103頁）。

第8章　日本占領下の上海日本商工会議所

はじめに

　本章の課題は，日本占領下の上海において，上海在留日本人商工業者の中心的経済団体である上海日本商工会議所が，占領支配と戦時経済統制が進行するなかで，どのように再編成され，いかなる対応と機能変化がみられたかを解明することである。

　日中開戦後における日本軍の上海占領，そしてアジア太平洋戦争を契機とした租界接収は，上海への日本企業・日本人商工業者の新たな進出を促し，日本人居留民社会をも急速に膨張させていった。しかし，その過程は，中国経済の中枢に位置する上海経済を，国民党支配下の周辺農村からも，また租界を通じて連関していた欧米市場からも切断せしめていくものであった。したがって，日本は，戦争遂行に伴う軍需物資調達の上からも占領地の民生安定の面からも，上海経済の再建，さらには経済再編成（租界接収後）を不可避の課題とせざるをえなかった。それら上海の経済再建・経済再編成は，従来の流通機構の全般的解体や中国商の背馳など大きな制約を有する占領地支配のもとで，在留日本企業や日本人商工業者の統制を軸としながら展開していった。それは，一方で，いわゆる「対敵」経済封鎖を意図した物資移動統制や軍票価値維持工作のための中支那軍票交換用物資配給組合による物資統制などの占領地政策に規定されるとともに，他方で，物動計画や円ブロック向輸出調整など日本国内の統制政策の影響を受けるものでもあった。

　こうした上海における経済統制の展開過程にあっては，在外日本人経済団体はいかなる対応をし，いかなる機能を担ったのであろうか。また，日本本国や植民地圏における経済団体の対応や機能と対比してどのような差異がみ

られるのか。

　本章においては，上海の中心的日本人経済団体であった上海日本商工会議所を対象に，まず第一に，占領下上海における社会経済状況の変化と戦時経済統制の進展に応じて，経済団体としてはどのような機構的変化がみられたのか，また第二に，占領支配の諸段階に対応した商工会議所の事業活動の実態はいかなるものであったのか，さらに第三に，それら経済統制の諸段階において，上海日本商工会議所がいかなる経済的社会的機能を担っていったのか，等を明らかにしてゆきたい。そのことは，戦時経済統制の展開過程において，在外経済団体とくに商工会議所のような業種横断的経済団体が，いかなる機能を担っていくのかを解明する一環であると同時に，他方では，汪精衛政権をも利用した日本の上海占領支配の特質とそこにおいて占領地商工会議所の占めた位置を明らかにするものとなろう。

　なお，上海における戦時経済統制は，中国商をも含む全機構的なものとして展開したが，本章では，在留日本人および日本企業を中心とした検討にとどまっている。上海における経済統制の全般的検討は別の機会を期したい。

1　上海占領政策と上海日本商工会議所

⑴　日中戦争の開始と上海経済

　盧溝橋事件を契機とした日本軍の中国全面侵略の開始と日本軍による上海占領は，中国経済の中心に位置した上海を戦火に曝しただけでなく，経済的社会的にも多大な影響を及ぼし，その後の上海経済さらには在留日本人社会を大きく変容せしめていった。

　上海占領がもたらした破壊的影響は，商業，貿易，金融，交通，工業，あるいは周辺農村など多岐に及ぶが，工業部面の被害について，旧上海市社会局による11月の調査をみると，開戦以前の工場総数5,255のうち被害を受けたものは，閘北100％，共同租界70％，浦東50％，南京（南市？）30％と，合計で2,998工場，損害額5億6,400万元とされている[1]。また，貿易面で

表**8-1** 日中戦争期上海貿易の動向

(単位:輸出額千元, 輸入額千金単位)

年次	上海港輸出額		上海港輸入額		対日輸出額		対日輸入額		上海卸売物価指数
	(A)	占有率	(B)	占有率	(a)	a/A	(b)	b/B	
1936	362,273	51.3%	245,655	58.8%	43,529	11.9%	32,513	13.2%	100.00
1937	404,671	48.6%	224,508	53.4%	31,986	7.9%	33,096	14.7%	118.99
1938	223,038	29.2%	118,941	30.6%	14,702	6.6%	16,154	13.6%	141.57
1939	594,693	57.7%	238,832	44.0%	22,597	3.8%	33,014	13.8%	226.18
1940	1,372,810	69.5%	280,128	37.1%	55,536	4.0%	25,026	8.9%	475.88
1941	2,042,440	70.1%	290,542	32.5%	135,361	6.6%	22,049	7.6%	958.16
＊ 1942	690,866	61.5%	32,687	17.8%	497,498	72.0%	15,916	48.7%	

注 :1) 上海港輸出・輸入額欄の占有率は,全中国輸出・輸入額に占める上海港の割合。
　　 2) ＊印, 1942年の輸出入額の数値は, 1～10月の合計。
出典:南満洲鉄道株式会社上海事務所『中南支経済統計季報』第8号, 1943年。ただし, 卸売物価指数は『上海日本商工会議所年報』第25, 1942年度。

も, 日本軍による沿岸封鎖などによって, 事変後1年間 (1937年8月から38年7月) の貿易額は, 前年比で輸出が57.52％減少し, 輸入が70.95％減少している。従来全中国対外貿易の半ば以上を占めていた (輸出52％, 輸入57％) 上海貿易の比率は, 同じ時期, 輸出の29％, 輸入の27％にまで落ち込んでいる[2]。上海事変の影響の大きさを知りえよう。

　しかし, 上海経済や上海貿易の落ち込みは, まもなく回復・上昇へ転じている。それらの点も含め, まず, 日中戦争前後の動向を表8-1で確認をしておきたい。

　日中戦争前, 全中国貿易の過半を占めた上海貿易は, 前述のように日中開戦により激減する。表8-1でも, 1938年の輸出・輸入とも36, 37年に比して半減し, 全中国貿易に占める上海の地位も30％前後へと低落している。しかし, 1939年には, 輸出入とも回復しており, とりわけ輸出貿易での回復が著しい。インフレの進行があるが, 全中国貿易上で上海港の地位をみると, 輸出の60～70％, 輸入の40％前後を占めており, 中心的地位を回復している。日本占領下の上海が, 租界を通じた外国市場との自由な取引を維持しており, また旧法幣の価値下落に対応した換物投資の動きもあって, アジア太平洋戦争開戦までの期間, 「孤島下の繁栄」を生み出していたことを知りえよう。さらに, 対日貿易についても同様な傾向がみられるが, 戦争による落ち込み方は大きい。ここでも, 1939年には回復を示すが, この間急速

表8-2　上海日本商工会議所会員および日本人進出動向

（単位：人，社）

年　次	会員数	居留民数	進出会社数
1931	87	24,235	
1933	77	26,901	
1935	107	23,991	
1936	111	23,613	140（16）
1937	113	23,672	139（4）
1938	130	34,676	168（32）
1939	369	37,615	246（82）
1940	664	57,325	288（49）
1941	797	70,709	341（52）
1942	781	82,926	403（66）
1943	872	89,438	
1944	906	94,250	
1944.11	1,356		

注　：1）居留民数には朝鮮人，台湾人を除く。1939年は4月現在，1940〜44年は
　　　　1月現在。
　　　2）進出会社数は，日本領事館登記の各種会社の合計。うち（　）内は新設数。
出典：会員数は，『上海日本商工会議所年報』各年次，上海日本商工会議所『経済月
　　　報』，同『事務報告』。居留民数は，外務省『中華民国在留本邦人及第三国人
　　　人口概計表』，ただし1938年までは副島圓照「戦前期中国在留日本人人口統
　　　計（稿）」『和歌山大学教育学部紀要　人文科学』第33号，1984年2月。進出
　　　会社は，前掲『中南支経済統計季報』第8号。

に比重を増加させている対アメリカ貿易と較べるとかなり弱く，上海貿易中の対日取引比率の減少となって現れている。

　同時に，取引比率の低下は，そのまま日本の地位の後退を意味するものではなく，日本軍占領下で，日本人居留民数や会社新設数は増大していた。居留民でいえば，日中開戦に伴う日本本国への引揚げの後，早くも1937年末には復帰が活発化する。新たな渡航者も増加し，1938年には，居留民数も表8-2のように約3万5,000人と日中戦争前（約2万3,000人）に較べて1.5倍にも増えている。増加はその後も著しく1940年には5万7,000人を数える。日本の上海占領を契機とした渡航者と会社進出の急増により上海日本人社会は肥大・変容しつつあったといえよう[3]。

　他方，上海占領後，日本は，長江下流域を封鎖し，上海と国民政府の影響下にある奥地農村との間の物資交流を断ち，背後地との自由な物資移動の上に成立していた上海経済の再生産構造や流通機構を解体せしめることとなっ

た。したがって，華中における日本軍の軍事活動を支えるためにも，また，民生の安定を図るためにも，上海経済の復興・再編が不可欠の課題となっていた。しかし，この時期，中支那振興会社の設立や軍管理工場などを通じた経済支配の動きもみられるとはいえ，経済機構の全般的破壊と中国商の背馳，そして，日本の上海占領後も外国市場との自由な取引を維持する租界の存在などのゆえに，上海経済に対する包括的な統制政策の導入は問題とはなりえず，軍需物資調達を主目的として，経済封鎖と軍票価値維持工作を中心に経済統制が進められていった[4]。それは，日本国内はもちろん，朝鮮や台湾，「満州国」などと比較してもきわめて限定されたものであり，軍票価値維持用物資など対日輸入物資の組合的統制を軸に進展していった。ここでは，上海における経済統制の全般的検討の準備を欠いていることもあり，組合的統制として展開した対日輸入配給機構の形成についてみておきたい[5]。

　上海および華中占領地における対日輸入統制策の出発となったのは，1939年8月の中支那軍票交換用物資配給組合（以下，軍配組合と略記）の設立である。軍配組合は，中支那軍の軍需品調達を支える軍票の価値維持を図るため，円系物資の輸入・配給を統制することを目的として設立されたものであった。

　軍配組合の組織は，指導統制の中枢機関である総務部のもとに商品別の8部（綿業・人絹・毛糸毛織物・穀肥・染料・工業薬品・紙・砂糖）をもって構成するが，その取扱品は数百品目にのぼり，華中の対円域輸入総額の半ばを占める最大の貿易機関となっていった。各部組合をみると，従来華中において貿易および配給に経験をもつほとんどすべての商社を加入せしめていたが，役員は，三井物産，三菱商事をはじめとした有力商社の占めるところであった。

　また，1939年9月には，日本の円ブロック向け輸出を統制する商工省令53号，満関支向輸出調整令が出され，翌年8月には，東亜向輸出の調整機関として東亜輸出組合連合会が指定されてゆく。これに合わせて，現地側においても，興亜院華中連絡部（以下，華中連絡部とも略記）により，同年9月，24の業種別輸入配給組合（後に朝鮮・台湾・関満の三地域別輸入配給組

合），そして11月に中支那日本輸入配給組合連合会（以下，輸配連とも略記）が設立されている。この組合は，日本国内の統制策に対応して日本および植民地や満州地域と華中占領地との間の貿易統制や配給・価格等の統制を目的とするものであり，加入商社には，上海在留商社のほとんどを含んでいた。しかしながら，統制機能の面では，生産面での統制力を欠き，また重要物資に関しては別の組合が存在するなど幾多の問題も有していた。

さらに，もうひとつの中心的配給機構が，物動物資対日輸入組合である。これは，日本国内の物動計画に対応して設立された組織であり，1939年5月に華中亜鉛鉄板協議会が結成されたのを出発点として，41年にかけて，石炭・石油・コークス・木材・セメント・鉄鋼・線材および線材加工品・亜鉛引鉄板・医療器械の9分野に結成されている。そして，1941年3月には，興亜院華中連絡部の指導監督のもとに，華中における重要物資の円滑な配給と「日満支」における同種団体との連絡強化を目的として中支重要物資統制組合連合会が設立され，各分野の横断的連携を図っていった。日華重要物資の統制を担う日華連合会が，この重要物資統制組合を母体として設立されるのは，後にふれるところである。

⑵　経済統制と上海日本商工会議所の改編

では，日本の上海占領による日本人商工業者の増大と組合的統制推進のなかで，上海日本商工会議所は，どのように対応し，いかなる役割を担っていったのであろうか。

日中戦争後の上海日本商工会議所改組

さきにみたように，日本軍の上海占領のもとで，戦火がいまだ収まらぬうちから，渡航者が増加しはじめ，上海在留日本人の数は1938年半ばには日中戦争前の約1.5倍（約3万5,000人）ほどに拡大している。

このようななかで，1938年12月31日，上海総領事館令第3号「上海日本商工会議所規則」が公布され，それにもとづいて商工会議所の改組が行われている[6]。

上海日本商工会議所は，1911年，財閥系企業や横浜正金，在華紡など上海在留の有力企業と一部の中堅土着派企業を結集した上海最有力の日本人経済団体であり，大資本主導的性格を強く有していた。また，その活動では，①さまざまな取引事情や商況，地域経済動向などについての調査と情報収集・提供，②日本政府や租界当局，中国政府への建議や陳情など会員の利益を擁護拡大する活動，③国内の商工会議所や外国人経済団体との交流や提携に関わる活動，④通商問題や排日問題など時局的問題への対応などがみられた。

　こうした上海日本商工会議所における1939年の改編は，自発的改組の形をとりながらも，実質は上海総領事館による内面指導のもとで進められたものであり，改組の狙いについて，三浦義秋上海総領事は，つぎのように述べている。

　　……要スルニ従前ノ組織ヲ以テシテハ急速ニ進展ノ道程ニアル新支那ノ経済事態ニ対処シ且ツマタ日支両国ノ産業関係業者ノ調和並ニ現在当業者ノ指導援助等ニ必要ナル代表機関トシテ完全ナル機能ヲ発揮シ得ザル憾ミアリタルニ対シ，名実共ニ邦人商工業者ソノ他ノ産業関係者ノ利益ヲ期待スルタメノ改正ヲ企図セラレタルモノ[7]。

　日中戦争後の上海経済の再編や急増する在留日本人商工業者に対する指導強化の必要という事態を前にし，従来有力大資本と土着的中堅企業主体の組織であった商工会議所を改編し，より広い範囲の商工業者層を効果的に統合しようとの総領事館の意図を知りえよう。

　改組のこのような性格は，表8-2にみられるように，商工会議所の会員数が，1936年の111名，38年の130名から，39年368名，40年664名へと，1939年の改組を契機として，一気に3〜5倍程度拡大していることにもうかがえる。

　今，量的に拡大した商工会議所会員の内実を知るために，居留民団課金別の会員構成を表した表8-3をみると，会員の70〜80％を課金10級（賦課金年

表8-3　上海日本商工会議所会員の課金級別構成

（単位：人，円）

級　別	1940 年		1941 年		1942 年		1943 年	
	会員数	賦課金総額	会員数	賦課金総額	会員数	賦課金総額	会員数	賦課金総額
10 ～ 14	334	13,806	232	10,670	293	13,866	364	33,374
15 ～ 19	196	19,903	266	27,463	252	27,553	279	61,462
20 ～ 24	64	14,569	131	32,800	131	32,820	140	70,028
25 ～ 29	24	11,805	44	22,712	42	22,296	45	47,082
30 ～ 39	20	22,410	34	38,893	42	45,507	44	94,882
40 ～ 49	16	44,221	13	36,318	10	20,829	10	53,658
50 ～ 59	1	4,605	4	18,514	6	29,188	7	66,888
60 ～ 69	－	－	1	6,324	1	5,502	1	11,004
70 ～ 79	－	－	1	6,713	2	14,544	2	29,088
総　　計	655	132,156	726	200,407	779	218,105	892	466,910

注　：1）上海日本商工会議所の賦課金は，居留民団課金の級別に金額が異なる。例えば，10級30円，20級
195円，30級799円，40級2,077円，50級4,092円，60級5,502円，70級6,713円。
　　　2）民団課金別の商工会議所賦課金は，1943年度より2倍に増額。
　　　3）1940年と1943年の賦課金総額は，級別の数値と統計が一致しないが，元の資料のままとした。
出典：『上海日本商工会議所所報』第32号，第54号，第69号。

額30円）～19級（同162円）の層が占めており，改組によって増大した会員の
大部分が従来の上海商議所会員と階層を異にする中小商工業者であったこと
がわかる。ちなみに，課金40級（賦課金年額2,077円）以上の層は，賦課金総
額の3分の1以上を負担しているとはいえわずか17～20人，30級（同1,004
円）以上の層でも5～8％程度にすぎない（会員の対象から外れる課金10級未
満の広範な零細商工業者に関しては後述）。

　他方で，改組された上海日本商工会議所の役員層についてみると，常議員
のなかにわずかながら土着派的企業者が増えている。また，議員の選出に業
種代表枠を取り入れた結果，従来ほとんどみられなかった卸売業者や中小貿
易業者などの議員が入っている。しかし，大多数は依然有力企業の代表者に
よって占められており，主導権は従来通り有力企業層が保持している。な
お，中支那振興会社傘下の華中水電の青木節が，副会頭（後に会頭）の席を
占めている点も注目される。

　以上のように，日中戦争後の新しい事態のなかで，総領事館当局は，上海
日本商工会議所の組織的再編を促し，広範な日本人商工業者を統合しようと
する一方，会議所の側も，有力企業の主導権を保持しつつ，零細層を除く中

小商工業者を広く傘下に包摂することによって，日本人商工業者の代表機関たる地位を維持しようとしていたのである。

経済統制と上海商工会議所の活動

では，経済統制に対して，商工会議所はどのように対応し，いかなる役割を担ったのか。

上海日本商工会議所の事業について，新しい定款では，商工業その他の産業発展に関し，①通報，②仲介と斡旋，③調停や仲裁，④証明鑑定や参考人の推薦，⑤統計の調査と編纂，⑥営造物の設置と管理，⑦外支商工団体との交渉・連絡等を定めている。従来の定款が「上海における商工業の進歩発展を図るを以て目的とす」とのみ定めていたのに対して，日本国内の商工会議所法に沿って地域商工団体的性格を明確にした規定となっている。他方，「外支人商工団体との交渉連絡」を定めている点は，在外商工会議所としての特徴を示すものといえよう。

この時期，組合的統制が急速に進められていたことはさきに述べたが，上海商工会議所においても，「機構改革後最も力を入れた事業の一つ」[8]が，各種組合の組織化であった。

改組第1回総会（1939年4月24日）後まもなく，上海日本商工会議所は，領事館経済部および同警察の出席を得て，通商第一部，第二部連合部会を開催し，組合強化問題を集中討議している。この会議では，各種組合への商工業者の強制加入は時期尚早であるとの判断を踏まえ，商工会議所として，課金10級未満の商工業者に対し同業組合への組織化を促し，それらの代表者を商工会議所に結集させ，会議所を業種代表の機関たらしめ「組合の組合」にすることが検討されている。上海日本商工会議所の定款において，民団課金10級以上の商社を会員としたのも，10級未満の商工業者の負担能力を同業組合の財源にし，同業組合の組織化を進める意図にもとづいたものとされている。この方針にもとづいて，商工会議所は，各種組合の組織化と連絡事務の促進を図っていった[9]。

こうした組合の組織化の推進は，当該期の統制政策に対応したものであっ

たが，主として自主的統制の立場に立っており，全般的な統制強化に対して，上海日本商工会議所は，以下にみるように緩和を求める姿勢を明らかにしている。

1939年9月，満関支向輸出調整令が出され，日本よりの物資輸入の統制が実施されるが，これに対し，上海日本商工会議所は，一方で，その方針を受けて，各商社への割当の基礎となる輸入実績の事前審査と承認の業務を進めるとともに[10]，他方で12月19日「『関東州，満州及中華民国向輸出調整』ノ緩和方陳情ノ件」とする請願を関係当局に行っている。この陳情において，会議所は，上海方面ではこれまで極度に輸入が手控えられてきたこと，戦後経営のため需要激増が見込まれることあるいは米英勢力との角逐などの事情をあげながら「中支ノ経済的特異性ヲ十分御賢察ノ上，中支経済建設ノ必需品及日用品等ノ量的制限ノ緩和方相願度」と，輸入制限緩和を要請している[11]。上海で活動する企業の結集体として，統制の強化に対し，自由な営業と既得権の維持を求めているのである。

また，同年12月に，興亜院華中連絡部により，上海における物価調整を目的とした物価委員会設置計画が発表されたのに対して，翌1月7日，上海日本商工会議所は，物価委員会の民間側業者代表委員の選定その他に関し，あらかじめ商工会議所に諮問されるよう華中連絡部宛に意見書を提出している[12]。会議所としては，物価調整は官庁側の鞭撻や指導によるのではなく，むしろ「当業者がその取扱商品について，各組合の機能を発揮してはじめて効果を挙げ得る」との認識に立っており[13]，意見書も，組合機能の発揮による自主的統制を主軸とする立場を主張するものであった。

さらに，1940年半ばになると，さきの関満支向輸出調整令に対応し，興亜院華中連絡部により中支那日本輸入配給組合および連合会の結成が進められる。上海日本商工会議所は，連合会事務所を会議所内に置き，業種別組合を母体とした会結成に中心的に関与するとともに[14]，他方では，組合運営の眼目となる輸入物資の価格調整方式について，政治情勢も通貨事情も大きく異なる華北と華中に対しては特別の方式が必要であり「現地価格ヲ予メ中央ニ於テ裁定セントスル調整方式ノ実施ハ技術的ニ観テ徒ラニ商機ヲ失シ滞貨

ノ不利ヲ招来セシムルハ必定」との意見具申を華中連絡部に行うなど[15]，一律的な統制の強化策に対して地域的独自性への配慮を要望している。

　総じて，再編後の昭和14年度（1939年4月～40年3月）の陳情，要望，建議，意見書等9件を一覧しても，そのすべてが，上海商工業者の置かれた状況への配慮や統制の緩和を求めるものであった[16]。

　このような立場について，塙雄太郎商工会議所会頭は，第5回定期議員総会で以下のように述べている。

　……国家的必要から由来いたします各般の規制は当然甘受すべきではありますけれども，時に必要の度を超えて経済活動を束縛し，今後長期に亘るわが経済建設の培養基を脅かす如きことは，厳かに戒めなくてはならぬと確信するものであります。……当会議所といたしましては，機会ある毎に関係方面と連絡を保ち，将来のわが経済態勢を有利に導くにつとめて参ったのであります[17]。

　日中戦争後の時期においては，大きく改編された上海日本商工会議所は，組合組織の強化など軍や政府の華中における日本商統合政策の担い手へと移行しつつも，他方では，当局への各種陳情や意見具申など，依然会員企業や上海在留商工業者の要求を結集し，自由な経済活動を保持しようとの姿勢を有していたのである。

　ところで，各種同業組合や連合会の組織化を促す商工会議所の活動は，大きな矛盾をも内包するものであった。すなわち，会議所自身もその一翼を担い各種の業種別統制組合や統制機構が形成されてくるなかで，組織的基礎が侵蝕され，つぎのような，自らの存在意義が問われる状況に直面していたのである。

　……種々の統制組合が結成されて来る結果として，商工会議所はやはり現地でもあまり重要性を値ひせぬやうになりはせぬか，現に輸出入貿易について，又商品輸入販売業について，夫々連合会あるひは商業組合が出来て

従来の会議所の通商第一，第二部会の関係事項は，専らそれらの組合業務に移行したではないかと[18]。

　事実，上海日本商工会議所と最も関係の深い中支那日本輸入配給組合の場合では，創設期の予定組合員640名のほとんどは，会議所会員720名のうちの銀行，船会社，工場，国策会社等を除いた部分と重なっていた。しかも，興亜院華中連絡部は，商工会議所と輸配連とを並列的に取り扱っており，上の危惧は現実のものであった[19]。

　こうした問題指摘に対して，商工会議所の側は「組合は仕事のための機関であるのに反して，会議所は人的融合を生命とする共同体である」と述べるにとどまっており[20]，各種の統制組合を軸とした経済統制が進展するとともに，矛盾を深めつつ，上海日本商工会議所の活動と役割はさらなる変容を迫られることとなっていった。

2　アジア太平洋戦争と上海日本商工会議所

(1)　上海占領支配と日本人居留民社会

租界接収と上海経済

　1940年の半ば頃より，日本の軍と政府は，物資移動の取締など統制を次第に強化していたが，41年7月の米国対日資産凍結令を契機に，対米英貿易面でも統制を強め，さらに，41年12月8日の日本軍による上海共同租界侵攻と租界の接収は，上海に対する経済政策を大きく変化させることとなった。いわゆる敵国系銀行の営業停止・精算や敵国系工場の軍管理をはじめ，各種の統制政策を実行に移すとともに，すでに，縮小しつつあった上海と米英との経済関係は，日本占領下にあっても国際市場との自由な取引関係を維持していた租界の接収により，断絶状態へと変わった[21]。

　租界接収前後における上海の相手国別貿易をみると，米国は，1940年輸出の32.7%，輸入の31.1%，41年輸出の23.2%，輸入の21.3%を占めていた

が，42年（1〜9月）は，それぞれ以前の取引額の0.1〜0.5％程度であり，ほとんど皆無に等しい。それは，英国や香港，英領インド等との取引でも同様であり，皆無あるいはごく微少の額を記録しているにすぎない。1942年は，上海貿易それ自体も萎縮し，1〜9月の数値で，輸出が前年比42.7％，輸入が同14.1％にとどまり，対円域取引のみが急増（輸出）ないし現状維持（輸入）となっている[22]。

　租界を通じた欧米経済とのつながりを断つことは，とりもなおさず「大東亜共栄圏」経済との結合を強化した形での上海経済の再編成を不可避とする。そして，中国経済における上海の地位の巨大性は，日本による上海経済再編成の目的を，①拡大した戦争に要する軍需物資の供給，②民政安定物資の供給，③「大東亜共栄圏」内各地域への物資供給等として位置づけることとなっていた。したがって，統制政策の面でも，日本の国家総動員法体制と連繋しながら，貿易，配給，価格さらに生産，経理，労働など全般的なものへと急速に移行せざるをえなかった。

　また，租界接収は，対欧米貿易の途絶にとどまらず，租界経済に基礎を置いていた中国商逃避による上海と華中占領地等との物資流通機構の解体や工業生産の停滞，あるいは旧法幣の下落などが一体となって上海物価の暴騰をもたらし，物価統制を喫緊の課題としていった（1942年1月31日総領事館令「暴利行為等取締規則」，同11月21日「中支物価対策要綱」）。それは，物価統制のみならず，現地生産の拡大，占領地農村平定策（清郷工作）による物資確保など中国商をも包摂した施策を必要としていたが，その点にふれるにさきだって，日中戦争以後の，上海在留日本人社会の動向についてみておきたい。

日本人居留民社会の変容

　日本の占領支配と上海経済再編成の進行は，日本人居留民社会をも変容せしめていった。

　すでに表8-2でみたように，日中戦争後増加しはじめた日本人居留民は，1940年には5万7,000人，41年7万人，42年8万2,000人と急増してゆくが，アジア太平洋戦争開戦にさきだつ時期の日本人居留民社会の状況について，

表8-4 上海在留日本人職業別人口

(単位：人，％)

職　業	1940 年 4 月		1942 年 10 月	
	本業者数	比　率	本業者数	比　率
農林水鉱業小計	72	0.3	439	1.1
工業小計	3,023	11.3	4,677	11.2
金属，機械工業	－	－	412	1.0
繊維工業	－	－	1,118	2.7
土木建築業	－	－	614	1.5
工場労働者	－	－	764	1.8
その他工業	－	－	1,769	4.3
交通業小計	1,399	5.3	4,176	10.0
鉄　道	－	－	1,821	4.4
その他交通	－	－	2,355	5.7
商業小計	16,781	63.0	22,703	54.6
物品販売業	907	3.4	829	2.0
貿易業	501	1.9	773	1.9
金融，保険業	72	0.3	105	0.3
会社員，商店員	12,711	47.7	18,367	44.2
接客業	2,320	8.7	1,625	3.9
その他商業	270	1.0	1,004	2.4
官吏，自由業小計	2,694	10.1	4,804	11.6
官公吏	1,335	5.0	2,199	5.3
自由業	1,359	5.1	2,605	6.3
家事被傭人	595	2.2	568	1.4
その他有業	837	3.1	1,607	3.9
学　生	548	2.1	1,406	3.4
無職，不明	693	2.6	1,206	2.9
総　計	26,642	100.0	41,586	100.0

出典：1940年は中支那経済年報刊行会『中支那経済年報』第 2 輯，547〜548頁，1942年は上海日本商工会議
　　　所『上海日本商工会議所年報』第25,1942年度,284〜286頁。

表8-4で1940年の職業別構成からみておこう。

　この期の在留邦人の職業で最も多いのは，会社員・商店員で， 1 万2,711
人と全体の47.7％を占めている。上海在留邦人のなかの会社員・商店員の比
率は，1923年31.9％，27年37.4％と，すでに1920年代においても最大の地位
を占めていたが[23]，その後さらに増大していることがわかる。これらに工業
労働者や官公吏，鉄道従事者などを合わせると，本業者数の過半を優に超え
ており，この時期においては会社員・商店員ないし官公吏等被傭者が上海日
本人居留民の主力をなしていたことがうかがえる。日中戦争後，企業的進出

第Ⅲ部／第 8 章　日本占領下の上海日本商工会議所　　337

が急速に増加していたことの反映でもあろう。

　また，産業別構成の面では，工業従事者が，3,033人（11.3％）となっている。内容はやや雑多であるが，1920年代と較べるとかなり増えている。同様に，交通業や官公吏の増加も目立つ。日中開戦後，占領地支配や中支那振興会社，華中鉄道などに関わって，こうした業種の居留民が増えているものと考えられよう。

　つぎに，商業をみると，1万6,781人（63.0％）と，依然大きな数を占めている。ただしその内容では，被傭者が多数をなしているのはさきに指摘したところである。これに対し，物品販売業は，907人，3.4％にとどまっている。この数は，店員を除く営業主数と思われるが，彼らはいわゆる虹口商人の主力をなす存在であり，大半が零細な中小業者からなる日本人居留民の有力な一翼である。その比重は，1920年代と較べるとかなり低くなっている。日中開戦以後の日本人の渡航者が，会社員，商店員，事務員など企業進出に伴うものになっていたこととともに，各種ブローカーなどさまざまな業種に携わる様相（「その他の商業」の増大）を示すものといえる。また，主に女性からなる接客業従事者は，2,320人（8.7％）とかなりの比重を占めている。占領後の軍人や官公吏あるいは，諸企業の増大に対応して，カフェなどが急増した結果であろう。

　では，日中戦争期における日本人居留民社会のこのような状況は，租界接収後の上海経済再編成のなかで，どのように変容してゆくのか。

　さきの表8-4で1942年の動向をみると，一見して明らかなことは，本業者総数の急増と商業人口比のかなり大幅な後退である。また，交通業人口の数と比率の増大も目立つ。

　まず，商業従事者の動向をみると，この間に人数は増えているが，比率は1940年に較べ約10ポイント近く低落している。その傾向は，1943年にはもっと顕著になり[24]，商業人口は1万8,848人へと減少し比率もさらに低落している。これは，後にふれるところとも関連するが，この時期の貿易激減による貿易業務の萎縮と有力貿易業者の産業会社への名称変更，時局的蒐集業や生産分野への転換，あるいは配給統制による小売商の整理・萎縮過程の進

行という事態を反映したものといえよう。小売商についてみれば，商品の不足から，多くが取扱量の減少という状況に直面している。試みに，小売商数の多い5商品について，1942年度の総売上高月1,000円以下という明らかに経営難とみられる小売商の比率をみると，繊維製品を主とする営業8％，菓子を主とする営業10％，食料品を主とする営業15％，燃料を主とする営業10％，薬化粧品を主とする営業10％と，それぞれ1割前後にものぼっている。戦時統制のもとで彼らが小売商整理の対象とされてゆく[25]。

　他方，交通業の急増は，占領後，華中鉄道をはじめ中華輪船，華中運輸，華中都市公共汽車，上海内河輪船など，交通の復旧と維持に力が投入されていたことを物語っている。

　また，工業については，表8-4では比率面での変化は認められないが，1943年の数値をみると，金属687人，機械器具1,158人，化学1,037人，紡績4,164人など，従事人口の増大が著しい。軍管理工場の委託の進展などによるものと思われる。さらに，この間の産業別人口構成の変化を示す以下の数値からも，租界接収後の急激な変化，生産・運輸部門への職業移動と産業再編成の進行がうかがえる[26]。

	生産・運輸関係	商業・金融関係	文化関係
1940年	4,494人（17％）	16,781（70％）	2,694（10％）
1943年	17,411人（43％）	18,848（47％）	3,666（10％）

　上海経済の再編成と統制政策の進展のなかで，当該期の日本人居留民社会は，産業的にも職業構成的にも大きな変化を示していたことがわかる。

(2)　上海経済再編成と経済統制

　上述のように，日本の上海占領は，租界接収によって新しい段階に入った。上海の全経済機構は日本の支配下に置かれることとなり，金融統制の実施，物資の配給統制，食糧確保と物価統制，生産統制と産業再編等々，上海経済のあらゆる領域において，中国側をも含めた再編成が迫られ，各種の統制が

企図されていった。今，それらの全体像に言及する用意を欠くので，行論上必要な限りで，組合を通じた物資統制の動向をみておきたい。

日本による現地の生産・流通機構の掌握は，それまでの軍配組合，輸入配給組合連合会，物動物資組合を通じた配給統制から，中国人側をも包摂した一元的統制機構の整備・確立へと向かわざるをえなかった。それは，日本側の組合を主軸としながら，日本および汪政権の関与による中国商側の各種同業組合の設立を進め，日華双方の同業組合の提携を追求する形で展開していった。

さきの中支重要物資統制組合の場合をみると，同連合会を指導下に置く興亜院華中連絡部は，日本側組合と華商側公会とをタイアップせしめ，原料配給の調整，生産協定，販売協定等の調整・監督を行う方針で，一元的指導を進めていた。そして，1942年4月1日以降，上海地区内における重要物資は移動許可制のもとに置かれ，その使用，製造，販売は華中連絡部により一元的に統制することとなったため，それらの運営機関として重要物資別に日華同業公会の結成を推進し，同年8月4日には，業種別18品目，52団体をもって構成される重要物資別日華同業公会の第1回総会の開催に至っている[27]。こうした方針は，「上海地区に最初の計画経済を設定，上海地区の生産力を可及的に昂揚し，軍事上の目的達成と共に民生の安定を図」るためのものと位置づけられていた[28]。

また，軍配組合においても，租界接収以後，軍票工作を主眼とした活動から現地調達重視へと方向を変えるのに合わせ，従来の通貨工作のための物資操作から，物資取引・統制のための配給網および蒐集網の拡充へと転換していった。そのため，軍の力により築かれた市場独占力を背景に関係華商に働きかけ，日本商側と並んで華商側の機構をも結成せしめ，両者を軍配組合の統制下に置いていった[29]。

これらに対し，対日満輸入統制に関わる組織として設立された中支那日本輸入配給組合連合会の場合はやや異なっていた。アジア太平洋戦争勃発後，輸配連関係の輸入数量が大幅に減少し，また暴利行為等取締規則（先述）にもとづく利潤統制が強まるなかで，中小商業者の整理統合問題が浮上し，そ

れへの対応が重要問題となっていった[30]。配給や消費統制の強まりのなかで営業の存続自体が問題とされるに至っているのである。この点後にふれたい。

さらに，産業再編成の面でも，日本側，華人側企業それぞれの統制団体を設立し，両者をあわせて連合組織を結成し，これを通じて，①操業率の統制，②製品価格の統制，③製品販売の統制または共同販売を実施することとし，日華それぞれの同業組合の結成や両者の統合が進められていった。

(3) 上海日本商工会議所の再改編

上にみてきた租界占領と上海経済の再編成の動向は，上海日本商工会議所のあり方に対してどのような影響を及ぼしたのであろうか。また，会議所は，戦時経済統制が進行するなかでいかなる役割を担うこととなっていたのだろうか。

開戦後の動向と組織改編

1941年12月9日，対米英開戦の翌日，上海日本商工会議所は緊急役員会議を開き，「斯る前古未曾有の重大時局に際会して吾等の任務洵に重きを知る。……我が上海日本商工会議所はその全機能を挙げ，以て軍官当局に戮心協力してこの未曾有の国難打開に驀進せむことを期す」と決議し，直ちに軍官当局への協力を表明していった[31]。

その後，会議所は，激増する軍官民各方面からの依頼事項に対応し，後にみるような各種の事業を遂行していく。

しかしながら，開戦直後の時点においては，新たな情勢下での商工会議所の役割と発展方向について，会議所自身でもまた領事館や軍当局でも明確ではなかった。1942年1月20日開催の第6回定期総会では，塙雄太郎会頭（三井洋行）が東アジアの金融および物流の中枢が上海であるとの認識の上に「此処に事業を営む邦人は既に天の時を得地の利を占めて居るのでありますから，今後和衷協同国家の為め最前の努力を経済建設の上に致さねばならぬ」と述べ，占領政策への協力に合わせて，全面占領後の権益拡大に対する上海日本財界の期待を表明している。対する総領事館側も「邦人商工業者の

利益代表機関としての商工会議所の活動には特に期待を懸け」，現在の「情勢に即応いたしまして益々其の機能を発揮せられ東亜共栄圏の確立に邁進せられんことを希望」するといった会議所への協力要請を行っており，いずれも従来の延長線上の姿勢にとどまっている[32]。

　しかし，その後まもなく上海経済の再編・統制方針が明確になるなかで，上海日本商工会議所の新たなる再編が提起されてくる。すなわち，5月29日の第7回定期議員総会において，青木節会頭（華中水電）は，この間「各種組合の運営，企業の再編成を以て，各自の恣なる営利活動を公益優先の原理を以て代へる自発的精神に依って統制組織の整備に協力して参った」とした上で，「当会議所と致しましても，斯かる重大なる転換期に対処致しますために，従来の自由主義的経済組織の上に立つ機構として存在することは許されないのであります。……即ち商工業者の自由主義的利益の代表機関としてではなく，国防経済の体制強化を目指して経済界を指導するの立場を確立せねばならぬと存ずるのであります」と述べ，自らの利益を擁護する商工業者の自主的経済団体から戦時体制下の国策遂行機関的性格へと，上海日本商工会議所の組織改革を提起していった[33]。この点について，総領事（代理曽根領事）も，「我が戦時経済経営の基礎を固め」かつ「東亜共栄圏完遂における日華合作の経済中心基地」として上海を再編成するためにも，「当商工会議所が飽くまでも……（統制機構の整備や日華提携による組合組織などで）これが中枢となり，この統制を行ひ調整を行ふ，この使命を課せられてをることは，何人も否定出来ないこと」と語っている[34]。

　そして，1942年9月26日には上海総領事館新館令第10号「上海日本商工会議所規則」が制定され，その趣旨にもとづく10日29日の定款改正により，上海日本商工会議所はその性格を大きく変化せしめていくのである。

　ここで重要な点は，さきの青木会頭の発言があるとはいえ，今回の改編が，総領事館による決定として上海日本商工会議所の側に提起されたことである[35]。1939年の改組においても，総領事館の内面指導がみられたが，形式は会議所の「自発的」改編として遂行され[36]，会議所の性格も会員の共同利益を擁護する組織と位置づけられていた。それに対して，今回は，39年改

編以後の会議所をも「旧時代の残滓満々」の規則にもとづいた「従来の商工会議所的通念を以て理解されている会議所」ととらえ，「経済統制の強化と計画経済の実施，並に公益優先，国家第一主義の理念に立脚して行動する商工会議所の生誕を必然的に要求するに至った」と上海日本商工会議所の性格一新を行政側から強く求めてきたのである[37]。

1942年改編の特徴を「上海日本商工会議所規則」の上からみると[38]，まず第一に，会議所の目的を従来の「商工業其の他産業の改善発達を図る」というものから「経済政策の確立並に其の円滑なる運営に寄与し且つ商工業其の他経済の改善発達を図る」へと，広く経済政策全般に関わるものへと拡大していることを指摘できる（第1条）。

また第二に，会員の範囲を拡大し，これまでの資格に加えて「其の他役員会に於て加入を承認したもの」をも認め，公益優先の理念のもとに，新設団体の責任者や学識経験者など広く機構と人材を動員しようとの意図がみられる（第2条）。

さらに第三に，従来みられなかった規定として「会議所は当館の指示を受け上海居留民団地区内の同業組合及其の連合会其の他経済団体の指導をなすべし」との条項を新設している（第5条）。他方で，「会議所は商工業其の他経済に関する事項に対し（当館に）答申をなすべし」（第6条），「当館の命に従ひ……調査をなすべし」（第7条）など会議所に対する総領事館の指導権限もより明確に定められており，領事館の意向を受け同業組合など各種経済団体に対する統轄・指導の役割を期待されていたことがわかる。

そして第四点として，役員として新たに専務理事を置き「専務理事は会頭の命を受け会議所の事務を統理」すると位置づけるとともに（第16条），事務局長に専務理事を充て（第19条）事務局体制を拡充強化している点を指摘できる。専務理事の選任は会頭によるとされており（第17条），総領事館の指導権限の強化と相俟って，事務体制上も会議所が上意下達機関的性格を強めたということができる。

その他多岐にわたる改編がみられたが，この規則が当初「上海日本経済会議所」として策定されていたことからうかがえるように[39]，総領事館側の意

第Ⅲ部／第8章　日本占領下の上海日本商工会議所　343

図は，上海経済の再編成や経済統制強化が焦眉の課題となるなかで，「公益優先」「国家第一主義」の理念のもとに，商工会議所の事業範囲を地域の産業経済全般に拡大する一方，主務官庁の指導権を強め，時局に即応した商工業者統合機構として機能せしめようとする点にあった。

このような国策的再編に対して，会議所側からの異論や抵抗は，少なくとも表面からはみられない。むしろ，定款策定に際しては，従来の部会に加えて委員会の制度を制定し，外部者をも活用して「官庁方面の要請に応えうる体制」を積極的につくっている[40]。

また，組織体制や予算規模なども大きく変化している。まず，強化を図った事務局は，専務理事に前大政翼賛会経済部長武内文彬を充てるとともに，1943年度には幹部級および上級職員を8名採用し事務局職員数は前年度の21人から34人に大幅に増員している。予算額の面でも，表8-5にみるように，1942年度の25万1,755円から54万3,500円へと2倍以上に増えている。この間のインフレを考慮に入れても大幅増額は明らかであり，人員の増員と官庁関連の仕事の増加に対応して，給与費と調査活動などの事業費の規模の拡大が顕著である。これだけの増額は，新会員による会費増収や補助金の増額（2万円→5万円）では賄えず，1943年度には賦課金を2倍に増額するに至っている[41]。これらはいずれも，政策代行的機能の拡充に対応するものといえよう。

つぎに，再編に伴う会員構成についてふれておきたい。

まず，さきの表8-2で会員数をみると，一定程度伸びているとはいえ1939年改組後のような飛躍的な会員数拡大は生じていない。また，課金級による会員の階層構成（表8-3）についても，1942年度とそれ以前の時期との間にほとんど変化はみられない。

それは，表8-6にみる新役員の構成でも同様であり，前回改組時の役員メンバーと比較すると，一部を除き大半の役員が1939年の新商工会議所発足時の役員か，当時の役員が属した企業の所属者となっている（備考欄参照）。選出された役員自体をみても，上海購買組合，瀛華洋行，宮澤洋行等若干の土着派中堅企業出身を除くほとんどのメンバーが，「会社派」といわれる有

表8-5　上海日本商工会議所経常費予算額

（単位：円）

費　目	1939年度	同決算	1940年度	同決算	1941年度	同決算	1942年度	同決算	1943年度
収入合計	77,500	98,193	144,076	176,947	228,557	240,342	251,755	261,321	543,500
賦課金	73,000	84,244	132,156	136,951	200,407	206,739	218,105	225,478	473,500
出版物	2,700	8,277	7,070	7,316	5,650	3,276	11,150	7,211	16,500
雑収入	1,500	1,937	1,450	8,351	2,500	6,192	2,500	4,391	3,500
補助金	−	3,000	3,000	24,000	20,000	20,000	20,000	24,000	50,000
支出合計	77,500	98,193	144,076	176,947	228,557	240,342	251,755	255,367	543,500
給与費	41,000	47,775	60,794	68,799	108,460	92,334	109,500	139,381	234,000
事務所費	12,100	20,489	19,731	25,278	27,280	30,845	31,300	45,719	69,000
事業費	2,300	1,831	34,700	22,862	52,500	44,348	68,500	30,302	142,000
うち調査・施設費	−	151	3,000	1,917	20,000	4,271	28,000	2,444	50,000

注　：1）　1円以下は切り捨て。また，収入および支出の費目は一部のみ表出。
　　　2）　1942年度決算額は，1942年4月〜43年1月の決算に，43年2，3月の収支予定額を加えたもの。そ
　　　　　のため，収入合計と支出合計が一致していない。
　　　3）　参考までに，この間の上海邦人生活必需品物価指数（128品）を示すとつぎの通りである。1936年
　　　　　＝100，1939年＝158.24，1940年＝282.07，1941年＝338.59，1942年＝401.60。
出典：上海日本商工会議所『昭和十六年度事務報告』，同『上海日本商工会議所所報』第40号，54号，59号，
　　　69号。

力企業の代表者で占められている。これらの企業の場合，各種の業種別統制
組織においても指導的地位を占めており，企業利益保持の面からは商工会議
所の意義は相対的に低下している点もあわせて指摘しておきたい。また，役
員のほとんどが業種別代表として選出された議員であり，「公益」的性格を
担う形となっていることも特徴的である。1942年の規則改定が，会議所の
会員構成の再編や指導層の変化を狙ったものでなく，その機能における転換
を意図したものであったことがうかがえる。
　さらに，この時期の上海日本商工会議所の活動をみよう。

商工会議所の活動とその特徴

　表8-7は，1930年代半ばから40年代はじめにかけての活動の一端を表出し
たものである。まず，会議所の通信連絡業務をみると，1939年以降の会員
急増に伴って，受発信数とりわけ会員向発信数の増加が目につく。1942年
になると，発信数，および来訪者数が新たに増えるが，会議所が行政の代行
的業務を担いはじめていたことに由来するものといえよう。また，証明書発

表8-6　上海日本商工会議所常議員および議員一覧（1942年12月）

氏名	所属	払込資本金（単位：千円）	備考1939年
三役・常議員			
青木節 *（会頭）	華中水電 *	29,380	副会頭
高垣勝次郎（副）	三菱商事上海支店	75,000	常議員
武内文彬（専務）	上海日本商工会議所	—	
矢島安造	日本郵船上海支店	800,000	（議員）
川口憲一	住友本社上海事務所	150,000	常議員
勝田 操	大日本紡上海事務所	110,492	員
河村二四郎	横浜正金上海支店	100,000	（常議員）
小室健夫	三井物産上海支店	100,000	（常議員）
志村 哲	東亜海運上海支店	86,500	常議員
持田由孝	日本油脂上海支店	57,600	常議員
大山捷男	三興上海支店	36,000	議 員
森本将庶	日華洋行	17,000	（議 員）
瀬部伊三郎	岩井商店上海支店 *	15,000	
菱田逸次	裕豊紡績 *	15,000	常議員
森福三郎 *	日本綿花上海支店	6,882	員
市橋彦二	明華産業 *	3,750	常議員
早川利雄	東洋棉花上海支店 *	3,500	（常議員）
栗本貞治	瀛華洋行 *	2,000	常議員
五十嵐義鶴	上海購買組合 *	500	常議員
宮澤綱三	宮澤洋行 *	60	常議員
議員			
宮本道治 *	満鉄上海事務所	1,400,000	
西岡五郎 *	大阪商船上海支店	100,000	（議 員）
小山内信	三菱銀行上海支店	87,675	（議 員）
徳地星初之進 *	朝鮮銀行上海支店	40,000	（議 員）
前田昌孝 *	中華煙草株式会社	38,700	議 員
議員			
山田久一 *	鏡淵公大実業	30,000	（議員）
田中明次郎 *	内外綿株式会社	24,500	（常議員）
塚本峯吉 *	松坂屋上海支店	16,200	員
福田 耕	華中電気通信 *	15,000	員
久我菊司	浅野物産上海支店 *	10,000	
矢部菊次郎 *	大陸重工業 *	5,640	
新井徳次郎 *	新井洋行 *	2,500	
北 正二 *	丸永商店上海支店	2,500	
酒寄巻五郎 *	増幸洋行 *	2,000	議 員
中村鉄一	中福組 *	2,000	
木村政司 *	東方製氷株式会社 *	1,000	議 員
菅永隼人 *	上海三菱倉庫 *	1,000	
横山小次郎 *	横山洋行 *	1,000	（議員）
村川尊美 *	久学洋行 *	500	議 員
田上二雄	上海紙業公司 *	300	員
永都那四郎 *	永利洋行 *	300	議 員
黄地幸造	堀井膳写堂上海店 *	200	
郡司秦	かなや呉服店 *	200	
樹野友秀	天壽堂薬房 *	200	
増田利雄 *	株式会社東亜公司 *	200	議 員
武石文太郎	木村公司 *	100	
谷口信男	谷口電料洋行 *	100	
森岡浅吉	太湖洋行 *	100	
八谷時次郎	日本海陸運送所 *	100	議 員
	合資会社八谷洋行	30	
清原八男	清原洋行 *	20	

注：1) 氏名欄の下線は業種別選定議員（20名）。＊印は1級議員（15名）、無印は2級議員（15名）。所属欄の＊印は上海本社企業。
　　2) 備考は、1939年4月新定款による選出時の地位。（ ）付きは、本人ではなく〈同一企業〉の場合。

出典：上海日本商工会議所『昭和十七年度事務報告』4～9頁。払込資本金は、同『上海商工取引総覧』1944年版、中国通信社『中支商工取引総覧』1940年版。

表8-7　上海日本商工会議所の活動動向

（単位：人，件）

事　項	1934 年	1935 年	1936 年	1939 年	1941 年	1942 年	＊ 1943 年
来信数（会　　員）	＊ 976	＊ 988	＊ 1,110	368	315	333	136
同　　（会員外）				1,810	1,565	1,336	552
発信数（会　　員）	2,289	3,114	3,154	22,045	24,701	26,157	9,163
同　　（会員外）	712	876	947	754	372	3,535	2,748
来訪者数				6,416	4,967	7,330	5,214
問い合わせ数				300	135	71	39
証明書発給数	54	202	900	1,639	1,083	475	89
懇談会，協議会	＊ 1	＊ 5	＊ 2	10	17	19	12
陳情，建議，意見	1	4	6	9	2	0	0

注　：1）1943年度＊印は4月〜10月分，ただし問い合わせ数は5月〜10月分。
　　　2）来信数の＊印（1934〜36年度）は，会員および会員外の通計。
　　　3）懇談会，協議会の＊印（1934〜36年度）は，招待会，座談会。
出典：上海日本商工会議所『定期総会報告及議案』昭和9，10，11年度，同『事務報告』昭和16，17年度，
　　　同『上海日本商工会議所所報』第70〜75号（1943年度）。

給では，原産地証明を中心とした1936年の増大後，41，42年と増加する
が，その多くは食糧不足に起因する民食証明の増加によるものであった。さ
らに，懇談会等の開催をみると，1939年とくに40年代以降急増しており，
当局の意向を理解し会員その他に周知する役割が強くなっていたことを物語
っている。他方，陳情や建議については，1939年を境に急減する。市場動
向や商品等についての問い合わせの減少も同様であるが，41年以降，会員
の共通利害の追求や事業活動の便宜を図る機能が目立って後退していること
がわかる。総じて，租界占領前後から上海日本商工会議所が上意下達機関的
側面を強めていることがうかがえる。
　つぎに，会議所の『事務報告』所収の事業概要を一覧した表8-8で，1941
〜42年度の主要な事業をみると，①国債消化委員会を中心とする国債消化
への協力，②上海総力報国会への援助など国民総動員への協力，③上海市商
会との懇談を中心とする日華経済提携の促進，④貿易取引や生産制限，物資
の登録や移動制限など物資統制への協力，⑤物価調査や家計調査を含む物価
統制策への協力，⑥中支日本輸入配給組合連合会の改組や各種商業組合・同
業組合の結成など各種組合との連絡斡旋，⑦資産凍結や法弊崩落の影響など
陸海軍・総領事館・興亜院の依頼による各種調査，その他に大別できる。

表8-8　上海日本商工会議所諸事業（1941，1942年度）

1941年度(1941.4.1～1942.3.31)	1942年度(1942.4.1～1943.3.31)
大東亜戦争勃発関連事業(41.12)	大東亜戦争博覧会への寄付協力(42.11～43.2)
陸海軍関連の事項(41.4～12)	海洋少年団上海支部創設の寄付協力(42.5)
国債消化に関する協力(41.8～42.3)	国債消化に関する件
上海総力報国会に関する件(42.1～3)	上海総力報国会に関する件
国民動員実施計画への協力(42.2)	金属特別回収に関する件(42.6～8)
対華関係の諸件(市商会との懇談他/ 41.6～42.3)	日華提携促進に関する件(市商会との懇談/ 42.11～)
物価統制の影響に関する件	物価対策に関連する諸事業
工部局の統制について(意見具申/ 41.11)	物価問題関係の諸会合(懇談会・打合会14回)
虹口物価について(総領事館との懇談/ 41.11)	公定価格の徹底工作と市中相場の調査
日満支物価調整について(商工省部長との懇談/ 42.2)	上海邦人生活必需品物価指数の発表
統制物価の実施徹底(月報等による会員への徹底)	家計調査に関する中間報告（42.10)
暴利行為等取締規則について(会員への徹底/ 42.2)	
資産凍結に関する件	通貨工作への協力（42.9～)
外国人関係取引取締への意見具申(41.7)	綿糸布の在荷登録
外国人関係取引許可申請書の用紙交付(41.9)	領事館の委嘱による登録受付（42.12)
現地生産対策について意見具申(41.5)	商統総会の依頼による事務（43.3～4)
民団税に関する件(民団税統一への対応/ 42.2)	重要物資移動制限事務への協力（42.4～43.3)
	大口華人用米通帳事務への協力（42.5～)
中支日本輪配連に関する件(改組の検討/ 41.6～)	工部局団体申告受付事務（42.12～43.3)
上海食料品商業組合設立への協力(41.10)	
経済調査に関する件	経済調査研究に関する件
上海邦人俸給生活者家計調査の実施（41.6～)	休日制定に関する件（休日の統一/ 42.4)

注　：講演会および出版事業については省略した。
出典：上海日本商工会議所『昭和十六年度事務報告』1～20頁，同『昭和十七年度事務報告』10～25頁。

　ここで指摘できる点は，まず第一に，1941年後半とりわけ対米英開戦以後になると，営業の自由を保持し会員の事業活動を支援するような活動がほとんどみられなくなっていることである。1941年にはまだ対政府要求もみられるが，42年に入ると従来のごとき陳情や要求の動きはうかがえない。

　そして第二に，かわって増大するのが，物資統制や物価対策など経済統制に関わった行政機関の代行業務である。綿糸布価格統制のための綿糸布在荷登録受付（1942年12月1日総領事館告示），会議所が窓口となって組合や団体の工部局への届出を一括して行う工部局団体等申告受付（同12月2日工部局告示）などがそれである。また，大口華人従業員用米通帳事務や各種経済調査，物価調査なども行政からの委託ないし代行業務であり，商工会議所業務のかなりの比重を占めてゆく[42]。こうした業務の増大が，職員や予算の大幅

348

増加を必要としていたといえよう。

さらに第三に，国債消化や総力報国会など会員企業や関連組合を対象とした戦時国民動員の事業を遂行していくのもこの時期の新しい特徴といえる。なかでも国債消化活動はその中心をなしていた。上海の国債消化活動は，日本国内に呼応して上海においても国債消化を進めるべく，1941年11月11日，上海財務官事務所が中支国債消化委員会を発足させたことを起点としている。委員会は，外務省，総領事館，陸軍部，海軍経理部の各代表とともに居留民団長と商工会議所会頭によって構成されており，会議所は在留企業や同業組合における国債消化運動の中心を担っていったのである[43]。この取組で上海は，1941年8月までの目標を超過達成し，42年度も1人あたり目標額で，大阪，東京，兵庫，愛知についで5番目に位置していた[44]。

また第四に，租界接収後，上海経済再編成において中国商の協力＝日華経済提携が不可避となるなかで，政府の意を受けて，商工会議所は日華経済提携を重視していっている。上海日本商工会議所の邦商間に占める地位が「総合的性格の故に華側に対する横の連絡機関として比類なき好条件を具有」するとされ，1942年度を期して日華経済提携を主要業務の眼目としていったのである[45]。それは，在留邦人が占領者的意識を強くもつ状況のもとでは，名目的にならざるをえなかったが，1943年全国商業統制総会体制に移行するなかで，改めて緊要な課題となってゆくものであった。

3　全国商業統制総会体制と上海日本人商工業者

(1)　対華新政策と全国商業統制総会体制

1943年に入ると，日本は，汪精衛政権の対米英宣戦布告を条件に，租界還付や治外法権の撤廃など対華新政策を打ち出していった（1942年12月21日「大東亜戦争完遂ノ為ノ対支処理根本方針」，1943年1月9日「戦争完遂に付ての協力に関する日華共同宣言」）[46]。これは，田尻上海公使が端的に「新政策の狙ひは，周知の如く南京の政治力と上海の経済力を結びつけるにある」と述べ

ているように，上海の中国商を汪政権に協力せしめ，悪化した占領地経済の回復と汪政権のテコ入れを図ろうとするものであった[47]。従来の日本の占領政策が，対敵経済封鎖と軍票価値維持工作を軸に，事実上中国資本を排除し，結果として華中経済の有機的連関を破壊し生産力の減退をもたらしていたのに対し，対華新政策は汪政権と中国商をより戦略的に活用しようとしたのである。

　この新政策にもとづいて，物資統制に関しても，従来の長江流域占領地に対する厳重な物資移動制限の緩和（３月11日「揚子江下流物資移動取締暫行規定」）と，新たな物資蒐集配給機構として，全国商業統制総会の創設（３月15日，以下，商統総会と略記）が打ち出されている[48]。そこで意図されていたのは，従来日本側が行ってきた物資流通統制を中国側に委ね，しかも役人でなく民間経済人をして自主的にやらせる方式をとることにより，民心の把握と経済建設＝戦力の培養という課題を達成しようということであった[49]。

　商統総会機構の詳細については省略するが[50]，中国法人組織として国民政府（汪政権）実業部およびその他主管部の指定した各省市の商業団体を会員とする組織であった。そして，会員を指導し実業部およびその他主管部の命令にもとづいて，物資の蒐集配給，地域間の物資交換，輸出入物資の取扱，軍需物資の買付など物資統制に関わる各種実務の処理をその事業としていた。中国側が指導する一元的物資蒐集配給機関といえよう。ただし，統制の最高方針の審議機関として，汪政権および日本側からなる物資統制審議会が４月１日に設置されており，中国側の指導権もその枠内に限られたものであった。

　直接の物資蒐買配給については，商統総会自身は関与せず，下部機構として各統制物資別に同業連合会を設置し，連合会は原則として日華双方の代表者によって構成するとしていた。さらに，この連合会に，下部組織としてそれぞれ日本側の同業組合および中国側の同業公会を組織し，また華中の各都市に商統総会の地区分会を設置するとされていた。

　しかし，その組織化は容易ではなく，とりわけ総数1,000を超える中国側のギルド的な同業公会の整理統合は遅滞した。同時に，綿業，粉麦，油糧，砂糖などの重要物資の統制については，各専業部門が強力な統制権限を有す

る専業委員会制をとることとなり，商統総会による統制は，当初からきわめて難点の多いものであった。

(2) 上海日本人商工業者の対応

対華新政策への転換，商統総会体制への移行のなかで，民間組織としての上海日本商工会議所は，日本の商工業者を統轄し，直接関与できない当局にかわって日本側の意向を担うこととなっていった。

それについて，矢野征記総領事は，1943年3月29日の第10回定期議員総会の挨拶で以下のように述べ，官と一体となった活動の必要性と重要性を強調している[51]。

斯くの如き新政策と言ふものが段々と進展致しますにつれ，私は商工会議所の使命と言ふものは事変前，いやそれ以上に重要化して参るものと思ふのであります。……領事館官憲と商工会議所とこれは親戚関係，一種の夫婦関係見た様なものでありまして，従いまして，我々の方でお願ひする仕事が又非常に多くなると思ふので……。

事実，この時すでに，全国商業統制総会からは関係商品の登録事務等を依嘱され，総領事館からも大口華人用米の配給事務の移譲を受けることなどが内定していた[52]。さらに議員総会のなかでも，「官庁当局よりも種々新たな御要望御希望もありますし，これに応えて行くためには従来の商工会議所のやって来たことだけでは事が足りない……従来のただ業者の利益を図ると云ったやうな事柄だけでなくてもっと大きく当局からの御要望と云ったものに応えて行く」と，現地当局の代行的役割が強調されていた[53]。

こうした新たな状況下での上海日本商工会議所の活動として重要な位置を占めたものが，1943年5月19日に発足した「日華問題」「経済上海建設」「邦商対策」三委員会である。委員会設置について，青木節会頭は発会式の挨拶でつぎのように語っている。

第Ⅲ部／第8章　日本占領下の上海日本商工会議所　351

……今次の日華外交転換に即応してこの委員会を結成することになりましたが……現在我々はある統一理念を以て進まなければならぬ，その軌道を摑まえる必要があります。……監督官庁よりも御指導を頂く等各委員会とも上海に於ける権威者外郭の総動員体制を確立して理念の統一を行ひ軍官民一体の体制を確立すると共に，日華全面合作の本然の体制を確立するところまで強力に推進したいと思ふのであります[54]。

　ここでは今後の方向として，領事館指導のもとに，①商統総会体制の成立に対応して，日本側における総合的な指導体制を民間経済人主体に確立すること[55]，②また，従来と異なり中国商を取り込んだ日華協力の体制とすること[56]，③さらに，会議所だけでなく会員以外の権威者とも一体となって推進すること，を明らかにしている。汪政権を占領地統治の表面に立てた対華新政策のもとで，商工会議所が，対中国商関係や物資収買や配給の体制など経済政策の推進にまで関与する形となっているのである。
　以下，各委員会の動向を通じて，対華新政策＝商統総会体制への商工会議所の対応を検討しよう。
①日華問題委員会（委員長：東亜同文書院大学学長　矢田七太郎）
　日華問題委員会は，日華双方で食い違いのある対華新政策の理念の統一を図り日華関係を本然の姿に至らしめることを目的とした委員会であった。したがって，目標を明確にした小委員会などは設けず，「日華の協力体制で中国の復興強化を図るには如何にしたら良いかの立場に立脚し度い」と（田尻公使），日華協力関係の必要性について認識を徹底することが課題とされていた。それは，経済のレベルでは「全国商業統制総会を育て上げて物が流れる様にしなければならぬ。それには物が少なくてもやるといふ日本側からの積極的な気持ちがなければならぬ」（同前）というように，中国側の協力を得るため，反対給付として日本商の側がいかに一定の権益を譲歩すべきかを検討することであった[57]。
　商統総会に対応する日本商工業者側の理解を図り，基本理念を確立するための役割が業種横断的経済団体である上海日本商工会議所に課せられていた

といえよう。

②経済上海建設委員会（委員長：上海日本商工会議所会頭　青木節）

　中国経済復興を左右する上海経済建設について，生産復興，物価対策，物資の移動，金融通貨問題など各方面から検討し対策を立てることを目的とするのが，経済上海建設委員会であり，青木会頭が自ら委員長を務め，会議所，領事館双方から最も必要な委員会とされていた。そこでは，会議所が蒐集中の各工業組合の生産拡充に関する調査データや中国側の工業状態を考慮し，「大東亜共栄圏」建設計画に即応した現地自給体制の確立を課題としていた。具体的には，工業と金融の小委員会において，華商資本の誘導を含む工業金融，動力源配給計画，各種産業奨励など多岐にわたる方策の検討がなされていった[58]。

　こうした検討を必要とした背景には，ひとつは，対華新政策に対応する日本人企業の整備再編の要請があるが，もうひとつには，戦争の進行とともに顕現してきた農産物蒐買減，工業資材の窮迫，石炭および電力配給減などによる一般工業の著しい減退と不安定経営の増大に対応する企業整備問題があった。すなわち，一方でのアジア太平洋戦争による上海全面占領と他方での対華新政策の推進は，上海の日本人企業を従来通り維持しえない状況を生み，工業の復興再編と企業整備が同時に問題となっていたのである。

　しかも，上海在留企業の企業整備に関しては，日本政府による直接の法的措置は困難であり，「自主的」整備によらざるをえず[59]，商工会議所はその先導的役割を担わされていた。企業整備は事実上中小資本が対象とされるが，上海日本商工会議所は，対華新政策のもとで結果として日本人商工業者の整理再編を内部から誘導することになるのである[60]。

③邦商対策委員会（委員長：華興商業銀行副董事長　鷲尾磯一）

　最後に，邦商対策委員会は，新政策の遂行で予測される日本人商業者や組合への影響に対応すべく，組合の整理統合や転失業への対策の樹立を課題としており，小売商問題と組合問題の二つの小委員会が設けられていた。

　前者の小売商問題小委員会は，小売商の整理と配給機構整備に関わる問題を中心課題としていた。この時期，日本人小売商においては，輸入品減少と

取扱品の現地依存の高まり，指定商制など配給統制の強化，さらには消費組合の発達などにより経営の不安定化と過剰化が進行していた。日本人小売商の場合，虹口の日本人居住区域を中心に営業をするものが大多数であるが，華商関連品も含め日本商が生産・流通面で商品支配力を有しており，上海における物資配給が不円滑ななかで，小売商整理や配給機構整備は上海経済全体に関わる問題となっていた[61]。この問題への商工会議所の立場は，「官方面でも対策考慮中なるも経済界自体が自由的にこの問題を検討し妥当な案と実施に協力する」と[62]，政府の意図を考慮しながら会議所が自主的に整理再編を推進してゆくというものであった。

　小委員会での検討は，同年9月22日，配給統制組合による関連業者の指導統制を主内容とする「邦人生活必需品配給統制案」[63] としてまとめられ，大使館，総領事館等関係当局に提出されている。戦時経済の進行と商統総会体制のもとで，商工会議所は，ここでも日本政府の直接施策にかわって小売商整理や生必品配給統制の具体化を担っていた[64]。

　他方，組合問題小委員会では，商統総会の下部機構結成に対応して，従来の組合の全面的な改編が必要との認識にもとづき，新しい組合組織に関する検討がなされている。そこで改編される新しい組合組織については，一方で大使館の一元的方針によりつつ，準則は会議所が中心となって作成することとされており，上海日本商工会議所の担う役割は小売商問題と共通したものであった[65]。

　以上，三委員会の動向を通じて対華新政策への対応をみてきたが，商統総会体制へ移行するなかで，商工会議所は，華商との協力関係の模索，企業整備さらには小売商整理や組合再編など日本人商工業者の統制と再編をめぐる重要問題に，行政機構にかわって中心的に関わっていたことがわかる。1939年の改編時に明示された「外支人商工団体との交渉連絡」という機能が，対華新政策のなかでクローズアップされ，地域商工業者の統合機能とともに，この時期における上海日本商工会議所の重要な活動となっていったのである。

　それらも含め当該期，日本政府と汪政権との間にあって，上海日本商工会

議所が顕著な役割を果たしていたことは，「今年は誰が活躍する」との1944年新春の新聞記事において，「商工会議所は何をなすべきか？　必勝誓ふ大戦第三春に対処する会議所の任務は重く，その動きは大きいものと注目されている。……殊に昨秋以来，南京上海東京間を駆け廻った武内専務理事の活躍は目覚ましく今年こそその成果が結実するものと期待されている」と記された点からもうかがえよう[66]。同時に，これらの活動が，会員企業・商工業者自身の要求から発したのではなく，総領事館など官の意を反映したものであったことも上述してきたところから明らかであろう。

　ところで，こうした単に総領事館などの業務代行機関的役割にとどまらない会議所の活動を規定したのは何か。まずひとつには，中国商を前面に立てた商統総会体制のもとで，日本人商工業者に対する日本政府の統制も，直接の法的措置などは困難であり間接的な形にならざるをえなかったことを指摘できよう。それゆえ，業種横断的経済団体たる商工会議所が政策を媒介する役割を担っていったのである。また，きわめて多様で，かつ現地華商経済とも関連をもつ上海在留日本人商工業者の統制や再編は，中間的な統轄組織なしには難しく，とくに対華新政策以後においては，企業整備や小売商整理などの課題は，上海日本商工会議所を中心とした経済団体の「自主的」施策を必要としていたといえよう。

(3)　上海日本経済会議所の結成

　上海日本商工会議所は，1942年に上海総領事館の主導で時局即応の政策代行的機関へと大きく変容せしめられていたが，「決戦戦局」への情勢の移行は，商工会議所のさらなる組織改編をもたらすこととなった。1944年9月10日付領事館令第5号「上海日本経済会議所規則」による11月7日の上海日本経済会議所の発足がそれである[67]。

　これは，1943年10日1日の商工経済会の全国一斉発足[68]に約1年ほど遅れた改編であった。時期的差異が生じたのは，上海では，すでに1942年10日の規則改定において，公益優先や国家第一主義の原理などが導入されていたことにもよるが，日本国内では全国共通的性格をもちうる状況があるのに

第Ⅲ部／第8章　日本占領下の上海日本商工会議所　355

対して，在外商工会議所は「各地夫々の特殊性に対応し，しかも治外法権撤廃後における邦商企業の維持発展或いは企業整備等の問題を直接間接に指導すべき実際的使命を有する」として，全国一律の商工経済会体制への同調を控えたものと思われる[69]。

　はじめに，経済会議所への改組の特徴を「規則」の上からみると[70]，まず第一に，第1条で「当館管轄区域内ニ於ケル邦人経済ノ総力ヲ最モ有効ニ発揮セシムル為当館ノ施策ニ協力シ産業経済ノ円滑ナル連絡ヲ図ルト共ニ其ノ改善向上ニ努ムルコトヲ目的トス」と規定し，総領事館に直属した国策協力機関としての性格を法的にも明示する形となっている。また第二に，会員については，従来の任意加入から総領事館指定による強制加入へと変化している。同時に個人，会社のほか団体も指定しうるものとなった。これらのことは，会員数を906名から1,356名へ増加させただけでなく（表8-2），第1条と相俟って，上海日本経済会議所を地域の総合的経済指導機関の地位に置いたものといえる。さらに第三に，役員については，従来の選任制を廃し任命制として，会頭は総領事館が任命し，会頭が役員会（評議員25名）を統裁することとした。指導者原理を明確にする形で，政府の指導性の徹底を図ったものといえよう。そして第四に，従来の50名の議員にかえて75名の総代を役員会が任命することに変わっている。これも一元的指導原理にもとづいた組織体制の再編である。総じて，商工経済会法に準じた改編と評することができる。

　役員体制については，創立総会において，会頭河村二四郎（正金銀行取締役）および副会頭川口憲一（住友本社上海事務所），監事3名，評議員25名が任命されている。役員の構成は表8-9に示される通りであるが，前上海日本商工会議所の役員ないし役員送出企業は，1名を除きすべて評議員（14名）ないし総代（2名），理事（1名）になっており，経済会議所は役員構成の面では前商工会議所の体制を受け継いでいることがわかる。

　また，評議員の業種別構成は，工業8名，商業7名，金融・保険3名，国策会社3名，運輸倉庫その他4名となっており，生産力増強方針を反映して，かつての商業貿易にかわって工業が最多を占めている。国策会社3名

表**8-9**　上海日本経済会議所総代および役員一覧（1944年12月）

氏　　名	所　　属	氏　　名	所　　属
会頭：河村二四郎　＊	横浜正金銀行	友永藤三郎	日華紡織株式会社
副会頭：川口憲一　＊	株式会社住友本社	塚本峰吉	株式会社松坂屋
理事：武内文彬　＊	（前大政翼賛会経済部長）	神谷春雄	淮南炭礦株式会社
（評議員）		瀬部伊三郎	岩井産業株式会社
矢島安造　　　　＊	日本製鉄株式会社	藤原保明	華中電気通信株式会社
中村公一	江南造船所（三菱重工）	谷口豊三郎	裕豊紡績株式会社
山本正男　　（＊）	三井物産株式会社	磯谷光亨	華中鉱業株式会社
生駒　実　◇	日本郵船株式会社	加賀山学	華中運輸株式会社
中川幹太　　（＊）	東亜海運株式会社	孫田昌植	上海精密機械工藝社
小島栄三　　（＊）	三菱商事株式会社	杉本久太郎	上海内河汽船株式会社
上林市太郎	華中鉄道株式会社	田口長次郎	華中水産株式会社
伴野　清	中支那振興株式会社	岡　武雄	大同貿易株式会社
吉田文熊　　（＊）	日本油脂株式会社	新井藤次郎	新井洋行
和田正義	東京海上火災保険	酒寄発五郎	株式会社増幸洋行
武藤武二	朝鮮銀行	吉崎治郎	吉崎運輸
前田保勇　◇　（＊）	東洋棉花株式会社	吉原　迪	大上海瓦斯株式会社
勝田俊治　◇	内外綿株式会社	児玉長次郎	吉田号
菱田逸次　　　　＊	裕豊紡績株式会社	木村政司	東方製氷株式会社
青木　節　　　　＊	華中水電株式会社	前田壽保	上海金属工業
村川善美	亜細亜鋼業	黒川潔一	松川屋
西川秋次	豊田紡織株式会社	栂野友秀	天壽堂薬房
栗本寅治　　　　＊	株式会社瀛華洋行	牧彦次郎	三興麺粉公司
戸田龍雄	上海三菱倉庫株式会社	太田俊三	上海共益無尽株式会社
五十崎義鶴　　　＊	上海購買社	岡野重久	岡野建築事務所
宮澤綱三　　　　＊	宮澤時計店	田村小一郎	瑞申洋行
市橋彦二　　　　＊	上海工業同志会	海老原竹之助	華興商業銀行
尾坂與市	大陸新報社	芳賀金六	上海紡織株式会社
三井米松	中華日本貿易連合会会長	上谷喜三郎	美利化学廠株式会社
（総代）		石川青由	
宮本道治	南満州鉄道株式会社	大橋義勝	石炭連合会
守分　巌	東京芝浦電気株式会社	川喜多長政	中華映画株式会社
勝田　操	大日本紡績株式会社	木村増太郎　　　　＊	儲備銀行顧問
杉坂富之助	大阪商船株式会社	功力千俊	食料品商業組合
加藤五一	三井物産株式会社	高野清文	上海生命徴兵保険協会
矢部潤二	中華煙草株式会社	玉置豊助	上海永礼化学工業
山田久一	鐘淵公大実業株式会社	堤　孝	華中棉花統制会
田中茂光	日綿実業株式会社	長岡哲三	（大日本蚕糸会）
矢守貞吉	上海恒産株式会社	樋口浩洋	安田信託株式会社
山中喜一	中華臨船股份有限公司	松雪幸二郎	

注　：1）氏名欄の◇印は監事。
　　　2）氏名欄の＊印は1942年上海日本商工会議所役員，（＊）印は同じく所属企業代表者が役員。
出典：『大陸新報』1944年11月8日，12月14日。所属の一部は，上海日本商工会議所『上海商工録』1944年版。
　　　なお，『人事興信録』第15版も参照。

は，中支那振興会社の投資拡大を物語っている。なお，評議員25名中土着派企業（*印）5名を数えているのは，中小商工業者も含めた上海財界の戦時総動員体制を構築する上で考慮されたものであろう。

　以上にみてきたところから，経済会議所への改組の意図をみると，①公益優先・国家第一主義の徹底を図ること，②法的根拠の明示による官と表裏一体の強力な国策協力機関たらしめること，③それ自体財界代表たる形式と実質を付与し上海財界総動員の実をあげる組織とすること，さらには④中国人経済団体と密接に連携した現地経済体制を確立すること，等と概括できよう[71]。それは，上海の在留日本企業および商工業者が，日本国内の戦時経済の深刻化にもかかわらず，旧態依然たる姿勢にとどまっている現状に対し，1942年の改編時にはわずかに残されていた自主的自由主義的要素も「決戦時局」に不適として排除し，日本国内の商工経済会の組織原理に同調させつつ，彼らを戦時体制のもとに総動員せしめようとするものであった。

　これらの点は，以下の創立総会における河村二四郎会頭の挨拶からもうかがえる。

　経済会議所が新設されるに至ったかの理由に就いては，茲に贅言を要しないと思ふがそれは要するに
一，決戦段階に入れる時局の要請に基くものなること
二，この時局は真に完璧十全なる上海財界総動員体制の確立を至上命令とすること
三，この至上命令に即応して，経済会議所に上海財界総動員上の中核的経済機構としての諸条件を具備せしめること
の諸点に存することは明らかである。……武勲赫々たる前線将兵の心を以て心とし，神風特別攻撃隊の如き至誠殉国の熱意と気迫と挺身的覚悟とを以て，この重大難局打開に向ひ，総進軍することを皆様と共にここにお誓ひ致したいと存ずる次第である[72]。

　ここでは，もはや経済原理にもとづいた自主的な経済団体としての立場は

みられず，国策協力機関として戦争に向けた商工業者総動員体制の確立が語られるのみである。

おわりに

　当初，上海在留の有力企業を主体として発足した上海日本商工会議所は，日中戦争後，日本占領に対応して在留日本人商工業者が急増するなかで，総領事館の内面指導のもとに，1939年2月，中小業者を含む広範な商工業者を結集した組織へと再編されていった。ここでの改編は，増大した在留商工業者を有力企業主導下の商工会議所に統合することによって，会議所組織を物資流通や物価対策をはじめとする占領政策の遂行に際して活用しようとしたものであった。それはまた，組織的性格の面からみると，上海日本商工会議所を会員の事業活動の擁護と要求実現を目的とした自主的経済団体から，当局の意向に沿った国策協力的な組織への再編の一歩として捉えうることができる。

　このように在留商工業者を広く統合する形で再編された上海日本商工会議所は，日中戦争期においては，依然，営業の自由を保持しようとの姿勢を有し，当局の経済統制強化の方針に対しても，自主的統制により対応しようとの意向を示していた。しかし，他面では，当該期における各種の物資別統制組織の整備とも相俟って，次第に傘下会員の経済的要求の実現や相互調整などの活動は後退することとなっていった。

　1941年12月のアジア太平洋戦争の開戦と租界接収は，上海の経済機構を日本の全面的支配下に置き，経済の再編と戦時統制を急速に推進していった。上海経済再編成と称する施策がそれである。上海経済再編成に対応して，上海日本商工会議所も，1942年，総領事館主導でさらなる改編がなされていった。そこでは，当局の指導権限が強化され，公益優先，国家第一主義の名のもとに行政機構の補完的性格が強められる一方，同業組合など在留日本人経済団体に対する統轄的機能をも担うこととなった。また，この頃から，陳情や建議など会員利害に関わる活動はほとんどみられなくなっていった。

しかしながら，経済統制の進展に対応した上海日本商工会議所の国策協力機関的な再編は，単に本来の商工会議所としての機能の後退というにもとどまらず，占領期上海における日本人経済団体として，戦後統制の上でもまた占領政策の上でも，他にかえがたい役割を果たすこととなってゆく。上海日本商工会議所は，再編過程において予算規模を拡大し事務局体制を拡充しており，陳情や建議活動後退の反面，調査活動や情報機能の継続だけでなく，新たな事業活動もみられるのである。それらの事業活動は，物資や物価統制など経済統制における行政機関の補完的業務，国債消化や総力報国会など戦時国民動員にかかわる業務，あるいは諸組合を通じた在留商工業者の統轄等々であり，経済活動のみならず，戦時国民動員など社会活動の面でもさまざまな役割を担うこととなっていた。

　さらに，1943年，汪精衛政府と関係中国商らに物資蒐集配給の権限を委ねる対華新政策＝商統総会体制が発足し，占領地統治体制が変化するなかで，総合的経済団体としての商工会議所は新たな役割を担っていった。一方では，日本側民間経済組織として商統総会体制の下部機構を支えるとともに，他方で，戦時経済下の物資不足や日華経済提携策に起因する在留日本商工業者側の企業整備や小売商整理を日本商内部から推進するなど，当該期の占領地政策を民間側から補完する不可欠の役割を担っていたのである。

　このように在留商工業者を統合しつつ，国策協力機関的性格を強めていた上海日本商工会議所は，その後，1944年11月，組織を解散し，上海日本経済会議所として再発足していった。戦時体制がさらに深まるなかで，外見的にも自主的経済団体としての機能を完全に喪失し，銃後における在留商工業者・企業従事者の総動員機構へと傾斜していったのである。それは，日中戦争後に開始された上海日本商工会議所再編の最終局面であった。

〔注〕
1）南満州鉄道株式会社上海事務所『事変後に於ける中支占領地区商品流通事情』1938年，37頁。上海における戦闘は，11月中旬まで続き，最後の激戦地南市区内の工場は全滅した。それに伴う損害も加え，上海全体で約8億元

の損失とされている。

2）上海貿易の動向については，同上書91～129頁，および上海日本商工会議所
　　『上海日本商工会議所年報』（以下『年報』と略記）第23，1940年度，10～
　　35頁参照。

3）それらの点，とりあえず，上海居留民団編『上海居留民団三十五周年記念
　　誌』1942年，669～768頁参照。

4）日中戦争後の上海における日本の経済統制策については，満鉄調査部編『支
　　那経済年報』1940年版参照。また日本の経済統制研究の動向は，須永徳武
　　「商工会議所の機構改革と商工経済会の活動」柳沢遊・木村健二編著『戦時
　　下アジアの日本経済団体』日本経済評論社，2004年参照。

5）以下の対日配給機構の形成については，中支那振興株式会社『中支那に於け
　　る物資配給機構の現状』1942年，中国通信社『全支組合総覧　昭和十八年
　　版』1942年，交易営団調査部『華中の集配機構』1944年，『年報』第23，
　　1940年度，第24，41年度など参照。また，中村政則・髙村直助・小林英夫
　　編著『戦時華中の物資動員と軍票』多賀出版，1994年，第二章（柴田善
　　雅），第十二章（久保亨）参照。

6）以下，1939年における上海日本商工会議所の再編とその性格に関しては，
　　拙稿「日中戦争期における上海日本商工会議所──ネットワークの再編と限
　　界」日本上海研究会編『上海──重層するネットワーク』汲古書院，2000
　　年（本書第7章）。また，上海日本商工会議所『上海日本商工会議所定款』
　　1928年，同1939年，「商工会議所法」1926年も参照。

7）上海日本商工会議所『昭和十四年度事務報告』2頁。

8）上海日本商工会議所『上海日本商工会議所々報』（以下『所報』と略記）第
　　23号，1940年6月，2頁。

9）前掲上海日本商工会議所『昭和十四年度事務報告』29～31頁。

10）『所報』第13号，1939年11月，1頁。

11）『所報』第15号，1939年12月，1頁。

12）『所報』第17号，1940年1月，1頁。

13）「高物価対策所見」同上，第19号，1940年3月，1頁。

14）上海日本商工会議所『昭和十六年度事務報告』19頁，および「輸入配給組
　　合の構成」『所報』第26号，1940年9月，1～2頁。

15）「輸入物資ノ価格調整方式ニ関スル意見具申」『所報』第27号，1～2頁。

16）前掲上海日本商工会議所『昭和十四年度事務報告』49～62頁。

17）「第五回定期議員総会に於ける塙会頭挨拶」『所報』第40号，1941年6月，
　　2頁。

18）「現地商工会議所の使命と性格について」『所報』第50号，1941年11月，1

頁。

19）輸入配給組合の形成に際して，商工会議所は，興亜院華中連絡部と協議しながら尽力している（『所報』第32号，1941年1月，1頁）。しかし，華中連絡部としては，たとえ輸配連の理事長（塙雄太郎三井物産上海支店長）に上海日本商工会議所会頭が座っていても別個の組織として位置づけ，「会頭が当然に理事長と云ふような関連を持たしめない人事」（前掲上海日本商工会議所『昭和十六年度事務報告』69頁）をしていた。こうした対応は，興亜院と総領事館との権限争いを背景としたものとも考えられるが，検討しえなかった。なお，輸入配給組合員と商工会議所との重複数については，注14）参照。

20）前掲「現地商工会議所の使命と性格について」『所報』第50号，1頁。

21）以下，租界接収後の上海経済再編成に関しては，『年報』1942年版，「大東亜戦争勃発以来の上海経済第一年」上海日本商工会議所『経済月報』（以下『経済月報』とのみ略記）第188号，1942年12月参照。

22）南満州鉄道株式会社調査部『中南支経済統計季報』第8号，1943年。

23）1923年の職業別構成については，拙稿「第一次大戦期における上海日本人居留民社会の構成と『土着派』中堅層」『和光経済』第30巻1号，1997年（本書第3章），1927年は，高綱博文「上海事変と日本人居留民」中央大学人文科学研究所編『日中戦争——日本・中国・アメリカ』中央大学出版部，1993年参照。

24）1943年の数値は，「邦人職域編成問題の考察」『経済月報』第210号，1944年10月，16〜19頁。

25）「邦人小売商問題解決の方向——第二回邦商対策委員会に於ける決議案」『経済月報』第197号，1943年9月，15頁。

26）前掲「邦人職域編成問題の考察」『経済月報』第210号，12〜16頁。

27）『経済月報』第179号，1942年3月，2頁，第180号，同4月，3頁，第184号，同8月，15頁。また前掲中支那振興株式会社『中支那に於ける物資配給機構の現状』91頁。

28）『経済月報』第180号，3頁。

29）『経済月報』第179号，7頁，前掲中支那振興株式会社『中支那に於ける物資配給機構の現状』64〜67頁。

30）前掲中支那振興株式会社『中支那に於ける物資配給機構の現状』60〜61頁，前掲「大東亜戦争勃発以来の上海経済第一年」9頁，中支那経済年報刊行会『中支那経済年報』第1輯，1942年，135〜139頁。また中小業者整理に関しては，「現地経済再編成と中小業者の今後」同第3輯，1943年，75〜88頁参照。

31）前掲上海日本商工会議所『昭和十六年度事務報告』1〜2頁。

32）同上，59〜64頁。

33）「第七回定期議員総会議事録」『所報』第59号，1942年6月，2〜3頁。

34）同上，4〜5頁。

35）青木会頭は，「去る九月二十六日上海総領事館が館令第一〇号を以て『上海日本商工会議所規則』の大改正を決行せられ当会議所に対して右新館令の趣旨に従ひ，当所定款の改正を行ふ様命ぜられました」と述べ，曽根領事も「我々の責任を以て致しました本件館令改正」と語っている（「新会議所への期待」『所報』第65号，1942年11月，3〜4頁）。

36）前掲拙稿「日中戦争期における上海日本商工会議所」471〜472頁。

37）「会議所館令の改正」『所報』第64号，1942年10日，1頁。また，前掲「新会議所への期待」4頁も参照。

38）以下は，前掲「会議所館令の改正」1〜2頁（新館令条文は3〜4頁），「第八回臨時議員総会議事録」『所報』第65号，5〜10頁参照。なお，上海経済研究所『上海経済年鑑』1943年版，440〜444頁に「定款」の抜粋。

39）「上海日本商工会議所規則改正ニ関スル件」『在外邦人商業（商工）会議所関係雑件』（外務省記録E.2.6.0.1-3）。その後，規則の名称は，「理由ハ諒解スルモ各地商工会議所トノ関係モアリ」との理由で外務省により修正されたが，条項の大部分はそのまま承認されている。日本国内において経済会議所案（1942年経済会議所法案）が実現をみないなか，占領地において先行的に実施せられたのである。占領地において商工会議所を地域の産業経済掌握に活用しようとの政策的意図をみることができる。

40）前掲「第八回臨時議員総会議事録」9〜10頁。

41）「第十回定期議員総会議事録」『所報』第69号，1943年4月，5〜10頁。

42）『所報』第66号，1942年12月，6〜7頁，第67号，1943年1月，5頁，第68号，同年2月，4頁。また上海日本商工会議所『昭和十七年度事務報告』1943年，10〜28頁も参照。

43）前掲上海日本商工会議所『昭和十六年度事務報告』5〜6頁，同『昭和十七年度事務報告』22頁。中支野田経済研究所『上海経済年鑑』1944年版，194〜195頁。

44）前掲中支野田経済研究所『上海経済年鑑』1943年版，151〜153頁。

45）前掲上海日本商工会議所『昭和十六年度事務報告』8頁，同『昭和十七年度事務報告』17〜18頁。

46）外務省『日本外交年表竝主要文書』下，原書房，1965年，580〜581頁。なお，『年報』第27，1944年度，5〜14頁，「日華新政策の大転換」『経済月報』第191号，1943年3月，1〜11頁参照。

47)『所報』第74号，1943年9月，2頁，また「国府経済の再建段階」前掲中支那経済年報刊行会『中支那経済年報』第3輯，1943年，336〜346頁。また，古厩忠夫「対華新政策と汪精衛政権」前掲『戦時華中の物資動員と軍票』337〜339頁。

48)『経済月報』第191号，1943年6月，16〜19頁。

49)『所報』第71号，1943年6月，6頁（経済上海建設委員会，田中領事挨拶）。なお，商統総会設立の意味について，浅田喬二は，中国人中小ブルジョアジーを「自治機関」に結集して，汪政権の経済的基盤を形成するとともに，物資流通の統制を行おうとしたものと，その政策的意図を指摘している（浅田「日本帝国主義による中国農業資源の収奪過程」同編『日本帝国主義下の中国』楽游書房，1981年，130頁）。これに対し，古厩忠夫は，軍需物資と対日供給物資の確保を目的とした物資流通統制権の中国側商人への委譲とした上で，形式的自立化政策のゆえに，日本側が現地経済維持の責任を放棄し汪政権地域の生産と生活の崩壊を促進した点を強調している（古厩「日中戦争と占領地経済」前掲『日中戦争』352〜354頁）。

50)商統総会の機構図については，『年報』第27，1944年度，21頁および『経済月報』第200号付図，1943年12月。商統総会に関する以下の記述は，「全国商業統制総会設立の意義と内容」前掲中支那経済年報刊行会『中支那経済年報』第3輯，1943年，89〜98頁，中支野田経済研究所『上海経済年鑑』1944度版，226〜260頁，『年報』第27，1944年度，14〜22頁。

51)「会議所の機能強化を切望」『所報』第69号，3〜4頁。

52)前掲上海日本商工会議所『昭和十七年度事務報告』20〜22頁。

53)「第十回議員総会議事録」『所報』第69号，6頁。また青木節会頭挨拶も参照。

54)「三委員会連合発会式」『所報』第71号，2頁。

55)中国側とくに華商経済力の活用を意図した対華新政策に関して，田中領事は「日本側も亦，軍官が先導に立ってやるのでなく民間経済人の方が指導的にやるといふことにあると我々は諒解している」と述べている（同上，6頁）。

56)この点，田尻公使は「若し，従来の日華関係に征服者，被征服者の関係があったとすれば勿論これは是正されねばならない。協力体制を作るのに障害になるものは除去されねばならない」と，率直に語っている（『所報』第72号，1943年7月，2頁）。日華経済提携が，華商の利益を排除した名目的なものであったことを知りえよう。

57)同上，2〜3頁。

58)『所報』第72号，4〜7頁，第74号，1943年9月，4〜5頁。

59）この点「現地に於ては強権による企業整備はなかなか実施し難い。即ち企業の合併統合等を命令し得べき法的措置が講じられていないためである」との指摘を参照（社説「企業整備を急げ」『中国産業報』1945年4月27日）。

60）「邦人工業整備に就ての考察」『経済月報』第202号，1944年2月，1〜12頁。

61）「邦人小売商問題解決の方向」『経済月報』第197号，1〜24頁。

62）「邦商対策委員会」前掲『所報』第72号，7頁。関連して，4，8〜9頁。

63）前掲「邦人小売商問題解決の方向」6〜9頁。

64）「在留邦人決戦必勝への道（三）」『支那情報』1943年7月6日。「整備の先頭行く邦商」同上，1944年1月20日。

65）『所報』第72号，9頁，同第71号7頁。

66）「今年は誰が活躍する」『支那情報』1944年1月3日。

67）「上海に於ける経済会議所創立とその意義」『経済月報』第211号，1944年11月，4〜9頁および「上海財界の総力結集」『大陸新報』1944年11月8日。

68）前掲須永「商工会議所の機構改革と商工経済会の活動」，また橋爪克巳『決戦経済と商工経済会』中川書房，1943年。

69）「山東経済推進座談会」『支那情報』1943年7月8日。ただし，小規模な日本人商工会では，国内に合わせた商工経済会への移行がみられた（「蘇州に日本商工経済会」『支那情報』1943年7月6日）。

70）前掲「上海に於ける経済会議所創立とその意義」7〜9頁。

71）同上，6〜7頁。

72）前掲「上海財界の総力結集」。

第9章　アジア太平洋戦争期における上海日本人居留民社会
——日本人居留民と華人社会——

はじめに

　アジア太平洋戦争の開戦（1941年12月）は，日本により東亜経済圏の中枢に位置づけられた上海経済を，戦争経済の中核を担うものへと再編成するよう促していった。かかる過程は，上海の日本人居留民社会においては，産業的職業的構成の変化として現れるが，本章は，日中戦争開戦以降の外務省上海総領事館『上海日本人産業別職業別人口調査』（1936～44年）を手がかりに戦争経済による日本人居留民社会の変容を検討し，それを通じて，日本の上海占領支配の実態と特質を解明しようとするものである[1]。同時にそれは，日本の占領政策における日本人居留民・日本企業の歴史的位置と役割を検討することでもある。かつて上海居留日本人社会を分析した陳祖恩氏は，「近代上海にとって日本人居留民が果たした役割は何であったのか？」との問いかけを行っているが[2]，その問いは，第一次上海事変をはじめとした日本の上海・中国本土侵略過程における日本人居留民の役割の解明にとどまらず[3]，上海占領支配における日本人居留民の多面的存在の意味を上海社会のなかにおいて検討することでもある。日本人にとっての戦争責任の検討といいかえることもできる。

　まず，第一次上海事変後アジア太平洋戦争に至る日中戦争期の上海経済の展開を時期区分すると，1937年7月7日の日中開戦による蔣介石国民党政権との全面的対決開始時点を画期に二つに分けられる。さらに，上海共同租界の接収を伴うアジア太平洋戦争開戦（1941年12月8日）をつぎの画期として段階区分することができる。本章で対象とするのは日中開戦からアジア太

366

平洋戦争の時期である。かかる時期は，後述するように（2節1項），一方での，日本企業や中小商工業者など資本が主導し占領権力をバックに貿易や資本輸出を通じて直接的に収奪してゆく方向と，他方での，日本政府・軍による汪兆銘（精衛）政権の確立とそれを槓杆とした政治的経済的支配方針との二つの路線が対抗しつつも，後者の路線が事実上進展していった過程でもあった。後者の路線に関しては，後述の1938年1月11日御前会議決定とともに，39年6月6日五相会議決定「中国新中央政府樹立方針」（外務省『日本外交年表竝主要文書』下，412～413頁）や39年12月4日内閣情報部「支那新中央政府成立ニ関スル輿論指導要綱」（『資料日本現代史』第10巻，大月書店，1984年，336～338頁）に詳述されているが，本章では指摘するにとどめる。

1　日中戦争の開戦と日本人居留民社会

⑴　上海日本人社会の形成

　はじめに，上海における日本人居留民社会の形成についてふれておこう。

　日本人の上海への渡航は，幕末から明治維新期において始まるが，日清戦争直前の時期でも，総数1,000名内外にすぎなかった。日露戦争後になると，図9-1からも概観できるように，上海に在留する日本人数は，輸出入貿易の拡大を伴いつつ増加してゆく。こうした在留日本人居留民の増加がみられた日清・日露戦後期の日中間の対抗は，1920～30年代を通じ多面的に展開するが，37年7月の日中戦争の開戦を画期に，日本軍の軍事的上海支配の時期に入ることとなる[4]。

　こうして形成された日本人居留民社会の構成と発展の段階について，行論上必要な限りで論及しておきたい。まず，上海における日本人居留民社会を形成せしめた主要な存在として，①広範な中小商工業者，②貿易関連企業，③在華紡および関連諸工業，そして日中戦争後においては④中支那振興株式会社関係会社などをあげることができよう[5]。①の中小商工業者は，多くが在留日本人に依存した自営業的な零細経営であり，不安定な経営で流動性も

図9-1　上海対日貿易額および在留日本人数

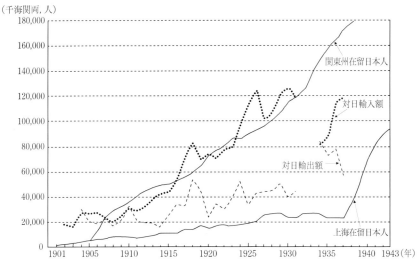

注：1）輸出入額には台湾分も含む。なお，1936～42年についても朝鮮分を除き台湾分。
　　2）1934～37年の貿易額は，1元＝1.558海関両で換算。
出典：本図の数値は，本書第6章表6-1による。

激しいが，いわゆる「土着派」居留民の主力を占めていた。しかし日中戦争以降は，国策会社や公務関係の在留者の増大でその比重を低減せしめている。②の貿易関連企業については，三井物産（貿易商社）・日本郵船（航運）・横浜正金（為替銀行）などの先駆的進出企業をはじめとし，多くの有力・中堅の貿易業者や中国輸出の拡大を志向する大阪・神戸等の中小製造業者の上海販売拠点や委託店などがみられる。これらの企業は，国家依存的側面も伴ったとはいえむしろ独自利益追求の面が強く，中国在地経済と関連した事業発展と上海・長江流域進出の方向を追求していた。また③の在華紡および関連諸工業については，周知のように，日本紡織業の再生産構造のなかに中国紡績業を編入するとともに，上海進出日本資本の中核として，上海日本人居留民社会を経済的財政的に支える役割をも果たしていた。在華紡の発展とともに，それに付随して機械部品製造や原料加工業などの中小工業企業の一定の成長もみられた。そして，日中戦争以後になると新たな存在として，④国策

会社や工部局・市政府に関わる居留民（会社員・公務従事者）が一気に増加するのである。彼らのほとんどが俸給生活者であることもあわせて付け加えておきたい。

こうした諸要素からなる日本の上海進出は，段階的には日露戦後から第一次世界大戦期にかけての中小商工業者や貿易業者中心の進出段階，そしてつぎに，第一次世界大戦以降中国関税引き上げの影響などによる資本輸出の本格化と在留民の定住化（この期に日本人居留民社会が成立した）の段階と位置づけることができる。それは，経済的進出にとどまらず，満州方面における軍事的侵略の拡大に規定され，次第に政治的軍事的中国進出へと傾斜してゆくものでもあった。さらに，第一次上海事変を経て1937年7月の日中戦争開戦以後は，軍事占領と一体となった上海・中国侵略の段階といえる。

以上，上海における日本人居留民社会の形成過程とその特質について概覧したが，つぎに，本章が課題とする日中戦争以降の日本人居留民社会の変容を検討していこう。

⑵　日中開戦による居留民社会の変容──『在中支邦人実態調査報告書』の検討

戦時期日本人社会の状況

最初に，日中戦争開戦から1944年に至る日本人の動向を概覧し，この時期における変容の特徴を確認しておくと（表9-1参照），在留日本人総数（内地人本業者）では，1936年1万2,431人が44年3万9,425人へと短期間に約3倍にものぼる増加がみられる。それは，内容的にも従来と異なり，産業別構成比では，工業部門が1936年962人（うち機械金属39人・繊維15人）7.7％が42年4,677人11.4％，44年1万951人（うち機械金属2,446人・繊維2,396人）27.8％と大幅に増大している。とりわけ対英米開戦後の増加が顕著である。戦争を支える工業生産力拡充策を反映したものといえよう。

他面，商業部門は，1936年7,729人（うち物品販売1,297人・貿易187人）62.2％が42年2万2,703人（同上829人・773人）54.6％，44年1万2,598人（同上4,047人・4,381人）32.0％へと大きく比重を縮小させることとなっている（時には企業整備により人数も）。工業部門強化に対応する外国貿易の縮小とそれ

表9-1　上海在留日本人職業別人口の動向　（本業者数，人・%）

職　　　業	1917.6	比率	1923.10	比率	1928.10	比率
総数(男・女)	13,381	—	16,760	—	26,577	—
本業者数	4,486	100.0	8,657	100.0	13,562	100.0
農林・園芸・水産・鉱業　小計	16	0.4	20	0.2	57	0.4
工業　小計	575	12.8	1,083	12.5	669	4.9
窯業(陶磁・硝子・煉瓦等)	6		15		11	
機械器具	2		15		13	
金属工業(含鍛冶・鉄工等)	2		18		21	
化学工業(石鹸・燐寸・護謨等)	3		11		6	
繊維工業	4		9		19	
飲食料・嗜好品製造	25		5		39	
被服・身廻り品製造	113		131		150	
紙・木・竹・皮革・装飾品	43		32		32	
洗張・染色・洗濯	24		40		26	
製版・印刷・製本	21		47		35	
土木建築業	14		32		28	
大工・左官・石工・ペンキ・木挽	54		115		54	
瓦斯・電気・天然力利用業					14	
その他の工業(含特記なき職人,細工職)	46		96		24	
工業労働者	250		249		165	
商業　小計	1,782	39.7	3,356	38.8	8,141	60.0
物品販売(卸・小売,含仲買商)	556	12.4	705	8.1	1,470	10.8
貿易業・奥地収買業	28		102		214	
金融・保険業(含質・金貸・両替・為替)	9		30		32	
媒介・周旋	7		6		62	
行商・仲買・用達商	53		120		57	
物品賃貸・預り(含倉庫業・家屋賃貸)	—		8		18	
会社員・銀行員・商店員	545	12.1	2,093	24.3	5,078	37.4
旅館・料理・遊技場。貸席他	87		111		179	
芸妓・娼妓・酌婦他(含技芸娯楽)	214		502		628	
理髪・髪結・浴場業	94		191		140	
その他の商業	7		38		370	
運輸業　小計	31	0.7	107	1.2	211	1.6
郵便・電信・電話従業者	15		29		4	
鉄道従業者(含労働者)	—		—		—	
船舶従業者	7		41		113	
運輸取扱(含通関・運搬夫・仲仕)	9		27		78	
馬車・自動車運転手	—		13		16	
公務および自由業　小計	411	9.2	622	7.2	1,170	8.6
官公吏・外国傭聘(公務・法務)	122		148		323	
陸海軍人			3		4	
教育・宗教	56		86		179	
医務(医師・獣医・看護婦他,含按摩)	170		203		390	
法務	4		12		12	
新聞雑誌記者(含著述,調査研究業)	54		92		104	
その他の自由業(含各種団体組合)	5		78		158	
家事被傭人(含料理人)	1,081	24.1	1,088	12.6	898	6.6
その他の有業者,雑業	48	1.1	280	3.2	471	3.5
学生・練習生	331	7.4	443	5.1	649	4.8
無職および不明者	365	8.1	250	2.9	1,241	9.2
参考:台湾籍者総数(男女)	253		388		553	—
:朝鮮籍者総数(男女)	279	—	611	—	659	—

注　：1) 台湾籍者・朝鮮人籍は除く。なお，総数中には視察遊歴者・在監受刑者も含む。
　　　2) 職業区分および産業区分は，上記「職業別人口表」中の区分によった。ただし調査年次により項目
　　　　や区分が異なるため幾つかの職業項目は便宜上統合して表示した。
　　　　また，1944年調査では工場労働者群を一括した人数の表示がないため，職業別小分類の職工および
　　　　作業者の集計値を＊印で示した。
　　　3) 「その他の工業」，「その他の商業」等は，職業別人口表の記載項目によるもの（表出していない項
　　　　目の人数の総和ではない）。

1936.10	比率	1939.10	比率	1942.10	比率	1944.2	比率
23,672	–	51,093	–	90,442	–	92,428	
12,431	100.0	26,642	100.0	41,586	100.0	39,425	100.0
41	0.3	73	0.3	439	1.1	993	2.5
962	7.7	3,023	11.3	4,677	11.2	10,951	27.8
25		11		23		252	
25		116		412		1,783	
14		98		*		663	
22		105		143		1,253	
15		440		1,118		2,396	
121		289		329			
190		176		283		414	
51		122		259		877	
55		156		272			
32		81		119			
37		347		614		1,051	
46		257					
18		78		364		717	
36		149				234	
211		559		764		* 2,259	
7,729	62.2	16,781	63.0	22,703	54.6	12,598	32.0
1,297	10.4	907	3.4	829	2.4	4,047	
187		501		773		4,381	
32		46		105		1,411	
151		15				243	
–		–					
2		11				300	
4,418	35.5	12,711	47.7	18,367	44.2		
165		420					
1,062		1,770		1,332		2,180	
185		130					
230		270		1,004		36	
263	2.1	1,399	5.3	4,176	10.0	5,634	14.3
–		129		704			
–		270		1,821			
153		502		876			
79		126		390			
31		372		385			
1,495	12.0	2,726	10.2	4,804	11.6	8,280	21.0
552		1,335		2,199		4,353	
42		32					
207		311		739		802	
356		474		715		772	
8		25		29		33	
160		224		416		412	
170		325		735		1,908	
330	2.7	595	2.2	568	1.4	183	0.5
426	3.4	802	3.0	1,607	3.9	786	2.0
350	2.8	584	2.2	1,406	3.4		
781	6.8	661	2.5	1,206	2.9	779	2.0
	–		–	3,021	–		
	–		–	5,235	–		

4）製造業小計，商業小計などは，「職業別人口表」に記載された各職業項目の人数を産業別に集計したものであり，表出していない職業項目も含む。

5）1917年，23年の皮革には靴職人は含まない。また，1917年，23年の金融・保険業には質屋・金貸し業を含む（17年9人，23年20人）。按摩鍼灸従事者は，1917年看護師を含め86人，23年同63人。

出典：外務省通商局『海外各地在留本邦人（職業別）人口表』各年次。1942年は上海日本商工会議所『上海日本商工会議所年報』第25，1942年度。1944年は在上海日本総領事館『在支邦人実態調査報告書（上海之部）』。

に伴う卸小売業の後退が背景にあるが，上海在留日本人社会の主力をなしていた小営業的中小商工業者の大きな減少を意味するものでもある。その点では，日中戦争開戦が，日本人居留民社会形成期における中小商工業者主体的ないし商業貿易部門中心的な構成を転換せしめたといえよう。ほかに，華中鉄道株式会社の設立（1939年）に伴って運輸交通業の増加も目立つ（1942年4,176人10.0％）。また公務自由業の急増は，対華新政策の本格化による海関や総領事館警察，居留民団職員，工部局日本人職員さらには上海市政府への日本人顧問の派遣等々の増加を反映したものである（1936年1,495人12.0％が42年4,804人11.6％，44年8,280人21.0％へ）[6]。

　しかし，戦時経済への移行は容易ではなく，原材料や労働力の不足と既存の日本企業・業者の既得権益維持の姿勢などにより曲折を経ることとなった。その一端として，1944年5月時点の重要経営30社における日本人従業員の不足状況をみると，

　　　　事務員：男813人　　女206人
　　　　技術員：男384人　　女12人
　　　　工　員：男294人　　女5人
　　　　合　計：1,714人（男計1,491人　女計223人）

との数値が示されている[7]。

　重点産業において，さまざまな労務統制や給与統制のもとで給与改善や労務配置調整などの施策を行っても，容易に熟練工や優良従業員を確保できない状況にあることがうかがえよう[8]。

　こうした戦時経済下の労働力再配置は，商業部門の大幅縮小を生じさせるが，大資本を軸とした貿易商社の場合は産業会社への転換だけでなく，営業名目変更や物資収買業務の拡大，さらには卸小売業の兼業など，産業再編成政策の影響をさまざまな形で回避しようとしている。これに対して，商業部門の主力をなす零細小売業や雑業は，指定商制度導入など整理統合策によって抑制されており，ようやく家族労働に支えられて経営の維持を図っていたが大幅な減少は免れなかった[9]。

これらの産業構成的変化を，さらに個別企業の動向に即してみるために，金風社『支那在留邦人人名録』（以下『人名録』と略記）によって抽出した従業者１名の上海在留日本人企業150社を表出した表9-2を作成した。これは，1944年を起点に企業の継続状況を後方分析的に一覧したものであるが，本表によって，アジア太平洋戦争下の日本人中小商工業者が，どの時点で進出・開設されたかを知ることができる。まず知りえるのは，1944年時点で営業中の150社は，1942年には大半の137社がすでに出店していることである。開戦前の1940年時点では100店にとどまっており，開戦後の急進出が注目される。1938年まで遡ると開設店は42店にとどまっており，38年の数値（1938年２～４月に調査）が，実質的には戦争直前の事態を示すものであることを考慮すると（36年の37社とほぼ同水準），日中開戦後とアジア太平洋戦開戦後にそれぞれ急進出している小零細企業の姿が浮かび上がってくる。他面，抽出した企業では，日中戦争前から進出している企業は全体の４分の１程度にすぎなかったともいえる。

　念のために，やや視点を変えて，1940年時点での進出企業を軸にみた表9-3（『人名録』40年版時点で上海で事業を営む従業者１名の小経営149社を抽出したもの。なお表9-3の注１）参照）では，149社のうち，日中戦争前の36年以来営業を継続している企業は48社（32.2％）にすぎず，大半が日中開戦後に開設された事業であることがわかる。また，開戦後に進出した企業（1940年７月149社）の多くは，42年７月120社（80.5％）と，比較的経営を持続しえていることも注目される。日本の上海占領諸施策が進出小企業をも支えていたといえよう。ただし，1944年には87社（58.4％）となっており，「企業整備」の荒波のなかで休業・閉店も進行しはじめている。

　これに対比して有力企業についてみると（表9-4，『人名録』1936～44年版の従業者30名以上企業113社），アジア太平洋戦争開戦後42年の107社中，日中戦争前の36年末進出が58社，38年初頭進出が65社となっており，紡績や貿易・運輸など一群の有力企業が，すでに日中戦争前より進出している状況がわかる。そして，戦争による経営環境の一大変化にもかかわらず，事業を持続している。さらに，開戦後になると新たな動きとして，中支那振興関係各

表9-2　上海在留日本人自営業者動向（後方分析1944年→1936年，150社抽出）

| No. | 1944 | | | 1942 | |
---	店名	店主等	業種	店主等	人
1	一志洋行	森本久次郎	靴鞄用原料商	森本久次郎	1
2	一大公司	竹村政次郎	食料品雑貨商	竹村政次郎	1
3	一群商会支店	大城　均	土木建築請負	山本信男	1
4	一貫堂	檀上英雄	表具襖製作	檀上英雄	4
5	一茶	大輪貴美子	喫茶・珈琲販売	大輪貴美子	1
6	一龍	秦　静	食堂		
7	一丸	峯　ツヤ	飲食業	峯　ツヤ	1
8	一徳舎	広崎春吉	製革業	広崎春吉	1
9	一宇荘	藤本喜代二	下宿業	藤本喜代二	1
10	一風荘整骨院	寺山幸一	整骨院	寺山幸一	1
11	市川洋行	萬　昌一郎	和洋紙商	萬　昌一郎	1
12	市丸食料雑貨商店	坂口市之助	食料品・雑貨商	坂口市之助	1
13	伊藤洋行	伊藤辰市	水道・ガス工事業	伊藤辰市	1
14	伊藤洋行	伊藤秀明	綿糸布・雑貨商	伊藤秀明	1
15	伊藤洋行	伊藤峯吉	染料・工業薬品商	伊藤峯吉	1
16	伊東洋行	伊東小四郎	マニラワイヤーロープ商	伊東小四郎	1
17	伊東商行	伊藤糸柳	羊毛・鶏毛貿易		
18	伊庭洋行	伊庭新之助	染料・工業薬品商	伊庭新之助	4
19	伊吹商事上海出張所	原　二郎	織物商	岡本修治郎	1
20	伊万里屋食料品店	立川文平	食料品・米商	立川文平	1
21	伊豆写真材料店	土屋駿介	写真機・材料商	土屋駿介	1
22	伊豆屋	井深和夫	菓子・煙草商	井深和夫	1
23	伊勢屋	北川泰蔵	自動車修理業	北川泰蔵	1
24	石黒洋行	石黒大助	白米・飲料品商	石黒大助	1
25	石見屋洋行	大沢幸雄	食料品・煙草商	大沢幸雄	1
26	石川洋装店	石川　晋	婦人服製造	石川　晋	1
27	石橋洋服店	石橋末吉	羅紗・洋服商	石橋末吉	2
28	石祓商店	石祓嘉七	食料品商	石祓嘉七	1
29	石井写真館	石井米三郎	写真業	石井米三郎	1
30	石岡写真館	石岡泰三	写真業	石岡泰三	
31	石福金属産業	大原清四	非鉄金属商	大原清四	1
32	岩田屋洋行	中牟田喜久雄	貿易商	中牟田喜久雄	1
33	岩田ビリヤード	岩田彦三郎	撞球場・用具店	岩田彦三郎	1
34	岩岡洋行	岩岡貞雄	自転車・雑貨商	岩岡貞雄	2
35	岩上洋行	岩上幸英	食料品雑貨貿易	岩上幸英	2
36	岩坂洋行	坂東好秋	塗料・工業薬品商	坂東好秋	1
37	岩元公司	酒井佐十	雑貨商	酒井佐十	1
38	岩部商店	三品弘	洋装雑貨商		
39	磯田組	磯田正作	土木建築業	磯田正作	1
40	磯田商店	磯田満重	自動車部品・工具商	磯田満重	1
41	池田洋行	池田　実	土木建築請負	池田　実	1
42	池田上海支店	西　栄二	味噌醤油卸	西　栄二	1
43	池田建築業	池田才一	土木建築請負	池田才一	1
44	池内洋行	池内喜三郎	米穀商	池内喜三郎	1
45	井上洋行	井上寅治	薪炭商	井上寅治	1

1940		1938		1936		備考
店主等	人	店主等	人	店主等	人	（1936 年次在籍）
森本久次郎	2	森本久次郎	2	森本久次郎	4	
山本信男	1					
奥野静江（店主）	8	奥野静江	1	奥野静江	1	
大輪貴美子	1	大輪一郎	1	大輪一郎	1	
						ライオンカフェ
峯　ツヤ	1					
広崎春吉	1	広崎春吉	1	広崎春吉	1	
藤本トシ子	1					第一生命相互保険
寺山幸一	1					
坂口市之助	1					実業百貨店
伊藤辰市	1	伊藤辰市	1	伊藤辰市	1	
伊東小四郎	1					
土屋駿介	1					帝国生命保険
吉松周太	1					
石川　晋	1					
石橋末吉	2	石橋末吉	1	石橋末吉	1	
						大亜公司
石岡泰三	1					
山川　力	1					
岩岡貞雄	4					
酒井佐十	1					
磯田正作	1					
磯田満重	1					
池田　実	1	池田　実	1	池田　実	1	
池田源次郎	1	池田源次郎	1	池田源次郎	1	
池田才一	1	池田才一	1	池田才一	1	
						チェリー食堂

| No. | | 1944 | | 1942 | |
	店名	店主等	業種	店主等	人
46	井上洋行	井上秀太郎	金物・機械・工具商	井上秀太郎	1
47	井上商店	井上新一	食料品・雑貨商	井上新一	1
48	井上商店	井上鎮馬	食料品・雑貨商	井上鎮馬	1
49	井上菓子店	井上善太郎	カステラ・菓子商	井上善太郎	1
50	井上洋服店	近河松男	洋服店	近河松男	1
51	井上製紙所	井上助太郎	製紙業	井上助太郎	2
52	井上館	本庄音吉	旅館・下宿業	本庄音吉	1
53	井川商店出張所	迫畑 一	蓄音機・楽器商		
54	井手紙店上海出張所	隈本礼次	チリ紙・茶商	隈本礼次	1
55	井手鍼灸按摩療院	井手鉄太郎	鍼灸・按摩業	井手鉄太郎	1
56	井菱屋呉服店	黒田竹三（店長）	呉服店	黒田竹三（店長）	1
57	井口商店	井口亨二	食料品・雑貨商	井口亨二	1
58	井筒屋（上海支店）	戸田愛次郎	呉服店・小間物商	戸田愛次郎	1
59	飯多洋行	飯島三郎（栃木）	石炭・薪炭商	飯島三郎（栃木）	1
60	飯島洋行	飯島三郎（神奈川）	ワイシャツ製販	飯島三郎（神奈川）	1
61	稲森洋行	奥谷喜作	土木建築・家屋仲介	奥谷喜作	1
62	今井洋行	今井 清	洋品・雑貨卸	今井 清	1
63	今井洋行仕入部	今井栄治	雑貨貿易商	今井栄治	1
64	今林商店	今林松右衛門	雑貨商	今林松右衛門	1
65	今利商店	今利紋治	食料品商	今利紋治	1
66	今村洋行	今村金雄	製菓商	今村金雄	1
67	今村廻漕店	今村幸三郎	通関・運送業	今村幸三郎	1
68	今村清芳園	久津間栄蔵	茶商	久津間栄蔵	1
69	泉洋服店	小塩吉郎	洋服商	小塩吉郎	1
70	泉田組	泉田清八	土木建築請負	泉田清八	1
71	和泉木管株式会社	桂 治十郎	木管販売	桂 治十郎	1
72	糸忠洋行	伊藤忠明	米穀・雑穀・小麦粉商	伊藤忠兵衛	1
73	糸忠洋行支店	米山幸平	米穀商	米山幸平	1
74	生田商店	生田万次郎	食料品・雑貨商	生田万次郎	1
75	生州	松森徹次郎	飲食店	松森徹次郎	1
76	厳原洋行	厳原邦夫	米穀食料品商		
77	入江商会	大槻泰一郎	製糸器械・絹糸商		
78	囲碁倶楽部	白鳥澄子	碁会所	白鳥澄子	1
79	いかり食堂	藤田元喜	飲食店	藤田元喜	1
80	いろは食堂	有川情正	飲食店	有川情正	1
81	イ・エス・モータース	佐藤安吉	自動車修理・部品業	佐藤安吉	2
82	老礼華洋行	中村源吉	縫針・雑貨輸入業	中村源吉	1
83	老把子温泉	渡辺保次	銭湯業	渡辺保次	1
84	八弘葬儀社	尾崎弥太郎	葬儀花輪・仏具商		
85	八達社（公司）	秦 実	貿易・保険代理業	秦 実	1
86	林洋行	林 実	食料品・雑貨商	林 実	1
87	林商店	林 扶一	旅行具商	林 扶一	1
88	林田商店	林田アサノ	呉服・履物商	林田アサノ	1
89	林田クリーニング商会	林田幾太郎	洗濯・洗張業	林田幾太郎	1
90	林田産婆	林田ナヲ	産婆業	林田ナヲ	1
91	原合名会社上海支店	川辺克巳	貿易商	宮崎正作（支店長）	4

| 1940 | | 1938 | | 1936 | | 備考 |
店主等	人	店主等	人	店主等	人	（1936年次在籍）
井上秀太郎	1					
井上新一	1					
井上善太郎	1					
近河松男	1	近河松男	1	近川松男・井上学	2	
井上助太郎（井上商店）	1					
本庄音吉	1	本庄音吉	1	本庄音吉	1	
隈本礼次	1					
井手鉄太郎	1	井手鉄太郎	1	井手鉄太郎	1	
黒田竹三（店長）	7	黒田竹三（店長）	6	黒田竹三	5	
井口亨二	1					
戸田愛次郎	1	戸田愛次郎	1	戸田愛次郎	1	
飯島三郎（栃木）	1					
飯島三郎（神奈川）	1	飯島三郎（神奈川）	1	飯島三郎（神奈川）	1	*1938まで飯島シャツ店
奥谷喜作	1	奥谷喜作	1	稲森久太郎	1	
今井　清	1	?		今井　清	1	
今林松右衛門	1					
今利紋治	1					
今村幸三郎	4	今村幸三郎	1	今村幸三郎	1	
久津間栄蔵	1	松田ミツ	1	松田ミツ	1	
小塩吉郎	1	小塩吉郎	1			
泉田清八	1					
桂　治十郎	1	桂　治十郎	1	桂　治十郎	1	
伊藤栄吉	1					
		松森ミヲ	1			
白鳥澄子	1	白鳥艶子	1			
藤田元喜	1	猪狩ツキ	1	猪狩ツキ	1	
有川情正	1					
佐藤安吉	1					
中村源吉	1	中村源吉	1			元泰利洋行
渡辺保次	1					
林　扶一	1					
林田幾太郎	1					
林田ナヲ	1	林田ナヲ	1	林田ナヲ	1	

No.	店名	1944 店主等	業種	1942 店主等	人
92	原工務所	原　光男	土木建築業	原　光男	1
93	原鉄工所	原　忠六	機械工作工具業	原　忠六	1
94	原時鉄工所	原　時次郎	鉄工・冷凍業	原　時次郎	1
95	原田洋行	原田信雄	運送業	原田信雄	1
96	原田上海商店	原田助市	蚕繭絹糸輸出，海軍用達	原田助市	1
97	原田伝次郎商店	原田伝次郎	絹糸原料商	原田伝次郎	1
98	原口工務所	原口昌雄	建築業	原口昌雄	1
99	浜口俊介商店	奥野良一	綿布・ハンカチ商	奥野良一	1
100	浜田商店	浜田広吉	翡翠商	浜田広吉	1
101	浜田製パン所	浜田七雄	パン製販	浜田七雄	1
102	浜地組	浜地九蔵	土木建築設計	浜地九蔵	1
103	浜廼家	青井国蔵	飲食店	青井国蔵	1
104	浜すし	細井　定	飲食業	細井　定	1
105	橋本洋行	橋本行正	機械工具・金物商	橋本行正	1
106	橋本洋行	橋本卯一	雑貨商	橋本卯一	1
107	橋本商会	橋本秀雄	木材・紡績用品商	橋本秀雄	1
108	橋本事務所	橋本石太	代書業	橋本石太	1
109	服部商店	林　内	綿絹糸布・雑貨商	林　内	1
110	万蔵	中山捨千代	飲食店	中山捨千代	1
111	晩翠軒	関　政蔵	中国物産・漢書輸出商	関　政蔵	1
112	晩香堂薬局	織田　清	薬種売薬業	織田　清	1
113	馬場洋行	馬場トサ	海陸物産輸入商	馬場トサ	1
114	梅月本店	勝又ます	菓子商	勝又ます	1
115	ハマダヤ食料品店	浜田増義	海苔佃煮漬物商	浜田増義	1
116	ハナブサ食堂	井上晴枝	飲食店	井上晴枝	1
117	パレスホテル	金谷正夫（支配人）	ホテル業		
118	パリ洋服店	河口梅子	洋装品・雑貨店	河口梅子	1
119	日本皮革(江南製革廠)	国吉真需	製革業	国吉真需	1
120	日本農業上海出張所	宮野光雄	農薬商	宮地司郎	1
121	日本農事出張所	鈴木平三郎	種苗・農機具・造庭園業		
122	日本電報通信上海支局	松本太平治	新聞広告取次業	白坂正男	1
123	日本ピストリング出張所	村井栄太郎	機械販売	村井栄太郎	1
124	日本製菓公司	角田耕筥	製菓業	太田常次郎	1
125	日本空瓶	西尾吉一	空瓶商	西尾吉一	1
126	日本無線工務所	西本正郎	無電設計修理	西本正郎	1
127	日本館	白石キエ	旅館・下宿業	白石キエ	1
128	日本理髪館	国吉伊三郎	理髪業	国吉伊三郎	1
129	日本亭	御園カネ子	飲食店	御園カネ子	1
130	日本橋	柳田ハツノ	割烹店		
131	日清製油出張所	山田康男	製油販売	山田康男	2
132	日清生命保険代理店	合田幸一	保険代理店	合田幸一	1
133	日華物産公司	菊田清一	木材・建築材料・雑貨	菊田清一	1
134	日華電業公司	大迫久二郎	電気工事・広告看板	大迫久二郎	1
135	日華鉱業公司	北村　明(代表)	鉱業		
136	日華公司	住田正之	貿易商	住田正之	1
137	日華洋行	日高五郎	家具店	日高五郎	1

1940		1938		1936		備考
店主等	人	店主等	人	店主等	人	（1936年次在籍）
原　光男	1					
原　忠六						
原　時次郎	1					内外綿
	1					
原田助市	1	原田助市	1	原田助市	1	
原田伝次郎	1	原田伝次郎	1	原田伝次郎	1	
原口昌雄	1					
浜口俊介	1					
浜田広吉	1	浜田広吉	1	浜田広吉	1	
浜田七雄	1					
浜地健太郎	3	浜地健太郎	5			
青井国蔵	1	青井国蔵	1	青井国蔵	1	
細井　定	1	細井　定	1	細井　定	1	
橋本行正	1					
？		橋本秀雄	1	橋本秀雄	1	
石田正巳	1					
中山捨千代	1					
関　政蔵	1	関　政蔵	1	関　政蔵	1	
織田　清	1	織田　清	1	織田　清	1	
馬場トサ	1					
勝又ます	1	勝又ます	1	勝又ます	1	
浜田増義	1					
井上晴枝	1					
河口梅子	1					
国吉真需	1	国吉真需	1	武本力，国吉真需	6	
川崎司郎	1					
白坂正男	1	白坂正男	1	白坂正男	2	
村井栄太郎	1					
太田常次郎	1					
西尾吉一	1					
西本正郎	1					
白石キエ	1	白石兵三郎	1	白石兵三郎	1	
国吉伊三郎	1	国吉伊三郎	1			
御園カネ子	1	御園カネ子	1	御園カネ子	1	
寺川貫一	1					
合田幸一	1					由井為替事務所
菊田清一	1					
大迫久二郎	6					
山本卯三郎	1					
日高五郎	1					

No.	1944 店名	店主等	業種	1942 店主等	人
138	日華洋行	片岡峰蔵	木材商・煙草・雑貨	片岡峰蔵	1
139	日華貿易洋行	小野瀬喜市	金物・荒物貿易	小野瀬喜市	1
140	日華運輸洋行	梶山幸雄	貨物運輸業	梶山幸雄	1
141	日華商行	塩野藤三郎	畜産物仲介・貿易	塩野藤三郎	1
142	日華組	亀井助紀	土木建築業	亀井助紀	1
143	日東洋行	塩月蘭平	船舶運送業	塩月蘭平	1
144	日東食料品店	三宅陸一	食料品商		
145	日支公司本店	高桑要次郎	みやげもの・紫檀細工商	高桑要次郎	3
146	日中洋行	中井現吉	雑貨商	中井現吉	1
147	日徳公司	奥村義雄	貿易・不動産管理	奥村義雄	1
148	日独貿易上海支店	山成和四夫	鉄・紙器・ゴム製品取扱	山成和四夫	1
149	日窒産業株式会社	坂田忠夫	人造肥料販売		
150	日南公司	深草仁三郎	船舶貿易商	深草仁三郎	1

注 ：1）上記は，『人名録』第34版掲載の従業者1名企業を掲載順（イロハ順）に150社抽出したもの。
　　　ただし，大企業・中堅企業の上海店で『人名録』に掲載する従業者が1名のものなど，自営業でな
　　　いものも含まれる。
　　2）朝鮮籍店主，台湾籍店主の企業および軍管理・軍管理委託企業は除く。

表9-3　日中戦争後における上海進出日本小企業の動向

No.	企業名	業種	経営主 1936.11	人数
1	一貫堂	表具店	奥野静江	1
2	一群商店支店	土木建築請負業		－
3	一進商店	食料品雑貨商		－
4	一茶	喫茶・珈琲販売	大輪一郎	1
5	一休	食堂／喫茶		－
6	一丸	飲食店		－
7	一榮	飲食店	辻　義雄	1
8	一松亭	料理店	丸山愛子	1
9	一心屋	食料品雑貨商		－
10	一宇荘	下宿業		－
11	一徳舎	製靴鞄商	広崎春吉	1
12	一風荘整骨院	整骨院		－
13	五十鈴洋行	日用品雑貨商		－
14	市丸食料雑貨商店	食料品雑貨商	＊実業百貨店	1
15	一樹庵	無料宿泊所	杉原万寿一	1
16	伊藤洋行	水道瓦斯工事	伊藤辰市	1
17	伊藤商行	葉煙草洋紙商	金海洋行	1
18	伊藤商会	自動車修理業		－
19	伊藤商店	洋品雑貨貿易	小宮山晋	1
20	伊東洋行	マニラロープ・棉花商		－
21	伊東フェルト製帽所	製帽所	伊東　柳	1
22	伊串商店	雑貨商	伊串専一	1
23	伊吹洋行			－

1940 店主等	人	1938 店主等	人	1936 店主等	人	備考（1936年次在籍）
片岡峰蔵	1					
梶山幸雄（日米運輸部）	4					
塩野藤三郎	2	塩野藤三郎	1	塩野藤三郎	1	塩野・玉泉園
塩月蘭平（日東運輸公司）	1					
高桑要次郎	3	高桑要次郎	1	高橋武雄	5	高桑・大同紙廠
奥村義雄	3					
山成和四夫	3					
深草仁三郎	2					

3）備考欄は，1944年次の店主の1936年における勤務ないし経営企業。

4）店の所在地が同一で店主交代の場合は継続とした。また，氏名に誤字と思われるものが散見されるが，前後年次から判断して訂正した。

出典：金風社『支那在留邦人人名録』第28～30，32，34版。

経営主 1938.4	人数	経営主 1940.7	人数	経営主 1942.7	人数	経営主 1944.7	人数
奥野静江	1						
	－	山本信雄	1	山本信雄	1	大城　均	1
	－	進　一郎	1				
大輪一郎	1	大輪貴美子	1	大輪貴美子	1	大輪貴美子	1
	－	川口ヨリ	1	川口定夫	5	川口定夫	4
	－	峯　ツヤ	1	峯　ツヤ	1	峯　ツヤ	1
辻　義雄	1	辻　義雄	1				
丸山愛子	1	丸山愛子	1				
	－	森　勝之助	1				
	－	藤本トシ子	1	藤本喜代二	1	藤本喜代二	
広崎春吉	1	広崎春吉	1	広崎春吉	1	広崎春吉	
寺山整骨院	1	寺山幸一	1	寺山幸一	1	寺山幸一	
	－	中居健治郎	1				
	－	坂口市之助	1	坂口市之助	1	坂口市之助	
	－						
伊藤辰市	1	伊藤辰市	1	伊藤辰市	1	伊藤辰市	
	－						
	－	伊藤　強	1	伊藤　強	1		
小宮山晋	1						
	－	伊東小四郎	1	伊東小四郎	1	伊東小四郎	1
	－						
＊上海葬儀社	－						
	－	服部小六	1				

No.	企業名	業種	経営主 1936.11	人数
24	伊豆写真及材料店	写真用品商	＊帝国生命保険	－
25	伊予屋	菓子商		－
26	石上洋行			－
27	石井洋行	食料品雑貨商		－
28	石橋洗張店	京染・洗張	石橋辰雄	1
29	石川洋行	運輸業		－
30	石川洋装店	婦人服製造業	＊ジェームスネイル商会	－
31	石川荘	下宿業		－
32	石福商店（石福金属産業）	非鉄金属商		－
33	石岡写真館	写真館		－
34	石堂洋行			－
35	岩見屋洋行	食料品煙草商		－
36	岩元公司	雑貨商		－
37	岩永産婆	産婆業		－
38	岩永菓子店	菓子商	岩永清太郎	1
39	岩越商店	貿易商		－
40	岩市洋行	薪炭商	＊上海紡織	－
41	磯田組	土木建築業		－
42	磯田商店	自動車・オートバイ部品		－
43	池田洋行	土木建築請負業	池田 実	1
44	池田上海支店	味噌醤油卸	池田源太郎	1
45	池田建築業	土木建築請負業	池田才一	1
46	井上洋行	金物・機械工具商		－
47	井上洋行	家具製造販売		－
48	井上商店（井上製紙所）	製紙業・製紙機械	＊増井製紙廠	－
49	井上商店	食料品雑貨商		－
50	井上館	下宿・旅館業	本庄音吉	1
51	井上菓子店	菓子商		－
52	井上洋服商	洋服商	井上 学	－
53	井手紙店	チリ紙・銘茶商		－
54	井手鍼灸按摩療院	鍼灸按摩業	井手鉄太郎	1
55	井口商店	食料品雑貨商		－
56	井筒屋呉服店	呉服商	戸田愛次郎	－
57	飯島シャツ店	Ｙシャツ製造	飯島三郎	1
58	囲碁倶楽部	囲碁クラブ		－
59	稲森洋行	土木建築請負業	稲森久太郎	1
60	今井洋行	洋服雑貨卸	今井 清	1
61	今林商店	雑貨商		－
62	今利商店	食料品商		－
63	今川写真館	写真業	＊同盟通信社	1
64	今村洋行	土木建築請負業	＊共同租界警察巡査	1
65	今宮清芳園	茶商	松田ミツ	1
66	泉洋服店	洋服商		－
67	泉公司	貿易商		－
68	泉田組	土木建築請負業		－
69	和泉木管	楽器商	桂 治十郎	1

経営主 1938.4	人数	経営主 1940.7	人数	経営主 1942.7	人数	経営主 1944.7	人数
＊帝国生命保険	－	土屋駿介	1	土屋駿介	1	土屋駿介	1
	－	松井 肇	1				
石上繁雄	5	石上繁雄	1				
	－	石井日出吉	1	石井こうの	1		
石橋辰雄	1	小森正一	1				
	－	石川 一	1				
	－	石川 晋	1	石川 晋	1	石川 晋	1
	－	石川よね	1				
	－	山川 力	1				
	－	石岡泰三	1	石岡泰三	1	石岡泰三	1
	－	石堂軍治	1				
	－	吉松周太	1	大沢幸雄	1	大沢幸雄	1
	－	酒井左十	1	酒井左十	1	酒井左十	1
	－	岩永澄江	1				
岩永清太郎	1	岩永清太郎	1				
＊木星洋行店員	－	岩越宗郷	1	岩越宗郷	1		
＊上海紡織	－	岩永市郎	1	岩永市郎	1		
	－	磯田正作	1	磯田正作	1	磯田正作	1
	－	磯田満重	1	磯田満重	1	磯田満重	1
池田 実	1	池田 実	1	池田 実	1	池田 実	1
池田源太郎	1	池田源太郎	1	西 栄二	1	西 栄二	1
池田才一	1	池田才一	1	池田才一	1	池田才一	1
	－	井上秀太郎	1	井上秀太郎	1	井上秀太郎	1
		井上雅弘	1				
	－	井上助太郎	1	井上助太郎	1	井上助太郎	1
	－	井上新一	1	井上新一	1	井上新一	1
本庄音吉	1	本庄音吉	1	本庄音吉	1	本庄音吉	1
	－	井上善太郎	1	井上善太郎	1	井上善太郎	1
近河松雄	1	近河松雄	1	近河松雄	1	近河松雄	1
	－	隈本礼次	1	隈本礼次	1	隈本礼次	1
井手鉄太郎	1	井手鉄太郎	1	井手鉄太郎	1	井手鉄太郎	1
	－	井口亨二	1	井口亨二	1	井口亨二	1
戸田愛次郎	1	戸田愛次郎	1	戸田愛次郎	1	戸田愛次郎	1
飯島三郎	1	飯島三郎	1	飯島三郎	1	飯島三郎	1
白鳥澄子	1	白鳥澄子	1	白鳥澄子	1	白鳥澄子	1
奥谷喜作	1	奥谷喜作	1	奥谷喜作	1	奥谷喜作	1
	－	今井 清	1	今井 清	1	今井 清	1
	－	今林松右衛門	1	今林松右衛門	1	今林松右衛門	1
	－	今利紋治	1	今利紋治	1	今利紋治	1
	－	今川鮎之助	1				
＊共同租界警察巡査	1	今村儀一郎	1				
松田ミツ	1	九津間栄造	1	九津間栄造	1	九津間栄造	1
小塩吉郎	1	小塩吉郎	1	小塩吉郎	1	小塩吉郎	1
	－	広上 亘	1	広上 亘	1		
	－	泉田清八	1	泉田清八	1	泉田清八	1
桂 治十郎	1	桂 治十郎	1	桂 治十郎	1	桂 治十郎	1

No.	企業名	業種	経営主 1936.11	人数
70	糸忠洋行	食料品雑貨商		−
71	いさみ寿司	飲食店	＊巴屋履物店	1
72	いさみ寿司支店	飲食店	＊巴屋履物店	1
73	いかり食堂	飲食店	猪狩ウキ	1
74	いろは食堂	飲食店		−
75	イーエスモータース	自動車修理業		−
76	イースタントレーディング	食料雑貨楽器		−
77	六三亭	料理店	白石耀一郎	1
78	六三園	料理店	白石耀一郎	1
79	老礼華洋行	縫針雑貨商	＊泰利洋行	−
80	老把子温泉	銭湯業		−
81	ローズ・バー	飲食店		−
82	八紘組	土木建築請負業		−
83	漢口光明映画館	映画館		−
84	林商店	両替商，旅行具商		−
85	林組	土木建築請負業		−
86	林田クリーニング商会	洗濯業		−
87	林田産婆	産婆業	林田ナヲ	1
88	原時鉄工所	鉄工・冷凍業	＊内外綿	−
89	原工務所	土木建築請負業		−
90	原鉄工所	機械工作金属業		−
91	原田洋行上海店	蚕糸・味噌，軍用達商	原田助市	1
92	原田伝次郎商店	絹糸原料商	原田伝次郎	1
93	原口工務所	建築業		−
94	浜口俊介商店	綿布・ハンカチ商		−
95	浜田商店	翡翠商	浜田広吉	1
96	浜田商会	食料品雑貨商	金子洋行	−
97	浜田商会			−
98	浜田鉄工所	鉄工業	浜田定吉	−
99	浜田製パン所	パン製造販売		−
100	浜屋	質店	松尾芳子	1
101	浜廼屋	飲食店	青井国蔵	1
102	浜ずし	飲食店	細井　定	1
103	橋本洋行	建築材料・機械工具商		−
104	橋本商店	貿易・運送業		−
105	服部商店	綿糸布雑貨商		−
106	長谷川洋行	貿易業		−
107	白山洋行	貿易業		−
108	白星社	洗濯・洗張業		−
109	長谷川商店棉花部	貿易業		−
110	白龍舎	洗濯業	平野信文	1
111	博多屋食堂	飲食店		−
112	籠多商店			−
113	伯方屋洋行	紫檀細工商	阿部彦吉	1
114	花屋食堂	飲食店	花弥真吉	1
115	発興鉄廠	鉄工業	橋田磯四郎	1

経営主 1938.4	人数	経営主 1940.7	人数	経営主 1942.7	人数	経営主 1944.7	人数
	－	伊藤栄吉	1	伊藤忠兵衛	1	伊藤忠明	1
＊巴屋履物店	－	松本與太郎	1				
	－	松本與太郎	1				
猪狩ウキ	1	藤田元喜	1	藤田元喜	1	藤田元喜	1
	－	有川情正	1	有川情正	1	有川情正	1
＊久安商会店員	－	佐藤安吉	1	佐藤安吉	2	佐藤安吉	1
	－	吉田政秋	1				
白石　英	1	白石　英	1	白石　英	1		
白石　英	1	白石　英	1	白石　英	1		
中村源蔵	1	中村源蔵	1	中村源蔵	1	中村源蔵	1
	－	渡辺保次	1	渡辺保次	1	渡辺保次	
	－	山田露子	1				
	－	吉浦康晴	1	吉浦康晴	1		
	－	上村　実	1				
	－	林　扶一	1	林　扶一	1	林　扶一	1
	－	林　慶二	1	林　慶二	1	林　慶二	1
	－	林田幾太郎	1	林田幾太郎	1	林田幾太郎	1
林田ナヲ	1	林田ナヲ	1	林田ナヲ	1	林田ナヲ	1
＊内外綿	－	原　時次郎	1	原　時次郎	1	原　時次郎	1
	－	原　光男	1	原　光男	1	原　光男	1
	－	原　忠六	1	原　忠六	1	原　忠六	1
原田助市	1	原田助市	1	原田助市	1	原田助市	1
原田伝次郎	1	原田伝次郎	1	原田伝次郎	1	原田伝次郎	1
	－	原口昌雄	1	原口昌雄	1	原口昌雄	
	－	浜口俊介	1	奥野良一	1	奥野良一	
浜田広吉	1	浜田広吉	1	浜田広吉	1	浜田広吉	
浜田壽男	2	浜田壽男	1	浜田壽男	1	浜田壽男	
	－	浜田一男	1				
浜田定吉	1	浜田定吉	1	浜田定吉	1		
浜田七雄	1	浜田七雄	1	浜田七雄	1	浜田七雄	1
	－	松尾芳子	1				
青井国蔵	1	青井国蔵	1	青井国蔵	1	青井国蔵	1
細井　定	1	林（細井）定	1	細井　定	1	細井　定	1
	－	林　行正	1	林　行正	1	林　行正	1
	－	橋本角十	1	橋本角十	3	橋本角十	3
	－	石田正巳	1	林　丙	1	林　丙	1
	－	岡　正太郎	1	岡　正太郎	1		
	－	吉川友吉	1	吉川友吉	1		
	－	松田悦次	1	松田悦次	1		
	－	牧　寛	1	牧　寛	12		
平野信文	1	平野芳枝	1	平野芳枝	1		
川口良三	1	川口良三	1	川口良三	1		
	－	中島竹吉	1	中島竹吉	1		
阿部彦吉	1	阿部彦吉	1	阿部彦吉	1		
花弥真吉	1	花弥真吉	1	花弥真吉	1		
	－	橋田磯四郎	1	橋田磯四郎	1		

No.	企業名	業種	経営主 1936.11	人数
116	汎和洋行	礦石・雑貨商		−
117	袴田呉服店	呉服商		−
118	早川五金廠（早川金属）	ラジオ機器	柘植速生	1
119	羽田別荘	軍人倶楽部		−
120	箱根	飲食店	森　アキ	1
121	万蔵	飲食店	中山捨千代	1
122	晩翠軒	中国物産，漢籍	関　政蔵	1
123	晩香堂薬局	薬局	織田　清	1
124	馬場洋行	海産物輸入		−
125	梅月本店	菓子店	勝又ます	1
126	ハマダヤ食料品店	食料品商		−
127	ハロー理髪店	理髪業	猿渡関松	1
128	ハナブサ食堂	飲食店		−
129	バイカル	ロシア料理店		−
130	パリ洋服店	洋装品・洋雑貨店		−
131	パーラー栃木	果物商		−
132	日本ピストニング	自動車・船舶用ピストン		−
133	日本電池	蓄電池商		−
134	日本防災工業（公司）	消火器工事		−
135	日本農薬	農薬販売		−
136	日本ポリドール販売	レコード販売		−
137	日本塗装工業	塗装業		−
138	日本清酒醸蔵	酒・食料品商		−
139	日本加藤貿易	貿易業		−
140	日本木管	楽器商		−
141	日本電報通信社	広告取次業	白坂正男	2
142	日本紡織通信社	新聞・通信		−
143	日本船舶給水社	船舶給水業		−
144	日本旅行社	旅行業	柏原徳松	1
145	日本水電公司	水道電気工事		−
146	日本化学産業公司	化学工業		−
147	日徳公司	貿易，不動産管理		−
148	日本製菓公司	製菓業		−
149	日本足袋洋行	足袋製造	福山　壽	1
150	日本無線工務所	無電設計製作		−
151	日本空瓶	空瓶商		−
152	日本館	旅館および下宿	白石兵三郎	1
153	日本亭	飲食店	御園カネ子	1
154	日本ベンジンクリーニング	洗濯業	小林伴促	2
155	日本理髪館	理髪業		−

注　：1）表出企業は，『人名録』第30版（1940年）掲載の従業者1名企業を，名簿掲載順に155社を抽出し前
　　　　後の時期（1936-44年）趨勢を一覧したもの。

経営主 1938.4	人数	経営主 1940.7	人数	経営主 1942.7	人数	経営主 1944.7	人数
	−	近藤僊厳	1	近藤僊厳	1		
	−	袴田サト	1	袴田サト	1		
柘植速生	1	古藪盛三	1	古藪盛三	1		
	−	羽田国明	1	手島吾吉	1		
	−	森　アキ	1	森　アキ	1		
中山捨千代	1	中山捨千代	1	中山捨千代	1	中山捨千代	1
関　政蔵	1	関　政蔵	1	関　政蔵	1	関　政蔵	1
織田　清	1	織田　清	1	織田　清	1	織田　清	1
	−	馬場トサ	1	馬場トサ	1	馬場トサ	1
勝又ます	1	勝又ます	1	勝又ます	1	勝又ます	1
	−	浜田増義	1	浜田増義	1	浜田増義	1
猿渡関松	1	猿渡関松	1	猿渡関松	1		
	−	伊藤速朗	1	井上晴枝	1	井上晴枝	
	−	林　実	1				
	−	河口梅子	1	河口梅子	1	河口梅子	
	−	高力正男	1	高力正男	1		
	−	村井栄太郎	1	村井栄太郎	1	村井栄太郎	1
	−	原田　栄	1	鈴木達吉	1		
	−	清栄勇夫	1	清栄勇夫	2	高瀬右一	4
	−	川崎司郎	1	宮地司郎	1	宮野光雄	1
	−	井戸博一	1	山本茂蔵	1		
	−	桜井喜一	1	桜井喜一	1		
	−	松本富士雄	1	松本富士雄	1	松本富士雄	1
	−	小林義太郎	1	小林義太郎	1		
	−	藤井富蔵	1	藤井富蔵	1	藤井富蔵	1
白坂正男	1	白坂正男	1	白坂正男	1	松本太平治	1
	−	谷口信男	1				
	−	大場増太郎	1				
柏原徳松	1	柏原徳松	1	柏原徳松	1		
	−	林　夏蔵	1	林　夏蔵	1		
	−	藤田騰次	1	藤田騰次	1	藤田騰次	3
	−	奥村義雄	1				
	−	太田常次郎	1	太田常次郎	1	角田耕筥	1
福山　壽	1	平島重雄	1	平島重雄	1		
	−	西本正郎	1	西本正郎	1	西本正郎	1
	−	西尾吉一	1	西尾吉一	1	西尾吉一	1
白石兵三郎	1	白石キエ	1	白石キエ	1	白石キエ	1
御園カネ子	1	御園カネ子	1	御園カネ子	1	御園カネ子	1
小林伴促	2	松沼忠治	1	松沼忠治	1	松沼忠治	3
国吉伊三郎	1	国吉伊三郎	1	国吉伊三郎	1	国吉伊三郎	1

2）1936年の経営主欄の＊印は，上海在留他店等での勤務経歴を示す。

出典：金風社『支那在留邦人人名録』第28〜30版，第32版，第34版。

表9-4　日中戦争後における上海在留日本人大企業の動向

No	企業名	業種	1936.11		1938.4	
			代表者	従業者	代表者	従業者
1	内外綿	紡績業	勝田俊治	400	勝田俊治	374
2	上海紡織	紡績業	黒田慶太郎		黒田慶太郎	256
3	南満州鉄道上海事務所	運輸・調査	土肥　顕	47	伊藤武雄	84
4	華中電気通信股份公司	通信業				
5	三井洋行	貿易業	卜部卓江	144	塙雄太郎	107
6	上海恒産	不動産				
7	公大紡績（上海製造絹糸）	紡績業	青木　茂	168	青木　茂	186
8	大日本紡績（大康紗廠）	紡績業	大和藤七	74	大和藤七	73
9	東亜海運	海運業	山中喜一	23	山中喜一	23
10	裕豊紡績	紡績業	菱田逸次	95	菱田逸次	99
11	日華紡績	紡績業	田辺輝雄	139	田辺輝雄	144
12	同興紡織	紡績業	立川團三	63	立川團三	69
13	上海航空（中華航空）	航空業				
14	豊田紡績	紡績業	豊田利三郎	73	豊田利三郎	74
15	日本通運	運輸・調査				
16	上海毎日新聞社	新聞発行			深町作次	38
17	華中礦業股份公司	礦業				
18	上海内河汽船	水運業				
19	三菱商事	貿易業	田中勘次	35	田中勘次	31
20	大陸新報社	新聞発行				
21	華中鉄道股份公司	鉄道業				
22	中支那振興	投資業				
23	華中水産股份公司	水産業				
24	中山鋼業廠	製鋼・製錬	中山悦治	23	中山悦治	16
25	新井洋行	貿易業	新井藤次郎	19	新井藤次郎	29
26	国際運輸	運輸業	法貴宗一	9	法貴宗一	10
27	大丸洋行（大丸興業）	貿易・自動車			星島　壽	16
28	（中華）出光興産	石油精製			原田龍馬	20
29	亜細亜鋼業廠	製鉄・製鋼	村川善美	16	村川善美	45
30	華中水電股份公司	電力業				
31	華興商業銀行	銀行業				
32	東華紡績	紡績業	石田秀二	33	石田秀二	33
33	華中蚕糸股份公司	蚕糸業				
34	東洋貿易	貿易業			余語弥一	24
35	同盟通信社	通信業	松本重治	27	松本重治	28
36	淮南煤礦股份公司	炭礦業				
37	伊藤忠商事（三興）	貿易業	大山捷男	13	大山捷男	12
38	横浜正金銀行	銀行業	矢吹敬一	43	浅田振作	35
39	白木実業公司（実業百貨店）	倉庫・運輸	大山田喜三郎	26	大山田喜三郎	23
40	華中塩業股份公司	製塩業				
41	東洋葉煙草	煙草製造	前田昌孝	3	前田昌孝	6
42	上海水泥経営処	建材・セメント				
43	瀛華洋行	棉花・雑貨貿易	土井伊八	22	土井伊八	18
44	江南実業公司	黄砂・石灰採取				
45	三興麺粉販売	麦粉製販				
46	上海倉庫信託	倉庫業	五十嵐富三郎	21	五十嵐富三郎	19
47	東洋棉花	貿易業	己斐平二	41	芳賀金六	23
48	日本油脂	油脂・石鹸	粉川広吉	9	粉川広吉	8
49	華中印書局	印刷業				

1940.7		1942.7		1944.7		備考
代表者	従業者	代表者	従業者	代表者	従業者	
勝田俊治	415	勝田俊治	443	勝田俊治	311	1887.8 設立
黒田慶太郎	325	黒田慶太郎	328	黒田慶太郎	219	1920.7 設立
伊藤武雄	291	宮本通治	286	宮本通治	95	
福田 耕	244	福田 耕	50	福田 耕	50	1942 年〜は管理職のみ
塙雄太郎	228	小室健夫	311	山本正男	216	1909.10 設立
荒木 猛	216	矢守貞次	122	矢守貞次	89	
青木 茂	205	青木 茂	305	難波恒敏	255	営業部・各工廠合計
黒田高三郎	193	勝田 操	165	野本 茂	119	1889.6 設立
内田茂	178	中川幹太	178	沢井兼吉	154	海技員ら含まず，1938 年までは日清汽船，1941.11 設立
菱田逸次	161	菱田逸次	166	菱田逸次	144	1929.5 設立
林 桂二郎	160	林 桂二郎	179	林 桂二郎	125	1920.5 設立，1944 年は他に入営中 27 人
立川團三	138	立川團三	127	立川團三	94	
安辺 浩	136	安辺 浩	8	赤羽 右	5	1942 年〜は中華航空に改称，同管理職のみ
豊田利三郎	129	豊田利三郎	145	豊田利三郎	85	
野田筍一	128	野田筍一	174			
深町作次亨	114	深町作次亨	124			1942 年大陸新報に併合
磯谷光亨	106	磯谷光亨	178	磯谷光亨	133	
杉本久太郎	104	杉本久太郎	12	杉本久太郎	11	1942 年〜は管理職のみ
高垣勝治郎	102	高垣勝治郎	158	小島栄三	133	
福家俊一	99	尾坂與一	137	尾坂與一	147	印刷局を含む
田 誠	97	田 誠	104	上林市太郎	?	
児玉謙次	90	児玉謙次	92	高島菊次郎	198	住宅組合は除く
長田影貞	76	田口長治郎	135	田口長治郎	127	魚市場内も含む
中山悦治	75	中山悦治	62	中山保之	67	
新井藤次郎	72	新井藤次郎	109	新井藤次郎	45	自動車部・畜産部を含む
田宮善三	71	北野 康	110	北野 康	83	
山口秀夫	69	川島鉎三	67	川島鉎三	75	
出光佐三	66	出光佐三	53	田中忠吉	39	
村川善美	63	村川善美	78	村川善美	89	村川善美は久字洋行主
寺尾富次	62	寺村富次	56	青木 節	51	1938.6 設立
鷲尾磯一	62	鷲尾磯一	56	鷲尾磯一	42	
石田秀二	61	石田秀二	56			1920.4 設立
鈴木格三郎	60	鈴木格三郎	105	小林 衛		
余語弥一	54	余語弥一	34	余語弥一	42	1938.5 設立
松方義三郎	53	岩本 清	66	帆足 升	79	
中村伍七	51	中村伍七	105	神谷春雄		1939.6 設立
大山捷男	51	大山捷男	112	大山捷男	13	1942 年丸紅等と合併，三興に改称
岸部義質	51	河村三四郎	88	河村三四郎	73	1879.12 設立
山田忍三	50	山田忍三	56	中村四郎		1938 年に実業百貨店買収・改称
北西位佐久	49	北西位佐久	11	北西位佐久	46	1942 年は課長以上
前田昌孝	48	松崎漸吉	66	(船津辰一郎)	144	1942 年中華煙草に併合
塙雄太郎	47	小室健夫	52	山本正男	25	1938 年設立
土井伊八	47	土井伊八	50	土井伊八	33	絹糸部門も含む，1944 年は入営中 55 人
池田祖仙	45	石井政吉	32	石井政吉	32	
牧 彦次郎	45	牧 彦次郎	84	牧 彦次郎	75	日本製粉・日清製粉共同出資
五十嵐富三郎	45	五十嵐富三郎	85	五十嵐富三郎	89	1920.3 設立
芳賀金六	43	早川利雄	65	前田保勇	60	1920.4 設立
持田由孝	42	持田由孝	71	持田由孝	124	1938 年までは上海油脂，後日本油脂が吸収
今井治吉	41	菱田逸次	29			1938.11 設立・教科書印刷，1943 解散

No	企業名	業種	1936.11		1938.4	
			代表者	従業者	代表者	従業者
50	中国通信社	通信・出版	三宅儀明	6	三宅儀明	7
51	千代洋行	写真機・写真材料	下里弥吉	23	下里弥吉	23
52	大浅組	土木建築請負	大山田喜三郎	11	大山田喜三郎	19
53	三通書局	書籍輸入販売				
54	日本郵船	海運業	山本武夫	47	山本武夫	55
55	構造社（上海土地住宅）	土木建築請負				
56	福昌公司	機械・建材貿易	針谷保世	2	奥田進	4
57	上海銀行	銀行業	長谷川佳平	15	右近美穂	14
58	康泰絨布	メリヤス製販	榎戸泰介	35	榎戸泰介	12
59	上海復興材料	建材・セメント			山崎誠一	4
60	日米商事（日東商事）	貿易業	藤島寿美	8	藤島寿美	12
61	中華染色整煉公司	染色・整煉	竹内貞松	28	竹内貞松	32
62	大日本塗料	塗料製造・製油				
63	高島屋	建材・家具輸入				
64	華中都市自動車股份公司	運輸業				
65	岩井洋行	貿易業	田中信三	14	瀬部伊三郎	11
66	中華電影股份公司	映画業				
67	豊田自動車工業	自動車製造			西川秋二	
68	三井銀行	銀行業	佐藤喜一郎	32	佐藤喜一郎	21
69	日本水産	海産物貿易	丹波三郎	3	丹波三郎	11
70	東亜製麻	製麻業	山田五郎	32	山田五郎	31
71	万谷洋行	製油・貿易				
72	上海印刷	印刷業	小平　元	25	小平　元	7
73	三菱銀行	銀行業	吉田政治	21	吉田政治	25
74	日本棉花	貿易業	東門権次郎	18	大野健蔵	11
75	漢口銀行	銀行業	入江　湊	22	入江　湊	17
76	福記洋行	軍用達・染料・薬品	高木只市	2	高木只市	
77	台湾銀行	銀行業	平野藤三	18	平野藤三	10
78	明治生命保険	保険業	高野清文	11	高野清文	13
79	住友銀行	銀行業	井原正吾	17	川口憲一	14
80	阿部市洋行	貿易業	古我辰吉	10	古我辰吉	15
81	重松薬局	薬局	重松為治	11	重松為治	3
82	東方製氷	氷・清涼飲料	木村政司	13	木村政司	12
83	松坂屋	貿易・卸				
84	増幸洋行	貿易業	酒寄発五郎	6	酒寄発五郎	5
85	増成動力工業	汽缶・原動機				
86	江商	貿易業	木村左近	8	木村左近	12
87	明治産業（明華糖廠）	砂糖精製	市橋彦二	6	市橋彦二	6
88	（鐘淵）江南製紙	製紙業				
89	日商（産業）	貿易業				
90	松下電業	乾電池製造				
91	三河興業	工業薬品・工事請負				
92	楠木廻漕店	運輸・倉庫・通関			楠　勲	1
93	武田大薬廠	医薬品製造	中島精一	1		
94	丸善石油	石油精製				
95	興中公司	投資業	宮崎議平	6	須藤　清	36
96	第一工業製薬	石鹸・油脂工業	古瀬孫市	11	古瀬孫市	6
97	清水組	土木建築請負			大平一馬	8
98	第一生命保険	保険業	藤本喜代二	16	藤本喜代二	1
99	三菱倉庫（菱華倉庫）	倉庫業	菊池武彦	7	蒲生勇次	6

1940.7		1942.7		1944.7		備考
代表者	従業者	代表者	従業者	代表者	従業者	
三宅儀明	38	三宅儀明	57	三宅儀明	45	
下里弥吉	36	下里弥吉	29	下里弥吉		
大山田喜三郎	36	大山田ハツ	2			総領事館建築など
中村正明	36	?	1			
渡辺康策	36	矢島安造	37	生駒　実	28	
嘱　茂胤	36	遠藤左介	11	遠藤左介	6	
奥田進	35	松尾叔静	50	奥田進	47	1936 年は他に福昌ゴム工廠 6 人
丸山正雄	35	丸山正雄	66	安藤　博	22	1918.5 設立
榎戸泰介	35	榎戸泰介	47	榎戸泰介	58	1923.2 設立
中西重郎	34	鈴江　勝	17	鈴江　勝	21	1942 年は上海復興産業
若林秀雄	33	若林秀雄	54			1932.2 設立
竹内貞松	33	吉田武夫	24	吉田武夫	33	1931.2 設立
前出光造	33	前出光造	45	山田仰三郎	51	
竹村政治	32	竹村政治	23	菅田参雄	18	
但馬裕治	32	但馬裕治	56	森田重彦	89	
瀬部伊三郎	32	瀬部伊三郎	36	瀬部伊三郎	39	1912.10 設立
川喜多長政	32	川喜多長政	19	(杉田太一郎)	22	1944 年歌舞伎座と合併→中華劇場
西川秋二	30	西川秋二	54	西川秋二	29	1938 年はサービスステーション
林　悌助	29	神戸豪太郎	31	野上鏡一郎	49	1909.10 設立，1944 年は帝国銀行
山田盛男	29	小田隆二	45			
山田五郎	27	山田五郎	28	前川力太郎	31	1916.8 設立
宮尾八十次	27	宮尾八十次	35	千葉敏正	47	
小平　元	27	小平　元	30	小平　元	46	1917.5 設立，1944 年精版印刷と合併
野崎正美	26	小山内　信	37	小山内　信	50	1919.8 設立
森　福三郎	26	森　福三郎	38	田中茂光	60	1892.10 設立，1944 年日棉実業を含む
入江　湊	25	入江　湊	76	金原敏雄	37	1920.9 設立，1944 年は重役席を含む
高木只市	25	高木只市	27	高木只市	38	1935.5 設立
岡本弥一	24	岡本弥一	43	土肥駿三	46	1899.6 設立
高野清文	24	高野清文	35	高野清文	56	
川口憲一	24	佐藤喜一郎	38	?		1912.2 設立
古我辰吉	24	古我辰吉	52	古我辰吉	46	1932.9 設立
重松為治	23	重松為治	27	重松為治	35	1922.4 設立
大山田喜三郎	22	木村政司	36	木村政司		1922.12 設立
塚本峰吉	22	塚本峰吉	30	塚本峰吉	13	
酒寄発五郎	20	酒寄発五郎	32	酒寄発五郎	36	1925.10 設立
浜崎圓三郎	18	浜崎圓三郎	20	浜崎圓三郎	33	
木村左近	18	木村左近	56	木村左近	21	
市橋彦二	17	市橋彦二	64	市橋彦二	56	1944 年は明治産業各部・明治糖廠を含む
安藤文生	16	安藤文生	14	安藤文生	31	1944 年は第 1，第 2 工場とも。1939.1 設立
石堂義一	14	石堂義一	33	石堂義一	29	
石田良吉	13	松下正治	49	松下正治	9	
奥田千代吉	11	小林安雄	20	小林安雄	39	経営責任者は朝鮮籍，約同数の朝鮮籍。1938.5 設立
楠　勲	9	楠　勲	17	楠　勲	34	
中島精一	9	中島精一	17	中島精一	50	1939.4 設立
松村信次郎	6	松村信次郎	68	和田完二	65	
平田　豊	5					1939.4 設立
西田槇治	2	山崎秀雄	31	西田槇治	8	1936 年までは第一公司工廠
中山源治	2	中山源治	37	?		
坂野三郎	1	坂野三郎	60	坂野三郎	41	
		富永隼人	68	戸田龍雄	89	1919.5 設立，1939 年菱華倉庫に改編

No	企業名	業種	1936.11		1938.4	
			代表者	従業者	代表者	従業者
100	富国徴兵保険	保険業				
101	中支葉煙草	煙草製造				
102	大中輪船股份公司	航運業				
103	東亜旅行（東亜交通公社）	旅行業				
104	万和					
105	振興購買組合	各種販売				
106	三井造船	造船業				
107	林兼商店	食料品・蒲鉾製造				
108	日本製鉄	製鉄業				
109	華中運輸股份公司	運輸業				
110	大陸重工業	重工業				
111	上海工業					
112	帝国水産統制	水産物販売				
113	三興龍華船廠	造船・造機				

注 ：1）上記の一覧は，第28版から第34版掲載企業中から従業者30名以上の全企業を抽出したものである。
なお，企業の掲載順は，1940年における従業者数の順とした。
2）上記企業中には，委託軍管理企業，および外国人経営企業であることが明白なものは除く。ただし，
名義上外国人が代表者になっている企業はその限りでない。
3）従業者数には，外国籍者数は除く。なお外国籍者を有する企業は1938年5社（1〜2人）／64社，

社の開設とともに，日本通運・華興商業銀行・松下電業・日商産業，高島屋
（以上1940年），さらには日本製鉄・三井造船・富国徴兵保険（同42年）等，
重工業分野をはじめ重要企業の新たな上海進出がみられた。

戦後の変化と新興派居留民の増大

かかる産業・職業構成的変化は，新たな流入者の実態においても，日中戦
争開戦以前のそれとはかなり異なるものであった。それまでも多数の日本人
が上海に流入しており，「徒手空拳の一旗組」や「共喰商人」などと形容さ
れる零細商工業者が多くみられたが，日中開戦を契機とした日本人居留民の
増大は，従来にも増して一旗組的な新興商人や周縁的労働者の大量流入であ
った。その一端を上海日本商工会館主催の「中支進出に関する座談会記録」
にみると[10]，

虹口の方面はどうも日本人の店は殖えましても，日本人同士の謂わば共
喰ひの商売は非常に栄えておりますが，……直接国策に副った有利なこと
をやってをるかと云えば必ずしもそうでない。……この対支商業に於きま

1940.7		1942.7		1944.7		備考
代表者	従業者	代表者	従業者	代表者	従業者	
		松本英郎	66	周藤計兄	16	1944 年は主任以上の社員のみ
		永野郁四郎	49	永野郁四郎	48	
		清水喜太郎	45	万谷久右衛門	5	
		上林市太郎	43	高須俊一	32	1944 年東亜交通公社
		熊生 栄	37	淡輪敏雄	134	
		油谷恭一	33			
		波山 升	30	加藤五一	111	
		交野盛賢	24	交野盛賢	54	
		福田庸雄	20	福田庸雄	31	中支総局 1934.12 設立
		斉藤 亨	1	加賀山 学	89	1943 年設立，1942 年は代表者のみ
				矢部道男	80	1942.9 設立
				菱田逸次	62	1942.10 設立
				牧田長三郎	49	
				井上周吉	39	

1944年50社（1〜30人）／102社である。

4）企業代表者は，企業により，社長，会長，頭取，代表取締役，専務取締役，所長，店主等々名称を異にするが，名目上外国人を当てている場合は日本人の責任者を示した。

5）設立年次は，上海本店の設立時。また，すでに開業している企業の組織改編の場合もある。

出典：金風社『支那在留邦人人名録』第28〜30版，32，34版。

して，卸売りを主とすべきか，小売を主とすべきかと云ふ点でありますが……支那人との共存共栄の立場から致しまして，日本人は卸売に主力を注ぐと云ふのが宜しくはないかと考えております。

　技術の進出などについても日本との相克ということを相当考へなくちゃならぬと思いますが，商業の方は必ずしも日本の物を此方へ持って来て売ると云ふだけでなく，或は此方の物を外国に出すと云ふことを日本人は今少し心掛けて宜しからうと思ってをります。……唯日本の物を此方に持って来て……今までのやうにお互いに競争し合って段々品質を低下して行くやうでは全く寒心に堪えないですね。

等々の指摘がなされているように，開戦後まもない時期の日本人進出は，上海占領に対応した有力日本企業の活発な進出，資本輸出の新たな展開という事態とはいまだ遠い状況であった。むしろ，「この事変のどさくさに乗じて何か旨い仕事にありつき度いと云ふやうな考えで来る者」や敵産の工場や土地など「何でも軍が管理している物は只で貰えるやうに思っているもの」など，軍事占領に便乗して一攫千金を狙うような業者たちがつぎつぎに上海に

進出してくる状況が生まれていたのである。それは生産力水準的には，紡績業を別として日本の産業発展がいまだ小工業的水準を大きく越ええない劣弱なものであったことを反映したものでもあった。上海経済の再編成は生産力の回復と同時に新たな産業や重点企業の創出を要していたのである。

　こうした占領後における新興派居留民・企業の上海進出は，軍隊の展開に伴って法外の巨利を攫むこともしばしばであり，また国内外での統制政策の間隙を利用するなどもあって，非占領地域への物資流出をはじめ現地の戦争遂行や統制政策を攪乱する行為をも生んでいた[11]。それらの事態は，従来からの上海居留者から「大正時代からいた者から見ると，上海も変わってしまってね。日本から来る人がめちゃくちゃなことをやり出すしね。商売でも何でも，軍について仕事をやるのです」との述懐を抱かせるほどのものであった[12]。このように，日中戦争以後の日本人居留民社会は，新興派居留民と新進企業の大量流入と，軍事進出依存を重要な特徴としていくことになる（ただし，在来居留民の側も，多くが第一次上海事変時の軍事力行使を伴った排外主義的激発を歴史的経験としており，新興派に対して容易に親和する側面を併存させていた）。

　日中戦争からアジア太平洋戦争にかけての，上海再編成に対応した日本人社会・日本企業の変化について概観してきたが，行論上，かかる上海再編成＝産業再編成を主導した日本の政策展開について経済統制政策を中心に検討しておきたい。

2　日中戦争開戦と日本人居留民社会の変容

(1)　日本の中国侵略方針と上海・華中占領政策の展開

　日中戦争開戦後まもなく，日本政府がこの戦争に対する基本的対処方針として提起したのが，1937年12月14日閣議決定「支那事変対処要綱」である（この方針は翌年1月11日には，政軍を包括する戦略「対支処理根本方針」として御前会議決定をみている——以下日本の政策方針や統制施策等の事項について

は，表9-5上海経済再編成関連方策年表を参照）。

　ここにおいて日本は，中国国民政府との交渉による解決を放棄し，「軍事行動ト相俟チ南京政府ノ長期抵抗ニ対応スル」とし，軍の占拠地域に「北支新政権ト連絡アル新政権ノ樹立ヲ考慮スル」としており，さらに共同租界周辺処理に関しては，経済権益の設定のため，①租界周辺を特別市とする，②特別市内の電話・電気・水道・瓦斯・電車等公共的諸事業の実権を掌握する，③上記関連事業経営のために国策会社を設立する，④特別市内の国府所有の機関・土地建物は接収利用する，などの具体的施策を提示していた[13]。

　これらの方針に関しては，実際的にも，影佐禎昭や今井武夫らの統轄する謀略機関をも利用しながら，新政権樹立工作が進められ，1940年3月12日の，汪兆銘による「和平建国宣言」発表，同11月30日の「日華基本関係に関する条約」をみるに至っている[14]。その後日中戦争が膠着状態に陥るなかで，日本は「世界情勢の推移に伴ふ時局処理要綱」（1940年7月27日大本営政府連絡会議決定）を定め，欧米諸国との対立をはらむ南方進出を決したのに対応して，対中国戦略に関しても，同年11月13日「支那事変処理要綱」（同年11月13日御前会議決定）を決定し，長期武力戦態勢への転移と汪政権の政治力強化，国防資源の開発取得と民心安定，統制強化を確認していった[15]。

　では，「支那事変対処要綱」に示される上海占領後の経済再編成は，具体的にどのように進展したのであろうか。

(2)　上海占領と物資統制・配給統制の展開

日中戦争後の上海

　日本の上海占領政策＝上海経済再編成は，一方での戦争で破壊された施設や生産設備の復興と，他方での東亜経済圏の中核として物資の調達や戦争経済の創出を図る課題を担って展開した。はじめに上海経済への戦争の打撃をみておこう。戦争勃発とともに上海貿易は激減しており，1937年の輸出入総額91万3,239千元（36年は91万4,495千元）が38年は49万1,273千元へと46.2％の大幅減少をもたらしている。また，産業施設の破壊も甚大であり，上海立地の華商紡績工場は31工場（全中国で90余工場）のうち23工場が被害を受

表**9-5** 上海経済再編成関連方策年表（1937〜1945年）

年次	全般的対華政策	物資・物価統制	企業・労務統制
1937. 7. 7	日中戦争開戦		
1938. 1.11	対支処理根本方針（御前会議）		
4. 1	国家総動員法公布		
4. 3			中支那振興株式会社設立
7.12	時局に伴う対支謀略		
11. 3	日支新関係調整方針		
1939. 4.27		中支那方面一般船舶航行統制規定	
6. 6	中国新中央政府樹立方針（五相会議）		
10.15		現地軍，重要物資の自由搬出入及び輸出の強化	
1940. 3. 3	中華民国成立（南京，汪兆銘）		
4. 1		物資移動制限令（6.1〜書簡を現地軍に委譲）	
4.19			会社経理統制令公布（国内，10.19施行）
5. 7			邦人支那渡航制限令公布（5.20実施）
5.10		邦人家庭用食米配給機構案	
5.14			企業許可申請心得公布（全面的許可制）
7.27	世界情勢の推移に伴ふ時局処理要綱		
8.26			総領事館令「営業取締規則」第1条改定
9. 2	満関支向輸出物資価格調整令実施		
11.13	支那事変処理要綱（御前会議）		
11.23			大日本産業報国会設立
11.30	日本国中華民国基本関係に関する条約		
12.24		中支棉花協会創設	
1941. 7. 2	情勢の推移に伴う帝国国策要綱（御前会議）		
7.15		清郷地区物資統制及運銷暫行弁法	
9. 6	帝国国策遂行要領（御前会議）		
9.26		揚子江下流地域軍占拠地域物資移動取締暫行条例（現地軍官）	
12. 8	対米英宣戦布告，租界の秩序維持に関する布告		
1942. 1. 5	対租界経済関係施策（人口疎散等）		
1. 8	上海租界進駐に伴う軍用物件処理要領	工部局，食米，食油・小麦の販売制限告示	
1.31		暴利行為等取締令（上海総領事館）	
5.28		安定物価臨時弁法	
6 月	儲備券全面交換開始		
7. 1			中華日本貿易連合会創設
7. 3		平定物価暫行条例	
8.31		物価対策委員会設立（南京国民政府）	
9.15		華中棉花統制会設立（中支棉花協会改組）	
9.26			上海日本商工会議所規則改定（上海総領事館）
11.21		中支物価対策要綱（日華中支物価対策連絡会）	
12. 1		綿糸布在庫登録実施（最高価格実施）	
12.21	大東亜戦争完遂の為の対支処理根本方針		
1943. 1. 2			生産増強緊急対策要綱決定（国内）
1. 9	日華共同宣言（日本・汪国民政府）		
3.11	全国商業統制総会暫行条例		
3.11	揚子江下流地域物資移動取締暫行条例		
3.12		蘇浙皖米穀運銷管理暫行条例	

3.15		戦略物資移動取締暫行条例	
3.15		米糧統制会設立	
3.15		麺麦専業委員会設立	
4. 1	軍票新規発行停止		
4. 7		物資買占め処罰令	
4.10	軍用物資移動弁法		
5. 1		対支期待物資取得要領	
5. 3		囤積主要商品治罪暫行条例（囤積への処罰強化）	
5.10		上海邦人食米切符配給制実施	
5.13		物資調査委員会組織大綱	
6. 1			戦力増強企業整備要綱（国内）
6.25			学徒戦時動員体制確立要綱（学徒勤労等）
7.14		対支経済施策（綿糸布強制買上等）	
7.21		綿糸布買上実施要領 →8.9条例公布	
7.23			華中非鉄金属統制会設立
7.27			華中鉄鋼統制会設立
7.30			華中木材統制会設立
8. 1	上海共同租界還付		
8.18		蘇浙皖食米収買実施要領（9.20実施）	
8.25			華中機器統制会設立
9.17	長江下流清郷地区米糧封鎖暫行弁法		
9.20		米糧統制委員会設立，連営社解散	
10.14		蘇浙皖米穀運銷管理暫行条例	
10.30	日華同盟条約		
10.31		棉花統買統配暫行弁法	軍需会社法公布
11. 1			現地会社経理統制実施要綱
11.10			会社増資登記制限暫行弁法
11.17		綿製品集中配給弁法	
11.18		華中日本紙業統制会設立	
11.27		棉花統制委員会設立	
1944. 1.13		戦時物価管理暫行条例（南京国民政府）	国民学校・中等学校卒業生労務需給調整
1.14		蘇浙皖物資収買配給実施綱要	
1.19		在留日本人生活必需物資臨時配給統制規則（大東亜省）	
1.21		油糧統制管理弁法	
1.22		棉紗布配給価格標準弁法	
2. 1			本邦邦人現地支店出張所経理統制
2.10	戦時軍機防護法		
3. 1	上海全市に灯火管制告示		労務等臨時調整規則（8.19全職域に施行）
3.13		米穀密輸及囤積取締条例	
3 月		江蘇省糧食局長，国府水産局長等逮捕	
4. 6			在華紡機械回収に関する件
4.23		棉花増産協議会総会設立	
5.15		中支方面一般船舶航行統制に関する規定	
5.25		京滬両市食米臨時措置綱要（移動制限撤廃）	
6. 1		上海市民食米管理暫行弁法	
6.27		物資統制機構調査綱要	
7. 1		粉麦統制委員会設立	

8. 8		上海市民食米配給再開 (6, 7月は配給停止)	
8.21			上海第1次女子挺身隊結成
9. 1			中支生産増強本部設置
9. 2			商業報国団結成
9.14		華人戸口米配給開始	
10. 1			総力結集懇談会（在留有力日本企業）
10.20			上海労務協会結成
10.20			現地邦人社員基本給料支給要領公布
10.27		投機囲積分子の検束逮捕	
11. 7			上海日本経済会議所設立
11.10	汪兆銘死去		
1945. 1.11	支那戦時経済確立対策		
1.11	支那に於ける物資調達統一要領		
1.18	今後採るべき戦争指導の基本大綱		
1.19	戦局の推移に伴う産業配置の修正の作		
2.11		物価対策緊急措置条例（国民政府）	
2.14			上海女子職業能力申告令
2.15	在支邦人の経済活動の刷新に関する件		
2.15	在留邦人処理要領（戦局悪化対応）		
2.22	上海市振興疎散委員会結成		中支産業緊急措置要領
3. 1			支那鉄道の軍運営管理要領
6. 8	今後採るべき戦争指導の基本大綱（御前会議）		
6. 8		登地区米穀収買要領（登部隊）	

出典：外務省『日本外交年表竝主要文書』下，『上海日本商工会議所第25次年報』，同『経済月報』各号，中支那経済年報刊行会『中支那経済年報』第3輯，中支那振興株式会社調査部飯田藤次『中支ニ於ケル物資蒐買方法論』1943年，大東亜省支那局『支那戦時経済確立対策ニ関スル諸決定及参考資料』（外務省記録）等。

けている。在華紡の上海工場も莫大な損害を蒙ったが，戦闘収拾後再開できなかったのは1工場にとどまった。その他製糸工場，ゴム工業，製粉工場，印刷工場，機械・金属工場等さまざまな分野に破壊は及んでおり，戦前工部局登記工場数3,801のうち焼失905，被害華人工場約1,000（1938年末復活約2,000余）とされている。なお，上海占領後，華人紡績工場のうち優良なものは，申新第7工場が公大紡へ，永安第2・第4工場が裕豊紡へ，恒豊工場が大康紡に，申新第6工場は上海紡になど，日本の紡績会社に経営を委任させられていった[16]。

　こうした破壊状況は，上海市内だけでなく周辺農村にも及んでおり，その状況について軍糧城精穀株式会社調査部の「中支ニ於ケル米穀事情視察報告」は，「上海ヲ初メ各都市県城ニ見ル想像ヲ超ヘタ破壊，ソレニ劣ラス農村ノ惨禍ヲ未ダニ直視スルヲ得ナイ現状……愛スベキ民衆ハ混乱ノ中ニ何レ

ニ行ク可キカモ判ラス」,「現在中支占拠ニ於ケル米穀ハ皇軍ノ統制下ニアリマスガ,ソノ出廻リ状況ハ……戦前ニ比シテ著シク低下ヲ見テオリ,何レノ出廻地ニ於テモ戦前ニ比シ半量以下ト云フ状態ニアリマス」と指摘し,日本軍の占領地域支配が「点と線」でしかなく「中国現下ノ事情ハ武力ナキ治安ハ考ヘラレズ」と述べている[17]。

物資統制と価格統制の強化

上海・長江流域占領後,日本軍は長江下流域の封鎖を継続し物資の掌握に努めたが,重慶に本拠を移動した蔣政権の抗戦だけでなく,租界における自由な経済活動の存在は,日本の物資調達や物資統制を阻害せざるをえなかった[18]。また,上海の経済機能が破壊されたなかで,日本はまず軍事調達を主要目的として上海経済の再建を図っていった。その施策のひとつは,中支那振興株式会社および関係会社の設立(1938年4月)による重要産業や鉄道・電気・水道・通信等の公共部門の強化確立であり,さらには,周辺農村経済との連繋の回復と物資搬出入統制のための邦商奥地取引組合の創設であった。そしてこうした施策とともに,1940年4月1日,上海周辺には利敵物資の流出抑制を目的とした「物資移動制限令」が制定され,また翌41年7月には,「清郷地区物資統制及運銷暫行弁法」が実施されるなど統制強化が進められていった。しかしかかる対応は,対敵抗戦や軍需調達などの軍事的要請を主目的としているためだけでなく,蔣政権や英米資本と強く連繋した在来の中国人流通機構を排除していたために,農村物資収買上さまざまな限界を有し幾多の混乱さえ招かざるをえなかった[19]。それは,表9-6にみられる激しい上海の物価騰貴に集約的に示されている。この物価指数を表す表9-6によって日中戦争開戦以降の小売物価の動向をみると,開戦後上昇しはじめた物価指数(上海邦商小売物価,上海公共市場小売物価)は,物資欠乏が深刻化する1940年になると戦前比約4倍にものぼる上昇を示している。物価上昇の中心に位置したのは穀類であることもわかる。

自由な経済活動を維持する共同租界を包摂したままでの上海の統制政策は限定的たらざるをえず,1941年12月8日の租界接収を経て再編強化される

表9-6　上海物価指数（1936年＝100）

項目	1937 年	1938 年	1939 年	1940 年	1941 年	1942 年
上海邦商小売物価（平均）	104.37	116.55	152.80	271.86	332.81	−
同（穀類物価）	101.96	125.80	184.25	416.67	482.94	418.56
上海公共市場小売物価	116.90	140.30	214.70	452.20	1,424.40	−
同（穀粉・糧秣）	117.70	125.50	117.90	426.10	1,112.00	−
上海卸売物価（平均）	118.99	141.57	226.18	475.86	958.16	3,043.85
（同闇相場比）						3,465.74
同（糧食物価）	120.24	130.14	194.03	527.57	959.88	3,042.06
（同闇相場比）						3,355.64
上海工人生活費（総指数）	119.09	155.28	202.99	430.61	1,174.70	
同（食料費）	121.24	137.46	138.82	453.58	1,273.34	
上海労働者生活必需品物価（柚米）	121.36	134.06	208.32	567.29	1,198.26	

注　：1942年は10月末の数値，また上海労働者生活必需品物価の1941年も10月末の数値。なお，上海卸売物
　　　価の（　）内は闇相場によるもの。
出典：南満州鉄道株式会社調査部『中南支経済統計季報』第4号，1941年12月，および同第8号，1943年3月。

こととなっていった。

　租界進駐後日本軍は，租界内倉庫の抑留・封印を行い保有物資の流散出を防ぐなどの措置を施していたが，1942年1月8日には，工部局が食油・食米・小麦の販売制限を告示し，翌9日には石炭，豆炭の移動を制限した。日本人に対しては，上海総領事館が中支那米穀配給組合を通じた通帳制を導入し，隣組による米穀消費の統制を実施している。また，共同租界・仏租界内の華人に対しても，7月6日には食米の切符配給制を実施している。さらに1942年8月31日には，汪政権は，現地日本軍，上海総領事館，興亜院華中連絡部，共同租界工部局，仏租界公董局，上海市政府と協力して「物価対策委員会」を設立した。そして，11月16日には，食米同様戦略的重要物資である綿糸布の最高価格を決定している（12月1日実施）[20]。

　こうした物資統制の状況について，大東亜省支那課は「軍収買及主要食糧ノ移動制限ノ関係上地場米ノ上海放出ハ意ノ如クナラザルニ外国米ノ輸入モ途絶ノ状況ニテ逼迫事情ヲ続ケ，移動制限網ヲクグッテ上海ヘノ密移動行ハレ，軍ニ於ケル集荷モ意ノ如クナラザル状況ニ逢着シタルヲ以テ一月十三日ヲ期シ移動制限ヲ強化シテ闇値ヲ封ズルト共ニ軍ノ収買ヲ促進シ上海地区ヘノ軍ヨリノ放出ヲ増量シ以テ急場ヲ凌ゲリ」と指摘し，統制政策の強化にもかかわらず食糧確保が不十分で，上海在住華人に広く食米不安感が生じてい

る事態を報告している[21]。

米穀収買・統制

　米穀収買は，上海を除き軍需米を軍の貨物廠が，一般民需米を国府糧食管理委員会が監督をして，地域毎に実施されていたのであるが，この時期の取扱状況を地域や分野毎にみておくと，

①上海租界：1941年11月時点で食糧事情急迫のため販売価格・数量の制限，在倉米登記等を実施していたが，軍進駐後重要倉庫を封印（12月11日布告）し，工部局指定米店に許可証交付，実需の6割供給
②租界周辺：上海特務機関の指導下，市政府糧食管理局が担当
③在留日本人（商社，工場用を含む）：中支米穀配給組合上海支部所属の小売店が軍払下げ米を配給，ただし日本人家庭用米については制限せず小売
④原料米：申請を興亜院で査定，自由購入不可
⑤国策会社及日本側重要企業：華人従業員用食
　米のため興亜院が約2カ月分の食米保管
⑥南京・杭州等各地：指定米店，地方弁事処直属販売方設置。価格・配給量制限。

となっている。物資の統制配給施策が軍需や対日供給物資の確保＝現地自活方針を基礎に，日本軍や日本人居留民・日本企業の需要を優先する形で行われていたことがわかる[22]。

　米穀と並んで，上海経済の再編成において戦略的重要性を有した棉花・綿製品に関しても，重点的な統制が実施されたが，ここでは本格的に言及する準備を欠いているので，二，三の点についてふれるにとどめたい。

棉花・綿糸市収買・統制

　中国の紡織業は，日中戦争によって多大の破壊的影響を蒙ったが，その状況は，

　上海日本人紡績損害：精紡機約23万錘（16%），撚糸機約4万錘（11%），

織機約４千台（27％），その他合計被害額約3,000万円

中国人紡績損害：精紡機約60万錘（30％），撚糸機約4.5万錘（33％），織機約６千台（30％），自力では再起不可能，致命的打撃

と概算されている。

その後，1938年に入り治安が回復するなかで，日本人紡績は操業を開始，４月には一斉本格操業，８月末90％，12月末98％と，ほとんど全操業を回復している。中国人紡績に関しては，華中の日本人紡績10社（上海９社，漢口１社）に割当され，修理して運転可能な設備が稼働された。1938年12月現在，委任経営工場中運転中のものは12工場（精紡機約30万錘，織機2.3千台）となっていた。これらのことは，約２万人の中国人労働者の雇用を保持する面もあったとはいえ，日本の在華紡にとっては，かつてない高収益を上げる基盤となっていったのである[23]。

棉花の収買と統制に関しては，興亜院と領事館の監督指導のもとに在華紡や棉花取扱商社によって担われていたが，1939年９月15日には，現地軍により重要物資の自由搬出ならびに輸出が禁止され棉花統制も強化され，さらに，40年12月24日には，中支棉花協会が設立され，収買価格の統制や対日・満・華北への輸移出の割当，軍用棉花の直接収買など棉花の収買・配給の一元的統制の任にあたっていった。この時期の華中棉花統制会（1942年９月15日設立）を軸とした棉花収買機構は図9-2にみる通りである[24]。しかし，上海周辺の治安悪化だけでなく，収買価格の抑制や食糧事情の逼迫による作付け転換などもあって，収買実績は不調であった。断片的ではあるが，1941〜44年度の収買実績をみると，41年695千担，42年407千担，43年575千担，44年1,160千担（努力目標）となっており，収買が停滞ないし後退していることがわかる。ちなみに，収買棉花の配分先をみると（1943年度），対日還送：479千担（実績376＋予定103），現地軍自活：86.5千担，現地民需：9.5千担となっており，日本の棉花収買のほとんどは軍需および対日供給用であったのである[25]。

以上にみてきた物資統制政策は，日中戦争の進行や租界接収に対応しつつも，容易には統制の実をあげられないなかで，1943年には全国商業統制総

図9-2 棉花収買機構（華中・華北）

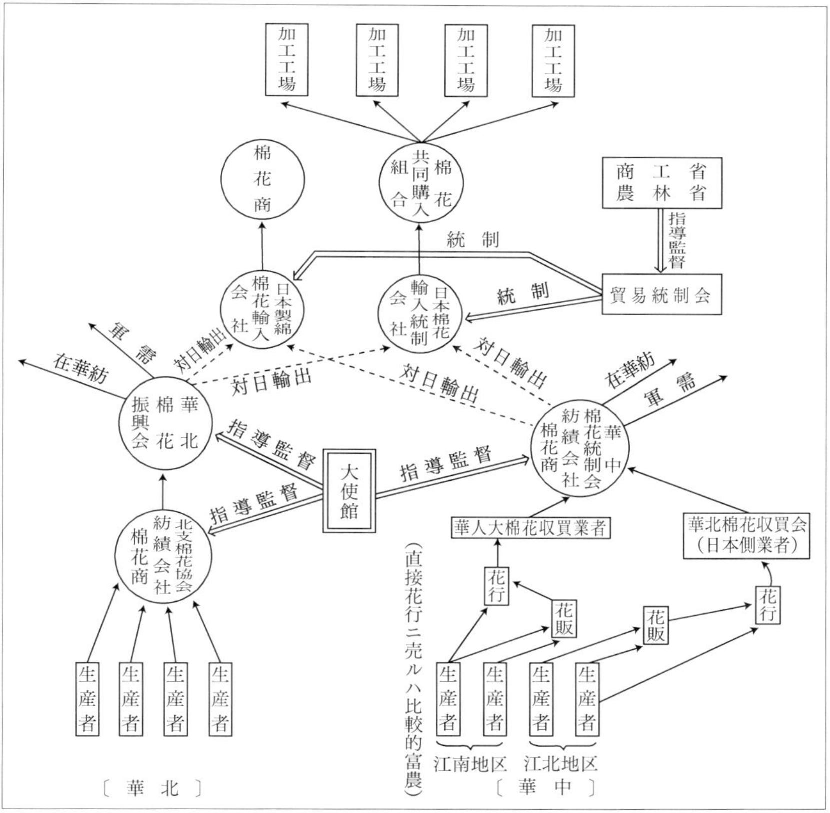

出典：支那事務局農林課「重要農林物資収買機構系統図」1943年2月。

会体制として再編成される。それを検討する前に，上海および華中における物資統制と収買を担った日本商社，流通機構の状況についてふれておきたい。

物資統制・配給統制と日本商社

では，物資の収買・配給は誰によりいかに行われたのか。

日中戦争前における華中の物資収買は，〈外国商社－華商買弁－農村〉という経路で，主として外国資本を背景とした買弁が担っていたが，日本にとって日中戦争までの間は，経済不況や排日運動等に影響されて安定的な取引

関係はいまだ形成されるに至っていなかった[26]。戦争が旧来の流通機構を破壊した後においては，戦後の復興と治安確保のためにもまた日本軍の現地自給方針のためにも，流通機構の再編成が急がれ，あらゆる面で日本商の進出が促されていた。まず，この時期に形成された流通機構について，華中占拠地域の米穀収買の事例によって明らかにしておきたい[27]。

　1940年11月，日本軍と汪政権は，それまで松江や蘇州，無錫，淮南などに対し実施していた軍用米買付地区としての指定を解除し，汪政権の監督下に「承弁商弁事処」を設け，7軒の有力業者に買付を委ねた。その機構は以下の通りである。

　〈監督官庁－承弁商弁事処（7名の民間業者）－出張所（7地区，仲介の米行も関与）－一般農民〉

　しかし，行政と商人間，商人相互の矛盾もあり収買成績は上がらなかった。これに対し，日本側商社は承弁商のなかには入らず，中支米穀買付組合（本部上海，支部蕪湖）を組織し，現地駐屯部隊の統制下に蕪湖地区，上海，杭州，南京など主に軍用米買付地区での収買にあたり収買地盤を固めていった。その機構は，〈総軍直轄部隊下〇〇部隊－中支米穀買付組合（日本人商社13社で組織，指定地区割当）－華人米行－一般農民〉となっており，買付けた米穀は，軍用米は軍に，また民需米は日中の商社で組織する「中支米穀配給組合」に払下げられた。買付組合の具体例（指定商社－買付組合員）を以下に示しておこう。

　三井物産：東福産業（松江），上海糧穀（崑山），白木実業（蘇州，瀾徑鎮，
　　　　　　嘉普），三井物産（無錫），武徳洋行（金山）

　三菱商事：一群洋行（松江，青甫），福記洋行（蘇州，無錫），迫田洋行

　大丸興業：上海糧穀（松江），東興公司（蘇州），福記洋行（無錫，常州）

　このように，占領後の米穀収買は，軍直轄貨物廠の一元的監督のもとに中支米穀買付組合が組織され，指定商＝元請商社として日本側大商社が独占的に結束し，そのもとに日中の中小商社（下請業者）さらに中国人収買人を組織することとなっていった。そこでは，元請は収買代金のほかに0.5％，下請は1.5％の手数料を受け取っているが，それにとどまらず，時にはこうし

た収買組織のネットワークを形成し，華商米行を排除しながら中国農村地域に進出しはじめている。それゆえに，これらの指定商制による大商社独占的機構は，利益の独占と排他的な権益確保に傾くものでもあったのである[28]。占領下の軍事力による物資統制がその内実において，華中進出での日本資本の優位や特権的利益を確保しようとするものであったといえよう。

　あわせて，ここに関与する華人収買業者についてふれておくと，小問屋の場合8〜10名，中級問屋では15〜20名程度の使用人を活用して収買業務にあたっていたが，資金融通面での不利益や使用人養成費の負担など元請商に対してきわめて不利な条件下に置かれていた。そのことが華人業者をして密搬出入や物資囤積，投機などに走る状況をも生んでいたのである[29]。

　租界接収後従来以上の統制政策が展開され，軍−日本商社を軸とした物資収買・流通機構も形成されるが，華中在来の流通機構を掌握することはできず，依然収買実績が上がらないだけでなく日中戦争自体も深刻な膠着状態に陥っていった。この局面を転換する方策として提起されたのが，1943年3月の「対華新政策」であり，その物資統制の具体的措置としての同年3月11日創設の全国商業統制総会体制であった。

3　対華新政策下の上海経済再編成——商統総会体制の形成と破綻

(1)　全国商業統制総会体制の成立

商統総会の成立

　すでに指摘したように，アジア太平洋戦争の行き詰まりのなかで，日本は1942年12月21日，「大東亜戦争完遂の為の対支処理根本方針」を決定し，戦争完遂に必要な占拠地域内の緊要物資の重点開発と敵方物資の獲得を図りつつ，「日本側ノ独占ヲ戒ムルト共ニ，支那官民ノ責任ト創意ヲ活用シ，ソノ積極的対日協力ノ実ヲ具現セシム」との当面の施策を提示していった。翌1943年1月9日，「戦争の完遂に付いての協力に関する日華共同宣言」が出され，以後対華新方針が推し進められていく[30]。

こうした対華新政策について，第84帝国議会では，「中国側ノ創意ト責任トヲ尊重シ中国経済ノ自主的発展ヲ促進スルト共ニ我方ノ特権的地位ヲ解消シテ……緊密ナル経済提携ヲ実現セシムル」とし，その施策の中心として３月11日に華中に全国商業統制総会を設立したことを説明している。そして，「何分従来ノ租界ヲ中心トスル支那経済界ハ概ネ政府ノ統制外ニ在リテ……短時日ニ戦時統制経済ニ切リ換ヘルニハ相当ノ困難ヲ伴フ」なかで，上海財界の首脳等の協力を得ようとするものと位置づけている[31]。ここでは対華新政策の狙いが，揚子江下流地域における物資移動制限の緩和と現地重要物資の収買配給の一元的統制権の中国側への譲渡，その統制機関としての全国商業統制総会の創設とそれによる上海財界首脳部の協力獲得などが指摘されているのである。

　全国商業統制総会（商統総会とも略記）は，国民政府行政院に直属し，「政府ヲ協助シ国策ヲ施行スルヲ主トシ実業部及ビソノ他主管部ノ命令ヲ受ケ物資統制ノ実務ヲ処理ス」（「全国商業統制総会暫行条例」第１条）と性格づけられ，その事業として，①統制物資の収買配給に関する事項，②国内各地域の物資交換の運営に関する事項，③輸出物資の供給に関する事項，④輸入物資の配給に関する事項，⑤軍需物資の買付に関する事項，⑥実業部およびその他主管部の指定あるいは委託の事項が定められている（同第４条）。これによって〈行政院－商統総会－同業連合会－同業公会〉という一直線の系統が成立している。また会員については，国民政府の指定する各省市の商業団体（工商同業連合会）であり，日本側は「邦人ハ商統会ノ役員タリ得ズ」とされている。ただし，実務を担う下部組織の商品別商業組合においては，役員の約半数を日本側が占める形となっている。従来の日本軍および日本側業者による独占的物資統制から，日中平等の原則に立って商統総会を通じた華人業者による物資統制（＝華人業者の協力）への転換を示している[32]。

　物資統制施策の運用に関しては，商統総会自体は一元的最高指導機関とされているが，「直接物資ノ売買ヲ経営セズ」，実際の収買・配給業務は物資別に下部組織を設置して対応している。なかでも重要物資については，専業委員会（粉麦，油糧，糖業，綿業）が設けられ，また食米および棉花に関しては

その戦略的重要性に鑑み，米糧統制委員会（1943年9月20日）と棉花統制委員会（43年11月27日）が商統総会の外局として設置されている。

商統総会体制下の統制の実態

　では，商統総会のもとでの統制の実態はどのようなものであったのか。米穀と棉花・綿製品の場合を概観しておきたい。

米穀収買・配給

　商統総会設立後日本は，蘇浙皖三省における米穀収買を中国側に委譲した。国府側は糧食部・糧食局のもとに各区採銷弁事処を設け，その指導のもとの四つの聯営社（米糧販売商・米糧採弁商・米糧製造商・米糧零售商）に米穀収配業務の運営を担わせた（「糧食同業公会組織通則」）。しかし，こうした収買は生産者の囤積や収買業者による低価格の強要，職権を濫用した搬出阻止と密搬出，不当な雑損課税などもあり円滑に進まず，配給も価格も非常に不安定な状況が続いた。その状況は，「中支ニ於テハ民食ハ原則トシテ三角地帯ニ生産サルル米ニ依存……然ル処現地軍米ノ調弁量ニ達スルノ他近時外米ノ輸入ハ輸送ノ逼迫化ニ伴ヒ殆ド期待薄」，「手持チノ外米及軍米払下等ニ依リ辛ジテ最小限度ノ上海民需米ヲ維持シタリ然レドモ中支食糧ノ逼迫感ハ貪官汚吏ノ囤積ノ対象タラシメ人工的価格吊上等行ハレ」と報告されていた[33]。

　かかる事態打破を図るべく，1943年9月20日聯営社を解散し，その後に結成されたのが米糧統制委員会（米統会とも略記）である[34]。同委員会は，「蘇浙皖三省食米収買計画要綱」によって収買を粳米主産地区（甲地区）と秈米主産地区（乙地区）に分割し日本商および中国商に委ねた。甲地区については，日本側は中支那米穀買収組合，中国側は有力米糧採弁同業公会が収買にあたっていった。しかし，米糧統制委員会結成後の収買においても，収買実績は容易に改善しえなかった。試みに1943年度の収買高をみると，米：収買計画560千トン，実績217千トン，小麦：540千袋，実績453千袋と，米では当初予定の4割弱しか買付できていない状況が明らかである。また1944年度の上海向け食糧確保の予測でも，上海民需・重要産業従業華人・在留邦人用需要が総計63万トン必要であるのに対し，地場米での充当

は50万トンとされ，13万トンの不足を来すとしている。不足分について
は，地場産小麦8万トンと外米輸入5万トンで補充することも提起されてい
るが，小麦は従来華北や蒙疆への移出用であり，外米輸入も輸送手段がなく
見通しのない状況であった[35]。

棉花・綿糸布収買・配給

　商統総会体制に先立つ時期における棉花の収買と統制については先述した
ところであるが，重要戦略物資たる棉花の収買の改善は進まず，商統総会体
制のもとで「物資買占メ処罰条令」や「囤積主要商品治罪暫行条令」さらに
「主要商品登記規則」等を公布し，また綿糸布の買上処理を行うなどの方策
によって統制の強化を図っていった。そして，商統総会の創設後，1943年
10月31日には，「棉花統買統配暫行弁法」を公布し，蘇浙皖三省・南京・上
海地域に棉花統制委員会（棉統会とも略記）が設置された。棉統会は，在華
紡同業会（日本側），紗廠連合会（中国）および日中の有力棉花商によって棉
花収買同業協会を組織し，登録許可制にして棉花の委託収買を行わせた[36]。

　しかしながら，重要な戦略物資としての棉花・綿糸布の収買は，蒋政権軍
および新四軍との物資争奪戦の激化により，また食糧不足による作付転換な
どもあって絶えず困難に直面していた。こうした状況について，先の平本調
査官報告書は，「長江下流地区即チ上海周辺ノ治安ハ北方ヨリ南下セル新四
軍ト南方ヨリ北上セル忠救軍ノ蠢動ニヨリ最近頓ミニ悪化ノ一途ヲ辿リ……
新四軍ノ蘇北地帯ヘノ浸透目覚シク，合興鎮ヨリノ棉花ノ上海マデノ陸路輸
送ハ全ク困難ニシテ陸，海軍ノ警備支援ノ下，或ハ海路ヲ，或ハ運河ヲ利シ
テ，船団輸送ヲ採ラザルヲ得サル実情ニアル」，「共産党ガ直接棉花収奪ノ挙
ニ出ルノ外，上海棉花ハ土品土線ニ消費サレ，マタ江北地区ノ棉花ハ……或
ハ北へ或ハ南へ逃避スルモノ多ク，最近ハ華人経営ノインチキ工場へ潜ッ
テ巧ミニ紡ガレテシマウモノモ尠クナイ」と，その一端を伝えている。しか
もかかる状況のなかで，「現地軍ハ陳琛棉及繰越棉ヲ加ヘタトシテモ活動完
遂困難ナルヲ見テ，棉統会ノテヲ経ズシテ取得スル方法ニ付苦慮シタル処，
遂ニ非常手段トシテ棉統会ヲ無視シ在華邦人ノミニヨル収買ニ出タノデア
ル」との指摘のように，日本軍や日本商社が棉統会を無視して二元的に収買

を進める事態も生まれているのである[37]。

　商統総会体制の展開について，米穀収買や棉花収買の具体的状況にもふれながらみてきたが，いずれも政策的狙いとは異なり，目標を大幅に下回るものでしかなかった。そして，早くも商統総会結成の１年後には，商統総会の改組が問題となっているのである。

(2)　商統総会体制の改組と破綻

商統総会の改組

　1944年６月27日，「物資統制機構調整綱要」の決定とあわせて，全国商業統制総会ならびに下部機構たる綿業・米糧・粉麦・油糧・日用品の5統制委員会の新たな組織規定が決められた。商統総会創設からわずか１年３カ月後であった。その個々の内容については詳述しないが，主な点のひとつは，軍需関連物資については別の機関によって統制し，商統総会は物資の全面的統制でなく，日常生活の必須物資を統制対象とするというものである。上海在住民の生活が逼迫しつつあった状況に対応した改組といえる。またもうひとつは，大幅な人事刷新である。自ら辞任した初代の唐寿民理事長（交通銀行総理）にかわって，監事長の聞蘭亭（上海紗業同業公会代表）が理事長を継承するとともに，統制を回避し自己利益を優先させる役員や派閥主義的人事を排する方針を打ち出している。さらに第３点として，物資の配給を確保し戦時生産を維持するために，担当者の責任を問わなかった従来の運営体制を改め，収買成績に厳格な責任を負わせたことである。しかしながら，これらの改組にもかかわらず収買成績は低下し，物価騰貴も収まらなかった。これに対し国民政府の側も，奸商とされた採弁商や糧行の摘発，県長以下の職員・警官・軍隊のなかの貪官の糾弾・検挙を行う一方，食糧収買のための挺身隊出動などの措置がとられたが，問題の克服は進まないままであった[38]。

　米の収買方策では，1944年６月９日，南京・上海両市の食米事情が逼迫するなかで，日中当局は，「揚子江下流域物資移動取締条例」の制限品目から「米」を削除し，米統会への所定量の「徴購」[39]を別とすれば，両市内への米の自由搬入・自由販売を容認することになっていった。この措置によっ

て自由搬入による買煽りや思惑買いなども活発になり，米価の高騰が生じたが，「目下ノ状況ニテハ食米ニ対スル市民ノ不安ハ払拭シ難カルベク本措置実行ノ将来ニハ尚幾多ノ困難ヲ予想セラル」とされた。ここにおいて，商統総会を軸とした物資統制は事実上破綻していたといえよう[40]。

商統総会体制の破綻

　かかる状況は，1945年に入ると一層進行しているが，その様相に関して在上海土田公使は，1944年6月3日発東郷大東亜大臣宛至急電においてつぎのように記している[41]。

　第956号大至急（上海米穀対策）

一，上海米価ノ昂騰ハ戦局ノ見透端境期当面金条昂騰等ノ諸事情ニ依リ狂人的ニシテ一市石二一万元（五月二十五日現在）ヨリ僅ニ一週間余ニシテ五二万元（六月二日現在）ニ昂騰シ此ノ趨勢ハ尚継続スル見込

　　上海ノ米穀配給状況ハ左ノ如クニシテ殊ニ華人側ニ著シク食糧不安ヲ感セシメ重大ナル政治問題化シツツアルヲ以テ軍方面ト折衝ノ上極力手当中ナルモ充分ナラサル惧アリ

・日側月所要量　五，六八四石（内邦人小口配給八〇〇屯其ノ他ハ重要産業）

　　五月分未配給　三，二八四

・華側月所要量　二，二六〇（華側軍警市政府官吏等）

　　四月分未配給　一，九六〇　　五月分未配給　二，二六〇

・日華未配給　計　七，五〇四（華人小口配給ハ二月下旬ヨリ停止）

　二，（略）

　日本人側で，5月配給所要量の57.8％が未配給であり，わずか4割分しか確保しえておらず，華人側になると，4月の未配給は必要量の86.7％にものぼり，5月分に至っては，全く配給米は確保できていないのである。それに伴って，米穀配給の行き詰まりが，華人側に食糧不安を生じさせるにとどまらず，重大な政治問題ともなりつつある事態がみてとれよう。米穀不足の根源は軍需米の供給にあるが，この時点では軍収蔵米の放出によって緊急対策

を行わざるをえなかったのである。この時期の上海における米穀配給の逼迫状況や供給不足に伴う闇相場および現地収買価格の上昇は，表9-7にみられる通りである。現地収買価格を大幅に上げているが，配給米を確保しえず，1人当たり配給量（華人向）も半減していること，上海市中闇相場も，1943年後半以降急騰の勢を示しはじめていることなどを知りえよう。

　では，商統総会体制による物資統制のかかる破綻状況は，いかなる要因にもとづくものと認識されていたのであろうか。どのような占領統治の展望を有していたのであろうか。これまでも部分的にふれてきたが，本節の最後にその点を総括的にみておこう。さきに参照した中国総力戦研究所「米糧収買調査報告書」は，収買不振の原因について，内部的原因と外部的原因との両面から検討しているが，そこでは，内部的原因として，①対華新政策の影響，②収買機構上の欠陥，③収買技術上の欠陥をあげている[42]。まず第一に指摘できるのは，汪政権の戦争への積極的協力を意図して，物資収買の権限を南京国民政府側に移管したことである。しかもその権限行使は，国府自身ではなく民間団体＝商業資本である商統総会の自主統制に委ねられたものであった。これは，汪政権の政治力が弱体ななかで，上海の有力華商を政権基盤に組み込み政治力強化を目指したものであるが，政権の脆弱さ自体がこれらの施策を困難にしていた。関連して，一方の行政側における貪官汚吏の跳梁と他方での統制会に参加する在来中国商の支配力の弱さや自己利益優先的体質も，商統総会運営を軌道に乗せるには至らない要因であった。

　また第二には，商統総会およびそれが指導する収買機構の人的構成上の欠陥である。成立した米統会の中枢に位置したのは，袁履登理事（市商会会頭）とその下の市商会職員と姻戚であり，彼らは業務上のエキスパートとしての知識を持ち合わせていないだけでなく，著しく廉潔性に欠けていた。米統会役員たちの廉潔性欠如は，すでにその選定時に巨額コミッションの贈与や関係者の介入がなされているところにもうかがえる。また，米統会役員（他の商統総会下部組織も）や選出候補である準備委員は，公定価格での買付や低利の金融を受けられる特権をもっており，米統会取扱米はもちろん統制外の地場消費米等をも含めて，公定価格での買付や自由な市販によってより

表9-7　上海市中米相場(1943年,闇相場・現地収買価格・配給状況)　粳白米一市石（80kg）当り儲備券建

年月	上海市中 闇相場（元）		現地収買 価格（元）		配給 状況		収買担当者
	最高	最低	協定収買価格	実際収買価格	配給量(kg)	配給価格(元)	
1943年1月	1,150	950	220	265	6.0	300	陸軍経理部
2月	1,100	950	220	280	6.0	300	陸軍経理部
3月	830	690	220	330	6.0	300	陸軍経理部
4月	750	620	220	325	6.0	300～450	明瞭ならず
5月	900	600	320	370	4.8～6.0	450	明瞭ならず
6月	1,300	900	360	420	4.8	450	糧食聯営社
7月	2,200	1,600	400	450	2.4～4.8	600	糧食聯営社
8月	2,100	1,750	470	520	2.4	600	糧食聯営社
9月	1,900	1,650	550	600	2.4	600	糧食聯営社
10月	2,100	1,700	720～820	745	2.4	600	米糧統制会
11月	2,100	1,850	720～820	760	2.4	600～800	米糧統制会
12月	1,850	1,850	720～820	780	2.4	800	米糧統制会
1944年1月	2,600	2,400	720～820	780	2.4～4.8	800	米糧統制会

注　：1943年6月，軍よりの払下げ米停止により配給量減少と相場上昇。
出典：支那事務局農林課『食糧対策ニ関スル綴』其ノ五，1944，45年度。

大きな収益を上げることができたのである。商統総会の機構自体のこうした乱脈が，統制政策を大きく阻害していたことは明白であろう。

　さらに第三に指摘できる点は，商統総会を管理監督する行政機構がきわめて弱体であったことである。これらの行政機構は，国民政府が任命する県長・区長と各村落組織のなかで決められる郷長・鎮長・保長・甲長の系統とが不統一に統轄され，官治的機構と民治的機構との対立を内在していた。そのため，供出命令が下部に至るにしたがって徹底を欠き各農家が各自の供出量を確認しえない事態もみられた。それだけでなく派閥主義が存在し，主要人事の変更によって収買担当者が全面的に交替することなどが頻発し，首脳部の不法行為や貪官汚吏の跳梁などもあって行政府の指導力や収買成績の低下を生むこととなっていた。また，行政の下部組織である軍警の各種不法行為――私損雑税の徴収・コミッションの強要・歩哨煙草銭等――も広く行われており，常熟の事例では，保安隊員２名が米行と一緒に米糧収買を行う場合１日の報酬として鶏１羽，ルビークィーン５箱程度を要求している。

　これらの内部的原因と関連して，収買技術上の問題点として，強制供出制の実施中止方針の不徹底，収買開始時期の遅延，見返物資活用方法の拙劣なども指摘されているが，主要点はさきの３点である。

さらに，収買不振の外部的原因についてみると，まず第一に指摘できることは[43]，蔣介石政権軍および新四軍が，それぞれに米穀や棉花をはじめとした戦略物資獲得に多大な力を注いでおり，それら蔣政権軍，共産党軍の物資収買活動が，日本軍や商統総会による収買を大きく阻害する要因であった点である。蔣政権軍や新四軍の勢力が急速に伸展していたことは，さきにもふれたが（注37），1944年半ばになると，従来ゲリラ的であった収買工作は，本格的な経済戦的なもの「単ナル妨害工作カラ組織的ナ逆封鎖乃至密輸工作」へと転換していった。しかもそこで注目されるのは，中国農民の血族意識や伝統意識を民族主義と結びつけながら，「最大ノ目標ヲ民意ノ獲得」に向けていたことである。具体的に，江陰地区の忠救軍＝蔣政権軍の場合では，郷土出身者を領袖として郷友を組織し，また郷鎮長とも通じ民意獲得工作にあたっていた。そのため江陰地区では，収買成績は3月中旬で予定量のわずか11％にとどまっていたのである。さらに，新四軍の江南米糧収買地区での密輸工作をみると，まず上海に，一般銀行の仮面を被った「中共農民銀行」を設け，これを指導部としてその下部に，米・雑糧，副食物，文化資材の購入部および小組を置き，物資の搬出入や収買米穀・雑糧の売却処理を行っていた。しかも，「米行，銭荘等ヲ広汎ニ利用シ網ノ目ノ如ク『デルタ』地区ヲ大規模意ニ蔽ヒ，米産地デ最モ安価ニ米ヲ収買シ大部ヲ上海ニ高価ニ売却シ，他ノ必要日用品ヲ購入」していた。

　そして第二は，周辺農民における供出を極少化しようとする姿勢，それに由来する収穫物資の隠遁や密搬出の横行による収買の停滞である。それは，自家用分や種籾分をも収奪してゆく日本軍や商統総会に対する自己防衛・生活防衛のための農民たちの抵抗でもあった。今，呉江県地区の自小作・小作層の状況をみると，おおむね総収穫高の60〜70％を収穫直後に売却し小作料の金納と田賦の納入に充て，残りの30〜40％を借金返済および自家糧食用や生活必需品購入代としていた。売却＝現金化に際しては，米統会に供出し公定価格で処分するならば借金返済は困難になり経済的困窮に拍車がかかることになる。農民は密輸を行わざるをえない状況に置かれていたのである。呉江地区の場合，自小作・小作農民はその所有米の40％を供出し60％を闇

に流していた。さらに，主に自作・地主層が関与する農村の囲積についてみると，つぎのような囲積が一般的に行われている実状が報告されている。

　　二重壁ヲ作リ，ソノ中ニ米ヲ匿ス者，或ハ小部屋ヲソノママ壁ヲ塗ッテ密閉シソノ中ニ米ヲ山積スル等ノ方法ヲ採ッテイル。……大体一軒ノ家デ多イモノハ二百石位ヲ二重壁乃至小部屋ヲ利用シテ隠匿シテイル由デアル。更ニ中支農村特有ノ水甕ヲ利用シソノ中ニ籾ヲ詰メテ土中ニ埋メル方法モ相当ニ行ハレテイル模様デ，コノ方法ハ前者ヨリモ更ニ一般的ニ行ハレテイルモノノ如ク，平均五斗〜一石位ノ容積ガアルト言ハレル

　以上，日中戦争後における日本軍の占領下での，上海の経済的再編成と経済統制政策の展開，また，それに対応した日本人居留民社会の変容について検討してきた。こうした戦時期における変容は，戦争経済の一層の深化と戦局の悪化のなかで，日本人居留民の生活を急速に戦時体制に対応したものへと変化させていった。同時にそれは諸矛盾を上海在住華人と華人社会に転化させるものであった。

4　戦局の悪化と上海居留民社会──『大陸新報』記事を中心に

(1)　戦局の悪化と上海再編成政策の行き詰まり

　アジア太平洋戦争開戦当初における日本軍の攻勢も，1942年6月のミッドウェー海戦での大打撃に引き続く，43年2月よりのガダルカナル島撤退（71万1,000人撤退，戦死・餓死者2万5,000人），同5月のアッツ島守備隊全滅などを契機に，急速に守勢に傾いていった。さらに1944年に入ると，マリアナ沖海戦，サイパン陥落をみ（6〜7月），フィリピン・レイテ沖海戦では，日本海軍は壊滅的打撃を受けるに至っている。戦線の行き詰まりは，中国戦線においても同様であり，蔣国民党政権および中国共産党軍による抗日持久戦戦略が根強く展開されるなかで戦線が拡大し，日本は戦争の見通しを

失っていった。

こうした情勢を前にして，1943年1月4日，日本政府は「大東亜戦争完遂ノ為ノ対支処理根本方針」（1942年12月21日御前会議決定）を決定し，それに続く諸方策を提起していった。その主要な方向は，「国民政府参戦ヲ以テ日支間局面打開ノ一大転機トシ，日支提携ノ根本精神ニ則リ専ラ国民政府（汪兆銘政府）ノ政治力ヲ強化」し，対蔣政権や対米英との戦争を遂行していこうとするものであった。

具体的方針としては[44]，まず第一に，日本政府と汪政権との間での「戦争遂行に関する日華共同宣言」の締結があげられる。またそれに合わせて，租界還付および治外法権撤廃等の協定がなされていった。関税自主権の容認や治外法権撤廃などに関しては，1943年7月31日「中華民国ニ於ケル日本国臣民ニ対スル課税ニ関スル日本国中華民国間条約」，「中華民国ニ於ケル日本国臣民ニ対スル課税ニ関スル日本国中華民国間条約ニ関スル日華両国全権委員間諒解事項」ほか，各種の秘密交換公文や議事録，備忘禄などによって既存権益の維持を図っており，上海特別市の行政についても，日本人職員の採用を義務づけるだけでなく，「在住者ノ居住，営業及福社等ニ関シ尠クモ従前の程度ヲ維持セシムルコト」と強い制約を付している（1943年2月12日重光大使発「租界還付及法権撤廃事務開始方ニ関スル件」注44）外務省記録）。

外見的には，帝国主義的権益の返還を装うこれらの施策は，日本軍により汪国民政府地域だけでなく蔣政権支配下地域や中共軍影響下の地域においても積極的に宣伝され，民心獲得に利用されていったが，他面，抗日勢力側からは，日本の侵略政策の行き詰まりと動揺の現れとして，民衆収斂工作に攻勢的に活用されてもいた。以上からもわかるように，ここでの諸施策は，戦局の行き詰まり局面のなかで，日本にとっては受動的な形で案出されたものであったといえよう。それは，在留日本人の一部に「或ハ永年辛苦ノ結果モ放棄スルノ已ムナキニ至ルニ非サルヤ等ノ危惧ノ念ヲ抱キタルモノモ存シタル」という動揺を生んだりしていた[45]。

こうした対華新政策における経済方策の中軸を担ったのが，物資移動制限と商統総会体制であったことはさきに詳述したところである。そして，新政

策の導入にもかかわらず，戦局の膠着と戦局の悪化を打開しえず，上海の日本人居留民社会においては，激しい物価騰貴や生活必需物資不足などを招き，邦人社会の不安定は次第に明確となってきた。

(2) 戦時下上海日本人居留民の生活状況

物価動向

　日中戦争期，上海占領における日本軍の物資掌握の不首尾は，居留民生活においては，まず何よりも食糧品を中心とする生活必需品の不足と，激しい物価騰貴として現れていた。はじめに，戦局の行き詰まりが顕現する1943年半ばから，データの得られる45年初頭に至る時期における上海物価の動向を，表9-8，表9-9によってみておこう。

　日中戦争開戦以降，日本軍の現地自給方針や工場・企業の破壊による生産力の低落などのため，上海の諸物価が急速に上昇していたことはさきにみたが（前掲表9-6），40年代に入ると，諸物価の騰勢は激しく，上海小売物価動向を示す表9-8を参照すると，1944年4月から翌45年4月の上海小売物価指数は，平均でも44年比262.4と，短期間に約2.7倍の上昇をみせている。主要食糧品たる米穀などについては，日本政府は中国人とは別に日本人向の低廉価格品の配給を用意していたが[46]，それら日本人向配給価格においても，上昇度はほぼ同様であった（白米：223.3，小麦粉：121.3，砂糖：407.1，食油：360.8等）。

　また，1943年末の事態では（表9-9），江蘇白米卸100kg：統制値525元，闇値1,820元，小麦粉卸1袋：統制値223元，闇値440元，食油卸50kg：統制値2,000元，闇値3,600元，あるいは江蘇白米小売10kg：統制値56元，闇値280元（5倍），食油小売1瓶：統制値19.8元，闇値42元（2.1倍）等，当局の定める統制価格に対して，卸売でも小売においても，数倍に及ぶ高額の闇値市場が形成されており，生活必需品でも購買可能な価額での入手が困難になりつつあったのがわかる。こうした生活必需物資の入手に支障をきたしはじめた状況に対応すべく制定されたのが，1944年1月19日大東亜省公布の「在華邦人生活必需物資臨時配給統制規則」であり，この法令は領事官が，生活

416

表9-8　上海小売物価の騰勢（1944年4月〜45年4月）

品名	単位	価　　格（元）			指数：1944.4＝100	
		1944.4	1944.12	1945.4	1944.12	1945.4
白米	1kg	45.00	337.50	1,225.00	750	2,722
（邦人向配給価格）	1kg	7.50	62.50	167.50	833	2,233
小麦粉	1斤	28.00	175.28	990.00	1,213	＊3,535
（邦人向配給価格）	1斤	10.88	60.00	132.00	220	1,213
豚肉	500匁	400.00	2,250.00	6,000.00	563	＊1,500
鶏卵	1個	6.00	32.00	90.00	533	1,500
白菜	500g	27.00	66.67	932.33	247	＊3,453
馬鈴薯	500g	19.00	46.67	600.00	246	3,158
豆腐	1個	6.00	11.00	80.00	183	1,333
砂糖（白）	1斤	12.00	992.00	1,980.00	8,267	＊16,500
（邦人向配給価格）	1斤	7.86	74.29	320.00	945	4,071
味噌（赤）	100匁	8.50	40.00	200.00	471	2,353
食油	2合	−	194.82	649.00		
（邦人向配給価格）	2合	18.00	100.00		556	※3,608
日本酒（1級1合）	1本	200.00	456.00		228	※1100
（邦人向配給価格）	1本	88.00	248.00	2,200.00	282	2,500
麦酒（4合入）	1本	120.00	95.00	700.00	79	583
（邦人向配給価格）	1本	17.00	58.00	290.00	341	1,706
煙草（大英）	1箱（10本）	19.00	100.00	200.00	526	1,053
（総領事館等認可価格）	1箱（10本）	5.00	18.00	−	360	※4,000
ワイシャツ	1枚	350.00	1,800.00	5,500.00	514	1,571
革靴（男物）	1足	2,800.00	13,000.00	26,250.00	464	938
理髪代（大人）	1回	23.00	150.00	650.00	652	2,862
燐寸（小箱18個入）	1包	200.00	200.00	300.00	100	＊150
（邦人向配給価格）	1包	10.00	100.00	200.00		＊2,000
平均指数						2,624

注　：1）品目欄の（　）内は，邦人家庭向配給価格ないし大使館または総領事館の認可価格。
　　　2）指数欄の＊印は，原表の「上海小売物価調査表」に表記された指数の計算誤りを訂正した数値。
　　　　また，※印は，原表に指数のみが表示されているもの。
出典：在上海大日本帝国大使館事務所理財課「上海小売物価調査表」『各国に於ケル物価関係雑纂』上海物価
　　　資料（外務省旧茗荷谷研修所旧蔵資料E24）。

必需物資を取り扱う事業者に対し強い権限を行使する法的根拠をなした。この時期，統計資料の公表が禁止されているので，数値的把握はできないが，物価騰貴の激しさは容易に知りえよう。

　食米をはじめとした上海の物価は，一時的に抑制される時もみられるとはいえ，絶えざる騰勢のなかにあったのであり，汪政府の当局者も「物価対策緊急措置」を実施するとともに，頓積（物資隠匿）に走る奸商に対する処罰の厳格化などによって対処していたが，上海物価の騰勢を抑制することは困難であった（『大陸新報』1945年2月12日「国府　物価対策緊急措置を公布」）。

第Ⅲ部／第9章　アジア太平洋戦争期における上海日本人居留民社会　　417

表9-9　上海主要商品統制値・闇値比較（1943.9.30現在）

品名	卸値（元）				小売値（元）			
	単位	統制値 (a)	闇値 (b)	b/a(%)	単位	統制値 (a)	闇値(b)	b/a(%)
江蘇白米	100kg	525.00	1,820.00	346.7	10kg	56.00	280.00	500.0
小麦粉	1 袋	223.00	440.00	197.3	100 夕	5.80	─	─
大豆	50kg	592.25	750.00	126.6	0.5kg	8.20	2.00	24.4
白砂糖	60kg	550.00	6,600.00	1,200.0	0.6kg	5.50	67.20	1,221.8
食油(大豆油)	50kg	2,000.00	3,600.00	180.0	ビール瓶 1 本	19.80	42.00	212.1
煙草（大英）	5 万本	20,833.00	40,600.00	194.9	10 本	5.00	8.00	160.0
燐寸		5,240.00	16,000.00	305.3	1 個	0.40	2.50	625.0
綿糸	1 梱	10,000.00	20,000.00	200.0				
綿布	1 反	375.00	700.00	186.7	1 碼	─	30.00	
タオル	1 打	56.00	─		1 本	5.00	13.50	270.0
石炭(山東切込炭)	1 廸	497.00	1,500.00	301.8				

出典：在上海大日本帝国大使館特命全権公使・田尻愛義1943年11月6日発「上海市場重要商品統制値トノ比較調送付ノ件」『各国ニ於ケル物価関係雑纂』上海物価資料（外務省旧茗荷谷研修所旧蔵資料E24）。

かかる状況は，日本側当局においては「上海米価ノ昂騰ハ，戦局ノ見透端境期当面金条昂騰ノ諸事情ニ依リ狂人的ニシテ……此ノ趨勢ハ尚継続スル見込」と認識され，さらには「殊ニ華人側ニ著シク食料不安ヲ感セシメ重大ナル政治問題化シツツアル」（傍点は引用者，以下同様）というような危惧をも抱かせるまでに深刻化しつつあったのである[47]。

物資不足と配給統制の意義

では，物価騰貴の基礎にある上海における物資不足の状況を，在留日本人社会を中心にみてみよう。

上海や華中における食米の不足が，日本軍の現地自活方針にもとづく軍需物資の現地収奪の拡大に起因するものであったことはすでにふれてきたところであるが，米穀等物資の不足は，『大陸新報』が「上海の物価昂騰は一部奸商の策動に依り正に天井知らずの有様を現出し，上海五百万市民の生活を甚だしく脅威すると共に中支経済に重大なる衝撃を与えるに至った」などと記すような事態を生んでいた（同紙1944年３月４日，また12月17，20日等も参照）。こうした状況は，必然的に農民や米行等による囤積や投機を蔓延させるだけでなく，行政機構内においても，江蘇省政府糧食局長后大椿，国府糧食部水産管理・建設局長胡政などの政府高官による収買業務上の不正など汚

吏の跋扈も目に余るほどであり（同紙1944年3月13，14，16日。また5月初旬にも顧峯衡，周乃文ら政府高官に対し，収賄罪で懲役10年の判決が出されている。同紙5月7，10日)，戦局の困難とともに物資不足も深刻さを増していった。

戦局が深刻化する1945年5月頃になると，上海での米穀配給（日本人向・華人向）も，在上海日本人向けがわずか4割しか確保されておらず（ただし，虹口地区日本商の小売物価は総領事館の統制下に置かれその安定が図られており，割合的にはわずかな一般日本人家庭向け米はこの時点でも確保されていた。同紙1944年3月23日ほか)，華人向け食米に関しては，軍警官吏用4月所要量の86.7％が未配給，5月に至っては全く配給がなされていないという状況であった[48]。この時期，一般華人に対しては，1945年2月下旬の配給停止以来，配給再開の目途は立っておらず，さきに引用した土田公使の「重大ナル政治問題化」という政治的危機は，まさに眼前のものであったのである。

食米問題を中心に生活必需物資不足の主な動向を，1944年の日本人社会について『大陸新報』紙上で概観的に摘出すると，以下のような記事があげられる（見出しは一部省略)[49]。1月1日「邦人の生活理念」――決戦下の国民生活体制の理想像は物質生活においては「生きるための最低限度に止めてこれを国家の消費に振向けること」，1月7日「戦時食糧を確保せよ　恵まれすぎた現地の"食"生活」，1月8日「勝つための消費規正　共販制総合切符制へ」，1月20日「節電のお手並み拝見」成績はまず上乗――消費制限から2カ月，2割5分達成，1月24日「お菓子屋七割を整備」――250軒の菓子業者の7割が転廃業，40〜50種に限定，2月4日「食米二升に減配　業者の暗躍に民心動揺」――1月18日に2.5升に増配後すぐ，3月7日「暖簾を捨てて　業者に聴く転身の決意」――上海の高級料理店が続々転廃業，3月15日謹告「二五日ヲ以テ一律休業」――上海三業組合（六三亭・松廼家等24店)，3月16日「いざ必勝の鶴嘴」――17日から民団東区町内連合会を皮切りに金属回収開始，3月19日謹告「瓦斯消費制限ニ関スル件」――大上海瓦斯公司4月検針後割当量の1割減，3月23日「好調の金属回収　虹口区に出動」，27日「金属回収　敵産家屋や邦人商社にも」，4月5日「外食券制度を実施」――日本人飲食店を3部門に，握り寿司は1券で12個，

４月19日「甘党にご注意　配給量の不足はお手製で我慢」，４月21日御挨拶「20日８軒に統合，22日第三飲食店として新発足」──上海カフェ33軒，４月22日「白米に玉蜀黍　二割を混入」──今まで量質とも内地に比較し余裕ある配給，５月11日「お米町内会で纏めて　個人買ひは止めませう」──町内会単位の一括購入に，５月11日「（在華紡）紡績機械も応召　華人女工も感激の解体作業　日本中学生も運搬」，７月27日「勝抜く"暗い生活"へ　節電五割愈来月から」──華中地区の電力消費大幅規正，８月８日「鉄と銅　けふから回収始め　金属供出へ総決起」，10月12日「隣保別に配給所指定　売切れ，行列を解消」，11月９日「町内会毎に購入店を指定」，12月７日「一人一日タバコ十本」，12月30日「きのふ挺身隊壮行式　正月も捨てて米糧蒐買の壮途へ」等々。この時期，戦局が激しくなるなかで，上海居留民に関わっては，物価の昂騰や物資収買政策，配給統制，囤積の摘発や汚吏の剔抉など，生活物資の動向についての記事は数多くみられるが，在留日本人の生活状況について，生活必需物資の不足や配給施策の変化など具体的にふれたものは意外とみられない。物資不足に関しては，わずかに菓子屋の246店中の約７割にのぼる店舗の統廃合やタバコの配給本数の週10本への削減，「内地などに比較して遙かに余裕ある食米配給を受けていた」白米の玉蜀黍による一部代替，消費電力の大幅な制限などが記事になっている程度であった。菓子・甘味類や煙草など嗜好品や高級料理店・カフェ等の贅沢とみなされる業種が制限の主な対象となっている。配給については，むしろその量的な制限よりも切符制・通帳制等の配給方式や町内会・隣保班などの組織運営に関する記事が目につく。つまり，在留日本人社会にあっては1944年から45年８月の日本敗戦直前まで，食糧の窮迫する上海華人社会とは異なり，生活必需品などは確保されていたことがわかる。同時に他面で，当該期の配給政策の動向には，単なる物資確保・生活保持目的だけでなく，第４節でもみるように，在留日本人および華人従業員を対象とした食米配給政策を通じて在留邦人を，「上海興亜報国会」「商業報国団」や町内会隣保班（常会）など職域団体や地域団体に組み込み，戦争協力や戦意昂揚へ動員を強めようとする政策的意図をうかがうことができる[50]。

こうした点，1944年1月1日の『大陸新報』が，「総てを明日の活動へ」と題する論説を載せ，勝ち抜く国民生活体制の確立によって物の個人消費を最高度に切詰めそれを国民貯蓄や国債消化に充て，国防強化を図ることを要請しており，「決戦下の国民生活体制の理想像は物質生活においては"生きるための最低限度"に止めてこれを国家の消費に振向けること即ち消費節約である」と論じているところともつながる。消費生活の抑制とそれによる戦争強化策への居留民動員といえよう。上海在留日本人社会は，戦争が難局に向かい生活物資の欠乏が本格化する前段階から，消費生活の最低水準への先行的切詰めと軍事生産への振向けへと方向づけられていったのである[51]。

では，決戦態勢への上海居留民の動員はどのようになされていったのか。まず，居留民全体の動員状況を検討することとしたい。

(3) 上海在留日本人における「国民動員」の展開

町内会の改編と国民動員

上海日本人各路連合会（町内会連合会）は，アジア太平洋戦争開戦に至る時期において，排日・抗日運動に対する自警団的活動や緊急時の相互扶助的活動，時には民族運動に対する尖鋭な排外主義的行動などを担い，また納税者会議を通じた工部局の参事会改編運動や上海神社奉納事業，海軍表忠塔（戦死者慰霊塔）建設協力等さまざまな活動を行ってきた[52]。この町内会連合会は，1942年6月1日，組織を解消し，上海居留民団に統合されることとなった。土着派を中心とする居留民たちの自主的組織であった各路連合会を民団に一元化し，大企業従業員をも包摂しつつ，より直接的に総領事館の統轄下に置き，居留民の統制を強めようとしたのである。すでに，前年1941年の11月には，各路連合会の事務所は，民団庁舎内に移動し民団が事務取扱を行っており，この各路連合会の居留民団への統合は，42年5月8日の「町内会規程」の告示を待っての解消・統合であり，解消に合わせて居留民団内に「市民部」を新設し，次第に町内会係・自警関係・米配係・庶務関係など各路連合会の各種事務を取り扱っていった[53]。

行論上，町内会の機構について「上海居留民団諸規程」[54]によりながらふ

れておくと，各町内会は，地区ないし官公庁・学校・営業所・工場・病院・合宿所など毎に，50〜300世帯を単位として地区内の日本人全世帯（含む準世帯員）を組織するものとされた（「設置規程施行細則」第1条，第2条ほか）。そして，町内会の基礎単位として10世帯内外毎に隣保班があり，町内会・隣保班にはそれぞれ常会が置かれる（「規約準則」第2章隣保班，第4章常会）。さらに，その事業をみると，①敬神・祭祀に関する事項，②隣保親睦・相互扶助に関する事項，③国民精神の昂揚・教化に関する事項，④消費経済の統制に関する事項，⑤警防に関する事項，⑥保健衛生に関する事項，⑦銃後援護・時局関係に関する事項などがあげられている（「規約準則」第6条）。

　では，居留民町内会（隣保班）は，どのような活動を行っていたのか，その特徴と意味をみることとしたい。

a.食米・生活必需品等配給

　町内会設置規程の策定と同じ頃，食米配給の要領が決定されており，日本人向・華人向ともに配給制としたが，1942年5月10日から日本人用米のうち，家庭用米（日本人同宿者・コック・家事使用人等も含む）は，町内会が交付する「邦人小口米購入通帳」によって町内会を単位とし，町内会毎に指定された米穀小売組合より購入することに決められていった[55]。こうした配給制は，次第に食米から各種の生活必需品に拡大されるとともに，切符の交付・引換による切符制なども取り入れられている（1943年5月10日上海邦人食米切符配給制実施，『大陸新報』1943年10月22日「切符制の無駄を省く　隣保組織の活用」）。食米にせよ生活必需品にせよ配給制は，居留民の多大なエネルギーと煩瑣な作業を必要としており，「われら在留邦人には民団を中心とした町内会乃至隣保班に依て完全に組織せられたる一団が有る」事態が徹底して活用せしめられたのである（同上）。アジア太平洋戦争開戦後間もない時期から生じた物資の不足に，先取り的に対応した町内会隣保班を軸とした配給制の導入は，以後戦局が急速に悪化してゆくなかでいくつかの新たな特徴を帯びていく。そのひとつは，日本内地で進行する国民総動員の動きが上海居留民社会においても町内会を媒介に強められていることである。さきにも，1944年の初頭『大陸新報』が在留日本人に「生きるための最低限度」

の節約生活を呼びかけていることを指摘したが，この呼びかけも，この年の1月議会での賀屋興宜蔵相の「戦局の苛烈さに限度がないとすれば，一方戦ふ国民の生活費ももっともっと引き下げねばならぬ」という国民生活切詰への要望に応ずるものであり（同紙1944年1月27日），その状況は，上海北四川路昭和会の婦人常会がモンペ着用を会員に呼びかける動きなども生んでいる（同紙1944年1月23日）。町内会婦人部の積極的活動が目につくとともに，絶えず「内地並み」というスローガンが，現地邦人の国民動員のために活用されていることがわかる。

b. 国債消化・国民貯蓄，軍機献納活動

物資配給と並んで，日常活動として行われていたのが，国債購入とそのための貯蓄推進や戦闘機献納のための募金活動であった。

日中戦争開始以来増大していた国債の発行は，アジア太平洋戦争が始まってさらに巨額となり[56]，その消化を図るために，さまざまな形での国債購入勧奨や貯蓄増強の運動が推進されていた。それは，在外日本人においても同様であり，1942年度には，華中においても国債消化の運動が展開されていった。1942年度の全国民の貯蓄目標は230億円，うち国債消化に170億円（国民1人当たり約170円）が充てられていたが，華中における国債消化の目標額は，41年度末まで4,900万円，および42年度上期賞与の一部500万円，計5,400万円となっており，異常といえるほどの多額な負担であった（『大陸新報』1942年6月1日「社論：国債消化運動」同「けふから国債消化週間　太田委員長協力を要望」）。しかし，1943年2月末には，同年3月末までの目標額9,000万円に対して9,940万円の金額を達成したことが伝えられている（『大陸新報』1943年4月6日「国債消化　目標額を突破　輝かし現地の大戦果」同紙4月7日「国債問答」上。なお，国債消化運動は，町内会，職場，企業，個人業者など各種の経路を通じて推進されており，重複した購入は立案時から想定されていた）。このうち町内会の消化分は，194万394円（1942年9月〜43年3月）であり，官公庁や国策会社，紡績などの企業の購入分，あるいはそこに働く給与生活者，個人商店などの購入分と比較すると金額的には多くないが，重要なことは購入に協力した町内会数が1,308町内会，1万2,908隣保班とされて

おり，きわめて多数の町内会がこの活動に関わっていたことである（同紙1943年5月2日「でかした隣組」）。隣保班班長会議や常会において「親孝行と貯蓄は同じだ，赤誠に待ったなし」としばしば取り組まれていたのである（同紙1944年5月3日）。

　同時に指摘しうることは，これら町内会による国債購入や軍用機献納の運動が，町内会単位の達成額を決めて各戸に割り当てるなどの強制を多分に伴っていたことである。一例を国債購入運動とともに活発に展開された陸海軍に対する航空機の献納活動でみると，1942年12月8日開戦1周年から始められた献納活動では，町内会独自で1機あるいは2機と献納目標を定め，「愛国の至誠に燃ゆるあまりややもすると度を外れた献納運動をする町内会」があるとされている。ある町内会では1世帯最低額を3,000元，また別の町内会では1,000元と強制的に割り当てることなども行われている。こうした運動は，他面で興亜報国会などの呼びかけに応じて行われており，この時期1カ月1世帯10元以上，その他戦果のあった場合は感激貯金ないし戦果貯金として献納がなされている（『大陸新報』1944年3月15日「献金は自発的に　強制割当は行き過ぎ」。なお，1年前の大陸新報の呼びかけによる献納運動では，陸軍に97式戦闘機3機，海軍に中攻撃機1機の目標を掲げ，1戸1円の醵金の申し合わせがなされ，隣保会毎に競争で取り組んでいることが報じられているが，この間に献納金額が急激に増額している状況がうかがえる。同紙1943年4月18日「戦ふ隣組」）。

c.　防空態勢の強化

　1944年に入ると，上海上空にも米爆撃機が姿を現し防空司令部による防空訓練が開始されているが，1月15日早暁には上海に空襲警報が谺し，焼夷弾も投下されている。防空本部からは「沈着・機敏・勇敢に　鬼畜の盲爆に備へよ」等の警告がなされ，以後隣組による防空訓練の本格化と町内会を軸とした防空態勢の確立，家庭灯火管制の徹底，さらには防空壕の構築が始められている（『大陸新報』1944年1月15日「暁天に谺する警報に防空陣揺るぎなし」，同紙3月4日「断乎！防げ敵機盲爆　徹せよ常住灯管」）。防空態勢に関しては，全市を数個の地区に区分し，これを防空本部で一元的に統轄し，空

襲時の退避，防空，救護等を最も効率的に実施しようとするものであり，その中心は町内会（日本人居留民）であった。町内会は，配給制など相互扶助的活動に利用されるだけでなく，居留民を戦争態勢により積極的に組み込む上で大いに利用されたのである（『大陸新報』1944年4月9日「防空区　町内会，保甲と再編成」）。なお，それとともに，一部の日系企業の華人従業員や在住華人に対しては，保甲制度と称せられる中国の伝統的地域住民統轄制度の導入が図られている。保甲制度について立ち入って言及する余裕はないが，若干ふれておこう[57]。

　保甲制度は，中国農村において，開港以前から行われていた社会統轄組織であり，上海地区の場合は，10戸で1牌頭，10牌で1甲頭を置き，10甲に1保長を設け，それを基礎に人民の戸籍管理と統轄を行う制度であった。日本の占領当局は，上海租界占領後まもなく，工部局警察指揮下に蘇州河以南地区共同租界を7区に区分し，その下に10ないし17の保を組織し，試験的に保甲制度の実施を急いでいたが，1942年2月26日には基礎を確立したとしている（『大陸新報』1942年2月28日および同年5月11日「逞しい街の自警団(5)」）。日系企業など支配下の上海華人社会においても，この制度を華人の統制や労務動員に活用しようとしたのである。それぞれの保は自警団を有し，当該区域の警戒などにも従事していたが，日本人居留民の町内会同様，物資の配給や防空活動などの相互扶助的組織として存在していたといえよう（前掲「防空区　町内会，保甲と再編成」）。

(4) 労務統制の展開

労務統制施策とその実施状況

　さきに，町内会・隣保班の具体的動向を通じて，上海在留日本人における「国民総動員」をみてきたが，こうした国民総動員は職域においても進められていた。職域動員の中心をなしたものがさまざまな労働力の統制＝労務再配置であった。

　アジア太平洋戦争開戦後，とりわけ1943年の対華新政策実施以後，上海経済は戦争経済への急速な移行が要請されていったが，それは，従来の軽工

業中心から重工業の拡大へと資金，資材，労働力等の移動を促すものであり，一方で，重工業や産業インフラの増強，重点産業化と，他方での不急不要産業の縮小，重点産業転換など「企業整備」の実施として展開されていった。かかる過程は，労働力の統制策としては，1943年10月29日「現地会社経理統制実施要綱」の発表以降，現地企業の全般的経理統制を実施し，役員・社員の給与に対しても統制を強めている。また，翌年1月13日，上海総領事館は「現地邦人会社経理統制実施要綱」を策定し（1944年2月1日「現地支店及出張所経理統制」告示），現地日本人企業の全般的経理統制を実施，当該企業の役員・社員の給与に関しても統制を強めている。また，翌年1944年2月13日には，総領事館が「国民・中等両学校卒業生の需給調整要領」を発表，同時に他方で，重要産業部門においては，従業員引抜の停止を指示するなど，進行する物価騰貴のなかで浮動する労働者の統制・確保に動いている[58]。

　こうしたなか，1944年3月1日「労務等臨時調整規則」が決定されたが，この規則は労働力の再配置を大きく展開させた。この規則では，①就職制限業種20種，退職制限業種13種の指定と指定業種での雇傭，退職の許可制の導入（第1，2条），②賃銀その他従業条件への一定基準を制定・変更する賃銀の基準制定（第3条），③不急不要企業への就職制限・禁止や重要産業部門への就職命令など就業命令の発動（第4条），④技術者・労務者に対する労務手帳の交付（第5条），⑤臨検，検査，罰則（第6，7，9，10条）などが制定されているが，ここで狙いとしたものは，上海日本人社会の発展とともに肥大した物品販売業や料理飲食店業，旅館・下宿業，貸座敷業などの不急不要企業の労働力を制限する一方，資源開発や造船，機械器具工業，鉄鋼業，陸海運業など，緊急に増産が必要とされている産業部門への労務者の移動を強制しようとするものであった[59]。

　では，こうした「労務等臨時調整規則」制定＝労務統制を実施した上海経済上の背景は奈辺にあったのか。すでに生産力の増強が強く求められていた1943年半ばには，重要産業を担う日本企業において以下のような状況が広く生じていた。

邦人商社の問題として，最も具体的な悩みの種となっているものは従業員が転々として罷り，一商社一工場に頑張り抜いて職域奉公をなし遂げようする青年の甚だ少ないことである。何等の一定の方針なく少しでも待遇のよいところを狙って転々として渡り歩く（『大陸新報』1943年9月3日「邦人従業員の転職防止策」）。

　従来，日本人従業員は各産業・商社とも日本内地から補給されていたが，国家総動員の全面的発動のなかで内地からの流入が不可能となっていたのである。そのため，いずれの産業や企業においても従業員の確保・補充のため著しい高給を支給して退職防止に努め，また他社従業員の引抜を行うなどの方策がなされていた（同紙1944年1月13日「邦人の労務確保」）[60]。

　かかる状況に対して，総領事館など日本当局は各種の労務確保の対策を講じていった。そのひとつは，国民学校・中等学校等の新規卒業生の就職調整＝重点産業等への半強制的就職斡旋である。それまでは，俸給の多寡などによって自由に就職先を決めていた卒業生も，決戦体制に備えるべく重点産業や重要機関への優先的配置が要請されていった（同紙1944年1月14日「労務需給調整　重要産業に適正配置」）。その措置の根拠をなすものが，さきの労務等臨時調整規則であったのである。これによって，以前の労務対策事務所（1943年11月14日，上海大使館に設置）や職業紹介所（民団）産業労務協力会等による間接的な指導を超えて，指定産業に従事する日本人の就職，転職，退職等はすべて統制され，かつ指定業種に対する就職命令によって徴用も行われることになったのである。またあわせて，日本人従業員に対する給与統制令の策定が検討されており，1944年10月22日に至って，「上海社員給与統制要綱」が決定されている（『大陸新報』1944年3月10日「近く労務給与を統制」，同紙44年5月17日「労務確保へ　近く給与統制」，同紙44年10月22日「現地の邦人商社等給与統制決まる　給与統制要綱」）。これによって進行する物価の騰貴に対応しながら，給与の凹凸を是正し重要産業の要員を確保しようとしていたのである。

第Ⅲ部／第9章　アジア太平洋戦争期における上海日本人居留民社会　427

しかしながら，こうした労務統制方策は，容易に機能を果たしえなかった。その状況を『大陸新報』の記事にみると，

　　現地の生産部門は総て労力は中国人によってといふのが建前であるが，現在，生活のためにこれら労務者たちが軽い仕事で賃銀の多い所へ行くといふ非常に浮動性が多いのが困っていることである。定められた期限内により以上の生産増加を行ふためには，何処でも非常に苦労している問題があらう。現在民団立の中等学校の上級生を内地の通年動員のやふな形式でといふ計画が進められており……現地は内地と違って……内地のやうな女子挺身隊，勤労報国隊などは出来ないかも知れないが……直接間接にいくらでも生産に寄与する途はあると想ふ（1944年7月23日「学徒も熟練工へ」）。
　　現地労務調整の必要にかんがみ総領事館では，物品販売業，物品貸付業，料理飲食業者など比較的現勢下不急と認められる二十種の製造部門に対し，邦人を雇入れる場合またはその部門への就職について，3月1日より労務等臨時調整規則により許可を定め実施してきたが，この範囲だけでは自分の職業を勝手に自分に都合よく解釈して許可制の適用を逃れようとする輩もあり，いろいろ不徹底と見なされる事例が多いので，その範囲を上海総領事館管下のありとあらゆる職域に拡大し……19日告示，即日施行（1944年8月19日「全職域に労務調整」）。

　以上，労務等臨時調整規則実施後の労務状況の一端を一覧したが，依然従来のいわゆる自由主義時代の旧体制色を拭えていない状況がわかる。

上海における労務統制の特徴
　では，上海における労務統制・労務再配置では，どのような特徴をもって展開したのか。まず第一に指摘できることは，労務統制が容易に進展しないなかで，中南支興亜報国会や上海興亜報国会，産業共栄会，商業報国団など国民精神動員の活動に補完される形で進められていることである。
　上海における労務統制が具体化しはじめた1944年3月の「労務等臨時調

整規則」制定の前年7月1日，上海青年館において中南支興亜報国会および上海興亜報国会の結成式が行われている。興亜報国会は中南支居留民全員を会員とし，皇国民錬成および大東亜共栄圏地域における興亜運動の推進を目的として組織された官民の一体的組織であり，総領事館や民団などの行政機構と表裏一体の関係にあった。そして，国や諸団体の助成金によりながら各職域・地域において，皇民錬成（思想錬成・技術錬成・体力錬成・生活錬成）と興亜運動（興亜理念の普及と具現，同志団体との協力）を推進してゆく使命を有して活動を行っている[61]。これを労務統制の諸法令と関連してみると，労務施策を実体化するものとして，国民精神の動員——皇民錬成や興亜意識の浸透——を促すことを狙いとしていたといえよう。

また第二点として，これらの労務政策が，日本内地の状況に対し立ち遅れを示すなかで，「現地邦人の自覚」や「覚悟」を問うものとして内地並を強く要請されていることである[62]。1944年1月の衆院議会での賀屋興宣蔵相の発言についてはさきにもふれたが，そこでは，現地邦人の国債消化や国民運動への積極的参加を数年前に比し大いに前進したものとしつつも，「内地同胞の堪へつつある艱難と欠乏に比すればなほ物の数ではなく，決戦の現段階要求するところと相隔たること遠いといはねばならぬ」と，現地邦人の意識の立ち遅れが指摘され居留民たちの自覚を促していた（前掲『大陸新報』1944年1月27日「社論：現地法人生活の革新」）。そのような内地に比した遅れは，重要産業や工場・事業所等への給与統制令の実施に際してもみられ，現地労働力の浮動性を抑制し，重要産業等への労働力補充を確保することを目的とした同条令は，容易に実施できず，総領事館や商工会議所の指導・協力を得，居留民の自覚を問いながら，1944年10月22日に至って決まっている（同紙1944年10月22日「現地の邦人商社等給与統制決まる　給与統制要綱」）。さらに，日本国内においては，民間会社をも対象とする規則へと改訂されている「国民徴用令改正」や女子への徴用の発動を認める「国民職業能力申告令改正」が1941年10月にすでになされているのに対して，上海ではようやく1944年11月に徴用令が実施され，「女子職業能力申告令」に至っては，45年2月に実施されている[63]。租界を背景とした英米企業や華人企業の活発自由

な企業活動が存在するなかで，上海の日本人企業や商店に対する統制も容易に貫徹しえなかったのである。

　さらに関連して付言すれば，第三点として，当初遅滞していたが，女性労働に対する活用がさまざまな形で行われていたことである。上述の通り，日本国内では戦時体制のなかで，女性への徴用令の適用が始まるなど次第に女性労働力の活用が進められていったが，上海においては，1945年1月14日現地女性に「徴用令」，同2月14日「女子職業能力申告令」が実施されている。実際には，1944年末から女性の徴用開始や女子職業能力調査も実施されているが，日本国内の施策からかなり遅れて進んでおり，7月頃においても「内地はもう昨年あたりから銃後といふよりも前線といふ状態になっている。特に最近はこの決戦下に上海の婦人はどうかといふと，遺憾ながら私には大部分の方は前線的生活をしていないように見受けられる」（『大陸新報』1944年7月9日「現地婦女子に望む（2）」）と評される状況にとどまっていた。しかし，建前としては，「"女性皆働"　これは国家の運命につながる厳粛な課題として現地に住む女性の総てが考へるべき問題ではなかろうか。現地においても日常生活のすべてが"決戦"の二字に尽きるいま，時局を弁へぬ遊閑女性はないであろう」（同紙1944年2月10日「紀元節拝賀式」）と高唱され，女性の労働動員施策は強力に進められている。女子の職業能力申告令による登録（12月24日の締切，総領事館国民動員室取扱）なども，登録漏れ者に対しては処罰することを定めるなど厳しく登録を促していた（同紙1944年12月23日「女子の職業調査　登録申告は期日限り」）。

　重要産業や各種商店，あるいは諸機関に勤務する女性に対する徴用の拡大や労務の再配置を遂行する一方で，一般家庭婦人の動員も多面的に推進されている。「総てを戦力増強へ」のかけ声とともに，現地婦人も直接戦争関係の仕事に従事せしめていくのは1944年の夏頃からみられ，上海では8月17日に女子挺身隊の結団式がなされている。その活動状況は，活動開始まもない時期から能率上昇が指摘され，順次第2次挺身隊（1944年11月21日），第3次（45年2月20日），第4次（5月19日）と結成されていった。日本国内での女子挺身隊の結成が1943年9月であり，労務動員政策のなかでは早い対

応であったといえよう。応召などによって各職域とも男子労働力が相当に不足し，家庭婦人や女学生をも含めた女子労働による代替を急速に進行させざるをえない状況にあったのである。各職場における労働力不足の状況は，「会社その他職場自体においても"あの婦人は何も出来はしない"といふ軽蔑感を捨てて3ヶ月位の基礎訓練でも実施のうへ男子の職場を譲り通すやうに指導して頂きたい。……決戦を身に刻み直に総力一体，職場持場を通じ決戦完勝のただ一途に邁進する秋はいま来ている」と論じられるほど切迫した事態にあった（『大陸新報』1945年5月26日「現地婦人の戦意を聴く：本社主催座談会）。

　以上，上海における日本人居留民の労務動員・労務統制の特徴を指摘してきた。それは，上海日本人居留民社会存続の危機をはらんでいたが，他面では，上海の日本占領政策下での上海華人社会にさまざまの困難や貧困を生み出しながらの過程でもあった。

　なお最後に，対華新政策下の労務統制のなかでの「新興派」居留民の動向について，追加的に言及しておきたい。日中戦争後とりわけアジア太平洋戦争以降，日本人居留民は中支那振興会社を軸とした大企業的進出に伴う日本人従業員（＝会社派）の増大とともに，虹口などの土着派的中小商工業者も大きく増加していたが，これらの土着派的新興居留民については，以下のような状況であったことが示されている。

　（上海の虹口地帯は）以前には長崎県上海市といふ感じがしたそうだが，現在では日本全土から総ゆる階層の人々や機構が移り，日本の戦後体制と同一様式の統制経済圏を構成している。此の人達の大多数は日支事変以後来たのであり，事変の特殊的雰囲気と治外法権の中で生活し上海や其他の中国社会を余り知っていない。従って自然に誤られた正義観を持つやうになる。……身辺に居る中国人の悪質なのに驚いて全ての中国人を不良視したりするのである（河内午之助「中国参戦経済への雑感」前掲『経済月報』第204号，8頁）。

いいかえれば，日章旗を掲げながら「ただ皇威に庇護された乱暴と酔狂」の振舞いも少なくなく，現地資本との提携による経済進出や経済建設は停滞ないし放棄されざるを得なかったのである。

(5)　戦局「悪化」下の上海華人社会

租界在住華人の状況

　アジア太平洋戦争開戦後の日本軍による上海租界の占領とその後の対華新政策の導入は，上海在住者の大半を占める華人社会をも大きく変容させたが[64]，まず，そこでの上海華人社会の変容と周辺農村生活の状況についてみておくこととしたい。

　従来から上海の華人社会自体は，中産階級がほとんどみられず，一部の特権的な富裕層と大半を占める貧民および下層労働者から構成されていた。その状況の一端について，『上海経済年鑑』（1943年版）は，「焼けつくやうな炎天の舗道を素足で値を聞く黄包車夫や蘇州河の真黒なドブ河で米を磨ぐ水上生活者，又鼻を刺す様な寒風の吹きさらす街にアンペラ一枚軒下に宿を求める苦力達が一方にあるかと思へば，夜会ダンスホールやナイトクラブで過ごしている人種もある」と記している[65]。こうした上海の中国人社会の状況は，開戦後大きく変化し，「激増セル上海人口ハ大東亜戦争勃発ニヨル国際情勢就中経済界ノ一大変動ニ伴ヒ失業者ノ続出，糧食難等治安上民生上憂慮スベキ事態ニ遭遇」していった。上海在住華人の生活動向や労務者の待遇条件などについて，日本側占領当局はその実態を把握する姿勢を欠いており，本章においても具体的に言及しえないが，とりあえず，上海の華人（工人・給与生活者）・日本人の生計費動向を示す表9-10をみると，1936年＝100とし，中国工人の総指数（39品目）で41年826.2，42年1月1,208.5，同11月2,372.0となっており，租界占領後の激しい生計費の上昇が鮮明である。しかも，日本人の指数上昇に比較して上昇度合いが数倍にもなっていたこともあわせてうかがえる。こうした物価の騰貴のなかで，実質賃銀も大幅に下落していたのである。その状況は以後も進行し，上海の汚点のひとつであった行き倒れや遺棄死体が「事変直後からの経済界の急激な転換に伴って増加の

表9-10　上海在住華人（工人・給与生活者）および日本人の生活必需品物価指数（1936～42年）

年次	華人労働者		華人給与生活者	日本人	
	総指数	食料費	総指数	総指数	食料費
1936 年	100.0		100.0	100.0	100.0
1937 年	119.1	122.3		109.9	109.2
1938 年	150.6	139.2		128.6	—
1939 年	197.2	191.1		158.2	151.0
1940 年	428.4	460.2		282.1	291.6
1941 年	826.2	902.8		333.6	330.7
1942 年 1 月	1,208.0	1,230.7	909.4	369.2	313.4
1942 年 11 月	2,373.0	2,043.7	1,847.9	435.4	435.2

注： 上海華人労働者及給与生活者の場合は，飲食費・住居費・被服費・雑費等の39品目。
　　 日本人の場合は食料費・被服費・燃料費・雑費から構成。
出典：南満州鉄道株式会社調査部『中南支経済統計季報』第8号，1943年3月。

一途を辿り，多少のことに動じない上海人もさすがに目にあまるものがあったらしく，毎年冬期になるとこの対処問題が識者間の論議の中心となっていた」事態も生まれていた。ただし，さらなる悪化は死者たちの増大後むしろ減少に転ずる（『大陸新報』1944年1月13日「減った行倒れ」）。こうした事態への「応急対策」として，在住華人の「疎散工作」が打ち出されていった。それは，現地陸海軍，外務省，興亜院等からなる租界対策委員会労務委員会を組織し，上海特別市政府，共仏租界当局とともに，帰郷特別通行証の発給や船車料の割引などの促進策を活用しながら，過剰人口約100万人を疎散しようとしたものである。上海華人住民を生活維持策の対象から排除しようとする政策ということもできよう。その施策状況は，1942年2月末現在，通行証発行数16万8,269件，船車および徒歩による離滬者概数約30万人と推定されており，その大多数は浙江省および江蘇省に流入しているとされている[66]。しかし，こうした疎散工作は，そもそも各地の積極的な労力受入政策を伴っておらず，疎散者の大部分が生活の途に窮する失業者か難民であり，資金や資産を有する疎散者もほとんどなく，地方経済復興につながるなどの持続的な対策を創出しえておらず，疎散者たちが再び上海に還流する状況も生み出していた。したがって，過剰化した上海華人社会は，日本人居留民社会以上に生活必需品の欠乏や物価騰貴に直面せざるをえなかった（上記表9-10）。それは，上海占領後1年を経た時期で，日本がすでに上海在住華人の生活を

維持しえず，軍事占領自体の維持すら困難な事態に陥っていたことを物語っており，つぎの報告からもそれがうかがえるところである[67]。

　　軍事力ニ於テ隔絶セル圧倒的ニ強勢ナル皇軍ノ力ヲ以テシテ，支那事変
　ガ持久戦ヲ続ケ，占領地ノ治安ハ常ニ脅カサレ，清郷工作ハ軍事的治安ヲ
　一応確立シ得タガ，思想的，政治的治安ハ少シモ改善サレテイナイ。
　　此ノ事実ハ武力ニ依ル事変解決ノ限界ヲ明白ニ物語ツテイル。戦争ノ一
　定段階デハ軍事ガ政治ヲ決定スルガ，支那事変ハ既ニ早クヨリ政治ガ軍事
　ヲ決定スベキ段階ニ入ツテイルノデアル。

上海華人労務者の労働と生活

　では，上海日本人企業においてその生産や流通に従事していた中国人労務者の労働と生活は，戦争経済の進行と戦局の困難化のなかで，どのような変化が生まれていたのであろうか。

　上海の日系重点産業の労働力は，管理的労働や一部の中核的労働力部門については日本人労働者によっていたとはいえ，1943〜45年頃では，主として約20万人の華人産業労務者に担われていた。これら華人労働者は，一般的に日本人に比して流動性が高いだけでなく，農村からの流入者も多く農繁期など季節的に帰農する半農半工的性格も有していた。各界の労務者が労務のみを職業とせず一方で農業を営んでいるがゆえに，賃銀が低落したり食糧など物資不足が進行するなかでは，帰農者も一層多くなっていく[68]。そうした状況全般について，1944年8月の華中産業共栄会懇談会での一研究報告によってみておくと，現時局下では労働力の不足が最大の問題と捉えた上で，その要因として，①労働者の帰農，②密搬出入者の増加，③三輪車，黄包車の増加，④暗黒面に向かう者の増加等が指摘されているが，帰農者についていえば，労働者の帰農が増え田畑での労働が，従来の婦女子や老人にかわって若い男子によって多く担われているとしている。民族資本だけでなく，日系の工場や施設なども，上海華人労働者にとって職場は安定したものではなくなっていたのであり，それゆえ帰農者の増加が生じていたのである。

その生活については，７月上旬の労務者の１カ月の生活費が，家族14人で４万4,600元，５人１万8,000元，３人１万2,000元，２人9,000〜１万2,000元程度とみなされるが，それに対し工具の転職による１カ月収入は魚売り9,000元，三輪車１万元，道端雑貨売１万2,000元などとなっており，子供たちが道端で拾ったものを売るだけで2,000元，女性が野菜売りで4,500元という収入を得られ，工場に行かずとも家族単位では工場での賃銀分を得ていたのである（『大陸新報』1944年８月６日「なぜ労働力が浮動するのか」）。日本側からみれば，日本国内からの労働力の流入は全く期待できず，徴用制の導入だけでなく，華人労働者に労働力を委ねることを不可避とせざるをえなかったのであるが，必要な労働力の安定確保は容易ではなかった。

こうしたなかで，当局は，警察・保安隊・公務員・病院・新聞社等とともに，時局重要産業の華人労働者を優先して一定数の米を配給している（『大陸新報』1944年６月４日「社論：重点的な配給制度へ」，同紙1944年12月24日「公務員，重要産業に米を重点配給」）。それは，「現在における労務問題の中心は労務の多寡に非ずして生活必需物資特に主食物を労働者のために確保し得るか否かの一点にある事は周知の事物である」とされており（同紙1944年６月４日「社論：重点的な配給制度へ」），同年の３月には，産業の重点度で業務を５段階に分け，重点度にしたがって配給を配分する措置も導入されていた。食米の配給順位の場合は，甲種産業：造船・船舶・運輸・陸海運・鉱工・機械業，乙種産業：金属・機械修理・生必業，丙種産業：上記以外の一般工場，丁種産業：一般商店，戊種産業：娯楽業と区分けされている[69]。現物支給をテコに，重点産業を優先しながら労務者確保に力を注いでいたのである。

しかしこうした方策も，1945年５，６月になると，重点配分の食米等も確保できなくなっていったことは，つぎの，上海市政府の窮状訴えの資料からも推察されよう[70]。

　　最近上海食米逼迫シ六月一日闇値五十三万元ヲ唱ヘ居ル処　上海市政府
　　軍警及公務員用米ハ月一万三千石ヲ要スルモ　一般公務員用米ハ三月下期
　　ヨリ軍警米ハ四月上旬ヨリ配給セラレス各局署下級職員ノ怠業，地下争議

続出ノ兆アルニ鑑ミ……羅秘書長ヨリ屡次日本側ノ援助ヲ要望セラレ当館
及大使館側ヨリ軍側ニ折衝ノ結果数日前一部軍米ノ融通ヲウケタノデアル
カ右ハ不取敢軍警ノ四月分ニ充当セラレタルニ止マリ一般公務員ニハ配給
セラレス

　上記の上海市政府の内部的崩壊の兆しは，重要産業労務者の統轄において
も同様に生じていたものと考えて間違いなかろう。
　ところで，上海労務者の生活必需品の重点配給を利用した対応策は，その
供給面からすると，周辺農村と農民への負担に大きく依存するものであった。
すなわち，軍警や公務員さらには重要産業従業員に対する食米や給与の不足
分は，国府当局を通じ農村の郷鎮長や区長の手によって補填され，究極的に
郷鎮長，区長の途中ピンハネ分も含め働く農民に転嫁されるのである（『大
陸新報』1945年5月23日「社論：国府軍警の給与」）。最後に，上海周辺農村と
農民に与えた日本の上海占領の影響について若干の点をみておくこととした
い。

上海周辺農村における物資収奪と農民

　さきにも指摘したように（第2節第2項参照），上海をはじめとした各県城
周辺の農村の想像を超えた破壊とその後の復興の遅れに加え，日本軍による
物資収奪は農村の生産力を著しく停滞させていた。しかも，米穀の主要集散
地の背後は蒋介石政権の支配地区も多く，共産党の宣伝活動すらもみられた。
　こうした周辺農村の基本的生産構造を蘇州地区でみると，耕作面積の70
％が地主所有，30％が自作農の所有とされていた。農民はその収穫量の15
分の1を田賦として納税し，1944年度の田賦徴収用の米糧は約66万石とさ
れ，その3分の1は省軍警用米として省政府より配給され，3分の2は原則
として米統会に売却し，省内4大城市の民生安定用米として便用する。
　農民にとっての田賦負担や1畝当たり3,000〜4,000元（収量に対する市価1
万元の場合）の小作料は，相当の負担であり，上海など都市労務者の民生問
題とも強く関連し都市の食糧確保策のしわ寄せを受けていた結果でもある。

また一般農民は，耕種に際し，その60％は資金が欠乏し，地主その他の人々から高利で借金をしていたが，その利息は年２割を超えていた。耕種時の経済負担も，肥料価格の上昇などのため増加傾向にあった。常熟の農民の場合では，秋季の収穫後，その所有米は翌２，３月頃までしか維持できず，その後は小麦等で喰い繋いでおり，甚だしい時は一年中麦柄を常食とする状況もみられた（『大陸新報』1944年12月７日「江蘇産米区視察記（２）」同紙12月10日「江蘇省産米区視察記（完）」）。

　そして，耕作農民とともに，この時期に注目されるのは，食米の少なからぬ数量を単帮と呼ばれる数多くの搬送搬入業者が取り扱っていたことである。上海地区では，単帮の数は約8,300人とされ，これが１日に１～２回上海周辺各地から平均４斗（約60kg）の米を４，５里の道を遠しとせず，あるいは徒歩で，あるいは自転車，汽車，船等を利用して上海に蟻のごとく営々と米を運び込んでおり，実収は月１万元平均とされている。また，単帮は半分以上が女子で，年齢は20～50歳が70％，20歳未満17％，50歳以上13％，職業は，無職が約45％，職工を前職とする者25％，前農民12％，その他小商人の転向者や余業者とされていた（同紙1945年２月18日「米運びの "単帮" とは」）。

おわりに——汪政府の崩壊と居留民社会の解体

　上述してきたように，日中戦争の開戦を契機として，上海日本人居留民社会は大きく拡大しただけでなく，その社会経済構成においても，またそこに生活する居留民の特質においても大きく変容を遂げていった。

　日中戦争後の変容は，まず何よりも中支那振興株式会社など大規模企業の創設と，それに伴う日本人従業員（会社員・工員等会社派中間層）の増大，あるいは工部局警察や市政府，民団の職員など公務員・官吏の増大として示された。同時に，虹口商人をはじめとした日本人中小商工業者＝土着派一般層の大量の進出もみられた。この点，産業別職業別構成をみると，第一次大戦以降の1920年代に形成された商業・貿易等の商業部門を主体とした産業構

成が急速に変化し，機械製造・造船・金属・製粉・印刷等製造業がその生産額と比重を拡大している。また，公務サービスの増大もあって，小売業や飲食業など小規模零細経営を中心とする商業部門の比重を大幅に縮小させていった。こうした戦時経済の進展による上海日本人社会の変容は，その担い手である居留民の気質においても変化を生んでおり，在地資本との提携や中長期的な経済浸透を志向する在留日本資本層（土着派中堅層，会社派）も，次第に戦争の拡大に照応する形で戦争経済への依存傾向を強めていった。また，土着派居留民の内部においても，従来にも増して短期的利益を追求し，軍事的進出に強く依存しながら営業を行う，新興派居留民の新たな進出が活発となっていった。

　ところで，重慶に首都を移し抗戦を続ける蔣介石政権ならびに英米勢力との，全面戦争として展開するアジア太平洋戦争は，租界が重要な位置を担った従来の上海経済の機構を破壊し接収された欧米資本はもとより，在来の中国資本も機能不全となっていったが，占領地区支配が行き詰まるなかで提起されたものが，1943年3月の対華新政策であった。対華新政策は，日本側が，汪政権と中国資本＝上海財界に上海経済の中核的権限を移譲することによって，上海経済を再編成し，中国資本を活用して戦争体制の強化を図ろうとするものであった。その中心に位置したものが中華全国商業統制総会（商統総会）体制であった。しかしながら，商統総会体制のもとでも，日本軍の軍事力抜きには物資の収買も容易に進まず，また活動の抑制を強いられた日本商社の側も，実際には物資収買の権益を確保し続け，さらには中国側の官僚，商人たちの物資隠匿（囤積）や密搬出入なども横行し，絶えざる組織改編にもかかわらず，商統総会体制は破綻せざるをえなくなっていったのである。

　かかる上海の社会経済状況の困難と行き詰まりとともに，在留日本人居留民社会も，また上海華人社会も，食糧や生活必需品の欠如をはじめとした生活困難や戦争態勢への動員強化の動きが強まり，生活や労働も大きく変化していった。在留日本人社会においては，土着派のみならず会社従業員＝会社派の間においても，町内会組織への住民の組織化が進み，配給統制の徹底や

国債の消化，軍用機献納運動などに駆り立てられる一方，職場の労働において
も，日本国内の「徴用令」の全面実施に促迫される形で各種の労務統制施
策が導入されていった。「職業能力申告令」や「徴用等臨時調整規則」「社員
給与令」などの導入は，戦争の進行とともに女子挺身隊など急速な女子労働
力の徴発動員を伴いつつ，上海居留民社会を戦争遂行へと動員していった。
これらの労務動員が，官民一体となった興亜報国会や産業共栄会などの国民
精神総動員の組織に補完されて展開していたことも一特徴をなしていた。国
際都市たるがゆえに，本国政府の統轄から一定の距離をもって存在していた
上海日本人居留民社会も，アジア太平洋戦争の戦局悪化のなかで「内地に見
習へ」「現地も自覚を」と戦争動員が強められるとともに，他方で頻繁な空
襲に直面し防空訓練を繰り返す日常となっていったのである。

　日本人社会への影響以上に，上海華人社会や周辺農村の生活や労働への打
撃は深刻であり，職を失った多くの華人労務者は，さまざまな物品販売や黄
包車夫，三輪車，密搬出入などの雑業で自らと家族の生命と生活をかろうじ
て保持する事態に置かれていたのである。しかしながら，日本軍占領下の上
海華人社会の状況については，本章では十分検討を果たしえなかった。今
回，ほとんどふれられなかった中支那振興株式会社関係の検討とともに今後
の課題としたい。

〔注〕
1）1936，39年は『海外在留邦人職業別人口表』，42年は『上海在留邦人職業別
　　人口統計』，44年は『在中支邦人実態調査報告・上海之部』。
2）陳祖恩『上海に生きた日本人』大修館書店，2010年「日本語版まえがき」。
3）第一次上海事変時における日本人居留民の動向，軍事発動に至る要因につい
　　ては，拙稿「戦前期上海における日本人居留民社会と排外主義　1916～
　　1942」上・下，『和光経済』第47巻第2，第3号（本書第6章）においてふ
　　れられているが，日中戦争全般のなかでの位置づけは行っていない。
4）近代における日本人の上海進出の歴史的動向については，米澤秀夫『上海史
　　話』畝傍書房，1942年，79～209頁，高橋孝助・古厩忠夫編『上海史──巨
　　大都市の形成と人々の営み』東方書店，1995年，第3，5，6章，119～
　　133頁，髙綱博文『「国際都市」上海のなかの日本人』研文出版，2009年，

序章，桂川光正「上海の日本人社会」大阪産業大学『国際都市上海』1995年等を参照。

5）以下の上海日本人社会を構成する日本人・日本企業に関しては，「会社派」・「土着派」，あるいは「在留日本人依存型」・「中国在地経済関連型」などのカテゴリーで若干の検討を試みた前掲拙稿「戦前期上海における日本人居留民社会と排外主義　1916〜1942年」上・下，および拙稿「上海日本人実業協会と居留民社会」波形昭一編著『近代アジアの日本人経済団体』同文舘出版，1997年（本書第1章）等参照。

6）ここでみられる産業再編成は，アジア太平洋戦争におけるミッドウェイ海戦の敗北（1942年5月），米軍ガダルカナル島上陸（1942年8月）などを契機に，急速に行き詰まった戦争経済の短期間での再構築が必至とされるなかで生じたものであった。中国経済の中核を担う上海も，軍需物資の調達や民生安定用民需物資確保，さらには大東亜共栄圏各地への民需物資供給など，経済再編成＝戦争経済力増強を促されていった（上海日本商工会議所『上海日本商工会議所年報』第25，1942年度，第1〜4編，上海経済研究所『上海経済年鑑』1943年版参照）。

なお，ここでの日本人小売商減少の背景には，上海日本総領事館や上海日本商工会議所に主導された小売商転廃業の推進方針がみられる。そこでは，上記日本人営業者総数を1万122軒と把握し，その半数を中小商工業者が占め，またその半数が対日依存的営業であるとしている。しかし，企業整理や小売商店廃業方針にもかかわらず，その広範で雑多な存在ゆえに，廃業や再編は容易ではなかったことも他の反面であった（「自主的転廃機運　一部邦商組内に昂る」『支那情報』復刊994号，1943年7月10日――以下号数は略）。

7）河内午之助「邦人職域編成問題の考察」上海日本商工会議所『経済月報』第210号，1944年10月，9頁。

8）1943年3月上海総領事館「労務臨時調整規則」，同11月「現地会社経理統制実施要綱」，44年3月「現地邦人労務臨時調整令」，同10月「現地邦人給与統制要綱」等の条令による。なお当該期の労務状況については，前掲『経済月報』各号および中支那経済年報刊行会『中支那経済年報』第3輯，1943年，295〜310頁。

9）前掲河内「邦人職域編成問題の考察」8頁。共販組合を除く小売商店は，1943年6月約1,000店が44年初頭には542店（法人76店，個人466店）と半減している。また，これら小売商の1店当たり平均就業者数は1.7人である。

10）日本商工会館資料第1輯『中支進出に関する座談会記録』芳文社印刷，1938年，11〜17，21〜27頁。以下の新興進出業者に関する叙述は同書による。

11）長江産業貿易開発協会『中支経済統制概観』1940年，11〜23頁。ちなみに，日中戦争後の新興派居留民の特徴としては，①短期的利益の追求，②従来にも増した中国人・中国人企業に対する蔑視，③軍事進出への期待と依存傾向などがあげられる。

12）稲葉勝三「在華紡勤務27年の回顧──稲葉勝三氏（豊田紡織廠）インタビュー」東洋文庫『近代中国研究彙報』第33号，2011年，22〜23頁。なお，この時期の新興派居留民増大は，さきにふれた国策会社や海関，市政府の職員等の急増によるものでもあるが，彼らの多くは俸給生活者であり，虹口地区居住の新興派居留民とはやや異なった志向を有していた（「在留邦人決戦必勝への道・2」『支那情報』復刊989号，1943年7月5日）。

13）「支那事変対処要綱」外務省『日本外交年表竝主要文書』（以下『外交主要文書』下と略記），381〜384頁。なお閣議決定「『支那事変』処理根本方針」は385頁。

14）支那事変対処要綱が決定されたのち，影山大佐や今井中佐らによる汪兆銘の担ぎ出し＝新興政権工作が秘密裏になされていったが，その間の事情については，1938年7月12日五省会議決定「時局に伴ふ対支謀略」（前掲『外交主要文書』下，389〜390頁），および同年11月21日今井中佐「日華協議記録及同諒解事項並日華秘密協議記録」（同上書，401〜404頁）等を参照。

15）前者は前掲『外交主要文書』下，437〜438頁，後者は同書，464〜466頁。

16）以上は，上海日本商工会議所『上海日本商工会議所年報』第21，1938年度，14〜16，22〜25頁参照。

17）軍糧城精穀株式会社調査部「中支ニ於ケル米穀事情視察報告」序および9頁，1941年4月5日（支那事務局農林課，農林水産政策研究所図書館所蔵『中支那食糧収買対策ニ関スル綴』其ノ二──以下『食糧対策綴』と略記）。

18）日本軍による上海占領のもとにあって，上海は「孤島」と呼ばれたが，戦火を蒙ることなくまた対外貿易も閉ざされておらず，戦闘収束後には綿糸布や製糸等の輸出商談の活発化や工業生産の回復など，「孤島の繁栄」という事態もみられた。しかし，ゴム工業・石鹸・ガラス・玩具等の中小工業は，戦争による設備や在庫の破壊焼失，取引の停止などの打撃から容易に立ち直れず，中堅企業的発展の可能性も閉ざされていった（「上海市況」前掲『上海日本商工会議所年報』第21，1938年度，1〜23頁，前掲高橋・古厩編『上海史』209〜218頁参照）。

19）交易営団調査部『華中の収買機構』1944年6月，13〜21，98〜101頁。こうした状況について，一調査は「現在中支占拠地域内ニ於ケル米穀ハ，皇軍ノ統制下ニアリマスガ，ソノ出廻状況ガ其ノ背後地ニ於ケル重慶側ノ策動ニモ影響サレ戦前ニ比シテ低下ヲ見テオリ，何レノ出廻地モ戦前ニ比シ半量以

下ト云フ状況ニアリマス。皇軍及新政府ノ種々ナル対策モ容易ニ功ヲ奏シテオリマセン」と指摘している（大東亜省支那事務局「中支における米穀事情調査報告」5頁，前掲『食糧対策綴』其ノ二）。なおこの時期，上海周辺での物資収買機構の再編と並んで，日本からの輸入物資統制に関しても，中支那軍票交換用物資配給組合（1939年8月），中支那日本輸入配給組合連合会（40年11月），物動物資対日輸入組合（39年4月〜40年11月）が結成され，組合的統制が実施されている（前掲交易営団調査部『華中の収買機構』27〜44頁）。また，日本軍占領後の中国関内や上海周辺地域における物資収奪については，浅田喬二氏や古厩忠夫氏による先駆的研究があり，商統総会体制の解明も含め丁寧な実証的分析を行っており，依拠すべき点も多い。しかし，上海の経済的再編成や上海居留民社会の対応との関連は，検討対象とされていない（浅田「日本帝国主義による中国農業資源の収奪過程」同編『日本帝国主義下の中国』楽游書房，1981年，古厩「対華新政策と汪精衛政権──軍配組合から商統総会へ」中村政則・高村直助・小林英夫編著『戦時華中の物資動員と軍票』多賀出版，1994年）。本章では，上海周辺地域における物資収奪を居留民社会の変容との関係のなかで検討するものである。

20) 以上は，前掲『第25次年報』34〜35頁。

21) 1942年12月16日「上海食米対策ニ関スル提案理由書」前掲『食糧対策綴』其ノ三。

22) 1941年1月30日「中支米ノ獲得状況並ビニ配給統制状況」前掲『食糧対策綴』其ノ二。

23) 在華日本紡績同業会上海支部・堤孝『日支事変と中支紡績業』1939年，5〜15頁，および高村直助『近代日本綿業と中国』東京大学出版会，1982年，266〜316頁。

24) 前掲中支那経済年報刊行会『中支那経済年報』第2輯，276〜283頁，および前掲交易営団調査部『華中の収買機構』83〜89頁参照。また，棉花収買機構については，支那事務局農林課「重要農林物資収買機構系統図」。

25) 大東亜省総務局・平本調査官，1944年11月20日「支那棉花ノ問題点ニ就テ」105頁（外務省茗荷谷研修所旧蔵記録E214）ほか，また同時期の「棉花調査班復命書」では需要先について日本還送500千担，現地軍需270千担，現地民需160千担，満州需要50千担，計980千担としている（1944年11月25日）。いずれも外務省旧茗荷谷研修所旧蔵記録E219『各国ニ於ケル農産物関係雑件　綿及棉花ノ部』。なお，「中支の棉花増産工作」(1)〜(5)『大陸新報』1944年2月17〜21日も参照。

26) 日中戦争以前の華中や上海における物資収買・取引に関して，日本資本がいまだ有力な基盤を確立していなかったことは，この地への進出の中心に位

置した三井物産の動向からもうかがえる。収買業務と関わる穀肥・食品部門の取引動向をみると，日中戦争後の1930年代末から大幅に増加しており，また地域別の取扱高でも中国関内取引が拡大しているのがわかる。さらに，日中戦争を契機に中国関内の支店・出張所網を拡充し奥地進出も推進されている。そのなかで三井物産は，日本政府や軍との関係を密接なものとしつつ統制政策に関わっていったのである（春日豊『帝国日本と財閥商社──恐慌・戦争下の三井物産』名古屋大学出版会，2010年，312〜345，510〜565頁）。

27）以下の記述は，前掲「中支ニ於ケル米穀事情視察報告」1941年4月5日，4〜7頁，前掲『食糧対策綴』其ノ二，また前掲交易営団調査部『華中の収買機構』79〜83頁。

28）これらの点について，上海日本商工会議所『経済月報』の一論説は，日中戦争初期においては日本側は経済政策の上でも商社の経済行為の上でも「戦勝者的色彩が見えていた」と述べ，日本側の認識のなかに，①市価より遙かに安い価格で軍納を行わせられると考えていたこと，②軍納のためには日本商社に依存せざるをえないと判断していたこと，③低位な収買価格も指定商以外の買付業務を禁止し移動制限を厳重にすれば農民や地場商人は泣き寝入りし投げ売りするであろうとの幻想や力への過信を有していたこと，等の傾向を見てとっていた（上村寿男「物資蒐買方式の改革を要望す」『経済月報』第203号，11〜13頁）。

29）中支那振興調査課第3部飯田藤次『中支に於ける物資蒐買方法論』1943年6月4日。

30）これらについては，前掲『外交主要文書』下，580〜581頁。

31）大臣官房文書課「第84回帝国議会答弁資料追加」1914年外務省記録B.A.5-2-037『帝国議会関係雑件』1〜9頁。なお，商統総会体制の意義については，注19，浅田喬二論文および古厩忠夫論文も参照。

32）以上の記述に関しては，三菱商事株式会社業務部東亜課「全国商業統制総会概要ノ件」1943年8月1日，1〜15頁，アジア歴史資料センター06050449000，および前掲交易営団調査部『華中の収買機構』119〜128頁参照。

33）1944年7月30日，重光大東亜大臣宛宇佐美公使電報「上海民需米緊急対策ニ関スル件」前掲『食糧対策綴』其ノ五。

34）以下米糧統制委員会に関わる記述は，中国総力戦研究所「昭和18年度甲地区ニ於ル米糧収買調査報告書」1944年4月15日，1〜40丁，前掲『食糧対策綴』1943，44，45年度），および「蘇浙皖三省に於ける米穀収配統制機構の再編成」『経済月報』第199号，15〜29頁による。また，当該期の米糧統

制会の収買活動を規定する「蘇浙皖食米収買実施要領」「蘇浙皖食米収買計画要綱」等については，前掲『食糧対策綴』1943, 44, 45年度。

35）米統会によるこうした米糧収買活動について，中国語紙『申報』は，社説で「米統会成立後の工作経過は一点の疑いもなく失敗である。しかも危機は目前に迫っており，一刻の因循も許されない」と評している。『大陸新報』1944年5月18日。1943年度の食糧収買概況については，1944年7月13日，在中華民国特命全権大使谷正之発在上海特命全権土田公使宛「昭和20年度米穀収買要領ニ関スル件」前掲『食糧対策綴』其ノ五。また1944年度上海向食糧確保予測は，「昭和19年度支那食糧事情概況」作成者不明，前掲『食糧対策綴』1943, 44, 45年度。

36）商統総会創設後の棉花・綿糸布統制施策の動向は，支那事務局理財課「中支ニ於ケル本年一月以降主要経済事項日誌」1943年，外務省茗荷谷研修所旧蔵記録E214。また，棉統会設置以後については，前掲交易営団調査部『華中の収買機構』141〜144頁。なお，棉統会委員会は主任委員聞蘭亭，副主任菱田逸次・童侶青ほか委員は日中各5名，収買同業協会は理事長江上達，副理事長堤孝・童侶青ほか理事日中各4名の役員体制を形成している。

37）前掲平本調査官報告「支那棉花ノ問題点ニ就テ」96〜97，118〜119頁。

38）商統総会改組については，「商統会よ何処へ」前掲『経済月報』第206号，15〜20頁，1944年6月。またその状況は，「米糧問題の深刻化と関係当局の対策推進」第212号，1〜3頁，1944年12月。商統総会の実態が，所期の目的に沿うものとなりえなかった状況は，その後においても修整できず，1945年に入っても傘下の各統制会の改組や解消論が出されていた（「各統制会改組又は解散論抬頭」『中国産業報』1945年6月22日）。そして，1945年6月21日には，米統会結成後その一翼として米穀収買を担ってきた中支米穀買付組合が解散を決定している（「中支米穀買付組合　遂に解散決定」上記『中国産業報』6月22日）。

39）1944年5月，現地日本当局は国民政府とも諮って，43年3月制定の「揚子江下流地域物資移動取締暫行条例」を修正して米穀収買統制を緩和する方針を決定した。その方法は，米統会の許可を受けた採弁商や登記申請をした上海・南京の米糧店，さらに周辺地農民に対し，米統会に一定割合の米穀を供与する条件で民需米の自由な取引を認めるというものであった。米統会に徴購される米は，軍警や重要産業等の使用米とされ，甲：採弁商ですでに原売渡契約数量を完納した者…20/100を徴購，乙：採弁商でいまだ契約数量を完納していない者…40/100を徴購，丙：未契約の採弁商あるいは新規加入者…30/100を徴購，と定められていた（1944年6月9日上海支店総務課長発「上海総務情報」第22号，三井物産食糧部部長代理・田崎秀☒「上海地区米

糧移動制限撤廃ノ件」在中，前掲『食糧対策綴』其ノ五）。こうした方策は，日中の米穀取扱商社を積極的に収買に参加せしめようとしたものといえる。ただし，ここで規定された徴購も，上海周辺に関しては当分の間行わないものとされていた（前掲『経済月報』第207号，28～29頁）。

40）前掲「上海地区米糧移動制限撤廃ノ件」。あわせて「京滬両市民食米臨時措置綱要」「米糧搬入護照申請発給弁法」を付記している。

41）土田公使発東郷大東亜大臣宛電報，前掲『食糧対策綴』其ノ五。

42）以下，内部的原因に関しての諸点については，前掲「米糧収買調査報告書」3，収買不振の内部的原因（頁なし）参照。なお，華中における農産物収買政策破綻の要因に関しては，前掲浅田「日本帝国主義による中国農業資源の収奪過程」も参照。

43）以下，外部的原因についての論点は，前掲「米糧収買調査報告書」4，収買不振の外部的原因（頁なし）参照。なお，外部的原因のひとつとして農民における囤積の状況を記したが，囤積については土着的な糧桟や棉花商などの華商においても広くなされており，日本側による物資収買の大きな障害となっていた。

44）「大東亜戦争完遂の為の対支処理根本方針」および「戦争完遂に付ての協力に関する日華共同宣言」については，前掲『外交主要文書』下，580～581頁。また，租界還付に対応した関税自主権や治外法権撤廃等に関わる諸取決めについては，「中華民国ニ於ケル日本国臣民ニ対スル課税ニ関スル日本国中華民国間条約」1943年7月31日，大日本帝国特命全権大使谷正之・中華民国国民政府外交部部長褚民誼調印，外務省記録A.7.0.0.9『大東亜戦争関係一件』B02032975200，および同担当官「中華民国ニ於ケル日本国臣民ニ対スル課税ニ関スル日本国中華民国間条約ニ関スル日華両国全権委員間諒解事項」など，付属の各種秘密交換公文や議事録，備忘禄によって既存権益の維持を図っている。上海特別市の行政運用については，1943年2月12日重光大使発青木大東亜大臣宛「租界還付及法権撤廃事務開始方ニ関スル件」上記外務省記録。なお，外務省条約局『租界還付及治外法権撤廃等ニ関スル条約，取極等彙纂』1944年1月も参照。

45）大東亜省支那事務局「対支処理根本方針ノ実施概況（草案）」1943年7月，外務省記録A.7.0.0.9-41『大東亜戦争関係一件』中華民国国民政府参戦関係，アジア歴史資料センターB02032948900，前掲『大東亜戦争関係一件』。

46）「一般配給停止ノ在留邦人ニ対スル影響ノ甚大ナルヲ考慮シ，之カ救済対策原案，……軍官関係当局協議ノ上決定セラルル外，民間ノ集団保障制度原案ヲ本要綱実施前ニ一応決定セラレタキコト。但シ上記保障制度実施内容ニ関シテハ，飽迄機密措置トシテ，特ニ中国民衆ニ対スル摩擦ヲ考慮シ慎重ナル

施策タラシムル」との米糧統制委員会の日本側官当局への要望事項などを参照。1944年3月「華中米穀蒐買配給改訂暫定要綱草案私見」前掲『食糧対策綴』其ノ五。

47）1945年6月3日土田公使発東郷大東亜大臣宛，大至急電報「上海米穀対策」前掲『食糧対策綴』其ノ五所収。

48）同上土田公使発「上海米穀対策」。

49）『大陸新報』記事については，同紙1944年。国立国会図書館新聞資料室所蔵。

50）『大陸新報』1942年5月12日参照。

51）『大陸新報』1942年5月12日「食米配給の要領決まる」。その後も戦争経済が深まるにしたがって，居留民の日常生活における決戦態勢の保持・深化が要請されており，『大陸新報』の記事においても，1944年6月4日「社論：重点的配給制度へ」，同紙44年8月3日「（矢野総領事に聴く）居留民総決起 血と汗の御奉公へ」，同紙44年12月2日「社論：居留民決戦態勢の強化」，同紙45年2月6日・26日「社論：在華邦人の心構へ」，同紙45年2月9日「（支那方面艦隊報道部長・興亜報国会松島大佐講演）現地邦人の使命に徹せよ」，同紙45年2月16日「（上海興亜報国会村井一郎参事）われら居留民かくあるべし」，同紙45年2月14日「社論：在華邦人の重大任務」，同紙45年2月16日「社論：邦人生活転換の条件」，同紙45年5月11日「社論：決戦経済と邦人商社」，同紙45年5月15日「（中島民団長に聴く）居留民はこの方面に進め」等々，居留邦人に対して精神動員的に消費生活を節約せしめるべくたびたび社論を展開したり，総領事館や民団，興亜報国会関係者などの語るところを掲載している。こうした幾度にもわたる居留民の決起を促す記事は，反面で，日本政府・総領事館当局の国民動員政策が，上海においてはなかなか浸透しえない事態を示すものでもあった。「日本人社会」として集住していたとはいえ，「国際都市」上海（＝工部局体制と国際資本間競争）のなかにあって，日本国家の統合力から若干の距離を有していたものといえる。

52）『上海日本人各路連合会の沿革と事跡』1940年，および前掲拙稿「戦前期上海における日本人居留民社会と排外主義1916～1942」下，17～22頁参照。

53）『大陸新報』1942年5月9日，同6月2日，および上海居留民団編『上海居留民団三十五周年記念誌』1041～1080頁。

54）前掲上海居留民団編『上海居留民団三十五周年記念誌』1049～1056頁。

55）『大陸新報』1942年5月12日「食米配給の要領決まる」。なお，中支那振興株式会社関係の国策会社，紡績，軍当局，その他の日系大企業などの大口需要者に関しては，中支那振興購買組合（加盟者の場合）あるいは中支米穀配給組合上海支部（その他の場合）から「邦人大口需要米通帳」によって配給

がなされた。また，華人従業員用米については，小口華人従業員用米（使用華人10名未満の商店・家庭・工場・合宿所・共同炊事所その他飲食店），大口華人従業員用米（使用華人10名以上の商店・会社・工場・団体等）それぞれに小口用，大口用の購入通帳によって雇傭主が購入し従業員に分配することになっていた。

56）参考までに一般歳入中の「公債及び借入金」をみると，1943年度18億8,587円（歳入総額の13.5％），44年度53億9,508万円（同25.6％），45年度90億2,912万円（同38.4％）（日本銀行統計局『明治以降本邦主要経済統計』132～133頁）となっている。

57）保甲制度の形成と基本性格については，張済順（小浜正子訳・解題）「近代に移植された伝統──日本軍政下上海の保甲制度」『近きに在りて』第28号，1995年参照。また，笹川裕史「『七・七』前夜国民政府の江西省農村統治──保甲制度と『地方自治』推進工作」『史学研究』第187・188合併号，1990年。

58）「上海経済展望（10月）」『経済月報』第199号，37～38頁，1943年11月，「上海経済展望（1月）」同第202号，34～35頁，「上海経済展望（2月）」同第203号，26～27頁，および中支那経済年報刊行会『中支那経済年報』1944年度第1，2期，58～60頁。

59）「労務等臨時調整規則」については，前掲中支那経済年報刊行会『中支那経済年報』1944年度第1，2期，60～65頁。以下，本規則に関しては同書参照。また，『経済月報』第204号「上海経済展望（3月）」。

60）こうした日本人企業の労務上の困難は，日本人従業員だけでなく，華人労働者を問わず，①労働力確保に関して法的保護を受けていないこと，②企業者と労務者の関係が恒久性をもたず，賃銀高にしたがって絶えず浮動しつつあること，③言語の不通と理解の欠如によって，些末な問題が争闘化する傾向をもつこと，それに加えるに④驚くべき高物価の趨勢に際会していることなどを指摘している（同紙1月26日「社論：労働確保の重要性」）。

61）『大陸新報』1943年7月2日「中南支興亜報国会発足」。同時に上海興亜報国会も創設されている。また，事務局を民団会館内に置き，必要に応じて民団事務局員が業務を兼務するなど，民団と表裏一体となった興亜報国会の性格と設立目的については，同1943年7月2・3・4日「中南支興亜報国会性格と使命」上・中・下を，さらに興亜運動等への現地邦人の参加推進については，『大陸新報』1943年12月27・28・29日「現地邦人の在り方を語る」上・中・下を参照。なお，上海の同会は，総力報国会や時局婦人会などの活動を一元的に統合するものとして形成された。ただし，付言すれば，官民一体的なこうした組織の活動は，実際上低調であったことも指摘されている

（同紙1945年6月21日「豊田総領事　官民必勝道を説く」）。

62）日本国内における労働力政策については，西成田豊「労働力動員と労働改革」大石嘉一郎編『日本帝国主義史3』東京大学出版会，1997年，および西成田『近代日本労働史――労働力編成の論理と実証』有斐閣，2007年，237〜310頁参照。

63）労務統制だけでなく，さまざまな国民動員体制の構築において，以下のように，日本内地の動向に対する立ち遅れと居留民の覚悟を問う視覚から施策が呈示されている。「総じていへば，今回の如き法規の公布されたことは，在華邦人の生活が生産の面においても消費の面においても根本的な変革を要求されていることを意味する。在華邦人の間には刻々に深刻化する眼前の事態を以て単に一時的変態的なものと考へ，物心両面に亘ってこれに適応して行かんとする心構えを欠くものが少なくない。……現地邦人はよろしく徹底的な頭脳の切替を以てこの重大な秋に臨むべきであらう（『大陸新報』1944年1月20日「社論：現地邦人の頭脳の転換」）。

64）日本占領期の上海中国人社会の動向については，前掲高橋・古厩編『上海史』第7章，石島紀之『中国民衆にとっての日中戦争――飢え，社会改革，ナショナリズム』研文出版，2014年等参照。また上海地域とやや様相を異にするが，四川省を中心として解明した笹川裕史・奥村哲『銃後の中国社会――日中戦争下の総動員と農村』岩波書店，2007年も参照。

65）上海経済研究所『上海経済年鑑』1943年版，1942年12月，399〜401頁。

66）これら当初の疎散政策に関しては，在上海日本大使館警務部『在滬華人疎散政策実施状況』1942年2月，1〜37頁，外務省記録A.7.0.0.9-9-6『大東亜戦争関係一件　上海情報』。なお，この期の上海華人疎散工作に関しては，拙稿「日本の上海租界占領と華人食米問題」和光大学総合文化研究所『東西南北』2007年，163〜164頁も参照されたい。

67）作成者不明「上海食米対策ニ関スル提案理由書」1942年12月16日，前掲『食糧対策綴』其ノ四。

68）『大陸新報』1943年12月20日「月曜特輯　中支労務事情の展望（1）」。この時期の上海工業労働者数を約25万人（江蘇省の工場労働者約45万人中の62％）とし，うち繊維業労働者約15万人（60％），煙草・製粉関係約2.5万人，機械・化学関係各5％と推定している。そのほかに交通・荷役・車夫・埠頭苦力等の労務者が約15万人，一般商業従事者約20万人としている。なお，別の資料によれば，上海の工場労働者数は，日中戦争前約80万人，アジア太平洋戦争前約24万人，1942年6月10万9,445人，同12月4万5,135人とみており，戦争の拡大と上海占領の進行のなかで帰農などで急速に減少しているとしている（陸軍省「減少一途の工場労働者」1943年，アジア歴史資料セ

ンターC13031928500)。

69)「上海経済展望（3月）」『経済月報』204号，22〜23頁。なお，華中の1944年度の米穀需要をみると，中国人用427千トンの必要に対し，同年の8月末現在で143千トンと47.4％を確保しえているにすぎない（「19年度，20年度中支食糧需給計画」前掲『食糧対策綴』1943，44，45年度）。

70)1945年6月5日豊田総領事発，東郷大東亜大臣宛「市政府軍警及公務員用食米ニ関スル件」前掲『食糧対策綴』其ノ五。

第10章　日本の上海租界占領と華人食米問題
——上海租界接収の一考察——

はじめに

　1941年12月8日のアジア太平洋戦争の開戦は，中国上海においては，日本軍による共同租界進駐＝上海全面占領として始まった。日中戦争後から上海は，日本軍により占領されていたとはいえ，租界については，欧米市場との密接な連関のなかで「孤島の繁栄」さえも生んでいた。それだけに，対英米経済関係とそれにつながる周辺在地資本との関連をも切断する租界接収は，上海経済の全面的な再編成を不可避とせざるをえなかった。そして，その再編成は，いわゆる「大東亜共栄圏」内の再編成たらざるをえず，上海・華中地域への民生物資の供給だけでなく，日本の物動計画の一環として軍需物資の調達や共栄圏諸地域への物資供給までも担わせられるものであった。

　とりわけ，米穀を中心とする軍需物資調達については，現地自活方針のもとに徹底して追求された。それは，広く華中在住の中国民衆にとって，自らの食米（地場米）が収奪されることであり，きわめて限定された配給と闇米の価格騰貴のなかで，食米問題が最大の民生問題となった。その意味で，食米問題は，占領期における中国人住民・労働者の生計状態を端的に示すとともに，都市と農村の結節点に位置し，日本の上海・華中地域支配の動向や矛盾をも反映するものであった。

　本章では，日本軍の租界接収以後の上海における中国人（以下華人とも記す）住民の食米問題をとりあげ，日本の租界接収が華人労働者・市民にどのような状況をもたらしたのか，そして，食米問題を通じて浮かび上がる日本の上海租界占領支配の特質と矛盾について検討してみたい[1]。あわせて，上

海の市民的日常生活の上に投影された「戦争と軍隊」の影を考察しよう。

1 日本軍上海占領と租界の華人労働者生計

　盧溝橋事件から始まった日中戦争は，短期間のうちに華中に波及し，日本軍は，12月には，租界を除く上海地域（正確にいうと従来日本の警備区域であった共同租界内の虹口や楊樹浦を含む）を占領した。日本軍は，占領地域の支配を脅かす「敵性」租界の機能を抑制すべく，揚子江下流域を封鎖し租界への物資流入の抑止を図っていた。しかし，租界には周辺各地から避難する人々が流れ込むとともに，行き所を失った多額の資金も流入し，一面で「孤島の繁栄」を生むこととともなったが，租界住民の生活は，困窮の度合いを深めざるをえなかった。

　はじめに，租界在住の中国人労働者の生計動向を概観しておきたい[2]。

　日中戦争後まもない時期の租界は人口が一時的に急増し，1937年の170万人以下から38年には450万人にまで達したとされている。租界の工場数も，同じ時期に442から4,707へ10倍以上の増加を示している[3]。しかし，日本軍の物資移動制限により周辺農村からの物資流入は制限され，米穀も日本軍の全面統制下に置かれただけでなく，法幣インフレーションの進行や流入人口の増加による労働力過剰のなかで労働者生活は急速に窮迫していた。

　表10-1の上海華人労働者生計費指数によって，日中戦争から租界接収に至る時期の生計費の動向をみると，第一に，日中戦争突入後，実収入が１〜２割方低落していることがわかる。開戦とともに租界では，人口急増＝労働力の過剰が賃金の低落を生んでいたのである。それもあって，1938年には，実質賃金が戦前比約60％にまで低下している。1939年頃から実収入の回復・増大がみられるが，それは，この間の激しい物価騰貴に対する周期的な待遇改善の労働争議によるものであり[4]，実質賃金では引き続き低落している。関連するが，第二に，生計費の増大も著しく，1938年は36年比1.5倍，40年の初めには，同４倍，41年半ばには同８倍と急上昇し，労働者の所得が生活費の高騰に追いつけなくなっている。

表10-1　上海華人労働者生計費指数

年月	総数	食糧	住居	衣服	一元の購買力
1936 平均	100.00	100.00	100.00	100.00	100.00
1937 平均	119.08	122.26	116.65	114.70	83.98
1938 平均	151.62	139.16	195.18	127.37	66.39
1939 平均	197.52	191.07	231.21	163.32	50.63
1940 平均	428.35	460.21	400.14	319.80	22.35
1941 平均	826.24	902.79	706.33	641.78	12.10
1941. 1	576.17	637.80	403.80	405.82	17.36
6	763.23	831.69	689.90	534.35	13.10
12	1,108.40	1,179.32	933.58	1,079.04	9.02
1942. 1	1,208.03	1,230.70	1,160.32	1,105.97	8.28
6	1,935.24	2,144.14	1,373.41	2,009.32	5.17
*6	100.00	100.00	100.00	100.00	
12	167.40	184.80	112.90	113.70	
1943. 1	194.70	213.60	133.00	135.70	
6	294.50	249.60	152.20	382.70	

注　：1) 1942年3月以降は，儲備券建。
　　　2) ＊印以降の数値は，1942年6月を100としたもの。
出典：『上海日本商工会議所年報』第25，1942年度，246頁および「最近ニ於ケル上海物価ノ暴騰状況」外務
　　　省記録E.1.2.0.X3『各国ニ於ケル物価関係雑纂』上海物価資料。

　生計費上昇の主要因は，食糧費なかでも米不足に由来する米価高騰である[5]。試みに，表10-2によって粳米価格指数をみると，1936年比で，39年209，40年488，41年1,030と，39年頃から上昇が顕著であり，米価高が生計費増大を主導していることがわかる。

　地場米搬入不足の根底には，華中占領地の米穀類が日本軍の全面統制下に置かれ，現地自活方針のもとに軍用米の優先確保がなされてきた状況がある。日本軍は，揚子江下流地域占領後，いわゆる「敵性」地区への物資流出の防止と軍票裏付物資の効率的活用を意図して，揚子江下流域における物資移動制限の措置を導入している。それにもとづいて「敵性」租界への米穀搬入は抑えられ，上海においては，米不足と米価の高騰のなかで華人食米の外米依存を強めてゆくのである。それは，表10-2で，外米輸入量が1940年に急増していることからも確認できよう。

　また，移動制限による搬入米減少とともに上海の食米不足に密接な関連を

表10-2　上海米価と外米輸入の動向　　　（単位：元/市石，担）

年次	粳米価格	同指数	外米輸入量
1936	12.91	100	91,993
1937	15.25	118	307,876
1938	15.95	124	644,934
1939	27.01	209	457,652
1940	63.01	488	3,922,249
1941	132.93	1,030	6,285,670

注　：1941年の粳米価格は1-10月，外米輸入量は1-11月。
出典：満鉄上海事務所調査室編『上海調査室季報』第2巻第3号，61頁。

有したのが，日本軍の現地自活主義による軍用米調弁であった。上海付近における軍需米買付は，1938年2月および5月に松江，無錫において，三井の手によって行われたのを出発点とし，翌39年8月には，蕪湖，無錫，蘇州，松江等の地域において，三井，三菱，大丸，一郡商会等への委託による大量の軍需米買付が行われている。以後，軍需米の現地調達は大幅に増えてゆく[6]。1940年11月には，現地軍は汪精衛国民政府（以後汪政府ないし汪国民政府，国府等と略記）との間で米穀買付に関する協定を結び，軍需米については軍貨物廠，一般民需米は国府糧食管理委員会の担当とするとともに，買付地区も軍需米区域（松江地区，蘇州地区および無錫地区，淮南地区）と国府直接管理区域（軍需米地域以外，南京地方，蕪湖地方，江北南通地方）とを区分している[7]。

　こうした軍需米と一般民需米とを区分した米穀収買体制は，汪国民政府設立（1940年3月）に対応して，汪政府の側に一定の民需米収買の責任と若干の権限を付与しているが，基本的には，現地自活主義にもとづく日本軍の軍需米収買のための体制であった。その一端は，以下の，1941年9月18日付の軍通達書のなかからもうかがえる（傍点は引用者，以下同様）。

蘇浙皖三省食米調達運搬に関する諒解事項[8]
　　一，日本側軍需米の調達及輸送等に関しては本諒解事項に準拠すべき中国側の諸法規の拘束を受けざるものとす。
　　　中国側民需米の調達及輸送等に関しては本諒解事項の拘束を受くる

外，総て中国側の諸法規に依り実施するものとす。

二，蘇浙皖三省を左記二種類区域に区分す。

甲　日本軍需米区域　左記区域を日本軍需米区域とし日本軍は現地民食を妨げざる範囲に於て日本軍軍用米を調達するものとす。（略）

乙　政府直接管制区域中，甲項列挙の地域以外は中国政府直接管政及支配の下に日支米商をして採弁せしめ以て民食を供給す。（略）

三，日本軍が接敵地帯に於て自活のため必要とする軍用米を調達するに当りては軍自ら調弁することあるものとす。

（以下略）

みられる通り，軍需米については，区分区域で中国側法規の拘束を受けることなく調達しうるだけでなく，接敵地帯においては，現地自活方針のもとに日本軍の自由な（勝手な）調達が可能とされている。これらの収買政策が一般民需米の収買にほとんど関心をもたず，軍需米の優先確保を目的としていたことは明らかであろう。事実，国府糧食委員会による収買は，その弱体もあり「成績極めて挙らず……専ら外米に依存」する状態でしかなかった[9]。

このように，物資移動制限や軍需米調達による地場米搬入が抑えられ米不足と米価騰貴が深刻化するなかで，租界工部局は，外米輸入によりながら価格統制を導入して食米問題に対応しようとしていたのである。外米は華人労働者にとっての食米の位置を占めてゆくが，物資流入不足のなかにあって，投機の横行や法幣インフレなどの影響もあり，絶えざる価格高騰が生計を逼迫させていった。

この時期の上海中国人労働者の生活実態については，共同租界工部局の標本調査（1941年12月，1942年1月実施）があるが，それによれば，労働者の平均家族数5.02人，うち有職者33.4%，無職者66.6%で，1人の有職者が2人の家族を抱えている。そのうち世帯主の月収は177.9ドルで家族収入の66.2%を占めている。これに対し，生活に必要な支出は329.9ドル，うち食物費支出は216.7ドルで，全支出中の65.7%ときわめて高い比率を占めている（米は105.5ドル，32.0%）。借金依存が拡大する一方，住宅費支出，衣料費

支出は低落し，住宅は日中戦争以前よりも狭く非衛生な所に住むようになっている[10]。満鉄上海事務所の報告は，この頃の状況を「大部分の工人家庭では働いても働いてもやって行けない状態にある。この結果，待遇改善の争議が……頻発しているが，……生活を切りつめるために粗食をし，更に減食し，衣服も新調せず，……更にそれでも追ひつかず，口減らしのため捨子し，更に難民化し乞食となり，そして最後には自分自ら街頭で餓死してゆく」と記しているが[11]，日中戦争下で華人労働者の生活は，租界接収以前の段階ですでに最低ラインにまで追い込まれていたといえよう。

　では，租界接収は，こうした状態にどのような変化をもたらしたのか。

2　租界接収と華人食米問題

⑴　租界占領下における中国人労働者の生活動向

　アジア太平洋戦争の開戦を契機とした共同租界占領は，英米系資本の接収により上海と国際経済との連関を切断しただけでなく，租界経済と連繋した在来流通機構をも解体せしめ，物資収買も混乱に陥れた。また，外米輸入が途絶する一方で軍用米調弁も続行されており，食糧問題は以前にも増して困難な課題となった。さらに，経済活動の退縮から生じた遊資が投機活動に流れ込み，各種物価の高騰を煽り，上海の労働者・住民を一層深刻な生活破綻の危機に直面させていった。

　その生活動向をみると，まずひとつは，失業が一気に増大したことを指摘できる。租界接収後日本軍は，接収した英米工場の軍管理を行う一方で，租界経済の混乱を避けるために，民間工場に対しては操業継続を勧告した。しかし，その後の原材料・燃料不足や不要不急とされた企業の閉鎖などのため，次第に操短工場や休業工場が増加し，失業者も急増していったのである。共同租界工部局工業社会処の調査によれば，日本軍の租界接収直後の1941年12月9日から翌年1月15日までの間に，紡績工場を除き，242工場が閉鎖され，失業者数は7万9,460人にのぼったとされている。さらに，同処は，

1942年4月1日までに共同租界内の労働者33万9,000人中の21万人が失業するものと推定している[12]。

　従来，上海の労働者は，物価騰貴による実質賃金の低落や失業の危機に対して，争議を繰り返し，一定の生活防衛を図ってきたが，企業閉鎖など租界接収後の事態は，日本軍の軍事力による措置であり，労働者側において効果的な対応はなしえない。減少した争議も主として解雇手当や帰郷費をめぐるものにとどまっている[13]。

　また，もうひとつは，これまでに倍する物価の暴騰がみられたことである。再び表10-1の生計費指数をみると，生計費の上昇は1941年12月以降，それまで以上に急なカーブを描いて上昇していることがわかる。なかでも生計費支出全体の65.7％を占める食糧費の上昇が著しく，食糧費の中心をなす米価の騰貴は，上海における最重要の民生問題となっていった。

　関連して，華人労働者への物価騰貴の影響を「上海邦人生活必需品物価指数」調査[14] により在留日本人のそれと比較してみると，物価総平均指数（1936年＝100）では，華人労働者の場合，1938年151.62，40年428.35，41年826.24，42年1月1,208.03，同11月2,372.02であるのに対し，日本人の場合，1938年128.59，40年282.07，41年338.59，42年1月369.15，同11月1,154.26となっており，日中戦争期でも租界接収後でも，両者の生計費の上昇度合いにはかなり大きな差がみてとれる。華人労働者においては，上記のように食糧費が生計費の過半を占めていることを考慮すれば，米価を中心とした物価騰貴の影響は，上海日本人社会とは比較にならないほど大きかったといえる。

　その要因については，この時期，法幣価値の下落が著しく，軍票ないし儲備券に依拠した日本人居留民に較べて，物価高騰の影響がより大きかったこととともに[15]，租界占領後においては配給米の量や価格で日本人向けと大幅な差がつけられていたことを指摘できよう。それが闇米への依存を強めざるをえず，物価騰貴の影響をより強く受けることになっていった。これらの点，後述するところである。

⑵　租界接収と人口疎散政策

　それでは，日本側は，華人労働者や華人住民に対していかなる対応を行っていたのか。

　すでにふれたように，1941年12月8日，日本軍は上海共同租界に進攻し，英米系のいわゆる「敵性工場」「敵性銀行」（新敵産）を接収し，翌年1月4日以降には共同租界工部局の改組も進め，租界の支配権を掌握した。この租界接収は，奇襲的に実施された行動であり，支那派遣軍総司令部「在支敵国人及敵性権益処理要領（案）」は，「対英米開戦ニ当リ在支敵性権益ハ神速適切ナル措置ヲ以テ軍ノ実権下ニ之ヲ把握ス前項ノ処理ニ付兵力ヲ用フルニ方リテハ可及的無用ノ戦闘並ニ破壊ヲ避クルモノトシ　且租界内公共諸機関等ニ対シテハ努テ之ノ現状ニ大ナル改変ヲ加ヘス　差シ当タリ其ノ機構ヲ存置シテ運営ヲ継続セシムル如ク努ムルモノトス」との方針を示している[16]。上海および中国を支配する上での租界の重要性ゆえに，戦闘や破壊を最大限回避し，現行の租界機構を維持活用しようとの意図を有していたのである。事実，占領直後の12月をみると，工部省布告は1カ月弱の間に各種統制措置など94件を数え[17]，工部局機構を全般的に活用している。

　占領に先立つこの文書は，占領支配に伴う当面の処理課題を提示しているが，占領支配下の中国人民衆の生活に関する方策をみると，「国民政府ニ対スル措置」として「国民政府管下民衆ノ民生産業維持安定ニ関シ所要ノ措置ヲ講セシム」「情況之ヲ要スル場合ニ在リテハ　租界内民衆就中支那民衆ノ生活維持ニ関シ所要ノ措置ヲ講セシム」と述べるにとどまっており，自らの責任と権限において対処するのではなく，もっぱら汪国民政府に委ねる姿勢でいたことがわかる[18]。

　しかし現実には，占領直後から，華人労働者の大量失業や工部局の配給米備蓄の払底などの問題に直面せざるをえず，第十三軍司令部の「対租界兵力進駐ニ伴フ政務経済施策状況」は，「将来問題タル可キ失業者対策及食糧問題，人口疎散政策」についてふれ，失業対策，食糧問題そして人口疎散を，民生安定，治安確保のための重要課題として提起している[19]。以下，食糧・

食米問題に先立って上海における人口疎散政策について検討しておきたい。

　租界接収により生じた失業者の急増や食糧不足などの事態への応急対策とされたのが「在滬華人疎散政策」である。この政策は，現地陸・海軍，外務，興亜院等により組織する租界対策委員会労務委員会を中心として作成され「食糧難ヲ緩和シ失業者ノ救済ニヨリ治安ノ確保ヲ図リ併セテ上海ニ逃避中ノ地方名望家資産家ノ帰郷地方復興ニ協力セシメ」ようとするものであった。そして，計画では，上海の過剰人口100万人（上海2,165工場，総職工概数20万人中の10万人，家族を合し46万人，自由労働者概数70万人中の22万人，同44万人，一般営業者90万人中の9万人）の地方疎散を予定していた[20]。

　しかし実際には，船車料の割引などの促進工作にもかかわらず，帰郷特別通行証の発給は，2月末現在16万8,269件にとどまり，他の自由疎散を含めても離滬者は約26万人程度にすぎなかった[21]。対策委員会の計画推奨にもかかわらず，資産家層の帰郷はほとんどみられず，受入地域側にとっては，失業者や難民受け入れに伴う負担を背負うのみであり，受け入れがたい施策であったからである。また，労働者にとっても，特別の技術をもたず，解雇手当の支給も円滑でないなかでの農村への疎散は，全く生活の保障のないものであった。こうした過程から浮かび上がるように，上海占領後の人口疎散政策は，軍事進駐の過程で軍の側から提示された方策であり，上海の経済や住民生活の再建策を欠いたまま，失業と食糧困窮の危機に置かれた華人労働者を上海から排除しようとした施策だったのである。その意味で，華人労働者の生活対策ではなく治安対策であったといえよう。

　他方，こうした疎散政策に対して，新四軍は，民心把握と抗日活動の人材確保を目指し，いち早く失学失業者救済弁法を布告し，積極的に疎散者の獲得に努め「新四軍ノ工作ハ民心把握上相当効果ヲ挙ケ得」ていたとされる[22]。疎散政策が華人労働者の生活と生産の保障をなしえていないことを逆から示すものといえる。

(3)　食米問題と配給統制

　人口疎散政策の背景に租界住民に対する食糧問題があったことからもわか

るように，上海租界の占領と民心掌握にとっての重要問題は，食糧供給なかでも食米問題であった。すでにふれたように，日中戦争下，日本軍の租界封鎖のなかで深刻化する食米不足と米価騰貴に対し，租界工部局は，外米輸入に依存しながら米価の価格統制を実施していた。12月8日の日本軍の租界接収は，外米輸入を途絶せしめ，こうした工部局の食米問題への対応をきわめて困難に陥れた。公定価格により一時安定をみた米価（1941年12月外米1石130元，地場米150元）も，2月に入って160元，3月170元と再上昇を始め，地場米の市中価格（松江米）も1942年1月198元，2月275元，3月400元，4月555元と急上昇している[23]。それは，以下の報告に述べられているように，上海の中国人労働者・住民に深刻な食米不足と全般的な窮迫をもたらすものであった[24]。

　　大東亜戦争勃発時のストックは数カ月で消費されたが外米輸入は無く，華人配給米の過少，密輸米の激増，其の取締りと米市価の高騰，代用食糧の不足と高価，産地米価高と買付難，買付の為の諸工作，此等の一連の循環現象が上海と産地の間に繰返され，米価は更に投機の対象に供せられいたづらに高騰を煽り，上海華人を生活苦のどん底に追い込んだ。

　ところで，12月8日以後における上海食米問題は，日本軍自ら外米輸入を途絶せしめた，かつての「敵性」租界を抱えた上での食米問題であった。そして，占領地の拡大も現在の占拠地からのより多量の米穀収買もともに困難ななかで，問題への対応は，1942年7月7日から実施された中国人住民に対する食米切符による食米の配給統制であった。
　はじめに，この間の華人労働者における食米配給の動向を一覧しておこう[25]。

1941.12.　9　米および小麦粉の小売販売数量を1人当たり米2升＝1.6kg（なお上海枡1升＝0.8kg），麺粉1斤に制限（工部局）
　　　　　　　上海在留日本人に食料品・生活必需品など配給確保方針を伝達

（興亜院）

1942. 2. 1　上海人口調査（工部局，仏租界公董局）＊配給制の準備のため
1942. 5. 10　上海日本人ならびに日籍商工業華人従業員への食米通帳配給制
　　　　　　実施（総領事館）
　　　　　　配給は町内会および業別組合，10人以上大口華人従業員米は配
　　　　　　給委員会
1942. 7. 7　共同・仏両租界内華外人向け食米切符配給制実施（工部局）
　　　　　　1人当たり第1週，米2升＝1.6kg　第2週より同1.5升＝1.2kg（月
　　　　　　6kg）
1942. 9. 21　華人向け減配　1人当たり10日間米2升（月4.8kg），麺粉1斤
1942. 10. 11　同減配　1人当たり10日間米1.5升（月3.6kg），麺粉1.5斤
1943. 1. 11　同増配　1人当たり10日間米2升，麺粉は1.75斤
1943. 7.　食米不足で一時配給停止（8.29配給再開）
1943. 11. 1　上海日本人向け食米配給を通帳制から切符制に改定（邦人指定
　　　　　　小売業者より切符で配給。なお，華人向は，第一公署特別市政
　　　　　　府等に卸売し，それぞれの華人指定商より小売）
　　　　　　壮年10kg，青年13kg，少年10kg，幼児6kg，乳児3kg，家庭使
　　　　　　用華人8kg
1944. 3.　重点産業華人従業員食米増配（各種産業を5段階に区分し重点
　　　　　　度で配給増減）
1944. 6. 1　従来の配給制から市価基準の配給制に変更（上海市民食米暫行
　　　　　　弁法実施）
1944. 6-7　華人向け配給停止
1944. 8. 10　上海市民に対する戸口米配給復活（市政府）華人1人当たり月
　　　　　　4.8kg
1944. 11.　米穀重点配給制断行（警察，保安隊，公務員，病院，時局産業
　　　　　　等に優先順位）
1945. 2. 下　華人向け配給停止
1945. 3. 下　上海市政府公務員用の重点産業米配給途絶
1945. 4. 上　軍警用の重点産業米配給途絶　＊一部軍用米から融通

　占領直後からの米穀販売量の制限措置を経て，1942年7月から実施され
た一般中国人向け食米切符配給は，最初から必要量を大幅に下回る配給量で
の出発であった。しかも配給は円滑を欠き，わずか2カ月後には早くも分量
が削減されるなど，到底日常の食を支えうるものではなく，市民は行列をつ

くり配給米の確保に奔走した。米価動向を表した表10-3をみても，1942年末には米不足から闇価格の高騰が始まっている。騰勢は，1943年3月の物資移動制限の緩和により小休止をみるが，同年末には再び上昇を示していく。その後の動向は後述するが，配給量の不足と配給の不安定は，上海の市民を不安に陥れ，最大の民生問題となっていくのである。

　ここで，上記の配給動向にみられる華人向け食米配給政策の特徴を検討すると，まず第一に指摘しうることは，華人向け食米配給量がきわめて少ないことである。中国人は大人1人平均1カ月に1斗8升（14.4kg）の食米を必要とするとされるが[26]，配給量は，1942年前半でも月6kg，後半になると月4.8kgにすぎず，本来の必要量の約3分の1にとどまる。以下にみる日本人向けの配給量基準が，必要摂取量に合わせて年齢別に細かく類別されているのに対して，華人向けは一律で定められており，最初から彼らの食糧充足を意図していなかったのである。それは，軍用米収奪維持のための華人用食米制限策ということもできる。

　関連して第二に，華人労働者向け配給を日本人向け配給と比較すると大きく異なっていることである。日本人向け月配給量（1943年11月〜）は，壮年10kg，青年13kg，少年10kg，幼児6kg，乳児3kg，家庭使用華人8kgと，配給基準を細かく区分けし，配給量も一般華人向けの量（月4.8kg）を大幅に上回っている[27]。家庭使用華人への割当分でも，一般華人向けよりも量が多い。同時に，価格においても日本人向けはより低価で配給されている[28]。したがって「華人が米の闇相場を毎日熟知しているのに対し，邦人の大多数は時たま米の闇値について噂を聞いて驚く程度」であったとされるごとく[29]，中国人住民の側は闇米依存を深めざるをえなかったのである。それはまた，さきの表10-3にみる通り闇値を急騰させ，中国人労働者たちの生活を窮迫せしめていく。

　食米問題が深刻化するなかで，このような配給における差別方針は，広く中国人住民の意識を反日，抗日に向かわせたが[30]，他面で，配給米は華人労働者の抗日を抑え，重要産業を維持する役割を担うものでもあった。

　すなわち第三に，食米配給は，在華日系企業の労働力確保や反日活動抑止

第Ⅲ部／第10章　日本の上海租界占領と華人食米問題　461

表10-3　上海工部局配給米価格および市中闇相場

年・月	配給米価格	指数	闇相場	指数
1941. 6	110.00	43.42	109.81	28.35
1941.12	130.00	51.32	–	
1942. 3	223.46	88.21		
1942. 6	253.33	100.0	387.37	100.0
7	253.33	100.0	449.80	116.1
8	253.33	100.0	429.59	110.9
9	252.50	99.7	410.00	105.8
10	252.00	99.7	427.37	110.3
11	253.00	99.9	689.11	177.9
12	253.00	99.9	864.56	223.2
1943. 1	251.00	99.5	1,056.08	272.6
2	251.00	99.5	1,219.00	314.7
3	368.00	105.8	959.50	247.7
4	300.00	118.4	705.33	182.1
5	300.00	118.4	798.13	206.0
6	350.00	138.2	1,003.72	259.1
7	450.00	177.6	2,200.00	567.9
8	600.00	236.9	2,100.00	542.1
9	600.00	236.9	1,900.00	490.5
10	600.00	236.9	2,100.00	542.1
11	800.00	315.8	2,100.00	542.1
12	800.00	315.8	2,500.00	645.4
1944. 1	800.00	315.8	2,600.00	671.2

注　：1)　単位は1市石当たりC.R.B元（儲備券建）。
　　　2)　市中闇相場は月平均値，ただし1943.7以降は，最高値。1941.6は市中価格。
出典：上海日本大使館「最近ニ於ケル上海物価ノ暴騰状況」7～8丁。
　　　支那事務局農林課『食糧対策ニ関スル綴』其ノ五，1944，45年度。
　　　および満鉄上海事務所調査部編『上海調査室季報』第2巻3号，415頁，
　　　『上海日本商工会議所年報』第25，1942年度，260頁。

の手段として位置づけられていたのである。すでに，1941年の軍需米調弁に関する汪政府との協定において，華人用米を国策会社労務者用米と一般民需米とに区分して取り扱っているが[31]，以後も42年5月10日，日本人向け食米配給の実施に際し，日本籍の商工業で雇われている華人従業員を配給対象のなかに含めている。とくに10人以上の大口華人従業員用に対しては，独自の配給委員会を設置しており，食米配給が日系企業の労働力確保政策たることを明確に物語っている[32]。また，食米確保が一層困難になる1944年3月には，産業の重点度で業務を5段階に区分し，重点度合いにしたがって傾斜

配分する方策も導入されている[33]。日本軍の占領政策が生んだ食米不足のなかで，その食米が，日系企業など重要産業の労働力確保あるいは汪政権の軍警や官員掌握の手段として，さらには広く，配給切符を通じた中国人住民の抗日抑止の手段として利用されていたことがわかる[34]。

3　対華新政策下の食米問題

(1)　全国商業統制総会体制における食米配給

　租界接収後の食米配給とその特徴を検討してきたが，食米の面から日本軍の租界接収の意味を考えると，それは，軍用米調達を推進しながら租界の食米確保の課題を抱え込むものといえよう。その矛盾のひとつの表出が，必要量の3分の1も手当しえない食米配給であることはさきにみた。その限定的な配給も，1942年末には闇米価格の急上昇という形で行き詰まりを示してくる。

　そして，闇米価格の高騰や配給価格とのギャップ拡大は，他面からすると，日本軍による物資移動制限政策が実質的に機能せず，陸路・水路無数のルートでの密搬入を抑えることができていないのであり，農村や地方都市など末端に至る物資収買機構を掌握しえていないことを物語っている。

　こうしたなか1943年3月，対華新政策（同年1月）に伴って物資移動制限の緩和と物資収買機構としての全国商業統制総会（以下商統総会とも略記）の設置がなされる。食米配給の動向からは，これまでの物資収買体制の転換は不可避であったといえる。すなわち，従来の物資移動統制政策は，軍需米の現地調達の要望や軍票工作に対応しつつ，日本商が独占的に支配する流通機構を構築しようとしたものであるが，地方の郷鎮などを地盤とする在来の末端流通機構を掌握しえず，物資収買も行き詰まらざるをえなかったのである[35]。

　これに対し，物資移動制限の緩和と商統総会体制による物資流通の統轄主体の転換は，それまでの物資移動制限政策が，中国商人と在来流通機構を排

除する一方，末端流通機構の統轄力を喪失していた状態を克服し，汪精衛政権と有力華商の力を活用しながら物資収買機構の再編・再生と物資獲得を図ろうとしたものであった[36]。

しかしながら，商統総会体制の確立は容易に進まず，米穀収買に関しても，汪国民政府糧食部傘下の一元的収買機関として米糧聯営社が設立され（1943年6月　上海地区米糧聯営社設立），米糧の配給統制を担うことになった。しかし，惨憺たる収買実績のため配給も滞らざるをえず[37]，早くも1943年9月には米糧聯営社は解散し，行政院直轄下に米糧統制委員会（米統会とも略記）を設立し体制の修正を施している。

こうした対華新政策下上海の食米配給状況について，一史料は以下のように記している。

　　昭和十八年米糧ノ収買ニ付イテハ従前ノ糧食部及聯営社ニ代ル米統会ノ組織ヲ結成シ諸般ノ準備ノ為収買期ニ当リ約一ヶ月遅レテ十一月頃ヨリ初メタル為最盛期ノ収買料約一〇万屯ニ過ギズ……目下ノ処六月中ノ重要産業米（邦人米ヲ含ム）ヲ充ス程度ニシテ　一般民需米ノ配給ハ事実上停止ノ状態トナリコノ間米価吊上，売惜ミ買アサリ囤積等ノ傾向ヲ助長シ米価モ五，六千元ヨリ一万元以上ニ急騰……[38]。

一定の修正にもかかわらず，米糧収買の改善はみられず[39]，米穀収買の行き詰まりが，華人向食米の配給を停止状態に追い込んでいるのである。新体制下においても，上海の食米配給は，1944年5月に1人当たり1升が配給された後，6月，7月は完全に停止するに至る。8月に，軍の湖南作戦により獲得した湖南米を元に月4.8kgの配給を回復しているが，一時的なものでしかなかった。配給行き詰まりのなかでは，トウモロコシや大麦等の混食や小麦の特配の試みなど，若干の食米確保策も実施されているが，いずれも重要産業米に関する施策であり，一般華人向けの配給では，トウモロコシや高粱，豆類などで補われたが，しばしば黴米や砂などが混ざるものであった[40]。

そして，5月25日には，上海・南京地域の民食を確保すべく，米糧移動

制限政策が撤廃されるに至っている。すなわち，「京滬両市民食米臨時措置綱要」[41] の公布により，米統会の許可を受けた米商に対し，一定割合を軍用米ないし重要産業米として米統会に供出すること（徴購）を条件に，米穀の上海・南京への運搬と販売を認める施策を実施しているのである。

一定割合（2〜4割）の米穀供出を条件に自由な移動や販売を認めるというこの方針は，事実上，華人民衆に対する米穀配給の責任を放棄し，自由な搬入に委ることにならざるをえないものであった。そうした方針については，すでに大使館事務局が「移動制限ヲ撤廃シ従ッテ配給制度ヲ停止スルニ至レバ　１米価ヲ基準トスル諸物価ノ暴騰　２社会的政治的不安　３来年度軍米取得ノ困難　４邦人生活ノ困難　等ノ事態ヲ惹起スベク僅少ニテモ配給制度ヲ継続維持スルヲ要ス」と述べ，食米配給によってかろうじて保たれていた体制が破綻に陥ると強く危惧されていたところもあった[42]。

(2)　軍用米と食米問題

ところで，在来収買機構の活用を意図した米統会体制のもとでも，米穀収買は，つぎの史料[43] にみるように，従来同様強く軍事力に依存するものであった。

・軍米収買ニ伴フ米統会支援協力ニ関スル件

　　　　　　　　　　　　昭和十九年四月二十六日　　支那派遣軍総参謀長

　特命全権公使　宇佐美珍彦殿

　中支三角地帯ニ於ケル軍米収買ノ為　軍ハ米統会ノ要請ニ基キ関係方面諒解ノ下ニ登部隊及憲兵ノ一部ヲ以テ直接米統会ヲ支援シ其収買工作ニ協力シ来レル所軍現地自活ノ為必要最小限度ヲ辛フシテ確保シ得ルノ見込付タルニ依リ　四月末日ヲ以テ軍ハ作戦警備ニ関スル事項以外ハ一切干与セサルコトニ決定セルニ付　爾後ノ収買ニ関シテハ貴方ニ於テ責任ヲ以テ支援協力セラレ度通牒ス

・米収買ニ対スル軍援助撤廃ニ関スル件

　　　　　　　　　　　　　　　　　　昭和十九年五月四日公使

在支大使宛

　　貴電第六三号ニ関シ訓電ノ趣ヲ体シ袁履登帰滬ノ上左記ニ依リ措置致度ニ付至急貴見承度

　　　　　　　　　　　　記

　一，登部隊参謀長ニ対シ別電ノ通援助ヲ要請スルコト

　二，米統会ノ今後ノ蒐買米糧ハ専ラ民需（重要産業米ヲ含ム）ニ充ツルコト

　三，上海其他都市ノ一般配給差当リ即時停止スルコト

　（以下略）

　ここでは，米統会に委ねられた軍用米の収買も以前と同様軍の支援のもとに遂行されていることを知るとともに，軍用米確保の課題が達成された後は支援が打ち切られており，軍は一般民需米の窮迫状況には関心を示していないことがみてとれる。そして，軍支援の打ち切りは，米収買の行き詰まりを意味するものであり，日本大使館当局は，直ちに必要な援助を軍に要請しているが，民需米確保の見通しがつかないなかで，上海などへの一般民需米の配給は即時停止されており，さきの1944年6，7月の配給停止の事情もうかがえる[44]。

　もちろん，軍事力による米穀収買は，たとえ民需の場合でも，低価額による農民からの物資収奪であるが，基本的に，軍にとっての米穀収買は現地自活のための軍用米徴発であり，上海の食米確保への関心はほとんどみられない。

　華中の1944〜45年度における用途別の米穀需要計画を示す表10-4をみると，軍用米の比重が約4割を占めているだけでなく，収買実績の面ではその比重は過半を占めており，収買活動の重点がどこに置かれていたかが改めて確認できよう。上海における食米不足の最大の要因を明白に物語るものでもある。

　同時に，軍用米収買の実際業務は，指定商ないしその下請の日本商に担われており，彼らは「『軍需調弁』を真向から振りかざして事に臨」み，しば

表10-4　華中用途別米穀需要計画　　　　　　（単位：千屯，％）

用途		1944年度	比率	8月末実績	比率	1945年度	比率
日本陸軍用		200	30.3	141	46.7	200	36.6
日本海軍用		15	2.3	15	5.0	20	3.7
日本人用		18	2.7	3	1.0	15	2.7
中国人用		427	64.7	143	47.4	312	57.0
（中国人用内訳）	軍警			19	6.2	40	7.3
	官用			2	0.6		
	重要産業			27	8.9	86	15.7
	上海民需			85	28.1	138	25.2
	南京民需			10	3.3	48	8.8
合　計		660	100.0	302	100.0	547	100.0

注　：1）1945年度の軍警用は，その他官用を含むもの。
　　　2）1944年度8月末実績の合計は原表の数字を用いず再計算。
出典：「中支食糧需給計画」『中支那食糧収買対策ニ関スル綴』1943，44，45年度。

しば「戦勝者的色彩」をみせながら業務にあたっていた。こうした，特権的な地位を占め，多大な利益に与っていた日本商の存在について，あわせて指摘しておきたい[45]。

おわりに

　以上にみてきたように，上海における食米問題は，米穀収買政策の面においても，また配給政策の面においても，急速に破綻の様相を強めていった。それを闇米価格の動向にみると，米糧移動制限政策撤廃から約半年後の1944年11月6日には1市石当たり2万2,000元，11月18日同2万6,500元と，同年1月段階の1市石当たり2,600元に比較すると，「激騰」と評される事態を生んでいる。一般労務者の状況も，「仕事も落ち着いてやってゐない実状も随処に出現し……業務上の諸弊害怠業等も続起」するなど，労務者不足と能率低下が広がっている[46]。

　さらに翌1945年に入ると，騰勢はとどまるところを知らず，5月25日21万元，6月2日52万元と狂乱状態にまで至っている。もはやひと握りの人を除けば，闇米には手を出せなくなっていった。配給自体においても，華人用小口米は，1945年2月下旬から完全に停止し，4月になると，華人官

第Ⅲ部／第10章　日本の上海租界占領と華人食米問題　　467

員・軍警用米の未配が生じ，月所要量2,260石のうちの1,960石，5月は2,260石全量が未配となっている。また5月には，日本人向けも月所要量5,684石中，3,284石分が未配となっている[47]。

　こうした状況は，「各局署の下級職員の怠業，地下争議続出の兆」を生じさせるにとどまらず，5月末に至ると，食米配給停止を理由として，浦東警察総隊の2個大隊（5月30日），南市警察隊一大隊（6月2日）の逃亡が発生するまでに深刻化していた[48]。

　その事態を前に，日華首脳連絡会議の席上，羅上海市政府秘書長は，以下のように述べて，日本側に緊急の対処を要請している。

　　　今トナリテハ右（一般民需米の配給復活）全ク夢物語ニ過キス然シ市ノ公務員軍警ニ対スル配給米ハ市政府カ存在スル上ニ於テ絶対ニ必要ナリ右カ不可能ナルニ於テハ国民政府ノ崩壊前先ツ上海市政府ノ崩壊ヲ見ルハ必至ナリ……若シ市政府ノ存続ヲ欲セラルルナラハ此ノ際総ユル過去ノ規定法律機構等ニ拘泥セス超非常的措置ヲ最短期間内ニ講セラレ赤手空拳ノ市トシテハ何等施ス手無キ米問題ノ急ヲ救済セラレ度ク[49]

　日本占領下上海の統治機構が食米配給制度によってかろうじて支えられており，配給制度の解体が直ちに統治機構自体の崩壊をもたらすに至っている様相が当事者自らの言葉で語られているのである。

　以上，日本による上海租界接収後における上海の動向を，華人労働者・住民にとっての食米問題を中心に検討してきたが，最後に改めて，ここで知りえた点を振り返って結びとしたい。

　日中戦争下の上海租界においては，日本軍による物資移動制限による租界封鎖のなかで，労働者など在住華人の生活は，食米不足だけでなく，不足から生ずる米価・物価の騰貴や法幣インフレの影響もあり，すでに家計破綻の様相を呈し，以前にも増して難民たちを生んでいた。こうした事態のなか，日本の租界占領は，それまで大きく依存していた外米輸入の途絶に，失業者の増大や行き場を失った遊資による投機なども加わって，上海華人住民に深

刻な食米不足と生活破綻の危機をもたらした。家計中の食米費の比重は大きく，米不足に伴う闇米価格の急騰と全般的生計費の増大は，一気に食米問題を最大の民生問題にするに至ったのである。

外米輸入途絶のなかでの軍用米の優先的調達政策は，上海の食米不足に対しては，厳しい米の配給統制を実施する形で対応していった。華人向け配給は，当初から必要量の３分の１程度にすぎず，以後，止むことのない闇米価格の高騰を伴い，時には一時的な配給停止すら生ずるきわめて制限的で不安定なものであった。

また，それは，配給システムでも配給量でも日本人向け配給と区別されるだけでなく，それ自体類別され，実際には，日系の国策会社，重要産業の労働者確保や軍警，汪政権官員など重要機関における人材維持の手段として位置づけられ，活用されていたのである。一般華人用米においても，戸単位の配給により生活の死命を制し，抗日・反日の動きを抑止する機能を果たしていた。

そして，食米問題が，最大の民生問題であり続けざるをえなかった根底には，現地自活方針にもとづく軍用米調達と，日本商の独占的物資収買による在来流通網の解体および地方的流通網の掌握不能があったのである。租界の権益の継承や工部局機構の現状のままの掌握を周到に準備した日本軍は，上海租界の有する経済的潜勢力や在来流通網の掌握などを配慮する視野と能力を欠いていたともいえよう。

食米の配給統制は，米穀収買の行き詰まりのなかで，減配や一時停止など不安定性を強め，配給制破綻の兆候とともに支配機構の内部崩壊をもたらすに至るのは，上記の通りである。

ところで，上海在住の８万人を超える日本人居留民にとっては，食米問題は戦争末期を別として，深刻な問題とはなっていなかった。経済統制のなかにあって一定程度安定した食米配給が維持された日本人居留民を，上海占領支配とりわけ租界接収との関連でいかに捉えるべきかについては，全く検討できなかった。また，収買と配給の統制のなかで，軍用米等の収買の中心として，流通を担った日本商の活動と蓄積構造についても，ほとんど問題にで

きなかった。さらに，接収後における日本の租界支配の脆弱さは，改めて，国際帝国主義体制に支えられてきた日本の上海進出という側面の検討を必要としていると思われる。これらの点，今後の課題としておきたい。

【付記】　本章脱稿後，余子道・曹振威・石源華・張雲『汪偽政権全史』上・下巻（上海人民出版社，2006年12月）に接した。第37章「戦時経済体制と物資統制」等，参考となる記述がみられるが，参照しえなかった。他の機会を期したい。また，農林水産政策研究所図書館所蔵資料の利用に際しては，相川良彦氏にお世話になった。記して謝意を表したい。

〔注〕
1）上海における配給統制や食米問題についての研究は，いまだ本格的に行われてこなかったとはいえ，本章では，食米問題およびそれと密接な関連をもつ日本の上海占領政策の研究史的検討を行えていない。とりあえず，日本占領下における上海市民生活の動向については，通史的叙述であるが，熊月之主編『上海通史』第8巻（民国経済）上海人民出版社，1999年，第9章参照。また，食米問題を日本帝国主義の占領政策のなかで把握する前提として，農業資源の収奪過程を詳細に分析した，浅田喬二「日本帝国主義による中国農業資源の収奪過程」同編著『日本帝国主義下の中国』楽游書房，1981年，および日本の華中占領支配政策に関する古厩忠夫「日中戦争と占領地経済」中央大学人文科学研究所編『日中戦争』中央大学出版部，1993年等参照。
2）租界の中国人労働者は，そのまま租界の中国人家計を代表するものではないが，生活・生計状態を計数的に把握しうる存在であり，また上海の中国人住民の動向を基本的に反映しているものとして捉えられよう。
3）古厩忠夫「日中戦争末期の上海社会と地域エリート」上海史研究会編『上海──重層するネットワーク』汲古書院，2000年，492頁。なお，1942年4月の全上海人口は402万5,041人，共同租界158万5,673人，仏租界85万4,380人（上海日本商工会議所編『上海日本商工会議所年報』第25，1942年度，283頁）。
4）満鉄上海事務所調査室編『上海調査室季報（昭和16年4‐7月）』第2巻第2号，322〜327頁。
5）満鉄上海事務所調査室編『中南支経済季報（昭和16年1‐3月）』第4号は，「労働者ノ生活費ノナカデハ米価カ最大ノ重要性ヲ占メテイル」と指摘

するとともに（88頁），1941年初めの時点において，物価騰貴の根本原因として，①日本軍による揚子江下流域封鎖や物資移動統制など日本側の封鎖政策，②法幣インフレ，為替下落など重慶の国民政府側の要因，③欧州戦争の影響をあげている。

6）満鉄上海事務所調査室編『上海調査室季報（昭和16年8-12月）』第2巻第3号，58〜60頁および前掲上海日本商工会議所編『上海日本商工会議所年報』第25，1942年度，35〜36頁。

7）中支那振興株式会社調査部『中支に於ける土産物収買機構の現況』1942年，2〜8頁。

8）前掲満鉄上海事務所調査室編『上海調査室季報（昭和16年8-12月）』106〜109頁。

9）前掲中支那振興株式会社調査部『中支に於ける土産物収買機構の現況』3頁。

10）上海日本商工会議所『経済月報』第180号，1942年4月，15〜18頁。

11）前掲満鉄上海事務所調査室編『上海調査室季報（昭和16年4-7月）』334頁。

12）前掲満鉄上海事務所調査室編『上海調査室季報（昭和16年8-12月）』435〜437頁。

13）満鉄上海事務所調査室編『上海調査室季報（昭和17年1-3月）』第2巻第4号，277〜280頁。

14）上海日本商工会議所『上海日本商工会議所年報』第26，1943年度，138頁。

15）柴田善雅『占領地通貨金融政策の展開』日本経済評論社，1999年，第11章および前掲上海日本商工会議所編『上海日本商工会議所年報』第26，1943年度，28頁参照。

16）支那派遣軍総司令部「在支敵国人及敵性権益処理要領（案）昭和16年11月27日」『大東亜戦争関係一件』外務省記録A.7.0.0.9。

17）上海日本商工会議所『経済月報』第177号，1942年1月，8〜13頁。その後1月38件，2月39件，3月41件。

18）注16）に同じ。

19）第十三軍司令部「対租界兵力進駐ニ伴フ政務経済施策状況（昭和16年12月20日）」『陸支密大日記第4号1/2』アジア歴史資料センター，C04123689300。

20）中支警務部長事務取扱堀内干城「在滬華人疎散政策実施状況ニ関スル件（昭和17年4月11日）」3頁，『大東亜戦争関係一件』外務省記録A.7.0.0.9。

21）同上，10頁。この間の流出者数137万4,699人，流入者数111万2,132人を通計した人数である。疎散政策が，周辺地域における労働力吸収策を伴わない方策であったことを示すとともに，上海と周辺地域との密接な関係性がうかがえる。

22）同上，29頁。

23）前掲満鉄上海事務所調査室編『上海調査室季報（昭和17年1‐3月）』75
頁，および前掲上海日本商工会議所編『上海日本商工会議所年報』第25，
1942年度，74頁。

24）「外交転換と今後の上海」上海日本商工会議所『経済月報』第190号，1943
年2月，13頁。

25）以下は，上海日本商工会議所『経済月報』第181〜212号，前掲熊月之編
『上海通史』第8巻，413〜416頁，呉景平ほか『抗戦時期的上海経済』上海
人民出版社，2001年，136〜150頁，および支那事務局農林課『食糧対策ニ
関スル綴』其ノ五，1944，45年度，農林水産政策研究所図書館所蔵参照。

26）中支野田経済研究所『上海経済年鑑』1944年，277〜278頁。

27）上海日本商工会議所『経済月報』第199号，1943年11月，39頁。

28）1943年の配給小売価格（裸米80kg）華人向け800元，日本人向け600元（前
掲上海日本商工会議所編『上海日本商工会議所年報』第26，1943年度，90
頁）。ただし，この価格差については，なお検討の余地がある（上海日本商
工会議所『経済月報』第192号，1943年4月，42頁）。

29）前掲上海日本商工会議所『上海日本商工会議所年報』第26，1943年度，29
頁。

30）「上海食米問題は如何に解決すべきか」（上海日本商工会議所『経済月報』
第189号，1943年1月）では，その状況を「支那人の不平は食米配給の足ら
ざることよりも，日本人と差別されていることに向けられている」と捉えて
いた（25頁）。

31）支那派遣軍総参謀長板垣征四郎「軍用米ノ調弁状況其他ニ関スル件通牒
（昭和16年2月10日）」『陸支密大日記第7号2/2』アジア歴史資料センター，
04122829600。

32）上海日本商工会議所『昭和十七年度事務報告』22頁。その業務は1943年4
月以降上海日本商工会議所が継承する。

33）上海日本商工会議所『経済月報』第204号，1944年4月，22〜23頁。

34）食米や生活必需物資を利用した日系企業の労働力確保・労働者管理は，上
海日本大使館事務所の指導のもとに1943年10月設立された「労務協力会」
においても，また上海工業同志会などにおいても，多面的に行われている
（中支那経済年報刊行会編『中支那経済年報』第5/6合輯，1944年，49〜57
頁）。なお，米を支配の武器にする点については，Frederic Wakeman, Jr.
"Urban warfare and underground resistance", Wen-hsin yeh ed. *Wartime
Shanghai*, Routledge, 1998, pp.145〜146。

35）前掲満鉄上海事務所調査室編『上海調査室季報（昭和17年7‐12月）』第3
巻第2号，140〜145頁，前掲中支那振興株式会社調査部『中支に於ける土

産物収買機構の現況』89～97頁。

36）全国商業統制総会体制のもとでの物資収買の展開と特質については，前掲浅田「日本帝国主義による中国農業資源の収奪過程」176～180頁，および前掲古厩「日中戦争と占領地経済」，同「対華新政策と汪精衛政権」中村政則ほか編『戦時華中の物資動員と軍票』多賀出版，1994年参照。また，交易営団調査部第三課『華中の収買機構』1944年，111～167頁。

37）中国総力戦研究所「昭和十八年度甲地区ニ於ケル米糧収買調査報告書（昭和19年4月15日）」支那事務局農林課『中支那食糧収買対策ニ関スル綴』1943，44，45年度，農林水産政策研究所図書館所蔵，5～6丁。

38）「上大岡崎参事官トノ打合事項」日付なし，前掲支那事務局農林課『中支那食糧収買対策ニ関スル綴』1943，44，45年度。

39）甲地区においてさえ，1943年度産米の収買は，予定量の50％確保が困難とされるほどであった（前掲中国総力戦研究所「昭和十八年度甲地区ニ於ケル米糧収買調査報告書」3丁）。

40）上海日本商工会議所『経済月報』第209号（1944年9月）17～18頁，および前掲熊月之編『上海通史』第8巻，415～416頁。また前掲「上大岡崎参事官トノ打合事項」も参照。

41）上海日本商工会議所『経済月報』第205号，1944年5月，20頁。なお，それに至る事情については在南京日本総領事館「南京地区ニ於ケル食米配給機構改正ニ関スル件（案）昭和19年3月10日」前掲支那事務局農林課『食糧対策ニ関スル綴』其ノ五，1944，45年度。

42）「米ノ収買ニ関スル件」1944年4月20日大使館事務局文書，前掲支那事務局農林課『中支那食糧収買対策ニ関スル綴』1943，44，45年度。

43）前掲支那事務局農林課『中支那食糧収買対策ニ関スル綴』1943，44，45年度。

44）実質的には日本軍の軍事力に依存した米統会による収買は，1945年度米の収買になると，形式の上でも，軍が米統会の委託を受ける形で直接的に軍用米収買を担うに至っている。「昭和二十年度米穀収買要領ニ関スル件」前掲支那事務局農林課『中支那食糧収買対策に関する綴』1943，44，45年度。

45）上村壽夫「物資蒐買方式の改革を要望す」前掲上海日本商工会議所『経済月報』第203号（1944年3月）11頁，および山崎経済研究所上海分室「最近ノ中支経済状況」10頁（『各国ニ於ケル物価関係雑纂七』）。外務省旧茗荷谷研究所旧蔵資料E24。

46）「邦人職域編成問題の考察」上海日本商工会議所『経済月報』第210号，1944年10月，8～9頁。

47）東郷大東亜大臣宛上海土田公使6月3日発電報「上海米穀対策」前掲支那

事務局農林課『食糧対策ニ関スル綴』其ノ五，1944，45年度。

48) 東郷大東亜大臣宛豊田総領事 6 月 5 日発電報「市政府軍警及公務員用食米ニ関スル件」同上。

49) 東郷大東亜大臣宛土田公使 6 月 3 日発電報「上海米穀問題ニ関スル件」同上。

終　章　上海における日本人居留民の引揚げと留用

はじめに

　第二次大戦終結後，上海在留の日本人居留民約10万人は，日本の軍事力
の解体と日系企業の接収が進展するなかで，日本本国への引揚げを余儀なく
されていったが，その過程は，旧来の経済基盤の保持を図ろうとする日本政
府，統治を回復した国民党政府，戦後中国に影響力を強める米国政府，さら
には上海近郊に迫る中国共産党などの諸勢力拮抗のなかで，複相的に展開し
てゆく過程であった。その過程にあって日本人居留民たちの引揚げはいかに
して行われたのか。また，中国の諸企業や諸機関による日本人居留民の「留
用」はどのようなものであったのか。中国関内とりわけ上海からの引揚げ
は，多くの引揚者たちに過酷な運命を強いた中国東北や朝鮮，ソ連等の地域
に比較して困難が少なかったとされてきたこともあり，それらの全般的検討
はようやく始まったところである[1]。

　本章では，1945年の日本敗戦から人民共和国建国に至る流動的秩序下の
上海において，日本人居留民たちは，どのような存在として位置づけられて
いったのか。引揚げや留用がどのように行われたのか。戦後の日本政府や中
国・米国政府の動向と居留民たちの対応の検討を通じてみることとしたい。
なお，ここでの検討は，居留民の動向に限定し，日本軍の送還や留用につい
ては言及しえない。

1　上海における戦後措置と日本人居留民への対応

(1)　日本降伏と戦後措置

　1945年 8 月14日，日本はポツダム宣言を正式受諾し，1937年 8 月以来の日本軍による上海占領も終わりを告げた。敗戦時，上海には約16万5,000人の日本軍と，約 9 万6,670人の日本人居留民が在留しており，両者に対する戦後措置は，国民党政府によって進められることとなっていった。この時の国民党政府側の基本的立場は，ひとつには， 8 月15日の蔣介石総統の放送演説で表明された，いわゆる「怨に報ゆるに徳を以てす」との姿勢であった。この基本的立場は，中国関内とりわけ国際都市上海においては大きな影響力をもち，日本の公電も，戦争直後の上海の状況について「市中ハ一般ニ平穏，対日本人空気ハ蔣介石ノ日本人保護ノ放送通電等モアリ目下ノ処良好」と伝えていた[2]。上海在留の日本人居留民らは，不安のなかにも予想より安定した治安状況の下で日を過ごすことが可能となっていたといえる。

　もうひとつは，国共内戦への対応＝中国共産党の攻勢抑止の立場である。とくに上海をはじめとした重要都市を中共軍に抗して確保することは重視された。そのため，重慶国民党軍の上海移駐の遅れによる中共軍の上海進入を怖れて，上海市中の治安維持の役割を敗戦後約 1 カ月にわたって日本軍に委ねることすら行われた。こうした国民党側の姿勢について，日本側は，「何応欽総司令部の対日態度は，当初以来，概ね理解があり，且つ，友好的で，克く報復的民族感情を抑制しつつ，我方による治安維持に依存し，占領地区の接収を図った」と認識していた。同時に「右の様な情勢に鑑み，極力共匪の侵襲を抑圧しつつ，誠実に投降処理を図る傍ら，中国側の自彊に全面協力し，有利な終戦処理の実現を庶幾することに努めた」と，その姿勢を利用しながら，戦後処理においてより有利な対応を行おうとしていたのである[3]。

　上海における日本軍の武装解除は，第三方面軍総司令官湯恩伯が受降主官に任じられ， 9 月11日の降伏式に続き，17日から開始され10月末に完了し

た。

　また，日系資産の接収は，日本軍の武装解除の諸措置に先立って開始されていた。中国の経済的中心である上海の接収について，国民党政府はいち早く動き出し，宣言の正式受諾前の8月12日には，いわゆる「汪政権」の上海市長であった周仏海を軍事委員会上海行動総司令に，同13日には銭大鈞を上海市長に，さらに18日には蔣伯城を軍事委員会委員長駐滬代表にそれぞれ任命し，上海統治の体制を整えていった[4]。その上で，「収復区工鉱事業接収整理弁法」をはじめとして，接収のための各種法令を制定する一方，接収担当者をつぎつぎに上海に派遣した。しかしその接収は，「正式」接収機関だけで89にのぼり，その他のものも含め人脈を異にする各種機関が乱立し，先を争って資産の接収や利権の獲得に血道をあげる状況を生むものであった。各施設においても，設備や備品等の窃取・略奪が広く行われる事態となっていた。

　こうしたなかにあって，在華紡など日系の有力工場については，一部に群衆行動の標的とされる危惧も生じたとはいえ，日本軍の警備により全般に平静を保っていた[5]。10月に至り，全国性事業接収委員会が設立され，その傘下に上海区敵偽産業処理局および上海区敵偽産業審議委員会が設置されるなかで，無統制と乱脈を極めた接収も，ようやく各種の暫定的接収機構の解消が進み，曲がりなりにも統一的処理が実施されることとなっていった。この間の接収額は1946年末で1兆2,024億元とされる。

　さらに，武装解除や接収の一方で，9月中旬以降，第三方面軍は，全日本人居留民に対し地域毎に順次指令を発し，9月17日から10月13日の間に虹口（南北），楊樹浦，新市街の四地区への移動と集中居住を命じた。これに合わせて，10月1日には，「中国境内日本居留民集中管理弁法」が公布され，集中区における衣食住や生活行動について日本人居留民が遵守すべき規則が制定されていった[6]。以後，この規程にもとづき，中国側管理機関である日僑管理処のもとに日僑自治会が設立され，保甲制度によりながら自治的管理を行うことになっていった[7]。敗戦という事態にあって居留民は，解散手当増額を要求する労資争議の頻発や群衆行動などで一時的には「恐怖一方

ならさる」状況が生じたとはいえ、「終戦当初ヨリ比較的平穏ニシテ十月下旬迄ニ強盗、掠奪、暴行、不法要求等ノ不祥事三、四百件アリシガ中国側ノ取締リニ漸次減少特ニ集中区内ノ治安ハ良好ナリ」と外務省の報告書が記す状況でとどまっていた[8]。しかしながら、もう一方で日本人居留民を支配していたのは、「中国側の態度不明のため残留可能なりや私有財産の保存可能なりや等に付多大の不安」でもあった[9]。

(2) 敗戦直後における対居留民方針

では、こうしたなかで、日本人居留民に対し、日本の側はどのように対応していたのか。戦争直後の日本政府の基本姿勢を示すものが、ポツダム宣言受諾直後の1945年8月14日、大東亜大臣東郷茂徳により発せられた「三カ国宣言受諾ニ関スル在外現地機関ニ対スル訓令」である。「訓令」は「居留民ニ対スル措置」の「一般方針」として、「（イ）帝国ガ今次措置ヲ採ルノ已ムナキニ至リタル事情ニ付周到懇切ニ説示スルト共ニ大御心ニ従ヒ冷静沈着皇国民トシテ恥スルナキ態度ヲ以テ時難ニ善処スル如ク指導ス、（ロ）居留民ハ出来ウル限リ定着ノ方針ヲ執ル、（ハ）居留民ノ生命財産ノ保護ニツイテハ万全ノ措置ヲ講ス」との三点を示し、いち早く居留民の現地残留方針を指示していた[10]。また、中国現地においても、同年8月18日、支那派遣軍総司令部により「和平直後の対支処理要綱」が策定されている。それは、「根本方針」として、「此の際帝国は愈々宿志に徹し日支間の行懸りを一掃し極力支那を支援強化し以て将来に於ける帝国の飛躍と東亜の復興に資す」と、今後における日中の新たな関係構築と日本帝国復興の意図を明示したうえで、居留民や在華日本企業について、以下のような方針を提示している[11]。

第二　要領
（中略）
七、在支居留民は、支那側の諒解支援の下に努めて支那大陸に於て活動するを原則とし……其の技術を発揮して支那経済に貢献せしむ
八、交通、通信、重要事業場工場及び公共事業等に於ける日支合弁国策会

社の日系社員を一斉に撤去する時は……社会的経済的に至大の影響を及ぼすべき以て日支間に新たに約定して漸進的に日系社員を退去せしむ

九，新たに日本の技術専門家就中日本に於ける禁止工業部門及鉱業農業の技術を支那に広範囲に進出せしめ支那の発展に資す

十，在支諸企業，経済技術部門等の残置定着又は新たなる進出等に方りては特に旧来の権益思想を一擲し誠意を以て支那の復興建設に協力し日支の提携を促進するを主眼とす

　居留民は残留を原則とするとともに，重要企業の日系社員についても引揚げは漸進的に行うとし，中国の再建過程に関わりつつ企業経営への関与や技術伝承を通じて経済的社会的影響力を保持しようとしていたのである。方針は，日本の敗戦とそれに先立つ中国侵略の事実を直視することなく，また，在外居留民の直面する難局も考慮することなく，帝国支配のもとで構築してきた経済的基盤の確保に執心する姿勢を反映したものでもあった。

　この要綱は，翌日の政経指導最高会議幹事会に提出され，現地諸機関の意思統一が行われているが，外務省側においては，要綱の具体化に努める立場に立ちつつも，現地定着など七，八，九の各方針は，各地在留日本人の多くが不当に接収した新旧の「敵産」を基礎にしている現状や共産党軍の攻勢，国・共両軍の衝突あるいは中国民衆の根強い怨恨などのゆえに，きわめて困難であり，「努力目標的ナモノ」とも認識していた。また，重慶軍が弱体であり，各地の日本人が一大危険に直面することをも予測していた[12]。

　しかし，厳しい現地状況を眼前にして，居留民残留の方針が撤回されたわけでないことは，漢口日本総領事館において「終戦後暫くの間は中央よりの訓電もあり可成多数現地に残留して再起を計るべく慫慂し居留民にも約二千名に達する残留希望者あり」とされているところからもわかる[13]。上海においても，南京の谷大使から「現在邦人ノ企業ハ万難ヲ排シテ其ノ運営ヲ積極的ニ継続シ以テ中支経済ノ安定ニ資スルト共ニ進テ今後ニ於ケル邦人経済存続ノ基礎ヲ養フ要アルハ申ス迄モ無キ処」と，日系企業の基礎存続を図るよう指示がなされている[14]。中国各地の情勢の推移を考慮しながらも，戦争直

後の時期，現地においても，居留民の残留や日系企業の基盤維持が可能な限り追求されていたのである。

　残留方針は，その後，1945年9月24日の次官会議決定「海外部隊並に海外邦人帰還に関する件」において，「海外部隊並に海外邦人に関しては，極力之を海外に残留せしむる為，其の生命財産の安全を保障すると共に居住地に於ける生活の安定を期することとし……」と改めて確認されている[15]。

　こうした日本側の残留方針が，戦後のある時期まで保持されえたのは，中国関内において戦後処理を担った国民党政権の対日姿勢とも関連があった。国民党政府が，各地における八路軍・新四軍による攻勢のなかで，日本軍の武力をその抑止力に利用しようとしていたのは周知のことであるが[16]，日本側からの経済提携や日系企業の維持，技術者の残留などの要望に対しても融和的対応を示している。例えば，1945年9月4日，岡村寧次総司令官から何応欽総司令に，書面により「一，在留邦人ヲ差別待遇セス定着ヲ可能ナラシメラレ度」「三，在華本邦平和事業ヲ認メラレ度」「四，公共事業重要事業ノ現機能ヲ低下セシメサル如ク……之力為日本人ノ技術及経営技能ヲ充分活用セラレ度」等の要望を提出した際，国府側は「出来得ル限リ好意的ニ取計度キ考ナルモ正式書面ヲ以テ申入レラルルコトハ最高部ノ立場ヲ困難ナラシメ却テ日本側ノ為ニナラサル」と述べており，首脳レベルでは，周囲の動向に配慮しつつも，日本側の居留民残留や日系企業継続などの要望に対し一定の枠内で容認する態度をみせていたのである[17]。

　また，将来の日華提携の足がかりとされていた技術者活用についても，9月10日の岡村・何応欽会談において，国府側は「当方面の仕事量多きを以て技術者の残留に関しては問題無きもの」と回答を与えており，中国の経済復興上からも必要であったのである[18]。そのことは，10月1日，国民党政府が「中国境内日籍員工暫行徴用通則」（以下「徴用通則」と略記）を制定し，日本人労働者・技術者の徴用に関する基本ルールを定めていることからもうかがえる。「徴用通則」は，「各部門事業を接収せる場合在華日籍員工は必要に応じ適宜徴用することを得」とした上で，徴用の対象を，技術的にあるいは業務的に代替困難なものや業務の特殊なものに限定する一方，徴用者の中

国法令遵守や中国側の管理・統轄への服従などを規定していた。そして「和平条約成立以前に在りては僅かに生活費支給し　和平条約成立後継続雇用の必要あるものは……別途之を定む」と，和平後の徴用継続をも視野に入れていたのである[19]。

　やや長くなったが，敗戦まもない時期において，日本政府が，自らの侵略政策の破綻を直視することなく，在華居留民をできる限り残留せしめ，また旧国策会社や紡績その他の重要工場で技術者を継続活用し影響力を保持しようとしていたことを確認できよう。それは，国民党政権首脳を通じ，権益の維持や日中の提携関係を構築しようとすることで，戦後の事態に対応しようとする姿勢とも深く関連していた。

　他方，戦後１カ月を経た９月半ば，日本政府は，一般居留民を含めた軍民の引揚方針の検討も始めている[20]。そして，引揚げ実施のために，９月29日，日本政府は，連合国軍最高司令官総司令部（以下ＧＨＱと略記）宛，在外部隊ならびに一般居留民の引揚げを速やかに実施したい旨の許可申請を行っている。申請では，艦船の使用許可や食糧・衣服・医薬品など各地在留日本人保護のための援助をＧＨＱに依頼するとともに，「引揚は連合国軍司令部の要求に基き且つ現地の治安，気候，生活事情等を考慮し緊急を要する地域より着手し各地域毎に病者，老幼婦女子を優先せしむること」などの優先順位の要請もなされていた。しかしながら，ＧＨＱの回答は「在外日本人の引揚は最高司令部の指示する方針に従て行はるへし」とした上で，「引揚は軍事的必要に基きて行はるもの」との見解を示したものであった。さらに，ＧＨＱは，10月16日付日本政府宛覚書で「日本陸海軍人の移動に第一順位を，民間人の移動に第二順位を付与す」と軍人引揚げの優先を明示しただけでなく，日本政府の「病者，老幼婦女子及新聞通信員を特に優先的に帰還せしめられたし旨」の要望（10月25日付ＧＨＱ向け日本政府覚書）も拒否していた[21]。居留民の引揚方針も，ＧＨＱの軍人引揚げ優先の姿勢により宙に浮かざるをえなかった。

　こうして，戦後まもない時期，一般居留民は，残留方針の一方，引揚体制の整備が後回しとされるまま在留を続けることとなっていた。そのため，日

本政府も，戦後しばらくの間，居留民なかでも技術者の残留を事実上推奨することとなっていたのである。以下，上海における動向をみよう。

2　上海における産業復興と日本人居留民の留用

(1)　日系企業の接収と復興

　日本人留用は主に接収企業の復興と結びついて展開していったが，はじめに，日系企業の接収と操業再開について一瞥しておきたい[22]。

　上海地区における接収は，さきにふれたように，国民党政府各派，各級機関・団体が先を争って進められたが，1945年10月27日に上海区敵偽産業処理局および上海区敵偽産業審議委員会が設置され，接収の統一的推進の体制が一応整えられていった。そこでの接収処理は，「上海区敵偽産業処理弁法」[23]に示されるように，接収資産を15種に類別し，軍用品は軍政部，工場設備・原材料・製品は経済部，固体・液体燃料は燃料委員会，土地・家屋・家具は中央信託局，糧食は糧食部など，それぞれの関連機関に委ねられた。また，接収資産の処分は，元の所有者の性格に応じ，同盟国ないし友邦人民に属するものは元の所有者に返還し，日系資産および日偽合弁資産は中央政府に帰属するものとし，そのうちの旧国策会社は資源委員会，紡織および紡織関連工場は紡織業管理委員会，麺粉工場は麺粉業管理委員会，前記以外の工場と小規模工場は適当な価格で売却するとされていた。

　今，工場設備等を担当した経済部の接収状況（1945年12月4日現在，蘇浙皖区）をみると，以下の通りである[24]。

　紡織方面127件（紡績廠38，漂染整理廠7，染織廠4，織布廠4，針織廠20，毛紡9，製麻廠3，絹紡廠3，織綢廠7，繰糸廠2，製帽廠2，製帯廠2，廃花廠3，被服廠4，紡織用品廠3，その他係属の他業種廠16）

　接収主要設備：紡錘機96万3,492錘，撚糸機4万106錘，織布機1万8,234台

化工方面85件
機械方面162件
合同業19件

　接収件数の内訳では，機械関係工場（162件）が第 1 位をなすが，資産額をみると，在華紡の大規模工場群を中心とした紡織関係が，接収工場価値推計値の総額 1 億2,708万元中の 6 割近く7,273万元を占めていた。そして，これら紡織工場は先行的に中国紡織建設公司に経営を委ねられることとなっていった[25]。

　在華紡主要工場なども 9 月21日以降急速に接収が進んでいたが，その一方で，接収工場の操業再開は，容易に進まなかった。1945年12月10日現在の接収工場の操業再開状況をみておくと，調査工場438件のうち「已開工」とされているものが34件，「已復工」が18件となっている。開工と復工との差異は不明だが，開工となっている34件のうち紡織工場が20件（内在華紡14件），その他が14件，復工の18件には製粉，製薬，化学，ゴム，食品などの工場が含まれている[26]。点検自体は完了している工場も相当件数あるが，実際に操業を再開していたのはさきの「已開工」34，「已復工」18という限られた工場にとどまっていた。なお，この時点での在華紡の再開工場は，内外綿第 1 ， 2 ， 5 ， 6 ， 7 ， 9 ，豊田紡第 1 ， 2 ，日華第 3 ， 4 ，同興紡第 2 ，大康第 1 ， 2 ，公大紡第 1 ， 4 ，上海紡第 1 ， 2 ， 3 ， 4 ， 5 ， 6 廠であり，在華紡を中心とする紡織工場は，他に先駆けて再開が急がれたことがわかる。

　こうした再開の遅れは，戦後の混乱のなかで，電力・石炭などのエネルギー供給や原材料調達体制が容易に整わなかったことにもよるが，国民党政府の各派，各機関が入り乱れての資産分捕り的接収自体が，工場の生産設備や備品の略奪によって工場を荒廃させていたのであり，回復を大幅に遅らせる要因となっていたのである[27]。

　操業再開の遅れは，大量の失業労働者を放置することであり，接収工場とりわけ在華紡等の大規模工場の復興は重要な意義を有していた。上海の日系

企業の復興と日本人技術者の活用を促す1945年9月20日の第三方面軍総司令部の訓令もそれを示している。

1945年9月20日　第三方面軍総司令部訓令[28]
（前略）
二，茲に日本側の在滬各経営工場については武器を製造するものを除くの他即日復工し本部乃至機関の指定を待って逐次接収さるべし，復工期間中本部は必ず次記の保証を与ふ
　甲，復工期間内の工場秩序は本部指定の各事業機関乃至淞滬警備隊総司令部に於て確実に保護すべし，また適時本部より部隊を工場に派遣駐在せしめ秩序破壊者は弾圧すべし
　乙，工場所属の日籍技術者は総て本部より標識を発給着用せしめ業務遂行の自由を与ふ
　丙，工場所属日籍技術者の待遇は，従来通り現在規程を維持する……
　丁，復工期間中接収せられるまでのあらゆる生産品の販売を許可す
（以下略）

　停業による失業工人が15万人にものぼるなか，復興を最優先にし，旧日系工場の秩序を保護するだけでなく，工場所属技術者や経営責任者に対しても，業務遂行の自由や一定期間の製品販売の自由を保証している。国民政府当局は，上海の復興にとって，日系企業の早急な再開と日本人技術者の留用は，ともに不可欠の課題と考えていたのである。
　こうしたなかで，日本当局の側（堀内干城公使）も，1945年10月19日，次のように中国当局による早急な工場再開と日本人従業員の活用を申し入れている[29]。

　　（中国側は）種々利害関係ヲ有スル者更ニハ将来有サムトスル者多ク……再開ニ非常ニ多数ノ日数ヲ要スルコトトナルヘシソコデ此ノ際……日本人ヲ利用スルガ好都合ナルヘシ……。

其（工場運営）ノ基盤背景ガ正当ナラザリシモノナルガ故ニ中国側ニ全部接収セラレルコトハ当然ニシテ致方ナシ　斯ル以上ハ只其ノ財産施設ガ中国ノ復興ニ幾分ナリトモ貢献シタナラハ以テ自慰スルニ足ルト考ヘ居リ従テ工場カ動キ出シタラ良イ　又動キ出シタ工場ヲ受取ル者ガ出来タ場合ニハ何時ナリト喜ンデ之ヲ返却スヘシト云フノガ偽ラザル心状ナリ　又日本人ハ当地ニ十万程残留シ居ルカ目下徒食ノ状態ニシテ　斯テハ将来日本国ニ莫大ノ負担負債カクル怖レアリ　此ノ点カラモ日本人ハ何カ働キ度イト考ヘ居ル次第ナリ……。

　ここには，日本当局が，日系工場接収という事態を前に，さまざまな内部利害の対立を抱えた接収工場復興の過程に関与し，戦後中国における影響力の復活の足がかりを得ようとしている様相がうかがえる。占領支配下で日本企業等が構築してきた諸事業の中国側への継承を通じて，戦後の日中関係の再構築を意図したものといえよう。同時に，より直接的には，目下徒食の在留日本人の働き場所を確保することによって，引揚げ終了までの間に大きく膨らむことが予想される残留コストの抑制を図ろうとの日本政府の狙いを指摘できる[30]。このように，現地の日本当局として，一定時期まで，国民党政府に対し，日本人留用を積極的に働きかけていたことを確認できよう。

(2)　日本人の留用と残留

　では，戦争直後の時期における日本人留用および残留の状況はどうであったのか。表11-1は，1945年10月までに第三方面軍日僑管理処に登録された日本人技術者を概括したものである。この時点では，1,980名の技術者が登録を行っており，家族を含めると約5,000人程度の人数と推定される。また，これらの人々とは別に，中国当局に帰化申請を行っている者が11月9日現在で，7,300余人にのぼっている[31]。後者の多くは，永く上海に居住するいわゆる土着派と呼ばれた人たちとみられるが[32]，このなかには，日本に帰国しても身寄りがない人，あるいは中国人と結婚をしている人だけでなく，「侵略ノ拠点トシテノ支那ヲ考フルコトヲ未ダ清算シキレザル」日本人

表11-1　第三方面軍日僑管理処登録日本人技術者業種別・学歴別内訳（1945年11月）

業種	大学	高専	中学	小学	合計
鉄道	1	3	22	7	33
船舶	13	67	160	68	＊212
通信	5	31	33	5	74
重工業	10	30	115	64	219
化学工業	11	29	44	7	＊101
紡績工業	14	74	192	136	416
食品等	13	30	94	23	160
電気	4	18	39	3	64
水道	4	4	11	2	＊22
ガス	1	1	5	8	15
土建	6	39	72	10	127
医師	85	21			106
歯科医師	4	25	6		35
薬剤師		65	4		69
獣医	1	11	3		15
鉱業	14	30	60	85	189
その他	20	29	66	8	123
総計	206	507	926	426	＊1,980

注　：＊印は，各項の合計と合致しないが出典によった。
出典：『改造日報』1945年11月12日。

もいた[33]。残留希望には多様な契機がみられるが，居留民の1割を超える
人々が残留を選択した背景には，戦前来の経済基盤の上に戦後の日中関係を
展望しようとするさきの居留民残留方針の影響を指摘することも可能であろ
う。

　さらに登録技術者の内訳をみると，紡績業が416人と全体の2割を超えて
おり，紡績企業の先行的復興と上海日本人社会における在華紡の比重の大き
さを反映している。これについで，幾多の技術を要する重工業（219人）や
鉱業（189人），そして還送など輸送業務と関わる船舶（212人）に相当数の人
員が登録をしている。旧中支那振興株式会社傘下の公共・公益事業関係で
は，旧華中鉄道の数が少ないが，各地に分散徴用されているためと思われる。
医師・薬剤師など医療関係者も1割を超える。また，学歴別の状況をみる
と，医療関係を別としても500名近い高等教育修了者がいるが，中国側はし
ばしば高い技術をもつ技術者を望んでおり，これらの人々は各種接収事業の
復興において中心的位置を占めたと思われる。中学卒が全体の約半数を占め

るが，彼らも，中国の工業にあって現場技術の指導的担い手であったと思われる。

　個別経営レベルにおける留用者については，在華紡や中機公司に関する富澤芳亜や朱婷の研究があり，技術関連の重要な部署を中心に日本人技術者が配置されていたことや技術移転における留用技術者の積極的意義などが明らかにされている[34]。それらを踏まえつつ，ここでは，表11-2により華中鉱業公司における若干の特徴をみると，技術面の中枢を担った人々が留用者として，操業継続に関わっていたことがわかる。すなわち，鉱業部長−同次長，採鉱課長−同係長，調査部長−同次長，さらに馬鞍山，武義，同官山，桃冲，鳳凰山，湖州等鉱業所の所長，採鉱課長など鉱業技術に関わる中心的技術者が留用者の主軸をなしている。逆に，医師を別にして，企画，経理，労務，庶務，営業など生産や技術と関わらない部門の留用はみられない。華中鉱業の留用者の場合，馬鞍山居留民引揚げの条件として，60余名の技術者が徴用せしめられたものであるが[35]，彼らは，その学歴や担当職務からもうかがえるように，鉱山事業遂行上欠くことのできない存在であった。

　日本人技術者の留用に関しては，中国側の事情によるところ大であったが，技術者側の意図について，上海日本人技術者協会の佐藤秀三委員長（元上海自然科学研究所長）の談話をみておきたい[36]。

　本会の仕事は単に技術者が自己の生活のためとか興味の為とかによって中国に残れるやうにして欲しいといふことを取扱ふのではなく，第一に中国の事情を考へると戦勝国にはなったが，これからの経済復興の事業は大困難の伴ふことである……（この困難の克服には）吾々は永年の経験と研究によって，相当多くの発言事項を持って居る筈である，第二に折角多年かかって経営して来た自分たちの事業やまた苦心して日本から移した仕事が，降伏によってそのまま消えうせたりまたは無理解な人に継承されることになれば，恰も自分の愛児を棄児にする……やうなものである。第三に戦時中日本人の教えた技術は，いはゆる戦時企画であったから……吾々の良心的の立場からこれを平時的の正当なる技術に教え替へてから帰りたい

表11-2　華中鉱業公司主要日本人技術者一覧（1946年3月）

氏　名	年齢	等級	分科	最終学歴	職　務
岡部楠男	53	1	採鉱	東大 / 工 / 採鉱冶金	鉱業部長，常任董事
林正樹	52	1	採鉱	早大 / 工 / 採鉱冶金	馬鞍山鉱業所長
富永俊治	39	2	採鉱	東大 / 工鉱山	同官山鉱業所長
中西義雄	42	2	採鉱	九大 / 工 / 採鉱	武義鉱業所長
井坂司農夫	47	2	採鉱	秋田礦専 / 採鉱	鉱業次長
島内道明	31	2	採鉱	九大 / 工 / 採鉱	同官山鉱業採礦課長
京野直之助	38	2	採鉱	秋田礦専 / 採鉱	上海選鉱所長
土田安	38	2	採鉱	九大 / 工 / 採鉱	調査部採鉱課長，湖州鉱業所長
江口資義	34	2	採鉱	九大 / 工 / 採鉱	鳳凰山鉱業採鉱課長
金子文郎	37	2	採鉱	早大 / 工 / 採鉱冶金	桃沖鉱業採鉱課長
石田巳三男	29	3	採鉱	明治専門 / 採鉱	技師
中田一郎	46	2	採鉱	明治専門 / 採鉱	採鉱課長，桃沖鉱業所長
品川四郎	37	2	採鉱	秋田礦専 / 採鉱	採鉱課長
内田敏	39	2	採鉱	早大 / 工 / 採鉱冶金	採鉱課長
五十嵐善之丞	30	3	採鉱	秋田礦専 / 採鉱	馬鞍山鉱業採鉱課長
高木史郎	35	2	採鉱	北大 / 工 / 採鉱	武義鉱業採鉱課長
植村癸巳男	53	1	地質	東大 / 理 / 地質	取締役，調査部長
篠田恭三	46	1	地質	東大 / 理 / 地質（院）	調査部次長
佐藤捨三	40	2	地質	東大 / 理 / 地質（院）	調査部調査課長
夏井一郎	31	2	地質	北大 / 理 / 地質	課長代行，試錐係長
平木洋一郎	38	1	化学	京大 / 理 / 化学（博）	中央分析所長
松下寿米雄	31	2	化学	京大 / 理 / 化学	中央分析所研究係長
片桐　繁	34	2	化学	大阪高工 / 応用化学	中央分析所分析係長
鈴木　力 *	46	2	土木	仙台高工 / 土木	土木課長
伊勢義秀	43	2	土木	攻玉社高等部 / 土木	土建課土木係
松生　浩 *	38	3	機械	大分工業 / 機械	技師
野島初男	43	2	電気	広島高工 / 電気	機電課長
石丸留雄	38	3	電気	小倉工業 / 電気	鉱務課電気係
藤原荘秀 *	46	3	電気	高知工業 / 電気	鉱務課電気係
石井信吉 *	48	2	電気	東京高工 / 電気	技師
秋本　勇	40	2	測量	攻玉社高等部 / 測量	調査課製図係長
岩高重盛 *	30	3	測量	攻玉社高等部 / 測量	技手
内田鉄五郎	45	2	測量	陸地測量学校	調査課測量係長

注　：＊印は，『支那在留邦人人名録第34版・中支版』に掲載されていない。
出典：資源委員会『資源委員会各廠礦留用日籍技術人員案（一）』（国史館003-010102-0057）職務については，
　　　金風社編『支那在留邦人人名録第34版・中支版』1944年も参照。

と思ふ。此の際この国に残留するにしても，残留しないにしても，自分等
の持った最上の技術を中国に残すことにしたい。それが……今後の中日の
関係の上に如何なる好影響を与へるかは想像に難くない……

これは，日僑管理処管理下の日本人技術者組織の責任者として，中国側に配慮した発言であるが，戦前期において日本が構築した事業を戦後中国に継承してゆくことの意義とその鍵である留用技術者の役割を強調している。ここから，留用技術者たちの戦後中国への技術継承に対する思いを読みとることも可能であろう[37]。

　しかしながら，多くの留用技術者にとって，志願の理由は，協会が問題としない「自己の生活のため」つまり生活維持の要請であったと思われる。1940年代には上海居留民社会の最大の構成要素となっていた国策会社や紡績，重化学工業等など各種企業従業員は，戦後，企業の多くが封鎖され，職を失い，露天商や家財の売食いで生活するものも少なからず出ていた[38]。さきの華中鉱務局でも，12月に留用された日本人技術者たちは，戦後の収入源断絶と生活困難のもとで，給与の半月先行払いを受ける状況にあった[39]。そして，事実上の強制徴用によるものも数多くあったのは，後にふれるところである。

3　日本人居留民の帰還促進と留用・残留問題

(1)　引揚げ体制の強化と帰還促進

　敗戦直後の，中国社会や日中関係の動向も不透明でかつ日本への帰還見通しも不確定ななかで進んできた留用政策も残留志願の動きも，大きく変化していった。

　1946年1月18日，「米国船整備に関する件」と題する次官会議決定がなされるが，これは，前年末，米軍より200余隻の帰還輸送用の船舶が日本政府に貸与されるとの方針が示されたのに対応して，船舶整備を指示するものであった[40]。さらに，2月7日には「輸送力増強に伴う引揚者受入態勢の整備強化に関する件」を次官会議決定し，在外日本人の引揚げ促進の方針を明確にした[41]。

これらの方針の背後には，米国政府の日本人引揚げ方針の変化があった
が，米国との協定により中国側の政策にも変化が生じていた。すなわち，1
月20日，中国陸軍総司令部は，訓令を発し，米軍側との協定にもとづい
て，徴用服役の日本軍をことごとく帰国させるとともに，日本人技術者に関
しては，「残留希望者と否との二種に分かち残留希望の日本人技術者は長期
留用することを得るも希望せざる者は最後の輸送を以て帰国せしむべし」
と，残留希望の技術者以外の日本人はすべて帰国せしめる方針を提示してい
る[42]。さらに，2月下旬，中国軍総司令部は，現に中国軍に徴用中の在留日
本人といえどもすべて解雇した上，6月末までに中国から在留日本人すべて
を帰国させる旨命令を出している[43]。

　こうした帰還促進の方針に伴って，3月以降日本人居留民の帰還数は急増
していった。その状況を月毎の上海日本人居留民送還数でみると，以下の通
りである[44]。

　1945年12月　3回　5,154人　1946年1月　5回　8,192人　2月　10回　1万
9,915人　3月　17回　4万2,364人　4月　13回　2万6,779人　計10万2,404
人　　4月15日最終船

　帰還の進展は，「将来ニ対スル見透ノ欠如，内地引揚ニ関スル各種措置ノ
未確定等ノ為生活上及精神的ニ安定ヲ欠キ動揺アルヲ免レズ」という[45]，そ
れまでの上海日本人居留民の状況を次第に変化させ，「一，二月の頃の船繰
り……予想し得ない状態に置かれ，差迫る生活不安に暗く押潰されるやうな
日々」から，「三月に入るとともに船繰りが順調に推移したので一切の杞憂
は完全に吹き飛んでしま」う状況へと変わっていった[46]。

　しかしながら，日本人居留民の帰還が，そのまま順調に進んだわけではな
かった。その点に関連する限りで，居留民の残留と留用をめぐる日本，中
国，米国当局の対応を検討しておきたい。

　戦争終結直後の時期において日本政府は「日支将来合作の為に，居留民中
技術的能力あるものは之を極力残留せしめ」んと図ってきたことはすでに述

べた。こうした残留方針が後景に退いたのはどの時期かは必ずしも明確でないが，すでに，10月にはＧＨＱより「在外日本人の引揚は最高司令部の指示する方針に従ふ」ものと指示されており（先述），残留方針を公式に掲げることはできなくなっていた。さらに，1946年1月20日の中国軍総司令部の訓令以後，3月ないし4月の頃になると，日本側は，徴用が解除されていない居留民や軍人の収容に努力を傾注していたとされる。現地領事館の業務も，残留の慫慂ではなく，徴用解除や帰還準備の活動へ移っていった[47]。

このような日本側における残留方針の転換は，直接的には，中国側の方針変化によるものだが，より根底的には米国政府の姿勢に強く規定されていた。それは，以下の米国大使館の国民党政府宛書簡からもうかがえる。

1946年7月6日　在南京米国大使館より国民政府外交部宛書簡[48]
　……多くの日本人は，もし残留が許されるならば，中国における日本の力と影響力を復活するための懸命の努力を行うであろう。……この危険を排除する最も確実な方法は，中国からのすべての日本人の引揚げである。……。

　米国政府は，ポツダム宣言を擁護し，中国領域内における有害なる日本の影響力を復活させかねないあらゆるリスクを排除するために，すべての中国在留日本人は近日中に送還されるべきであるとの見解を保持している。……。

　中国政府による専門能力を有する日本人技術者の一時的留用に正当な理由があるとしても，米国政府は……大半の居留民ができるだけ速やかに送還されるべきことを強く要望する。また，残留については，中国側が代替し得ない専門的・技術的能力を有しており，かつ中国の平和と安全にいかなる脅威も及ばさないことを示し得る日本人に対してのみ認められるよう要望する。……。

米国が，専門技術者などの日本人居留民の留用や残留について，日本の経済基盤の確保や将来における影響力復活の足がかりとなるものとして厳しく

警戒し，国民党政府に対しても日本人送還を促していた様子を知りえよう。引揚げに対する米国の強い態度の背景には，戦後中国への投資や経済進出の意図があるが，ここでは指摘するだけにとどめる[49]。

　他方，国民党政府の動きをみると，陸軍総司令部の発した日本人全員送還の方針がそのまま遂行されたとはいい難く，在南京総領事館からの報告も「行政院を始め所属各部，地方政府ないし軍首脳部を除く各部隊においては一様にわが方より接収した企業の運営及び技術習得のため是非とも邦人技術者の残留を希望し，命令をもって所要人員を徴用した」と伝えている[50]。

　そもそも，送還促進の訓令の直前，1月12日に，上海日僑管理処は，「日籍技術員徴用及び雇傭弁法」を制定し，第三方面軍の許可を得て施行している。この弁法は，「国家事業徴用弁法」と「民営事業雇傭弁法」からなり，さきの「徴用通則」にもとづき，重要事業において日本人技術者の活用を図るべく徴用ないし雇傭の諸手続きや条件を定めたものである。送還促進の方針にもかかわらず，各接収機関レベルでは，依然日本人技術者の留用を必要とし，その具体化も進んでいたといえる[51]。日本人技術者の留用は，日本政府にとって，居留民残留や影響力維持策の拠り所でもあったが，中国側においても，接収工場等の運営に不可欠な日本人技術者の徴用を簡単には解除しえない状況にあったのである。

(2)　帰還の進展と留用・残留の動向

　1946年3月以降における在留民帰還の加速化は，上海在留の日本人居留民の状況を大きく変化させていたが，戦争終結直後，優に1万人を超えた残留希望者のなかでも，早期帰還へと傾斜する者が増大していった。一報告は，その状況を次のように伝えている[52]。

　　……在留邦人カ昨今頓ニ浮足立チ早急帰国ヲ希望シ居ル傾向顕著ナリ従来上海ニ於テハ比較的財産アリ生活安定セル邦人ハ帰国ヲ急クコトナク寧ロ帰国後ノ生活ニ懸念ヲ抱キ残留ヲ希望スル者多キ趨勢ニアリシ処　最近物価ノ昂騰振リ殊ニ甚タシク……既ニ収入ノ途ナク専ラ手持チ財産ヲ居

食ヒシ居ル在留邦人ニトリテハ将来ノ見透シ全クツカサルコトトナリタル
ノミナラズ，従来漠然ト楽観的ニ考ヘ居ル残留ノ可能性カ漸ク薄ラキ始メ
タル為急激ニ早急帰国ヲ焦ル者増加セル。

　残留を意図していた在留民中堅層が，中国側の厳しい送還方針や戦後のイ
ンフレの激しさなどから，当初抱いた現地残留の希望を早期帰還へと急激に
変化させていたのである。
　引揚げが急速に進みはじめ，保甲を基礎とした引揚げの最終船が4月中旬
と定められるとともに，残留に関しては，希望者のうち残留証明を受けた者
のみに認められることとなっていった[53]。その残留要件は，中国人と婚姻関
係にある日本女性（男性は不可）および中国の各機関等に使用されている技
術者に限定されていた。厳しい限定方針は，米国の方針に由来するものでも
あったが[54]，それによって，旧来の基盤の上に戦後の経済活動や生活の再建
を展望していた土着派的居留民の残留は基本的に不可能となっていったとい
える。しかし，留用内定を口実にしたり，中国人家族との関係で迷ったり
等，直前に至るまで帰還船への乗船申込をしていないものも多数いる状況も
またみられた[55]。
　いま，最終船乗船前の3月末時点での残留者をみると，各種留用者を中心
に1,695人を数え，家族も加えると合計約5,000人と推定されていた。1945年
末と較べると半減といえる。留用者1,695名の内訳は，自治会230名，政経部
80名，東西両区職員60名，民生商会170名，改造日報75名，技術関係800
名，資格審査中280名となっている。日僑自治会をはじめ政経部，南北区職
員等，引揚げや残務処理などの行政的活動に関わる人々と，各種工場などの
留用技術者に大別できるが，なかでも留用技術者が過半を占め全体の中心を
なしていた[56]。
　表11-3で，留用技術者の主要な留用先をみると，まず注目されるのは，
中国紡績公司（118名，家族とも283名）が最多の留用先となっていることで
ある。さきの表11-1とも照応するが，接収された旧在華紡にかなりの人数
の留用技術者が従事していたことがわかる。また，豊田紡機（13名）や各種

終　章　上海における日本人居留民の引揚げと留用　　493

表11-3　上海残留日本人主要留用先（1946年12月）

留用先	留用者 数（人）	
	本人	家族とも
中国紡績公司	118	283
豊田紡機（中機公司）	13	40 数名
農林部実験所		114
華中水産	10	
社会部合作社		66
華中鉱務局（華中鉱業）	38	
旧華中鉄道	6	
旧華中鉄道病院	16	
中国サルベージ		68
各種病院（医師・薬剤師・看護婦）	200	
宣伝部亜東問題研究所		55
国際問題研究所	10	
その他各種工場		347

注　：残留者数1,902人うち2/3が留用者。
出典：｢在外各地状況及び善後措置関係　中国各地の状況』第4巻，外務省記録
　　　K'7.1.0.1-2-5。

工場（家族とも347名）なども含め，工業生産関連の技術者が全体の約半数を占めていたものと思われる。さらに華中鉱務局（38名），農林部実験所（家族とも114名），中国サルベージ（家族とも68名），華中鉄道（6名）などがまとまった留用先となっている。そして，医療関係者（旧華中病院16名，各種病院200名）が多数留用されており，戦後の上海において重要な役割を担っていたことがわかる。ほかに社会部合作社，宣伝部亜東問題研究所，国際問題研究所などの機関があるが，文化工作や調査に関わる専門知識人などの留用がなされたものと思われる。

　これらの留用技術者の統轄に関しては，当初日僑管理処のもとに日本人技術者協会に組織されていたが，日僑管理処の解消後は，上海留用日僑互助会（1948年1月31日まで），さらにそれ以後は，市警察局外事課日僑管理股のもと，上海市徴用日籍技術員工連絡所（主任山田純三郎，副主任堀内干城）に組織される形となっていた[57]。

　また，留用技術者に対する中国側機関の取扱について，1947年11月に資源委員会の名で公布された「管理各機関団体徴用日籍技術員工弁法」からその一端をみておく[58]。

この弁法では，徴用機関ないし団体は，徴用技術者に対する監視の責を負うとともに，疑いのある行動については随時管理機関に報知しなければならないこと（第三条），徴用技術者および家族の住所移動は，管理機関への通知と許可が必要であり，また出生，死亡，婚姻についても管理機関へ届け出なければならないこと（第四条），徴用技術者および家族の通信はすべて管理機関の検閲を経ること（第七条），失踪，逃亡，不法活動の防止のため，徴用技術者は 5 人連署の誓約書を管理機関に提出しなければならないこと（第九条）などが定められており，規則上は厳格な管理・監視体制のもとに置かれていたことがうかがえる。資源委員会によるこの弁法は日本人留用者全般を対象にしたものではないが，概して，技術者留用は，厳格な監察下の徴用という性格のものであったと推察される[59]。

さらに，この時期の留用者たちの置かれた状況を知るために，以下の報告をみよう。

- 1946年12月 5 日「上海事情に関する千葉総領事談」[60]

  待遇は悪くない。中国人並の給料を貰っている。最良の部は紡績方面で月四〇万元から五〇万元位貰っておる。右の給料で家族四，五人で十分生活は出来る。未帰還者中四分の一乃至五分の一は定職無きもさして生活に困ってはおらない。

- 1947年 9 月14日「上海邦人引揚に関する件」[61]　沢登連絡員　芦田大臣宛

  待遇は紡績関係が最も良く月給最高五〇〇万元最低一五〇万元で平均三五〇万元程度であり，他の機関の留用者の待遇は月給七，八〇万元程度であり生活は保障されている。名目だけ技術者として留用され中国婦人を妻としてモグリ的生活をしているものがかなりあり彼等は素質も悪く生活にも窮している。

- 1948年 5 月28日「報告書提出の件」[62]　沢登副領事より芦田外相へ

  紡績関係（中国紡織建設公司）の留用技術者及び医者は待遇が最もよく月収二〜三千万元で住宅付きといった好遇だが他はドングリのせいくらべで九〇〇万元〜千万元程度ひどい所では五〇〇万元程度といった所もあり

日本と同じタケノコ生活は勿論内職かせぎはやむを得ない。

- 1949年2月10日「上海引揚者調査報告」横関哲次郎・山本新次郎[63]

　今回の引揚は上海の紡織公司等の高級技術者が主である関係上服装等も立派である。……残留者の生活は最低の者でも一応食べる丈の保証は受けているそうである。……中共の上海地区に対する本格的な攻勢は始まっていないが……早くて二月以内には中共の勢力下に入るかもしれないと噂しているといふ。

　分野により処遇にかなり差があるが，紡績および医師が良い待遇を得ているのはどの報告にも共通している。紡績業の場合，戦後空前の好況のなかにあり，留用技術者の処遇にも反映していたためと思われる[64]。また，他の留用者の場合も，インフレの影響を受けながらも生活は保障されるという状況にはあったといえよう。さらに，さまざまな理由で残留を果たした人々の生活ぶりの一端も伝えている。それらも含め，留用者たちがそれぞれの分野で果たした具体的役割や生活実態についての検討はここではふれえない[65]。

　ところで，5,000名近くを数えた残留者も，留用解除が次第に進み，表11-4にみるように，1947年9月には1,600名，48年3月1,100名と，年毎に減少し，49年になると，共産党軍の上海制圧間近との噂のなかで4月には，400名となっていった（うち200名は帰国の意思なし）。

　これら残留者たちの帰還理由について，さきの1948年の沢登副領事報告は，「現在迄上海にこのとうとうたるインフレ下にも拘らず邦人が尚かつ残留せんとした理由は対日講和条約の締結と貿易の再開を唯一の曙光としていたからである。しかるに希望に反し講和締結は棚上げの状態であり，中日貿易又あまり活発ならず……希望が無残にも破られた事と第二に住宅難，インフレによる物価高による生活難が滔々とおそひかかりこれ以上上海で生活をする事が困難になって来た事，第三に子弟の教育に不自由な事の中に在華三〇年といふ様な老上海が涙をのんで帰国する理由がある」と述べている[66]。これは，日本人全員引揚げ方針の後も，土着派的居留民の一部の人々が，自己の事業の保持・再生を期待して残留していたことを物語るとともに，彼ら

表11-4　上海残留日本人数の推移 　　　　　　　　　単位：人

報告日時	残留者数	備考
1946/ 3/31	1,695	家族とも約5,000人
1946/12/ 5	1,902	
1947/ 9/ 4	1,600	留用者650人（うち中国紡績公司226人）
1948/ 3/29	1,100	467世帯
1949/ 2/10	600	200人は乗船待機中，200人は帰国意思なし
1949/ 5/27	400	150人は引揚げ希望

出典：前掲『在外各地状況及び善後措置関係　中国各地の状況』第4巻。

の事業復興の期待は，国民党支配下の上海においても，その基盤を喪失していたことを示すものである。

おわりに

　最後に，いくつかの論点にふれて，結びにかえたい。

　第二次大戦終結直後，上海在留の日本人居留民たちは，従来の事業や生活の継続が可能なのか，日本への引揚げが不可避なのか明確な展望をもてないまま，外地における日本敗戦という事態に直面することとなっていった。それは，中国側当局による日本人在留民管理や日系資産の接収，さらには日本帝国主義の占領支配下で抑圧されてきた中国民衆の恨みと怒りを前にすることでもあった。そうしたなかで，日本側当局は，日本人居留民に対し，現地残留方針を提示していった。現地残留を通じて，日本の帝国主義支配のもとで構築してきた経済的基盤の維持や影響力の維持を意図したものといえる。この点はすでに指摘されているところであるが，これらの方針は，戦後当初における日本政府の基本的姿勢を示すものとして，上海においても，居留民の残留志望に影響を及ぼしただけでなく，接収された日系工場等での技術者の活用を日本当局からも中国側に働きかけるなどの面でも，日本人居留民の動向を規定することとなっていた。

　こうした，戦後中国における日本の影響力維持を意図した残留方針は，戦後において国共内戦を進める国民党政府首脳の対日融和的姿勢や日本人技術者活用策に依拠するものでもあったが，1946年初頭に至り，中国側は日本

終　章　上海における日本人居留民の引揚げと留用　　497

軍の悉皆送還とともに，留用技術者の送還をも急ぐ方針を打ち出していった。それは，日本側の中国における影響力維持を強く警戒する米国政府の厳しい姿勢に規定されたものであり，米軍占領のもとで，日本側においても残留方針は転換せざるをえなかった。

　日本人居留民の送還促進方針のもとで，上海在留居留民の引揚げも急速に進展するが，引揚計画完了時においても約5,000人にのぼる残留者がみられた。その中心は留用技術者関係であり，日中戦争までの時期の上海居留民の主力をなしたいわゆる土着派的居留民の在留は，基本的に終焉することとなっていた。他方，残留者の中心を占めた留用技術者は，接収日系事業の復興が容易に進まないなかで，それらの復興と戦後中国への継承を担う存在として，居留民の全般的引揚げのなかで，戦後2年を経た時点でも650人を数えていた。そして，これらの留用者たちは，志願の形態をとっていたとはいえ，業務遂行上の自由の反面で中国側機関の厳格な管理と監視を受けるなど，多くが事実上の徴用という状況のもとに置かれていた。国民党政府支配下の上海における日本人技術者の留用は，戦後復興の進展とともに漸減し，1949年5月の上海「解放」時には，残留者数百を数える状況であった。そして，中国共産党支配下の留用と引揚げは，従来とは異なる問題であったが，紙幅の都合でそれらにはふれえない。

〔注〕
1）日本人居留民の引揚げをめぐる研究史については，紙幅の都合で，本章に関連する限りで，行論上ふれるにとどめざるをえない。とりあえず，引揚げ研究史全般について，若槻泰雄『戦後引揚げの記録』時事通信社，1991年，阿部安政・加藤聖文「『引揚げ』という歴史の問い方」上・下，『彦根論叢』第348号・第349号，2004年，大濱徹也『日本人と戦争――歴史としての戦争体験』刀水書房，2001年等参照。また，引揚げ援護については，木村健二「引揚げ援護事業の推移」『季刊日本現代史』第10号（「帝国」と植民地）2005年5月。
2）1945年8月20日土田公使発東郷大東亜大臣宛「上海中国側状況ノ件」，「善後措置及び各地状況関係・第三巻中国の一」『ポツダム宣言受諾関係一件』外務省記録A'.1.0.0.1-2（以下「善後措置・中国の一」と略記）。

3）「終戦前及び終戦時に於ける支那派遣軍の概要」『現代史資料38　太平洋戦争四』みすず書房，1972年（以下『現代史資料38』と略記）412頁。

4）以下，上海接収については，熊月之主編『上海通史』上海人民出版社，1999年，第7巻第6章，第8巻第10章を参照。

5）8月22日土田公使発大東亜大臣宛「上海ノ治安状況ニ関スル件」および8月25日同「修復区内各種企業組織ニ対スル措置ニ関スル件」前掲「善後措置・中国の一」。

6）前掲『現代史資料38』373〜374頁。

7）敗戦後の上海日本人居留民社会の動向に関しては，陳祖恩「上海日本人居留民戦後送還政策の実情」『東北アジア研究』第10号，2006年1月，髙綱博文『「国際都市」上海のなかの日本人』研文出版，2009年，第7章。

8）外務省管理局在外邦人部『終戦ヨリ最近マデノ在外邦人状況』1946年4月，36頁。

9）9月10日土田公使発重光外務大臣宛「上海方面最近状況の件」前掲「善後措置・中国の一」。

10）前掲「善後措置・中国の一」。なお，敗戦直後における日本政府の居留民残留方針については，すでに，厚生省『引揚げと援護三十年の歩み』ぎょうせい，1978年，80頁，および前掲若槻『戦後引揚げの記録』48〜50頁が指摘しているところである。

11）前掲『現代史資料38』377頁。

12）1945年8月21日谷大使「和平直後ノ対支処理要綱ニ関スル件」前掲「善後措置・中国の一」，および1945年8月23日谷大使「在支邦人引揚ニ関スル件」同上。

13）「武漢地区邦人集結引揚状況報告書」『海外引揚関係史料集成（国外篇）』（以下『海外引揚史料集成』と略記）第32巻，367頁。

14）1945年8月29日谷大使「在支邦人企業経営ニ関スル件」前掲「善後措置・中国の一」。

15）前掲厚生省『引揚げと援護三十年の歩み』539頁。

16）1945年8月27日「終戦後ノ上海状況」前掲「善後措置・中国の一」，また前掲『現代史資料38』347〜348頁。

17）「終戦ニ伴フ対支処理問題」前掲「善後措置・中国の一」。また「支那側最高首脳部ニ於テハ……内心ニ於テ対日悪感情ヲ懐イテ居ラサルモノト認メラル寧ロ我方ノ援助ヲ期待スル風アリ」との指摘もみられる（1946年3月22日「最近ノ支那方面状況」前掲「善後措置・中国の一」）。なお，米濱泰英『日本軍「山西残留」』オーラル・ヒストリー企画，2008年は，何応欽・湯恩伯ら陸軍士官学校留学組の国府軍将校の，岡村ら日本軍将校との親和的姿勢

を指摘している（31〜35頁）。

18）「日中終戦交渉会談録」前掲『現代史資料38』352頁。

19）前掲『現代史資料38』375〜376頁。

20）1945年9月7日閣議了解「外征部隊及び居留民帰還輸送等に関する実施要領」前掲厚生省『引揚げと援護三十年の歩み』535頁。

21）1946年2月1日「在外邦人保護竝に引揚問題に関する連合国軍司令部との交渉経過概要」、「終戦による在外邦人引揚措置」『太平洋戦争終結による在外邦人保護引揚関係』外務省記録K'.7.1.0.1（第1巻）。なお，軍人優先の引揚げ過程については，加藤陽子「敗者の帰還」国際政治学会『季刊国際政治』109号，1995年，114〜116頁参照。

22）日系企業の接収状況については，柴田善雅「中国関内占領地日系企業の敗戦後処理」『東洋研究』第158号，2005年参照。

23）1945年11月23日制定の「修復区敵偽産業処理弁法」を下敷きに，12日24日制定。中央研究院近代史研究所档案館18-36 1-（3）。

24）「報告弁理敵偽工廠接収及復工情形」（台湾）中央研究院近代史研究所档案館18-36 2-（3）。

25）「経済部長翁文灝呈報敵偽資産接収処理概況」（台湾）国史館1102／0824・02-02。なお，旧在華紡資産の経営管理を担った中紡建設公司の設立過程とその性格については，川井伸一「戦後中国紡織業の形成と国民政府」『国際関係論研究』第6号，1987年6月参照。

26）経済部戦時生産局「蘇浙皖区特派員弁公処接収工廠状況表」近代史研究所档案館18-36 2-（3）。この調査では，内外綿第一廠と第二廠を一単位として取り扱うなど必ずしも一件が一工場と扱われていない。なお，1945年末の別の数値では，上海工業生産の90％が停頓，工場開工率は接収工場の4分の1とされている（前掲熊主編『上海通史』第7巻，431頁）。

27）前掲熊主編『上海通史』第7巻，425〜432頁。

28）『改造日報』1945年10月5日。

29）1945年10月19日「宋子文院長・堀内公使会談録（要旨）」前掲「善後措置・中国の一」。

30）堀内公使は，すでに南京において日本人の生活費問題が浮上しているなかで「先ズ日本人ヲ労働セシメルコト必要ナリ」とする一方，中国在留日本人居留民約40万人の費用を1カ月20億法幣元と試算している。1945年11月4日「堀内公使，程義法副主任委員会談録（要旨）」前掲「善後措置・中国の一」。

31）『改造日報』1945年11月11日。

32）前掲外務省管理局在外邦人部『終戦ヨリ最近マデノ在外邦人概況』36〜37

頁。

33）前掲1946年３月22日「最近ノ支那方面状況」。

34）富澤芳亜「在華紡の遺産──戦後における中国紡織機器製造公司の設立と西川秋次」森時彦編『在華紡と中国社会』京都大学学術出版会，2005年11月，192〜200頁，朱婷「抗戦勝利後国民党政府的"留用政策"與"中機公司"」『上海社会科学院学術季刊』1998年第４期。また，中国東北・旧昭和製鋼所の留用技術者について克明に跡づけた，松本俊郎「鞍山日本人鉄鋼技術者たちの留用問題──中国東北鉄鋼業の戦後復興」『人文学報（京都大学人文科学研究所）』第79号，1997年３月も参照。

35）前掲『終戦ヨリ最近マデノ在外邦人概況』35頁。

36）『改造日報』1946年１月18日。

37）日中両当局者の狙いは別として，接収された日系事業やその技術の継承において，留用技術者たちの果たした役割について，とりあえず，前掲富澤「在華紡の遺産」，前掲松本「鞍山日本人鉄鋼技術者たちの留用問題」参照。また，ＮＨＫ「留用された日本人」取材班『「留用」された日本人』ＮＨＫ出版，2003年。

38）『改造日報』1945年12日８，９日。

39）経済部訓令「蘇浙皖区特派員弁公処代電呈費留用華中鉱業公司日籍技術人員名冊及薪津預算表」。「資源委員会各廠拘留用日籍技術人員案（一）」資源委員会003-0-0-02-0057　国史館。

40）前掲厚生省『引揚げと援護三十年の歩み』540頁。これに先立つ米国政府の動向については，前掲加藤「敗者の帰還」116〜120頁。

41）前掲厚生省『引揚げと援護三十年の歩み』540〜543頁。

42）「日中終戦交渉会談録」前掲『現代史資料38』372頁。なお，１月20日の訓令について，池谷薫『蟻の兵隊』新潮社，2007年は，閻錫山の動きを牽制したものとしているが（69頁），それにとどまらず，米国の意向を背景とした全般的方策と考えられる。

43）在南京日本総領事館「在支公館提出報告書」前掲『海外引揚史料集成』第32巻，189頁，『改造日報』1946年４月20日。

44）『改造日報』1946年４月15日。

45）1945年11月７日「引揚船舶ニ関スル見透シ照会ノ件」「在外各地状況及び善後措置関係　中国各地の状況」『太平洋戦争終結による在外邦人引揚関係』外務省記録K'.7.1.0.1-2-5（第４巻）（以下「中国各地の状況」と略記）。

46）『改造日報』1946年４月15日。

47）「終戦後に於ける支那派遣軍の一般状況に就て　上奏」前掲『現代史資料38』387頁，また前掲「武漢地区邦人集結引揚状況報告書」『海外引揚史料

集成』第32巻，367〜368頁。

48）1946年7月6日付在南京アメリカ大使館書簡No.262。前掲「資源委員会各廠拘留用日籍技術人員案（一）」。

49）前掲熊主編『上海通史』第8巻，438〜443頁参照。

50）1946年6月4日在南京日本総領事館「在支公館提出報告書」前掲『海外引揚史料集成』第32巻，189頁。

51）『改造日報』1946年1月13日。

52）1946年3月12日「報告第五号」鹿児島県派遣員奥山官補，前掲「中国各地の状況」。

53）『改造日報』1946年4月8日。居留民の引揚げは，日僑自治会が中心となって，上海集中区において実施されていた保甲制度にもとづいて進められていった。この点，前掲高綱『「国際都市」上海のなかの日本人』第7章参照。

54）『改造日報』1946年4月20日，米国復員処主任ウェードマン大佐は，中国人の妻である日本人も含む全日本人の送還を主張している。

55）『改造日報』1946年4月8日。

56）『改造日報』1946年3月31日。

57）「引揚援護局・外務省宛上海市徴用日籍技術員工連絡所報告」前掲「中国各地の状況」。

58）前掲「資源委員会各廠拘留用日籍技術人員案（二）」国史館。

59）富澤は，国防部の場合，日本人技術者の留用は，事実上の「徴用」と捉えており，対米関係への配慮から志願による留用という形にしていたと指摘している（前掲富澤「在華紡の遺産」192頁。

60）前掲「中国各地の状況」。

61）同上。

62）前掲『海外引揚史料集成』第32巻，675頁。

63）前掲「中国各地の状況」。

64）前掲川井「戦後中国紡織業の形成と国民政府」参照。

65）注34）参照。

66）沢登副領事「報告書提出の件」前掲『海外引揚史料集成』第32巻，675〜676頁。

新刊紹介　大里浩秋・孫安石編著『中国における日本租界——重慶・漢口・杭州・上海』（御茶の水書房，2006年）

　本書は，神奈川大学日中関係史研究会による共同研究を出発点とした，中国における日本租界，とりわけ書名にもある長江流域の日本租界の研究を意図したものである。近年，上海や天津における租界や居留民社会の研究はかなりの進展をみせているが，それ以外の都市における租界に関しては，まとまった研究がみられない。戦前においては，植田捷雄『支那における租界の研究』があるが，法的制度的検討が中心であるだけでなく，重慶や漢口，杭州などの日本租界については，簡単な指摘にとどまっている。こうしたなかで，長江流域租界の形成と内実を歴史実証的に解明しようとしたのが本書である。

　はじめに，目次により本書の構成をみよう。

第一部　長江流域の日本租界

・長江流域の影薄き夢の跡——重慶租界————————田畑光永

・漢口の都市発展と日本租界————————————孫安石

・杭州日本租界のたどった道————————————大里浩秋

・『浙江文化研究』初探（資料紹介）————————同上

・日本が上海に租界をつくろうとした件の資料（資料紹介）——熊月之（王京訳）

・西洋上海と日本人居留民社会————————————陳祖恩（谷川雄一郎訳）

第二部　租界の建築と都市計画

・中国における各国租界の特色————————————費成康（武井克真訳）

・近代租界の欧米建築の文化遺産についての試論——羅蘇文（村井寛志訳）

・上海近代の都市計画の歴史とそのパラダイム研究——李百浩・郭建・黄亜平(孫安石訳)

・漢口租界の都市と建築————————————李江

・漢口日本租界の都市空間史————————————富井正憲

第三部　資料編（関連資料，年表）

　以下，簡単な紹介と若干の論点にふれる。

第一部「長江流域の日本租界」では，重慶，漢口，杭州，上海の日本租界をそれぞれの視点からとりあげている。田畑光永論文は，日本一国だけが租界を有した重慶租界について，1896年，下関条約後の開設交渉から1937年の租界放棄に至る過程を外交史料によって詳細に辿るとともに，日本人居留民社会について分析し，きわめて微弱な実態を明らかにしている。その居留民社会は，1920年代の租界回収の機運が高まる期に組織的形成をみ，絶えず民族運動との緊張関係を生み，発育不全のまま消滅したとされる。

　つぎに，漢口の都市発展を，日本租界との関連で検討した孫安石論文は，領事館主導で1898年に設定された日本租界について，日露戦争前後から日本人の進出が活発化するなかで，日中間の衝突が繰り返される状況と日本領事館の権益追求，機能強化の動向を明らかにしている。また，漢口日本人社会拡大の一方で，1920年代の民族運動の高揚や北伐の進展に対して，日本側は，事態の適切な認識と対応をなしえず，経済活動も一層の困難に直面し，解決の道を軍事行使以外に求められなくなったと捉えている。

　さらに，杭州租界を対象とした大里浩秋論文は，1896年の開設から日中戦争開始後に至る杭州日本租界と日本人居留民社会の動向を辿っている。そして，杭州日本租界が地理上の不利などから日本人にさえ敬遠され経済的に発展をみることなく終わるとともに，市中の日本人居留民社会も限定的にしか存立しえなかったことが示される。同時に，中国民族運動の高揚により絶えず存立が脅かされつつ，軍事占領拡大とともに新たな活発化がみられたことが指摘される。

　そして，陳祖恩論文は，日本人居留民を，西洋上海への「遅れ参入者」と捉える視点から上海日本人居留民社会の発展を分析している。それは，明治初期からの日本人居留民社会の形成を，日本人街，経済活動の担い手，コミュニティ・ネットワークなどの面から検討し，生活感を含んだ居留民社会の把握となっている。また，「小雑貨」「大紡績」的日本人居留民社会とそのコミュニティ・ネットワーク組織の閉鎖的自己保衛的性格や日本の軍事侵略における役割などに言及している。

　最後に，諸論考が今後に提起する課題を自分なりに理解すると，ひとつ

は，日本の中国への勢力拡大過程における日本租界ないし日本人居留民社会の意義を，その多面的内容において明確にすることである。この点では，上記の重慶・杭州両租界の研究が，中国側研究との評価の相違を示しており，実態とともに，認識の相違をもたらす所以も検討課題といえる。陳論文の居留民社会の性格指摘もこれらの点に関連する。

　もうひとつは，日本の租界および居留民社会の特質を，改めて後発帝国主義としての問題として捉え返すことであろう。それは，後にも指摘する，国際帝国主義体制との関連や経済発展を補完する諸要素の意義を検討することでもある。

　第二部「租界の建築と都市計画」は，租界を建築史，都市計画史の面から考察した論考から構成される。総論的位置に，費成康論文が置かれ，各国租界の特徴を概観できる。そこでは，中国租界の典型とされるイギリス租界の開設過程における歴史的優位や行政制度・経済面での圧倒的な支配力を改めて知りうる。他方で，日本租界に関しては，遅い開設に伴う場所的辺鄙さや経済的劣弱と未発達が指摘される。同時に，在華侵略拠点としての日本租界の位置が強調される。この点については，第一部の重慶および杭州租界研究での評価の相違も考慮すると，いまだ今後の実証的課題であろう。

　それに引き続く2論文は，租界への欧米建築文化の導入や近代都市計画の推移という面から上海と天津の建築と都市計画を検討し，伝統世界と欧米近代とが衝突・共存する両租界都市の歴史特性を論じている。

　また，漢口租界を対象とした李江論文は，開発方式や都市空間の構造，建築様式と担い手を検討し，イギリス租界を軸とした発展や上海と密接に関連したその発展を明らかにしている。他方，富井正憲論文は，地図を活用しながら，道路や街区などの面から漢口日本租界の実態と時期的変容を辿っている。そして，現地での調査にもとづく2005年時点での日本租界地区と建造物についての現況報告ともなっている。

　第二部について，感想のみを記すと，上海・漢口におけるイギリス帝国主義のプレゼンスの大きさを改めて確認しえたことである。租界空間の形成から，行政制度・金融・貿易・文化等，国際帝国主義体制の軸としてのイギリ

新刊紹介　大里浩秋・孫安石編著『中国における日本租界──重慶・漢口・杭州・上海』　505

スの位置が空間的にも明らかにされている。それはまた，日本租界および日本人居留民社会の位置や特質，中国社会やイギリス帝国主義との相互関係を検討する課題を提示しているといえよう。

書評1　髙綱博文著『「国際都市」上海のなかの日本人』（研文出版，2009年）

I

　本書は，故古厩忠夫氏とともに，日本上海史研究会を主導してきた，髙綱博文氏による上海日本人居留民史研究である。日本上海史研究会での研究は，改革開放以後の中国で活況を呈する上海都市史研究を踏まえつつも，中心的問題関心は，上海都市社会とそこに生きる人々の歴史に置かれてきた。本書も，日本の中国侵略の意味や近代日中関係史を問い直す意図のもとに，上海在留日本人の活動と歴史意識を明らかにする試みであり，日中関係史に携わる日本人研究者としての主体意識を明確にした研究書である。

　こうした問題意識にもとづく上海日本人史研究の視点として，著者は二つの点を提示している。ひとつは，「国際都市」と形容されてきた近代上海の歴史的性格を「租界都市」と規定し直し，それにより上海の「非公式帝国」の経済拠点たる性格や，「華洋雑居」のなかでの「自由」な発展の特質を明らかにしようとする点である。もうひとつは，近代上海の日本人を，「非公式帝国」への遅れた参入者としてとらえ，「国際都市」上海において日本人居留民が有した「帝国意識」を特質づけようとする視点である。以下，章を追ってみてゆきたい。

II

　「序章」では，「租界都市」というカテゴリーにもとづいて，中国における都市類型，「非公式帝国」の戦略拠点としての租界や「租界都市」上海を概観し，さらに，近代上海における日本人進出の歴史過程とそこにおける「帝国意識」を概括する。

　第1章「上海日本人居留民社会」は，近代における日本人居留民社会の実態を，生活の様相や社会編成，社会組織の面から検討している。

上海日本人居留民社会の構成については，すでにいくつかの分析がある
が，髙綱氏の貢献は，居留民社会の独自の三層構成（「会社派」エリート層，
「会社派」中間層，「土着派」民衆層）を提示したことである。この三層構成
は，1920年代に成立したとされるが，さらには，構成変化による居留民社
会の時期的変容や経済的権益の拡大過程との関連についても検討する必要が
あろう。また，日本人居留民の特徴として，虹口や北四川路など特定地域で
の集住と日本的な生活様式の堅持等を指摘するとともに，町内会－各路連合
会，在郷軍人会，自警団などの居留民組織の解明を行い，排日運動のなかで
孤立を深める日本人居留民の排外主義的民衆動員体制の形成をも明らかにし
ている。それらの解明は，第3章にみる上海事変時における日本人居留民の
活動と密接に関連するものである。

　第2章「上海『在華紡』争議──1925年」では，1920年代日中関係の最
大の紛争となった1925年の紡績争議が詳細に分析され，争議の本質と「会
社派」の行動や「帝国意識」が検討される。

　まず，1925年の争議の性格について，直接的労務管理強化に起因する労
資関係の範囲内の紛争であったことを，日中双方の資料から跡づけ，争議の
直接的契機を，在華紡の労働条件や労務管理の劣悪さと，日本人経営者およ
び社員の「帝国意識」にもとづく中国人工員への蔑視と差別意識に求めてい
る。これは，争議過程を深く分析することなく，紡績争議を民族運動として
捉える傾向の批判的検討を念頭に置いたものであるが，この分析を通じて，
上海日本人社会論としては，中国人社会とも「土着派」日本人社会とも切れ
た閉鎖的な労働・生活空間に位置した「会社派」の特質を明らかにしている。

　他面，国際帝国主義体制のもとに位置し，中国紡と対抗関係に立つ在華紡
の労働争議は，絶えず民族紛争的性格を伴わざるをえないのであり，争議過
程の克明な分析とともに，工部局体制や日本の対華政策など国際帝国主義体
制への影響や意味についての言及もやはり望まれるところである（この点で
は，江田憲治氏のように時期的変化のなかでの把握も必要となろう）。

　第3章「上海事変と日本人居留民」は，1932年の第一次上海事変時の日
本人居留民の行動と意識の解明にあてられる。上海事変における日本人居

留民の動向については，すでにいくつかの研究がある。本研究の独自性は，中国民衆への暴虐行為に至る日本人居留民の活動・組織・動員過程の解明，いいかえれば日本人民衆の戦争責任の検討を考察の中心に置いたことである。分析は，三層構成を踏まえて「会社派」エリート層を含む時局委員会と「土着派」を軸とした各路連合会を中心になされ，時局委員会が在留日本人の現地保護主義と英米協調の立場に立ち，各路連合会が，排日運動のなかで強硬論や武力行使を積極的に要求する潮流であることを明らかにする。

この章の白眉は，事変勃発後における日本人居留民の行動，残虐行為への加担の解明である。この時の戦闘や便衣隊掃討に際して，日本陸海軍や在郷軍人会だけでなく，各路連合会・町内会による自警団が暴虐行為に関わったことを克明に論証し，日本人民衆の戦争責任を考察している。そのなかで，民衆行動への軍部の積極支援や示唆，天皇制イデオロギーの意義等についても興味深い指摘をしているが，本格的実証は果たされていない。

第4章「日中戦争期における『上海租界問題』」は，古厩氏が提起した「抗戦力としての上海租界」という論点を，日中戦争期の調査報告等により日本側から検討したものである。ここで明らかにした点は，日中戦争期の「上海租界問題」に対する日本側の対応においては，租界の中立性を全面的に否定し，軍による接収・占領を志向する「強硬派」路線（日本軍部・「土着派」中心）と占領地経営の視点から租界の敵性を除去しつつ「国際都市」として維持しようという「国際派」路線（興亜院・外務省・「会社派」中心）の二つが存在したということである。これら二つの路線は対立・拮抗しながらも相互補完し合っていたとする。それを踏まえ，1941年12月8日以降における日本軍の上海租界処理が完全軍事接収でなく現状維持策をとったのは，上海の「国際都市」としての外観保持のためであり，上海の「自由」は容易に抑ええなかったとされる。

ここでは，租界問題は対英米関係の面から検討されているが，あえていえば，「華洋雑居」のなか，在住中国人の存在を日本側がどう把握し，どう対処したかが，あわせて問題にされる必要があろう。

第5章「内山書店小史」および補論「内山完造の中国社会体験」。本章

は，従来の内山完造研究の枠を越え，日中双方の人々との関係性において内山と内山書店を位置づけ，それを通じて，日本人居留民と中国社会との共存可能性という課題を探っている。ここでは，内山書店の初期の発展が，第一次大戦期に増大した日本人中間層を基盤にし，キリスト教ヒューマニズムを基調とするとともに，内山が中国民衆との接触のなかで獲得した中国人観・中国社会観に依拠したものであることを明らかにする。そして，そこに日本人居留民と中国社会との共存の，さらには近代日中関係史の可能性を探求している。あわせて，内山書店の経営管理については，関西商家の番頭－丁稚－小僧制と中国買弁制度の混合システムと特徴づけられている。

第6章「上海日本人居留民の歴史意識の形成」は，高等女学校の教師として上海に就任後，次第に「土着派」上海在留日本人と歴史意識を共有し上海を永住の地と思い定めてゆく，『日本と上海』の著者，沖田一の上海史研究を辿り，日本人居留民の上海に対する歴史意識の生成過程に迫ろうとしたものである。日中戦争以後，「土着派」居留民は，「東亜新秩序」イデオロギーの浸透による「帝国意識」の昂進と急激に増加する「一旗組」に対する反感のなかで，上海をわが「郷土」とみなす意識を強めていく。

沖田の上海史・上海日本人史研究もこの時期に進展しており，彼の著作は，日本人居留民の「帝国意識」によるエゴセントリックな歴史意識を反映していたと断じている。

第7章「最後の日本人居留民社会」。日本の敗戦後，上海在留日本人は，奥地からの引揚者とともに，日本引揚げまでの期間を「日僑集中区」において過ごした。本章は，従来ほとんど明らかにされていない集中区における日本人居留民の生活実態と意識を，主に「日僑」向け日刊紙『改造日報』に依拠しながら明らかにしたものである。国民党軍の「日僑」の管理・統轄，集中区内の日本人居留民の生活実態，居留民社会秩序の再編成，居留民の意識の変化，さらに引揚業務の展開など，敗戦後の居留民社会の動向が明らかにされ興味深い。

著者は，上海「日僑集中区」を，日本人居留民にとっては一定の「セキュアリティー」と「自由」を保障された旧上海租界の延長上にあったものと性

格づける。その上で，「土着派」居留民は，戦時における天皇制イデオロギーの信奉者，草の根のファシズムの担い手から，戦後は，中国当局の政策を背景に民主化運動を遂行するなどの変化も示す。しかしそれは，多くが戦時の特権層や戦時・戦後の利得者層への不満にもとづくものであり，中国民衆の新しい批判には曝されることなく帰国したため，「帝国意識」は清算されなかったとしている。実態の解明だけでなく，戦後に続く「帝国意識」や戦争責任の問題が論じられているが，さらには戦後の国・共関係や国際関係が及ぼした影響も考慮に入れる必要があろう。

　最後に，第8章「上海日本人引揚者のノスタルジー」で，引揚者たちの多くに抱かれている「上海ノスタルジー」という感情記憶を歴史的に検証する。この感情記憶は，著者の広範な聴き取り調査の過程で出会ったものでもある。上海引揚者たちは，日本帝国主義の崩壊後も「帝国意識」を清算しえないまま，自らを日本軍国主義と侵略主義の犠牲者とする被害者意識にとらわれ，深い喪失感のなかで自身の加害行為をも忘却していったとする。その上で，著者は「上海ノスタルジー」を「土着派」居留民が有した「わが故郷・上海」という歴史意識とは別のもの，日中国交回復により上海再訪が実現して以降，主に年少期に上海生活を送った引揚者の子供たちによって，戦争に伴う不幸な過去を忘却させた上で再構築された感情記憶と捉える。これによって，上海日本人引揚者における戦争加担の忘却メカニズムと，幾重にも屈折した感情記憶を明らかにしている。

Ⅲ

　以上，章を追いながら検討してきたが，改めて，本書が全体として明らかにしえた点をみてみよう。

　まず第一に，上海日本人の活動と意識を，近代日本の中国侵略史のなかにおいて，全体的かつ動態的に把握していることである。従来，限定された時期や静態的な上海日本人社会の研究はなされているが，本書は，5.30事件からアジア太平洋戦争後に至る上海日本人社会の構造と実態を時期毎に明らかにしたといえよう。あわせて，日本人居留民の歴史的性格を時期を追い検討

書評1　髙綱博文著『「国際都市」上海のなかの日本人』　511

している。それは，つぎにみる上海日本人の「帝国意識」を解明する作業と密接につながっており，居留民の「加害責任」の問題を正面から照射することにもなっている。また，上海にとっての上海日本人社会は何であったのかという問いへのひとつの回答でもある。

　反面，「国際都市」上海における日本人居留民の意識や民衆の加害責任の問題を重視したためか，日本人居留民の背後における日本の軍や政府の活動と政策，居留民動員のメカニズム等の解明は部分的指摘にとどまっている。その結果，第3章では，日本人居留民について，「上海事変において……日本帝国主義の中国侵略を主導した」との位置づけもみられるが（153頁），上海侵略史における日本人居留民の歴史的役割は，日本の軍や政府の動向のさらなる解明を踏まえた上で，検討されるべきではないか。日本帝国主義史における在外居留民の歴史的位置づけに関しては，波形昭一氏や柳沢遊氏が日本国内の世論動員や対外軍事発動における尖兵ないし社会的共鳴盤として捉えているが，それらとの関連も含めて今後の課題であろう。

　第二に，1920年代から戦後引揚げ後に至る上海在留日本人とりわけ「土着派」居留民における「帝国意識」の形成と特徴を明らかにしていることである。その方法は，単なる言説分析にとどまらず，居留民の諸活動において表出する歴史意識を捉えるとともに，著者が長年にわたって収集した聴き取りや回顧録を広く活用している。それにより，上海在留日本人が「国際都市」上海の新参者・周縁者として，孤立感・疎外感を強く抱くなかで，日本の対外戦争とともに後進帝国的な「帝国意識」を昂進させた姿が全体として描き出される。同時に，上海を「わが郷土」とみなす日本人居留民の「帝国意識」と戦後において変容したそれとは，各々独自の性格を有することを指摘している。こうした点は，大量の在外居留民を伴う日本の対外進出研究全般においても検討課題となろう。

　さらに第三に，上述の点とも関連するが，近代上海の都市的性格を「租界都市」と規定し，それによって，在留日本人の歴史意識の特徴や日本帝国主義の上海支配政策の特質と限界を把握しようとしていることである。その規定は，「国際都市」という多義的な規定を超えて，上海を国際帝国主義体制

のなかで位置づけるとともに，租界のオウレゼンスが生み出す「モザイク都市」的状況および「華洋雑居」的状況が，日本の軍事力による租界接収や租界政策を強く制約したことを明らかにしている。「租界都市」の規定は，欧米列強および日本の非公式帝国的上海支配の構造と展開を包括的に解明する道を示している。

　最後に，本書において十分検討されなかった課題にふれておきたい。そのひとつは，日本人進出と表裏の関係である日本資本の進出や事業活動については，在華紡争議や内山書店の経営を除くと，系統的には検討されていない。汪精衛政権研究や占領地金融政策史研究等が一定程度明らかにしているとはいえ，今後の上海日本人史研究にとっては，中支那振興株式会社なども含め日本資本進出の全般的解明は，依然課題といえる。

　もうひとつ，本書は，国際帝国主義体制のなかで上海の日本人を捉える視点に立つが，その具体的分析では，1930年代半ば以降の欧米帝国主義との対抗側面を中心としており，それに先立つ時期における国際帝国主義体制への依存や連繋の側面については，序章で見通しを示しただけにとどまっている。外交史の諸成果や関税政策に関する久保亨氏の研究などがあるとはいえ，日本人居留民社会論の面からも，独自の検討が望まれよう。また，上海日本人社会が閉鎖的であったとはいえ，「華洋雑居」下の中国人社会との相互関係の解明も，必要な課題といえる。ほかにも論ずべき課題があるが，すでに紙幅が尽きている。近代上海における日本人の活動と歴史的意義を正面から解明した初めての研究書である本書について，上海日本人史研究の今後の課題を考えながら若干の検討をしてきた。本書の達成点が高く，やや強引な論評を行う結果となったが，ご海容いただきたい。

書評2　三井文庫編『三井事業史　本編第三巻下』（鈴木邦夫執筆，財団法人三井文庫，2001年）

　日本植民地研究会から本書を植民地研究の面から書評するよう依頼を受けたのは，本書が刊行されてまもない10余年前のことであった。了承したものの後延ばししている間に病を得，長期の闘病で約束を放置したままにしてしまった。刊行から12年が過ぎ，その間に本書と対象を共通する，坂本雅子『財閥と帝国主義』（ミネルヴァ書房，2003年），春日豊『帝国日本と財閥商社』（名古屋大学出版会，2010年）などの成果も出されており，最新の研究成果を紹介する書評としては時期を失することになる。しかし，膨大な内部史料を縦横に駆使して執筆された本書の意義を考え，掲載をお願いした。はじめに，執筆者および本誌編集関係者にご迷惑をおかけしたことをお詫びしておきたい。

I

　本書については，すでに粕谷誠（『社会経済史学』第68巻4号），橘川武郎（『経営史学』第37巻1号），麻島昭一（『歴史と経済』182号）諸氏の書評があり，三井文庫未整理史料を中心とした1,528にものぼる注や227もの掲載図表の量と質，研究史上ほとんど初めて明らかにされた数十にわたるファクト・ファインディングなど本書のいくつもの貢献が指摘されている。改めて，千頁にも及ぶ本書が，貴重な内部史料にもとづく三井事業史としてきわめて質の高いものであることを記しておきたい。また，アジア太平洋戦争（本書では太平洋戦争と表記）期の三井財閥の動向が，同族や経営首脳の意向や政府・軍当局および競合企業への対応なども含め活写されていて興味が尽きない。

　行論上，まず本書の構成を示しておこう。

第1章　三井財閥の再編

　第1節　三井合名会社・三井物産の合併と三井総元方の設立

第2節　三井家の資産構成

第3節　重化学工業への投資拡大

第4節　三井本社の設立

第2章　事業部門の動向

第1節　金融部門

第2節　生産部門

第3節　流通・不動産・運輸部門

第4節　外地における諸事業

第3章　三井財閥の解体

第1節　総司令部の財閥解体方針と三井側の対応

第2節　三井本社・三井家同族会の解散

第3節　三井物産の解体

第4節　財閥商号・商標の使用禁止問題

Ⅱ

　戦時国家統制が強化され，三井財閥にとっても財閥本社の改組が不可避となるなかで，1940年8月，三井合名会社を三井物産が吸収するという変則的な形で改組が実施された。第1章「三井財閥の再編」は，この改組について，三井家同族会および三井合名会社の内部動向を中心に検討している。時局や税負担への対応のため再編過程は複雑な経緯をたどり，論述も多岐にわたるが，談話筆記や日誌等も含め多くの内部史料に依拠しているだけに，改組のプロセスや統轄構造さらには同族や合名会社・直系会社経営陣それぞれの意向，大蔵省当局・軍当局への顧慮などが，臨場感を伴って記述されている。

　「事業部門の動向」と題する第2章は，太平洋戦争期を中心とした各事業部門の動向が論述される。まず，第1節「金融部門」をみると，金融の中心をなす三井銀行が日中戦争以降の資金需要増大のなかで相対的に資金調達力を低下させ，国債消化・生産力拡充・大陸建設などの時局資金供給には共同融資によらざるをえなくなってゆく。同時に，この期の特徴として外国為替取

扱の減少が指摘されている。これは，世界的な通貨決済システムの激変と日本政府の為替取引規制に起因する三井物産・東洋棉花との外国為替取引の減少のためであり，当該期における両社の三井銀行離れの一面をみることができる。

　また，三井信託・三井生命保険・大正海上火災保険など他の三井系金融機関については，植民地・占領地進出の面で別の動向が知られる。三井信託の場合，太平洋戦争勃発後の敵産管理法にもとづき敵国人所有ないし保有の財産管理や敵産評価事務などを担っていく。しかし他面で，統制の強化により財産受託運用よりもむしろ，軍需産業への資金供給ための貯蓄吸収機関化を余儀なくされ，1943年の兼業法以後は普通銀行との競争のなか経営危機に陥ることとなる。打開策として業務への国家性浸透や軍・民当局との接触緊密化，大東亜共栄圏関係信託業務への進出などを打ち出すが，形勢挽回には至らなかった。

　ついで，三井生命においては，日中戦争以降太平洋戦争期に，店舗網を日本だけでなく満州および華北・華中に拡張し本格的対外進出を行っている。注目されるのは，満州・中国関内の各店が三井物産の支店・出張所内に設置されていたことである。以前から三井生命の代理店業務を行っていた三井物産の支援が背後にみられる。こうした中国地域への進出は高い営業成績を収め，台湾・朝鮮をも上回るものとなっている。

　さらに大正海上火災の場合，日中戦争以前には満州・関東州・中国関内の総代理店は三井物産が担当しており，日中戦争勃発後は，三井物産の協力のもとに満州・華北へ，さらに太平洋戦争勃発後に華中へ直接進出している。それに伴い収入保険料も急増させている。こうした反面，三井信託・三井生命・大正海上火災とも三井系事業への資金融通は限られており，財閥の傘下事業支配を補完する役割はほとんど果たしていなかった。三井財閥の植民地・占領地進出における三井物産や東棉の中軸的役割と，他方での金融機関における資金力の低位と限界性が浮かび上がる。

　第2節「生産部門」では，鉱業・化学工業・機械工業等の部門の植民地・占領地への展開に論及している。この分野では三井鉱山および三井化学工業

の動きが顕著で，三井鉱山の事業は日中戦争とともに拡大し，太平洋戦争期には鉱山事業所，傘下企業とも朝鮮・台湾・満州・中国関内・南南洋へと展開し，石炭・金属・機械・化学の巨大複合体を形成している。またここで要する資金は，増資だけでなく銀行団からの長期借入や社債発行で賄われたが，地域別でみると，日本内地が圧倒的（73.4％）とはいえ，朝鮮・満州・華北・華中など海外への投資（26.6％）も積極的であったことがうかがえる。そこでは，三井物産の戦前来からの関係を手がかりに得た日本軍接収鉱山の委託経営において果たした三井鉱山の役割をみることができる。

　三池染料工業所を引き継いで1941年に設立された三井化学工業は，子会社たる東洋高圧とともに，三井財閥の化学事業部門の中核をなす存在であった。三井化学は，日中戦争以降爆薬・化学兵器などの軍需品生産の比率を高めていたが，太平洋戦争はそれをさらに急増させた。海外では，官・軍の慫慂や命令による大陸化学工業や松花江工業なども設立されるが，いずれも本格的生産に至る前に敗戦を迎えている。また，機械工業部門では，三井造船（1937年設立）が太平洋戦争期において，民需・軍需ともに増大させてゆく。この過程で，国内造船所等の新設とともに上海造船所および香港造船所が設置されるが，両社とも開戦直後軍により接収された英系敵産の受託経営であった。前者の場合は，三井物産上海支店の協力のもとに三菱重工業や川崎重工業に対抗して実現した。

　第3節「流通・不動産・運輸部門」では，三井財閥の対外進出を主導した三井物産および東洋棉花について多く記されている。

　日米英開戦を前にした1941年11月，三井物産では「共栄圏内各店打合会」が開催されるが，そこでは，年内開戦必至の見通しに立って，大東亜共栄圏建設に対応して三井物産の活動を大幅に改編してゆく方向が提起されている。①生産事業への進出，②東アジア・東南アジアへの業務のシフト，③軍・官との連絡の一層の緊密化などである。そして，太平洋戦争勃発後の商品取扱について，地域的には①華北・華中での伸びが顕著，②日本内地は減少傾向，③南方地域の伸びは店舗増設・増員の割には限定的，商品別では①米国市場途絶による石油・金物・繊維の減少，②軍需用鉄鋼・兵器・軍用品

の増大，③機械取扱の米・独製品から日本品ないし在満・関メーカー品への移行，④農産物取引の急増などの様相が示されている。

　また，太平洋戦争勃発後，外国貿易は重要物資管理営団や交易営団の統制下に展開することになるが，そのなかにあって三井物産は国策協力として営団に枢要役員や職員多数を派遣することになる。本書はそれについて内部資料により，三井物産は交易営団などと緊密な関係を積極的に形成しようとせず，格別の便宜を得たとはいい難かったと評している。しかしこうした評価に関して，春日前掲書は，三井物産の多くの受命取引を官・軍との癒着とのみみることはできないとしながら，国家的奉仕を通じて受託引受や実務担当引受を有利に導こうとするだけでなく，関係企業の受命事業など三井財閥全体の利益を考慮に入れたものと論じている。

　さらに，主力商品についてみると，石炭取扱は，太平洋戦争勃発後順次統制が強まり海外も含め概して停滞的であった。また金物取引は，従来と内容が大きく変化するなかで軍需用鉄鋼に深く関与しつつ，満州・南方非占領地・中国向けなど日本製鉄や有力鉄鋼商社とともに鋼材の輸出業務に関係していく。さらに機械取扱では従来からの機械メーカーとの相互依存関係を維持し，米・独製品途絶にもかかわらず，日本製品を中心に在満州・関東州メーカー製品の取扱をも増やしている。しかし，次第に軍の直接購入やメーカーの自販化要求などにより制約されていかざるをえなかった。

　そして，太平洋戦争期の三井物産の商品取扱で顕著な特徴をなしているのが，農産物取引なかでも満州や中国関内での取扱の急膨張であった。そこでの満州大豆取扱は欧州向輸出から満州内収買へと業務内容が転換する。三井物産の場合，特約収買人の指名を受けただけでなく，糧桟である三泰産業を傘下に有していたことで統制のなかでも大きな地歩を確保しえていたが，1944年になると，特約収買人制度の廃止と満州国政府による糧桟の組織化により農産物取引は困難な状況下に置かれることとなる。

　また華北においては，現地軍の指令（1939年）のもとに，三井物産は三菱商事と共同で特殊機構を設立し独占的に農産物取引を行っている。それは変化を経つつも継続され三井物産の収買量を大幅に拡大させた。華中では，特

殊機構は設立されなかったが，華北特殊機構向け農産物を取扱，また現地日本軍の命を受けて，三菱商事・大丸興業等と競いながら軍用米や小麦などの収買に携わった。太平洋戦争期に入ると，現地軍や興亜院の命令のもと地域内での収買と小麦粉販売に比重を移しつつ展開していく。なお収益に関しては，台湾・朝鮮店，満・関店が比較的安定した収益をあげ，中国関内では華中が比較的安定しているのに対し，華北は不安定であった。さらに東南アジア・インド店の業績は強化方針にもかかわらず芳しくなく，1943年以降ほとんどの期で純損金を計上した。

　本書での三井物産の事業活動自体への言及は，商品取扱を中心とした本節の記述にとどまっているが，本書の著者自身は，すでに「戦時経済統制下の三井物産」（『三井文庫論叢』第17，19，20号）で，商品取扱動向とあわせて三井物産の資金運用の特質を分析している。そこでは，日中戦争期から太平洋戦争期において三井物産の内部金融的蓄積は崩壊過程をたどるとした上で，三井物産海外支店は本部資金あるいは三井銀行依存から大規模な現地資金使用へと資金調達方法を転換し，満・関地域，華北，華中など地域的金融連関が強まったことを明らかにしている。三井物産のアジア地域への展開を金融も含め多面的に検討することは，三井財閥や三井物産の戦争および対外侵略との関係解明において核心的領域でもある。これらの点，上記論稿や春日前掲書もあわせて一層理解を深めることができる。

　東洋棉花については，太平洋戦争期には中国関内と南方地域に活動の重点を移しており，三井物産同様輸出入業務よりも地域内取引とりわけ収買業務が中心となっていたこと，また上海紡織・東棉紡織など繊維関係企業を中心にしつつ穀物加工やゴム加工業など生産事業の経営権掌握を目的とした投資を拡大していることなどが指摘されている。

　第4節「外地における諸事業」では，植民地・占領地における事業がとりあげられる。

（朝鮮）朝鮮における諸事業については，主に三井物産・東棉・三井鉱山によって育成されており，業種的には繊維関係が多いが，三井油脂化学・三井軽金属のように，日中戦争以降繊維や炭礦を上回る規模で化学工業・金属工

業への投資が行われていた。それら主要事業の進出と経営における特徴をや
や強引にまとめると，①しばしば三菱商事・片倉製糸・日本曹達など有力企
業との競合がみられること，②事業進出・工場新設などが軍や朝鮮総督府な
どの慫慂にもとづき，時には資金調達の便を得て進められていること，③い
ずれの事業も戦争の進展とともに新規の設備導入や規模拡大を進めている
が，業績をみると概して不振を極め敗戦に至っていることなどが指摘される。
（台湾）台湾に本拠を置く三井系事業は，朝鮮に較べて少なく資本規模も小
さいが，基隆炭礦や台湾蓖麻などの大きな事業所もある。台湾最大の基隆炭
礦は，三井鉱山および三井物産が株式の過半を所有し三井鉱山の監督のもと
で三井物産が石炭一手販売権を掌握する形で経営された合弁企業であった
が，石炭統制の強化と労働力や資材の不足による出炭減少のなかで敗戦を迎
えた。また，台湾総督府の指示にもとづき太平洋戦争直前に設立された台湾
蓖麻は三井物産・日東殖産・鐘紡の出資による企業であった。ここでの新興
事業開拓の試みも生産を軌道に乗せる前に敗戦に至っている。

（満州・関東州）満・関における三井系事業は，鉱業・化学・機械・繊維・
食品等多岐にわたり，軽工業だけでなく重化学工業企業がかなりあり，三井
鉱山・三井化学などの在満子会社だけでなく，三井物産・東棉両社の積極的
進出も目につく。また主要事業のほとんどは，既成財閥の進出を促す第1次
満州産業開発5カ年計画の実施以降に設立されている。いくつかの主要企業
にふれると，東亜鉱山の場合は，関東軍参謀部の設立要綱案にもとづき，満
州国政府・三井鉱山・鉱区所有者の出資で1937年に設立されている。また
周杖子水銀の場合は，関東軍への協力姿勢を示す意図で，三井物産主導で
1942年に設立された。採掘着手後八路軍の攻撃で破壊されるが，関東軍に
対する政治的配慮から巨額の資金を投入し復旧を図っていく。しかし敗戦ま
での生産量はわずかであった。

　さらに関東軍の設立要綱にもとづき1937年に設立された満州合成燃料
も，満州国政府や満鉄などとともに三井も株式を所有し，三井鉱山が経営に
あたった。人造石油の生産を目的とするこの事業は巨額の資金を要したが本
格稼働前に敗戦となった。太平洋戦争期には，満州選鉱剤・大陸化学工業な

ども設立されるが，重化学工業企業の多くは，機械工業も含めみるべき成果
をあげえなかった。軽工業部門では，日中戦争期に設立された東洋製粉・東
棉紡織・協和煙草などかなりの業績をあげた企業もみられた。

（中国関内）中国関内においても，日中戦争以降三井物産・東棉が中心となって三井系企業がつぎつぎに設立される。それらは，繊維・食品などの軽工業企業が多く重化学工業企業は相対的に小さく企業数も少ない。主要企業について二，三の特徴をみておこう。

　華北の中興炭礦も華中の准南炭礦も，軍管理に置かれた炭礦を軍や興中公司あるいは興亜院などの委託を受け三井物産が経営権を掌握したものである。そのプロセスでは，三井物産天津支店・上海支店が媒介的役割を果たす一方，三菱鉱業や貝島炭礦などとの獲得競争もみられた。また，三井物産が媒介し日本軍特務部の許可を得て豊田式織機が買い取った豊田式鉄廠のケースをみると，戦線拡大のなか生産品目を鉱山・鉄道用品，軍用品へと転換する一方，設備拡大のため三井物産の融資を求めるなかで経営権も三井に移動している。さらに中国関内最大の化学工場であった永礼化学工業の場合は，三井物産から日本軍に対し軍接収の中国系工場の委託経営を申し入れ，曲折を経て中華民国維新政府と東洋高圧・三井物産との合弁企業として設立されている。実際経営は東洋高圧が担い，生産された硫安は三井物産により主に中国関内に販売された。また日本製粉系の製粉会社４社も，日本製粉が三井物産と連携しながら既設の日本人工場や軍管理となった中国人工場を買収ないし委託経営したものであった。

（南方地域）太平洋戦争勃発以前から三井系企業は南方地域で熱帯産品，鉱業や食品などの事業に関わってきたが，戦争勃発後日本軍占領地域では，進出企業は国家の代行機関たる性格を与えられ，軍直営施設では「協力会社」としてまた大半は民間委託経営方式により経営を委ねられた。三井では太平洋戦争開始後三井物産・三井鉱山・三井化学などにより1942年「南方委員会」が組織され，フィリピンでは陸軍からの派遣要請を受け三井各社が人員を派遣している。さらに翌年には「三井南方開発協力会」が三井８社により設立され，三井関係企業は南方で数多くの受命事業の経営に携わっていった。

書評2　三井文庫編『三井事業史　本編第三巻下』　　521

なかでも太平洋戦争前から該地に広範な支店網を展開していた三井物産の活動が顕著であった。

　一例として世界有数の鉛・亜鉛鉱山であるボールドウィン鉱山の受命をみると，三井鉱山が日本軍のビルマ進駐早々商工省・陸軍省に具申し，三菱鉱業・日本鉱業と争いながら最終的に軍直営方式のもとで三井鉱山が協力会社として経営を担っていった。またフィリピン・ルソン島の巨大開発，カガヤン河流域開発の例では，東棉が棉作栽培を遂行したのをはじめ「三井南方開発協力会」を中心に，三井財閥全体での受命事業遂行の状況がみられた。しかしこれらの事業も戦局悪化のなかで撤退・閉鎖へ帰着した。

　このように本節では，外地において，戦争の進展とともに諸事業を拡大している様が明らかにされている。同時に戦争の深まりのなかで事業の業績不振や行き詰まりも指摘されている。しかし，一見矛盾した姿勢に関して，本書ではその要因を立ち入って論じていない。これらの点について春日前掲書は，日本政府の現地自給方針の推進を指摘するとともに，〈戦争の論理〉を組み込んだ〈企業の論理〉が〈戦争の論理〉に突き崩されるものと評している。今後さらに深められるべき課題であろう。

　第3章「三井財閥の解体」が敗戦後の財閥解体政策に対する三井財閥内の対応を詳細に論述している。ふれるべき点も多々あるが紙幅がすでに尽きており省略せざるをえない。

Ⅲ

　以上，植民地・占領地研究に関わる面について本書を概覧し若干のコメントを記してきた。最後に，本書を通じて，三井財閥の日本の戦争とアジア侵略に対する位置，その戦争責任についてふれておきたい。

　いうまでもなく，本書の対象とする日中戦争からアジア太平洋戦争の敗戦に至る時期における三井財閥の対応や意思決定の解明は，日本の近現代史研究・財閥史研究の上で避けえない論点である。もちろん本書では，三井財閥の多様な側面が実証的に究明されており，単純な評価をしてはいない。しかし，三井物産の政府や植民地当局，占領軍などとの一体的活動，三井財閥と

しての経済的利益や独占的地歩確保のための積極的事業推進の動向が詳述されると同時に，官・軍当局の慫慂・命令・統制等への配慮と受容・追従の姿や総益金・純益金の不安定な動向なども詳細に明らかにされている。それらを勘案すると，必ずしも明示的ではないが，坂本前掲書の整理に従うならば，本書は，財閥と戦争および対外侵略との関係の密接さを明らかにする一方で，財閥の戦争と侵略に対する主体的・政治的関与については消極的なものとして捉えていると推察される。かかる点は春日前掲書においても〈企業経営の論理〉に対する〈軍＝戦争の論理〉の要請として把握されており，両書による三井財閥史料の分析研究の成果として重視されるべきものであろう。

　戦争と侵略における主流財閥の責任を解明しようとする坂本氏の研究は，アジア太平洋戦争期における三井物産の農産物収買での軍との一体性や占領支配に対する補完的機能を明らかにするなど重要な究明をなしている。しかし，それを踏まえた上でも，本書の解明に照らすと財閥の主体的政治的関与は限定的なものといえる。むしろかかる問題に対して，石井寛治氏は，何ゆえに財閥など日本ブルジョアジーが戦争への経済的には非合理的な路線に追従したのかという視角での検討を提起している（石井『帝国主義日本の対外戦略』名古屋大学出版会，2012年）。また評者も，戦争と侵略過程における財閥ブルジョアジーの位置づけと責任について，有力ブルジョアジーの，侵略拡大への慎重姿勢や対英米協調的側面にもかかわらず，政治過程において示す強硬路線への安易な同調・順応の側面の解明として試みたことがある（山村「満州事変期における上海在留日本資本と排日運動」『和光経済』第20巻2号，3号）。

　以上，膨大な史料に依拠した浩瀚な本書に対してきわめてラフな書評となったが，本書が日本植民地研究の上でも汲むべきことの豊かな源泉となることは確言できる。

書評3　藤田拓之著『居留民の上海──共同租界行政をめぐる日英の協力と対立』（日本経済評論社，2015年）

　1842年，前々年に勃発したアヘン戦争によりイギリス軍は上海・南京を占領し，南京条約を締結，上海は以後開港場として開放せしめられることとなった。1845年には，清国道台との間に「第一次土地章程」が成立し，イギリス租界が設置された。後の共同租界である。

　本書は，こうして成立した上海共同租界について，1920年代後半から41年のアジア太平洋戦争勃発までの期間を対象に，イギリス人と日本人の居留民社会の動向−対立と協調を検討しようとするものである。

　では，本書はどのような側面から共同租界について明らかにしようとしているのか。すでに戦前期においても，また急速な変貌を続ける今日においても，上海は「クレオール上海」「国際都市上海」「植民地都市」等々多様な規定を与えられてきた（高橋幸助・古厩忠夫編『上海史』東方書店1995年，「序章」・「おわりに」）。かかる上海に対し，著者は制度面とそこから形成される居留民社会のあり方の面から解明する視角を呈示する。いいかえれば，中国経済の発展や租界運営──財政基盤・各種公共セクター（港湾・水道・電気・交通等）の内実と実態──については，当面問題とせず，主として居留民社会についてその動向と特質を明らかにしようとする。そこから残される問題については後に検討される。

　以下章を追って論点を整理しながら本書の意義と今後の課題を検討しよう。

　一瞥してわかるのは，共同租界の中核的担い手をなしたイギリス人居留民の構成的特徴と基礎的な年次的動向の把握，そしてもう一方の列国居留民中の量的主力を占める日本人居留民の租界での位置と工部局行政への対応の分析に焦点が合わせられていることである。

　まず本書の分析視角や非公式帝国たる国際都市上海の，租界行政を通じた性格把握を論じた序章を踏まえて，第1章「上海共同租界と工部局」では，共同租界について，戦前期の先行研究（植田捷雄『支那租界論』厳松堂書店，

524

1934年，F.L.ホークス.ポット『上海史』生活社，1940年，米澤秀夫『上海史話』畝傍書房，1942年等）を整理しその法的・制度的性格・歴史・管理運営機構を明らかにしている。われわれはこれによって改めて「国際都市」としての上海の歴史的性格を知りえよう。なかでもここでの検討の重要点は，土地章程に根拠をもつ共同租界の外国人居留民による自治的機能，それと対極をなすイギリス本国政府からの独立性の検出であろう。

　つぎに第2章「イギリス居留民と居留民社会」では，共同租界の外国人人口構成をイギリス人居留民社会を四つのカテゴリー（①外交関係者・軍人などのオフィシャル，②宣教師・伝道者関係，③企業経営者・ビジネスマンなど居留民エリート層，④自らの判断でやってくる定住者たち）を検出した上で，彼らが食事や余暇などいずれもイギリス式生活スタイル追求する一方，中国人社会に対しては最大限の距離を置いた「華洋分離」を保持している状況を指摘している。こうした共同租界に対するイギリスの支配的地位は「工部局体制」として把握され，イギリス人の排他的な権限と人事の独占をもたらす様相が明らかにされる。そしてそれらは，イギリス人主体の都市建設が，中国における西洋近代のモデル・セトルメントとなってゆくのである。そのことは，以後の上海都市建築史研究とも通底していく。

　また第3章「イギリス人居留民と租界の危機」において，工部局の行政実態，市参事会や英人にトップを独占された各部局，行政書記官，工部局義勇隊などの内部機構が検討されている。第3章で知りえたイギリス人による租界の排他的支配のかかる状況は，第一次世界大戦を契機とした中国民族運動の発展のなかで矛盾を表出せざるをえず，居留民にとっては「危機」として認識され，以後，上海は，国際的帝国主義体制＝各国の権益維持と中国民族運動との対抗のなかで把握される。

　イギリスを中心とした租界体制の検討を経て，第4章・第5章では，日本人居留民社会の面からの租界が分析対象になる。第4章「上海の日本人居留民と租界行政」は，先行研究にもとづき上海共同租界への日本人進出の歴史展開・画期を確認しつつ，日本人社会の「三層構造」（会社派エリート層・中間的従業者層・大量の零細自営業者層）にも言及している。ここでは，日本人

居留民社会の総体としての密接なコミュニティ形成など特有の性格とともに，日英の対抗が租界運営を強く規定してゆく側面が呈示されている（第5章）。

共同租界における日本人の占めた位置や役割については，具体的には警察を中心とした工部局の分析を通じてなされる。見る限り容易に日本人の地位拡大は得られない。第二次上海事変後に至っても，日本人警官の増員や上原蕃の副署長就任など若干の変化にとどまる。背後に人種的偏見や差別意識が介在し，共同租界におけるヘゲモニーは部分的にも認められなかった。租界をめぐる華人との共同よりも，抑圧同盟を基本性格としていたといえよう。

共同租界における英国による租界運営を支配する中枢は，市会参事会にあったが，第6章「工部局参事会選挙」では，1930〜36年の選挙戦，日本人土着派を中心とした議席拡大→権限拡大について動態的に分析しているが，結果として土着派居留民の力の限定性と他方で，外務省側の国際帝国主義体制優先の姿勢のみが浮び上がる。

そして，第7章「日中戦争と上海共同租界」を明かにしようとしている。

最後に，第1章から第7章を概括・整理する終章においては，1930年代の選挙戦に続く40年選挙とその妥協的結果としての「臨時参事会」成立の意味が検討されている。ここでも日本人居留民の政治活動の検討によってその地位を解明している。

章毎に要約紹介しながらみてきてわかるように，本書は上記視角により，まず第一に，東アジアにおける帝国主義支配体制の形成を主導する上海の歴史的性格が明確になることである。この点，ポットらが明らかにしてきた歴史過程——侵略拡大の具体面がより鮮明にされる。そして第二に，租界体制によってつくられた居留民社会の構成的特徴を諸要素に分解するとともに，上海の経済発展の推進主体となる会社経営者・ビジネスエリートの意義とともに（1919年英国商業会議所設立），自らの判断で来滬する定住者の存在を検出しているが，これもポットらの注目が十分及んでいなかった点である。

関連して第三に，居留民社会の圧倒的部分を占める日本人居留民社会について，従来よりの「三層構造」を示し，「会社派」「土着派」を軸とした対抗

的関係を確認している（工部局日本人職員や会社従業員などはそれ自体相対的に独自の地位をつくる）。ここで見られた日本人居留民の上海政治における位置は，第二次上海事変後，日本人の大量移動と質的変化を生んだ後もほとんど変わらない。共同租界でのイギリス支配の堅固さを改めて知りうる（1943年妥協的施策たる「臨時参事会」成立）。ただし，1941年末以降の変化については，もう一歩踏み込んだ検討が必要であろう。

　また残された課題として，まず，東アジアにおける居留民政治・経済という存在が登場していることを指摘している。こうした上海の居留民社会を問題にすることによって，居留民社会という存在が国際帝国主義体制の1920～30年代中国において，独自的要素となっていく様相がみえてくる。それは時として日本と英米の帝国主義的対立のなかで，戦争への遂転にも利用されていくが，同時に，本国の社会経済循環のなかで自らの位置を占めながら展開していた。

　さらに，本書がさきに残した共同租界経済の実体解明はどうなっているのか。第一に，中国における近代的経済発展を主導した上海への資本投資や資本形成，租界経済を基礎づける各種の公共的経営体のあり方などについては本書では明らかになっていない。制度史的アプローチや政治運動史的アプローチの限界でもある。そして第二に，関連して著者は，非公式的帝国主義下の上海という視点を呈示しているが，非公式帝国主義の具体歴史的形態ともいえる共同租界体制の研究は，従属地域支配システムの解明として今後当該研究の重点課題となろう。これは，非帝国主義論とも深く関連するイギリス人や日本人などの帝国意識の研究，概念深化の課題でもある（帝国意識については木畑洋一『支配の代償』1987年，東京大学出版会，同編著『大英帝国と帝国意識』1998年，ミネルヴァ書房参照）。

　以上，縷々記してきたが，本書が居留民社会として発展した上海史の研究において果たす積極的役割は明白であろう。評者の表現の不十分な点御寛恕を願うものである。

解　説

奥須磨子・幸野保典・柳沢遊・木村健二

1　本書の成り立ち

　戦前期の上海における日系企業研究で，大きな足跡を残された山村睦夫氏は，2004年に発症された悪性リンパ腫の病と闘いながら研究を続け，17年8月9日，研究書刊行の一歩手前で他界された。本書は，山村氏の研究業績のうち，主に後半部分をなした，「上海日本人居留民社会」に関する12本の論文を中心に逝去後にまとめたものである。

　山村氏は，自著の刊行の構想を，2015年頃から煮詰めており，その具体化のさなかの17年2月，再度病に伏せられ，緊急入院を余儀なくされた。山村氏自身が作成された目次案や草稿原稿などをもとに，山村淑子氏の援助を得ながら，研究書刊行という大切なバトンを受け取るべく，和光大学における同僚であった奥須磨子，そして研究会の仲間である和光大学非常勤講師の幸野保典，慶應義塾大学の柳沢遊，さらに早稲田大学における後輩の木村健二が寄り合い，本書の具体化を引き受けたものである。それは何よりも，山村氏の上海日本人居留民社会史研究を1冊の本としてまとめ，刊行することが，今日低迷基調にある日本帝国主義史研究の実証的理論的深化にとって，きわめて重要な研究史上の画期となると考えたからにほかならない。

　全体の構成は，草稿原稿をもとにした序章のほかは，すべて既発表論文であり，それらを時期区分を踏まえて3部10章に大別し，序章・終章を含めて全12本の論文に3本の書評と1本の新刊紹介を加えて編集した。全体的な成稿に至る前に筆を折られたため，相互に重複する部分もあるが，できる限り山村氏の残された論考を忠実に再現することを主眼とし，あえて採録するに至ったことをお断りしておきたい。

2　山村睦夫氏の研究軌跡（紡績業史研究から三井物産史研究への道程）

　山村睦夫氏の研究は，日本の産業革命をリードした綿糸紡績業の分析から始まった。大学院同期の堀越芳昭氏と共著で，「日本の『産業資本確立』研究の再検討」と題して，早稲田大学大学院『商経論集』（1970年）に発表した論考を嚆矢とする。そこでは，産業資本の確立が帝国主義への同時転化の過程であるという山田盛太郎の方法的視角に依拠しつつ，森芳三「初期独占論」をベースに，紡績機械の輸入とアジア諸国への市場拡大，それを支える国家資本ないし国家の役割の重視という形で論じられている。

　こうした理論的基礎のもとに，山村氏は1971年に「日本における紡績業の発展と海外市場――産業資本確立＝帝国主義転化過程の分析視角の検討」を修士論文としてまとめる。それは，第一章「課題と限定」，第二章「日本紡績業の産業資本確立と日本紡績業の海外進出」，第三章「日本紡績業と海外進出過程の特質と機構」，第四章「総括」からなり，もっぱら『紡連月報』に依拠しつつ，日本紡績業が30〜40％の海外市場依存，とりわけ中国・朝鮮市場に依存していたこと，それを国家や商業資本が補完し，低価格による競争力を維持していたことを明らかにした。

　この修士論文をベースに，山村氏は「日本紡績業の確立と海外市場」，「日本帝国主義成立期における植民地政策の展開――朝鮮鉄道建設との関連で」を『商経論集』（1973年，1974年）に発表する。前者では日本紡績業の海外市場確保の構造的特質とその条件としての中国華北市場をとりあげ，それが，紡連による統制力，商業資本との結合と流通過程の代位，国家資本・国家による援助と補完によって実現していったとする。また後者では，朝鮮鉄道建設の経済的要因に着目し，国内資本蓄積の低位，小商人資本による進出を基本としつつ，日清戦後に紡績業における産業資本の確立を前提に，朝鮮市場における優位な立場を確保し，そうした延長上に日本資本による朝鮮鉄道経営とそれへの国家資本の補助があったとする。

　以上のような近代日本における産業資本確立期の研究は，当時東京大学を

中心として進められていた日本経済史分野における産業革命期の共同研究と共通するテーマであり，東大グループの成果は，大石嘉一郎編『日本産業革命の研究』上・下（東京大学出版会，1975年）として結実する。そのなかでは村上勝彦氏が「植民地」を分担執筆され，産業革命期の植民地（朝鮮）との間の綿米交換体制や鉄道建設・金融支援体制を論証したが，山村氏やその当時の日本帝国主義史研究に従事していた若手研究者は，ほぼ同じような視角でこの問題に取り組んでいたのである。

　上記の山村氏の論考のはしばしには，三井物産による綿糸輸出の無手数料取扱や仁川・京城支店の設置の意義が指摘されている点に注目したい。なぜならこれ以降，山村氏の研究対象は，三井物産のアジア市場における「流通独占」的性格の究明に注がれるようになるからである。その研究成果は，早くも1976年10月の『土地制度史学』第73号の論文となって現れた（「日本帝国主義成立過程における三井物産の発展――対中国進出過程の特質を中心に」）。そこでは，日露戦争を境に時期区分し，三井物産の中国での活動を三井文庫所蔵史料（支店長諮問会議録等）を駆使して詳細に分析し，物産の中国都市支店が石炭や綿糸など産業資本の生産物の販売を担って産業資本の補強者的役割を担い，日露戦争を契機として国家的進出に依拠しつつ，帝国主義的進出の補完的役割を担ったと指摘している。本論文は，財閥系資本の中国・朝鮮における流通分野の活動に着目しつつ，そうした対外進出活動のなかに日本の産業資本の確立や帝国主義転化があったことをみごとに実証したものとして高く評価されるものであった。

　さらに山村氏は，「日清戦後における三井物産会社の中国市場認識と『支那化』――総合商社の形成と中国市場」（『和光経済』1990年3月）において，日清戦後に中国商との取引関係を一層密接化するため，中国店の機能を「清商部」と「外商部」に区分し，前者において中国の言語や慣習を修得させる方針で臨んだことを指摘し，それを「支那化」と表現し，中国在来市場への積極的進出を図ったことを，やはり三井文庫所蔵の「支店長諮問会議録」等を駆使して論証している。かねてから，日本商社の「買弁抜き」の活動についてその重要性が指摘されていたが，物産の商取引構造に即して中国

在来市場との関係に本格的に踏み込んだ点は，三井物産研究でこれまでにない成果として注目されるものであった。山村氏の絶筆作品となった『三井文庫史料　私の一点』（2017年）の論考「日清戦後の中国市場調査報告からみえるもの——藤瀬政次郎『清国新開港場視察復命書』明治二九年」は，三井物産による中国の市場状況や商慣行に関する調査報告のひとつであり，こうしたリアルな中国市場認識を通して，三井物産の総合商社としての発展も規定していったのであるとしており，氏の研究の原点ともなった資料として位置づけられよう。

　これより先に山村氏は，共同研究『日本多国籍企業の史的展開』（1979年）における「第1次大戦後における三井物産の海外進出——流通支配の再編成とその特質」の論文で，三井財閥の中軸資本のひとつであり代表的総合商社である三井物産の中国本部・満州における活動の特質を，綿花・綿糸布，石炭，満州大豆の取扱と対中国投資に関して分析している。そのなかで特筆すべきは，三井物産が早くも1877年に上海支店を開設したこと，1903年には上海紡績株式会社の株式1千株を引き受けたこと，1920年代にこれを東棉＝物産の支配下に置いたこと，同時期における中国側の排日運動への対策組織として結成された「金曜会」に積極的に参加していったことを明らかにしている点である。後に山村氏が，上海日本人商工会議所や「金曜会」の分析に傾注していくことの端緒がここに現れている。こうして，三井物産の中国市場進出とそこでの支店活動の考察を行った山村氏は，日本帝国主義における「流通支配」の固有の重要性についての理解に達し，中国支店の社会的政治的機能にまで視野を広げるに至った。この視点は，松元宏氏の『三井財閥の研究』（吉川弘文館，1979年）や春日豊氏の『帝国日本と財閥商社——恐慌・戦争下の三井物産』（名古屋大学出版会，2010年），そして西川博史氏の『日本帝国主義と綿業』（ミネルヴァ書房，1987年）などの研究とは異なり，物産や在華紡を含む大企業の進出とそのほかの日系企業の進出を総合的・重層的に把握し，それらを国際帝国主義体制のなかに位置づけるという，独自の日本帝国主義研究の構築につながっていくのである。

　なお，三井物産の海外事業展開（『三井事業史　本編第三巻下』鈴木邦夫氏執

筆分）に関する山村氏の書評を末尾に収録している（書評2）。また，上海の個別企業に関する論文や満州地域の進出日本企業に関する論文もあるが（「1930年代における東洋棉花上海支店と在華紡」『土地制度史学』第174号，2002年1月，「満州奥地市場進出と日本人商人——満州事変期における四平街在留日本商の分析」『和光経済』第41巻第2・3号，2009年3月），紙幅の関係上，本書には採録していない。しかし，本書に採録した諸論考の意義を理解するうえでも，非常に重要な論点を提示している。ぜひ参照されたい。

3　各章の内容

　山村睦夫氏の研究は，三井物産や在上海財閥系商社の分析にとどまらず，後半期になると，上海における日系企業と進出日本人からなる居留民社会構成の展開に関する，ダイナミックな歴史研究として開花していったといえる。以下，本書の収録論文の内容に即して，山村氏の研究の展開過程を概観しておこう。

　「序章」では，病床にあった山村氏自身が，本書の構想を示し，とりわけ上海日本人社会の時期区分を，4期に分けて行うとともに，研究史にも言及している。日清修好条規から日露戦争期までの，前史（萌芽期）では，居留日本人の職種構成から，日本人の進出が，不安定で閉業者が多く，「模索的進出の段階」と規定される。しかし，第1期（形成期）になると，日本人・日本企業の急速な進出がみられ，膨大な零細商工業者と貿易商社などの「会社派」の重層的構成が見られるとしている。第一次世界大戦後から1927年頃までの第2期（確立期）では，貿易取引の増大が見られ，日本人居留民の増加が顕著であるとともに，在華紡・財閥系銀行などの有力日本企業が進出した時期であると規定されている。しかし，第3期（1927～30年代半ば）にはいると，排日・抗日運動の激化により，在留日本人進出と貿易額に伸び悩みが生じるという。日中戦争期以降の第4期になると，新興の渡航者を含む日本人の大量進出がみられ，軍事進出と密着した商工業者の動向などから，「居留民社会改編期」と名づけられている。職種・産業構成では，この第4

解　説　533

期に，工業関係者が増加し，商業者の比重が縮小する傾向を見出している。最後は，「居留民社会の解体期」にあたる「終焉期」で，上海在留日本人の引揚げが，行われる時期とされる。

「第Ⅰ部」は主として上海日本人居留民社会の形成期を扱っている。「第Ⅰ部第1章」は，在外経済団体史研究会の分担研究の成果であり，山村氏の在上海日本人居留民社会研究の転機になった。1990年，波形昭一獨協大学教授を中心として，在外経済団体史研究会が組織され，そこに柳沢・幸野・木村とともに山村氏も参加した。研究会の成果として，1997年に同文舘出版より『近代アジアの日本人経済団体』が刊行された。同書の「第Ⅰ部第1章」の論文を執筆した山村氏は，1912年設立の上海日本人実業協会に結集する日本人実業家層を，資本規模別構成から検討し，銀行・海運・貿易などの大会社の上海支店，資本金額の少ない日本国内に本店ないし出資者を有する中堅の会社・商店，上海に拠点を置いた土着的会社・商店の3グループに類型化し，大企業主導による実業団体として成立したこと，そのことが1915年，23年の排日運動への対応を規定し，実業協会→商業会議所の中国商との提携論が，そこから外れる多数の中小雑貨商や零細商人の尖鋭な排外主義へと引きずられていく過程を明らかにした。この山村論文は，日本人実業家層を資本規模別構成（大資本か中小あるいは零細か）と営業基盤別構成（中国市場や中国商相手か在地経済や邦人相手か）の双方の視角から分析し，それと排日運動への対応の違いとを結びつけた画期的な研究成果であった。続いて，「第Ⅰ部第2章」では，上海日本人実業協会の役員層についての詳細な分析であり，結論として，「支店転勤型の流動的な実業家」が主流をなすとともに，「大企業の中枢を担う専門的経営者」「地域密着型」の実業家も，実業協会の重要な担い手であり，日華実業協会などとメンバーが重なりつつ，ブルジョアジーの対華意思形成に積極的役割を果たしたことが指摘される。「第Ⅰ部第3章」は，前述した，①大企業・在華紡，②「在地経済関連」型の土着派中堅層，③在留邦人依存型の土着派中堅層の「三層構造」が形成されたこと，それぞれが，独自の性格をもって発展したことを示した。

「第Ⅱ部」は，第一次大戦後から日中戦争までの，山村氏の区分でいえば

第2期と第3期にあたる時期における，日本資本の上海進出の概要と居留民社会の中国民族運動への対応の諸相に関する論文が，3本収録されている。「第Ⅰ部」の研究をさらに掘り下げるとともに，新たに国際情勢と中国側の民衆運動の動向を視野に入れて，居留民社会諸階層の利害分岐との関連で進出資本，居留民社会構成の変容を考察の俎上に置いた論文が収録されている。

　まず，5.30事件への日本人居留民・日本資本の対応を考察したのが，「第Ⅱ部第4章」である。そこでは，紡績争議の側面ばかりでなく，上海進出日本資本や在留日本人社会にとっての「5.30事件」への認識と対応を考察している。在華紡は中国人労働者の労働条件が厳しいものであったことを認識せず，争議を「外部の政治勢力の煽動」とする見方で強硬姿勢であったのに対し，貿易業者や薬品企業など紡績企業以外の日系資本は労資関係のあり方に起因する純然たる労働争議とみなし，「列国との協調」による民族運動の鎮静化を要請しており，また総領事館も争議の原因を労資関係とみなし，武力行使には慎重な姿勢を示していたとする。そして，『支那在留邦人人名録』（各年版）などを利用し，1920年代の上海在留日本資本の経営動向を分析した山村氏は，「日本資本進出の一定の停滞ないし後退」を認めている。そこには企業規模による差異がみられ，排日貨の打撃的影響を受けたとはいえ，進出日本資本も，小規模零細企業においては経営的困難を増大させたが，大手・中堅企業は20年代後半においても経済進出の維持・安定の方向を模索し続けていたという興味深い結論を導いている。5.30事件では，在華紡は中国の労働運動に敵対するが，他の日系企業にはその姿勢が弱く，外務省の対英米協調路線に同調したという。このように，日本資本のタイプによって，民族運動の展開や国際政治の動向への対応の差異が存在することを実証したことも，この論文の貢献であろう。

　1988年に発表した，「第Ⅱ部第5章」では，満州事変期の各日系経済団体の動向を，その構成メンバー，主要要求，日本政府との関係に焦点をあてて，考察したものである。とくに第1節において，上海在留日本資本が，膨大な中小商工業者と，その上に立つ在華紡および財閥系を中心とした国内有力企業の上海支店からなる，「上海型重層的編成」をなしており，民族資

解　説　535

本・民族運動との矛盾も，この「重層的編成」を介して展開していたと指摘している。そして，上海日本商工会議所が，天津や大連のそれと異なり，「在華紡および財閥系企業を中心とする」構成であり，大資本の利害を基軸に行動したために，満州事変以前は中国各地居留民団や上海以外の商業会議所との連携を，可能な限り忌避する傾向にあったことが，結論として述べられている。満州事変の結果，激しい日貨排斥運動が起き，上海在留の中小日本資本は，その打撃を集中的に受けると，上海居留民大会を5000人規模で開催し，ここで中国排日運動への強い非難と日本政府への武力発動を含む強硬姿勢を求める決議を行った。この時期，上海日本人商工会議所の方針も，「排日問題の一体的解決」など強硬姿勢に転じるが，一方で財閥系資本や在華紡等の有力資本に即してみると，「排日運動との全面的解決による業務中断よりむしろ，中国国内での活動の継続，政治解決による運動の鎮静化」を望んでいた事実を明らかにした。しかし，この慎重論も，強硬論への対抗的潮流にはなりえず，排日の激化という矛盾の拡大のなかで，強硬論が主流になっていくことを解明した。山村氏は，「上海商議の大資本主軸的構成は，上海が中国における貿易・金融の最大拠点として，比較的早くから一連の為替銀行，海運，商社，そして紡績などの大資本の進出がみられた反面，本格的な国家資本進出や政策的保護を欠いていたゆえに，大連などに較べ中堅的な土着資本層がそれほど成長しえなかったことなどに起因する，上海に特徴的なものであった」（本書第5章157頁）と総括している。

　このように山村氏は，上海商工会議所の主力を，在華紡および財閥商社グループと捉え，政治過程との関連では，それらの動向に視点を置きつつも，一方で日本人居留民の多数派をなす「土着の中小商工業者」の政治的社会的動向にも目を配っている。換言すれば，国際環境の変動も視野に入れつつ，両者の中国側の運動と日本人居留民社会との関係に視点を据えて，拮抗と協調のダイナミズムのなかに，満州事変期の上海経済団体の政策転換を探ろうという問題意識のもと，第Ⅱ部第5章，第6章を執筆したのである。そして，在上海の日本資本・日本人の内部構成が，より詳細に類型化されていくのである。なお，本書「第Ⅱ部第6章」の論文は，前述の『支那在留邦人人

名録』（1916〜44年版）を利用し，日本人居留民社会における「土着派的中小商工業者層」の経営動向を，零細層と中堅層に区分しつつ検討し，その排日運動への対応がいずれも排外主義的奔流をなしていたこと，さらに「ラディカルな侵略性」は居留民のみに属するのではなく，日本の政府や軍の出先の動きとの構造的一体性がみられたことを指摘している。

「第Ⅲ部」は，1930年代後半の日中戦争期からアジア太平洋戦争期，すなわち第４期における日本人居留民社会と経済団体の動向を考察する。まず，日中戦争下における上海居留民社会に関しては，もっぱら上海日本商工会議所の再編に関して「第Ⅲ部第７章」の論文で叙述している。そこでは，日中開戦を契機として時局対応の意見書作成・具申や視察団への対応，そして上海総領事館の主導による組織改革が実施される。この組織改革によって，中小卸小売業や貿易・流通業からなる土着派企業の役員・議員参加がみられ，その活動は経済統制の進展に対応して統制政策を基底で支える機能を発揮したが，その役割は限定的であったとするのである。

そして，後半のアジア太平洋戦争期に関しては，「第Ⅲ部第８章」の論文において，上海日本商工会議所は，在留日本人商工業者の統合を図りつつ，経済統制のみならず戦時国民動員などの社会活動の機能も発揮し，汪精衛政府の商統総会体制を下部機構として支えるなど，国策協力機関的性格を強めていったことを明らかにしている。また，「第Ⅲ部第９章」の論文では，在留日本人社会の物資不足や配給統制政策，労務動員過程が，詳細に論じられているのみならず，上海華人社会の動向にも大きく視野を広げた考察を行っている。とりわけ，日本内地と比較した上海日本人社会の社会的統制や，中国人労働者に対する労務統制が，詳細に考察されている。1944年時点では，中国人労務統制が十分な成果を上げられず，興亜報国会，商業報国団などの国民精神動員の活動が補完的に進められたことを指摘しており，そこには「現地邦人の自覚」や「覚悟」を問うものも少なくなかったとする。同時に華人社会では，生活必需品や食糧不足に悩まされるのとは対照的に，日本人居留民の間では，一定の生活水準の確保ができた旨の指摘を行った。さらに「第Ⅲ部第10章」の論文では，華人労働者の定着を図るために，時局重

解　説　537

要産業部門に対する食米の現物支給などの試みが，1944年になされたことも叙述されている。1945年初めには，こうした重点物資の配給もできなくなり，上海周辺農村と農民へのいっそうの負担が強められていったことが明らかにされた。

　最後に，「終章」では，敗戦直後における対日居留民方針が，「残留」を原則とするものであったこと，「将来の日華提携」の足がかりとして，「技術者活用」が構想されていたことを明らかにし，日系接収工場の再開が進まないなかで，1946年初頭には徴用服役の日本軍の帰国方針および残留希望以外の日本人の帰国という新たな政策が打ち出されてくる。その背景には，残留方針から帰国方針へのアメリカ側の政策転換を受けた中国側の方針転換が存在した。しかし，1946年3月末においても，5,000人前後の残留日本人がおり，その主力は，留用技術者関係であったこと，日中戦争期まで大半を占めた「土着派的居留民」はその多くが帰国し，ここに「日本の勢力圏拡大と切り離しがたく結ばれてきた上海日本人居留民という存在は，基本的に終焉することになった」と結ばれる。

4　本書の意義

　以上にみてきたように山村睦夫氏の上海日本人居留民経済・社会史研究は，後掲初出一覧に示すように，約30年間にわたって蓄積されてきた膨大な論文群からなるものである。その類例のない研究成果の特徴についてまとめるならば，以下の4点をあげることができよう。

　まず第一に，上海日本人居留民社会を，明治期の前史としての萌芽期を踏まえつつ，日露戦後から第一次大戦にかけての形成期（第Ⅰ部），第一次大戦後から満州事変を経た両大戦間期の確立から停滞期（第Ⅱ部），日中戦争からアジア太平洋戦争終結までの山村氏のいう第4期（第Ⅲ部），そして敗戦後の解体期というように，全時期を網羅した通史として描いているという点である。明治期から敗戦期に至る上海日本人・日本資本の動向を，各時期の経済団体の編成と動態に即して考察したところに，方法的特徴があったと

いえよう。本書を3部構成とした根拠も，このような変遷を示したとする山村氏の構想を踏まえてのことであった。山村氏が，とくに重視したのが，「序章」でいう「第3期」から「第4期」にかけての時期，すなわち日本帝国主義が，経済面のみならず軍事的にも中国大陸への侵略を強化していく時期であったことも確認できる。

　第二に，山村氏の研究軌跡の部分でもたびたび指摘したように，三井文庫所蔵の三井物産関係資料にはじまり，外務省外交史料館所蔵の外交文書，そして本書に収録した90点に達する図表群にみられるように，上海日本人実業協会報告，商工会議所月報など各居留民団体・経済団体の機関誌，上海実業有志会会員表，工業同志会一覧工場，外務省通商局編『海外各地在留本邦人（職業別）人口表』，『在支本邦人進勢概覧』などの統計データ，『支那在留邦人人名録』（金風社，各年版），外務省通商局編『海外日本実業者の調査』（1903〜39年版）などの人名録・興信録等を余すところなく渉猟し，精緻な分析を行っている点である。この網羅主義的ともいえる日系企業の総合的かつ動態的な考察は，山村氏の目指す日本帝国主義史研究の構築にとって不可欠のものであったと思われる。

　第三に，それらを駆使した掲載表のなかには，第4章表4-5のように，10頁を超す分量で1925年における在留日本人実業家343名の営業種別・資本金額・取引高・民族別使用人数，そしてその後の経営動向の推移を示し，また第6章表6-4のように，6頁にわたる分量で1916年から42年に至る在留日本人商店・企業150名の業種とその変遷過程を追ったものもあり，こうした執拗な資料分析によってこそ，山村氏の独自の居留日本人社会の類型化と動態的把握が可能になったのである。そして，居留民の類型に関して，おおよそ1.会社派ブルジョアジー，2.土着派中堅層，3.土着派居留民零細層（虹口日本人市場商人）の3グループを設定し，その内実の時期的変化をおさえた上で，それぞれが日本人実業協会→商工会議所，実業有志会，工業同志会，市場組合，各路連合会，日華実業協会などにおいて，排日運動への対応や日本政府・軍への要請をいかに行っていったかについて考察しているのである。上海在留営業者の経営資料や手記などの一次資料がほとんどないなかで，き

解説　539

めこまかな資本規模別・営業基盤別の分析を徹底し，それをもとにして，諸階層，諸資本の利害意識，政策要求を解明するとともに，つねに中国側の動向との対応関係に視野を広げ，日本帝国主義権力の政治的軍事的侵略に対する各階層，資本の対応に目を配ったのである（その発想を示す先駆的なものは髙綱博文氏の研究で，それに対する山村氏のコメントは**書評1**を参照のこと）。日系企業の動向において，それぞれの営業科目が重視されていることは，山村氏が帝国主義の社会基盤究明にあたってミクロレベルにおりて，中国側経済勢力と日本商人の関係を具体的に把握し，それらの分析を踏まえて，在上海の居留民社会を構成する日本人・日系企業の類型化を試みようと苦闘されたことを物語っている。ここにおいて，山村氏の研究が，坂本雅子氏が提示した三井財閥と帝国主義の関係（『財閥と帝国主義──三井財閥と中国』ミネルヴァ書房，2003年）や，柳沢遊が大連日本人居留民社会を特産物商人や中小商人の側面から分析したもの（『日本人の植民地経験──大連日本人商工業者の歴史』青木書店，1999年）を一歩進めて，上層部の三井物産・在華紡・日本郵船などから，日本人相手の零細な雑貨商に至る，文字通りの「重層的編成」の総体的姿態を浮かび上がらせ，それぞれが日系社会団体や出先権力とどのような関係を取り結んでいたか，という考察次元にまで達しているということがわかるであろう。第Ⅲ部では，とくに華人資本，華人労働者の動向を強く意識した戦時下の経済団体分析が行われていることも強調したい。

　第四の特徴として，以上のような実証分析を踏まえたうえで，日本帝国主義による中国経済支配の「（上海型）重層的編成」という特徴を提示したことによって，近年著しく進展している「上海史」研究に一石を投じることになった点をあげることができよう。とりわけ国際帝国主義体制下の上海における英米資本の動向が藤田拓之氏などによって徐々に明らかにされ（山村氏の**書評3**参照），また他の共同租界に対する研究も大里浩秋氏・孫安石氏などによって進展しているなかで（山村氏の**新刊紹介**参照），重層的な居留民社会と巨大資本を経済的基礎とする帝国主義の軍事的膨張を描いた山村氏の研究は，今後の研究展開においてひとつの指針を与えるものとなったのである。

　総じて，外務省外交文書や人名録などの膨大な資料を駆使して，進出日本

企業を資本規模別・営業基盤別に類型化しながら，中国側の排日運動や日本政府・軍部への対応をおさえ，上海日本人居留民社会をその形成から解体まで通史として描いたこと，それによって日本帝国主義の中国侵略の重層的編成としての特徴を上海という国際的都市において提示し，中国における国際的帝国主義体制の動態史研究に大きな一歩を刻んだものとして，本書の意義をまとめることができよう。

5　初出一覧

序　章　戦前期上海における日本人進出と居留民社会の構成（書き下ろし）
　第Ⅰ部　日露戦後から第一次大戦期の日本人進出と居留民社会の構造
第1章　上海日本人実業協会と居留民社会（波形昭一編著『近代アジアの日本人経済団体』同文舘出版），1997年，159〜186頁）
第2章　上海日本人実業協会役員層の分析――第一次大戦期在外経済活動の担い手とその社会的位置（『和光経済』第26巻第3号，1994年，113〜129頁）
第3章　第一次大戦期における上海日本人居留民社会の構成と「土着派」中堅層（『和光経済』第30巻第1号，1997年，85〜105頁）
　第Ⅱ部　第一次大戦から日中全面戦争までの日本資本の上海進出と中国民族運動
第4章　5.30事件と上海在留日本資本の対応――上海日本商業会議所を中心に（『和光経済』第49巻第3号，2017年，1〜34頁）
第5章　満洲事変期における上海在留日本資本と排日運動――上海日本商工会議所を中心に（上『和光経済』第20巻第2号，1988年2月，115〜136頁／下『和光経済』第20巻第3号，1988年3月，147〜171頁）
第6章　戦前期上海における日本人居留民社会と排外主義　1916〜1942――『支那在留邦人人名録』の分析を通じて（上『和光経済』第47巻第2号，2015年1月，1〜34頁／下『和光経済』第47巻第3号，2015年3月，1〜28頁）

第Ⅲ部　日中戦争・アジア太平洋戦争下の日本人居留民社会の変容

第7章　日中戦争期における上海日本商工会議所——ネットワークの再編と限界（日本上海史研究会編『上海——重層するネットワーク』汲古書院，2000年，463〜487頁）

第8章　日本占領下の上海日本商工会議所（柳沢遊・木村健二編著『戦時下アジアの日本経済団体』日本経済評論社，2004年，255〜298頁）

第9章　アジア太平洋戦争期における上海日本人居留民社会——日本人居留民と華人社会（上『和光経済』第48巻第3号，2016年3月，1〜31頁／下『和光経済』第49巻第1号，2016年9月，1〜16頁）

第10章　日本の上海租界占領と華人食米問題——上海租界接収の一考察（和光大学『東西南北』2007年，157〜174頁）

終　章　上海における日本人居留民の引揚げと留用（日本上海史研究会編『建国前後の上海』研文出版，2009年，176〜205頁）

新刊紹介：大里浩秋・孫安石編著『中国における日本租界——重慶・漢口・杭州・上海』（日本上海史研究会『近きに在りて』第50号，2006年12月，154〜155頁）

書評1：髙綱博文著『「国際都市」上海のなかの日本人』（『中国研究月報』Vol.64 No.4，2010年4月，38〜41頁）

書評2：三井文庫編『三井事業史 本編第三巻下』（『日本植民地研究』第25号，2013年,89〜94頁）

書評3：藤田拓之著『居留民の上海——共同租界行政をめぐる日英の協力と対立』（『歴史と経済』第232号，2016年7月，59〜61頁）

【補記】　本稿は，「故山村睦夫名誉教授の研究軌跡」（『和光経済』第50巻2号，2018年2月）を，大幅に加筆・修正したものである。

山村睦夫著作目録

1.著書	発　行　所	発行年月
（共著）		
「第1次大戦後における三井物産の海外進出──流通支配の再編成とその特質」（藤井光男他編『日本多国籍企業の史的展開』上）	大月書店	1979年
「1－第1章近代企業の確立と国家」藤井光男・丸山恵也編『現代日本経営史──日本的経営と企業社会』	ミネルヴァ書房	1991年
「上海日本人実業協会と居留民社会」（波形昭一編著『近代アジアの日本人経済団体』）	同文舘出版	1997年
「日中戦争期における上海日本商工会議所──ネットワークの再編と限界」（日本上海市研究会編『上海──重層するネットワーク』）	汲古書院	2000年
「日中戦争期における財閥資本の対外認識と対応［覚書］──三井合名会社『調査部内報』にみる」（和光大学経済学部著『シュムペーター・サイモンとその時代』）	白桃書房	2001年
「三井物産のアジア認識と日本型企業進出──買弁の排除と『現地化』の意味」（原田勝正編著『「国民」形成における統合と隔離』）	日本経済評論社	2002年
「日本占領下の上海日本商工会議所」（柳沢遊・木村健二編著『戦時下アジアの日本経済団体』）	日本経済評論社	2004年
「上海における日本人居留民の引揚げと留用」（日本上海史研究会編『建国前後の上海』）	研文出版	2009年
2．論文		
論　文　名	掲　載　誌	発行年
「日本紡績業の確立と海外市場」	『商経論集』	1973年
「日本帝国主義成立期における植民地政策の展開──朝鮮鉄道建設との関連で」	『商経論集』	1974年
「日本帝国主義成立過程における三井物産の発展──対中国進出過程の特質を中心に」	『土地制度史学』第73号	1976年10月

「第一次大戦以後における三井物産会社の展開――重工業化への対応を中心に」	『三井文庫論叢』第15号	1981年12月
「満州事変期における上海在留日本資本と排日運動――上海日本商工会議所を中心に」（上）（下）	『和光経済』第20巻第2号,第3号	1988年2,3月
「日清戦後における三井物産会社の中国市場認識と『支那化』――総合商社の形成と中国市場」	『和光経済』第22巻第3号	1990年3月
「帝国軍人援護会と日露戦時軍事援護活動」	『日本史研究』第358号	1992年6月
「上海日本人実業協会役員層の分析――第一次大戦期在外経済活動の担い手とその社会的位置」	『和光経済』第26巻第3号	1994年3月
「第一次大戦期における上海日本人居留民社会の構成と『土着派』中堅層」	『和光経済』第30巻第1号	1997年9月
「問題提起2：日本企業のアジア進出とアジア認識」	『東西南北』2000	2000年3月
『日本占領期上海における日本人居留民社会と上海日本人商工会議所』	『文部省科研費研究成果報告書』	2001年
「1930年代における東洋棉花上海支店と在華紡」	『土地制度史学』第174号	2002年1月
「日本の上海租界占領と華人食米問題――上海租界接収の一考察」（研究プロジェクト近代日本の戦争と軍隊）	『東西南北』2007	2007年3月
「満州奥地市場進出と日本人商人――満州事変期における四平街在留日本商の分析」	『和光経済』第41巻2/3号	2009年3月
「戦前期上海における日本人居留民社会と排外主義1916～1942――『支那在留邦人人名録』の分析を通じて」（上）	『和光経済』第47巻第2号	2015年1月
「戦前期上海における日本人居留民社会と排外主義1916～1942――『支那在留邦人人名録』の分析を通じて」（下）	『和光経済』第47巻第3号	2015年3月
「アジア太平洋戦争期における上海日本人居留民社会――日本人居留民と華人社会」（上）	『和光経済』第48巻第3号［飯沼博一名誉教授追悼号］	2016年3月
「アジア太平洋戦争期における上海日本人居留民社会――日本人居留民と華人社会」（下）	『和光経済』第49巻第1号	2016年9月

「5．30事件と上海在留日本資本の対応——上海日本商業会議所を中心に」	『和光経済』第49巻第3号	2017年3月
3．その他		

内　　容	掲　　載　　誌	発行年月
（書評など）		
「企業社会日本の現状と『二次的』体験学習——インタビュー＆レポートの試み」	『経済学教育』第13号	1994年5月
回顧と展望：「1994年の歴史学界——日本：近現代」	『史学雑誌』第104編第5号	1995年5月
書評：（財）三井文庫『三井事業史　本篇第三巻中』（1994年刊行）	『歴史学研究』第672号	1995年6月
新刊紹介：大里浩秋・孫安石編著『中国における日本租界——重慶・漢口・杭州・上海』	『近きに在りて』第50号	2006年12月
「原田先生の想い出」	『和光経済』第41巻2/3号	2009年3月
書評：高綱博文著『「国際都市」上海のなかの日本人』	『中国研究月報』第64巻第4号	2010年4月
書評：三井文庫編（鈴木邦夫執筆）『三井事業史本編第三巻下』	『日本植民地研究』第25号	2013年7月
書評：谷ケ城秀吉著『帝国日本の流通ネットワーク——流通機構の変容と市場の形成』	『日本歴史』第785号	2013年10月
書評：堀井弘一郎著『「満州」から集団連行された鉄道技術者たち——天水「留用」千日の記録』創土社『戦後中国における日本人「留用」からみえてくるもの——日中関係回復への道を探る』	『東方』第413号	2015年7月
書評：藤田拓之著『居留民の上海——共同租界行政をめぐる日英の協力と対立』	『歴史と経済』第232号	2016年7月
「日清戦後の中国市場調査報告からみえるもの——藤瀬政次郎『清国新開港場視察復命書』明治二九年」	『三井文庫資料　私の一点』公益財団法人三井文庫	2017年5月
（学会報告）		
自由論題報告「日本帝国主義の成立と三井物産——三井物産の対外進出過程の特質を中心に」	社会経済史学会第44回大会	1975年5月

自由論題報告「第一次大戦後における三井物産の発展構造」	土地制度史学秋期学術大会	1977年10月
自由論題報告「三井物産東アジア取引網の形成と総合商社化——日清戦後を中心に」	社会経済史学会第58回大会	1989年6月
自由論題報告「1930年代における東綿上海支店と在華紡」	経営史学会第31回大会	1995年9月
自由論題報告「戦前期上海における日本人中小工業の経営動向と排外主義——『支那在留邦人人名録』（1916－42年）の分析を中心に」	社会経済史学会第84回全国大会	2015年5月

あとがき

『上海日本人居留民社会の形成と展開──日本資本の進出と経済団体』は，こころざし半ばで病に倒れた著者の研究生活後半期の研究，「上海居留日本人社会に関する研究」を中心にまとめられた１冊です。

著者の最後の論考は，2016年夏に「あと，２，３本書きたい」と意欲を示したうちの１本で，第Ⅱ部第４章掲載の「5．30事件と上海在留日本資本の対応──上海日本商業会議所を中心に」です。翌年２月には，続く論考執筆を急ぎ，厳冬期京都での史資料調査（京大図書館）を強行しました。その結果，肺炎になって帰宅。医療者と家族の懸命な努力にもかかわらず，2017年８月９日，71歳５カ月の人生を閉じました。

夫，山村睦夫は，1946（昭和21）年３月10日に立川市郊外で２男２女の第１子として生まれています。名前は，「陸軍記念日に因んで」父がつけました。誕生の３カ月後には「日本国憲法」が公布され，彼は戦後民主主義のなかで育ちました。大学進学では哲学科を希望しますが，「それでは食べてはいけない」という父の言に阻まれ早稲田大学法学部に進んでいます。

卒業後は，法律書専門の出版社に就職しますが，「大学院進学のため」に，ひと月余りで会社を辞め，親元を離れてアルバイトで自活。1969年奨学金を得て，早稲田大学大学院商学研究科に進学し，修士課程・博士課程で日本経済史を専攻します。工藤恭吉教授のゼミ（通称「工藤ゼミ」）では，「日本産業革命期における綿紡績業の分析」に取り組み，研究者の道を歩みはじめました。しかし，当時，研究職に就くのは容易ではなく，「オーバードクター」として社会問題化しており，彼も例外ではありませんでした。

1972年，彼は，高校で歴史を教えながら文学研究科で学ぶ私に，社会科学関連の読書会を提案，１年の交流を重ねて２人は結婚します。1976年に子どもが誕生。歴史から学び考える人になってほしいと「哲史」と名づけ，安心して預けられる保育所を求めて，小金井市から中野区に転居しました。

戦後30年，私たちは，結婚とその後の子育てを通して，憲法に掲げられた人権理念と現実社会の実態との隔たりを，日々実感していくことになります。その際，理念を実体化させていく行動の原動力になったのは，躍動感ある新たな生命の存在でした。

1978年，就職が決定，最初の赴任地は北海道でした。「君と父が喜んでくれたのが嬉しかった」と申しておりました。以後，旭川大学に９年，和光大学に移って23年，通算32年余りを教育と研究の仕事に従事しました。好奇心が強く行動的な夫は，ゼミ合宿や歴史的事件の現場踏査を行い，学生と多くの時間を共有しています。例えば三井芦別炭鉱の採炭現場に入り，蓄積された採炭技術と採炭労働者の実態を見学し，中国では，哈爾浜・大連・南京を訪れ，「加害」の実態と向き合う体験を共有する努力を怠りませんでした。「軍都」の歴史をもつ旭川では，学生（自衛隊員）の「憲法第９条があるから自分たちの生命は守られ，ここに学びに来ている」という発言に出会い，「これまでの僕に欠けていた視点に気づかされた」と語っています。東京生まれの夫が，北海道に住んだことでみえてきた日本近現代史の実体は，その後の研究に生かされていくことになります。

また，和光大学の提携校・北京外国語大学の日本語学科で「日本経済史」を担当した際，「日本の高度経済成長に憧れている」という学生たちに出会います。そこで，資本主義の構造と，高度成長がもたらした長時間労働・低賃金・公害問題を丁寧に解説。その誠実な姿勢が学生に伝わり帰国後も交流が続きました。

一方，私立大学が抱えた経営危機に伴う教育的課題にも熱心に取り組んでいます。学生に対しては，「学ぶ意味」を問いかけ，基礎講座のテキストに，ル＝グウィン著『ゲド戦記』や，吉野源三郎著『君たちはどう生きるか』を取り上げていました。

夫は，権力や権威とはほど遠く，理不尽なことが嫌いで筋を通しました。その精神的緊張は心身の疲労を生み，1991年，虫垂炎から急性腹膜炎を併発して以降，腸閉塞による入退院を繰り返しました。そのため，腹部周辺に集中して行われた放射線検査での「被曝」が心配されていました。

2004年，夫に「38度の熱と寝汗と腰骨の激痛」の症状が出ます。医学情報で検索すると悪性腫瘍の病名が出現。急ぎ，私の従兄で免疫学の多田富雄氏から「がん相談室」の情報を得，専門医の診断を受けました。整形外科医と血液内科医の診断は「腸骨を原発とする悪性リンパ腫」でした。8カ月にわたる化学療法で症状が消失し，「寛解」状態になりますが，3年後には，他の医療機関への移動が指示され転院します。やがて，徐々に造血機能が低下していき，2010年4月に入ると，輸血が開始されました。担当医に今後の治療方針を尋ねたところ，「予後は，あと数週間，当院では60歳以上の造血幹細胞移植は実施していない」との返答でした。急遽，5カ月前にセカンドオピニオンを受けていた金沢大学血液内科の中尾眞二医師に連絡すると，「残された治療は造血幹細胞移植」との助言をいただきました。国立がん研究センター中央病院では，60歳以上の造血幹細胞移植を実施していることを知り，造血幹細胞移植科の専門医福田隆浩医師の診断を仰ぎました。病名は「骨髄異形成症候群」。移植のためにはＨＬＡ（白血球抗原）が一致する提供者が必要です。夫には時間がありません。諦めかけたその時，福田医師から「息子さんのＨＬＡ検査をしてみませんか」と尋ねられました。通常，ＨＬＡが一致する確率は，きょうだいで4人に1人，親子の場合は，同一夫婦の子ども100人のうち1人か2人です。その確率は「奇跡」に近いものでした。

　ところが，その「奇跡」が起こったのです。移植コーデイネーターからの連絡は「完全一致」。早速，息子とその伴侶の同意と，息子の職場の理解を得て，移植に向けた準備が整えられ，最終確認が行われました。患者と，提供者（ドナー）と，二つのいのちを見守る家族にとっても，生死の深淵に立つような厳しい決断でした。2010年7月2日，無菌室で息子の「末梢血幹細胞」が夫に輸注されました。2週間後，注入された幹細胞が夫の造血機能に生着。「数週間」と告げられたいのちは「再生」しました。

　移植成功から6年余の間にも，2011年には車の事故で7カ月入院，2016年には薬剤性大腿骨骨頭壊死による人工骨置換手術で2カ月間の入院生活を送りましたが，それでも，論考5本，書評4本を執筆しました。2015年5

あとがき　549

月には，社会経済史学会全国大会に参加し「戦前期上海における日本人中小工業の動向と排外主義──『支那在留邦人人名録』(1916-42)の分析を中心に」(本書第Ⅱ部第6章に掲載)を報告しています。前掲の「5．30事件と上海在留日本資本の対応──上海日本商業会議所を中心に」と，三井文庫論叢50号別冊『三井文庫史料──私の一点』に掲載された「日清戦争後の中国市場調査からみえるもの──藤瀬政次郎『清国新開港場視察復命書』明治29年」は，2016年に執筆されましたが，つづく「あと2本」は，書かれずに終わりました。研究継続を強く希望していた著者にとっても，その生命の「再生」を可能にし，長期にわたる療養生活を支えてきた家族にとっても，道半ばで倒れたことは大変残念なことでした。

　それでも，ここに1冊の書としてまとめることができました。それは，ひとえに，木村健二氏，柳沢遊氏，幸野保典氏のご尽力によるものです。厚くお礼申し上げます。殊に全面的にご協力いただいた木村健二氏には，故人とともに心から感謝の念を捧げます。また，論考掲載の場を提供して下さった和光大学，所属学会や研究会の研究者の方々のご厚情に感謝申し上げます。

　最後になりましたが，大月書店と編集担当の角田三佳さんには，刊行までの多難な行程を導いていただきました。お礼申し上げます。

2019年9月

山 村 淑 子

著者

山村睦夫 (やまむら　むつお)

1946年　東京立川市郊外で生まれる
1968年　早稲田大学法学部卒業
1978年　早稲田大学大学院商学研究科博士課程単位取得
　　　　満期退学
　　　　旭川大学経済学部専任講師
1980年　旭川大学経済学部助教授
1987年　和光大学経済学部経済学科助教授
1991年　和光大学経済学部経営学科教授
2004年　和光大学経済経営学部経営メディア学科教授
2011年　和光大学名誉教授
所属学会：社会経済史学会，土地制度史学会，経営史学会，
　　　　歴史学研究会，日本植民地研究会，日本上海研究
　　　　会
病と闘いながらも，上海における日本人居留民社会の重層
的構成と展開過程を4期に分けて詳細な分析を行い，日本
帝国主義研究の実証的理論的深化を目指していた。
2017年2月の資料調査後に倒れ，同年8月，71歳で病没

装丁　鈴木衛 (東京図鑑)

上海日本人居留民社会の形成と展開
日本資本の進出と経済団体

2019年12月20日　第1刷発行	定価はカバーに
2020年2月25日　第2刷発行	表示してあります

　　　　　　　　　　　著　者　　　山　村　睦　夫

　　　　　　　　　　　発行者　　　中　川　　　進

〒113-0033　東京都文京区本郷2-27-16

発行所　株式会社　大　月　書　店
　　　　　　　　　　　　　　　　　　　印刷・製本
　　　　　　　　　　　　　　　　　　　大日本印刷株式会社
電話 (代表) 03-3813-4651　FAX 03-3813-4656　振替00130-7-16387
http://www.otsukishoten.co.jp/

©Yamamura Mutsuo 2019

本書の内容の一部あるいは全部を無断で複写複製 (コピー) することは，
法律で認められた場合を除き，著作者および出版社の権利の侵害となり
ますので，その場合にはあらかじめ小社あて許諾を求めてください

ISBN978-4-272-52115-9　C0021　Printed in Japan

「産業戦士」の時代
戦時期日本の労働力動員と支配秩序
佐々木啓 著
A5判三二〇頁
本体四二〇〇円

「不法」なる空間にいきる
占拠と立ち退きをめぐる戦後都市史
本岡拓哉 著
A5判二五六頁
本体三二〇〇円

対米従属の起源
「1959年米機密文書」を読む
谷川建司
須藤遙子 編訳
四六判四三二頁
本体三六〇〇円

「生存」の歴史と復興の現在
3・11分断をつなぎ直す
大門正克・岡田知弘・川内淳史
河西英通・高岡裕之 編
四六判三六八頁
本体三四〇〇円

大月書店刊
価格税別

歴史を読み替える　ジェンダーから見た世界史　　三成美保・姫岡とし子　小浜正子　編　　Ａ５判三二〇頁　本体二八〇〇円

歴史を読み替える　ジェンダーから見た日本史　　久留島典子・長野ひろ子　長志珠絵　編　　Ａ５判二八八頁　本体二八〇〇円

帝国に生きた少女たち　京城第一公立高等女学校生の植民地経験　　広瀬玲子　著　　四六判二三四頁　本体二五〇〇円

「慰安婦」問題と未来への責任　日韓「合意」に抗して　　中野敏男・板垣竜太　金昌禄・岡本有佳・金富子　編　　四六判三二二頁　本体二四〇〇円

大月書店刊
価格税別

歴史学が挑んだ課題
継承と展開の50年

歴史科学協議会 編
A５判三九二頁
本体三七〇〇円

隣　国　の　肖　像
日朝相互認識の歴史

杉並歴史を語り合う会
歴史科学協議会 編
四六判三三六頁
本体三二〇〇円

歴史学が問う　公文書の管理と情報公開
特定秘密保護法下の課題

安藤正人・吉田裕
久保亨 編
四六判二六四頁
本体三五〇〇円

わかる・身につく　歴史学の学び方

大学の歴史教育を
考える会 編
A５判二〇八頁
本体二〇〇〇円

━━━ 大月書店刊 ━━━
価格税別